U0455989

北京民俗大全

BEIJING
MINSU
DAQUAN

团结出版社

图书在版编目（C I P）数据

北京民俗大全 / 北京史地民俗学会，北京清华同衡规划设计研究院有限公司编 . -- 北京 : 团结出版社，2023.3

ISBN 978-7-5126-9718-8

Ⅰ . ①北… Ⅱ . ①北… ②北… Ⅲ . ①风俗习惯 - 介绍 - 北京 Ⅳ . ① K892.41

中国版本图书馆 CIP 数据核字 (2022) 第 182917 号

出　版：团结出版社
（北京市东城区东皇城根南街 84 号 邮编：100006）
电　话：（010）65228880 65244790（出版社）
（010）65238766 85113874 65133603（发行部）
（010）65133603（邮购）
网　址：http://www.tjpress.com
E-mail：zb65244790@vip.163.com
tjcbsfxb@163.com（发行部邮购）
经　销：全国新华书店
印　装：三河市东方印刷有限公司

开　本：185mm × 260mm　16 开
印　张：35.75
字　数：627 千字
版　次：2023 年 3 月　第 1 版
印　次：2023 年 3 月　第 1 次印刷

书　号：978-7-5126-9718-8
定　价：168.00 元
（版权所有，盗版必究）

北京民俗大全

编委会成员

主　　编：张广林

执行主编：常　华　崔利民

编　　委：梁欣立　常　松　张双林　安全山
　　　　　袁树森　勾　超　潘　芳　吴　巧

序

古老的北京有三千多年的建城史，八百多年的建都史，拥有众多的文物古迹、美丽的风景名胜、多彩的古老民居、丰富的民俗掌故，积淀了雄厚的文化内涵，造就了灿烂辉煌的文明。

在这座城市里，中华民族五千年的精神文明和物质文明，达到了光辉灿烂、登峰造极的境地。这座东方历史文化的璀璨宝库，不仅全中国的各族人民关心她、热爱她，海外的华侨、华裔关注她、向往她，而且世界各国的朋友也关注她、向往她。

民俗是人民生活方式的总称，是人民自己的生活文化，包含物质文化、精神文化和社群文化三大块，它关系到广大老百姓生活的各个方面，是人民群众千百年来生活经验的结晶。举凡岁时节令、衣食住行、婚丧礼俗、农工商学、家庭家族、社区社团、宗教信仰、祀神驱鬼、民间医药卫生、民间科学技术，以及民间文艺、戏曲、游戏娱乐、民间体育的种种风俗习惯，都涵盖于民俗文化之中，因此，它有着特殊的吸引人的魅力，是老北京人传承文化中最贴切身心和生活的，可以说弥足珍贵。随着现代化进程的加快，许多传统民俗文化正在迅速消失，这在首都北京表现更加突出，因此，挖掘、抢救和保护工作十分迫切，调研普查工作势在必行。

北京作为一座历史悠久的都城，其中的生活风俗已经成为研究中国社会以及文化的重要范本。尤其是清末至今的“老北京”，那里面还凸显出了中国文化的最重大特征——融合。如今回望“老北京”的民俗，就会让我们清楚地看到自己生活中必须要遵守的一套规矩，因为“这是老祖宗定下来的规矩”。

一个人出生后，老祖宗早就有一套完备的民俗规定：一周岁时最重要的是“抓周”；达到成人年龄时要举行的象征迈向成人阶段的“成年礼”；除夕吃饺子、拜祖；春节拜年、走亲访友；清明扫墓、祭祖；端午赛龙舟、吃粽子；中秋吃月饼、团聚……凡此种种，不可违背。这些“老北京”的民俗活动，是优秀的中国传统文化的延续，它不仅仅是一套既定的规矩，亦是我们华夏子孙相连的文化血脉。

说到中国的民俗文化调查和记述，已有两三千年的历史。但古代的民俗记录（包括《风俗通义》等专书），往往比较简略，语焉不详，并且零散，缺少专门的、系统的调查，更不用说普查了。

目前中国正处在迅速走向现代化的历史进程之中，新生事物层出不穷，许多传统民俗不断被新民俗所取代，并随着老一代人的相继去世而逐渐失传，如不及时调查记录，保存下这流传千百年来的各种传统民俗，必将造成难以弥补的巨大损失，这既愧对前人也愧对子孙后代。所以，调查与记录这些即将失传的民俗文化遗产，对新出现的民俗及时记录研究、整理，进行全面的民俗普查，是我们这一代人的历史责任！

中国民俗的一大属性，是拥有强大的融合性。它不仅融汇古今，还融合了多民族的传统，也吸纳了多层次的文化和宗教元素。在民间生活里，包容性一直比对抗性表现得更明显。

北京的民俗文化的独特性，主要体现在老北京的生活文化整体风貌上。历史上，自从北京成为皇权统治的中心后，皇室、官员的生活方式就深深地浸透在京城百姓的文化生活当中，同时又与其他地区、其他民族的民俗文化相融合，形成了“天子脚下”所独有的民俗文化风格。从这里我们可以清晰地看到中国传统社会皇权文化，士阶层文化与民间文化之间互相影响与渗透的痕迹。

随着社会的不断发展进步，北京作为首都和国际大都市，其民俗文化总是最先发生变化。特别是最近30多年来，随着现代化进程的加快，北京老百姓的生活方式发生了根本性的变化，许多传统的民俗文化在喧嚣的都市中正在迅速变形或消失，北京市的民俗文化具有深厚的积淀，内容非常丰富，很有特色，历来受到国内外的重视。对北京民俗进行调查记录并系统归类，对探讨中华文化及民俗的历史发展规律，以及科学的移风易俗以创造人民美好的新生活，都是非常必要的。

民俗文化是与时俱进的文化，过去虽然出版过一些北京民俗著作，但已经不全面，多方面的民俗文化资料尚待调查记录。因之，对全市各区的民俗活动进行全面的调查研究，是非常必要的。为此，北京史地民俗学会的同仁一致认为，作为专门研究北京的文化学术团体，填补这项空白，责无旁贷。经过一番准备，2019年在学会成立30周年之际，也作为庆祝活动的一部分，我们开始编写《北京民俗大全》的工作。

《北京民俗大全》工作专班，汇集了学会的各方人才，大家齐心努力，分工合作，深入基层采风、调查，收集整理资料。在这基础上，先后召开了8次编辑会议，对初稿反复讨论、修改，不断加以完善。再后，初稿又经出版社的认真审阅并提出一些中肯的意见和建议。前后历时3年的辛勤付出，终于完成书稿，今天得以正式出版。

党的十九届五中全会提出到2035年建成文化强国的战略目标，文化团体是推动文化强国建设的重要力量。“建首善自京师始”，北京民俗文化是一部异彩纷呈的大百科，也是一部永远写不完的书。本书的出版发行是对北京文化的深层次探索，希望我们在学习建设全国文化中心、做好首都文化这篇大文章的过程中，帮助各位读者找到对北京文化的认同感，共同擦亮北京文化这张金名片，将味道醇厚的京味民俗文化传承下去。

北京史地民俗学会会长　张广林

2022年9月

凡　例

一、本书稿是一部北京民俗集锦，包括十大类：岁时节令、婚丧嫁娶、交通民俗、居住民俗、商业习俗、民间娱乐、戏曲习俗、服装发饰、民间禁忌、饮食民俗。

二、本书稿主要选取北京地区古今各民族富有特点的风俗事象和风俗活动，并酌收一些常见的、含有风俗意义的词语。

三、本辞典所收词目的名称有一事数名或一词数译（指少数良族风俗词语）者，酌采其中较常用者。

四、在民俗普查的基础上，综合所有古今民俗资料进行系统编写。

五、运用立体描写方法，介绍各类民俗的源流、活动形态、仪式、表演、传承情况及其社会功能、社会影响，等等。

六、内容尽可能全面完整。以近、现代民俗为主，也包括古代传统民俗；以良俗为主，对过时的落后民俗亦不回避。

七、本书稿所收词目，凡属一词多义的，则分项叙述，但以属于风俗范围之内的释义为主。

八、本书稿对公历纪年用阿拉伯数字表示；对夏历纪年、少数民族历纪年，用汉字表示。

九、本辞典资料一般截止于2016年6月底。

目 录

第一章　岁时节令

岁时节令也称为岁时、岁事、时节、时令等事，是人们在社会生活中约定俗成的一种集体性风俗活动。南朝梁人宗懔的《荆楚岁时记》，是我国较早出现的一部记载地域性岁时风俗的笔记小品，反映了古代的社会事象和人们的生活情趣。各种岁时风俗活动的产生，显示了我们祖先对自然运动规律的认识与把握，探究其根源，即是人们祈望五谷丰登、人畜两旺、岁岁平安的言行。

北京有着3000多年的建城史，860多年的建都史，历史悠久，文化底蕴深厚。岁时节令是季节变化的标志，历来被人们所重视，无论皇家还是民间都形成了丰富的活动，世代相传。北京的岁时节令民俗活动极为丰富，富有“京味儿”特色，在全国具有代表性。

腊八节

腊八即农历十二月初八，这一天是过年的开始，有许多民俗活动。当天，老北京人家家都要泡“腊八蒜”、熬“腊八粥”，随着满城飘散“腊八粥”的香气，四九城处处弥漫着期盼过年的氛围。从喝腊八粥这一天起，就算进入过年倒计时的程序了。

佛教称“腊八”为“成道节”。据佛经记载，2500多年前，古印度北部迦毗罗卫国王子乔达摩·悉达多为了寻求人生真谛与生死解脱，毅然舍弃了王位，出家修道。经过六年苦修，经常是日食一麻一米，乃至七日食一麻米，以至“身形消瘦，有若枯木”。他认识到如此苦修不是通往解脱的正确道路，决定放弃苦行，另辟蹊径。这时一位牧羊女见到他虚弱不堪，便献乳糜供养。他吃了之后，体力有所恢复，来到岸边一棵菩提树下，静坐沉思。经过七天七夜的思考，他终于恍然大悟，认识了人生痛苦的原因以及灭除痛苦的方法等真谛，得到对宇宙人生真实的彻底领悟，成为了释迦牟尼佛，这就是人们通常所说的“成佛”或“成道”，后世把释迦牟尼成佛的这一天称为“佛成道日”。为了纪念这一天，每到腊八这一天，佛寺都要熬杂粮粥供养佛祖。这种风俗传到了民间，就成了民间的“腊八节”。

民间熬制腊八粥除了供奉佛祖之外，还在亲友邻里之间相互馈赠，以表示传递春天快到来的喜悦。大户人家往往会将熬制好的“腊八粥”送与路人，广结善缘。农民把腊八粥熬好了之后，先盛上一盆子，端到自家的地头上去，把腊八粥用勺子一勺一勺地洒到农田里去，敬五谷神，祈盼来年五谷丰登；把腊八粥抹到果树第一个树杈的基部（农民认为那里是果树的“嘴”），以此来敬树神，期盼来年水果丰收。

过小年

按照传统民俗，腊月二十三这天是祭祀灶王爷的日子，老北京人称为“过小年儿”。各家买糖瓜、关东糖，准备祭灶，捎带着开始置办年货。每家每户都在灶台正中供奉着“一家之主”的灶神，俗称“灶王爷”。据《淮南子》所载，黄帝、炎帝“死作灶神”，职司人间善恶。祭灶最早称为“纪灶”，纪念发明用火做出熟食的先人，后来演变为祭祀灶神，到近代形成了“糖瓜祭灶”的民间风俗。清末民初以来，北京市面传有所谓善书，其中有《灶王书》说：“灶王留下一卷经，念与善男信女听。我神姓张名自国，玉皇封我掌厨中。来到人间查善恶，未从做事我先清。”（传说灶王爷是北京市顺义区张镇人）认为灶王爷是玉皇大帝派往人间监督善恶之神，每年的腊月二十四都要去朝奏玉皇，报告所住之户的善恶言行。为了请灶王爷“上天言好事，回宫降吉祥”，故各家各户都要在腊月二十三这天举行祭灶仪式。

到了这一天，人们把灶台重新抹上一层黄土泥，意思是给灶王爷换新衣服。在灶王爷的神像前供上关东糖、清水和黑豆，送灶王爷“上天”。关东糖是送给灶神吃的，灶神吃了粘糖，让他少说坏话，只说“甜甜”的话。供桌上的竹马也是为灶神准备的，上天路途遥远，让灶神骑马去。而清水和黑豆则是为竹马准备的，让竹马吃饱喝足送灶神上天。从这些祭品可以看出，人们期盼灶王爷保佑全家人来年平安吉祥。祭祀灶神要由家中的男性家长主持，老北京有“男不拜月，女不祭灶”之说。祭灶仪式完毕之后，把旧的灶王像和对联揭下来，连同未尽的残香、祭神的“钱粮”，一起拿出去烧掉，之后再贴上新请来的灶王像和对联。

“小年儿”也是“年”，所以腊月二十三这天，大家要吃饺子。

腊月二十四

“二十四，扫房子。”为了更好地除旧迎新，人们在这一天要打扫房屋，把旧一年的积秽全部除掉，迎接新的开始。古代把春节大扫除称为“扫年”，起源于古代人民驱除病疫的一种宗教仪式，后来逐渐演变成了年终的卫生大扫除。据宋·吴自牧《梦粱录》记载：“十二月尽……不论大小家，俱洒扫门间，去尘秽，净庭户……以祈新岁之安。”打扫房屋，不但要把灰尘打扫干净，而且还要把旧的药方全部扔掉，把破了的盘子、碗全部摔掉。意思是把旧的、不好的东西全部消灭，在新的一年里，百病不生，迎来好的运气。

腊月二十五

“二十五，糊窗户。”老北京人在这一天里，不但要糊窗户，有的人家还要重新糊房。早年间大家都住平房，窗户少有玻璃，全是糊高丽纸。人们在这一天里，把旧窗户纸全部撕掉，换上新的。有条件的家里还贴上喜庆的新剪的大红窗花。那时房屋装修都是用白纸把房顶和墙壁糊上，故叫作“四白落地”。

腊月二十五这一天，郊区农村除扫房之外，还要做豆腐，故而有“二十五，做豆腐”之说，这是在准备过年的吃食。

腊月二十六

“二十六，炖大肉。”这一天人们继续准备过年的吃食，把买来的猪肉、牛肉、羊肉、排骨上锅炖熟了之后，放在院子的缸里，盖好盖子冻起来，等待过大年时吃。

腊月二十七

“二十七，杀公鸡。”这一天家家户户把买来的小鸡宰杀，一般的只杀公鸡，不杀母鸡，留着母鸡下蛋。把杀好洗净的公鸡上锅炖，为过年这几天做准备。另一说是“二十七，洗旧疾”，在这一天里，人们要好好地洗个澡，把一年的疾病、晦气全部洗掉，在新的一年里迎来好运气。

腊月二十八

“二十八，把面发。”这一天是发面蒸馒头的日子，过去讲究一下就蒸出一小缸的馒头来，因为在过年这几天里，人们忙于玩乐、拜年，顾不上做饭。这样在吃饭的时候，把事先蒸好了的馒头热一热，盛上两盘子炖肉和凉菜就行了，省时、省力。这天家家户户除了蒸馒头以外还要蒸花卷、豆包，或者蒸一些小动物造型的面食。满族人家还要蒸喜饼、蒸枣泥方糕、蒸子孙馒头、蒸如意卷等。在蒸馒头、豆包的时候，还要在馒头、豆包上面用胭脂点一个花形的小红点，以示喜庆吉祥。

腊月二十九

“二十九，打烧酒。”过年喝酒是必不可少的，早年人们舍不得花钱去买成瓶的酒，一般都是拿着酒葫芦、酒瓶子，到酒馆里去买散装酒，故老北京人称买酒为“打酒”。

腊月二十九因为是除夕的前一天，亦称“小除夕”，这天家家户户都要置办酒席，以备晚辈前来给长辈辞岁、别岁。还要在屋外焚香，称为“烧天香”，一直要持续到大年初一。

除夕

除夕，人们称这一天是“月穷日尽连双岁，一夜增寿跨两年”。除夕是整个春节期间最重要的一天，北京人俗称为“大年三十儿”。这天到处都充盈着喜庆气氛，家家户户都会在大门口贴春联、贴门神，屋里屋外还要贴上春条、挂钱、福字……不论男女，一大早就会穿上新衣服，女眷们也将提前准备好鲜艳夺目的红绒花戴上，把自己打扮得漂漂亮亮的。这些绒花有福寿字、双喜字、聚宝盆和蝙蝠等形式，均系红色，有的还配有小片金纸的装饰。“绒花”与“荣华”谐音，求谐音吉祥，戴绒花就是为了求荣华富贵之意。

据说，绒花的起源与唐代杨贵妃有关。相传杨贵妃鬓角有一颗黑痣，她常将大朵鲜花戴在鬓边用以掩饰。而鲜花容易枯萎，她就命人制作出了仿鲜花颜色的绒花。后来绒花的制作工艺不断发展，越来越精致，达到了以假乱真的境界。再贫困的人家，在这一天也会有所表示，就像《白毛女》中贫穷的杨白劳，外出躲债到大年三十回家时，也不会忘记给自己的女儿喜儿扯上二尺红头绳。

一般商店要在除夕晚上宴请大小伙计，分发红包。过去北京有句老话：“天不怕，地不怕，就怕三十晚上掌柜的说官话。”宴会有酒有菜，酒后惯例是吃包子。掌柜这时举杯祝贺，向大家道“辛苦”，这就叫“官话”。官话讲完后包子端上来，掌柜的亲自夹包子，包子放谁碗中，谁就被解雇了。被辞退之人饭后自动收拾行李告辞，所以这顿便宴俗名叫“吃滚蛋包子”。

老北京人历来将“大年夜”视为正式的年禧，因为它具有“一夜连双岁，五更分二年”的特殊意义，所以许多辞旧迎新的重大仪式都在这天举行。大年三十儿的祭拜仪礼一般都是从正午之前就开始做准备了，年前20多天的准备，几乎都是为了过除夕，大致有这样几项主要内容：

1. 供品桌上分“九堂”，“五供”为最尊

老北京人家，家家户户都有佛龛或神像，所供之神有佛祖、观音、关圣、财神等。不过佛堂的规模相差悬殊，有钱人家可能是一层小楼，或一间正厅，而贫苦百姓可能只有一个小佛龛。不论佛堂规模大小，到了年禧，都要在佛龛神像前上供。供桌也叫接桌，富户人家供品有蜜供、套饼、面鲜、水果、百果等，贫困之家供品就是过年的饭菜，花糕、年糕、年饭、素馅饺子或馒头等蒸食、素炒菜等。对于家宅六神（灶王、土地、门神、户尉、井泉童子、三姑夫人）也都要上供、烧香。

最尊贵的供品为“九堂”，即九类供品：猪头、雄鸡、羊肉、馒头、蜜供、套饼、面鲜、水果、百果、花糕、年糕、年饭、素菜等。供桌前照例有“五供”，即一只香炉、一对烛台、一对花瓶（筒）。烛台上插素蜡，香炉内插好手指粗的“子午香”或藏香。供品要在正午前摆齐，正午开始燃蜡点香，俗称“起香”。从此时起香火不可中断，一直到“破五”。

北京郊区有腊月三十悬挂家堂，请祖宗回家过年和“送亡疏”的习俗，所谓的“家堂”就是一张写有历代祖先名讳的一张纸。纸店里有卖的，木版印刷，图形好像是一座层层升高的庙堂，留有一层层的空格，供人填写历代祖先的名讳。北方人家一般没有祠堂，就以“家堂”进行供奉，以示不忘先人。一般的在大年三十儿这天就把家堂供上，供品也比较简单，燃香、一碗米饭，以及其他吃食，最多不超过四样，两边是柏树枝。

“送亡疏”就是写给故去先人的汇报信，和一个装上纸钱、纸质金银锞子的纸包袱一起烧掉。

2. 天地桌

北京一般人家都没有大佛堂，因而特别重视天地桌。人们因为平时对神佛的供奉比较少，所以到了年终岁尽时，要大敬神佛一次。天地桌的内容与常年佛堂供奉有所不同，天地桌主要是为接神使用。除供有挂钱、香烛、五供、大供之外，受祀神像大

多是临时性的，难免有些粗糙，有木刻版的神像画册、有用大幅毛边纸木刻水彩印刷的全神码、福禄寿三星画像等。以上诸神像有的接神后即焚化，有的则须到“破五”，甚至到正月十五送神时才烧掉。各家摆放天地桌的位置也不统一，如堂屋地方宽大，可置于屋中，如屋内窄小，就置于院中。传说，此夜为天上诸神下界之时，所以民间有接神的习俗。

3. 祭祖

老北京人在三十晚上祭祖。如果家里有祠堂，仪式就隆重；没有祠堂之家，也要将先祖影像请出来，在屋内西墙方位供奉，设供桌，摆齐供品祭祖。正屋西墙的祖宗板要摆满成堂（五碗为一堂）的供品，有：蜜供一堂、套饼一堂（成套月饼）、面鲜一堂（用面做的桃、苹果、橘子、柿子、佛手五种水果形状的点心）、花糕一堂（芙蓉糕或京式大、小八件）、水果一堂、百果一堂（各种干果、果脯、蜜饯、细杂拌）、年糕年饭各一碗、素馅饺子素炸货各一碗。除此以外还要摆上五供（香炉一个，蜡扦、花筒各一对），全份的黄钱、千张、元宝、钱粮。点起红油大蜡和高香，由家中长辈带头依次向祖宗磕头，按家族辈分大小，先男后女分别向祖宗牌位行三跪九叩大礼，礼毕由家中长辈宣读祭祀表文，宣读后将表文和钱粮、元宝、千张、茶叶、香粉等一起放入疏筒里，到院中焚化。此时还要鞭炮齐鸣，焚化后男女才回到屋中，方可开始吃团圆饭。

汉人祭祖多做鱼肉碗菜，南方人寓居北京者，祭祖更隆重，用八碗大菜，中间设火锅，按灵位设杯箸。满人祭祖多用桃酥、芙蓉糕、苹果、素蜡、檀香等。就是穷人也得摆上一碗饺子，上一炷香，父母带着孩子给祖宗磕头，请祖宗回家过年，意思是后世子孙没有忘记祖先的恩德。百善孝当先是中国人的传统美德。郊区的农民还有在此夜到坟地请祖宗回家过年的习俗，直到初六，再焚烧钱锭，将祖宗送走。

4. 团圆夜

人们在置办年货时，大部分买的都是食物。除夕之前已分门别类地将食品制成了半成品或成品，只等大年夜全家品尝。老北京人除夕晚上的团圆饭是全年最丰盛的一次家宴。年夜饭要有荤有素，有冷荤、热炒、大件儿和清口菜。冷荤有冷炖猪肉、冷炖羊肉、冷炖鸡、冷炖鸭；热炒是肉炒各种青菜，大件儿有：红烧肉、扣肉、米粉肉、红白丸子，四喜丸子；清口菜一般有豆腐、青菜等；最重要的是必须要有鱼，象征着“连年有余”，主食是米饭。俗话说：“打一千骂一万，全凭三十晚上这顿饭。”

老北京人在腊月三十和正月初一“交时”要吃饺子，取其“更岁交子”之意。“饺子”顾名思义是取“交于子时”的“交子”之意，正所谓“一夜连双岁，五更分二年”。在包饺子时，家家还要把饺子包成元宝形，在饺子中包进糖、铜钱、花生等。如吃到糖的，意味着来年生活甜蜜幸福；吃到铜钱意味着来年财源广进；吃到花生意味着来年健康长寿，因花生又名长生果。

5. 守岁

据《风土记》中所载：“除夕之夜大家终岁不眠，以待天明，称曰守岁。”长辈“守岁”是为珍惜光阴，晚辈“守岁”有为父母延寿之意，所以凡是父母健在的人都必须要守岁。守岁时所点之蜡烛叫作“守岁烛”，是一种特制的粗蜡烛。实际上守岁是因为酒足饭饱之后，尚未到接神之时，利用这段时间消遣一下。守岁时大多以娱乐为主，例如大家可以聚在一起搓麻将、斗纸牌、推牌九等，这样就会觉得时间过得很快，不知不觉就“亥时交子”，到“诸神下界”的时候了。

6. 接神

祭灶之后，诸神回到天宫，不理人间俗事。而到除夕子时后，即新一年来临之时，诸神又要降临人间理事了，于是各家各户都要接神。接神的仪式在天地桌前举行，由全家中最长者带领全家举香，在院中按方位接神。有的人家子时一到就开始举行接神仪式，有的到“子正”之时，即午夜零点开始接神，有的则是在“子正”之后才接神。因为诸神所居天界方位不同，下界时来的方向自然也就不同，至于接何神，神从何方来，要预先查好“宪书”（皇历），然后带领全家举香在院中按方位接神。按方位叩首礼毕后，肃立待香尽，然再叩首，最后将香根、神像、元宝锭等从供桌上取下来，放入早已在院中准备好的钱粮盆内，连同松枝、芝麻秸等一起焚烧。接神时鞭炮齐鸣，气氛极其浓烈。

7. 踩岁

接神之后，各家还要将芝麻秸从街门内一直铺到屋门口，全家人在上面行走，噼啪作响，称为“踩岁”，亦叫“踩祟”。由于“岁”与“祟”音近，取新春开始驱除邪祟的意思。而除夕夜里，特意要让家里的小孩儿们在芝麻秸上面跑来跳去，为的是小孩儿们踩过“祟”之后，一年不会生病，长个儿快。

8. 团拜

12点钟声响过，新的一年到来，人们开始拜年了。拜年要先给祖宗神像叩头拜年，依长幼叩首。然后长辈们坐在堂上接受小辈们的拜年，行磕头叩首礼，说些祝愿的吉祥话，长辈们照例要给未成年的小辈们一些“压岁钱”。过年是孩子们最高兴的时候，大人们忙于筹备过年的事，顾不上管束孩子，小孩们可尽情玩耍，除了一年一度的放鞭炮狂欢之外，孩子们最惦记的还是压岁钱。传说压岁钱与怪兽“祟”在除夕出来祸害小孩有关。因为“祟”害怕包着铜钱的红纸包，故而也称为“压祟钱”。实际上，长辈给晚辈一些小钱，意在祝福晚辈在新的一年中吉祥如意，并勉励儿孙在新的一年里要努力学习。过年给压岁钱，体现出长辈对晚辈的关爱和晚辈对长辈的尊敬，是一项整合家庭伦理关系的民俗活动，故而延续至今。

9. 跳布扎

藏传佛教在佛教重要的节日或春节期间要跳布扎。跳布扎俗称打鬼，是一种宗教表演仪式，共有十三幕。分为“跳白鬼”、“跳黑鬼”、“跳螺神”、“跳蝶神”、“跳金刚”、“跳星神”、“跳天王”、“跳护法神”、“跳白救度”、“跳绿救度”、“跳弥勒”、“斩鬼”、“送祟”。仪式结束将“魔鬼”点火焚化。

正月初一

正月为中国农历的第一个月，隋代杜台卿在《五烛宝典》中说：“正月为端月，其一日为元日，亦云正朝，亦云元朔。”“元”的本意为“头”。后引申为“开始”，因为阴历正月初一是一年的头一天，春季的头一天、正月的头一天，所以称为“三元”；这一天还是岁之朝、月之朝、日之朝，所以又称“三朝”；又因它是第一个朔日，所以又称为“元朔”。正月初一还有上日、正朝、三朔、三始等别称，意即正月初一是年、月、日三者的开始。

正月初一讲究的是开门放鞭炮，春节早晨，开门大吉，先放爆竹，叫作“开门炮仗”。爆竹声后，灿若云锦，成为“满堂红”，满街瑞气，喜气洋洋。

俗传正月初一为扫帚的生日，所以这一天不能动用扫帚，否则会扫走运气、破财，而把“扫帚星”引来，招致霉运。假使非要扫地不可，也要从外头往里边扫。这一天也不能往外泼水倒垃圾，怕的是因此而破财。老北京人至今还保存着这一习俗，大年夜把屋子扫除干净，大年初一不动扫帚，不倒垃圾，准备一个大桶，以盛废水，当日不外泼。

初一占鸡：谐音“吉”，这一天事事求吉利。忌做蒸（争）、炒（吵）、炸、烙

（落）的炊事活动，忌吵闹、打架、骂人，即使不小心把碗盘打碎了，也要说“碎碎（岁岁）平安”，消灾化吉。亲友相见，总要拱手作揖，并说“恭喜发财”“新禧、新禧”等，街坊邻里、同事之间不管上一年有什么不愉快的事发生，只要农历正月初一见面互道新禧，就应消除一切“过节儿”重新开始。人家登门拜年，有意冰释前嫌，结果你不给面子，大家就会说你是“见了煮饽饽（饺子）都不乐”的人，而受到鄙视。初一这天门前待客叫“接福”，登门拜年叫“贺喜”，初一拜年不在物而在情，要送物在年前，要送情在当天。以“五德之情，弥龃龉之憾”“一切都在不言中”，相逢一笑泯恩仇，是中华和合文化用极其高雅而又含蓄的方式解决人际关系的办法。

正月初一是过年的正日子，这一天的活动，一是拜年，二是玩乐。人们称这一天是“倾城狂欢半月许，人神共耀一年春”。俗话说：“大年初一满街走，出外辞岁会亲友。”

大年初一这一天，到亲朋好友家拜年或是打电话问候是必不可少的，说声“过年好”，祝福每个人全年都是大吉大利。拜年之风汉代已有，唐宋后之盛行。有些不必亲身前往的，可用名帖投贺。东汉时称为“刺”，故名贴又称“名刺”。明代之后，许多人家在门口贴有一个红纸袋，专收名帖，叫“门簿”。清代的拜年形式较复杂。这是由于各个阶层人士的社会地位不同，所带来的习俗也不一样。

拜年也称“辞岁”，有特殊关系的人新年辞岁是必须遵例而行的，如京师大臣必须给皇帝辞岁，本族的晚辈必须到族长家辞岁，无论已婚或未婚的女婿，必须到岳父家辞岁等。除上述情况外，民间的互相拜年范围很广，形式多样，例如走亲戚，近亲则不限前后。对同事、朋友礼节性的拜访，对人家欠情的作感谢性的拜访，对左邻右舍平时常有交往的作串门式的抱拳说“恭喜发财”等。那年月，出门拜年都是男人的事，女人则要在破五过后才能出门拜年。在拜年过程中，凡遇年长者，须三叩首。叩头方式旗人、汉人亦有不同。旗人只叩头不作揖，而汉人在叩头前后均要作揖。在拜谒过程中，如果主人不在家，就向该家的中堂上首叩三个头，犹如主人在上，这叫作“朝上磕”。

在京郊农村，有的主人虽然在家，也有“朝上磕”的，主人在旁答谢。如系平辈，受拜之家须择日回拜。

清代的官场中，对拜年较为重视，为了不徒劳往返，便举行“团拜”。这种集体拜年好处很多，故其生命力也较强，民国之后更为盛行。甚至直到新中国成立后的五十年代、六十年代，各单位、团体、工厂等，每逢春节，除举行会餐外，还有团拜之风。其实在节假日人们互相走走，沟通感情，是件好事，但不可流于形式，浪费时间。

正月初二

“正月初二祭财神，正午必备‘元宝汤’。”财神是谁？说法不一，既有传说中的虚构人物，也有历史人物，来路自然不同，但财神基本应属道家范畴。范蠡称为“利市财神”；比干等称为文财神；赵公明是正财神；关羽为武财神。还有供奉太白星者，称为“财帛星君”。因为太白星亦叫金星，附会为财神。还有以齐天大圣、招财童子为财神的。在北京还有信奉“五显财神”的，“五显财神”来自民间，根据神话传说，在《铸鼎余闻》中记载，称南齐柴姓五兄弟为五显财神。老大名叫柴显聪，老二名叫柴显明，老三名叫柴显正，老四名叫柴显直，老五名叫柴显德，弟兄五人为猎人，经常打猛禽走兽，采草药为民疗伤治病，将吃不完的野兽送给贫穷百姓，深受人民爱戴，人缘非常好，在他们逝世后，民间尊他们为神仙，即称“五显神”“五显王”。在广安门外六里桥有“五显财神庙”，每年春节举办庙会，是春节期间老北京一个热闹的地方。

在这一天里，嫁出去的女儿会被自己娘家兄弟连同孩子一起接回娘家，省亲拜年。出嫁的女儿回娘家，要夫婿同行，所以俗称“迎婿日”。这一天，回娘家的女儿必须在晚饭前赶回婆家。在过去，一家人也会选择这一天拍张全家福。

各家把除夕夜接来的财神祭祀一番，实际上是把买来的粗糙印刷品焚化了事。这天中午要吃馄饨，俗称“元宝汤”。祭祀的供品用鱼和羊肉。老北京的大商号这天均大举祭祀活动，祭品要用“五大供”，即整猪、整羊、整鸡、整鸭、红色活鲤鱼等，祈望当年发大财。

初二占狗，也有说占鸭的。北京是文化城市，孔夫子属狗，提倡“忠恕”和不偏不倚的“中庸”之道，占狗合乎大多数市民心态，并把这一天当作元旦之后“首节”来过，这一天要看望的人是亲密的世交或长辈的家属。初一拜年大多是礼仪性的，初二看望则是实质性的，有了约定俗成的首节日（有的区叫“过二节”），给了来访者一个怀念故人，安慰在世之人的机会，并可以财物相赠，表达自己不忘亡人，不忘故交的情感。初一送礼是以情代物，初二看望是以物示情，二者不同。初一凌晨长辈可给晚辈压岁钱，但下属不能给上级送钱物，因有“恩赐”之嫌。满族人初二留客要吃一顿炸酱面，表示不忘先辈当年游猎或行军途中以酱为菜的生活。

正月初三

大年初三这天，大人们会带着孩子去参加一年当中最热闹的娱乐活动——逛庙会，除了品尝各种小吃以外，大人们少不了给孩子买几件牛儿喇叭、扑扑噔儿、耍货之类的玩具。

初三占猪，传说猪是北海银山菩萨提月金刚窟中的神兽。北京人以北为上，又认为一生二,二生三,三生万物，所以对初三这天很重视，称为“小年朝”。俗话说“十里不同风”，有的地方初三日可以拜年，许多初一未办之事，这一天可以补办，给事务多的人一个“拜年”机会。

我国有的地方初三这天，女婿忌往妇家，北京城内也有妇女拜年须过初六的说法，即从正月初一至初五，多数家庭均不接待妇女，谓之“忌门”。可是这些“讲究”对于“非亲即友”的稳定居住人群来说是不受约束的，反而把初三叫作“三姑三”，出了门子的姑娘在这一天把女婿带回家，吃张鸡蛋饼。猪日，不能吃猪肉，饼是圆形的，象征团圆，蛋饼相粘，象征骨肉相连。

正月初四

民间传说农历正月初五是“财神生日”，所以需要提前一天准备好三牲、水果、糖果、茶等，拜祭意在“迎接财神”。大年初四各家都会置办酒席，祝贺“财神生日”的到来，这个风俗是民间正月最重要的拜神活动。接神拜祭一般是在下午太阳开始下山至晚上举行，民间俗语：“送神早接神迟。”同时这日还是拜谢“灶君”的日子，传说“灶君”是奖罚分明的神之一，如旧年家中不如意，可用“一碗清水三支香”拜祭“灶君”，如旧年家中顺景发有小财，可用“三牲水果茶酒”拜谢“灶君”，希望今年胜旧年。

初四占羊，“三羊（阳）开泰”。这一天全家在一起吃“折罗”，所谓“折罗”就是把前几天剩下的饭菜合在一起的大杂烩，打扫年货。室内掸尘，屋内扫地，垃圾堆到院中准备“扔穷”。牛羊肉铺在这一天要到马神庙烧香，因为羊王、牛王、马王均在马神庙内供奉。

这一天人们可以去逛庙会，老北京在春节期间的庙会活动很多，如白云观、五显财神庙、东岳庙等，其中最热闹的就是厂甸庙会。

正月初五

“破五一到禁讳消，筹备开市求吉兆。”正月初五俗称“破五”，从初一到初五，几天之内禁忌太多，人们不可“轻举妄动”，一过了初五，就破了禁讳，所以称为“破五”。妇女们也不再忌门，开始互相走访拜年、道贺。这天，商号筹备次日开市。

初五要“赶五穷”，包括“智穷、学穷、文穷、命穷、交穷”。人们黎明即起，放鞭炮，打扫卫生。鞭炮从里往外放，边放边往门外走，说是将一切不吉利的东西都轰将出去。这天，民间通行的食俗是吃饺子，俗称“捏小人嘴”。还有一说，破五这天不宜做事，否则本年内遇事破败。破五习俗除了以上禁忌之外，主要是“送穷”，迎财神，准备开市贸易。

正月初六

正月初六马日：“下田备春耕，穷气送出门。”商店酒楼正式开张营业，大放鞭炮，不亚于除夕的盛况。传说这一天最受欢迎的是当年满十二岁的男孩子，因为十二是六的二倍，这叫“六六大顺”。这一天，每家每户都要把节日积存的垃圾扔出去，这叫“送穷鬼”。

正月初六是马日，古称挹肥：“下田备春耕，穷气送出门。”人们在这一天才真正开始耕作或做生意。而自进入正月以来，一直到初五皆不能打扫，厕所中的粪便累积，于是这一天要做一次大扫除，并祭拜厕所神灵，将平日污秽的厕所清扫干净，所以称为“挹肥”。

初六占马，送穷鬼。传说穷神是姜子牙的妻子，人们为了防止春节期间穷鬼进家，门上挂红挂笺可以防她。不知什么时候，北京的穷神变成了男性，而且成了杠夫供奉之神。

这一天，家中主妇要把节日里积存的垃圾扔出去，谓之“送穷鬼”，门上的挂笺也可以摘下来同时扔出去，叫作“送穷神”。传说福神刘海儿是北京人，是个穿红披绿的胖小子，民间流传着“刘海儿戏金蟾，步步钓金钱”的俗语，其形象很受市民欢迎。正值本命年的男孩，以刘海打扮，背着5个用白纸或彩纸剪成的小人上街，谁抢到就算谁抢到了财神，被抢者叫“扔掉穷鬼”。如果两位均值本命年者相遇，谁先抢到对方背后的小人儿谁吉利。也有用布制小包当穷鬼向外扔的，双方背后均要背个小筐，先把小包投入对方背后筐中者为先扔穷鬼，吉利。该日小贩上街，开始做买卖。因是马日，家中应给“扔穷”男孩买“驴打滚”吃。

正月初七

正月初七是“人日”，意为“人的生日”。传说女娲初创世，在造出了鸡狗猪牛马等动物后，于第七天造出了人，万物发芽也在这一天，所以这一天是人类的生日。民间此日要吃春饼卷“盒子菜”（熟肉食品），并在庭院里摊煎饼，“熏天”。吃七宝羹：用七种菜做成的羹，在人日的时候食用，以此来取吉兆，并说此物可以除去邪气、医治百病。各地物产不同，所用果菜不同，取意也有差别。另外还有吃面祈寿、让小孩子晒出汗、用彩缕金帛剪刻人物画像贴在屏风上等风俗，不同的地域风俗习惯也略有不同。

初七占人，人胜节。由初一到初六分别是鸡、狗、猪、羊、牛、马的生日，说明北京人对大自然的尊重以求和谐，但是“马行千里，无人不能自往”。初七是人的生日，人之后生，但是人为尊。人日要尊敬每一个人，连官府也不能在这一天处决罪犯，家长也不能在这一天教训孩子。这一天，当年满十六岁以上的青年均可自由上街玩耍，在北京街头出现“鸡不啼，狗不咬，十八岁的大姑娘满街跑”的景观。各处庙会也在这一天掀起客流高潮，游人明显比初一到初六多。少男这一天要着意打扮，充分展示自己的青春朝气，少女要自制人胜、花胜饰物自己佩戴或相互馈赠，显示自己手工技巧。这是一个展示青春美的日子，也是家庭主妇在家忙活几天节日后可以上街游玩的日子，更多的人是为自己的儿子、女儿挑选配偶，以便正月十五后托媒人去提亲。青少年会去哪吒庙，因为哪吒是北京的保护神，青春之神。这一天要祭喜神，北京的喜神在哪儿？有人说是摆在京西妙峰山，但更通俗的说法是喜神没有具体形象和位置，是个精神之神，无处不在，就看谁能遇到了。

正月初八

“正月初八燃灯盏，诸星下界供清茶。”旧时在民间流传着“初七七不去，初八八不归”的习俗。民间以正月初八为众星下界之日，制小灯燃而祭之，称为顺星，也称“祭星”“接星”。

又传说初八是谷子的生日。这天天气晴朗，则主这一年粮食丰收，天阴则年歉。正月初八是“蚕过年”的日子。民间习俗从正月初一到初八分别为一鸡、二犬、三猪、四羊、五牛、六马、七人、八蚕等人和动物的“年”，这些都和农事有关，人们希望六畜兴旺，人丁平安，蚕事顺遂。同时，在民间还有一个传统禁忌，正月初八蚕过年时，妇女不能用针线。据说，如果这天用了针线，蚕的眼睛就会瞎。

“初八占谷，顺星节。”传说这一天是诸星下界的日子，天空星斗出得最全，是长辈给儿孙认星星的时候。正月天寒地冻，在院中不能久站，真正认星星还是在夏天的晚上，这一天主要是从香蜡铺中请来的“星神码儿”上所列的星宿名号来了解“天文”。

人们于此日祭星，谓之“顺星”。祭祀用两张神码，第一张印着星科、朱雀、玄武等，第二张是“本命延年寿星君”。两张前后摞在一起，夹在神纸夹子上，放在院中天地桌后方正中受祀。

顺星节祭星仪式在夜里举行，有钱人家摆108盏灯花，一般人家也可摆49盏，最少是9盏，代表日、月、水、火、木、金、土、罗侯和计都，这九位流年照命星宿。灯碗形似小小高脚杯，有泥质的也有铜质的，内放豆油，灯捻用“灯花纸”捻成。祭拜“星神码儿”后，由主妇把这些灯花分别摆放在寝室、厨房、客厅的案头、炕沿儿、箱柜以至院内台阶、角路、门洞等处，宛若一次烛光晚会，名曰“散灯花”。这时，在这神秘的灯花群中，长辈要向儿孙讲“一寸光阴一寸金”的道理，保持“慎独”的重要性，因为“流年照命星宿”时刻在监视着每个人的一举一动，“要想人不知，除非已莫为”。散灯花极有浪漫色彩，任人祈盼，想象，直至所有灯花燃尽，然后全家互道“星禧”后，灯光才能重亮，鞭炮才能点响，院中的“钱粮盆”内松木杂枝点燃，如同篝火一般使人联想翩翩。祭祀之后，待残灯将灭，将神码、香根与芝麻秸、松柏枝一同焚化，祀成。

正月初九

在道教传说里，正月初九是玉皇大帝的生日，即所谓的“玉皇诞”“天公生”，亦称“天日”。这一天里道观要举行盛大的祝寿仪式，诵经礼拜。家家户户于此日都要望空叩拜，举行最隆重的祭仪。以三牲、水果拜祭“玉皇大帝”。希望来年风调雨顺有好收成，同时拜过“玉皇诞”有保佑家人健康长寿之意。此日待人处事皆讲求和气，不可冒犯天神。

正月初十

传说这一天是石头的生日，“石不动”：这一天凡磨、碾等石制工具都不能动，甚至设祭享祀石头，恐伤了庄稼。也称“十不动”。房山大石窝、门头沟小园村石板窑、海淀狮子窝等采石场还要举行祭祀仪式，有的地方家家向石头焚香致敬。午餐必食馍饼，认为吃了饼一年之内便会财运亨通。还有抬“石头神”之举，初九夜人们将一个瓦罐冻结在一块平滑的石头上，初十早晨，以绳系罐鼻，由10个小伙子轮流抬着瓦罐走，石头不落地则预示当年丰收。

另外还有一个风俗，叫作“贺老鼠嫁女”，也叫“老鼠娶亲”。初十这天，人们把面饼放在墙根之处，供老鼠吃用。许多地方还要在屋子里的角落、墙角以及水瓮里点灯、焚香、敬纸，对“老鼠娶亲”表示祝贺。这一天的晚上，家中不许点灯，人们不许说话，怕的是惊动了老鼠，破坏了它娶亲的好事，如果惹恼了“鼠神”，家里一年都会闹老鼠。

还有一些地方，初十这天妇女不许动针线，说是在这一天如果做针线活儿，会心疼，因为十指连心。

正月十一

这一天是“子婿日”，是岳父宴请女婿的日子，民间称为“十一请子婿”。

开春旺地好收成，俗话说“一年之计在于春”，在这一天农家会到田地里去看一看，做好春耕的准备，希望今年有个好收成。

正月十二

从正月十二开始，人们选购灯笼，搭盖灯棚。童谣曰：“十一嚷喳喳，十二搭灯棚，十三人开灯，十四灯正明，十五行月半，十六人玩灯。”在这一天，祖宗堂前点新灯。“灯”与“丁”谐音，点上一盏新灯意味本家族又增添一个男丁。在旧时农业社会里，人们非常重视生男孩以继承家中的香火，在同姓村落里如果有宗堂，凡是本姓出生的男孩都可以在这一天到宗堂来点新灯加添族谱，以示香火兴旺。

正月十三、十四

正月十三、十四旺禽舍，这两天是增添家里三牲家禽的日子，买几只小鸡，拉只小猪秧子养活着。

元宵节

这一天是新的一年第一个月圆之日，同时也是过大年活动的结束，因而备受人们的重视。过元宵节在北京称为“闹元宵”，这个节日的特点就是一个“闹”字，意思是尽欢尽乐，因而被称为“中国的狂欢节”。

在人们心目中，不到元宵节，春节就还没有过完。同除夕一样，元宵节有着悠久的历史。元宵节又称为“灯节”“上元节”“元夕”等。这一天是道教之神天官大帝的诞辰，“天官赐福”，因而这是一个喜庆的日子。

1. 观灯

自明代以来，作为皇城的北京城，在正月十五这天更是别有风情。皇宫内，宫殿高挂“春灯”，宫内灯火通明；皇宫外，更是花灯繁盛。如今的灯市口就是明代时元宵节这天，京城百姓购物、观灯之处。清朝时，花灯最盛，灯市的范围也得以扩大，北京城内出现了多个“灯市”，而且花灯工艺复杂，精彩纷呈。在热闹的灯市中，也催生了猜灯谜、花会表演、“催灯梆”和“灯政司”等各种习俗，构成了老北京元宵节的独特风俗画卷。

汉代时已有在正月十五燃灯以敬佛的习俗；南北朝时，元宵节点灯火的风俗盛行；隋时每年元宵节都要举行盛大灯会，隋炀帝写的“灯树千光照，花焰七枝开，月影凝流水，春风含夜梅”，是最早描写元宵节灯火的诗句；唐宋时期至明清民国年间，从皇宫贵族到平民百姓，元宵节的欢庆活动更为盛行。而在旧时的北京城，元宵灯会与春节时的厂甸庙会、白云观燕九节的会神仙等习俗合称为“上林盛举”。

明朝时，北京的灯节，从正月初八上灯到十七落灯，共十天。那时老北京的灯市口是购物、观灯之所。这十天，从傍晚到天明，灯市口里灯火齐明，各种纱灯、纸灯、明角灯、通草灯、走马灯等高挂于街市，争奇斗艳，在放灯的同时，还有杂耍百戏“走街”的欢庆活动。

到了清代，自正月十三至十七为灯节，十三叫上灯，十四叫试灯，十五叫上元灯，十六叫残灯，十七叫落灯。每逢灯节，内廷便置酒兴会，赐宴外藩，皇家在乾清宫等宫殿高挂“春灯”，使宫内灯火通明，如同白昼，但那时为防火灾，在宫内不许放焰火。放焰火等贺节活动多在圆明园和三海内举行。元宵灯节的习俗在乾隆时期趋于鼎盛，乾隆皇帝每年正月十三都陪皇太后到圆明园里的“山高水长”楼看歌舞杂技、观灯、放焰火，然后传谕放“花盒子”。光绪年间，慈禧太后也常在皇家园林颐和园等地举行载歌载舞的闹元宵活动。据清史载，每年参加舞灯的艺人多达三千人，每人手持一竿，竿上再横一竿，两头各悬挂彩灯一个，他们载歌载舞，口唱着《太平歌》，持灯盘舞动如龙之婉转，虽有月光，只见灯亮不见人影，还排列出“太平万岁”字样，充分表现出高超技艺，引得当时的外国人都极为惊讶。

在民间，因灯市离皇宫太近，自康熙年间起为防火，朝廷下令将灯市口的灯市北移至东四南北大街，同时在前门外、天桥灵佑宫、琉璃厂、地安门大街等处也设有“灯市”。各种花灯种类繁多，热闹非凡，尤其正阳门东月墙、打磨厂、西河沿、廊坊头二三条以及大栅栏花灯最繁盛。民国时期在城南游艺园也举办过元宵花灯大会，有的花盒子高达十三层，点燃后有演戏的场景，也有烟花火炮，观者如潮、盛况空前。那时，在厂甸庙会及一些商店门前，在放完花炮后，也常放一两个花盒子，灯彩纷飞、层层变幻的盒子灯，引得老百姓久久不愿离去。“画屏深护绿玻璃，小谜灯前密字题。”正月十五在前门大街及大栅栏街的花灯与灯画是最轰动四九城的民俗活动，瑞蚨祥绸缎店的“唐僧取经”花灯、谦祥益绸布店的“七侠五义”花灯等都非常吸引人。那时的棋盘街内六部（刑、吏、户、兵、工、礼）衙门的门前也张灯结彩，吸引大量游人前往观看，老北京称之为“六部灯”，有一首歌谣这样唱道：“太平鼓，响咚咚，一生爱看六部灯；灯屏儿，书成套，一典一故我知道。”近年“前门上元灯会”已被列入北京市东城区非物质文化遗产名录，成为北京市每年元宵节的保留项目。节日当天，这里的花灯展示、传统民族手工艺表演展给百姓带去了浓厚的年味儿。

元宵节除“观灯”外，另一与观灯有关的雅举风俗就是“猜灯谜”，也叫“打灯虎”，曾是一项十分有益的文化活动，深受广大群众喜爱。猜灯谜始于汉代，据说是由李广射虎的故事引申而来。逛灯猜谜的人从灯笼上取下谜目（谜语）纸条辩猜，叫“打灯虎”，猜中谜底很不易，犹如难以射中老虎一样，故猜中时也称为“射中”。民国年间，在大栅栏内的同仁堂、瑞蚨祥等商铺前都有猜灯谜活动，猜中有奖。那时有商铺曾挂出告示：猜中者“奖苹果三千”，而有一猜中者去领奖，给的却是插着三根牙签的一个苹果，成为当时的街头笑谈。1949年后，20世纪60年代之前，悬花灯、猜灯谜的活动，多在劳动人民文化宫及中山公园等群众游园活动中举办，游人众多，热闹非凡。20世纪80年代后，每逢元宵佳节，在一些公园内和大商场前都曾举办过悬花灯猜灯谜活动。

2. 花会表演

在旧时，每逢元宵节，北京城乡各地的社火：踩高跷、跑旱船、击太平鼓、舞狮、舞龙灯、小车会、大秧歌等百戏表演，都是节日常见的活动。北京一些乡镇还有自发组建的花会（香会），元宵节时，他们常奔赴城内或邻村“走会”表演，比如通州的龙灯会，其历史非常悠久，早在清代道光年间，就已有“走会”表演的记载。近几年，门头沟、延庆、平谷、昌平、顺义等区县的民间花会还沿袭着古老走会民俗，经常在春节和元宵节到前门天街、北海公园等灯会上出演跑旱船、耍龙灯、跑竹马、踩高跷、舞狮等社火演出，深受人们的喜欢。北京这些乡镇的传统社火也被列入非物质文化遗产，近代在正月十五元宵节这天，在前门大街、大栅栏、鸟巢、三里屯等场所都会有表演。

京西门头沟区的庄户村和千军台村，正月十五两村（最早是三个村，原来还有板桥村）的古幡会互访活动，传承了四百余年，至今仍然长盛不衰，已经被列入了国家级非物质文化遗产名录。石景山区古城村的“秉心圣会”共有十个会档，俗称“花十档”。在朝阳区有花会“十三档”，其他区的乡镇亦有农民自发组织的各种花会，每年元宵节都要上街表演。

另一项主要活动是“转灯场”。早年间，京西门头沟区许多村庄都有这项活动。灯场又叫“灯阵”，由古代的阵法演变而来，其实就是布满了彩灯的迷宫，内部分为九九八十一个方格，共点燃365盏彩灯，象征着一年的365天。人们进入灯阵之后，左旋右撞，曲曲折折，象征着人生路途的曲折，要二十多分钟才能走出来。如果能够顺利地走出来，象征着在新的一年里，万事如意，心想事成。到了晚上，灯场灯火通明，人们争相进入灯场去转灯，欢快的锣鼓伴随着人们的欢声笑语，好不热闹！

3. 走桥摸钉

明清两代，京城的妇女们盛行逛花灯时“走桥”“摸钉”。“走桥”是在正月十六那天，一些妇女罩上白绫衫，成群结队地外出游玩，见桥就走，并出游到正阳桥、天桥等处，她们将桥当作“消”之意，“走桥”一年之中可以消灾祛病。

“走桥”时，一人举香开道，众人随后，称为“走百病”或“消百病”，过桥谓之消病“度厄”，那时人们认为，凡是不走桥的人就不能长寿，有首诗曰：“都城灯市春头盛，大家小家同节令；诸姨新妇及小姑，相约梳妆走百病；俗言此夜鬼穴空，百病尽归尘土中。”说的就是走桥之俗。

“摸钉”是说妇女们为求能生男孩，而结队去各城门洞，尤其要到前门门洞去摸城门上的门钉，因钉与“丁”谐音，丁者，男也。据说摸过门钉后就容易生男孩。《都门竹枝词》中曾云：“女伴金箍燕尾肥，手提长袖走桥迟；前门钉子争来摸，今岁宜男定是谁。”

清《月日纪古》卷一记载：“燕城正月十六夜，妇女群游，其前一人持香辟人，名辟人香。凡有桥处，相率以过，名走百病。又暗摸前门钉，中者兆吉宜子。”

4. 驱邪祟

在这一天，孩子们讲究做“打鬼”的游戏，其玩法是先选一个人当“鬼”，用一长绳系在其腰上，由几个人牵着绳让他来回跑动，另几个人可上前打“鬼”，“鬼”能还手，倘有一人被“鬼”打中，他则替换为“鬼”。

“烧火判儿”是老北京灯节中另一项民俗活动。“判儿”指的是阴间的判官，“烧火判儿”就是百姓们把这罪恶的判官烧掉之意。旧京时，有两处地方举办“烧火判儿”：一处是地安门外大街的城隍庙，另一处是琉璃厂街的吕祖祠。城隍庙每年的正月十三至十七举办庙会，张灯结彩，极为热闹。庙会至傍晚后，将已置于庭院内的泥塑判官点燃，判官约五六尺高，其头上戴着一顶双翅的纱帽，挺着个大肚袒腹而坐。这判官腹中是空的，实际是用砖砌的大炉膛，人们将柴及煤块点燃后，其火焰即从判官的口耳鼻眼及肚脐眼中冒出。游客一边围观，一边拍手称快。

京西门头沟区是北京的产煤区，这里流行元宵节燃旺火堆，也叫“坛儿火”，形式与城里的“火判儿”相同。含义是纪念最早使用煤炭之人，即女娲娘娘炼石补天时使用的燃料就是煤炭。点旺火堆，象征着在新的一年里，矿工人家的生活红红火火。火堆要连烧三天，孩子们在火堆旁边玩游戏。

5. 吃元宵

除了以上的室外活动，正月十五元宵节的一个重要习俗是吃元宵。元宵在历史上曾有过面茧、粉果、元宝等称谓。元宵形如圆月，故也名圆宵，又称为汤圆或圆子，取月圆人团圆吉兆之意，直到唐代后才被定为元宵之名。

吃元宵的习俗源于何时何地，民间说法不一。一说春秋末楚昭王复国归途中经过长江，见有物浮在江面，色白而微黄，内中有红如胭脂的瓤，味道甜美。众人不知此为何物，昭王便派人去问孔子。孔子说："此浮萍果也，得之者主复兴之兆。"因为这一天正是正月十五日，以后每逢此日，昭王就命手下人用面仿制此果，并用山楂做成红色的馅煮而食之。

从《平园续稿》《岁时广记》《大明一统赋》等史料的记载看，元宵作为欢度元宵节的应时食品是从宋朝开始的。因元宵节必"圆子"，所以人们使用"元宵"命名之。

到了明代，元宵品种更为丰富，《明宫史》曾载："自正月初九起，四九城内北京人就开始吃元宵，其制法已如今日用糯米细面内夹白糖、桃仁、玫瑰等为馅。至清代，元宵曾是皇宫内元宵节时必食的御膳食品。"元宵品种进一步发展，最具盛名的是康熙年间就已出名的御用"八宝元宵"，曾有诗曰："紫雪茶社斟甘露，八宝元宵效内做。"这首诗也说明八宝元宵当时已传向民间。

民国年间，北京元宵品种越来越多，分为有馅心和无馅心两大类。北京的元宵馅品种众多，如有加入桂花、芝麻、核桃仁、瓜子等果料的；有以细豆沙、枣泥或山楂泥为馅的；也有五仁元宵、什锦元宵等，可谓千变万化、风味各异，四九城内各阶层均爱品尝。

正月十九日

燕九节是道教白云观重大节日，每年的正月十九日是道教白云观的重大节日，名曰"燕九节"。据记载，这一天"群游白云观以竭长春道人丘处机，名曰燕九，自元迄，习俗相沿"。节日当天"倾城士女，地曳竹杖俱往南城长春宫，白云观宫观，蕨扬发事、烧香，纵情宴玩，以为盛节，犹有昔日风纪"。

燕九又称"宴邱"，还有"会神仙"之说。据传说这一天"真人必来，或化冠绅，或仕游士治女，或仕乞丐，故羽士十百，结圜松下，冀幸一遇之"。

清末，燕九节因"男女杂沓，举国若狂"，一度被禁止，"以端风化而正人心"。但民国后又恢复，在"会神仙"之外，还有许多民俗活动。

打春

"立春"是二十四节气的头一个节气，也是春天的开始，老北京称立春为"打春"。为何叫"打春"呢？"立春"在古代农耕社会是个重要的节气，是春季的开始和农事的开端，古人认为"春神"在东方，春天从东方到来，所以明清时期在北京东直门外设有春牛房和春场，每逢立春前一天，顺天府的府尹（相当于北京市长）都要率众去那里迎春。

春天的象征是一个男童模样的勾芒神和一个泥土塑造的春牛。春牛身高4尺，长达8尺，腹中装满五谷杂粮。立春前一天，府尹率众到春场将春牛和勾芒神抬回顺天府衙门（在鼓楼东大街路北），这叫作“迎春”。立春当天再抬到皇宫里请皇帝观看，叫作“进春”。进春仪式后，把春牛抬出来游街，任人们鞭打，以象征春耕即将开始，这就叫“打春”。泥土塑造的春牛被打破之后，腹中的五谷杂粮溢出，则象征着五谷丰登。

“春牛房”是一排房子，旁边的“春场”则是一块农田，春场里还有一座迎春亭，始建于明代万历年间，据记载，现在东直门外大街路北的东湖别墅就是昔日春场的旧址。

“立春”作为一个民俗节日在老北京是与吃分不开的，老北京讲究在立春那天买萝卜吃，谓之为“咬春”。老北京人认为，立春这天吃萝卜可以解除春天的困倦。除了要吃萝卜之外，老北京人还讲究吃春饼。立春吃的春饼与普通的烙饼不一样，春饼讲究用烫面，烙出来不仅要薄，而且还要能揭开，一张春饼要一分为二那才地道。所以，老北京立春吃的春饼又被称为薄饼。在过去，讲究的人家都会去锅饼铺买饼。立春吃春饼讲究饼里夹上菜，菜样一定要多，要荤素搭配，有驴肉、熏肚、熏肘子、酱口条、酱小肚等肉菜，还要有炒粉丝、炒菠菜、炒鸡蛋、炒豆芽等素菜。

由此可见，老北京风俗立春时吃的春饼早就开始讲究混搭了。老北京立春时吃春饼前用羊角葱丝蘸“六必居”的甜面酱，抹到春饼里，夹上合子菜一卷，从一头吃到另一头，这就叫作有头有尾，寓意合家欢乐。

填仓节

农历正月二十五“填仓节”，宋代孟元老《东京梦华录》载：“正月二十五，人家市羊彘肉，客至苦留，毕竟而去，名曰填仓。”“填仓”意即填满谷仓之意。相传古代北方曾连续大旱三年，赤地千里，颗粒无收。可是，皇帝不顾人民死活，照样强征皇粮，以致连年饥荒，饿殍遍野。尤其是在年关，穷人走投无路。给皇帝看守粮仓的仓官不忍看到老百姓们饿死，毅然打开了皇粮仓，救济灾民，并在正月二十五这天放火烧仓自焚。后人为了纪念这位仓官，每年这天清晨，就用草木灰撒成圆圆的囤形的粮仓，有的还镶上花边、吉庆字样，并在囤中撒以五谷，象征着五谷丰登，来表达人们填满仓谷、救仓官的深情厚谊。现在这些习俗已经消失了，但填仓佳话却世世代代流传了下来，提醒人们从这天起清仓扫囤，晾晒种子，整修农具，准备春耕。

填仓节这一天，粮商米贩，致祭仓神。农民用草木灰撒圆圈于地，内放各种作物种籽，用瓦盖瓦上，祈求风调雨顺，五谷满仓。

填仓节分为小填仓、大填仓两个节日。小填仓为正月二十日，大填仓为正月二十五日。如今不分大小，在正月二十五日一并过填仓节。

关于“填仓”有三种说法。第一种说法是这一天要吃饱喝足，这样一年都不会挨饿，会很顺心，实际是以酒食饱腹为“填仓”。清朝富察敦崇的《燕京岁时记》引明朝陆启宏《北京岁华记》说：“二十五日，人家市豕牛羊肉，恣餐竟日，客至苦留，必尽饱而去。谓之填仓。”第二种说法是，在这一天要籴米积薪，收贮煤炭，把这叫作“填仓”。清朝潘荣陛《帝京岁时纪胜》中说：“京师之民不事耕凿，素少盖藏，日用之需，恒出市易。当此新正节过，仓廪为虚，应复置而实之，故名其曰为填仓。”第三种说法是在农村，这一天把少许草木灰撒在场院的地上，画成粮囤的形状，在其中放少许谷物，象征围仓，叫作“填仓”。这是一种祈盼丰收的仪式。

北京郊区农村有这样一句谚语：“填仓填仓，小米干饭杂面汤。”这一天要吃香喷喷的小米饭，细丝滑韧的杂面汤，庆贺节日，可见北京郊区人民生活的俭朴了。

填仓节民俗讲究“喜进厌出”，这一天，囤里要添粮，缸里要添水，门口放一堆煤炭以镇宅，以便求得一年顺当富足。农民忌讳在此日卖粮食，但是粮店却喜欢在这一天收购粮食，为的是讨个喜兆。为了吸引卖粮食的主顾，粮店特意摆酒设宴，对前来卖粮者热情款待。一些被生活所迫的农民就选择在此日卖粮了，先不管吉利不吉利，反正能赚顿好饭吃。

惊蛰

惊蛰是二十四节气中的第三个节气，更是干支历卯月的起始，时间点在公历3月5—6日之间，太阳到达黄经345° 时。《月令七十二候集解》：“二月节……万物出乎震，震为雷，故曰惊蛰，是蛰虫惊而出走矣。”这时天气转暖，渐有春雷，动物入冬藏伏土中，不饮不食，称为“蛰”，而“惊蛰”即上天以打雷惊醒蛰居动物的日子。这时中国大部分地区进入春耕季节。

惊蛰在民间有许多习俗。祭白虎化解是非。中国的民间传说白虎是口舌、是非之神，每年都会在这天出来觅食，开口噬人，犯之则在这年之内，常遭邪恶小人兴风作浪，阻挠你的前程发展，引致百般不顺。大家为了自保，便在惊蛰那天祭白虎。所谓祭白虎是指拜祭用纸绘制的白老虎，纸老虎一般为黄色黑斑纹，口角画有一对獠牙。拜祭时，需以肥猪血喂之，寓意使其吃饱后不再出口伤人，继而以生猪肉抹在纸老虎的嘴上，使之充满油水，不能张口说人是非。

在民间素有“惊蛰吃梨”的习俗。惊蛰这个节气万物复苏，惊蛰时节，乍暖还寒，除了注意防寒保暖，还因气候比较干燥，很容易使人口干舌燥、外感咳嗽。所以民间素有惊蛰吃梨的习俗，梨可以生食、蒸、榨汁、烤或者煮水。此时饮食起居应顺肝之性，吃梨助益脾气，令五脏和平，以增强体质抵御病菌的侵袭。民间有“惊蛰吃了梨，一年都精神”之说。另外“梨”谐音“离”，据说，惊蛰吃梨可让虫害远离庄稼，可保全年的好收成，因而这一天全家都要吃梨。

惊蛰是雷声引起的。古人想象雷神是位鸟嘴人身、长着翅膀的大神，一手持锤，一手连击环绕周身的许多天鼓，发出隆隆的雷声。惊蛰这天，天庭有雷神击天鼓，人间也利用这个时机来蒙鼓皮。《周礼》卷四十《挥人》篇说：“凡冒鼓必以启蛰之日。”

惊蛰象征着万物复苏，平地一声雷，唤醒所有冬眠中的蛇虫鼠蚁，人们怕俗虫走蚁又会应声而起，四处觅食。所以古时惊蛰当日，人们会手持清香、艾草，熏家中四角，以香味驱赶蛇、虫、蚊、鼠和霉味，久而久之，渐渐形成了驱虫的习俗。

《千金月令》上说：“惊蛰日，取石灰糁门限外，可绝虫蚁。”石灰原本具有杀虫的功效，在惊蛰这天，撒在门槛外，认为虫蚁一年内都不敢上门，这和“闻雷抖衣”一样，都是在百虫出蛰时给它一个下马威，希望害虫不要来骚扰自己。

二月二

“二月二，龙抬头”，俗称青龙节、龙头节，传说这天是龙抬头的日子。我国以农业立国，伏羲氏“重农桑，务耕田”，每年二月二这天，“皇娘送饭，御驾亲耕”，自理一亩三分地。后来黄帝、唐尧、虞舜、夏禹纷纷效法先王。到周武王时，不仅沿袭了这一传统做法，而且还当作一项重要的国策来实行，于二月初二，举行盛大仪式，让文武百官都亲耕一亩三分地，这便是“龙头节”的历史传说。又一说为武则天废唐立周称帝，惹得玉帝大怒，命令龙王三年不下雨。龙王不忍生灵涂炭，偷偷降了一场大雨。玉帝得知便将龙王打出天宫，压于大山之下，黎民百姓感龙王降雨深恩，天天向天祈祷，最后感动了玉皇大帝，于二月初二将龙王释放，于是便有了“二月二，龙抬头”之说。实际上是过去农村水利条件差，农民非常重视春雨，庆祝“龙头节”，以示敬龙祈雨，让老天保佑丰收。从其愿望来说是好的，故“龙头节”流传至今。

“龙抬头”节日的形成大约是在宋末元初，人们把“二月二”和惊蛰节气联系起来，从而增加了龙抬头的内容，并逐渐演变成了驱虫害和祈丰收风俗为主题的节日。明清以来，二月二这一天有引龙、打囤、煎饼熏虫、击梁辟鼠、炒豆报捷等民俗活动。

引龙又称“引钱龙”“引龙迴”“引龙填仓”，从前普遍流行，现在已经很少见了。元代欧阳玄功的《渔家傲》词中有“二月都城春动野，引龙灰向银床画”之句，后来一般人们是把草木灰从大门外蜿蜒撒入厨房，然后围着水缸撒一周，谓之“引龙”。也有用米糠撒到井边，再用草木灰由井边撒入家中的。“引龙”的目的，一说是预示增加财富，故谓之引“钱龙”；一说是龙抬头后，各种害虫就不敢出来了。

打囤，又称“打灰囤”“围仓”，就是用草木灰在场院和庭院里撒成若干仓廪状的图案。早在宋代陆游就有“处处遥闻打囤声”的诗句，元初赵孟頫也有“散灰沿旧俗”的说法。打囤要在二月二的早晨进行，一般由当家人来打。先用簸箕盛上草木灰，用一根木棒轻敲其边沿，使灰徐徐落下，形成一寸半宽的灰线，边打边走，围成一个圆圈，名为囤或仓，中间再放上少许五谷杂粮即成。粮食有放在地上的；也有在圈中挖一小坑，把粮食放在坑内的；还有的在坑上盖一石块、砖头或瓦片，到第二天看什么种子先扭嘴发芽，就说明今年收什么。在灰囤外沿，还要撒上梯子的形状，含义是囤高粮满，预兆丰年，故有“二月二，龙抬头，大囤尖，小囤流”之谚。

二月二还有“煎饼熏虫”和“击梁辟鼠”的习俗。时在惊蛰前后，各种毒虫都开始活动了，二月二这天人们都做煎饼吃，也有煎正月留下的年糕吃的，叫作“煎饼熏虫”，以此来提醒人们不要受毒虫的伤害，同时也用煎饼、煎糕等形式寄托着人们祛虫的心理。“击梁辟鼠”就是在这天敲打房梁惊吓老鼠，据说这样做了老鼠就不敢出来了。后来，辟鼠已不多见，而多是辟害虫的。有的老太太这天早晨用木棍敲打房梁和床沿，边敲边唱：“二月二，敲房梁，蝎子蚰蜒无处藏。”也有的敲一破瓢，唱道：“二月二，敲瓢碴，蝎子蚰蜒双眼瞎。”

“二月二，接宝贝儿，宝贝儿不来掉眼泪儿。”这是老北京的民谚。“宝贝儿”指的是出嫁的姑娘以及小外孙。按照风俗，二月二这天，北京人接出嫁的姑娘回家吃春饼。

另外，二月二这一天还是男人们理发的日子。老北京讲究，“正月不剃头（理发），剃头死舅舅。”把在新的一年里第一次理发的日子定在了二月二这一天，“剃龙头，全年不发愁”，所以这一天里，理发的人特别多，一些理发馆都排起了长队。这种风俗延续到了现在。

从前在二月二这天有不少的忌讳，最普遍的是妇女不准动刀剪针线，怕戳了“龙眼”。这一天人不准到井台去挑水，怕碰伤了“龙身”。

过去，人们一般把青龙节作为年嬉的终止，从此停止各种游乐活动，开始恢复常业。扛活的长工开始上工，谓之“上工日”；农家开始试犁农作。传说二月二是土地神的生日，有些地方要在这一天祭土地神，大约也与春季生产即将开始有关。

二月十九

二月十九日这天，北京的许多佛寺要举行观音会，即观世音菩萨祝圣仪式。这一天佛门四众（比丘、比丘尼、男女居士）及前来“随喜”的善男信女，齐聚寺庙经堂或圆通殿，共举《戒定真香赞》；三称“南无大悲观世音菩萨”圣号；接着诵《大悲咒》七遍、《心经》一遍；诵《观音赞》，之后再转《观音偈》。至此列队绕佛宣“南无观世音菩萨”圣号数百声，然后各归原位，进行拜愿，向释迦牟尼佛、阿弥陀佛各三拜；向观世音菩萨十二拜，再向大势至菩萨、清净大海众菩萨各三拜。最后是“三皈依”（皈依佛、法、僧），闻讯（合十）而退。稍事休息，即举行放生会。所谓放生会就是将一些生物放归于大自然，或放鸟雀于森林原野，或放鱼鳖于河泊池塘，均遵“放生仪轨”行事。由主法大和尚给被放生的鱼、鳖、鸟、雀等受戒，让它们皈依佛、法、僧三宝，这样就免去了生前的被人捕杀，死后免入地狱、饿鬼、畜生“三途”之苦。“受戒”时，由参加放生的居士或僧众以唱赞的形式来答复授戒主法的大和尚和佛。仪式礼成，由僧众敲打法器，将那些受过戒的鱼、鳖、鸟、雀等，送至湖河或山林中放掉。《帝京岁时纪胜》载：“十九日为观音大士诞辰，正阳门月城内观音庙香火极盛，城内外白衣庵、观音院、大悲坛、紫竹林，庙宇不下千百，皆诵经聚会。”

三月三

传说农历三月三是王母娘娘生日，是她在瑶池开蟠桃会大宴群仙的日子。北京的蟠桃宫每年的三月三都要举行盛大的庙会活动。

“三月三”是一个古老的民俗节日，古时以三月第一个巳日为“上巳”，汉代定为节日。“是月上巳，官民皆絜（洁）于东流水上，曰洗濯祓除，去宿垢疢（病），为大絜”（《后汉书·礼仪志上》）。后来又增加了临水宴宾、踏青的内容。

王母娘娘是道教传说中的元始天尊的女儿，玉皇大帝的夫人，掌管人间福寿。旧历三月初三是她的寿诞之日，天宫要举行蟠桃盛会。正逢春和景明、万物复苏之时，才熬过枯燥清淡一冬的老北京人，巴不得找个又能烧香拜神，又能逛庙会看热闹，还能踏青郊游的机会。于是，东便门的蟠桃宫庙会就成了京城阳春的一大盛景。

北京蟠桃宫在东便门外，三月三这天，沿护城河南岸，绵延两三里，直到蟠桃宫四周的空场，车水马龙，行人络绎不绝。到处摊棚林立，茶招酒旗飘扬。去蟠桃宫进香朝拜献艺的民间花会很多，前有飞叉开道，跟着五虎棍，后面有秧歌、旱船、小车、狮子等，一档子跟着一档子，各有特色绝招，争奇斗艳。庙会里风味小吃应有尽有。乡下来的小姑娘穿着小花袄，蹲在地下，两个柳条筐子装满鲜嫩的蓟菜，原来，老北京有个传说，三月三是蓟菜的生日，讲究吃蓟菜馅的饺子。有的游人喜欢自己去田边、地头挖野菜，有荠菜、刺儿菜、马齿苋、灰灰菜等，或是在河边柳树上捋柳芽儿，图的就是个亲近大自然，调剂生活。

蟠桃盛会也是百戏杂陈的大舞台。有在高台上唱整本大戏的，也有撂地说相声、唱大鼓、拉单弦的。有围成一圈表演抖空竹、耍刀枪、硬气功的，也有蹲地上铺块红布变戏法的，还有弹着三弦唱小曲的。当时还有民谣：“三月里来三月三，蟠桃宫外好人烟。做卖做买人人乱，各样玩意摆得全。”卖玩具、风筝、空竹的，卖字画、文房四宝的，卖鞋帽估衣的，五花八门，应有尽有。大姑娘、小媳妇则直奔卖花布、绣花样的货摊。打梳头油，卖泡花碱、发卡、木梳的小贩应接不暇。尤其是守着花市地区，传统的绢花、绒花，千姿百态，万紫千红，是蟠桃宫庙会最有特色的商品。

“曲水流觞”是文人雅士们在三月三的活动，晋代永和九年（353）三月初三上巳日，王羲之偕亲朋谢安、孙绰等四十二位全国军政高官，在兰亭修禊后，举行饮酒赋诗的“曲水流觞”活动，引为千古佳话。

后人仿效“曲水流觞”的雅俗，修建了“流杯亭”，亭内用巨石铺成地面，刻有弯曲的水道，人们围坐周边，进行曲水流觞的游戏。这种流杯亭北京现存的有五座，在故宫乾隆花园里有一座，中南海里有两座，恭王府里有一座，京西潭柘寺有一座。潭柘寺的流杯亭名叫“猗玕亭”。清乾隆皇帝来潭柘寺小憩时，曾在流杯亭和王公大臣玩儿曲水流觞的游戏，并作有《猗玕亭》诗一首：“扫径猗猗有绿筠，频伽鸟语说经频。引流何必浮觞效，岂是兰亭修契人。”

寒食节

寒食节亦称“禁烟节”“冷节”“百五节”，在夏历冬至后一百零五日，清明节前一二日。是日初为节时，禁烟火，只吃冷食。并在后世的发展中逐渐增加了祭扫、踏青、秋千、蹴鞠、牵勾、斗鸡等风俗，寒食节前后绵延两千余年，曾被称为民间第一大祭日。寒食节是汉族传统节日中唯一以饮食习俗来命名的节日。后来因为寒食节和清明节离得较近，所以人们把寒食和清明合在一起，只过清明节了。

寒食节原发地是山西介休绵山，距今已有2600多年的历史（比端午节的产生早358年）。据《辞源》《辞海》“寒食节”释义：“春秋时，介子推历经磨难辅佐晋公子重耳复国后，隐居介休绵山。重耳烧山逼他出来，子推母子隐迹焚身。晋文公为悼念他，下令在子推忌日（后为冬至后一百五日）禁火寒食，吃冷食，形成寒食节。”

寒食节这天不许动火，老北京寒食节讲究吃“十三种小吃”，即姜丝排叉、硬面饽饽、糖卷馃、艾窝窝、豌豆黄、马蹄烧饼、螺丝转儿、馓子麻花、驴打滚儿、糖耳朵、糖火烧、芝麻酱烧饼、萨其马。

清明节

清明节又称“踏青节”“柳节”“三月节”，老北京在清明前后不仅仅有扫墓，还有踏青春游、插柳射柳、赏玉兰花、放风筝、荡秋千、城隍庙求愿等习俗。

清明节扫墓，谓之对祖先的“思时之敬”，其习俗由来已久。明《帝京景物略》载：“三月清明日，男清明祭祖，担提尊榼，轿马后挂楮锭，粲粲然满道也。拜者、酹者、哭者、为墓除草添土者，焚楮锭次，以纸钱置坟头。望中无纸钱，则孤坟矣。哭罢，不归也，趋芳树，择园圃，列坐尽醉。”扫墓在秦朝以前就流传了，清明扫墓则是秦以后的事。一直到唐朝才开始盛行。清明扫墓追思先人，祭奠英烈是一项很有意义的活动，这个习俗流传至今，国家已经把清明节定为了法定节假日。

阳春三月，春回大地、草木蕤苏，人们在度过一个寒冬收敛之季后，此时也想顺应自然生机，伸展腰肢，走出房门到阳光明媚、绿草如茵的公园或郊外去踏青寻春，或步行、爬山、涉水，或赏花斗草游乐，既是春游又是健身活动。

老北京时的踏青由于古时交通不便，一般百姓多赴西直门外高梁河畔、陶然亭和东直门外就近踏春。也有一些富家子弟、文人墨客乘马（轿）车、或骑车结伴去远郊的八大处、香山、潭柘寺、戒台寺等地赏景观花探春，明代就有“潭柘听泉，戒台观松”的俗谚。

柳是春的使者，我国古代有许多与柳有关的民俗，老北京人有插柳、戴柳、射柳的清明节习俗。插柳之俗盛行于唐宋明清时代，原意为“顺阳气”，在民间则用以悼念介子推母子，与“寒食节”相关。老北京人春游时常在途中折些柳枝盘成个圆圈戴在头顶上，农村的少女、孩童们也都有此习俗。戴柳有避邪除灾、平安保健之说，也有寓意珍惜青春生机勃发之意，故有“清明不戴柳，红颜成皓首”之俗说。“射柳”也是一项在清明节时老北京人的习俗，一些文人墨客、学子们常在柳树上挂个有鹁鸠的葫芦，百步之外用弓箭或弹弓射之，善射者矢中葫芦，鹁鸠受惊飞出，以鹁鸠飞出的高低决定胜负。明代蒋一葵的《咏春》诗曰：“莺啼岸柳弄春晴，柳弄春晴晓月明。明月晓晴春弄柳，晴春弄柳岸啼莺。”此诗正是一幅描述旧京踏春的风情图。

老北京清明节时的另一习俗，是在这一天要去城隍庙烧香叩拜求签还愿问卜，在明、清、民国时，老北京有七八座城隍庙，香火亦以那时最盛。城隍庙里供奉的“城隍爷”，是那时百姓除灶王爷、财神爷之外最信奉的神佛。城隍庙在每年的鬼节清明节开放时，人们纷纷前往求愿，为天旱求雨（多雨时求晴），出门求平安、有病祈求康复，为死者祈祷冥福等诸事焚香拜神，那时庙会内外异常热闹，庙内有戏台演戏，庙外商品货什杂陈。在民国初时还有“城隍爷”出巡之举，人们用八抬大轿抬着用藤制的“城隍爷”在城内巡走，各种香会（民间花会）相随，分别在“城隍爷”后赛演秧歌、高跷、五虎棍等，边走边演，所经街市观者如潮。

在清代，京城八大胡同的妓女，这一天喜欢到江南城隍庙，祭祀死去的同行，哭声一片，甚为悲惨。

另外，清明时节还有放风筝、荡秋千等习俗，白居易在《春游》一诗中就说道："逢春不游乐，但恐是痴人。"老北京当时风筝制作更为精巧，那时有被称为"曹氏风筝""风筝金""风筝哈""风筝马"等流派的风筝。风筝可在庙会集市上购买，也有自家制作的，如儿童自制的称为"屁股帘"的简易风筝。阳春三月在郊外山野或四合院内外广阔之地放风筝。至于荡秋千曾是宫廷内和贵族家园林中的设施，是妇女孩子们流行的一项游乐活动，如今早已成为了百姓的健身活动项目。

三月二十八

农历三月二十八，是道教重要民俗节日——掸尘会。此日被正一派道教认为是东岳大帝生日，信男善女这一天要到东岳庙"拜香"祭祀，并而出巡，这一天"民间盛陈鼓乐幡幢，群迎以往，行者塞路"。

掸尘会从明代形成规模，清代达到鼎盛。与此同时北京各个行业的祖师爷，也供奉在庙中，主持掸尘会者多是北京各个行业的行会组织。

四月初八

四月初八又名浴佛节、佛诞节、龙华会，这是佛教传入中国后兴起的宗教节日，是我国佛教教徒纪念释迦牟尼佛诞辰的一个重要节日。相传释迦牟尼降生时，一手指天，一手指地，说"天上天下，唯我独尊"。于是大地为之震动，九龙吐水为之沐浴。因此各国各民族的佛教徒通常都以浴佛等方式纪念佛的诞辰。不过汉地浴佛节又有中国传统文化的特点，其中的浴佛、斋会、结缘、放生、求子，祈求佛祖保佑，出现各种庙会。中国佛典中对佛诞日的记载有二月八日、四月八日和十二月八日三种。

元代《敕修百丈清规》规定四月八日为释迦如来诞辰，此后均以四月八日为浴佛节，举行浴佛法会，至今相沿不变。浴佛节的首要活动是浴佛。在这一天许多寺院都要举行浴佛活动。

在明清时期的北京地区，有舍结缘豆的习俗。平时和尚拈豆念佛，一豆表示念佛号一声，有念豆至石者。至四月八日将豆炒熟撒之，人们拾到，也念一声佛，吃一豆，故北京有拈花寺。据刘侗《帝京景物略》记载，清代北京仍保留撒结缘豆风俗。《燕京岁时记》称寺院好善者，"取青黄豆数升，宣佛号而拈之，拈毕煮熟，散给市人，称为舍缘豆，预结来世缘分"。善男信女都愿意在这一天来寺院烧香还愿，或礼佛诵经，或布施钱物，或打斋供众，或烧吉祥疏、荐亡疏，或听法师讲经，或请僧人做佛事，等等。由于围绕浴佛节的这类活动往往持续多日，参加的人众多，以至年复一年，在许多寺院形成了传统的庙会。

四月十八

在明代，碧霞元君信仰已成为民众道教信仰的重要部分，故而，北京城内外建有众多碧霞元君庙，时俗称为“顶”。每年农历四月十八日被认为是碧霞元君诞辰日，故而在四月初开始，人们都要“朝顶”，主要去京城“五顶”，及妙峰山、丫髻山等地。朝顶活动后演变成为“庙会”。

端午节

端午节为每年农历五月初五，又称为端阳节、午日节、五月节、五日节、艾节、端五、重午、重五、午日、夏节、蒲节，本来是夏季的一个驱除瘟疫的节日。端午节来历甚多，至少有十种以上的说法，影响较大的与屈原有关。楚国诗人屈原于这一天投江自尽，就变成纪念屈原的节日。端午节在老北京的民俗中与春节和中秋合称“三大节”，因而这一天皇帝可以不上朝，老百姓须敬神祀祖，妇女可携子回娘家归宁，朋友们可以借机聚会，老北京全城呈现出热闹的节日景象。同时，在节日民俗事象中又有自己独有的特色。

端午节吃粽子，北京地区的端午粽子是用苇叶包裹的黄米小枣粽子，许多人家自己包粽子，用江米和黄米与小枣合在一起，叫二米粽子。食品店里出售的粽子以南味为主，近郊农民推车进城卖的以黄米粽子为主。包粽子用苇叶或竹叶，系粽子用的马蔺草是北京特产，黄米小枣粽子受欢迎是因为价格比江米粽子便宜一些。

端午节这一天，京城儿童喜欢玩一种叫“斗百草”的游戏，参加游戏的两人持草相对站立，双手各持一草或花茎的两端。游戏开始后，二草相钩，双方各自把草向自己方向拉，谁的草或花茎被对方拉断谁为输，然后用“打赢家”的顺序赛下去，直至选出最后胜利者。这就要求参赛者在参赛前注意寻找那些草或花茎韧的作为自己的“选手”，无形中形成识别花草的技巧。那种能“斗”倒各草的“选手”，则成为大家公认的当日“百草王”。

老北京有端午节给孩子佩戴“五彩粽子”，祈福增寿的习俗。五彩粽子的内壳是用硬纸叠成的，一般在2厘米左右，外面缠上五彩丝线，连成一串。街头有卖的，家中少妇少女也纷纷自己制作。除了五彩粽子以外，巧手媳妇或姑娘，还会用绫罗制成小老虎，有的是缝制成樱桃、桑葚、茄子、豆角、辣椒、梨、柿、橘等小型水果模样串起来，精致可爱。有立体的，有平面的，争奇斗艳。端午节这一天佩戴在身上，既显示自己的精巧工艺，又给节日增添了祈福增寿的节日气象。

端午节在院门前和房檐下插艾蒿，这个习俗来源于黄巢起义的传说。

中国自古有“南船北马”之说，南方远行靠船，北方远行靠马，所以南方端午节赛龙舟，而北方在金代曾有骑马射柳的习俗。辛亥革命以后，北京人在端午节以去昔日皇家园林游玩为时尚，以去天坛最受欢迎，人们认为此地能“辟毒”，所以游人较多，其他皇家园林也是人们爱去的地方。除此之外，什刹海、金鱼池、高梁桥、二闸……均是端午游玩之地。

五月十三

民国十七年（1928）北平市政当局统计，京城（不含远郊区县）各种关帝庙有286座。关帝是民间信仰的神，并进入道教祭祀范围。北京地区祭祀关帝的活动，主要有元旦（正月初一）抽签活动。这一天民众到关帝庙抽签以卜新年时运，其中正阳门城楼下的关帝庙最隆重热闹。据记载，正月初一当天“五更即有香客前往烧香求福者，抵募不绝”。农历五月十三传说是关羽的生日，此日亦称“单刀会”“关公磨刀日”，各个关帝庙“开庙三天，梨园献戏，岁以为常”。在民间还有关帝生日是六月二十四日之说。北京城也有祭祀活动，“六月二十四致祭关帝，岁以为常，鞭炮之多，与新年无异。”关帝是百姓心目中的道德模范和英雄典范，因此，在历史上北京大小关帝庙的香火很旺盛。

立夏节

“立夏”的“夏”是“大”的意思，是指春天播种的植物已经直立长大了。古代，在立夏的这一天，古代帝王要率文武百官到京城南郊去迎夏，举行迎夏仪式。君臣一律穿朱色礼服，配朱色玉佩，连马匹、车旗都要朱红色的，以表达对丰收的祈盼和美好的愿望。宫廷里“立夏日启冰，赐文武大臣”。冰是上年冬天贮藏的，由皇帝赐给百官。在民间，立夏日人们则喝冷饮来消暑。

立夏日老北京有称体重的习俗，把这一天称得的体重作为标准体重。立夏是夏天的开始，夏日里人们的口味不佳，大多数人的体重都会减轻。

在这一天农民要祭祀虫王爷，立夏之时，地里的庄稼都长起来了，各种害虫也长成成虫开始活动了。虫灾是农业的大敌，在历史上，一家一户的小农经济无法抵抗虫灾，于是就转而求助于“虫王爷”了。到了立夏这天，村民们在街上支起大锅，各家拿来各种粮食，共同熬制杂粮粥，熬好杂粮粥之后，要先盛上一盆子，端到地头儿上去，用勺子把杂粮粥（也叫立夏粥）一勺子一勺子地洒到自家的地里去，祭祀虫王爷，嘴里念叨着，“我敬你为神，你不要吃我的庄稼”，然后才能大家一起喝粥，过路之人也可以坐下来喝上一碗，不用花钱。

立夏节民间严禁家人坐在门槛上。许多人还习以立夏日的阴晴测一年的丰歉，认为立夏时下场雨最好，不然便会“立夏不下，旱到麦罢”“立夏不下雨，犁耙高挂起”。

六月六

六月六，洗晒节。农历六月初六与农历的节气小暑相连。这一时期，北京的气温日渐升高。因而在这一天，老北京有很多民俗活动：洗浴、晒物、洗象、赏荷、看谷秀等。北京民谚：“六月六，看谷秀。”还有民谣：“知了叫，河水响，你看庄稼长不长。”这时节气温高，光照足，雨水充沛，秋庄稼长势正旺，春茬谷子、黍子等作物已开始抽穗，于是就有了辈辈相传的说法：“六月六，看谷秀（抽穗），揭开包子一包肉。”意思是六月六这天晌午，家家户户都要吃一顿肉包子，祈望秋收前风调雨顺，秋收时五谷丰登。

六月初六这天在北京民间还称为“洗晒节”和清洁日。因这时天气已非常闷热，又正值雨季，空气潮湿，万物极易霉腐损坏。所以在这一天从皇宫到民间，从城镇到农家小院都有很多洗浴和晒物的习俗。在六月六都要沐浴洁身。而且，这一天要洗浴的不仅有人，还有老北京皇家象坊里的大象。元明清定都北京，周边的暹罗（泰国）、掸国（缅甸）、安南（越南）每年都要带大象进贡。乾隆时期大象最多，达三十多头，驯象师多达百人。象房当时就设在宣武门内西侧城墙根一带，据说旧址即现在的宣武门新华社大院处，至今留有“象来街”“象房胡同”的地名。明清时期，每逢六月初六，都要举行洗象仪式。清杨静亭《都门杂咏》中记载："六街车响似雷奔，日午齐来宣武门。钲鼓一声催洗象，玉河桥下水初浑。"在这一天，驯象师要打着旗、敲着鼓，引着大象出宣武门，到城南墙根的护城河中让象洗澡。当天也会为看洗象者临时设有很多茶棚、小吃摊，如同赶庙会一般，观者如潮。

如果六月六恰逢晴天，皇宫内的全部銮驾都要陈列出来暴晒，皇史宬、宫内的档案、实录、御制文集等，也要摆在庭院处通风晾晒。各地的大大小小的寺庙道观也要在这一天举行"晾经会"，把所存的经书统统摆出来晾晒，以防经书潮湿、虫蛀鼠咬。京西的戒台寺在这一天举办"晾经圣会"，把珍藏的经卷拿出来晾晒，铺满了一面山坡。民间的轿铺、估衣铺、皮货铺、旧书铺、字画店、药店以及林林总总的各类商店，都要晾晒各种商品。城市和农村的黎民百姓要晒衣服、被褥。在这一天里，女孩子要打一盆水放到太阳底下去暴晒，说是用这样的水洗头发可以不长头癣。

京城佛教寺院，每年农历六月六日，举办晾经会，大小寺庙将庙中所藏的佛经拿出来晾晒。这一天也是寺庙搞清洁卫生的日子，各个殿堂都要打扫干净。日落之后晾晒的佛经要整理好再存放在经楼或殿堂里。在晾经前后，和尚都要诵经，举办仪式，故晾经日十分庄重。

芒种节

芒种节刚好在端午节的前后，天气十分炎热，而稻麦等农作物也开始成熟，所以就称为芒种节。

芒种已近五月间，春花开始凋残、零落，民间多在芒种日举行祭祀花神仪式，送花神，饯送花神归位，同时表达对花神的感激之情，盼望来年再次相会。

七夕节

农历七月初七俗称"七夕节"，起源于牛郎织女的神话故事。南北朝时期任昉的《述异记》里有这么一段："大河之东，有美女丽人，乃天帝之子，机杼女工，年年劳役，织成云雾绡缣之衣，辛苦殊无欢悦，容貌不暇整理，天帝怜其独处，嫁与河西牵牛为妻，自此即废织纴之功，贪欢不归。帝怒，责归河东，一年一度相会。"戏曲剧目《天河配》（别名《牛郎织女》《七月七》《七夕巧配》）即取材于《荆楚岁时记》，为人们所熟悉和喜爱。

七夕也称为“乞巧节”或“女儿节”，是中国传统节日中最具有浪漫色彩的一个。在老北京，“七夕”是姑娘们最为重视的日子，她们除了乞求针织女的技巧，同时也乞求婚姻上的巧配。所以，世间无数的有情男女都会在这个晚上，夜深人静时，对着星空祈祷自己的姻缘美满。

七夕节的民俗事项很多，主要包括：1. 拜牛郎织女，瓜棚听“天语”；2. 丢巧针，卜运气；3. 七姐妹结盟；4. 接露水，种生；5. 祭七夫人、魁星、文昌、关公、天孙等。北京是五方杂处之地，老北京的七夕习俗既是全国各地民俗文化事象的反映，也有自己的地方特色。

1. 庙会卖节令商品

老北京几乎每天都有庙会，除初一、十五大多数为开庙日之外，还有四大庙会轮流在城内举行。每到农历七月初一，各种七夕应节商品就开始上市，主要有牛郎织女年画、乞巧楼、七巧针、乞巧果和祭星用的蜡烛、香以及妇女用的各种粉、胭脂化妆品等。除了四大庙会之外，朝阳门外菱角坑、通惠河上二闸和什刹海也有卖节令物品的，尤以能当供品的时令鲜果为特色。应节物品还有小孩玩具“七巧板”，以七块形状不同的小木板为一套，出售时放盒中呈正方形，可是一拆开，可以拼成鸟、兽和人物的雏形，颠倒反复，变化无穷。随盒还有拼合的示范图案，如果自己不会变化，照图拼装就可以了。心灵手巧者，可以比示范图案拼得多很多。七夕“乞巧”，拼“七巧图”是一种有特色的游戏项目，不光女孩玩，男孩也乐此不疲。

此外，北京各大道观从七月初一起，立坛祭祀北斗七星，名曰“七星斗坛”。最热闹的要数西四的斗姥宫，道士要做七天七夜的法事。戏剧界也要演应节戏，昆曲《长生殿》，各种梆子戏演的是《天河配》《鹊桥会》《牛郎织女》等。“七夕”这天如果天下雨，就叫“相思雨”或“相思泪”。传说古代庙会上的“乞巧果子”可以捏塑出各种与七夕传说有关的花样，款式很多，主要原料是油、面、糖、蜜，北京人把油条叫“果子”，就与七夕吃巧果有关，只不过花样少了。

2. 烧香祭拜双星

烧香是老北京人民俗生活中的一件大事，七夕夜烧香祭拜星星，是仪式的重要组成部分。一般人家祭拜星星十分简单，只不过摆个案子当香案，香炉里插上三炷香而已。有钱人家还要摆些水果，钱少人家顶多加上两根蜡烛。比较讲究的人家把供案设在庭院或花园，最好是设在葡萄架旁，供案上陈设有用西瓜雕刻的“花瓜”、蜜桃、闻香果等时令鲜品。在花瓶里插上鲜花，有的还将胭脂、粉摆上去献给织女。七夕正值夏秋之际，天上繁星闪耀，一道白茫茫的银河横贯南北，在银河东西两岸各有一颗闪亮的星星，隔河相望，遥遥相对，那就是牵牛星和织女星，老人们把它们叫“双星”。过去老北京没有这么多的路灯，天空也非常透亮，所以七夕祭双星是大人教小孩识别天上星星的好时机。七夕祭双星是要向星星磕头的。

七夕又称女儿节、乞巧节，主要是女人的事。未成年的男孩在母亲的指挥下也要磕头，不是向双星，而是向北斗星，因为古代把七月七日又叫“魁星节”“祭星节”。据说“从小识别北斗星，一辈子走夜路不发蒙，将来考试能得中”。

祭拜双星者主要是女人，她们把织女当作自己的保护神，老年妇女是为了乞寿，青年妇女是为了乞子和夫爱、婆疼，少女是为了乞巧、乞美、乞求美好婚姻，每人都在念念有词或心中默念，十分虔诚。祭神完毕后，姑娘们还要成群到葡萄架下或井边去“听天语”，据说能听到牛郎织女说悄悄话，有人甚至说在井边听到了织女的哭声。有的人说，七夕白天很少见到喜鹊，因为都到天上搭鹊桥去了。有的人说，七月初八看喜鹊，头上是秃的，那是搭桥时被牛郎织女踩的。有的农村在这一天要杀公鸡，是怕公鸡叫得早，影响了牛郎织女约会的时间。

夏至节

夏至是二十四节气中最早被确定的一个节气。公元前7世纪，先人采用土圭测日影，就确定了夏至。据《恪遵宪度抄本》：“日北至，日长之至，日影短至，故曰夏至。至者，极也。”夏至这天，太阳直射地面的位置到达一年的最北端，几乎直射北回归线（北纬23° 26′），是北半球各地全年白昼最长的一天，且纬度越高白昼越长。夏至日也是一年中正午太阳高度最高的一天。在北京地区，夏至日正午太阳高度高达73° 32′ 。这一天北半球得到的太阳辐射最多，比南半球多了将近一倍。

天文专家称，夏至是太阳的转折点，这天过后它将走“回头路”。夏至过后，太阳直射点逐渐向南移动，北半球白昼开始逐渐变短。民间有“吃过夏至面，一天短一线”的说法，我国唐代诗人韦应物的《夏至避暑北池》也曾写道“昼晷已云极，宵漏自此长”。

“冬至饺子夏至面”，北京人在夏至这天讲究吃面条。按照老北京的风俗习惯，每年一到夏至节气就可以大啖生菜、凉面了，因为这个时候气候炎热，吃些生冷之物可以降火开胃，又不至于因寒凉而损害健康。

夏至时值麦收，自古以来有在此时庆祝丰收、祭祀祖先之俗，以祈求消灾年丰。因此，夏至作为节日，纳入了古代祭神礼典。《周礼·春官》载："以夏日至，致地方物魈。"周代夏至祭神，意为清除荒年、饥饿和死亡。夏至日正是麦收之后，农人既感谢天赐丰收，又祈求获得"秋报"。夏至前后，有的地方举办隆重的"过夏麦"，系古代"夏祭"活动的遗存。

夏至日，妇女们即互相赠送折扇、脂粉等物什。《酉阳杂俎·礼异》："夏至日，进扇及粉脂囊，皆有辞。""扇"，借以生风；"粉脂"，以之涂抹，散体热所生浊气，防生痱子。在朝廷，"夏至"之后，皇家则拿出"冬藏夏用"的冰"消夏避伏"，而且从周代始，历朝沿用，进而成为一种制度。

中元节

农历七月十五道教称为中元节，俗称"鬼节"，佛教称为盂兰盆节。中元节原是小秋，有若干农作物成熟，民间按例要祀祖，用新米等祭供，向祖先报告秋成。因此每到中元节，家家祭祀祖先，供奉时行礼如仪。

传说中元节当天阴曹地府将放出全部鬼魂，民间普遍进行祭祀鬼魂活动。凡有新丧的人家，按例要上新坟，而一般在地方上都要祭孤魂野鬼，成为中国民间最大的祭祀节日之一。

在中元节这一天，老北京有中元法会、拜三官、盂兰盆会、烧法船、祭祖、放河灯、点莲花灯、送面羊等民俗活动。这天老北京各家均祭祀已故之宗亲五代，以示"慎忠追远"。清《北京岁华记》载："中元节前，上冢如清明。"清《帝京岁时纪胜》也说："中元祭扫，尤胜清明。绿树荫枝，青禾畅茂，蝉鸣鸟语，兴助人游。"皇宫内还要在太庙举行祭祖大典，民间百姓中元祭祖的有多种形式，有的亲到坟地烧钱化纸，有的则在家以装有金银纸元宝的包裹当主位，用三碗水饺或其他果品为祭，上香行礼后将包裹在门外焚化。据明《帝京景物略》云："上坟如清明时，或制小袋以往，祭甫讫，辄于墓次掏促织。满袋则喜，秫竿肩之以归。"说明自元、明以来，中元上坟，开始带有秋季郊游的性质。

放河灯和点莲花灯是中元节的重要习俗，也是继正月十五元宵灯节后，老北京的又一个传统灯节。放河灯的历史悠久，明人刘若愚的《明宫史》载："七月十五日中元，甜食房做供品，西苑做法事，放河灯。"西苑即前三海。放河灯亦作放荷灯，是自古以来流传下来超度亡人的一种习俗。老北京的荷花灯都是用天然的荷叶插上点好的蜡烛做成荷花灯。古时也有用西瓜、南瓜和紫茄子等，将其中心掏空，当中插上点好的蜡烛，将这些灯往河里一送，顺水漂流自然而下，排成一队"水灯"，随波荡漾，烛光映星，相映成趣。当时北京的什刹海、北海、积水潭、泡子河、二闸、御河、护城河等地，到处是一片如昼烛光，月下百姓云集，热闹非凡。

莲花灯则是用丝绸、丝纱、彩纸或玻璃制作的酷似莲花的一种花灯。悬挂花灯已有两千多年历史，清乾隆年间每到七月十五的夜晚在圆明园，乾隆皇帝及后妃都要到西洋景的"迷宫"处，看众宫女提着绸制的莲花灯来走迷宫。民国时期，七月十五这天点莲花灯也是必须的习俗。四合院、大杂院里的孩子，都人手一只莲花灯。市面上的各类集市——东安市场、隆福寺、崇文门花市、天桥、什刹海市场等，从七夕节后即有专门的铺面开始售卖莲花灯，其灯皆是用莲花瓣彩纸组成的各式花篮或鹤、鹭等飞禽动物，任人选购。普通街市上及串胡同的小贩卖的就是极其便宜的荷叶灯了。这些灯外形与河灯相仿，只是多根抵棍和线绳罢了。一些穷孩子还有用大棵香蒿子缚上香头，或用莲蓬插上香头代替莲花灯的。更为别致的是，茄子插香头而燃之，谓"茄子灯"；西瓜瓢内插蜡燃之，谓"西瓜灯"。

农历七月十五还被称为"送羊节"，旧京及华北地区的农村，民间流行七月十五外祖父、舅舅给小外甥送活羊的习俗。传说此风俗与"沉香劈山救母"的神话传说有关。沉香劈山救母后，要追杀虐待其母的舅舅二郎神，二郎神为重修兄妹之好和舅甥之谊，每年的七月十五都要给沉香送一对活羊，据说这是取二郎神和沉香之母"杨"姓的谐音，以重结两家之好。

七月十五佛教称为盂兰盆节，据《佛说盂兰盆经》的记载，"盂兰盆"是梵语，"盂兰"意思是"倒悬"；"盆"的意思是"救器"，所以，"盂兰盆"的意思是用来救倒悬痛苦的器物，衍生出来的意思是：用盆子装满百味五果，供养佛陀和僧侣，以拯救入地狱的苦难众生。释迦牟尼佛有一名重要弟子名唤目犍连（简称目连），修持甚深，以神通著称，相传目连的母亲刘青提做了很多坏事，死后变成了饿鬼，在地狱受苦。目连以神通看到后，十分伤心，就用法力将饭菜拿给母亲食用，可是饭一到母亲口边就化为焰灰，目连大声向释迦牟尼佛哭救。佛陀告诉他，必须集合众僧的力量，于每年七月中以百味五果置于盆中，供养十方僧人，以此般功德，其母方能济度。目连依佛意行事，其母终得解脱。

立秋节

立秋是一个很重要的节气，在北京民间流行“贴秋膘”的习俗。因为在夏伏天人们胃口差，所以不少人都会瘦一些。清朝时，民间流行在立秋这天以悬秤称人，将体重与立夏时对比来检验肥瘦，体重减轻叫“苦夏”。瘦了当然需要“补”，弥补的办法就是到了立秋要“贴秋膘”，吃味厚的美食佳肴，当然首选是吃肉，“以肉贴膘”。这一天，普通百姓吃炖肉，讲究一点儿的人家吃白切肉、红焖肉以及肉馅饺子、炖鸡、炖鸭、红烧鱼等。

白露节

白露是二十四节气之一，是申月的结束以及酉月的起始。“露”是由于温度降低，水汽在地面或近地物体上凝结而成的水珠，所以，白露实际上是表征天气已经转凉。这时，人们就会明显地感觉到炎热的夏天已过，而凉爽的秋天已经到来了。到了白露，阴气逐渐加重，清晨的露水随之日益加厚，凝结成一层白白的水滴，所以就称之为白露。俗语云：“处暑十八盆，白露勿露身。”这两句话的意思是说，处暑仍热，每天须用一盆水洗澡，过了18天，到了白露，就不要赤膊裸体了，以免着凉。在北京郊区“白露打核桃”，白露是收核桃的时候，因而又叫“核桃节”。白露节气所处的9月份，正是核桃的成熟期，正如谚语“白露、白露，核桃撑破肚”所言，核桃生长到白露时节，其外皮由青变黄，个别核桃外皮的顶部还会裂开，这是核桃成熟的标志。

节气是农时的标志，到了什么节气干什么农事，北京地区的农民几千年来一直如此。但是不同的地区气候不同，因而对于农时也要因地制宜。北京门头沟区有个灵水村，盛产核桃，所产核桃皮薄易剥，籽仁饱满，含油量高，味道香甜，在市场上享有盛誉。民国时期，天津的商行有“不见灵水核桃不定价”之说。“白露打核桃”成为人们耳熟能详的一句农家谚语。

中秋节

农历八月十五中秋节，老北京在这一天有“拜月”的习俗，一家人的主食要吃

“团圆饼”，因而又叫团圆节，月饼只是饭后的茶点。因为中秋节有拜“月神娘娘”、拜“太阴星君”的习俗，过去人们认为月亮属“阴”，老北京有句俗话叫“男不拜月，女不祭灶”，拜月是女人、小孩儿的事情，男人是不参加的，所以又叫“女儿节”。

中秋节又称“仲秋节”“八月节”“八月半”。民俗活动有祭月、赏月、走月、挂彩灯、吃月饼、吃团圆饭、供兔儿爷、饮桂花酒等，故八月十五又称“团圆节”“月饼节”，有时还戏称为“兔儿爷节”。

“拜月”时要有月光码，就是非常大的一张糙纸，印有一些神符，上半截印太阴星君，下半截印月公、兔儿爷。然后糊在秫秸秆上，插在中间。过去有个儿歌，“月光码，供当中”，但现在已经没有这种习俗了。祭兔儿爷的时候，边上有两样东西，一样是花瓶里插着鸡冠花，代表月亮里的婆娑树。还有一样供的是带枝的毛豆，因为兔子喜欢吃。在食品方面，要供“团圆饼”、月饼等。供奉时的水果什么都行，只是不能放梨。但必须放藕，有取游子和家人藕断丝连之意。月亮升起之后，在八九点的时候，女人和小孩进行拜月。之后，众人分吃供品。饭后，有条件的人家可以到北海、陶然亭等地去赏月；没条件的，就在院里摆上一口水缸或者一盆水，观赏其中的月影。

兔儿爷是老北京中秋时令的传统物件，也是唯一能拿在手里玩儿的神仙。相传兔儿爷的“家”在花市外的灶君庙，这是北京本土的神仙。兔儿爷首先是兔，也是人（穿盔甲，拟人化），也是可供奉的神仙。尤其值得一提的是，兔儿爷还是泥捏的玩意儿。上供过后，小孩子就可以拿在手里玩，这一点和其他神仙有明显的区别。

北京供奉兔儿爷起源约在明末，明人纪坤的《花王阁剩稿》记载：“京中秋节多以泥抟兔形，衣冠踞坐如人状，儿女祀而拜之。”到了清代，兔儿爷的功能已由祭月转变为儿童的中秋节玩具，制作也日趋精致，有扮成武将头戴盔甲、身披战袍的，也有背插纸旗或纸伞、或坐或立的，坐则有麒麟虎豹，等等。

中秋节又叫丰收节，正值秋果上市，特别丰富。《春明采风志》里有“中秋临节，街市遍设果摊，雅尔梨（原文如此）、沙果、白梨、水梨、苹果、海棠、欧李、鲜枣、葡萄、晚桃，又有带枝毛豆、果藕、西瓜”。过去的果子市在前门东，八月十三、十四两日灯火如昼。

中秋节重要的食品是月饼。中国最早出现月饼的记载，是出自苏东坡的诗句：“小饼如嚼月，中有酒和饴。”也就是说从宋代时起，月饼才逐渐大行其市，并且让月饼多了团圆的另一层含义。圆圆的月饼正好有团圆的“圆”的象征，“万里此情同皎洁，一年今日最分明。”老北京上供的月饼必须是“自来红”，而不能是“自来白”。“自来红”用来祭祀有严格规定，皮要用芝麻油做，里面放有不同的果仁，还有北京的“青丝”“红丝”，而且要有冰糖。“自来白”的材料就比较随意，没有别的规定，只是面是用猪油和的。

中秋节还要用红糖、芝麻酱制作一种“团圆饼”，以象征全家甜甜蜜蜜、团圆和美之意。“团圆饼”和月饼的区别在于，前者可以作为主食，而月饼只是茶点。

老北京过中秋吃的是“自来红”和“自来白”两款传统月饼，团圆饭吃完之后赏月的时候吃，因为北京中秋节月亮升起来比较晚，大概要等到九点多钟，这时候人们就在四合院里摆上桌子，喝喝茶，然后吃口月饼。

重阳节

农历九月初九是重阳节，“重阳”也叫“重九”，《易经》中把“九”定为阳数，九月九，两九相重，古人认为是一个值得庆贺的吉利日子。据文献记载，早在战国时期，民间就有登高、饮菊花酒的风俗，重阳节作为节日，则是到了西汉时期。

老北京人在重阳节时，常常用登高、佩戴茱萸、赏菊、饮菊花酒、吃花糕、食烤肉、涮羊肉、吟诗作赋等方式来庆祝，以祈求平安健康，而这些风俗，也一直流传至今。

“中秋才过近重阳，又见花糕各处忙。”吃花糕是老北京人重阳节时必不可少的。花糕，又称菊花糕、重阳糕，吃花糕源于“登高”的“高”，“糕”字与“高”同音，象征“步步高升”之寓意。旧时老北京花糕种类繁多，一类是饽饽铺里卖的烤制好的酥饼糕点，如槽子糕、桃酥、碗糕、蛋糕、萨其马等；一类是四合院里主妇们、农村妇女用黄白米面蒸的金银蜂糕，糕上码有花生仁、杏仁、松子仁、核桃仁、瓜子仁等五仁；还有的是用油脂和面的蒸糕；将米粉染成五色的五色糕；还有的糕中夹铺着枣、糖、葡萄干、果脯，或在糕上撒些肉丝、鸡鸭肉丝，再贴上“吉祥”或“福寿禄禧”字样，并插上五彩花旗。花糕那时也像月饼一样用于馈赠亲友。

不仅民间风行制作吃食花糕，在清代宫廷里，重阳节时也要举行“花糕宴”。周密写的《武林旧事》一书中记载：“九月九日重阳节，都人是月饮新酒，泛萸簪菊，且各以菊糕为馈，以糖肉秫面糅为之，上缕肉丝鸭饼，缀以榴颗，标以彩旗。”明代沈榜的《宛署杂记》上也说：“九月蒸花糕，用面为糕，大如盆，铺枣二三层，有女者迎归，共食之。”

重阳节的风俗还有赏菊、饮菊花酒。赏菊、饮菊花酒是老北京人度重阳节的另一项风俗。菊花，秋之骄子，其色艳丽，富于神韵，其品坚贞，经霜不凋，深得文人墨客的青睐，边赏菊，边饮菊花酒，边吟诗作赋，不可谓不滋润。重阳节饮菊花酒的习俗最早起源于晋朝大诗人陶渊明，陶渊明以隐居、作诗、饮酒、爱菊出名，后人效仿他，遂有重阳赏菊的风俗。

老北京重阳盛行登高，每逢农历九月初九，皇帝都要亲自到万岁山（景山）去登高拜佛祈求福寿平安，并观览京城风光，皇后及妃子们则在故宫的御花园登临堆秀山登高眺望。在民间，达官贵人、文人墨客或登临自家花园的假山亭台，或在旧京城内外爬山登高，一览山景和京城风景。

重阳节还有一项风俗，要在九月初九天明时，迎接女儿回娘家，取片糕搭在女儿额头上，一边搭一边还祝福女儿：“愿儿百事俱高。”凡有出嫁女儿者，都备名酒、糕点、水果去接女儿回家，谓之“归宁父母”，所以重阳节亦称为“女儿节”。这个风俗至今在北京郊区一些地方仍流行着。

寒衣节

农历十月初一是寒衣节，又叫送寒衣。与春季的清明节，秋季的中元节，并称为一年之中的三大“鬼节”。与清明节、中元节不同的是，十月初一以烧的形式为死去的亡灵送纸钱外，因为正逢进入寒冬季节之时，由生者的御寒加衣，想到死者的防冷需要，所以传统的寒衣节还要烧去五色纸做的寒衣，以表达后人对亡者的纪念。清《燕台口号一百首》云：“寒衣好向孟冬烧，门外飞灰到远郊。一串纸钱分送处，九原尚可认封包。”正是这种情景的写照。

十月初一因为是“鬼节”，为了防止“招鬼上身”，民间有许多禁忌，避免带红绳、铃铛、风铃等招鬼物，尽量避免出门。

冬至

冬至是农历二十四节气之一，古人认为："阴极之至，阳气始生，日南至，日短之至，日影长之至，故曰冬至。"冬至这天太阳抵达黄经270° 时，阳光几乎直射南回归线，北半球白昼最短、黑夜最长，所以冬至又有至日、长至、短至、长日之称。民间俗谚："夏至至短了，冬至至长了"，意思是，从这一天开始，昼夜的长短，就开始向相反的方向转化了。

冬至之后白昼长了，阳气回升，因而冬至是个吉日，故古人极重视此节并且大肆庆贺。明清两代皇帝在这一天，要到天坛去祭天。民间有"冬至大如年"的说法，要吃馄饨。

冬至节与众多节令一样，在老北京的民间也传承着很多习俗。民间冬学在冬至日这天要举行拜师活动，在城乡老师的家中像过大节一样，在庭房高挂孔子像，上书"大成至圣先师孔子"，学生先在孔子像前行跪拜礼，然后学生向老师请安，礼毕，学生要在老师家中抢着做些家务活，老师则要设宴招待前来拜师的学生。

"肥过冬至瘦过年，冬至馄饨夏至面"，冬至日北京百姓家最爱食的就是馄饨，旧京时百姓家像过"除夕夜"那样，在冬至日前一晚全家包制多种馅的馄饨，并准备节日要食用的"冬至肉"、"年糕"、菜肴等，其情景很似除夕守岁，故称为"冬至夜"。

另外，冬至日还有"观兆测年"之俗，农谚有"冬至三九，则冰坚""冬至有霜，年有雪""冬至多风，寒冷年丰""冬节在月头，卜寒在年兜；冬节在中央，无雪亦无霜；冬至在月尾，卜寒正二月"等，农家观知天象可预卜来年的好光景。那些喜爱学习武术的青少年均在冬至日这天拜师开始学艺，老北京时称为"看冬"之俗。

中国植树节

中国古代在清明时节就有插柳植树的传统，中国历史上最早在路旁植树是由一位叫韦孝宽的人，于1400多年前从陕西首创的。

1915年7月，在孙中山的倡议下，当时的北洋政府正式下令，规定了以每年清明节为植树节。指定地点，选择树种，全国各级政府、机关、学校如期参加，举行植树节典礼并植树。经当年7月21日批准后，通令全国如期遵照办理。自此我国有了植树节。北洋政府垮台后，国民政府以孙中山的逝世纪念日3月12日为植树节。

1979年，第五届全国人大常委会第六次会议决定每年3月12日为我国的植树节。

老人节

“九九”重阳与“久久”谐音，九在数字中又是最大数，有长久长寿的含意，寄托着人们对老人健康长寿的祝福，因此，重阳节寓意深远，自古以来，人们就对重阳节怀有特殊的感情。从20世纪80年代开始，我国一些地方把夏历九月初九定为老人节，倡导全社会树立尊老、敬老、爱老、助老的风气。

1989年，我国政府将农历九月初九正式定为“中国老人节”“敬老节”，重阳节又成了一个尊老、敬老、爱老、助老的节日。2012年12月28日，《老年人权益保障法》进一步在法律上明确规定，每年农历九月初九日作为老年节。

把每年的九月九日定为老人节，传统与现代巧妙地结合。成为尊老、敬老、爱老、助老的老年人的节日。

教师节

1985年1月21日，第六届全国人大常委会第九次会议做出决议，将每年的9月10日定为我国的教师节。1985年9月10日为新中国的第一个教师节。

尊师重教是中国的优良传统，早在公元前11世纪的西周时期就提出了“弟子事师，敬同于父”。古代大教育家孔子更是留下了“有教无类”“温故而知新”“学而时习之”等一系列至理名言。传道授业解惑的教师被中国人誉为“人类灵魂的工程师”。

1932年，民国政府就曾规定了每年6月6日为教师节。鉴于“六・六”教师节是教师自发组织设立的，后又将教师节改为8月27日（孔子生日），并颁发了《教师节纪念暂行办法》，可当时并未能在全国推行。

中华人民共和国成立后，中央人民政府曾恢复6月6日为教师节，教育部通告各地教育工作者，可以根据实际情况自行组织庆祝活动。

大兴西瓜节

北京市大兴区一年一次的“大兴西瓜节”是大兴区政府主办，以西瓜为主题的经济文化活动，办节宗旨为“以瓜为媒，广交朋友，宣传大兴，发展经济”。每年5月28日举行，1988年举办首届西瓜节。

中国占世界西瓜种植面积的40%，产量居世界第一位，西瓜原产自非洲热带沙漠，汉代以前通过“丝绸之路”传入西域（中国新疆）。辽中期在北京和中国北方地区普遍种植，金代时成为夏季进献皇宫太庙的主要瓜品。大兴西瓜到清末一直为贡品，元、明、清三朝相沿不断。

大兴区西瓜种植以庞各庄地区为中心，庞各庄周边6镇所辖的200多个村庄均以种植西瓜为业，其中以庞各庄西瓜最为著名。

平谷大桃采摘节

平谷区是北京市重要的大桃生产基地，先后被国家林业局授予“中国名特优经济林桃之乡”，被农业部授予“中国桃乡”，被国家质量技术监督检验检疫总局确定为“全国大桃标准化生产示范区”，中国桃乡已成为平谷人最亮的一张名片。

平谷区是全国大桃生产第一区，大桃面积、产量、品种和上市时间居全国区县级首位。

从2007年起，每年8月，平谷区都要举办大桃采摘节。

灵水秋粥节

京西门头沟区斋堂镇灵水村，每到立秋这天都要举办“秋粥节”，纪念清代灵水村刘应全、刘懋恒父子在荒年赈灾济民的善行义举，已经传承了300多年，成为灵水村的一个习俗。日本侵华期间，活动被迫停止。2001年，灵水村恢复了一年一次的“秋粥节”民俗活动。

灵水秋粥节时，全村人在街道上支起大锅，一起共同熬制杂粮粥，然后共喝杂粮粥。这原本不是灵水村的首创，而是京西地区一项古老的民俗，不过不是在立秋这天喝杂粮粥，而是在立夏喝，所以也叫“立夏粥”，那是当初祭祀虫王爷的一项程序。后来，灵水村把“立夏粥”改成了“立秋粥”，举办“秋粥节”，这是有深刻含义的。村中老人们说，其原因是纪念清代康熙年间，刘应全、刘懋恒父子赈灾的善举。

据清康熙《宛平县志》记载：“国朝刘应全，宛平县人，世居灵水村。为人敦朴无伪。于康熙七年（1668）十月内水灾，同子懋恒赈济饥民，捐谷二千七百石。又于康熙二十一年（1682）二月内旱灾，赈济饥民，捐谷一千石。诚尚义人也！俱经提请，优叙在案。”

清光绪年间，王金度编写的《齐家司志略·乡贤》中，也有同样的记载。

“共喝秋粥”还有和谐邻里的作用，大家同喝一个锅里的粥，“在一个锅里抡马勺”，那就是一家人了，一家人没有什么解不开的疙瘩。大家在一起边喝粥边聊天儿，邻里之间平时有什么矛盾，也都可以趁机化解了。

第二章　婚丧嫁娶

结婚是人生大事，它标志着一个人进入建立个体家庭、发展家族的重要阶段。清入主中原后，处在满汉两种文化交融中的北京，形成了杂糅满汉两种习俗的独特婚俗礼仪。

老北京婚俗仪式，异常严格。从大的程序上看，有相亲、合婚、放定与迎娶四大步骤。相亲是双方父母考察对方、决定婚姻的过程，在初步决定后，要到“命馆”对八字，即“合婚”。过去，这很重要，因为当时“结婚证”要由命馆“签发”，只有被批为“上等婚”和“中等婚”，男方才会放定，分“小定”“大定”两种。

一、老北京婚俗

老北京婚俗中有四大亮点。

其一，吉时黄昏。晚上举行婚礼是中华民族源远流长的习俗。古人认为，黄昏是昼夜交替的时候，也是调和阴阳之气最好的时候。而男为阳、女为阴，如果男女在此时借助天时地利而结合，今后必然大吉大利，幸福美满，所以当时的婚礼称为“昏礼”。在黄昏举办婚礼一直延续到明清才被打破，如今已经完全消失。北京人习惯在白天结婚是在清代以后，清代一度实行的“宵禁”迫使年轻人将婚礼改在白天进行。

其二，选八抬轿。老北京人结婚讲究用八抬轿。按规矩，八抬轿要用到24个人，除了抬轿子的人之外，在轿子前面要有人开道，打筛（老北京讲究长命鼓、短命锣。因此婚礼上不能敲锣而要打筛。筛比锣大，而且音色洪亮，可以声传五里）、打鼓、吹唢呐、吹笙、敲九云轮，之后才是八抬轿。轿子后面还要备四轮马车，用来拉新娘的娘家人和陪送的嫁妆。

其三，挑全合人（又称全福人）。按照老北京的风俗，请全合人是婚礼上最重要的环节。在婚礼上，男方一定要请一位四五十岁，上有公婆、父母，下有儿女的妇女做“全合人”为新婚夫妇铺床，准备点心。“全合人”便象征了今后的生活圆满。

其四，盼早立子。在过去，人们生孩子多，但夭折率也很大。因此，在婚礼上往往会为新人准备一些枣、栗子之类的东西，借谐音“早立子”，希望不仅早生贵子，还能立住，即让孩子健康地活下来。

随着西式婚礼的全面普及，很多传统婚礼习俗文化都已经被人们渐渐淡忘了。老北京婚俗的消逝，是一个逐步的过程。民国初期西式婚姻等进入北京，对传统婚俗形成了一定的冲击，北洋政府主政期间有在中南海举办集体婚礼的仪式传统，但不设婚宴，一次至少20对新人，并由市长亲自证婚，证婚人从此成为婚礼中的重要角色。以后，传统婚俗一度被认为是封建残余，逐渐被遗忘。

保亲

保亲，俗称说媒，这是整个婚事过程的第一步。旧时，自由恋爱和自主婚姻被视为大逆不道，只有父母之命、媒妁之言的包办婚姻，才被视为天经地义的事。

又由于人们普遍有“早生贵子早得济”的思想，有的因为家里缺少劳动力，老人们希望通过早日给儿子完婚，让儿媳妇在家务上助一臂之力，以减轻家庭负担，所以有的早早地给子女选择配偶，张罗婚事，甚至有的仅仅十四五岁就开始被亲友或媒人保亲了。过去讨媳妇的标准主要是要求女的“上炕一把剪（会做针线活），下炕一把铲（会做饭菜）”。

社会上有一种说媒拉纤儿的中老年妇女，即“媒婆”。她们看到某家男女到了结婚年龄，即主动上门为之说媒，给男女双方进行撮合，起穿针引线的作用。通过媒人介绍，男女双方同意后，首先要过“门户帖”。两家各用一张红纸折子，上书姓名、年龄、籍贯、三代（曾祖父、母，祖父、母，父、母）、名号、官职等，请媒人互相传递。

随后，男方主妇择吉日即去女方探亲，主要是查询是否门当户对，是否与自家条件相当，如其主要家族成员的官职地位等，其次是姑娘家的德才和容貌。总之，上层府第问题重在“天恩祖德，功名富贵”。一般门户，主要是看家庭名声，家产是否殷实，有无生计，从事何等职业，姑娘品貌是否端正，身体是否健康，是否能操持家务等。

女方父母长辈等，亦有相姑爷之说，一般都是在了解了姑爷的身世（历史）、才德之后，在媒人的陪同下，到约定的地点相看，有带着自己女儿的，也有不带的。相的方法也各有不同，各异其趣。有的明相，多在家中会见，或是举行酒宴，相见时，媒人给予正面介绍，老丈人等可以当面询问情况，甚至出些题考试，让姑爷对答。有的则是暗相，小户人家往往约在某庙会上，大户人家则约在戏院。总之，以游览娱乐等方式，与姑爷会面，一般不惊动对方。主要是看对方相貌是否端正，身体有无残疾等。个别的也有男女双方约定一个共同时间，在媒人的陪同下，隔街相望，一视即妥。

合婚

经过相互查访、探视，双方主婚人均无异议，再过“八字帖”。男女双方各用一叫顺红纸的折子，上书：生人年、月、日、时，然后，请星命家测看男女双方的“八字”，谓之“合婚”。此是旧时结婚的必经手续。

旧时，“批八字”是卜卦算命的一个重要任务。我国古代用天干、地支循环相配，组成甲子、乙丑、丙寅、丁卯等六十组，用以表示年、月、日、时的顺序，而每个部分都占干、支各一字，四个部分共计八个字，谓之“八字”。古人为便于记忆，用十二种动物来配地支，形成人的十二属相，即：子鼠、丑牛、寅虎、卯兔、辰龙、巳蛇、午马、未羊、申猴、酉鸡、戌狗、亥猪。

星命家谓男女双方属相必须相合才能结婚，以免婚后夫妻相克或妨碍家运、父母。当时所谓“十二属相相合”的说法，即：青兔黄狗古来有，红马黄羊寿命长，黑鼠黄牛两头旺，龙鸡相配更久长，婚配难得蛇盘兔，家中必定年年富。另外，还有十二属相相犯的说法，即：白马怕青牛，羊鼠一旦休。蛇虎如刀错，龙兔泪交流。金鸡怕玉犬，鸡猴不到头。又谓：“虎丫头必缺一角”，意思是说，属虎的女人克丈夫，妨公婆，终无子，主贫困。属羊的亦克丈夫，终成寡妇。所以一般说来，媳妇不要属羊的，更忌讳属虎的。那么，有无“破解”的方法呢？有的硬要成婚者，则暗中多给命馆的先生一些酬劳，请他在生辰的年、月、日、时略作改变，使之“命相相合”，此谓“破解”。

命馆的阴阳先生有吃“红笔”的（主管婚事），也有吃黑笔的（主管丧事）。根据“乾造”（男方）、“坤造”（女方）的生辰八字和属相，写出鉴定，再根据“黄道吉日”和喜神方位，择定迎新的日期，以及忌讳属相等项，统统写在一个折子上，谓之“龙凤帖”，此即为旧时的结婚证书。

清代，只通过命馆的合婚，取得上述“龙凤帖”，就算取得了结婚手续。但合婚毕竟只是民间约定俗成，不成文的规定。“龙凤帖”也不过是民间的婚书，所以，民国以后，为履行结婚的手续，男女双方还要到法院去办理结婚证书。新中国成立后，男女双方结婚，要到民政部门办理。

放定

放定即定婚，定礼是“六礼”中的“纳亲”，是确定婚姻关系的手续。放定有放大定、放小定之分。

男女双方经过命馆星命家的推勘，如被合成“上等婚”或“中等婚”，人们便认为是“天作之合”，可以联婚，即可找个黄道吉日放小定。一般为男方给女方一个金属戒指，戴在女方手上，以示“罗敷有夫”（女子已有丈夫）之意，同时也是希望她指细手巧，将来会针线活计。但还不规定迎娶的吉期。对于放小定时，比较讲究的人家，要送姑娘家四样：金、银、银质包金不等的戒指一个；镯子一对；耳环一对；颈圈一对。以上这些，象征男方以“家法”约束姑娘，意在使其过门要稳重。此外，还要送些“大、小八件”之类的糕点。通常都用点心匣子装，忌讳用蒲包，因为蒲包意味“稀松平常二五眼”不吉利。

姑娘定婚后，在习惯上多改变发式，过去留辫子者，一般不扎辫根，但一过小定，就要扎上红辫根。有的留“三道簾”鬓角下垂者，过小定之后则马上剪成齐眉穗了。

放大定则意味着男女双方联姻已成定局。有的单独放大定，合并在“通信过礼”一并举行，成了行聘“纳采”“纳征”“纳币”下财礼的综合形式。过去民间女方向男方索要财礼，多是在这一步骤中进行。如单独放大定，礼品理应比放小定时多些，照例由男家送给女家一些首饰衣服之类。

富者当然十分讲究，正如北京童谣所唱：“小姑娘，做一梦，梦见婆婆来下定，真金条，裹金锭，桃红裙子扎金凤，绣花鞋，蝴蝶儿梦。”嫁妆的多少一般根据女家家庭经济状况决定。当年老北京有童谣唱道：“月亮月亮照东窗，张家姑娘好嫁妆，金皮柜，银皮箱，虎皮椅子象牙床。锭儿粉，棒儿香，棉花胭脂二百张……”

从放小定到放大定的时间较长，二三年不等，在此期间，双方各自筹办，男做家具，女备嫁妆。

放大定，通信过礼，本来是一件好事，即男女双方迎娶之期，女方收受大定礼。此礼一般要在迎娶前一百天进行。老北京人礼多，男方定月份，女方定日子，其理由是躲开女方的经期，认为在女方行经时订婚是“红马上床，家败人亡”。

过礼仪式均在上午举行，俗语：早礼晚嫁妆。过礼数量不一，有十二抬、十六抬、二十四抬、三十二抬，甚至更多，但都是双数。每一抬四层食盒，每层里放两样东西。食盒宽约一尺半，长三尺，每层厚六寸。过礼的品种有：龙凤婚书，表示龙凤呈祥，有“报喜”之意；过礼大帖，相当于迎娶通知书。

宜娶、送亲人堂客用金、火二命大吉；宜娶、送亲人忌龙、鼠、猴三相大吉；宜新人上下轿用巳时大吉；宜忌产孕、孀妇，毛女不用大吉。一路逢井、庙、孤坟，用花红毡迎之大吉。

在过礼仪式中要备鹅笼，用活鹅一对，以胭脂染红，装在一个六角形的笼子里，上面盖以圆锥形的笼盖。据说，这是代表古礼用的雁。故此过去一听见谁家有鹅叫的声音，那就是要聘姑娘了。民间传说，通信过礼时，如果鹅爱叫，就象征姑爷性格开朗，爱说爱笑；如果鹅不爱叫，则意味着新姑爷沉默寡言。

酒海：此抬与鹅笼并列，故笼形与鹅笼近似，内装一坛酒。

绸缎尺头（衣料）：皮、棉、夹、单、纱等四季衣服、鞋袜，金银首饰。

龙凤喜饼：这需要到糕点铺去定做，为一种上面有红色龙凤花纹的大块酥皮点心。

喜果：干、鲜各四盘。干果有：桂圆、荔枝、生花生、生栗子、红枣等，均用胭脂染红，表示早儿（枣）立子（栗），早生贵（桂）子。其中花生代表先生子，后生女，或子女双生。鲜果有：柿子，表示事事如意；苹果，表示平平安安。藕则表示夫妻情意绵绵，取其藕断丝连之意，也有用山药来代替的。

鸡蛋、鸭蛋：若干个，均用胭脂染红。

茶叶：品种视季节而定，如是夏季即送龙井、碧螺春之类。

此外，还要有羊腿或猪腿（肘子），这类东西是经过女家送给媒人的。据说取意于“媒人跑断腿，赔他猪羊腿”。

放定时的抬盒、酒笼等都是红漆描金边的，每抬由两名身穿绣着红光金喜字丝袍的抬夫抬着，送往女方家中（一般不用响器吹打）。女家收到礼品后，也必须有所表示，常以鞋帽、文房四宝（即笔墨纸砚）及糕点答谢对方。

陪奁

女方在收到男家的定礼之后，遂将赠予的龙凤喜饼、茶食点心分成若干份分赠亲朋好友，告知陪送妆奁的日期，表示邀请。而对于一般朋友，送去请帖即可。上书："谨詹于某年某月某日，为小女某某于归之期，敬请阖第光临。"

凡收到请帖的，届时都要送些礼品，给姑娘买嫁妆，如衣料、首饰或鞋靴之类，谓之"填箱"。也有送礼金的，装在红信封里，上书"奁敬某元"。

按照老北京的礼俗，女子出嫁的头一天送嫁妆，多在下午举行。是日，女家即请男宾四人至八人，雇来抬夫，将娘家陪送的嫁妆送往男家，谓之"陪奁"。

嫁妆的多少要根据女方家庭经济状况来决定。中等之家一般有二十四抬、三十二抬、四十八抬；贫者则为十六抬、十二抬，也有八抬、六抬的。有的则是根据男家的过礼抬数来决定，颇有还礼之意。如果男家过礼为八抬，女家则陪奁十六抬，原则上均以一倍之数还礼。

抬的样式为长方桌似的，有如过去的方桌，四面用红围子挡上，上面四边有荷花栏杆，红漆雕花，均为两人一抬。这与过礼时用的食盒不同，嫁妆有小轿，两边各有两根抬竿，双手或双肩抬着。一般是樟木箱子（内放四季衣服、鞋帽）、"子孙箱"（内放平日喜爱的物件和私房钱）、连三条案、八仙桌、梳妆台之类的家具摆设。但必须有座钟一架，盆景一对，帽镜一座，掸瓶一个（内插毛掸）、烛台一对（上插红烛）、长命灯一盏，茶叶罐一对，花瓶一对。此外，脸盆、脚盆、尿盆、子孙盆（洗骑马布即月经带的），是必须要有的。那时指女人出嫁有三件宝：尿盆、子孙盆、长命灯。

如系富户可多至百余抬，鼓乐前导，充溢于街巷，以吸引路人围观。所送妆奁，除循例不陪送剪刀外，余者必求周全。首先是花梨、紫檀、硬木罗甸镶嵌的家具，例如：顶箱立柜、方桌、圆桌、架几案、琴桌、炕桌、炕几、太师椅、方凳、圆凳、绣墩。其次是古玩、字画、挂屏、座钟、挂表、金银首饰，各种化妆品、生活日用品，无不应有尽有。甚至将陪送姑娘的买卖商号（只抬一块商号牌匾或带蓝布套上贴红签的账册）、房产（只抬一块瓦）、土地（只抬一块土坯，上压红帖，写明亩数、顷数），也排进嫁妆行列。

女方如果会抽烟，必须陪送烟袋，否则过门后，婆家不许她抽烟。

嫁妆送到男方家门口时，男方出来四至八人迎妆，气派大的还要有鼓乐吹奏助兴。

大宅府第，凡妆奁到后即由媒妁二人挈同新婿前往女家“谢妆”。这个礼节较简单，新婿进至上房中间，循例向上三叩首，即告礼成，也不必客套寒暄，走出门来登车而去。女家虽由妻父、母或尊长衣冠在旁立候，并不需要接送，亦不招待烟茶。

小户人家嫁女，嫁妆自然少得多，较好者有一大一小的木箱，内装四季衣服等，所以不用抬，或是小侄押轿子，或是到喜轿铺雇几个“扛肩”的人送过去，老北京把扛肩的称为“窝脖儿”。

迎娶

北京人结婚很少在旧历正月，订婚也很少在腊月，因正月娶媳妇主妨公婆，腊月订婚主克败婆家，所以有：“正不娶，腊不订”之谚。但无论在何时迎娶，必须要选一个好日子。

旧时北京人娶、聘正式办喜事都在迎娶之日。因此，一切排场都在迎娶的仪式中表现出来。“大姑娘大，二姑娘二，小姑娘出门子给我个信儿。搭大棚，贴喜字儿。牛角灯，二十对儿，娶亲太太两把头，送亲太太大拉翅儿。八团褂子大开衩儿，四轮马车双马对儿。”这首北京童谣形象地描绘了迎娶当天的热闹景象。

办喜事一般多在家里，但有的限于居住条件，不适宜在家办事的，便到饭庄子去办。老北京有所谓“有房宁借人停丧，不借人成双”的说法，故办喜事不能向亲友借房。同时，在饭庄子办事比较方便，许多事务可由饭庄代理，省去许多麻烦。当时老北京可以承办喜庆宴会的饭庄子大概有十几处（比较著名的有：什刹海的会贤堂、地安门外的庆和堂、金鱼胡同的福寿堂、前门外的惠丰堂、阜成门内的万寿堂等，这些饭庄都有罩棚和戏台）。

喜棚内外

在家办喜事，为了给前来祝贺的亲朋好友设座，招待酒饭，照例要搭盖喜棚，也叫酒棚。婚礼是人生的一件大事，故喜棚也要突出喜庆气氛，算是这一喜事的“门面”。

无论是否悬彩，习惯上一律在大门两旁贴上红纸金字，用毛笔书写的“喜”字。

男方娶媳妇贴双喜字，女方聘姑娘贴单喜字。有的还要在大门、二门上贴喜联。如：

易曰乾坤定矣，诗云钟鼓乐之。横批：天和之作。

吹箫堪引凤，攀桂喜乘龙。横批：龙凤呈祥。

迎娶之日，早上喜轿铺便将全部执事，如旗、锣、伞、扇等以及轿子都在门外摆开，谓之亮执事、亮轿。讲究的人家，有头天或头两三天亮执事、亮轿的。

喜房

新婚夫妇拜天地的屋子，谓之喜房。这是一个极为庄重神秘的地方，通常把正厅的东西套间当作喜房，照例是把所有的玻璃窗都用红纸片或红布帘遮挡起来。房中设“天地桌”，围上大红缎子刺绣着鸾凤合鸣的桌帘，供上“百份”（即天地爷与诸神仙的相册，半装半露地插在一个红灯花纸的口袋里，头一片是黄纸彩印银脸的天地爷，夹在一个木质的神祇夹子上）。桌子设有装着小米的木升一个，当作香炉（外贴红纸写的喜字），蜡扦一对，上插红蜡，下边压着黄钱、千张、元宝全份敬神“钱粮”。桌子上放着桃木弓、柳木箭、马鞍、新秤杆、宝瓶、苹果、胭脂等新娘入洞房时的用品。对面炕桌上铺垫一律全新，墙壁糊成四白落地，贴上红色的双喜字，地上满铺红毡。

为了避凶趋吉，一般人是不能随意出入洞房的，根据命馆星命家的测定，要忌某些属相。同时，除娶亲太太、送亲太太以外，其他任何妇女都不得进入喜房，以防“犯冲”。

娶亲人员

根据传统习惯，男方须请一位年长妇女作为娶亲太太，作为男方迎娶仪式的总主持人。其条件是：一、必须是“全和人”，全和人是指上有父母、下有儿女，夫妻恩爱，兄弟姐妹和睦相处，有福气的人，又称“全福太太”；二、懂得迎娶礼节，会应酬的外场人；三、属相不能与新郎、新娘相克。

男方还需请四名至八名官客（男宾）娶亲（茶房尊称为“娶亲老爷”，不管其有无官品与职位），路上陪着新郎官。此外，有的家主找一个小男孩，给新人提拉盖头，照例是用一块红布将盖头包上，临发轿时交给这小孩，大人总要叮嘱孩子，途中不要将盖头倒手，无论左右手，都要一提到底。据说倒手则意味着新媳妇将来必然要改嫁。有的家主则找一个小男孩，提“金银水壶”，从男家带一壶水，倒在女家的水缸里；再从女家带一壶水，倒入男家的水缸里。此举谓之带“金银水”，有借水发财、相互带财发家的意思，认为男女双方两家均可人财两旺。

发轿

迎娶仪式通常都在男女宾客坐席（吃饭）之后开始。茶房首先向娶亲太太请示：何时发轿，忌什么属相，是正响房还是倒响房。所谓响房，就是找一个小男孩在喜房里打三下大锣，意在驱逐一切邪祟。从此，谁也不准再到喜房去了，以免犯属相。正响房是在发轿以前举行，倒响房是等喜轿回到门前时举行。一般都采取倒响房，免得宾客在喜房出入上不好掌握。

迎娶仪式开始，首先由娶亲太太到喜房给天地爷上香（新郎官此时多是袍褂齐整，低头坐在炕沿上，听娶亲太太的召唤，才上去磕三个头）。这时，茶房便高声喊道：“娶亲太太上香啦！”院内在一阵猛烈的对锣声中，鼓乐齐鸣。然后，由茶房托一铜茶盘，内放历书一本，苹果一个，红灯花一盏，小镜子一面，芝兰香一支，请娶亲太太到屋外“照轿”“熏轿”，意为驱逐妖邪。有的还要往轿子里撒一些桂圆、荔枝、枣、栗子、花生之类的“喜果”。然后，娶亲太太盘腿坐在轿内，不放轿帘，谓之“压轿”。新郎官和其他娶亲官客以及提盖头或提“金银水壶”的小孩，一同乘上轿车或四轮马车。

如果讲究的富户，则用三乘轿，照例是一红二绿。娶亲太太乘坐红轿，新郎官则乘二轿。清朝“迎婚大娶”时，有用五乘轿的，即一乘红轿、两乘绿轿之外，还有两乘官轿。迎娶时，娶亲太太乘红轿，新郎官和提盖头或提“金银水壶”的小孩均乘官轿，至于两乘绿轿，则暂时空着。

无论用几乘轿，只能娶一位新人，为一男成婚。老北京人忌讳兄弟同日完婚，即一天之内娶两个媳妇。据说，这将会给家宅带来不吉利，有的殃及婚者自身，有的殃及父母长辈。

仪仗、响器、轿子

旧时，十分讲究金灯执事等仪仗，民谣所谓“宫灯、戳灯十二对”，其实不止于此。因为当时满人为了符合古代婚礼之意，多在黄昏之后迎娶，所以，很重视灯笼火把，因为它有实用价值。当时，迎娶队列是以牛角照明，上绘红双喜图案的高角灯十六对、二十四对、三十二对不等。这是从《礼仪》“执烛马前”的风俗演变而来的。

民国以后新婚的迎娶仪式，一律在白天举行，通常是在上午九十点钟发轿，故此不再用所谓金灯之类。至于执事，只要有钱，无所谓“僭越”。但喜事的仪仗，始终远不及丧事用的那样多。娶亲行列一般是：开道锣一对，弯脖号一对，大号一对，红伞一对，上书“子孙万代”字样的绿色掌扇一对、大镜一对、二镜一对、筛镜一对、令箭一对、吹笛的一对、吹唢呐的一至二对，九音锣一对，大鼓八面。三十年代以后，令箭、金瓜、钺斧、朝天镫等所谓“銮驾”之属，即废而不用。

执事仪仗之后，才是由八名轿夫抬着的喜轿（按老北京的规矩，新婚必须用轿子迎娶。用花红财礼，轿子抬过来的是正娶，只有寡妇再嫁或娶姨太太才能用车。所以，无论贫富迎娶时一律用轿子）。

打执事的、吹鼓手、轿夫，虽然都是从“口子”上找来的，但一般都是阵容整齐，训练有素。打执事的和吹鼓手，一律穿绿色绣红喜字的短大褂。轿夫身穿镶红边的短蓝大褂。夏天头戴“纬令”，秋天戴“秋帽”。

新人上轿前后

迎娶队列到达女方街口时，首先鸣锣，女方闻讯后，即将街门紧闭，据说是避避煞气。此时，照例由娶亲官客陪同新郎叫门，谓：“开门！开门！别误了吉时。”女方则循例隔着街门向外喊话，要求吹鼓手们奏起喜庆的乐曲。俟新娘“开脸”完后，穿戴整齐，方喊道：“合叶开门！”所说“开脸”，又称开面、绞面、绞脸，指新娘修饰梳妆脸面，除去脸上的汗毛，剪齐额发和鬓角的仪式。女子一生只开脸一次，表示已婚，多由全和人进行操作。开脸用具有新镊子、五色丝线或钱币等。开脸完毕，大门打开后，顺手将一把小铜钱和用红纸包包好的茶叶扬出门外，谓之“撒满天星”。

随后，娶亲人员齐到女家客厅，道“大喜”。女方家则谓“同喜”。新郎即向老丈人、老丈母娘一叩首，谓之“谢亲”。同时，还要由一娶亲官客将女家事先准备好的子孙饺子、长寿面，用的碗筷“偷”过来。男方娶亲太太拜见女方送亲太太之后，略加寒暄，即摆上酒席，每两位娶亲人员便坐一桌，女方有四人陪坐。这只是礼节性的过场，并不能真吃真喝，因为所有碗筷均用红绳捆着，不能启封。入席后，只等茶房一喊：“话到礼到，娶亲太太告辞啦！”就要起席。每桌娶亲人员照例要掏出红纸包好的“汤封”（赏钱）给茶房。

此时的新娘，头戴凤冠霞帔，蒙上盖头，身穿红色薄棉的上轿袄，由送亲太太搀扶上轿。新娘乍离娘家可能要哭，这不犯忌讳，反而被认为大吉大利。

喜轿走后，男方即送来酒席三桌。两桌是送给老丈人、老丈母娘等女家亲戚的，另一桌是送给大媒人的，以示谢意。

娶亲归途

娶亲归途，须走另外一条道，谓之“不走回头路”。

此时，新娘乘坐的轿子，谓之“宝轿”，必须平稳。起轿后，照例由新娘的哥哥给扶轿杆（压着步子）。这正是轿夫们卖弄一手和露一手的时刻。如果在街巷内遇到另一档迎新行列，彼此必然为之“斗法”，北京人谓此为“放份儿”，即互相显示技巧高低。这时，双方轿夫们必然要放慢脚步，两眼向前，把腰挺得直直的。有时前方轿夫喊“左照门”（左边有障碍物），有时喊“右照门”。还有时喊“左磴空”（左边有坑）、“右磴空”，到两拨轿子走至一左一右，互相交错时，步子更小，甚至一点一点地往前挪，以力争绝对平稳。这样，不但为自己的铺号争光，创牌子，而且又是向本家讨赏钱的条件。

归途，因宝轿由新娘乘坐，故娶亲太太、送亲太太均须乘坐轿车或四轮马车。如果三乘轿，娶亲太太可坐二轿，送亲太太则坐三轿。如果是五乘轿，娶亲太太乘二轿（绿色），送亲太太乘三轿（也是绿色），新郎官乘四轿（官轿），提盖头或提“金银水壶”的小孩乘五轿。

途中凡经过庙、祠、坟、井、河等处，必须由男方娶亲人手张红毡子将宝轿遮住，意为“避邪”。如果遇到出殡的，娶送亲人员则须说“今天吉祥，遇上宝财啦！”（“财”与“材”谐音）

新人下轿

娶亲行列临近家门，亦须鸣锣。喜轿临门后，也要关一会儿大门，以避煞气。然后，宝轿由男方院内事前设好的炭盆（盆中烧炭）上徐徐抬过，谓之烧去一切不吉利的东西，日后小夫妻日子越过越红火。

宝轿一直抬到中堂屋门口，堵门停下，如轿子与上门楣有空隙时，用红毡子堵严。新娘下轿时，手抱宝瓶（系木质金漆之瓶，讲究的是景泰蓝的瓶），瓶内装大米、小米，谓之“金银米”。由新郎官象征性地射三箭，谓之“桃花女破周公”。然后，新娘跨过木质金漆马鞍，因“鞍”与“安”同音，故此说是象征平平安安。此时方可从红毡子上步入洞房。随后，即由娶亲太太主持下，新郎新娘给天地爷上香，同行三叩首礼，谓之拜天地。拜罢，送神，由茶房将香根请下来，连同神纸、钱粮，一起到院内的钱粮盆里焚化。鼓手奏清音，随告礼成。

婚后琐礼

洞房里最有意思的是“坐帐”。新郎新娘双双坐在洞房的炕沿上，由新郎将自己的左衣襟压在新娘的右衣襟上，表示男方要压女方一头。有的在洞房里真支上帐子，把新郎新娘闷上一会儿，娶亲太太说上几句吉祥话后，再把帐子一拉，谓之“撤帐”。新郎随即用裹着红纸的秤杆把新娘头上的盖头一挑，谓之“初会”，也称“露脸”，然后急忙将盖头往自己的屁股底下一压，说是要“杀杀女方的戾气”。

新郎还要从新娘头上的绒花摘下一枝，任插一处。据说插于上方生儿子，插于下方生女儿。有的家庭让新郎新娘将花插于“喜神方位”之窗或墙壁上。另外，有的于新婚夫妇坐帐时，还要撒些桂圆、荔枝、花生、枣儿、栗子之类的喜果于帐内。

然后，新婚夫妇同吃“子孙饺子”“长寿面”。子孙饺子由女方做好，带到男家煮熟，长寿面则由男家制作。吃时，照例有一男孩隔窗大声问道：“生不生？”由娶亲太太或新郎回答说：“生！”表示生育后代。

接着，便是夫妇喝交杯酒，喝时用红绳将两个酒杯系在一起，娶亲太太将一杯递与新郎，送亲太太将另一杯送与新娘，各饮半杯，再予互换，说是“千里姻缘一线牵”。这就是“合卺”之礼。合卺，成婚之意（卺是瓢，把一个匏瓜剖成两个瓢，新郎新娘各拿一个饮酒，是旧时成婚时的一种仪式）。

有的当晚还要摆“圆饭”，也称“团圆饭”。让新郎、新娘坐于首席，娶亲太太和送亲太太奉陪。如吃馒头，则说是“满口福”，吃丸子说是“圆圆满满”，吃四喜丸子说是“喜喜欢欢”。不论吃什么食，都尽量赋予喜庆的意义，表示祝贺。

最后是“拜三代”，定名分，俗称认大小，即认丈夫家的长幼。俗说，新媳妇不拜祖，不能成为本家人。所以，有佛堂、神龛的，先拈香祭拜神佛，然后再祭祖。有礼堂的还要供上“喜包袱”（用红纸糊成口袋，内装金银帛、花红纸等冥银，外书祖宗名号），没有祠堂的，也要设宗亲牌位或祖先影像，由新婚夫妇叩拜。对于上述神、佛、祖先，例行三叩九拜。之后，再给父母（公婆）等长辈三叩首礼。对于平辈则一揖，唯独对于大姑子须叩首，谓之“高见礼”。受礼的长辈们可以给新婚夫妇一些珠翠、首饰、衣料等作为回礼。

次日有“会新亲”之礼，俗称吃喜酒。是时，新娘的姑姨、娘舅、外祖父、外祖母等齐聚于男家。对新郎的父母说些客气话，表示祝贺。吃酒时，一人一席，至多两人一席，但必须由男家二人作陪。如果女家来了十几位宾客，男家就必须以二十人作陪，以示隆重。此时新郎向女方来宾行礼，来宾即赠予带子（表示生子）、扇子（表示善子）和钱袋。袋中有钱一吊者，谓之“当朝一品”，二吊者谓之“合和二仙”，三吊者谓之“三台贵子”，四吊者谓之“四季平安”，五吊者谓之“五子登科”。

旧时，新娘多是三天回门，回门也称回酒。新婚夫妇坐马车到娘家去省亲，见面后分出大小辈，仍需叩首。一般在饭后新郎很快就回来了，而新娘则要到晚上才能回来。民国以后，为节约起见，简化仪礼，多在当天或次日回门。此外，婚后九日、十二日、十八日，娘家必馈送食品于女儿。“单九”“双九”之日还要走亲。俗云：“单九不算走，双九走才算。”这样，单九走亲了，双九亦必须再走。双九过后，娘家来接新娘回家探亲，但不得过夜。俗云：一月之内不许男女空房，必须双飞双宿。

住对月

婚后一个月了，就要“住对月”，即女家携礼品至男家接新妇归宁。住对月只是新妇一人回娘家，其夫并不同往。婆婆规定住娘家的日限，以十二日为一般日数，少有多于或少于十二日的，新妇依其婆婆所规定的日限在娘家居住，这已是婚礼的最后一幕。

最后，新娘领着新郎，携带许多礼品回归娘家，答谢亲友，每一亲友均答谢两份，谓之“回拜”。至此，一场颇具戏剧色彩的终身大事，方告完成。

喜轿铺

清代，京城就出现了专门为结婚的人服务的行业——喜轿铺，可以说是今天婚庆公司的前身。主要是为结婚的人提供花轿，并附带轿夫、锣鼓手、执事等。

据《当代北京婚恋史话》记载：“当时的喜轿行业很兴旺，四九城都有喜轿铺，京城约有120余家。在这些喜轿铺中，可分两类，一类是满俗婚礼的喜轿铺，这类多在内城；另一类是汉俗婚礼的喜轿铺，这类多在外城。”

阜顺喜轿铺是旧时北京外城一带最有名的喜轿铺之一。据记载，是一个叫卢三的人于民国九年（1920）在崇文门南河漕胡同路西开办的。喜轿铺是赁货铺的买卖，可谓“一本万利”，只要拿出一些钱，置办两三乘轿子和一些“执事”，就可开业。抬轿子的轿夫和鼓号手、“执事”等都是临时工，有事找来，事完散伙。喜轿铺的轿子、鼓号、“执事”等只要不坏就可长期使用。卢三看到喜轿铺赚钱，所以办起轿子铺。阜顺喜轿铺能发展起来，是因为经常更新轿围，轿围绣工精细，图案新颖，锣鼓执事齐全，轿夫、锣鼓手、打“执事”的穿戴整齐，且租赁价便宜。

由于轿子漂亮，锣鼓手、“执事”整齐，要钱又少，所以买卖兴隆，阜顺喜轿铺逐渐成了外城有名的轿子铺。

新婚用品服务社

新式婚礼逐渐受到社会各界的欢迎。为此有识之士看准“文明结婚”这个“商机”，在京城开办了供应新式结婚用品的服务商店。民国四年（1915），宣外骡马市大街开办了“喜庆婚礼用品租赁社”，专门出租文明结婚的用品。它原本是一家有着30多年历史的喜轿铺，掌柜是山东人，很精明，他将旧式的花轿、锣鼓手、执事等取消，改为备花车、司仪，同时向新郎、新娘出租结婚穿的礼服、花篮等。

1934年，江苏无锡人郁炽昌在宣武门内绒线胡同开办了“紫房子新婚用品服务社”，为“文明结婚”的年轻人提供“一条龙”式服务。它专门出租“文明结婚”礼堂上用的各种陈设，新郎、新娘穿的西式礼服，新娘用的头纱、珠冠、头花、手花、花篮等，且代雇花车、乐队、司仪，甚至连结婚典礼的仪式单都给印好了。

1937年，北平市社会局积极提倡“改进习俗，提倡节约”的“文明结婚仪式”，受到许多年轻人的响应，由此促进了“紫房子”的业务蒸蒸日上，并使原店址已不敷应用，1938年迁到六部口旁边，三间紫色的大门脸儿较前更为壮观。

此后，北平出现了多家为婚庆服务的行当，如东城的“福双新婚用品服务社”，西城的“金丽新婚服务公司”，南城的“美馨新婚服务所”“喜临门婚庆服务公司”等，但其门店规模和服务业务与“紫房子”相比，均为逊色。

为了争到客源，各婚庆服务社利用一切机会广泛宣传“文明结婚”的体面、省钱、省事等种种优点，同时扩大服务范围。一些婚庆服务社的老板还广为结交社会各界名流，争取他们的光顾与支持，以扩大影响。到20世纪40年代末，北平有婚庆公司近十家。

进入20世纪50年代，京城的婚庆企业同其他私营企业一样，在“公私合营”的历史大潮中迎来了所有制的变革。有的停业，有的转行，有的“公私合营”，其业务较为单一，或改为照相馆，或改为服装店，而婚庆服务的业务取消了。

直到改革开放以后，随着年轻人对新事物的不断追求，婚礼的花样越来越多，北京的婚庆公司又如雨后春笋般发展起来。

二、老北京丧俗

老北京的丧葬礼俗是古周礼的传承和继续，另外融入了一些符合当时社会环境及地理环境的需要。其特点是满族习俗与汉族习俗的融合体，可谓满汉合璧。满族人丧葬的老礼讲究一个“孝”字，汉俗则强调“重殓厚葬”。

丧俗的繁文缛节远远超过了婚俗，因为在中国死者为大，人们把办丧事视为极重要的一件大事。直到民国时期和20世纪50年代初，北京城的丧事都是基本按照旧礼俗办理，有些农村直到今天还保留了一部分这样的旧俗。

老北京的民间丧葬一般都是土葬，丧葬仪礼是原始观念和封建观念的一种反映，是佛、道两教的宗教仪式和纯民俗的综合形式，繁琐复杂，有“倒头”、“接三”、“送库”、“成主”、“发引”、“烧伞”、“烧船桥”、“一百天”、“办周年”等许多讲究。

近代以来的北京丧葬礼俗，因为受到各种因素的影响，包括外来的和传统的，在短短的百余年内发生了一系列的变化，这种变化既有西方文化的影响，也有中国传统的礼俗混杂其间。

民国政府对丧葬礼俗也作了一些改革。1912年公布的民国《服制》中规定，男子遇丧礼，服饰用民国大礼服或常礼服外，在左腕围以黑纱，女子则在胸际缀以黑纱结。两项礼制都有一个特色，就是仿西方礼仪形式和不再有等级差别。公布后，社会上一时竞相仿效。在北京，“民国时代，凡婚丧喜事仪制，前清跪拜礼节，今概改用鞠躬。”

由于民间对阴阳先生的信任，故当局允许阴阳先生继续以此为业，但是必须到公安局接受考试，合格后经立案方可营业。阴阳先生一般有一些法医知识，他们要具实鉴定死亡原因，如果死者是正常死亡，就给开具殃榜。如果怀疑死者是自杀或他杀，则要通知官府，请法医验尸。

北洋政府执政时期，市民凭殃榜到卫生局换取出殡执照。1928年以后，市政当局规定不再以殃榜换领出殡执照，开殃榜变成纯粹的民俗和民间行为。

北京丧葬礼俗的真正变革是在新中国成立以后。这个变革也是一种反复的、持久的过程。其一是基于城市环境卫生考虑，迁出城内寺庙停灵、义园义地和乱葬岗子坟墓。其二是推行公墓遗体，建立了人民公墓。其三是响应“移风易俗，改造中国”的号召，倡导火葬，卫生、节俭办丧事。随着广大百姓的接受，逐渐成为社会新风尚。

初终与报丧

初终

旧京，人们多住四合院或三合院瓦房，每三间的两侧谓之“里间”，北房算作正房，除有里间外还通向耳房，谓之“套间”。这里间和套间都有砖炕。那时，人生了病都是躺在这种炕上休养，请个中医大夫来家诊治，很少有到医院就诊或住院治疗的。

一旦病情恶化，不可救药，大夫就嘱咐家属“准备后事”。因此，这后事也就都在这里间、套间准备。家属首先要到棺材铺赁一个小床，叫作“太平床”，也叫“吉祥板”。有的家主只是将门板卸下来，临时搭个小床，谓之“搭床”。病人尚未咽气之前，就得从炕上移到太平床（吉祥板）或搭床上，文言叫“易箦”，意思是换床。说是不能叫死人背着炕走，否则不吉祥。其实是怕后人在这铺炕上睡觉时心里别扭。易箦（换床）时，有的子女还要郑重其事地说：“冲一冲也许就好啦！”不过是自我安慰而已。初终是丧葬仪式的开始。病人将要咽气死亡时，家人要给他脱掉内衣、外衣，换上新内衣、新外衣，以防身凉，尸僵不易穿戴。时至今日人们还是这样遵循之，这既是习俗，又有一定的科学道理。为避免死者“光着身子走了”的终身遗憾，活着的人必须提前做好各项准备，以防不测。

为死者制作的衣服又称“装裹”，虽很宽大，然错过时日，穿戴也是很困难的，非内行人不可为之。

人刚去世，家属将尸体慢移到地上再进行检查，是否真的断气身亡。进行“属纩”之俗，属乃放置之意，纩，是絮衣服的新丝棉。这是一种古老的丧俗，就是用棉絮置死者的口鼻处，以验是否断气。此种工作要同姓人去做，和换衣相同。

招魂

除属纩之外，初终时还要为死者招魂，亦称“叫魂”，是流行很广的习俗。古人初死，要由死者的亲属或他人之手拿死者的衣服，上屋顶，手拿死者的衣服面北呼叫，连呼三声，再把死者的衣服揪起来扔到屋下，房下人接住，盖到死者的尸体上。此称“复”或“招复”。

死，是人生的最后归宿。自古对死的称谓也因等级身份的不同，地域的广阔，礼仪观念的各自理解，民族属性各异而称谓不一。俗语中称死的最多，有“散气”、“数尽”、“归泉”、“归天”、“返真”、“物故”、“物化”、“过世”、“去世”、“逝世”、“走了”等，都是死的同义词。

另，父死后称“考”，多俗称“先考”，母死后称“妣”，多俗称“先妣”，妻死后称“嫔”，俗称“故嫔”，在葬仪文字书写与碑刻中最为常见。道教称死为“羽化”“仙化”，佛教称死为“圆寂”“西行”，伊斯兰教称死为“归真”或“无常”等。

以北京地区为例，死又称：“倒头”、“咽气”、“蹬腿”、“去世”、“过去了”、“断道儿”、“打老鸹”、“听蛐蛐”、“上他姥姥家”、“见阎老五去”等，地方特色很浓。

小殓

小殓所穿的衣服称寿衣，也称“装裹”，服式不尽相同。有用清代官宦打扮的，有用明代服饰打扮的，棉袍补褂、顶翎；女的用蟒袍、霞帔。一般百姓人家，只用棉裤、棉袄、棉长袍，不管春夏秋冬都是如此。鞋是薄底布鞋，下有莲花图案，意为脚蹬莲台成正果。寿衣很宽大，料子一般用春绸、湖绉，不用皮货、皮鞋，唯恐下辈子托生成牲口；衣服无扣，用布带代替，因“纽子”与“扭子”谐音，不吉利，于晚辈不利。更忌讳用缎子做衣，“缎子”与“断子”谐音，令人无法接受。

寿衣要穿几套，视经济情况而定，各地不同。一般是三铺三盖，多则九铺九盖，但必须用单数，贴身一层必须铺黄盖白，取“铺金盖银”之意。盖上印有红色梵义经被，及死者生前手用之物，如钢笔、字画等。旧时，“陀罗经被”上还要压一面镜子，现在已不用。讲究之家用新丝塞耳，以面帛盖脸，以冒（大巾）蔽上顶，直到足下，使尸不露，最后在尸体上盖几条被单，再以布束紧。

小殓之后设供桌，燃“长明灯”，意思是给死者照路，能顺利到阴间去。摆“倒头饭”，用碗盛满，上插三根秫秸棍，每根棍顶上插一个面球，谓之“打狗棒”，说是亡人到阴间经过恶狗村时用来打狗的。另有“打狗饼”，以饲恶狗，不惹麻烦。还要用卷麻或绳索将亡人双脚捆上，谓之“绊脚丝”。禁止猫、狗进入停灵的屋内。据说动物与亡者换气容易“诈尸”。

小殓结束，全家跪在灵床前举哀，烧“倒头香”。有条件的请和尚、道士来家念“倒头经”，把用彩纸糊成的轿子、轿车在大门前烧掉，这便是“倒头轿”“倒头车”。门前还设有一人高的大鼓，挂“挑纸钱”，用白纸裹秫秸棍、竹棍、木棍均可，斜挑门前，张数与死者岁数相同，位置是男左女右。门前贴一张白纸，上写“当大事”。

报丧

报丧一般由长子办理，亲友多时，次子、孝侄、孝孙亦可代替。子孙要戴重孝，如路遇亲友、故旧，要停住或下车叩头报丧。对方可不还礼。报丧的孝子来不及做孝衣时，戴孝帽腰上系一条白孝带或臂戴黑纱。到亲友家不能登堂入室，只能敲门等人出来。无论是长辈或平辈出来，报丧人都要单腿和双手着地行丧礼参拜，说明谁死了，什么时候入殓，即可告辞。与此同时，丧家所有门联、门心、室内春条以及盆景、帽镜、穿衣镜等摆设均须贴上白纸，原则上不能露红。室内相片即应翻过去放置，以示哀挽。

讣闻一般用白纸印成，外套黄封套，附有蓝签，上写收者姓名。讣闻有一定的规格，如下：

讣闻

某府太君讳某某，生于某年岁次某月某日，于某年某月某日某时寿终正寝，享年某某岁。不孝男等亲临侍殓，遵礼成服，谨择于某月某日接三，某月某日伴宿，某月某日辰刻发引。

哀此，讣闻

上述“讣闻”中，“接三”是说旧时死了人，三天之内必须“接三”，也叫“迎三”，“送三”。接三前，要到冥衣铺按一定尺码、款式、质量，糊一份车马、箱子，男死糊驴，女死糊牛；接三之日，要举行奏吹鼓乐，迎亲朋吊唁，焚化纸糊车马等活动。“伴宿”，俗称“坐夜”，意思是次日就要出殡，家人要伴守一夜的，北京把伴宿看成丧事的正日。“发引”，俗称出殡，即将灵棺从家里或庙堂抬到坟地去埋葬。

如母健在，为父死报丧，讣闻落款为“孤子”；如果父尚在，为母死报丧，讣闻落款为“哀子”；父或母早故，为母或父报丧，讣闻落款为“孤哀子”。

在北京报丧的习俗中，豪商富贾，官宦宅门为显其门第，一般则用“本家房门”名义，临时发出“口报”，亦称“报丧条子”，其略曰：“本家某老爷（或本家某夫人）恸于夏历某年某月某日某时寿终正寝（男曰正寝，女曰内寝）。谨择于某日某时大殓，某日接三。特此讣告。”下款是某街某胡同某宅门房某人报禀。将收口报人的姓名写在红纸条上，再贴在口报上端发出。口报不是正式讣闻（这时讣闻尚未印出），只是让至亲好友来参加大殓，可以理解为“紧急通知”吧！

在报丧的同时，丧家门口一般要用白纸书写报丧条子，以告来者及四邻。“某宅丧事”“恕报不周”之类，还得将僧家安排的丧事礼仪日程公布出来。例如：

“谨择于夏历某月某日接三”“谨择于夏历某月某日首七禅经”“谨择于夏历某月某日番、道、禅经伴宿送库”“谨择于夏历某月某日辰刻发引”。

在环境的布置上不要露红，以示哀悼之意。街门的门联、室内的春条、盆景、帽镜，要贴上白纸，照片应翻过去放置，门联也应换成蓝色，院内的廊柱上，有钱人也要挂上黄黑挽幛予人肃穆之感。

报丧既是一种礼仪，更有请亲友协助办理丧事之意。因为在报丧后，往来人员增多，接三、伴宿、伴哭、发引等一系列的事情，极需多人分头筹办，只靠丧家是非常紧张的。何况丧家因哀痛有余，难以完全应对，必须请德高望重又懂礼仪之人承担、操持，名曰“总办丧仪”者，由其确定位数、善于招待的“执宾”招待男女宾客，提醒丧主要注意的事宜和安排。丧主还要分头请僧、道、尼来念经，为死者超度讲经。至棚铺联系搭棚事“请棚”，到杠房定棺罩和大杠事的“请杠”。请账房先生记录往来礼品，处理丧期所用财物之事。

现在讣闻都写成讣告，基本上有三种形式，即一般式、公告式和简便式。一般式最为常见，公告式用于党和国家一定级别的机关、团体。它比一般式要隆重、庄严。简便式的讣告常作为报纸的一则消息公布。

另外，老北京人在城外有祖茔的，在人倒头后，就要派人下去通知茔地看坟的即刻组织人工打坑。

殃榜

旧时家中死了亲人，须请阴阳先生前来验视者，开具殃榜，又称殇榜。“殃”意为“灾难的苗头”。旧俗认为人死后，有“殃”离体，处理不好会给生者带来霉运。所谓“殃榜”是记录死者亡故的日期、时辰，何时入殓，入殓时忌何属相，出殃的日期，等等。

阴阳先生接到丧家的请求后，一般先让来人把印有自家堂号的黄纸条子拿回去，贴在门口，以资辨认。这是为什么呢？据以往的经验，阴阳先生要等丧家二次来请，才去批殃榜，以免人未死就犯忌。到丧家后，大喊：“瞧狗，您呐！”以示到来。

阴阳先生进门后，首先向死者行礼，验视死者的面部和手指甲有无异常。如遇生死不明、服毒被害者，阴阳先生可拒此殃榜，即去报官。丧家到官厅申报死亡时，在请领抬埋执照时，必须出具“殃榜”始为合法。再由卫生单位核发“出殡执照”。内容如下：“查某某某现年某某岁，原籍系某市某县人，因患某某病，医治无效，于某年某月某日身故。经检验审查无误，准于某年某月某日经由某某门至某某安葬，仰城关验证放行。须至执照者。此证。”

在批殃榜时，所忌属相之人不可在旁，否则会有“殃灾”发性。例如忌虎者，属虎的就需回避，但亲丁不忌。

所说的出殃，既是死者亡故前的最后一口气，又称回煞或回魂。传说这口气留在屋内久聚不散，徘徊缭绕，虽无形但十分可怕阴森，故为“殃”。“殃”不会久留屋内，适时就会涌出，此为“出殃”。人们必须躲避，如被“殃”打到，要得黑白脸之病，屋前的植物被打到也会枯死。所以家中养的石榴树，在枝杈上系上红布条，以防殃击。

阴阳先生在批殃榜时，坐在椅子上用手指推算，铺纸即写，并说停灵几日犯“火期”（火灾），几日犯“重丧”（再死人）等。他是按生辰八字推算而来，虽为不经之谈，但在民间已为丧葬习俗。

时过境迁，阴阳先生也已绝迹，取而代之的是各医院的死亡证明书。

接三

接三的日期是在死者亡故后的第三天，也称“迎三”或“送三”。民间传说，人死后的第三天，其亡灵就要到阴曹地府去了，灵魂必在望乡台上瞻望家中，此时祭祀亡人，乃希望其尚飨。接三的地点有的在丧家中，有的在移灵的庙里。无论贫富，这项仪式不可或缺。

也有说接三日是亡者的灵魂被神、佛或其他的金童玉女使者等接走的。这样的待遇只有生时为善、品德端正、无罪孽的人才能享有。有理想的归宿，才能升天或成正果，托生善地，福佑后代。一个人一生难免有过错，后人在亡魂正式到阴间报到的时候，为他请僧诵经忏悔，放焰口，向“十方法界”无祀孤魂施食作功德，以资赎罪，祈祷能顺利到达西方极乐世界，不致落入“三途”（地狱、饿鬼、畜生）之中。作为亡者晚辈的儿孙们，当然希望亡者行途顺利，准备了传说中西方极乐世界所需的东西，如行路用的车马，盘缠银箱等纸制物品，供其使用，以人间的生活习俗，表达对死者的诚挚帮助。因此，在这些处理过程中，所做的事情很多，所办的活动也最具地方特色，是丧家最繁忙和劳累的时候。

接三那天，富户人家门外要设对锣、对鼓或单锣、单鼓、号筒，设座吹打。二门设鐎且站立回事人员，另在月台旁设置“清音”一部助哀。门吹儿主要由大鼓、唢呐、大号、九音锣、疙瘩锣、横笛组成。吹手一律穿白色丧服，戴缨帽。

官宦绅商之家为讲究门面，都用“官吹官打”，吹奏传统固定的吊唁曲子，称“官鼓大乐”。人数为五、七、九、十一不等，分工大致是击大鼓一或二人，吹唢呐二人，吹号筒二人，打九音锣二人，打水镲一人，还有大锣一面。中等人家只用门吹、清音。中等以下普通人家就只有门吹了。门吹又分“早上鼓”“午上鼓”“晚上鼓”之分。

接三日来吊祭的至亲好友，应在上午到，稍远的亲戚朋友多在下午。穿戴没有太多的讲究。

亲友前来吊唁所送的祭礼，有送“棺吊四色”的，即：一股高香、一对白素蜡、数串银锭（用锡纸制作的元宝）、一叠白钱（冥纸）。有以钱代物的，名“折祭”，就是把现金放入黄纸糊的封套里，用蓝签写上钱数，上书“折祭”二字。有部分亲友加送帐子和上供用的面鲜果品。除送帐子外，有的加送挽联和花圈。

来宾到门，门吹儿必打鼓为之传报，外场人多半喊：“响响鼓您呐！”来男客是三声鼓加大号，来女宾与“客堂”是两声加唢呐。大门梆子听见即连响四下（四下为哀音），二门的鐎也跟着敲四下，即所谓“二报”。客到里门，回事的人在前快跑，并喊：“某老爷到”“某太太到”，大锣随在客后敲响。民国以后，北京地区改为无论男宾、女宾，一律击堂鼓传报，简单许多。

在茶房喊："来客您哪！"这是提醒本家跪好灵，按孝男孝女长幼排列，跪在棺柩两边，男左女右。由知宾将客人引上月台，这时茶房喊："请您免礼！"吊唁人急将铺在月台上的红毡子撩开，露出白垫。于是，茶房再喊："请行鞠躬礼吧您哪！"吊唁人则立刻跪下四叩首（神三鬼四），也有行三叩首礼的。

行礼中，所有守灵的孝男孝女，一齐叩首还礼，然后至灵前正式举哀。茶房照例喊："少痛吧您哪！本家道谢啦，话到礼到您哪！"随由知宾慢慢搀下月台。来宾叩祭起立后，即向孝家跪首位的见礼，来宾作揖或请安，丧家叩首陪祭人同叩首，慰问数语退出，到账房交礼，账房发给一朵白菊花，下边配一蓝绸条，上写"来宾"二字，戴在胸前。不甚讲究的人家没有此举，倒有发给大孝、小孝者。大孝为白布孝衣，小孝只给一条孝带子，办完事后各自拿走，另作他用。如今都只发一块黑纱即可，随后到茶座上休息，等候坐席了。

接三时候丧主给前来吊孝的亲友所准备的席面，一般比较简单，备"炒菜面"款待客人。炒菜面就是炒数盘菜，以四盘为多数，也有六盘、八盘、十二盘的。每桌十人，先摆四个凉碟冷荤，谓之"压桌"。

面条上桌很快，先上一海碗卤汁，一小碗炸酱，四碟面码和许多碗面条。何时吃面条呢？因为在人生的三个重要时刻都要吃面，也就是所说的"人生之面"。初生的时候洗三面，生日的寿面，死后的接三面。入席时，茶房代表丧家高喊："诸位老爷避屈您呐，改日造府道谢啦，请诸位大驾送三啦您呐！"清脆响亮，有条不紊，又不失礼节，可谓北京一绝。

孝子要到每桌前叩首谢席。当孝子下跪后，茶房即喊："本家道谢啦！"全体宾客一致起立，行注目礼，以示答谢。坐席只是一套约定俗成的规矩，饭后不随意离去，须等全部吃毕，一起起身，互相注目点头后，再一块儿离去。然一般普通人家已没这般礼节，随吃随走。

烧活

接三烧车马是很吸引人的一项活动，烧活的好坏、多寡，丧家成员等情形，街坊四邻都要品头论足。此刻人越多越好。旧时讲人财两旺，亲人多，烧活旺也算祖上的"阴德"。

烧活按规矩有车马一份、杠箱四只，项目多少视家中经济条件而定。车又分上、中、下三个等级，按尺码和精细程度而定。

上等的与真车尺寸相同，夏天，车厢有凉窗，前面有黑布棚。冬天，配有琉璃窗，用竹篾做成车轱辘，有轴可以自由转动。车厢另架在上面，安好之后可在地上行走，北京人称之为“落地拉”车。车上的零件一应俱全，老木轱辘模样的车钉都用金银纸糊出来。有部分是车轱辘能转动，但车窗不透明，只是仿样，不挂车里。

中等的比真车尺寸小些，只用秫秸扎架把车厢支起，跨上两个轱辘，但不能着地，纯是仿样，用时由人抬走。

下等的尺寸不定，形状更小，用秫秸支地，两旁各贴单纸片的车轱辘，重量轻，风稍吹就晃动，是凑合用的应景车，俗称“纸片车”。驾车的辕马一匹，顶马一匹。上边骑着有开道的官人一名，冬糊袍褂，秋帽。夏糊红缨帽，另配跟马一匹。马匹用锅烟子涂黑，身上留有比较均匀的圆点，表示是“菊花青”的马。

简单地就糊一小驴驾辕而已。有车还要有车把式，它持长鞭，立于辕马旁。如死者是妇女，车厢右侧跨沿处，糊“跟妈儿”一名，即一老年妇女，着蓝褂、挽髻，戴小红石榴花，到了阴间照顾死者。

箱子有“杠箱”“墩箱”之分。两人抬的是“杠箱”，无人抬的是“墩箱”，俗称“粉箱”。一般长一米多，有粉色、红色，上画蓝花绿叶图案。讲究的在箱子上绘有牡丹、菊花、干枝梅等。简易的只备两只无盖小箱子，上边留一张活纸不糊，为的是装冥纸或纸折的金、银元宝。

僧人接三用的烧活，要糊一座九品莲台，道士糊大白仙鹤一只，未出嫁的闺女夭亡，糊粉色轿子一顶。

天黑以后，和尚们在座外设位，吹三通，打三通，念三通。合诵《大悲咒》《往生咒》《七佛灭罪真言》《心经》等。以后又改以大铙、大钹、锅子、法鼓合奏《神仙同》，念《大悲咒》。也有的北京郊区和尚边吹边念《二十四孝》《翻九品》等。

念完经后，茶房喊：“请本家孝子跪灵，各位送三的老爷们前升啦！到前边拿香去啦！”吊唁的亲友，或举或打白纸灯笼。茶房又喊：“本家请起，师傅点鼓！”这时法器齐奏，丧家亲友痛哭举哀，孝子喊：“爸（妈）您上车吧！”长子打着挑纸钱，把烧活的马和所拴的连绳用力割断。

走在最前面的是举烧活的小孩，每人拿一件。因烧活的地方都不远，走来不累，又可领酬金，小孩们都很愿意做。接着是“门吹儿”与“文场”，有的就只有文场而已。吹吹打打，为了照顾后面的人行进的速度不快。送三的亲友手拿白纸灯笼，或斜举点燃的高香。再后是发丧队伍，按长子为首排列，次子、三子、孙子、儿媳、女儿、孙女顺延。长子、次子、三子，一般各有两人搀扶，其他相互拉着前面人员的衣服下摆，边走边哭。

送三时，一般是向西走，民间有“东送娘娘西送三”之说，送三往西寓意死者尽快到西方极乐世界。有些地方是送到官家指定场所，附近开阔的广场城根下烧活。当年，东城钟鼓楼之间的广场、西城南沟沿、朝外梁家大院靠近城根的洼地都进行过焚车马仪式。

送三的队伍到达地方后，把纸活放置在广场中央，车头面向丧家坟地的方向。孝子们跪在正中，门吹儿、和尚、喇嘛、道、尼等在纸活前吹奏。茶房把挑钱纸接过去，放在车里，点燃焚化，火光冲天，茶房视火大小把纸活烧净，不能只是纸烧了而剩下一堆秫秸。孝亲们三叩首后，大锣一响，鼓乐全停。孝子转身向送三的亲友们叩首致谢，茶房随喊：“本家向各位老爷们道谢啦！”不回去的宾客到丧家前告辞，丧家仍要一叩首。丧主们回家进门后跪在灵前痛哭，妇女同哭，劝起后用饭、休息。

放焰口

接三之日的夜晚，丧家照例都要请僧、道放焰口，谓之“祈建吉祥道场”。目的是替亡人救拔十方三世一切沉沦于地狱的饿鬼，广行功德，使其早升极乐世界。有恶行的也可免堕地狱。

焰口，出于佛教梵文经典《救拔焰口饿鬼陀罗尼经》：佛在迦毗罗城尼具律那僧伽兰，为诸比丘并菩萨说法。某日，佛十大弟子之一阿难独居静室习定。至夜三更，见一饿鬼，名焰口，亦名面然。他身形干枯，咽细如针，口吐烈焰对阿难说：“却后三日汝命将尽，生饿鬼中。”阿难心中恐怖，忙问避灾之法。焰口饿鬼道：“汝明日为我等百千饿鬼及诸婆罗门仙人等各施一斛食，且为我供养三宝（佛、法、僧），汝得增寿，我得升天。”阿难将此事禀告于佛，佛即为其传授《无量威德自在光明殊胜妙力陀罗尼》。

佛教认为诵咒（陀罗尼）或真言会产生无上法力。后来“焰口”内容逐渐充实、丰富，仪式也有了一定的规范。从宗教类别上说，焰口有佛教的，即和尚放的《瑜伽焰口》，通常都用这种。另一种是道教的《铁罐焰口》，即道士的“十方焰口”。过去只有富户或信仰道教的家主才请这种焰口。从形式上，焰口还有传灯（观灯）的，（佛、道两教的都有）只有极讲究的富户才有这个仪式。

过去北京的佛教寺院大体上分为三派，以广济寺为代表的南派，以拈花寺为代表的北派，以西直门南小街弥勒院为代表的山西五台山派。此三派在放焰口的音韵上都不尽一致。此外，还有散居民间的“游僧”“居士”。他们指佛吃饭，赖佛穿衣，也应佛事，民间下层有事，请不起大庙的和尚，所以多是通过冥衣铺、杠房等处请他们出来念经放焰口。

放焰口以僧众歌唱为主，仅以钟、磬、鼓、木鱼、铃等法器伴奏，谓之禅念（此长住寺的居多）。在禅念的基础上，加笙、管、笛、九音云锣以及大铙、大钹等打击乐器的，谓之“音乐焰口”，俗称“音乐佛事”。北京的焰口音乐也有不同的派别，有的受河北民歌的影响，活泼热烈，不拘一格，俗称“大管南乐”，此以京西海淀万寿寺的音乐焰口为代表；有的典雅、严肃，法味充盈，极富宗教色彩，如东城智化寺的音乐焰口，俗称“小管北乐”。

一般放焰口，城内的时间短，晚上八九点上座，至后半夜二三时下座。郊外的农村，长的可到五更天，通宵达旦，如此才符合佛教精神。

入殓与点主

灵棚

灵棚是丧棚中的主棚。旧京人家摊上丧事，不论举动大小，有的尽管不预备酒席招待来吊亲友（俗称不办事），只要举行最基本的丧礼，就必须搭个灵棚。

灵棚大体上有三种形式：一是穷人家仅搭个蓝布或青布帐篷。二是通常用的平棚，即平顶席棚，棚顶四周围上白色的挂檐，上绘蓝色花纹。玻璃窗上绘有蓝色圆寿字。三是最讲究的所谓“起脊”大棚。

起脊大棚是将两院搭在一起，后院是“殿”，前院是“卷”，实是一个大棚罩上两个院子。灵棚内，通常都要搭经台。搭在房上的叫“经楼”，棚行谓之“经托子”（高高托起的意思）。这是僧、道念经做道场的地方。如果只用一棚经，就在灵堂的对面房上搭一经台。如果是道场多，番（喇嘛）、道（道士）、禅（和尚）三棚经，那就连东西厢房上边也搭上经台，成为三面台，形状各异，喇嘛的经座系“宝盖式”；道士的经座是“楼阁式”；和尚的经座则是“佛龛式”的。

通常经台高约二三丈，用杉篙为架，上铺木板，上下均用木梯。经台居高临下，不妨碍来宾吊祭出入。而经台搭在房上，不占院子地方，以便于陈设纸活、祭席，给来宾设茶座、饭座。

装殓即毕，当安放灵棺就位。如亡人上边无长辈就将北房风门和两边隔扇卸掉，将灵棺停于正中，头南脚北，下边垫起“交木”（北京历来不兴将棺木放于地下），谓之“正寝”。讲究的人家还将棺木用绣花帐子围起，称为“堂罩”。未成年的小孩或未扶正的姨太太则停灵于院中或偏停于正厅。把亡人的枕头置于棺下，等出殡时烧掉。

灵前一般是挂上白布云头幔帐，讲究的则搭一座素彩牌楼，谓之“灵龛”，左右两侧均挂白布帘，为孝属守灵的地方。照例是男左女右（按孝属跪灵方向论）。灵棺前边放一尺以上的大幅遗像。

灵前设供桌，挂素底绣花桌围。桌上摆香炉、蜡扦（点白蜡，讲究的是大白蜡烫着蓝字），花筒一对，内插素色灵花，闷灯一盏。讲究的供器多是景泰蓝的，铜者次之。通常摆一堂供（五碗），可多至三堂、五堂，供品不限，鲜果、糕点、冷荤热炒均可。

特别讲究的还要在灵前搭一月台，状如旧式戏台，但比它略小，台的四角有绿色柱子四根，上绘金色花纹。顶上按有天花板，上绘仙鹤图案，取意“驾鹤仙去”。顶的四沿围以红色栏杆，下有挂檐。台底下四周有红漆栏杆，栏杆之下有“台裙”，白色黑纹或砖砌样。三面台阶，两旁设有扶手栏杆。台铺地板，上铺地毯。供桌就置于台上（台后是棺材）。

月台两侧还要摆上纸活，通常为执幡提炉的童男童女；灵人两对（一挎筐买菜的厨子，一端茶具的男仆，一端脸盆、牙具的老妈儿，一捧烟袋的使唤丫头），花盆两对，谓之“四季花盆”（通常为牡丹、花、干枝梅）。荷花、桂月台下边两侧，通常放纸糊的凳子桌子四张，金山、银山（小盆景形式）、绸缎尺头各一对。还有的糊些文房四宝、古玩陈设，甚至是麻将牌、烟具等亡人生前心爱的物件。月台前边的两根立柱上，习惯上都挂着姑爷们送的挽联，下边则放着近亲们送的花圈、花篮。

入殓

入殓又称大殓、入棺、入室、入木、落棺、落材，是汉族丧葬习俗中很重要的部分。入殓是指把尸体放入棺内。由于以前亡人呼吸停止后又复生的事例亦曾发生过，故三日后大殓入棺还是有一定道理的。从人类进化史看，这是生存的经验，也是自我保护的措施，延续至今证明了它的合理性。

入殓的要求和规矩很多。入殓前要给亡人蒙上“盖脸纸”或称“蒙脸纸”，吊唁的人不到齐不能盖上，盖上以后不到入殓的时候不能揭开，揭开时不能用手，而是用扇子扇掉，用手揭开就是“曝尸”，是对死者的不敬和侮辱。

停尸、停棺都不能暴露在日光下，以避日精月华。入殓前要用呈文纸，将棺内四壁糊好，也有用白纸糊的，棺底铺上青麻秆，秆上糊呈文纸。棺里面贴上用金银纸剪成的太阳、月亮、北斗图案。北京人入殓习俗是用大烧纸加锯末，亡者多大岁数就包多少包，垫在棺底，再铺上水红色的布，摆上七枚小铜钱，呈北斗七星状，称“垫背钱”，因自古以来就有“南斗主生，北斗主死”之说。

入殓时先将亡人绊脚丝取下，长子抱头部，由四至六人抬尸，脚部先抬出屋，入棺时脚需先放入。其他子孙们在两边把衾单垫褥一兜，口说：“爸（妈），请您迁居啦！”平稳放入棺内。有想给小孩辟邪保平安的，此时可从亡者的身上摸出几枚铜钱，戴在小孩身上。

入殓的衣服，叫“老衣”“寿衣”“殓衣”，包括上衣、下衣、外衣以及鞋帽等。有的是在人未亡时先准备好的，有的是临时购置的，更有的用死者生前穿过的衣服。好在寿衣铺一直是日夜服务置办的店面，方便购买。其数量、材质，因经济条件、社会地位的不同而有所差异。件数均为单数，有十一件、十三件、十五件。古有定制：士为三十套，大夫五十套，君一百套。要备足春夏秋冬衣裳，供死者享用。家境贫困的无力置办者，简单操持也就不拘礼了。

棺内不留空隙，放些死者生前的心爱之物，供死者享用。物品以烟袋、手杖居多。“打狗棒”放在亡人的袖口里。没有随葬物的，手中拿一块手绢，意思是不能让亡人空手走。

开光

遗体入殓后要举行“开光”仪式。由长孝子在主殡人主持和亲友陪同下，用棉花团蘸清水，一手端碗清水，一手持新筷子夹着湿棉球在死者眼、鼻、口、耳等处擦拭。擦拭死者的眼圈时，主殡人念祝词：“开眼光，亮堂堂”或“净净眼，眼观六路”。擦拭耳朵时念：“开耳光，听八方”或“净净耳，耳听八方”。擦拭嘴时念：“开嘴光，吃猪羊”或“净净口，越吃越有”。擦拭鼻子时念：“开鼻光，闻肉香！”擦拭手时念：“开手光，掌宝箱！”擦拭脚时念：“开脚光，走天堂！”将手中的筷子和小碗，从房前扔到房后。最后从衾单上撕下一小块布为亡者擦脸，随之用小镜子一照，转身将之摔碎。丧属们一一瞻仰遗容，号啕大哭作最后的诀别。

盖棺

盖棺是入殓的最后程序。杠房的人把子盖插上，大盖盖上。大盖有三个木楔，先钉上一个，其他等出殡时再将另外两个木楔钉上，以防有事没赶上的亲属。盖棺时需用四颗铁制的“寿钉”，由木匠用斧头将钉子揳入。其中三根揳到底，铆入棺帮，死者男性，则三根钉（左二右一），如死者是女性，亦三根钉（右二左一）。另一根寿钉成桃形，称“主钉”，按男左女右揳入棺盖前一侧。揳钉时，死者的亲属都跪在灵前，揳左面钉时，要高喊死者向右面“躲钉”，揳右面钉时，喊向左面“躲钉”。

点主

入殓以后，就是停灵，然后是开始吊祭。吊祭的时候有一件重要的事，叫点主。所谓“主”，又称木主、牌位，即写有死者姓讳、身份、官职、封谥等供人们祭奠的灵牌。在传统文化的语境里，为故去的长辈制作灵牌的过程称“作主”，而请人用朱笔补上灵牌上“主”字一点的仪式则称为“点主”。“作主”“点主”之俗流布广、影响大、讲究多，成为国人践行“慎终追远”孝道观的重要载体。

旧时，有钱、有地位的人，点主官必须请社会的名流、大官，或者是进士，最好是中过状元的来点主。

点主前，要送点主官一笔丰厚的润笔费。

点主仪式。首先，家里的孝子和重要的亲属都要下跪给亡人磕头，拜点主官，非常隆重。然后开一支从来没用过的新笔，严格讲应该是用孝子的血去点这“主”字，一般来说是将孝子左手中指刺破，挤出血来，用这支新笔蘸着孝子的血，来点这个“灵主”“神主”的“主”字，并在“神”或“灵”字那里画一条直杠。后来也多用朱砂来点主。

点主是一件非常重要的事儿，点主以后，整个丧礼开吊。

伴宿

伴宿，北京俗名“坐夜”，意思是次日就要出殡，只此一日夜的断守便要终古不能相见，所以家人要伴守一夜的，北京人把伴宿看成丧事的正日，只有酬酢之心，没有哀切之意。

停丧日期长的富室巨门，伴宿前多半还念经，如只第七天念一天经，名“首七经”，有的由首七直至伴宿每天念经。念经以三天为一棚经。大富人家，每天僧、道、番、尼对台唪经。次一等的，用僧道番对台，或只僧番、僧道对台。但大部是一天僧、一天道、一天番，相间来念，或全用僧人禅经。平日三打四打或轮流念经的，到伴宿日就僧、道、番、尼四打送圣，或僧、道、番三打送圣。

伴宿之日，门前吹鼓手很早就到，要的是“早上鼓”，其余大门梆子、月台旁清音以及来宾入吊的仪式，完全和接三相同，只是不举哀，丧家供饭也不再举哀。早晚开席皆由丧家行一叩头礼谢席，来宾起立示敬。男席由孝男谢席，女席由孝妇谢席。

凡有戚友馈送“祭席”的都是预先送到，送主一到即行“上祭”。上祭时由茶行的茶房往供桌上摆列，并由茶房通知门吹和大锣到月台前伺候。汉礼由上祭人以箸取两箸菜放入接碟内，表示让亡人吃菜，然后行礼。旗人不让菜只行礼，当上祭人正位将下跪时，大锣一响，门吹清音齐奏与来宾吊祭行礼时相同。礼毕，由上祭人外赏“三行钱”，即厨行、茶行、门吹。

伴宿这天来客所交的份金（俗称“出份子钱”），因是正式“赙仪”，所以要写“奠敬”二字。北京的规矩，婚丧红白事都有正式份金及外送。份金数目多少，不可随意增加，多加为“撅人”。至于外送数量不限，根据个人能力和亲疏，以前真有份金两吊，外送十两的。正式份金，丧事名“奠敬”。外送，丧事叫“折祭”。

正午稍过，僧道等遛斋完毕陆续回棚，先由正座写疏头，僧尼皆写“疏头”，道士写“融词”，番僧则作“巴拉面”（用油和白莜面做一小塔形，再做一酒盅形，内贮麻油灯花）。写作已毕，即入座唪经。按老规矩应念全部《法华经》，后来多念《金刚经》甚至还有删节。念至一节时，下座披袈裟转咒后，由丧家随僧众捧疏出街门外，跪地焚疏，然后入棚仍跪灵前，僧众再念经咒（《心经》《大悲咒》《往生咒》之类）一遍，入座稍息，再行送疏。共送疏三次，仪式完全相同，只每次更换不同颜色的袈裟。袈裟有每次一色的，有一次用集锦式每人不同颜色的。第一次送疏后，即要由僧人“封库”，经过是：伴宿的烧活以一楼二库四杠箱为主，再加为金山、银山、尺头桌子、丫鬟仆妇灵人，也有糊桌椅、古玩、汽车、马车、人力车的，也有糊整所房子的，近年更有糊麻将牌的。楼库杠箱陈列门前时，完全不加封条，由僧人念完经咒，往楼库撒少许白米，往杠箱和库内装些纸钱金银纸锞，然后加“秉教沙门”的十字封条，另附押解护照文书。护照的内容为刻板文章：“为饬遵事：兹派张千李万押解楼库三座、金银四箱，送至某城外某地呈交某某某（亡者姓名）查收，仰城关地方神鬼，验文放行，勿得借故留难，致干未便，此饬！某年某月某日。”唯其是刻板文章，所以永远写张千李万金银多少箱库，以外杂物一概不写。

辞灵

伴宿送完库，天色已晚，丧家已用完晚饭，于是举行“辞灵”。

丧家举哀，门吹清音奏哀乐，时值夜阑人散，益发凄凉，催人泪下。到子夜前后举行“嵌棺”礼，先由孝子以新笤帚扫去棺材上的浮土，倒在亡人平日睡觉的炕席下，谓之“扫棺”，再用铜钱一枚置棺前横木下，以男左女右为分，嵌棺时由丧家孝子呼“某某您惊动惊动”，意思是通知亡人眼看就要金棺入土，只此一夜厮守了。

辞灵、嵌棺，满汉礼皆有，只汉人家在辞灵之前还要“夹（读‘煎’）罐”。由丧家预备高装瓷罐一个，在伴宿夜内以秫秸箭秆夹灵前祭席菜蔬肴馔，放入罐内。先请外姓亲友夹起，以次递及家人，每人一箸，秫秸秆不许置放桌上，只在手中相递，最后放入小水饺七个，苹果一枚。末由孝子将烙成的小饼咬去周边盖于罐口，再用红布蒙好，用红绳扎固，随将秫秸箸折断掷于房上。

这个装满祭食的罐，正名叫“宝瓶”，俗称“噎食罐子”，下葬时置于棺前。

出殡与下葬

出殡

出殡又称发引。发引一般定在辰时，即上午七至九时。亲朋故友都要参加，无需再送份金。丧家一般也不再准备正餐，但习惯上民间有“空腹不送殡”之说，只能备些烧饼、油条，每人一份，也有喝些切面铺做的“柳叶汤”，算是早点。富户人家也有预备整桌酒席，招待送殡友人。

“出堂”是将灵柩从灵堂里抬到大门外准备上杠。这之前，杠头打响尺向丧家提示：“什么时刻引发？”丧主依所定的时间对以“辰刻发引”或“巳时发引”对答。杠头再问：哪些花圈要挂在官罩上，有什么要求，并向本家要“出殡执照”。这时本家要主动给杠夫们一些赏钱，谓之“加钱儿”。如本家不再等送殡的亲友，杠夫则马上到门外敲起响尺“叫齐儿”，招呼杠夫到灵堂去“圈活绳”，准备起灵，也有叫“拴活绳”的，所拴绝扣均是活扣，一扯便开，但绝不能半路开扣。

起灵前，丧属们依次跪在灵前的月台上，举行参灵仪式。长子打幡，次子抱灵牌，再以下者都手持白纸剪穗糊成的“哭丧棒”，大儿媳妇抱食罐。待全数跪好后，请鼓乐参灵。顺序是：官乐大鼓，清音锣鼓，丧鼓锣鼓，文场等。

响器参灵后，杠头即向本家发出“请起”的信号，随之打一声响尺，全体孝属和亲友高声举哀，灵棺即被杠夫们抬出灵堂，谓之“出堂”。

出堂时，是对杠夫们技术的一次考验。因不管门口尺寸宽窄，台阶高低或其他障碍，必须保持灵棺四平八稳，不能倾斜。如二道门窄小，就只能“跟趟”了。

“跟趟”是两边在中间位置的杠夫摘肩，到棺柩底下用背驮着。两头的杠夫用力将抬杆挑着，过门后，杠夫爬出再上肩。遇有高台阶时，为保持灵棺的平衡，上台阶时，前边的杠夫必须下肩，用手捧着，下台阶时，则须后边杠夫下肩用手托着，不能大意。讲究的人家在出殡时，用棺罩先将门堵上，使棺柩不见阳光。

在窄小的街巷、胡同里，要先用小杠抬到大街上，再换大杠和大罩。用大杠小杠要看丧家的经济能力。在北京地区讲究换杠不露棺木，只用棺罩衔接，杠夫们动作利落，井井有条，在丧家亲友的注视下，丝毫不差，堪称北京一绝。

抬杠

抬杠人数多少，各有名称，八人的叫“一提搂”，十六人的叫“小抬着”，二十四人有棺罩的叫“扣吉了”，没棺罩的叫“大亮盘”。三十二人的大杠都有棺罩。三十二人杠，又名“太平杠”。棺罩是用长竹板扎成的棺材照盖，呈长方伞形，上铺彩绣缎面，光彩夺目。也有用木制棺罩，形如小屋，华丽异常，但一般人家是用不起的。

大杠杠夫有“大换拨”，即四十八人杠另有四十八人跟随，轮流接替担抬。还有“小换拨”，即由“四角跟夫”换一角，如四十八人杠小换拨有十二个人跟随，换一角轮抬。换下的杠夫，分在杠的四角，有肩“拨子”的，有拉“幌旗绳”的，余下跟随。

大杠都有双响尺。打响尺的人是抬杠的总指挥，他用响尺调整抬杠人的步伐，使人步伐一致，围在棺柩的人虽多，行进中仍还是平稳如常。响尺的另一个作用是测量棺木入穴位置是否周正。在大杠的四角要有专人打“拨旗”。拨旗用长竹竿制成，上端有铁钩，随时排除沿路的空中障碍，如树皮、电线等。如拨旗换杠，其他人也同样负责，不可使棺罩刮坏或队伍停下来。

出殡抬杠，不管路程远近，都要一抬到底，中途不得将棺材放地上，也不能因体力不支而动作失常。步调不一致，使棺材摇摇晃晃，这是不允许的。

摔盆

上杠后，长孝子打幡（男左女右）并摔盆。摔盆是汉人礼俗。盆是一个底下带窟窿眼的瓦盆，正名叫“阴阳盆”，俗称“丧盆子”，也有人称之为“吉祥盆”。父死用左手摔，母死用右手摔；也有不分男女，一律用双手摔的。摔前，杠头喊：“本家大爷，请盆子！”跪在前面的长子用力一摔，一般都会摔碎，因是瓦盆，多不太结实。

摔盆不单是一个仪式，也是继承人的一种权利。过去，凡财产之继承人，必须给死者摔盆，摔盆的也一定要继承死者的遗产。因此，死者无儿孙而侄子多的，就会出现争抢打幡摔盆的现象，其目的是争遗产。摔盆在大庭广众之下施行，也是对外的一种宣传和认可。

为何要摔盆，有多种说法。传说阴间有位“孟婆”，要强迫死者喝一碗“迷魂汤”，使其神智迷糊，以至不能超生。儿子准备这一有孔的瓦盆，可使“迷魂汤”漏掉，并打碎瓦盆，以免死者误饮。还有的人说，人生不免要浪费一些水，如果阎王爷罚喝脏水时，用这个带孔的瓦盆去舀，可使脏水漏掉。

摔盆时底下垫有一块砖，老年人认为它是功德砖、吉祥砖，用它给小男孩压书，必能“一品文章锦绣成”；给小女孩压活，如刺绣、衣服、鞋帽之类的手工活，当必心灵手巧，可保她一生富贵、儿孙满堂。故摔盆后此砖多让老太太捡走。

撒钱

摔盆后，长子被人搀起，随着一声响尺，灵棺被杠夫们抬了起来，出殡的队伍开始进行，此时，谓之“买路钱”的冥纸抛向天空纷纷落下。

撒纸钱在北京比较流行。纸钱也叫“纸锞”“冥钱”，是烧化给死者的一种冥币，大都是用铁制成的钱印子，凿烧纸而成，为铜钱形，中间有小方孔。因汉以来丧葬者埋钱于圹中，为死者所用称“瘗钱”。魏晋以后以纸寓钱，称纸钱。

在出殡的行列里，往往专设一名扬纸钱者，此人身背大串纸钱，手中拿一叠纸钱，边走边搓，使纸钱松散，不致整上整下散不开。撒纸钱有一定的规矩，在遇有路祭时，或过十字路口、河沿、井台、桥梁、祠庙、城门时，都要扬纸钱。干这行的人臂力要大，还要看风向，手的动作要灵活，不同场合运用不同技巧。讲究抛上天后高可达四五丈，散开时遮天盖地，漫天皆白，经久不落。

清末民初，北京曾有一位著名的扬纸钱能手，绰号“一撮毛”，专门应大殡扬纸钱的活儿。他扬纸钱向来有三个条件：一、纸钱不多不扬，至少要准备几百斤纸钱，用大排子车拉着供他扬。徒弟将纸钱揉搓后传给他。二、要求起杠换罩地点要在十字路的风口上，使纸钱升空后，经久不落。三、要求丧家在起杠换罩，路祭时，焚化巨码冥器，如起杠时最好烧一所四合房，大火一起，趁着火势，来上几把纸钱，能超过城门楼子。一撮毛以扬纸钱起家而且招徒传艺，一般人家出殡时是请不起他的。对一般人家来说，只能象征性地抛些纸钱打发“外鬼”也就行了。

加钱儿

出殡起杠时，有喊“加钱儿”的仪式。所谓加钱儿，是丧主及亲友为使杠夫把灵柩抬得平稳，额外赏给杠夫的酒钱，也是杠房业多年形成的规矩。民间传说，抬杠的不给喊“加钱儿”，死者下辈子托生后不会说话，准是个哑巴。这是额外的服务项目，对死者又至关重要，出于对死者的孝敬，丧属们也就愿多赏些钱，图个吉利。

汉族在办丧事时特别重视喊“加钱儿”，起杠时喊，路遇祭桌、祭棚、杠夫们换肩，到坟地都要喊。几十人的随声附和，使达殡的队伍更显出威武，让外人看到丧家办事的周全和气势，杠房也为自己做了广告。

仪仗

仪仗队伍主要包括鼓乐、纸活、花圈、挽联、挽匾、执事、僧道、孝属、执绋亲友、灵棺以及送殡的车轿。总的说来，贫富相差悬殊。其行列有绵亘数里之长的，有不足二三十米的。

清代，出殡用的仪仗执事是根据满、汉、臣民、官品、职称（满人还分内外八旗）来决定。什么人用什么样的仪仗执事，不得乱用。民国以后，无所限制，有钱人家讲排场，可以随意使用，这个时期的出殡行列，往往满汉执事杂出其间，形式亦日趋纷杂。

一般人家最常用的是由小孩敲打丧鼓锣鼓的“小人行”，执事也是一般的“四花四柳”（两对片幡两对雪柳）、“五花八门”（四对片幡四对雪柳），稍高级一些的是“十六花柳”。

贫困的丧户，基本上不举行什么仪式，只是由亲友帮着忙活一阵，用八个人杠把薄皮棺材抬走埋掉，也算入土为安。老北京人形容为“八个人，一杆尺，五个和尚一堆纸”。

路祭

出殡的路上还会有茶桌、路祭棚、路祭亭之设。这些有的由亲友设立，也有丧家亲友特约而设的。不管是桌、棚或亭，统称为路祭。摆茶桌是为了供给送殡的孝子和亲友们饮水的，真正喝的并不多，主要是对亡人的悼念，对家属以示慰问。

茶桌为八仙桌，挂上白底蓝花或蓝圆寿字图案的桌围子，摆上茶壶、茶碗、茶盘。听到响器后，即将茶沏好，等到灵棺走过时，便将茶具亲自端到孝子面前，孝子不论喝与不喝，都必须下跪，表示答谢。有的丧家还要给一张谢帖，封一个红纸包，内装几个钱，以示回敬。

路祭棚的种类，有平棚、起脊棚不等。一般都很高大，有七八米高。棚内正中写字，也有棚外搭素彩牌楼，多为四柱三间式。规模大的一路上有几十个牌楼。棚外左右有从杠房赁来的幡伞执事。棚内设祭堂，中有铺着虎皮的太师椅一把，椅前祭桌上有酒馔香烛等供品，两侧摆有花圈和挽联。

灵棺经过这里时，把亡人的照片从影亭"请"出来，捧进大棚内，放在正中太师椅上，喇嘛、道士、和尚"品咒"。接着，主祭人等奠酒叩祭，孝子施礼。

大杠灵棺停于棚外，祭后再将照片"请"回影亭，继续前进。

下葬

送棺柩到墓地，接到通知的看坟户早已打好坑。大户人家的墓地，是预先修造好的，工程讲究，墓地上也盖有祭堂各其他房屋，并要临时搭上席棚，以供送殡亲友休息、吃饭之用。

此时，由看风水的"堪舆家"用罗盘找好山向，在坑上顺放大杠木两条，以活绳系棺，缓缓落实，抖绳完事，专等吉时掩土。

下葬时，孝子跪灵，鼓乐大作。下完葬摆上供品，僧众唪诵《往生咒》《金刚般若波罗蜜多心经》等，把所带的花圈、挽联、纸活、纸钱，点火焚烧，由杠夫或做活的看坟人用铁铲铲土，长子领头往坑内扬撒，随后填坑起坟，堆起坟头，把引魂幡插在坟头上。最后，每人再叩四个头，葬礼宣告结束。

此后，随丧主回家的人，到大门口全要在水盆中磨一下菜刀，然后进门。也有在门前焚柴草的，取越草避外鬼的意思。无论磨刀越草，都由看家人给冰糖一块，含入口中。

凡一同回到丧家的，不过"暖坟"（即"圆坟"）不能走。葬后三日凌晨，由丧家一人到茔地"圆坟"，用一个火烧夹木耳埋在坟头内，表示"叫墓门"的意思。

停灵

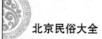

老北京人都有世袭的祖坟，死了人即可埋到自家的祖坟里。外乡人到北京来做官或经商，有一定财产，但不见得在京置办坟地。这种门第一旦有丧事，就要"扶柩回籍”，安葬祖坟。有的由于时局、交通等原因，不能办完丧事马上回籍安葬的，就须找个庙宇停灵。

就算北京人有自己的坟地，但出了“外丧鬼”，诸如病死医院或死于路途，按旧制不宜在家里举办丧礼，必须找个庙宇，暂时停放。

北京办理这种业务的寺庙颇多，著名的有：西黄城根的嘉兴寺、鼓楼西大街广化寺、交道口前圆恩寺胡同广慈庵、雍和宫大街路西九顶娘娘庙、北沟沿翊教寺街翊教寺、报子胡同隆长寺、地安门外帽儿胡同梓潼庙（又名文昌宫）、德胜门甘石桥佑胜寺、雍和宫东北角柏林寺、宣武门外老墙根广惠寺、宣武门外教子胡同法源寺前街法源寺、宣武门外下斜街长椿寺、宣武门外黑窑厂龙泉寺、右安门内白纸坊崇效寺、前门外东珠市口三里河铁山寺、东城王府井大街帅府胡同贤良寺等，不一而足。

新中国成立后，各庙停灵业务均奉令停止。对所有暂厝灵柩，一律由庙里通知本家，限期起灵，否则按无主灵柩代为处理。遂后，嘉兴寺、贤良寺、法源寺、陶然亭都办起了殡仪馆，承办治丧业务，只办事，不停灵。

第三章　交通民俗

北京一直是我国北部地区的最重要的城市，是南北交通的枢纽和战略屏障，也是中华各民族交流与融合的中心。作为古都，北京城市的变迁和发展与全国政治、经济、军事、文化的发展关系极为密切。

旧时，北京交通运输工具类型有独轮车、人力车、马车、大鞍车、驴车、骡车、冰车、敞车、独轮车、人力车，等等，再后来出现了汽车、有轨电车、火车和民航。北京的水路交通则是以京杭大运河为主，到清末，随着漕运的停止，水路交通近乎断绝。

在民俗信仰中，“行”（交通民俗）有自己的神灵，这就是行神。《礼·祭法》中提到：王有七祀、诸侯有五祀、大夫三祀、士两祀，这其中都包括行神，尤其是“适士立二祀，曰门，曰行”，行，就是指的行神。

对于“行神”的来历有不同说法，现在较为普遍的观点认为是黄帝的妻子“雷祖”（嫘祖），《山海经》记载：“黄帝巡游天下，元妃嫘祖死于道，帝祭之以为祖神”，即路神，也就是后来的行神。

此外还有马神。马车是常用的传统交通工具，旧时车夫数量也非常多，为了祈求平安，在农历六月二十三这天，祭祀马神（马王爷）。在北京，祭马王爷的祭品是用全羊而不是猪。马王爷神像一般供在马厩。其神像多为红面多须，狰狞恐怖，四臂或六臂，身披铠甲。尤其特别的是马王爷有三只眼，其中一只竖在额头，民间常说“马王爷三只眼”便来源于此。

北京过去至少有几十处马神庙，但现在大多只剩下了地名，昌平区居庸关的马神庙也是1997年在原址修复的，这也是北京现存唯一的一座马神庙。据介绍，城六区内可知大致方位的马神庙旧址就有6处，现在这6处中只有海淀区的还保留着马神庙的地名。

居庸关马神庙供奉11尊神。此庙始建于明弘治十七年，1997年重修，是一座坐西朝东的四合院。院内共有3座殿，分别供奉着马王殷郊、马王房星、土羊二神等11尊神。据介绍，在古代，居庸关常年驻军，战马一般有近千匹。修建马神庙就是为祈求战马健康，更富有战斗力。

清朝供奉马神的多是马贩子、兽医、轿车行从业者等与马有关系的行业人士，又为马神庙添加了行业崇拜的内容。但随着现代交通工具的日新月异，人们对马的崇拜也就渐渐湮没在历史的尘埃中了。

一、人力车类

独轮车

独轮车是一种常见的老北京民间交通车辆。其构造简单，用木头制成，中间一个轮子，后边两个车辕，车辕与车身的连接处有两个垂直的撑脚，有的轮子上方三面用木板做沿，两边做出两个平面，可载人亦可载物。

也有独轮车上面是做成平面的，像老北京卖切糕、羊杂碎、烫面饺等小吃的就是使用这种小车。旧时独轮车用途广泛，除载人外，还用于卖水、送冰块、运黄土等。

现在独轮车在北京市已消失，唯乡间偶尔还能见到。

人力车（洋车）

“沿街走遍响声扬，脊背朝天两足忙。市面萧条座客多，徒唤奈何亦无方”（《清代北京竹枝词》，北京古籍出版社，1982年版），这是当年对人力车的真实写照。人力车源自日本，故又称东洋车、洋车。

民国初年，北京第一个制造人力车（亦称洋车）的是懋顺车厂，地点在东华门街路南。到20世纪20年代，人力车已经成了人们生活中最重要的组成部分。人力车又叫“胶皮”，1937年才出现了三轮车，此后，逐渐由三轮车取代人力车，人力车车夫也就大多改为三轮车车夫。

人力车对城市交通发展产生了深远的影响。“人力车使城市的交通近代化，并且使人们在城市中活动的速度提高，其作用类似于电话线使城市之间的联系更为便捷，也类似于工厂的大规模生产对生活效率的提高。”（李景汉：《北京人力车夫现状的调查》，《社会学杂志》：1925年）

当年人力车车夫成了北京贫民的主要职业选择之一。20世纪20年代后，与其他大城市（比如上海）相比，人力车在北京要更普及。1924年，上海两租界加上华界的公用人力车总数为15161辆（《申报》1924年8月6日），而1923年，北京就已经有公用人力车24000辆（房福安原《中国的人力车业》）。

据记载，日本制的人力车都是黑漆的，轮子高、车把短，有黑色车篷。传进中国的人力车，经中国人改良后，大多漆棕色油漆，轮子小，车把长，后排座椅比日本原装的更为舒适。

人力车普通车辆装两只灯，阔气的车要装四只灯，有的车还装有后尾灯。车灯最初是蜡烛灯，后来改为电石灯，也有点煤油灯的。车上还必须安装铜喇叭或脚铃。喇叭安装在车把上，由车夫手捏发声，脚铃则由坐车的客人用脚踏发出叮当声。

夏天车上有用帆布做的防雨篷，冬天挂棉暖篷。暖篷用黑布或蓝布加棉絮制成。讲究的车，在车厢、车把上镶嵌黄白铜花活。包月车，冬天有自备毯子，专为坐车的人包腿防寒，夏天则有黑纱篷和苫布为坐车的人遮阳。包月车多属主人自备，上面挂“某某宅自用”的牌子。20世纪40年代，此车被三轮车取代。

据记载，当年人力车车夫中有三个名人，从他们的外号就可对其有大概了解。这三人是：“一溜烟儿”“伊犁马”和“花裤腰”。

“一溜烟儿”，身材高大，腿长，大脚丫子。跑起来，一会儿就不见了车影，所以人称“一溜烟儿”。他给京戏青衣、花旦演员姚佩秋拉自用人力车。姚家住前门外大安澜营路东。每天从家上珠市口第一舞台演出，演毕回家吃点心，再赴各堂会演戏，坐人力车从没误过事。“一溜烟儿”有个不良嗜好，就是爱喝酒。因为他常大口大口地喝酒，喝得太急，后来得了酒嗝，再也跑不起来了。

“伊犁马”，此人常为八大胡同妓院的名妓拉自用漂亮车，跑得又快又惹眼，故有此号。那时，被妓院雇佣的车夫工钱不多，或根本不拿工资，专靠拿车饭钱生活。不过，拉上当红的姑娘，挣的比月工还要多。据说“伊犁马”积攒了不少钱，后来他又吃上了“洋饭”，拉上了使馆界的英国买办。有一次，他由东交民巷至永定门外的跑马场拉来回，因为跑得太快，道途又远，累得吐血倒地，最后不治而亡。

“花裤腰”，他是个短腿车夫，无论冬天夏天总穿花裤腰的裤子。其裤腰的花色为鱼白色底子，上印粉红三彩花纹。花裤腰外系宽腰宽皮带。因为在拉车快跑时，他的花裤腰很显眼，故得此名。“花裤腰”曾给说单口相声的名演员华子元拉自用车。华子元家住前外五斗斋，每天上城南游艺园及各杂耍园子演艺，还经常加演宅门的堂会。由于华子元人很懒散，又吸食鸦片烟，弄不好就误场，但“花裤腰”却从未给华子元误过事。后来，“花裤腰”在上蟠桃宫庙会时，因渴急了喝凉水炸了肺，从此销声匿迹。

排子车

排子车又叫手车，是旧时北京普遍用的运货工具，最早为木轮，后改为胶皮轮，两轮中间有一平板车架，这样装货较多。该车主要用于运输粮食、煤炭及搬家等。旧时许多劳苦百姓以此为业，在家里或大街小巷等候雇用，拉一天车能换回几斤棒子面以养家糊口。

排子车形状类似小型的骡马大车，但车辕较短，不用牲口而是用人来牵拉。排子车也分两种样式，一种是在车的左右两侧带有木栏，既可以拉货，又可以载人；另一种是平板的，出现较晚，主要用于运载货物。

排子车又有大小之分。大排子车，专运送一些傻大笨粗的大物件。由此又派生出“拉小襻儿的”，这是专靠帮别人拉排子车为生。老北京拉排子车的赶上上坡儿或者拉重活儿，往往靠人帮忙搭把手，这个帮人搭把手的主儿就叫拉小襻儿的。

小排子车，多为运送一些小件物品进城叫卖。冬季，京城大街小巷会传来“嘣嘣嘣！嘣嘣嘣”的声音，这是卖炭的打着车上的大鼓。排子车上，竹筐里码着整齐的木炭，麻袋里是零碎的炭。有钱人家冬日烧火盆取暖，涮火锅用炭，要用扔地上“当当”响的整根炭。钱少的人家只好买些炭渣，凑合烧着火就行了。

早年间初冬大白菜上市，多是郊区的菜农们用马车、排子车往城里送菜，边走边吆喝边卖。后来有了菜站，人们就到菜站去买，再后来就凭证供应了。为了便于人们购买，一到大白菜上市的时候，菜蔬公司就在胡同口儿和路边儿宽敞的地方，临时设立许多大白菜的销售点，只见一排子车又一排子车的大白菜，源源不断地运到城里，堆得和小山似的。

“萝卜——赛梨，辣了——管换。”这是卖“心里美”萝卜的吆喝声。他们多是推着一辆双轮“排子车”，商贩一般为朝阳、通州、大兴一带的菜农。旧时京城谚语有“西红门的萝卜寒鸭梨”之称。

“窝脖儿”

“窝脖儿”又叫“扛肩”的，是老北京特有的一种行当，专为人搬家或代人送嫁妆的。

过去，北京殷实人家嫁女，多将嫁妆交于喜轿铺，由喜轿铺用红漆桌摆好，由人抬着（几抬、几十抬不等）招摇过市，以示其阔气。而穷苦人家嫁女，顶多有两个木箱及脸盆等物，所以，只需雇个“窝脖儿”的，便可解决。“窝脖儿匠”这行人归在喜轿铺的组织内，他收入的二成交柜上。

此外，还有些“窝脖儿”的归皇室懋勤殿绳子库管。这些人是专为慈禧太后扛运贵重陈设的。如夏天慈禧太后到万寿山去避暑，“窝脖儿”的就得把她的心爱之物“窝”到那里去。每次窝运的官价是一两二钱银子，可实发不过八钱银子。

“窝脖儿”的“窝”法是：先将物品摆在一长二尺五寸、宽一尺七八，用软线绳捆好的长方木板上，然后请二人抬起，放在“窝脖儿”的肩上。“窝脖儿”人要在脖子上垫好一根板条（这条板的下面铺有棉布垫），蹲身低头将物件“窝”起。走时，他只用一手扶大木板边，一手前后甩动，二目向前平视，迈大步急行。到地方后，下肩时也由二人抬下。干“窝脖儿”这一行必须有一定的技能，否则根本就“窝”不了那些又长、又高、又重、又易碎的物件。

据了解，当年“窝脖儿”业的能人范茂贵，曾为清室的某贝勒“窝”运六尺高的古瓷瓶到六国饭店。他还有健步如飞的本领，曾经用4天时间，就把60斤重的铜狮子“窝”到遵化马兰峪的慈禧太后陵墓去，一时在京城传为佳话。

“窝脖儿”们都患有颈椎病，日久天长，有的甚至于落下残疾。

背负

背负又称脚夫，这个行当就是背运东西。过去，卖河水的（种荷花用）、卖青菜的、卖鱼虾的、卖鲜花的，都用担挑。此外，煤铺送煤，灰铺送灰，饭馆送酒菜，家具铺出赁家具，等等，也用担挑。扛肩、背负、担挑，都是以人力为主的交通运输形式。

“脚夫”这个词儿，对当代人来说，恐怕很陌生，甚至不知为何物。但是，对于像六七十岁出生在山区的人，却不但熟悉，而且亲切。

当年门头沟区、房山区、延庆区的深山村落，既无舟车之便，也无能力喂养牲口驮远。物资交流和人们日常生活用品如柴米油盐酱醋茶等，全靠一根扁担两个肩膀去挑，很受当地人们的欢迎。每当看见成群结队的脚夫们哼着山歌、闪悠悠的扁担挑着沉甸甸的货物迎面大踏步走来时，就会像在深山老林里听到山间铃响马帮来，人们心情格外舒畅，迎上前去。

冰车

冰车也称冰床，是冬季的交通工具。冰车称为车，但没有轱辘，而是靠角铁和冰面的小面积接触来减少摩擦，可以推行，也可以用东西杵着滑行。还有用木制成长方形架子，下有二足，裹以铁条，上铺毡褥供人乘坐，亦可载物。

当年给皇室运冰的大车称为“御冰车”。冰装好以后，用绘龙的黄布覆盖，大车行于街市畅通无阻。

据介绍，当年的冰车有3种：一种是小孩子玩的，上面有一个木制的方向盘；一种是双人座位的，角铁就是它的轱辘；另一种是和船一样大的冰车，用一根大棍子杵着冰面行走，旧时一两个铜子就能坐一大圈了。

大多数冰床的主人是季节性以此为生计的营业者。他在前牵绳以拉拖床体，借冰之力使拖床在冰上滑行，故又名拖床。由于惯性和速度的原因，牵绳急行数步之后，床主飞身跃坐床沿，此时冰床仍行走如飞。乘者心旷神怡，目爽气顺，有如置身于水晶宫，别有一番好心情。家资富有的子弟，还将几张冰床甚至十几张冰床绞连在一起，置酒案于拖床上，饮酒赏景，由多人牵引，驰走如飞，其乐在陶然之中。

讲究的冰床还上有篷帘、伞盖，下铺毡毯，桌椅亦讲究些。除了在拖床上饮酒作乐者外，更有青少年立于冰床之上，以抛球掷彩为游戏。如果把冰床作为交通工具，那是“急于车马”“其捷如飞”的。

当年，自东便门到西便门的12华里路程上，坐冰床又快又稳。可见除娱乐外，拖床还具有实用性。指着冰床为生计的多为劳苦大众，极少数是为自己过瘾。拉冰床的绳子是用骆驼毛拧成的，在手拉的部位毛绒略长些，以防冻手。拉冰床的鞋与众不同，是皮向内、毛朝外的一种特制的棉鞋。毛朝外是为了抓住地好跑起来，否则，抓不住地就自然使不上拉拖车的劲儿。

冰面上的事情，没有人管理，但也有个不成文的规矩，那就是“铁路警察各管一段”，只管自己的这一程而不去贪远。这样，一来人员熟悉，有点事情可互相关照；二来又给别人增加了“就业”机会。

轿子

轿子又名肩舆，直至新中国成立初期，北京的有些地方还有这种载人工具。现如今，轿子仅仅是影视作品中的道具和新婚礼仪中的点缀而已。

据明朝人史玄著《旧京遗事》记载，明代北京曾有出赁大轿之业，供民间雇用。清军入关以后，对乘轿限制极严。都城内满籍一品文官，年老疾病，不能乘马者，始许乘轿。大清律例还规定，城中不许随便设赁轿店。那时，唯骡马市大街路南，大概在果子巷北口外附近，有一家出租大轿之店。民间有病残人急用轿子，可去彼处租赁。此店一直经营至清末民初。

过去，北京的平民百姓结婚时用的轿叫喜轿，送丧时用的轿叫白轿。喜轿是结婚时新娘坐的，均为红轿，轿夫4人，前后各两人，有的地方除红轿外，另有两乘绿桥，是男方娶亲太太和女方送亲太太坐的。20世纪20年代后，流行新式婚礼，北京人结婚才渐渐改用马车或汽车迎亲。白轿是旧时有钱人家发丧时用的。老北京的风俗是，送葬的晚辈乘坐白轿。若是女人，限于已婚者，可坐白轿，未嫁女子不能坐白轿。

爬山虎

爬山虎又叫山舆，是老北京去郊外进香时用的一种交通工具，也可说是登山时用的轿子。这种轿子是四个人抬的木椅子，因是专在登山时使用才形象地称为“爬山虎”。

爬山虎用的椅子两边儿绑着木条儿，长丈二，立面儿四寸见方，叫大杠，两人共用的一根棍子叫抬杠，四尺长，立面儿三寸，前后还各有一根长四尺立面两寸的支杆位为换肩，小歇儿支抬杆用。夏天为防晒，大杆支着布帐，叫人字帐。

抬爬山虎的四个人：最前边儿的是头儿叫瞭哨儿的，报告路况。前面遇大石头喊：“迎门大堤嘞！”遇到小石头儿喊：“一溜儿长堤嘞！”遇到水坑喊：“卧脚滑呀！”头上有树枝喊：“上照了您呐！”两边儿都有石头喊：“左右两靠啦！”第二位叫前坑儿；第三位叫后坑儿，这个位置大多是生手；第四位叫甩椅子，是行家里手。拐小弯儿，这人要适当地褪肩。左转右跨步，右转左跨步，何时跨，跨多少，全凭他的经验。如果褪了杠，歪了杠，摔了客人那饭碗就砸啦。

抬爬山虎一般三四里小歇儿。前面的头儿喊："换肩儿了您呐！"支杆支住抬杆四个人一块儿低头，一晃脖子就换了肩。走七八里来到茶棚时要大歇儿一回，抬杠的，坐山舆的都落地擦擦汗，喝口水，活动活动腿脚，一般休息十分钟、二十分钟即重新启程。

自行车

自行车发明至今已有200多年的历史，作为绿色的交通代步、健身、休闲及竞技比赛工具，今天越来越受到人们青睐。

自行车是在清末传入京城的，由东交民巷使馆和宫廷发展到民间的。民国初年，北京出现了自行车车行，经营英国菲利普、凤头车，德国蓝牌车，日本东洋车。新中国成立后，北京人骑的自行车多为飞鸽、永久、凤凰、青岛金鹿、北京燕牌等车。在无轨电车、汽车拥挤的今天，骑自行车既省时，又锻炼身体，还不污染环境，自行车仍然是北京居民最为流行的代步工具。

清末民初，北京经营自行车的铺子只有三四家，不仅售卖，而且租赁自行车。后来自行车在北京开始普及，逐渐从纨绔子弟的玩物变成了平民百姓的代步工具。

据统计：1932年北京共有自行车64100辆，经营自行车的车行三四十家。骑自行车者，是中下层人士和青年学生。

自行车的制造工艺要求较高，故北京的自行车均为外国产品。还有一种车，比进口车价便宜，那就是北京各个商行自己"攒"的自行车。就像现代的年轻人攒电脑一样，当时北京各个车行用进口的英国、日本自行车零件加上一些国产件，组装成整车，再起上一个仿冒英国名牌的名字。这些车质量高低相差很大，但有一个特点是共同的，就是便宜。当然，也有顾客购买零件委托车行攒的车。这类自行车往往为不讲究牌子的市民骑用，在当时街头的自行车中占大头。另外，因当时人穿长衫者较多，男式车从后面上车不方便，故多时兴骑女车。

新中国成立后，自行车仍是绝大多数人的代步工具。六七十年代，北京亦号称是自行车之城，每天早晨七八点钟时，大街上是自行车的海洋。据统计，当时北京市民骑车上班的占职工总数的70%。还有些双职工，为解决带幼儿出行的问题（主要是送到单位的托儿所），把自行车改装成跨斗车，这样在自行车的洪流中又出现了跨斗车，也算是当时的一景。

自己“攒车”，在20世纪60年代却是人们由“无奈”中派生出的一种时尚，一种让人羡慕的荣耀。

那时要想买辆新自行车，可不是一桩容易事儿。首先是缺钱。虽说一辆新的国产自行车花上一百四五十元便可以拿下，但当年一般工人的月工资只有四五十元，刨去必要的日常生活开销便所剩无几了。就是全家人经过一段时间的节衣缩食攒够了买车钱，若弄不到购车票，也还是不能买到车。那时的购车票大多数由工作单位负责发给职工，但粥少僧多，要买车的人只能凭运气，靠抓阄儿才有可能得到。

当时“攒车”有两大好处：一是一家人的月收入预留下当月必要的生活开支外，全部用于购买自行车的零部件，专款专用的做法等于强迫自己攒钱，比一般人随意攒钱方式见效快；二是省去了到处找寻购车票的烦恼。所以这个高招一经问世，便在京城的“能工巧匠”（多为工厂的技术工人）中流行开了，并很快发展成一种时尚。

三轮车

这是一种由自行车改造而成的交通工具，可载人也可运货，在20世纪30年代以后非常流行，逐步取代了人力车的地位。三轮车状似人力车与自行车的一种结合体。

三轮车分为前后两个部分，前部有一个可以转向的车轮，车把、车铃、车闸、脚蹬子和车座，用链条带动后部的车轮转动。三轮车后部主要是车厢，厢体为木制半圆形，可以并排乘坐两个人。车厢上安装有可以折叠的防雨篷，下面装有弹簧和两个轮子。座位下面是一个木箱，可以开启，里面存放车夫的工具杂物等。座位上有用布和棉絮做成的坐垫，下方有脚踏板。车厢前面两个挂钩，可挂防雨门帘，门帘一般用帆布或油布做成，冬季则改用棉门帘，以挡风避寒。

1937年，北京街头出现了营业性的三轮车。由于三轮车比人力车轻便、快捷、稳当，车夫的劳动强度比拉人力车要小，并且价格也不太贵，因而在京城很快普及。特别是太平洋战争爆发后，由于汽油等燃料奇缺，汽车的运营量迅速减少，使一部分乘客转向坐三轮车，更刺激了三轮车的发展，遍布北京街头、车站、医院、旅馆、戏园子、城门、牌楼等繁华场所，三轮车的数量达到了高峰。

1940年，北京租赁三轮车的车行就达到了200余家，三轮车总数达到1万辆左右，相比之下，人力车的数量则迅速减少。到新中国成立前夕，街上跑的大部分都是三轮车，而人力车已经寥寥无几。新中国成立时，人力车基本上退出历史舞台。

20世纪60年代，三轮车亦退出了市场。改革开放以来，三轮车又重受青睐，特别是开展的“胡同游览”活动。三三两两的游客，坐在装饰一新的三轮车上，缓慢地行驶在古都的胡同里，欣赏街景，体味老北京，甚是惬意。另有组织的专业旅游车队，时尚得很，一色的号坎，猩红的斗篷，在什刹海前街、后海一带招摇过市，也颇引人注目。三轮车至此不再是交通工具，成了旅游项目。

二、船舶

古时的船

船作为主要的水路交通工具，历史悠久。明代有黄船（御用）、马船（由川滇转送马匹专用，永乐年间迁都北京后，专用运送官物）、快船（水军征战用）、海运船（备使西洋诸国）、供应船（为皇室捕鱼用）、后湖船（在南京后湖，为楼座船，供游览用）、战船（征战用）、粮船（又分遮洋船和浅船两种，均用于漕运），等等名目。

清代则有粮船（漕运用）、战船（又有外海与内河战船的区分）、水驿船（用于水路驿站）、应差船（又有沙船、便民船、黄快船、楼唬船、宣楼船、大江差船等细目，备官府随时差遣）、救生船（专于江河激流险滩处备抢险救生用）、浮梁渡船（借以渡河用），等等类分。

具体北京地区能见到的，仅黄船、粮船、水驿船、浮梁渡船等而已。

粮船，是专门用于漕运的船。河运粮船叫浅船或剥船。北京作为近千年的帝都，它的粮食供应完全仰赖于南方。正因为如此，当年北京的粮船是很多的。明永乐初期，无论是海道运输的遮洋船，还是运河运输的浅船，都能由直沽（今天津）溯白河而至通州。后来只有蓟州军饷用遮洋船海运，北京通州国库里的粮食，全由浅船运输。明万历年间，用浅船运达京、通仓的米粮达370万石，而遮洋船运至蓟州的军粮仅24万石。

清代的运粮剥船大小有变。例如顺治初年造的粮船，船底长5丈2尺，中间阔9尺5寸，龙口梁、使风梁阔均不过1丈4尺，断水梁阔不过9尺，船体大小与明代浅船相仿。

康熙二十二年（1683），各省粮船式样改定为长7丈1尺，阔1丈4尺4寸，较以前增大。乾隆五十年（1785）又因“各省漕船过于高大沉重，行走濡滞”为由，议准北河官设剥船1500只，每只身长5丈8尺，中阔1丈8寸，后阔8尺1寸，九舱，每舱深3尺，装米300石，又比康熙时船小了许多。

水驿船是水路驿站专用的船只。明代于通州设有水驿。

浮梁渡船，是以船作桥渡河涉江的交通方式。据《清会典事例》记载，康熙十八年（1679），“将顺天（府）通州额设桥船五十内，拨给三河县泃河六船”。这样以来，通州的桥船尚余44只。康熙五十一年（1712）又“拆造通州桥船二十二，作为定额”。此后，通州则有22只桥船。雍正元年（1723），“古北口滦河设渡船四，交与汛官管理。”乾隆五年（1740）题准，“直隶省古北口渡船朽坏，别设渡船二，增设桥船十四。”作为浮梁渡船，需要的是坚固耐用，无需精雕细饰，所以这种船如同运货的马车、骡车、大车一样，样式简单，制作省力。

无论黄船、粮船、水驿船和浮梁渡船等，除顺水时可借助水力、顺风时可借助风力之外，主要还是依靠船夫的纤拉和撑划。因此，仍是一种以人力为主的水上交通工具。

船户因为行业禁忌或避讳而形成的市井隐语，如在舟中讳言“翻”，而改称“快儿”或“定”；其实不管在铛上还是在炙炉上烙饼，都叫“翻个”。但在渔民、船户最忌讳就是“翻”这词儿，甚至连“翻”的同音字也避忌——这叫行业语言禁忌。

据说，常年生活在船上的渔民和漕运水手，一般都不吃烙饼，怕说“翻个儿”。即便吃烙饼，也说“撑个个儿”。这里的“撑”就相当于“翻”。吃熬鱼翻个儿时，说“划过来”；把“船帆”称作“船篷”；把“帆船”说成“篷船”。就是避讳“翻”字。

昆玉河上新游船

“新北京，新奥运，新昆玉”——昆玉河生态文景走廊作为迎奥运的重要项目之一，市政府投资40多亿元对昆玉河两岸景观进行彻底改造，实现了“碧水蓝天迎奥运”“水清、流畅、岸绿、通航”。

为迎奥运，借鉴法国塞纳河、德国莱茵河等国外著名优秀河道的经营模式，把昆玉河打造成首都北京唯一的生态水景旅游区。昆玉河两岸分布密集的名胜古迹和独具特色的建筑园林给予新的活力和时代定位，五星级的游船服务标准将昆玉河水上旅游产品分为流动酒吧地带、观光旅游、水上婚礼和会议及水上文化、娱乐、赛事活动四大板块，这一切都将成为首都北京亮丽的一道风景线。昆玉河旅游线路分为东方昆玉游（中华世纪坛码头到颐和园码头）、水上精品游（中华世纪坛码头到中央电视塔码头）、御水皇家游（长河湾码头到颐和园码头），价格为20元到158元不等，于2008年5月正式开航，尤其受外地游客的欢迎。

三、畜力车类

西式马车

西式马车是一种西方传统交通工具，清末由天津传入北京，是旧京官僚、买办、商人与外国人出行的工具。

西式马车有船式、轿式、二轮等多种形式，有单马拉的也有双马拉的、有带顶的及敞篷的，等等。达官贵人、豪门巨富的马车装饰极为豪华精美。仅以车帷子为例，夏天用单的，帷子两边和车帘全部镶宫纱；冬天车围子则用毡或棉的，外边都镶包角、安玻璃，最讲究的车帷子和门帘镶13块玻璃，称为“十三太保”。

1900年以后，随着北京马路的修筑，马车的数量也不断增加。据统计，1932年，北京仅用于商业运营的马车就达到了9500辆。出租马车的车行多集中于东西城，如大佛寺的第一马车行，东四北大街的昌永马车行、灯市口的乘风马车行及三友马车行，交道口的飞鸿、公升马车行等。

轿车

轿车即大鞍车，旧时王公贵人、富家巨室均备有这种马车。其装饰极为精美奢华，这种轿车因是供人乘坐的带篷骡车，因其宽敞，加上套牲口驾车用的鞍子大于其他轿车而名。车轴安装在后部，因此行走较稳。此车有的两侧开门，上下较方便。乘坐此车有严格规定，唯三品以上大员、王公勋戚才能乘坐这种大鞍车。

小鞍车就是一般的轿车，这种车的乘坐没有严格规定，随处可雇，称为买卖车。还有一种敞车是种无帷幔、驭骡马的木制轮子车，有单套、双套、三套之分，可载人，亦可装货。城内外有经营此车的车厂，车主可将车停放于此。

马车

这是由马驾辕的车，分篷车和敞车两种。篷车专门拉客，敞车可以拉人也可拉货。

民间筹办红白事，也有从马车出租行雇用马车的。办红事用的马车上，要用红、绿彩绸扎饰一番，车的四周用红底绣花窗帘遮围。办白事用的马车，要用蓝、白彩绸扎饰。拉货的马车，也叫大车，两个木轮或胶轮间架着平板车盘，或有简易栏板。马、骡驾辕，坚固耐用，至今可见。

据记载，1912年袁世凯在东华门遭炸弹袭击时，所坐的便是金漆四轮双马拉的高级马车。

骑马

马是旧京一种重要的交通工具。历代的驿站，都备有马匹，以供递送文书的人或过往官员骑乘。在北京城内，文武大臣上朝，除了少数高官之外，都要骑马。清朝统治者为了保持满族尚武的传统，对于官员坐轿严格限制，尤其要求武官必须骑马。所以，在北京城内的某些地方（如东华门、国子监街等处），至今仍然可见“官员人等到此下马”的下马碑。

清代还有“前引”“后从”的制度，即官员外出时，无论是乘车坐轿还是骑马，总有若干仆从骑马前导后随，俗称“顶马”“跟骡”。

骑驴

骑驴代步，方便省事又廉价，又因为毛驴性情温顺易于豢养，亦是当时北京最常用的交通工具。清末，在北京外城及内城部分地区有以驴来载人运物的，但数量较少。使用毛驴最多的，是区之间的交通，因为当时郊区的道路状况不太好，不太适宜车辆行驶，而毛驴却对路况要求不高。

当时，人们把用于载客的驴称为“走驴”，将雇驴出行俗称为“雇驴脚”。走驴通常不使用鞍子，而是用坐垫，讲究点的坐垫用天鹅绒面料，用金线绣出图案，十分漂亮。驴背两侧有木制或铁制的脚蹬，驴屁股后一般还加有一根横木，驴脖颈下挂有铃铛。比较下等的走驴，仅背上放一条比较软和的口袋。

雇毛驴有专门的驴市，俗称“驴口儿”。当时郊区的人进城或者城里的人到郊区主要有这几条线路，一是从海淀到西直门，二是从卢沟桥到广安门，三是从通州到朝阳门，四是从丰台到永定门，五是从阜成门到西山，因此这些城门的门口多设有固定的驴口儿。

此外，还有专门赶庙会的毛驴。从宣武门到白云观，是营业驴最多的地方，这是为方便人们到白云观赶庙会、进香。至今宣武门东河沿街旧称赶驴市。长年在此的驴更有灵性，顾客付钱骑上去后，不用驴夫跟随，驴就主动地驮着顾客快步跑到白云观，停蹄不动，待顾客下来。早在白云观的合伙驴夫拉到客后，用手一拍驴身，驴又自觉地跑回赶驴市。

早年间驮人的脚驴最远的路程是从朝阳门至通州，长达20公里，当时通州西门有个地名叫“赶驴桥”，即是驴行的终点。

这种脚驴一般都是训练有素的壮驴，认识路。当客人在朝阳门坐这种驴后，驴夫只要跟着走上十几步，然后在驴屁股上轻轻拍打几下，脚驴自会独自驮着客人顺京通大道走下去。一路上不管是谁，都休想把它拉下大道。体壮的老驴大多油滑，走得不紧不慢的，不管骑在背上的客人多着急，它却不动声色，依旧慢腾腾地走着。到了通州“赶驴桥”，自有接驴的人在等待。

骡车

骡车也称轿车，是用骡子驾辕的一种车。据介绍，最早北京地区多以驴拉车，以后才渐渐用上了骡子。辛亥革命前北京骡车已成为一种主要载人工具，向有“京车”之誉。骡车分两种：有自用的，也有营业性的。

骡车由车身、车轮和车轴、车围、套具四部分构成。车身有车辕、车前盘、车厢、车后尾四部分，主体是车厢。车厢有穹形顶棚，有门有窗。官用骡车车轮较高，辐条较细。车毂凸形，车轴稍长，俗名“陕西脚”。普通骡车车轮俗称“笨脚”，跑车车轮特别沉重，以免翻车。北京骡车的车轴很有名，车行时触发出一种极清脆悦耳的响声。

当年只有北京的工匠具有制造这种车轴的技能。车围有内围、外围之分。外围用蓝布，在距车底盘约半尺的地方向上翻卷，卷起的部分，改用杂色缎，镶以黑缎边缘，名为挽手。内围，下部用杂色缎，镶黑边，名为卧厢。上部与车顶多为白色或淡蓝色。

夏天，外围两侧各开大小不同的纱窗。纱窗之上加蓝布遮阳，下熏黑绸飞瞻，名小帐子。车前也架遮阳，名大帐子，晚上行车，大帐子已不需用，便撤去。为了车厢通风，撤去里帷，只留卧厢及车顶，周围遮以熟罗帘子，以防日晒。雨天，车外则加油布挡雨。

冬天，车上罩以灰色或黄色的氆氇雪顶。套具则包括骡子驾辕时用的鞍子、夹板、笼头、缰绳等物。鞍子较大者，称为大鞍车，多是王公贵人、满族命妇乘坐的。车夫三人，两人拿辕，一人牵骡，皆步行。另有小鞍车，用途较广，人人可坐。清末一些纨绔子弟多在小鞍车的制作和装饰上争奇斗胜。

北京骡车所用的骡子，多来自陕西，人称“西口”，以颈长、胸宽、腰瘦、胫细者为优。毛色则以“菊花青”“香青”“缎子黑”“墨里藏针”“野鸡红”等为上乘。

骡驮轿

此为两头骡子驾驮的一种轿。这种交通形式实质上是坐轿，但这种轿不是前后2人（或4人或8人）抬行，而是前后各有一头骡子驾驮着轿杆而行，故称骡驮轿。这种轿比一般轿略大，可坐2人。轿内备有寝具，可以躺卧，是适于长途旅行的一种交通工具。一般可日行百里。行途中有两人赶骡，一人徒步，一人骑驴。

驴车

驴车是典型的老北京传统出行工具，上至朝廷官员，下到平民百姓都有乘坐这类车辆的。驴车由车辕、车篷、车梢、车轴、车身、车轮等几部分构成，所用材料多为木材。后来骡车、马车兴盛起来，驴车日渐减少了。

驴车也有自用的和营业的之分。自用的驴车，如粮店有自备驴车，外出送货用。郊区农民有自用驴车，用以进城拉粪土或卖瓜果蔬菜等农产品。营业驴车是用以拉送乘客的。有“站口儿”和“跑趟子”两种。“站口儿”者和营业骡车一样，在一定的处所等候顾客，或送一程，或包车来回。“跑趟子”又叫“跑海”或“趟子车”，即赶着驴车沿着一定的路线来回拉客。

过去，在天桥到永定门，东四到朝阳门，西直门到海淀等路段，都有趟子车。趟子车由某地到某地，是有定价的。因这种车较简陋，定价也很便宜。早到的乘客抢占前辕坐处，比较舒适。后来者便盘腿坐在车厢内，比较辛苦。而最后上车者，只能坐在车尾，还有被颠簸下来的危险。民国以后，这种驴车逐渐绝迹。

牛车

老牛旧车是当年旧京的慈善机构育婴堂专用以捡拾婴尸的。牛车上有一个大木箱，后面开一洞口，洞上悬一幅黄色布匾，上书“陆地慈航”四字。每日拂晓，育婴堂有人赶着牛车到处转，遇到婴尸多为被掐死的私生子便捡拾起来，从洞口放入牛车上的大木箱内。有的被捡回的婴儿尚未断气，还可以救活，也收养在育婴堂内。

羊车

羊车多为老北京中产阶层人家给孩子准备的，这是一种小型轻便的敞车，由一头大山羊驾车。可以用来驮载一两个小孩外出游玩。近年城乡的游乐场所也有推出此活动者，供人消遣。

骆驼

唐代骆驼已成为北京的交通工具。明清乃至民国时期，北京的骆驼除少数往张家口外沙漠地区运货外，其主要用途是将京西出产的煤炭、石灰运往京城，同时兼运粮食。

在京西的石景山、门头沟以及西南的丰台、房山等地均有不少村民养骆驼，其中最多的地方是从门头沟三家店到石景山的古城沿路两侧。老北京有句歇后语，“门头沟的骆驼——倒煤（霉）”，生动地道出了这一地区骆驼的主要作用。

骆驼除了运送货物以外，还曾广泛用于骑乘。在北京骑骆驼赶路的并不少见，甚至还有官员骑着骆驼进衙门办公的。徐珂的《清稗类钞》中就有这样的记载：“国初风气淳朴，京朝官多有策骆驼人署者，后易骆驼为马，最后易马为车。”

拉骆驼的把几头骆驼用较细皮绳穿通骆驼的鼻孔，形成一串，称为“一把儿”。每只骆驼驮着两个麻袋，内装石灰或煤块儿，煤是从门头沟各小窑贩运来的，石灰则是从大灰厂贩运的。

旧时，北京的城门早开晚闭。人们的习惯也是日出而作，日落而息。早上满载的驼队已来到城外等着进城送货，后半晌儿卸完货的驼队又在夕阳下出城沿着城墙外的土路，缓缓地踏上归途。

京西驼户。旧京虽说官家也养骆驼，但更多的是京城西部或西南一带“驼户”饲养的骆驼，为了靠骆驼运货拉脚挣钱，养家糊口。城里人要建房、修房，驼户就拉骆驼往城里送砖、送石灰、送木材；城里人要做饭、取暖，驼户就拉骆驼把西山出产的煤、炭、柴草等运到人家门口；城里人日常生活中需要的“山货”等，也是驼户拉骆驼按商家的要求运到指定的场所；远郊或山里的果农，在秋季收获的季节，采摘下来的水果需要骆驼运往城里市场或果子市销售。

拉骆驼的生意主要在春、秋、冬三个季节，其中又以冬季最忙，夏天骆驼要到口外去放牧、休养生息。

从京西往城里驮煤驮灰，多走广安门。当时，广安门外有煤市，广安门内有灰市，搞买卖交往就是买卖双方两人拉手，用手说话，你知我知，第三个人不知道。办这种事的都得有点半熟脸，多少钱，几里地，大家心知肚明，价钱一定，谁也不许蒙谁。然后用骆驼将煤或灰直接送到用户那里。也有替人驮脚的，把煤或灰卸在市上，过完秤，点完钱，即可返回。

到了夏天，骆驼开始掉毛。这时，骆驼最容易生病，必须到口外去歇夏。从京城到张家口外，路上要走12天。口外有事先选好的牧场，要跟当地蒙古人联系好，由他们负责牧场的安全。把骆驼赶到口外放牧，行话叫“做场”。做场有句老话：“夏至进场，白露起场。”说的是骆驼一定要在夏至这天之前进入口外的牧场，再晚天气太热，骆驼行走不便；白露这一天，骆驼要离开牧场往回返，否则骆驼丢失蒙古人就不负责了。

经过一夏天的放牧，骆驼到起场时身上已经长出齐刷刷的一层绒毛，显得健壮丰满。到秋天再赶回骆驼。骆驼秉性温顺吃苦耐劳，深受人们的喜爱。

京西各村养骆驼，大多是为了驮脚，所以骆驼从口外买回来就已经骟了。民国时候，好骆驼一只可以卖到一百多块大洋，差点儿的也得七八十块。有的人图便宜，花百八十元买回了一对没骟的骆驼，但闹骆驼时，公骆驼咬人，根本没法驮脚。骆驼老了生了病，就把它卖了，但是本地不许吃骆驼肉，专有别的地方的回民到村子里买骆驼，回去宰了卖肉。

骆驼最喜欢吃花生秸、白薯秧和豆秸，也能吃树叶，干活时还要加黑豆，吃破碎的棉籽。骆驼路上不吃不喝，全靠反刍倒嚼。骆驼也通人性，不能打它，你打了它，它记得可准了，再要见到你就会拿嘴喷你。骆驼认路的本事特别高，再大的风沙它也不会迷路。骆驼不爱生病，平时就在院子里露天拴着。遇见下雨，一只骆驼身上盖一领席子，头露在外边也没关系。因此，骆驼深受人们的喜爱。一般驼户都有这样的规矩：骆驼驮脚时人不能骑它，只能在前边牵着走（过河时例外）；骆驼跑空时可以骑，但进村时人必须下来。

随着交通工具的改进，骆驼逐渐消失。

国民政府南迁以后，城里盖房的人家少了，骆驼跑城就以驮煤为主。虽然门头沟也通了铁路，但城里的民用煤主要还得靠骆驼驮。

北京解放以后，骆驼不让进城了，但郊外的农村还有养的。直到1958年以后，牲口都归了集体，就没有养骆驼的了。

水车

水车一般是用骡马驾辕，出城运取饮用水（这里说的是泉水）的专用工具。其车上系一大桶，桶盖上有方口，桶底有圆洞。清朝宫内饮水，一向用水车拉运，由京西玉泉山运来。水车每日出入西直门，行走甚慢，车上覆以花纹苫布。行人、车辆每遇此车，都要立即让路。

尔后，一些达官显贵之家纷纷仿效，用水车由右安门内姚家井等处运取饮水。

四、清宫交通习俗

清朝宫廷在交通方面，作为古代最为普通的交通工具车驾，为显示自己及其家族的与众不同，进而区别家族内部的尊卑等级，帝王们均在车驾规制上做文章。于是就形成了一套严格的车辂（皇帝之车称“辂”）制度。

满族原先的乘载方式主要是骑马。平日出行、运输则多用畜力车，常见的有用牛牵引的柴车，车轮为木制，形制极其简陋。直到满族立国后，皇太极仿明代规制设立了最初较简朴的宫廷车辂制度。

清乾隆朝时，随着清政权的巩固和对汉族传统宫廷文化的深入研究，又参照周代和唐宋典制，创立了一整套具有清代特色的车辂制度。其中，除沿用了传统的“五辂”（即玉辂、金辂、象辂、革辂、木辂）作为皇帝出行的仪驾外，还特别对皇帝、皇后及王公大臣等的常乘车辇的尺寸、外形、饰物等作了严格的规定。而后者主要有辇、舆、轿三种形式。

皇帝辇舆

皇帝的乘载规格最高，而不同场合使用的辇、舆又有等级差别。清帝常用的辇舆有玉辇、金辇、礼舆、步舆和轻步舆。它们均为乾隆十三年（1748）制造，后世奉为定制。

玉辇是一种人力大车，为皇帝专用，因辇上饰有玉板而得名。清宫玉辇高1丈1尺1寸，上覆圆顶，中设方座，用朱木制造。辇箱四角各有一高5尺2寸的柱子，柱上为4根镂金垂云的曲梁，梁上支撑描金圆顶，顶面饰4块青玉圆板。金云叶青缎料的帷幔自辇顶披至辇箱。辇门高4尺8寸，夏张朱帘，冬设青毡门帘。辇座高2尺4寸，绘有金云、彩云，四周环以朱栏，栏内铺花毯，上设云龙宝座。宝座高1尺3寸。座左设铜鼎，右挂佩剑。辇设辕木4根，内2辕长3丈8寸，外2辕长2丈9尺。辕木两端有铜镀金龙形饰件。

玉辇是皇帝的重要交通工具，一般用于南郊天坛的祀天大典。皇帝乘坐时由36人抬行。金辇亦为皇帝重要交通工具，与玉辇合称“二辇”。金辇的结构与玉辇大体相同，但略为矮小一些。通高1丈5寸，柱高5尺，门高4尺7寸。四根辕木也略短，内辕长2丈8尺1寸，外辕长2丈6尺1寸。辇盖饰四块金圆板，垂黄缎幔幄。金辇供皇帝祭太庙和社稷时所乘坐，由28人抬行。

礼舆是皇帝乘坐的轿子。礼舆为皇帝群祀（即朝日、夕月及亲耕以下诸祀）时所乘坐。礼舆用楠木制造，高6尺3寸。舆内外处处饰以金龙。如舆顶上层八角及下层四角均饰金飞龙；两层黄缎垂幄绣金云龙；舆内设金龙宝座；抬舆的辕木、大小横杆及肩杆上通体绘朱漆金云龙，杆两端亦绘金龙图案。舆左右各开一窗，夏遮蓝纱，冬覆玻璃。皇帝乘坐时由16人抬行。步舆是皇帝日常乘坐的轿子，也用楠木制造，但比礼舆矮小。舆高3尺5寸，不设帷幔。内设蟠龙雕花宝座，座之四足为虎爪和龙形。坐垫夏铺明黄妆缎，冬铺紫貂皮。座前置一黄缎包裹的踏几，高约3寸。直辕和抬杆等处绘有龙纹。皇帝乘坐时由16人抬行。步舆亦为皇帝日常乘坐之轿，规格与步舆略同，但更轻巧。舆高3尺4寸。龙椅用象牙制作；踏几饰金，高两寸。由16人抬行。

后妃辇车

清宫后妃常用的交通工具有凤舆、凤车、仪车和翟舆。

清初皇后设凤辇，乾隆十四年（1749）改凤辇为凤舆。舆为木制，高7尺，外漆明黄色。舆顶有拱形盖两重，均饰以金凤；盖上覆镂云纹镏金顶。舆前设双开门，高2尺6寸。舆内漆浅红色，置朱红座椅一把，高1尺8寸，上饰金凤；坐面铺绣彩凤明黄缎。舆辕、横杆、肩杆及垂檐、四柱上均有金凤装饰。凤舆由16人抬行。

凤车为皇后所乘之车。高9尺5寸，车轮直径4尺9寸，二车辕长1丈7尺5寸；由一马驾驶。除拱盖上绘八宝图案外，其余形制与凤舆略同。

仪车为皇后和贵妃随皇帝外出祭祀日、月时所乘之车。四柱不加绘饰，车轮直径四尺，车辕长一丈五尺，用一马驾驶。其余形制与凤车略同。但皇后仪车色用明黄，饰以金凤；贵妃仪车色用金黄，饰以多翟（乃古时的一种长尾野鸡）。

翟舆为皇贵妃乘坐之轿。木质，漆用明黄色。形状仿皇后凤舆，但规格较矮小。高4尺6寸，宽2尺9寸。舆上各部装饰及图案为金翟，而不用凤。乘坐时由8人抬行。

王公乘轿

清代王公乘坐的轿子主要有明轿和暖轿。

亲王以下、辅国公以上准乘明轿。按清廷规定，轿宽3尺3寸；为木制、朱漆贴金；轿身以玲珑花卉雕刻为饰。不同等级的明轿在装饰和抬行人数上亦有所不同：亲王明轿不置帷幔；郡王以下明轿用红布帷幔和油绸雨衣各一；亲王以下、贝勒以上乘坐明轿由8人抬行；贝子以下、辅国公以上由4人抬行。

亲王以下至普通文职京官均可乘坐暖轿。轿为木制、朱漆，四周设帷幔。暖轿以顶盖和帷幔的颜色区别品级尊卑。如亲王暖轿盖、檐用金黄色，帷红色；郡王盖、檐与帷均红色；贝勒红盖青檐；镇国公黑盖青帷；辅国公盖帷皆青；一品京官盖、檐、帷均为墨色。另外，女眷自固伦公主以下至贝勒夫人以上均可乘坐暖轿。其轿盖、檐、帷颜色亦有严格规定。暖轿抬行人数与明轿大体相同，但有在京、出京之别：如一品官在京轿夫为4人，出京为8人；四品以下文职官在京轿夫2人，出京4人。

小轿车

1901年，袁世凯为了讨好慈禧，用10000两白银购进了一辆奔驰小轿车，作为送给慈禧60岁大寿的贡礼。

这是一辆黑色木质车厢、黄色木质车轮与辐条、铜质车灯、实心轮胎、两轴四轮的敞开式汽车。其车厢内有两排座位，前排座位是只能乘坐一人的司机座，后排是可以乘坐两人的乘客席。车厢的上方还撑有一顶由四根立柱支起的车篷，车篷的四周缀有黄色的丝穗。发动机被安置在乘客席座位的下部，发动机旁的齿轮变速箱把动力传递给后轴，最高时速为每小时20千米。

由于此车设计新颖、工艺精湛，慈禧还从没有见过这种先进而且漂亮的洋玩意儿，很是高兴。当时全国还没有会开汽车的人，就下令招纳司机。后来有11人参加了应试，其中有一人名叫孙富龄。他此前专门为皇家贵族赶马拉车，由于为人机灵聪明，被选中去学开车，并很快就学会了。

这样老佛爷一有时间，便在皇宫中坐着汽车兜风。有一次，她乘坐汽车从颐和园回紫禁城。这时大太监李莲英突然发现：原来的马车车夫成了现在的汽车司机，他不仅坐着，而且还坐在老佛爷的前面，这怎么了得？有失老佛爷的尊严呀！于是他就告诉慈禧：开车的是个奴才，整天坐在太后前面有失体统。于是，他命令司机要跪着开车。但是，跪着开车是没办法踩刹车的，这样极易出危险，司机没有办法，只好跪着慢慢地开车。

后来，司机因不能用手代替脚来踩油门和刹车，在路上险些酿成车祸。这可吓坏了王公大臣们，他们纷纷请求慈禧不要坐汽车了。在群臣的苦劝下，慈禧无奈地被人搀扶下车，中途又换了十六抬大轿。后来，慈禧渐渐对坐汽车失去了兴致，这辆汽车就闲置在颐和园内。

清廷交通禁忌

这是专指按清廷规定、不得违反的、有关车舆及其出行的制度。

首先，在车舆的制作上。清廷自皇帝起，皇后、贵妃、皇子、公主、亲王、郡王……以至百官乘坐的辇舆、车轿等交通工具，均须按各自的尊卑等级，在用料、颜色、纹饰、尺寸和抬行人数上有严格的区别。

其次，尊卑等级还体现在出行时乘舆和车驾排列的先后次序上。宫中出行，皇帝登舆先行，接着是皇后、皇子、亲王……即使是贵为皇帝之母的皇太后，也不得乘坐皇帝车舆并先皇帝而行。清光绪初年，皇帝正值幼龄，两宫太后垂帘听政。为示尊崇太后，特于皇帝大驾之外另设慈驾仪从制度，外出郊祀，谒陵时，帝辇在前，慈安太后舆在后，再次为慈禧太后舆，皇帝舆序仍在最先。

等级之外，又有文武之分。清代制度，文职官乘轿，武职官骑马；除高级武职如将军、提督年老不胜骑乘，经奏准后特许乘轿外，一般武职均不得擅自乘轿。

皇帝和满族王公既可乘坐舆轿，又可骑马。但马缰颜色有黄色和紫色之别：皇帝、皇子及亲王、郡王用黄色缰绳。此外，唯蒙古王公经皇帝特许可用黄缰。贝勒、贝子、镇国公用紫色缰绳。其他大臣非经皇帝特许不得使用。

这即是有名的“黄缰紫缰”制度。按照清廷的规定，这些均需严格遵守，不得违误；否则以僭越或违制论罪。

五、新兴交通工具

有轨电车

1924年12月，北京开通了前门到西直门的1路有轨电车，共设14站，全长7千米，配车10辆。这是北京最早的公交线路。新中国成立前，北京的有轨电车线路发展到7条，电车的保有量达到103辆。前门有轨电车最早采用法国样式，之后也用过日式和国产电车。

铛铛车是老北京对有轨电车的称呼。因为它的车头挂了一只铜铃铛，司机只要一踩脚下的踏板，铃铛便会发出“当当”的声响，提醒行人闪避车辆。这也算是北京第一代现代化交通工具。“铛铛车”特有的悦耳的叮当声，至今让老北京人十分怀念。因为电车顶上的接线设备和电车行驶中发出的声音，老百姓也把有轨电车叫作“摩电车”。

有轨电车作为当时的先进交通工具，对北平的经济、文化的发展起到了重要的推动作用，对市民生活条件的改善和生活方式的改变也产生了积极的影响。

当时哈德门（崇文门）至菜市口的6路是单轨，只在每个车站设双轨，供两车相会时错车用，但弄不好就会发生令人啼笑皆非的“顶牛”场面。水道子至桥湾之间有一小段弯路，司机不易看到对面的来车，故两车在同一轨道上相遇的情况时有发生。若遇到此种情况，两车司机赶紧刹住车，相视一笑，然后距站较近的那辆车再倒回车站去。好在有轨电车两头都有启动装置，前进与后退都是一样的。后退的车停在车站一侧轨道上，等对面的车进站后，再各自开出。乘客们此时不免善意地埋怨司机几句：“得！又顶牛啦！”“在站上等着错车不就得啦！这可好，都耽误啦！”司机倒也不言不语，任由人们褒贬，依旧心平气和地开着车。

电凉车

电凉车是没有窗户的敞篷车，车的前后方有司机驾驶的位置，中间有2米多高的方形柱子，上置连接电源的接线弓，柱子上有洋烟等美女广告。车体四周装有五颜六色的灯泡，车帮上插有多面彩旗，把电凉车装扮得很时尚。夏夜，坐在电凉车上，喝着汽水赏夜景，也是一件愉悦的事。

那时北京还流行一句歇后语：“老太太上电车——你先别吹！”其意乃讽刺爱“吹牛皮”者。此句的由来是有轨电车售票员的脖子上挂一铜哨，车每到一站停下，待乘客上完车，售票员则吹哨通知司机起行。但有时遇到乘客已上完车，却有老太太从后面赶来，她跑不快，又怕车不等她，于是边赶边招呼售票员先别吹哨。

车上的服务员，如司机、售票员，有时还上来查票员，都是男性。身穿蓝布制服，头戴蓝色加檐帽子。机车上两个售票员，拖车上一个售票员。机车有前后车，拖车中间一个门。机车是后门上前门下，拖车是先下后上，秩序井然。其余各路都是一个机车。

售票员在肩头上挎一个黄色皮袋子。铜元、铜元票、毛票都放在里边。他们卖的车票，各段有各段的颜色，放在票板上，和现在一个样，用红蓝铜笔一画，交给乘客。

从前的电车每一路车在机车前上顶都有个木牌标明哪一路，在司机头顶上面有一块一尺多长、四寸宽的玻璃小阁，如第二路向北开，标有“北新桥”三个字，如开往天桥，司机举手一摇就摇“天桥”两个字，回场车有“回场”两字。每天早晨五点半出场，晚间十点半以后回厂。司机和售票员都很辛苦，每天早班在夜间两三点就得步行到厂，回厂后步行回家。那时没有接送员工上下班的班车。

1966年5月6日，随着从北京体育馆驶向永定门火车站的最后一条有轨线路的停驶，运行北京长达42年的有轨电车终于完成了它的历史使命。有趣的是，时隔40余年后的2009年1月1日，改造后的新前门大街又铺设了有轨电车的铁轨，使消失了近半个世纪的“铛铛车”重新开通。

公交车

1935年初，北平市政府决定开办公共汽车，筹资30万元订购了30辆大客车，目的是弥补市区电车运力的不足，同时发展郊区和游览线路。当年8月，第一条公共汽车线路开通（即1路公共汽车），该线路途经朝阳门、东四、东安市场、西四、阜成门。截至当年年底北平共拥有5条公交线路。

1938年5月，北平公共汽车行业增设了以美国大道奇为主的高级旅游车，并在车内配备了女导游员。到1942年末，因物价波动，伪市政府令电车公司收购了残破的公共汽车公司。从此，公共汽车公司改由电车公司兼管。

1935至1942年间，北平公共汽车中占主导地位的是外国车型。最早是日本产的丰田客车，随后又购买了30辆美国道奇车，再后来，北平的公交公司又购进了一批捷克产的“布拉格”卡车，在天津改装成公交车。加上后来的“克罗沙”“依卡路司”和“斯柯达”，当时北平的公交车大约有5种车型，均为外国制造。

1945年抗战胜利后，电车公司再次由民国政府接管，但到新中国成立前夕，没有新增一辆车，也没有新开一条线路，日常运营仅靠贷款修复部分车辆。在册车数虽有141辆，但能够行驶的只有49辆，那时的北平公交运营基本处于瘫痪状态。

新中国成立后，为了解决首都交通问题，当时的政务院决定把原设在南京的“首都汽车公司”全部编制迁至北京，并入北京市公共汽车公司。迁来的汽车约有88辆，均为T234型大道奇，由于使用已久，经常抛锚。直到1957年，随着“长春一汽”的第一辆国产卡车顺利下线，北京街头的公交车才开始有了“纯中国血统”，但这些客车多是由卡车改装成的。

1950年4月9日，当时的市工业局经过多次试验，终于“制造”出“煤气车”，为了迎接工人阶级的节日，这种汽车被命名为“五一式煤气车”。第二年6月，公共汽车公司修理厂在“五一式”煤气炉的基础上，又生产出“控温式”煤气炉和“双筒式”煤气炉，并在丰田及T234大道奇车上推广使用。

1960年，我国的汽油供应又一次遇到严重困难，公共汽车装上了由储气袋、气袋架、混合器等组成的“煤气包”。储气袋容量为11立方米，一般可供汽车行驶30公里。煤气代油陆续在大道奇和解放牌汽车上推广使用，直到1964年起恢复使用汽油。

到2000年年底，北京市公交总公司已发展到共有运营车辆16717部，线路692条，年行驶里程81.315亿公里。而1949年时，京城公共电汽车总共仅有164辆，线路不过11条。

烧煤汽车

新中国成立初期，汽油供应极为紧张，很多公共汽车不得不装上炉子，燃烧木炭和煤以驱动汽车。为此每年都要浪费大量宝贵木材，而且公交职工每天的劳动强度也很大，因为需要多次增加燃料。

这车是右侧方向盘，司机座位在右侧，助手在左侧。燃煤车的改装是在助手座位的后方，即车货厢的前左方挖掉约长宽50厘米见方的车槽底，将一个约45厘米直径、1.6米高的煤气反应炉以铁架子固定好。反应炉下部有两个炉门，炉门与炉门之间可插活动的炉箅子，下面炉门的一侧有一根直径5厘米的管子，管子的另一头连接着一台微型手摇鼓风机。炉的顶端有一个可以打开的炉盖，盖旁有一根直径5厘米的铁管，由上向下顺着炉体拐弯直到车的大梁，顺着车大梁向后、向左、再向前绕车多半圈直达发动机的化油器。当中要经过两个过滤箱，一个箱里填满了废火柴棍，另一个箱里塞满了棕片。

此车烧的煤很有讲究，必须是山西产的口泉煤和阳泉煤。口泉煤要砸成比核桃大点的块，阳泉煤则要砸成比大枣小一点的块，筛去煤末。给这种烧煤的汽车当助手十分辛苦，又脏又累，工作时间又长。

首先要“扒炉”，就是把夜班收车后的煤气反应炉里面的残煤扒出来，重新添上一炉新的煤炭，为早7点出的白班车准备好一天的燃料。“扒炉”比较容易，没有什么技术要求，只要把炉箅子抽出来，把残煤用大火钩子钩下来，再用铁锹铲到一旁，但通红的残煤烤在脸上火辣辣地疼。

其次是“添炉”，先将一团废油棉丝放在炉箅子上，劈柴和木炭当然要码放在炉底层，劈柴在下，木炭在上，而后开始往炉里添煤。先是一层口泉煤，大约30厘米厚，再添一层阳泉煤，这样交替着往里添，两种煤的比例是2.5：1。添煤时要特别注意，既不能一边薄一边厚，更不能同一种煤添得太厚。一般要将煤添到距炉顶20厘米为止。煤是由反应炉顶端的炉口处添入炉内的，炉口较小，每辆车都配备一个喇叭形的铁漏斗，把漏斗放在炉口上，添起煤来就容易多了。

反应炉里最下面是浸满废机油的油棉丝，一根火柴就能把火点着，只要油棉丝一着，把下面的两个炉门都关严，用手摇鼓风机往炉子下面扇风。鼓风机是铸铁的，摇起来哗啦哗啦地响。风很大，火借风势，约七八分钟，劈柴烧光了，木炭也引燃了口泉煤，炉顶冒着半透明的青烟。这时调整一下化油器风门，插好摇车的摇把，双手握紧，运足一口气，尽全身之力，顺时针方向狠劲一摇，如果机器电路无障碍，那车便立时发出欢快的轰鸣。

这车只要一发动就不能熄火，就是停车等待装卸货物，或司机、助手去吃饭也不能熄火。发动机由发动至少要着上9个小时，即这炉煤至少要满足一个车班的煤气供应量，即使停车，发动机也要处于高速运转的情况。因为只有发动机通过管道不断地抽取并消耗煤气，反应炉才能从下面炉门的缝儿处不断地得到空气的补充，炉内的煤炭才能正常地燃烧，继续不断地产生煤气提供给发动机。

这燃煤车有时停车时间稍长一点，司机或助手都会把油门踏板适当地压低，以加快怠速运转，否则，怠速长时间过慢会造成反应炉煤气发生量小，供气不足而自动熄火，再次发动可就不那么容易了。

因为不能熄火，发动机每昼夜至少要着18个小时以上，所以机油的消耗量也是非常大的，平均两天就得1千克机油。

出租汽车

1913年北京创办了第一家小型出租汽车行。至1929年，北京出租汽车行发展到60余家，拥有出租汽车200辆，当时多是去城郊游览区的游客租乘。后因燃料供应不足，至新中国成立前夕，北京仅有出租汽车180辆。

20世纪80年代，北京最受欢迎的出租车是“黄面的”，虽然不豪华但经济实惠、方便。那时的北京出租车根据价格可分为3种类型：一千米2元钱的“豪的”、1.6元的“夏利”和1元钱的“面的”。自然“面的”最受京城百姓的欢迎。它招手即停而且价格便宜，乘坐“面的”已是百姓生活中不可缺少的事。于是“面的”司机们又攒出了一个新词“扫马路”，这一扫，就扫出了一个庞大的行业，扫出了老百姓奔小康的信心。善于调侃的北京人将之称为“面的”，而每每看到这些“面的”在北京大街小巷中“汹涌澎湃”的样子，人们又将其形象地比喻为“黄虫”。就是这几万辆“黄虫”，在满足北京市民需求的同时，也成为那几年北京正式的“城市名片”，甚至是外国人眼里的中国的“国家名片”。

“出租车”被誉为一个城市的“名片”，对于北京而言，从1998年之前的“满眼黄面的”，再到2004年的“四季香山枫叶红”的夏利和富康，尽管它们曾为北京市做出了不可磨灭的贡献，但也让北京“成为全国出租车档次较低的城市之一”。这让有着国际化大都市追求的北京，面对自己的这张“城市名片”时倍感尴尬。

2002年年底，北京终于圆了自己长达45年之久的轿车梦。当600辆北京现代有着“奏鸣曲”之称的索纳塔轿车加入到北京出租车行列时，北京人似乎在一夜之间就实现了“北京人坐上自己生产的出租车”的梦想，更成为拥有国内档次最高、品质最好出租车的城市之一。索纳塔也正式奏响了重塑中国首都“城市名片”的序曲。

在出租车车型的选择上，北京市政府只扮演规则和标准的制定者角色，具体选什么品牌，是哪个厂商，将留给市场一线的出租车公司和所有市民作出选择。一个公平竞争的市场环境就这样形成。

而为确保北京的出租车真正实现升级换代，北京有关部门为京城出租车参选车型制定了不低的“门槛”。标准中几个重要的指标基本指向是：排量不低于1.8升，价格不高于15万元，车长4.5米以上，需装备有GPS全球卫星定位系统，排放达到欧洲三号标准，燃料以液化石油气为佳。

政府标准一出，各厂家立即行动起来。目前已有北京现代索纳塔、一汽红旗和奥迪、上汽奇瑞东方之子、上海大众桑塔纳3000、华晨中华及东风雪铁龙旗下的一款轿车等近十款车型报名参选，可谓是“人人奋勇，个个争先”。

北京出租车成为与北京公共电汽车、地铁并驾齐驱的三大交通支柱产业。

文化程度最“高”的公交线路

北京的331路和375路两趟公交车，有不少重叠的线路。其共同点是：经过的大学众多，所以这两趟车上拿学生月票的乘客很多。去北京邮电大学、北京师范大学、北京电影学院、中国政法大学、北京航空航天大学、北京联合大学应用文理学院、北京城市学院、北京大学医学部、中国石油大学、中国地质大学、北京语言大学、北京科技大学、清华大学、北京大学、国际关系学院、中共中央党校等学校，都可以乘坐331路或375路汽车抵达。

而332路从动物园到颐和园，虽然线路长度只有10.75公里，但是也经过不少高校，其中有中央民族大学、舞蹈学院、北京理工大学、解放军艺术学院、人民大学、北京大学等。另外还有国家图书馆、中关村电子城、中科院的一些研究所、中国农业科学院等科研单位，这条线路可以算是北京最有文化学术特色的线路了。

火车

1909年9月京张铁路建成通车后，在北京的前门、广安门、西直门等地方都建了火车站，为北京早期的火车。

1914年初，当时的北洋政府为了解决粮煤的运输问题，命交通部建设环城铁路，随即由京张铁路局牵头筹款并派工程司（工程师）柴俊筹等带人在北京城墙沿线勘测设计，当年9月勘测完成。这条“官款官办”的环城铁路从京绥铁路（今天的京包铁路）的起点西直门站（今天的北京北站）沿着北京城墙与护城河之间，那会儿叫“官荒地”，这“官荒地”上除了草木之外，既无农田也无房屋。这条环城铁路就在这“官荒地”上顺着城墙，经过德胜门、安定门、东直门、朝阳门到东便门与京奉铁路（今天的京沈铁路）接轨后，向西走今天的明城墙遗址公园，过崇文门到正阳门车站（当时叫北京东站、前门火车站）。

京张铁路局的环城铁路办事处于1915年4月28日在西直门火车站成立，京张铁路局的副总工程司陈西林负责工程的修建。同年的6月16日，北京环城铁路的工程全面动工。沿线经过的各城门瓮城城墙全部拆掉，只保留箭楼和部分整修过的城墙。

1916年1月，北京环城铁路全线建成通车。全长13.2千米，采用的是1435毫米的标准轨距。初期有4个车站，分别是德胜门、安定门、东直门、朝阳门，并在这4个车站修建了货场、平交道口。为了最大限度地发挥这条铁路的作用，仅铺设的岔道线总长度就达到了13.5千米。环城铁路的建成，大大加快了北京的物资流通，大量的货物占满了各个车站的货场，尤其是前门火车站地处闹市，京绥、京汉、京奉铁路汇聚于此，更是热闹。

新中国成立以后，全国掀起了轰轰烈烈的社会主义建设高潮，北京市区的交通流量骤然大了起来，环城铁路与公路的平交道口经常拥堵，特别是赶上火车调车作业，铁路道口堵车严重，行人不便。1954年7月，北京铁路管理局根据北京市政府的城市建设总体规划，计划封闭环城铁路的德胜门站、安定门站、东直门站和朝阳门站，以减少环城铁路对城市交通的影响。

从1958年开始，拆除了西直门经德胜门、安定门、东直门到朝阳门的铁路。1959年北京站建成后，朝阳门至东便门间的铁路也被拆除。到1971年8月北京的环城铁路就被全部拆除了。

房山高线

房山高线，又称缆车、空中铁路，是一种高空运输工具。房山运煤高线，是我国第一条以机械为动力的高空运输铁路路线，在房山的经济建设中发挥过重要作用。作为机械运输工具，房山高线在北京交通史上乃至亚洲交通史上都占有很重要的地位。

房山高线整条索道由天津商会出资，聘请德国、法国和比利时的工程技术人员指导，于1907年开始修建，1911年通车。1937年8月，7月7日卢沟桥事件爆发之后的次月，日本军队即占领了运煤高线设在平汉铁路良乡站坨里支线的坨里火车站办公大楼，从而控制了高线的煤炭运输。日军占领期间，不但利用高线从矿区往山外运煤，还利用高线从山外往山内运送战略物资，向平西抗日根据地进攻。为了保住这条能源补给线，日本人组织了武装护路队，在高线的起点站坨里镇和沿途线路上警戒。

光绪三十二年（1906），良乡煤炭运输业主刘玘瞻会同房山的部分窑户与天津商会联系，由天津商会总办王竹林出面，联合天津集胜运盐公司经理陈梓臣与盐商陈秉章、李子赫等，开始在天津商人中进行修建房山运煤高线的游说鼓动。王竹林以天津商会名义，向当时的北洋大臣、直隶总督袁世凯禀递了在房山修建运煤高线、建立运煤高线公司的报告。

袁世凯批准了此报告后，王竹林就以天津商会名义，联合天津盐商，向驻在天津的德华、道胜、汇理等外国银行借款300万两白银，成立了“高线铁路公司”，于光绪三十三年（1907）开始了在房山修建运煤高线的工程。

第一条线是高线坨红线。该线起自坨里火车站台，沿大石河南部产煤山区逶迤而行，经口头村、万佛堂村、黄土坡村、南车营村、杏园村、英水村、佛子庄村至红煤厂村止。实际长度17千米。

第二条线谓之坨清线。该线是在坨红线基础上，修订原设计线路改建形成的。坨红线运营后，终点站红煤厂并不产煤，所运之煤要靠畜力、人力从大安山、南窖、霞云岭等地运来。高线公司只是在红煤厂坐地收购。收购煤量有限，成本也高，而高线为机械动力运输，开车后运量很大，所收的煤根本不够高线运量，得不偿失，致使高线公司不得不另想办法。于是高线公司又从坨红线路上的前山站台，辟出一条支线，往南经英水村、西安村、北窖村、南窖村、安子村至清港沟止。因这条线路的煤炭运至前山站后并入坨红线到坨里火车站台，因此被称为坨清线。

第三条线是周长线。虽是天津商会计划在房山修筑的高线之一，但并非天津商会投资，而是北京和房山等地的乡绅，受坨清高线竣成而获厚利的启发，于1919年集资修筑的。但用料不精，加上所聘请的日本株式会社技师技术不佳，修造不甚得法，致使高线修成后屡生事故。而且因线路较短，运费低微，不但未获利，反而连续赔蚀，所以运行时间不长便废弃。

高线的部分线路，直至20世纪60年代后期到90年代还用来运送原京煤集团房山煤矿矸石。

机器设备：高线作为机械运输工具，首创于荷兰，后欧洲许多国家仿效。至19世纪末，德国高线发展很快，设备尤佳。房山运煤高线初筑时，在我国及至东亚，还是首次。当时，火车的蒸汽锅炉安设在车头上，而高线的蒸汽锅炉则安设在站台上。高线的机器设备主要是铁架、线轨、斗车和锅炉。

铁架。铁架是高线的支撑物，根据线路下垂的程度按距离架设。一般两架之间不会超过500米，最近处两架距为145米，低的铁架高度只有一米多。为了保持线路的平直，山高处铁架则矮，山凹处铁架则高。遇到山太高不易保持线路的基本平行时，还要开山辟岭，以使线路通过。开凿的山口，底宽必须保持5米才能两个平台向两侧伸出的小线，防止小线下垂并加油润滑。在较低的铁架上一般不设这两个平台。铁架上安有铁梯供人上下。

房山运煤高线支撑的铁架，计有300多座。另外，线路在跨越沟涧时还架设铁桥8座。

大线、小线。高线的线路共4根。上面平行两条粗线作为斗车轨道，称为大线。下面平行两条细线作为牵引线，称为小线。斗车轮子悬挂在一条大线上，由一条小线连接斗车牵引斗车前进。大线由17根圆钢丝拧成圆形，外圈由扁钢丝拧成圆形包住线芯。圆钢丝极富弹性，扁钢丝极耐摩擦。小线的径粗23毫米，由上百条细钢丝绕在油棕绳上分股拧成，富有拉力。小线缠绕在站台内的铁轴上，铁轴直径1.5米，由蒸汽动力推动旋转。小线从铁轴两端伸出站台，一端连接重车，一端连接空车。当铁轴转动带动小线从轴两侧沿相反方向运行时，小线牵引空、重车分别出、入站台。

斗车。斗车是盛煤的工具，高约1.5米，有两个轮轴挂在大线上。轮轴随小线牵引斗车在大线上滚动前行。轮轴车斗。车斗里放入煤炭，每斗可盛煤500千克。整个斗车如同一个倒置的问号。斗车自重200千克。斗车运行速度约为每分钟150米。

锅炉。高线的动力依靠锅炉蒸汽。锅炉结构形式分为立式和卧式两种，工作方式分为火管式和水管式。初建时安设4台锅炉。其中第一台为德国1910年出厂的卧式单筒锅炉，圆径1.5米，长4.3米，功能24平方米。第二台为德国1910年出厂的卧式单筒烟管锅炉，圆径1米，长3.2米，有烟管33根，径1.8米，长6米，功能55平方米。此炉为高线功率最大之锅炉。这四台锅炉分别安装在万佛堂站台、坨里站台、南车营站台和北窖站台，其中北窖站台的锅炉最大。

高线的机器设备除铁架、线路、斗车和锅炉外，还有许多辅助设备。如电动机、电话、机床，等等。

修建过程：房山高线的修建工程，在我国尚属首次。早在酝酿修建高线的动议时，股东们就深知工程之艰、技术之难。王竹林肥水不外流，将高线修建工程整体承包给北洋保商公司，由北洋保商公司德籍顾问白里西领导，于光绪三十二年（1906）开始了修建。

线路选择。高线公司自房山的坨里镇开始，沿大石河河套沟进行了广泛的调查，对沿途的村庄、房舍、坟墓、水道和地质等情况做了记录，绘制了图册，与线路所经地区的民众多次进行洽谈磋商，也曾多次更改线路。

运输机器设备。高线的机器设备大多采自德国，乃是天津商会以唐山煤矿名义，通过外国银行购买。机器设备材料均是先运到天津港口，再转乘火车运到房山的坨里火车站。以后就完全依靠人力、畜力进行搬运了。高线用的锅炉每台重约数吨，最小的圆径1米，长1.8米。大者圆径1.8米，长约6米。高线工人们采取了“走旱船”的方法，在锅炉下放上滚木，把锅炉绑上绳索，由人在前边拉，一步一挪地前进。上山时，以人力绞车在前边绞拽，周围人保护，防止锅炉翻倒。

安装高线。安装高线的工作主要是立铁架、架线和拉线，在地基的根部四角砌铸水泥石墩。每个水泥墩一米见方，中间置入铁柱，在铁柱露出部分套入铁架四个角根部的角铁，使铁架与地面基础固定在一起，然后按铁架的号码顺序一根接一根往高处延伸。然后取出铆钉放入角铁的孔眼连接，用铁锤趁热砸扁。待铆钉冷却后，两根角铁就连在一起了。

高线的大线、小线运到目的地后，按架设要求放好，宛若一条长龙蜷卧在崇山峻岭。往铁架上固定入铁架顶端的线槽内。架上线后，两铁架之间的线路会因自重和斗车的重量而下垂。为了保持线路的平直，工人们在高线站台上挖有深井，井中吊有罐笼。罐物超过空中高线的重量时，罐笼下沉，线路就被拉直。而当线路经过一段时间运行摩擦需要检修时，则将罐笼中的重物一点点搬出，罐笼就会逐渐上升，线路就高线的每盘大线，如长度不足两站之间距离时，需要接线。接线是高线工程中难度极大的技术活，非一般人能做、敢做。线接不实，高线断裂开，后果不堪设想。

京门小火车

在京西门头沟的大山之中，有一列车，一个车头，一节车厢，司机、车长和乘务员各一人，从1906年开通到现在，已经是104年。

这条铁路，目前仅在门头沟区内的三家店到木城涧之间每日往返两趟（周末一趟）。该车可算是北京乃至全国最短的客运火车，沿途只有乘降所而无车站供停靠。当地群体亲切地称它为小票车。小票车的价格是2.5元一张，它甚至比城市公交、地铁还便宜。可能是中国最便宜的火车票了。

京门支线，也称京门铁路，是詹天佑京张铁路的辅助铁路，同由詹天佑在1906年主持建造。原自西直门站南侧车公庄出岔，西经五路、田村等站，到达门头沟的三家店、色树坟、大台各站至木城涧，共11站（含现丰沙线落坡岭站），正线53.363延长公里。其修建是为将门头沟的煤炭运抵西直门，供京张铁路蒸汽机车燃料之用。单线行驶，迄今也已约百年。

1971年2月1日这条铁路的西直门至五路段线路被拆除，发生了一件匪夷所思的事。据说当时工人们埋头苦干扒铁路，扒到西八里庄的慈寿寺塔（现称玲珑塔）北边，赫然发现这儿还有一个蒸汽机车的火车头停着呢。但实在为时已晚，火车道已扒了个干净。最后这个火车头就留在那里直到今天，成为玲珑公园里一个颇为古怪的物件。

冬天，特别是下雪天，929路公交车停运，小票车旅客就非常多，连站的地方都没有。其他季节，929路公交车分流走了原来这条火车线上旅客的十分之九。

观光小火车

双龙峡自然风景区位于门头沟区斋堂镇火村南2.5千米的青山翠谷中。被誉为北京的“小九寨”，这里有十里溪流、百潭瀑布、千亩红杏、万顷林海。尤其值得一提的是：双龙峡是京郊游景点唯一开通观光小火车的景区。

地铁、轨道交通

现在北京的地铁网络延伸约120千米，包括8条线路以及123个车站。在未来几年间，北京地铁线路将延长至348千米，其中绝大部分为地下轨道，地铁长度比纽约地铁总里程多出50%。北京地铁网络已经改变了人们的出行习惯，乘地铁出行干净、安全、现代。地铁是北京向一个更为现代的大都市转型的一部分。

北京地铁开建于1965年，进程缓慢。北京当时修建了两条线路：一条东西走向的直线和一条环线地铁。随后，地铁线路运转也不顺畅。在数年政治动荡之后，17千米的1号线于1981年开始正常运营。此后北京地铁建设就陷入了20年的停滞期。

2001年，北京获得了2008年奥运会的主办权。北京开始大举扩张地铁。在奥运会期间，北京实施了严格的交通管制，有半数北京居民乘坐公共交通工具出行。

在新的地铁站外，租赁公司开始提供自行车租车业务，免去地铁乘客最后一段奔波之苦。

民航

1913年9月1日，南苑航空学校正式开学，有62名学员，这是北京建设现代航空事业的开始。1914年3月11日，南苑航空学校三架飞机首次试航，由南苑机场起飞，飞往保定。1919年，北洋政府交通部设立筹办航空事宜处。1920年2月成立北京航空署，并陆续开通了一些国际、国内航班。但是当年民航的规模很小，且多数属于运送邮件和报纸，运送乘客的数量十分有限。

同年5月至次年6月，先后自北京试航天津、济南获得成功。1922年开辟北京至上海航线。1933年北平至洛阳通航，以后又开辟了北平至太原、汉口、广州的航线，并新修了西苑机场。抗日战争胜利后，中美合资的中国航空公司和国民政府交通部属的中央航空运输公司，又恢复或新辟了由北平至济南、南京、上海、汉口、西安、重庆等地的民用航线。

北平和平解放前夕，南苑机场、西苑机场均被中国人民解放军占领。困守北平的国民党华北“剿总”司令傅作义在北平城内先后修建了两个临时机场。在永定门内以东、天坛以南，称天坛机场。

新中国成立后，首都机场于1958年3月2日正式投入使用，是国内首个投入使用的民用机场。当时仅有一座小型候机楼，现在称为机场南楼，主要用于VIP乘客和包租的飞机。

1980年1月1日，面积为6万平方米的一号航站楼及停机坪、楼前停车场等配套工程建成并正式投入使用。

随着客流量的不断增大，一号楼客流量日趋饱和。重新规划的二号航站楼于1995年10月开始建设，建筑面积达33.6万平方米，并于1999年11月1日正式投入使用，同时一号航站楼停用。随着客流量的继续增加，2004年9月20日，整修一新的一号航站楼重新投入使用。一、二号航站楼设计总量只有3550万人次。

2008年建成的3号航站楼和第三条跑道，位于机场东边，2004年3月破土动工，2008年建成并投入使用，为迎接北京奥运会修建，能承载空中客车A380等新型超大型客机起降。3号航站楼启用后首都机场的旅客吞吐的设计总量为8200万人次。

2005年1月29日，56年来中国大陆和台湾之间首次不经停香港的直飞春节包机在北京首都国际机场降落。

六、道路、桥梁、城门

古道、香道

1. 羊坊古道

京西羊坊古道兴盛于辽金时期，这条古道，是古时京师通往西部省份的主要道路。此道自南而北穿京城西郊而过，起点为金中都城西（今海淀区的羊坊店、会城门一带），途经田村，过青龙桥、红山口，南羊坊、温泉、北安河，再向北出南口的羊坊（现称阳坊），入关沟，跨过居庸关长城，北端直抵边关重镇张家口，全长800余里。此道又是供应辽金都城羊只的主要通道，故称羊坊古道。古道中的地名：

羊坊店：在今海淀区，临近西客站。古时运到辽南京城（今北京）外的羊群集中在这里，贩养的人和羊同吃同住。羊坊店的地名说明了这一切。

南羊坊村：在今海淀区的北部山区，地处山麓，水草丰美，正适合圈羊宿夜，当为金代从蒙古草原赶羊至中都城途中休息之地。

南口羊坊：今称阳坊，在昌平区。在清末以前，由于八达岭、居庸关、南口一线是军事要地，不许商旅滞留，八达岭以北的岔道城和南口以南的阳坊镇便成了商旅聚集地。每年深秋，塞北的羊群一批批地赶进关内，镇里镇外触目皆是，这里成为赶羊人集中落脚休息的地方，故得名羊坊。

当年，中原内地所需的军马和官马多来自蒙古，每当秋冬之际，成群的马匹便沿官马道滚滚而来。另外，京城与塞外之间的政令传达、公文往来也是通过官马道传递，因此，这条南北大道也称“官马道”。

那时候，这条道上南来北往的车马、客商络绎不绝，因此，官马道也是一条沟通内地与蒙古的重要商道。

2. 西山古道

京西群山之中遍藏乌金。元明以来，京城人家皆以石炭为薪。拉煤运货的驼马成群结队，日复一日地在山路石道上行走，久而久之便形成了京城到西部山区（远至今内蒙古、山西）的商旅道路。出了阜成门向西，出模式口，古道从三家店跨永定河后而至琉璃渠，即踏上西山正道。

永定河水在三家店的村西口流淌千年，当年这里是京西古道上最大的一个古渡口。早在明朝的万历年间，因为运煤的需要，河上架起了木板桥，直到1921年，北洋政府拨款30万大洋，横跨永定河修筑了这座由法国人设计的北京地区最早的洋灰桥。

古道穿琉璃渠而一路西去，翻山越岭地串起一个又一个古老的村落，直到京西古道上的重要关口王平口。这段从模式口到王平口32华里的古道被称作西山大路的北道。

另外一路从模式口向西，经麻峪跨永定河过峰口庵到王平口的古道，这是西山大路的中道。

在京西第一要隘峰口庵，距离关城西南不足200米的山冈处，凹陷着大大小小深浅不一的蹄窝一百多个，这段13米长的小路是京西古道上蹄窝最为密集的地方。

历史上，从今天石景山区的庞村也有一条进入西山的大路，这就是西山大路南道，这条南道中途与中道会合后直奔王平口。这样，北、中、南三条古道在王平口聚合为一，然后继续延伸西去。

出了王平口，曲折四十多里山路，就到了斋堂。从斋堂开始，古道由西行折向西北，途经川底下村。古道从川底下北侧上山，过天津关，出罢山口进河北的怀来盆地远去。向西北，可经宣化、张家口去内蒙古；向西，可过蔚县进山西。由此，京西古道东连帝京，西通塞外，成为过去京西的重要出塞道路。

3. 卢沟古道

当年由南方地区进京，需走卢沟桥古道，这也是金代以来的最繁忙的通道。20世纪50年代初宛平城外桥东一带的很多老住户，都曾经世代从事赶马车的行业，抑或为赶驴一行的延续。那时的人们一大早离开卢沟桥，中午前后，北京外城的广安门已经在望。

广安门大街是北京城最古老的大街之一，此街自唐代幽州建城起，就是连接东西的一条大道。辽代建南京城沿用唐幽州城旧址，城垣四至及城内布局大体上没有重大变化。

辽南京城有一条笔直的贯通南京的大街叫檀州街，街西起南京城西门清晋门（广安门外甘石桥附近）、东至敬客坊（烂缦胡同一带），这条街大体就是现在的广安门大街。金朝建陪都于北京后，在辽南京城的基础上向东、西、南方向扩展，金贞元四年（1156）中都城建成，设西门三座，其北门为彰仪门。自施仁门至彰仪门有一条贯通东西的大街，这条街大致位于现在从虎坊桥至湾子一线，广安门大街正位于此街的东中段，这条街是金朝最繁华热闹的街道。元灭金后，在金中都北侧建大都城。

广安门大街是穿经莲花河至卢沟桥的古道，也是西南方向从陆路出入京城的唯一通道。天下十八省所隶官员朝觐，工贾来者莫不遵路于此。明清两朝南方学子参加科举考试，皆从广安门大街进京。当年李自成入京，其一支军队即从广安门大街入城。

广安门大街一直是土路，到了清雍正年间，雍正皇帝修建清西陵，他下令从广安门到宛平城修筑石板路。据史料记载“自广宁门至小井村，长一千五百丈，皆填洼为高，砌以巨石，其广二丈”。这段长1500丈的道路，共花费白银八万两。后来因年久失修，街道的路面变得坑洼不平。1926年，冯玉祥进京时，用土加垫石道，将石道埋于土下，广安门大街的石板路成了黄土路。1938年广安门大街又被修筑成混凝土路面。新中国成立后，广安门大街进一步拓宽道路，此后几经修建成为现在这条通衢大道。

古桥、铁索桥、香道桥

1. 朝宗桥

俗称沙河桥，位于北京昌平区城南10公里，跨北沙河水（温榆河），与横跨南沙河水上的“安济桥”相对。

明朝迁都北京，在天寿山建陵墓，先后于明正统十二年（1447）拆掉南、北沙河水上的木桥建石桥，北曰“朝宗”，南曰“安济”。朝宗桥为七孔石桥。全长130米，宽13米，中高7.5米，七孔联拱结构，桥两旁有石栏柱53对。为京师通往明陵的大型石桥，是明朝帝后、大臣谒陵北巡的必经之路，又是通往塞北的交通咽喉。它与卢沟桥、永通桥（俗称八里桥），并称为“拱卫京师三大桥梁”。

1929年、1939年的两次山洪倾泻，漫桥东流，巩华城内水深数尺，而朝宗桥桥身无恙。几次地震，亦无撼迹。1937年7月侵华日军炮轰此桥也仅留下碗大的“疤”。

400多年过去了，朝宗桥依然如故，发挥着桥梁的作用。如今，中外游客出了北京城奔十三陵、八达岭长城的时候，这座桥是必经之地。

2. 八里桥

又名永通桥，建于明正统十一年（1446），因在通州城西八里，故人们常称它为八里桥。这座漂亮的拱形石桥，桥身全长50米，宽16米，两侧护栏雕饰精美，石狮栩栩如生。桥东西两侧的南北河岸上雕饰匍匐的四只镇水兽，是比较有特色的古桥装饰，故有人称此桥为民间艺术珍品。

八里桥地处交通要冲，是京东出入京城的咽喉，战略位置极为重要。历史上在这里曾进行过两次大规模的中外战争。第一次为咸丰十年（1860）八月，清军曾在这里与英法侵略军展开了一场血战。八里桥的石栏板被炸得粉碎，许多石狮子也被炸毁，3万将士全部殉国。而后，咸丰皇帝逃往承德，圆明园被洗劫焚毁。第二次为光绪二十六年（1900），义和团与八国联军在此展开了激烈战斗。永通桥不仅具有十分珍贵的历史、科学和艺术价值，而且还是近代史上的重要纪念建筑。

如今的八里桥已成为通州区的标志性建筑之一，依旧巍然横跨在古老的通惠河上，向人们诉说着当年的沧桑岁月。

3. 卢沟桥

卢沟桥是北京市现存最古老的石造联拱桥，因永定河旧称卢沟河，桥亦以卢沟命名。远在战国时代，卢沟桥一带已是燕蓟交通要冲。当时至唐代的数百年中，人们沿着太行山（燕山为太行山的支脉）东麓通往华北平原时，都要渡过水势汹涌的卢沟河（今永定河）的渡口。

旅行家马可·波罗称赞卢沟桥是“世界上最好的独一无二的桥”，从此“汗八里的美丽石桥”的美名就在欧洲传开了。

由于卢沟桥距京城还有约15公里路程，来往商旅，传递文书的差人，以及赴京赶考的考生，等等，大多要在这里留宿一夜，第二天黎明再赶路进京。“仕宦往还，冠盖云集”“金鸡唱彻扶桑晓，残月娟娟桂林纱”，恰似一幅风情画，描绘出当时卢沟古桥的繁忙景象和桥头晨曦景色。他们立马桥头，背靠西山，近看月下河水，波光闪动，远望京师城郭，一片朦胧，心情总会是不平静的。“卢沟晓月”也形象地概括了人们的这种感受。

卢沟桥全长266.5米，宽7.5米，下分十一个涵孔。10座桥墩建在9米多厚的鹅卵石与黄沙的堆积层上，坚实无比。桥墩平面呈船形，迎水的一面砌成分水尖。每个尖端安装着一根锐角朝外的三角铁柱，边长约26厘米，用以保护桥墩，抵御洪水和冰块对桥身的撞击，人们把三角铁柱称为“斩龙剑”。

1984年，经文物工作者核查，查清桥上的石狮多达489只。桥的两端各有华表4根，高约4.65米，同桥浑然为一体，既壮观又优美。桥东的碑亭内立有清乾隆皇帝题写的“卢沟晓月”汉白玉碑，为燕京八景之一。抗战时期，震惊中外的“卢沟桥事变”在此地爆发，使卢沟桥更为著名。

1971年，北京市又兴建了距卢沟古桥约一千米远的“卢沟新桥”，以保护旧卢沟桥这座闻名中外的古桥。

4. 铁索桥

在永定河峡谷上有不少铁索桥，从门头沟区的沿河城一直到龙泉务，约有三四十座。这些铁索桥，多利用铁路上淘汰的废枕木和粗铁索搭建而成，古朴简单，其间也有一些木头因风吹日晒而损坏，透过去可以看到脚下的潺潺流水。铁索桥仅仅是村民自己为了最基本的交通而设立的，有着浓重的乡土气息。

永定河的中游有一座跨度86米的铁索桥，桥下激流白浪，桥身左右摇晃，走在上面令人胆战心惊，确实需要一定的胆量和勇气。此桥被誉为北京的“大渡河铁索桥”。

5. 香道桥

香道桥是专指为去庙会进香的香客们服务的桥，大多为群众自己集资或有钱人资助而建，体现了“人与人和谐相处，为善最乐的”的观念。

妙峰山进香南道从三家店过河，经永定河河曲阶地，然后再渡河上陈家庄山路。由于香客们要数次渡过湍急的永定河，就出现了栏杆绳络会、桥道老会等香会，它们是专门为香客们在永定河上架桥护航的。

栏杆绳络会是为南道渡河船及桥提供绳索、桥栏和绳网的群众组织，每至妙峰山庙会期间，他们即服务在河边。另有“山西社公议局”设在三家店村东街路南，现为三家店小学校。公议局又称“桥道老会”，是负责妙峰山庙会期间永定河上木板桥维护和管理工作的民间组织。

另外，在通往北京戒台寺的古香道上有座明代的古桥，它有个有趣的名字——“娼妓桥”，据说是妓女们捐资修建。它是用青条石砌筑而成，第一段月牙形栏板仿佛传说中杜十娘轻颦的黛眉。仔细观察这是一座断桥，尚存的桥身大约有10米，宽有4.5米。因河已改道，桥以下的部分已被填实，现保存下来的桥已有小部分破损。

从现在的桥身看，只能看到尚存的两个涵洞，桥两边有实心条石栏板和砌柱，上有精美的雕刻。

驿站是古代供传递宫府文书和军事情报的人或来往官员途中食宿，换马的场所。我国是世界上最早建立组织传递信息的国家之一，邮驿历史虽长达3000多年，但北京留存的相关遗址、文物并不多。

6. 良乡驿站

在房山区良乡古城的西南端，有条街名叫饮马井（以前曾叫马号街）。历史上此处就设驿传。据《光绪顺天府志·七》载：顺天府内设27个驿站。

在良乡设站曰固节驿，地点在县南站内。原有马221匹，到光绪十五年（1889）还有马162匹，车20辆。当时的良乡固节驿马号，院内有大桑树遮阴，树荫下周围以栅杆隔开拴着一排排的马匹。院角高台上有一眼井，专供饮马之用。故，此地得名。

驿站，汉代每30里设一站，至清代每70里设一站。马夫从京师开始，到良乡为第一站换马不换人，二站为涿州，三站为定兴，四站到徐水，五站到保定府。每五站换一次人（即邮差）。一跃上马就要奔驰，规定每70里地用多长时间，不得延误。

清末良乡塔湾有个叫高楼的邮差，他头戴红缨帽，身穿黄坎肩，骑上高头大马就加鞭。沿路人马车辆看见皇差来了，都要连忙让路。

据记载，良乡驿站设150人，包括马夫、军夫、马牌、回马、背包探饺、铡草、传报、看差、煮料、巨逆等名目。马夫日给银6分，马牌夫日给银6.6分。驴夫日给银2分6厘6毫6丝。良乡驿另设小夫头6人，日给银6分。兽医二人日给银5分，另有杂夫，如：听事、执事、餐应、更旗、运柴、挑水、烧火、厨子、买办、库子、门夫、看厅、看茶、看差、看库、看囚、馆夫、防夫、鞍屉、匠役等名目若干，日给银5.4分。此外还有扛轿夫等。良乡固节驿功能除传递公文信件，还负责接待来往使节、过往官员，因此编制人员较大。

良乡驿站下设窝铺，即每5里至10里，15里至30里建窝铺。在良乡域内建五处，域内重（崇）义、窦店、燕谷和长阳，铺内设司铺兵25人。

现在，良乡固节驿遗址无存。

7. 潞河驿旧址

在通州区东关附近的赵登禹大街5号院，一处古宅院落大门、厩房、正厅及其东配房保存完好，这就是明代永乐年间的潞河驿旧址。

潞河驿被称为京门首驿，是一个很少见的水陆两用驿站，当年外国使节走水路出入北京必于此驿码头上下船，并由礼部官员至此接送。据介绍，潞河驿就是通州驿，“潞河”乃古代通州别称。潞河驿站的码头在今天的赵登禹大街5号院东侧，原大运河西岸，码头南侧岸边驿亭遗址近年已被破坏，所遗部分汉白玉构件被收藏在三教庙院内。潞河驿的驿亭是六角攒尖黄琉璃筒瓦带宝顶，颇具皇家气派，可惜如今已看不到。

据《通州志》记载，潞河驿是在明代永乐年间设置的，原为南向前后两个院落，其负责人被称为驿丞。在清代康熙三十四年（1695），为保障漕运，潞河驿被移到如今张家湾镇的萧太后河南岸，与当时的合河驿合并成一个驿站，现在当地人仍称那个地方为馆驿胡同。到了乾隆年间，东关要兴建东路御酒厂，就选定了潞河驿旧址。该酒厂南面曾建了一个大型冰窖，俗称老冰窖，主要供应酒厂所需大量冰块。直至民国，东路御酒厂仍然在生产白酒。多年来，潞河驿旧址的房舍虽然经过多次修缮，但原貌仍然保存了很大部分。

潞河驿旧址是北京地区唯一幸存的驿站遗址，是中外政治文化交流的重要产物和运河文化载体。

交通出行禁忌

旧时以为人在行旅途中的安全是由神掌管着的，古时有路神，亦称道神、行神。其神为谁，说法不一。一说是共工之子，名修；一说是黄帝之妃，称为嫘祖。此说或有异议。《史记·五宗世家》“索引”云：“祖者，行神。行而祭这，故曰祖也。”

古代为出行者祭祀路神和设宴送行的礼仪。《汉书》载，西汉将领李广利率军队出击匈奴之前，“丞相为祖道，送至渭桥”。《荆轲刺秦王》：“至易水上，既祖，取道。”文中的“祖”就是“祖道”，临行祭路神，引申为饯行送别。

中国人素来有谨慎出行的惯习。在交通出行禁忌中，有许多封建迷信内容，但表现了当时的现实，如：出门不但要忌方向，而且还忌时间，出行时必须选吉日才行。据《无何集》云：“《阴阳书》言，鹤神日游，五日正东，六日正南；五日正南，六日西南。西北仿此。元旦出行，忌向此方……或曰，鹤为噩字之讹。”所以，俗以为有噩神在四方云游，出行时要避忌之，尤其元旦日出行，忌之更甚。

（1）忌每月初七出门、初八返家，称“七不出，八不入”。（即凡初七、十七、二十七日忌出行；凡初八、十八、二十八日忌回家。其中的道理不详。有说“七出”令人想到休妻的“七出”，或者径直忌讳的其谐音“妻出”；“八归”之八，令人想到“王八”之八，因而避忌之。）

（2）忌每月十三日出远门。因“十三”与“失散”谐音。

（3）忌正午时去坳间、沟里等野地。旧时午间多有狼出没。

（4）出门忌争强好胜，拌嘴斗殴。

（5）出门忌食陌生人食品、饮料。

（6）出门忌钱财外露，夸口张扬。

（7）忌深夜出门，否则会遇鬼怪。

（8）夜半忌呼人名，别人叫时也忌应答。

旧时，出门人脚穿草鞋，肩背包袱、雨伞，自认“出门人矮三分”，又相信“路在嘴上”，所以在问路、过桥、摆渡、投宿时都要出语谦和，凡事忍让。在狭路上应将安全好走的一边让给老弱病残者，没挑担的给挑担的让路，挑的让抬的。同时要注意入乡随俗，不触犯当地各种禁忌。

夜间走路不得回头，上山入林不得呼啸，走夜路或山路时同伴交谈不得叫出姓名。听到喜鹊叫是喜，可放心前行；听到乌鸦叫，要大口吐痰。路上遇到动物（路上鸟、路边鱼）不可捕捉；看到蛇交尾要拔下一根自己的头发或扯掉衣服上一颗纽扣；被鸟屎滴到要拿瓦片或石头揩掉并抛向空中，口念吉利话以解晦气。单个人不得下水；过桥时不得披棕蓑、戴斗笠、撑雨伞；在船上就餐，不得将盘中的鱼翻转；路上看到弃婴必须施舍财物；遇到砍大树的人不得与之谈话；在野外宁宿墓地不宿破庙……

搬家民俗禁忌

新中国成立以后，当年的“窝脖儿”们被合并到了运输社，单靠两条肩膀扛东西的日子终于被三轮脚踏车取代。到了20世纪六七十年代，三轮车运输也被大卡车代替，新型搬家公司的大卡车呼啸而过，将那个肩扛手拢的古老人力“窝脖儿”行业远远抛在了时代车轮的背后。

改革开放后，由于北京的第一批二环内平房拆迁，这样就催生了一大批搬家公司的兴起。当时除了有名的利康搬家和裕民搬家之外，四通搬家和北辰搬家业相继成立。所用的搬家车都是没有护栏的130敞厢货车，后来规模扩大，车型也有了变化，没有后门的半封闭车型用帆布做的大红棚子，车组配置了数字PP机，编上简语和联系方式，公司总经理买了一部大哥大，放在手包里，那个包一侧还要有一个洞穴能把大哥大的天线露出来，这在当时觉得是很有身份的事。

北京二环内平房正式开始拆迁，拆迁是统一分房，由拆迁办组织统一搬迁，一个是搬到石景山的鲁谷小区，另一个就是昌平的回龙观小区。那时的老北京们还是舍不得家里的盆盆罐罐，不管大件小件，就连蜂窝煤、旧木板、石棉瓦也往楼上搬。那时最多的一户要搬七八车。

当时的新建小区，要打公用电话都走出很远，生活设施没跟上，老百姓很不满意。现在再瞧这些小区，全部是高楼大厦，商店、饭馆、菜市场等应有尽有。那时的越秀饭店、玉泉营环岛、白石桥路是北京的地标，而方庄小区号称“亚洲最大的社区”。如今在北京可不算大的社区了，还远比不上河北燕郊的上上城大呢。

对不少人来说，搬家已是家常便饭。不过，搬家有一些民俗禁忌，还是要尽量注意一些。首先，搬家前一日宜赴新宅清扫整理，并用檀香将宅先洗净一番，因为檀香带有清静与安定作用，并可将宅内看不见的秽气清除，能给您带来一份生机，使您住进去之后心情愉快。另外还要注意：

（1）搬家讲究喜气，故搬家当天尽量多说些吉祥话。

（2）搬家当天，孩子不可哭哭啼啼，大人不要乱发脾气，尤其不能打骂小孩子。

（3）搬家时集中精力照看自己的物品，尽量少和别人闲谈。

（4）搬家当天不可在新宅午睡，否则日后易生病。

（5）搬家当天晚上，就寝前应先躺下五分钟左右，随即起床再工作一下，表示“睡了还要再起床”，否则日后易生病。

（6）搬家当天，宜在新宅煮一些开水及将电风扇在家中四方吹泼，以求“风生水起”。

（7）当天晚上宜煮些元宵等，全家共食，表示一家团圆，甜甜蜜蜜之意。

（8）搬家时要严防惊动到“胎神”，故家中妇女有身孕时，尽量不要搬家。

（9）搬家后，要将老宅子收拾干净，切忌留下一堆破烂东西。

旧京城门的各自功能

旧京内城上的九座城门，分别是东直门、朝阳门、崇文门、正阳门、宣武门、阜成门、西直门、德胜门和安定门。外城七座城门，是指东便门、广渠门、左安门、永定门、右安门、广安门和西便门。在交通习俗方面，它们有着各自的功能。

东直门，标志是内有一座石雕的药王爷像。此门多走运木料的车。朝阳门，标志是瓮城门洞上刻有一枝谷穗。它是北京的粮门，多走粮车。通过京杭大运河运来的漕粮，都由此门入城，存放在朝阳门内的几座大仓库内，因此它多走粮车。崇文门，标志是镇海的崇文铁龟，多走酒车。崇文门是北京城各门中人流货流最繁忙的城门。在每天关门的时候，会敲钟来提醒要出入城门的人。而其他城门则敲击一种形状扁平的打击乐器，这种乐器发声如“噹”。因此老北京有“九门八噹一口钟”的说法，同时老北京口语里常说的“钟点”大概也来于此。当年北京南郊大兴县一带有很多酿酒的作坊，酒车常从崇文门进城，所以有“崇文门进酒车，宣武门出囚车”的说法。正阳门，标志是瓮城里的金身关帝庙。北京城的城门都各有一座庙，而唯独正阳门有两座，其中金身关老爷最为灵验。正阳门是内城的正门，明朝称大明门，清朝称大清门，除了皇帝之外，任何人也不准从箭楼下边的正门出入，而只能走东西两边的旁门。因此它平时总是紧紧关闭的。宣武门，标志是报时的宣武午炮，多走囚车。宣武门是“死门”，当时北京的墓地多在北京的陶然亭一带，所以送葬的人多出宣武门，清代的刑场在菜市口，押送死囚的车也出宣武门。阜成门，标志是瓮城墙壁上刻着一朵梅花，多走煤车。西山门头沟出产的煤是北京城里必不可少的燃料，此门距西山最近，因此煤车都从此门进城。标志“梅”与“煤”同音，主要是为不识字的赶车运煤人辨认。老年间还有“阜成梅花报春暖”的说法。西直门，标志是瓮城上有一块刻着水纹的石头，多走水车。北京城内的水质不好，皇宫用水都取自玉泉山，每天清晨，水车皆从西直门入城。德胜门，军队凯旋时从此门入城，多走兵车。安定门，军队出发从此门出城，镇门之宝是真武大帝，多走粪车。其他八座城门的瓮城内都建有关帝庙，唯独安定门瓮城内修建的是真武大帝庙，真武大帝于是成为镇门的宝物。安定门外的粪场比较多，所以粪车多从安定门出入。

“外七”，包括广渠门、广安门、左安门、右安门、东便门、西便门和永定门，这些门是为老百姓入城做小买卖、打短工、走亲戚用的。

第四章　居住民俗

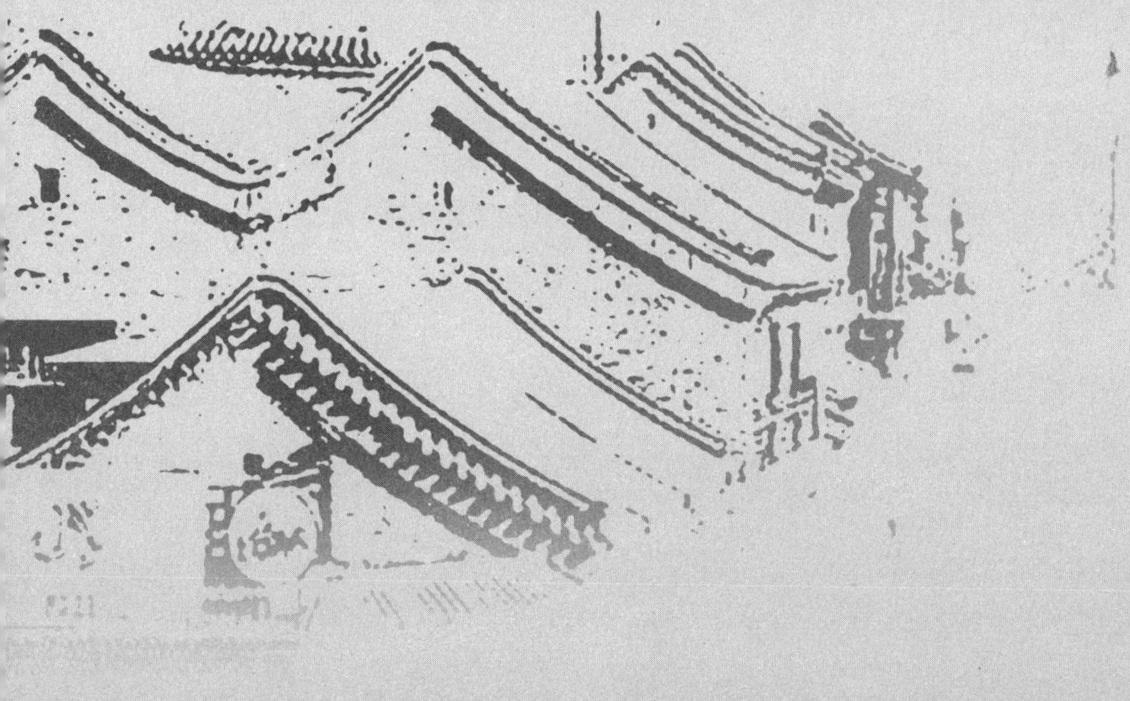

居住民俗是人们物质生活的重要内容，是不同时代生产技术水平、物质条件及历史文化传统的集中反映。

北京胡同是元代建大都城沿袭下来的，至今已有700多年历史。它反映了北京历史的面貌，也是北京街巷的地方特色，其规划整齐的建筑格局造就了胡同。胡同是民俗最重要的形态。

四合院作为北京人居住的主要建筑形式，蕴含着深刻的文化内涵。它的构成有独特之处：院落宽绰疏朗，四面房屋各自独立，又有游廊连接彼此，起居十分方便；封闭式的住宅使四合院具有很强的私密性，关起门来自成天地；四合院的装修、雕饰、彩绘也处处体现着民俗民风和传统文化，表现出人们对幸福、美好、富裕、吉祥的追求，风雅备至，充满浓郁的文化气息，有如一座中国传统文化的殿堂。

一、老北京四合院到现代化小区

北京的四合院有着其独有的特点：强烈的封建宗法制度和较为合理的空间安排使其布局内外有别，尊卑有序，讲究对称，对外隔绝，自成天地，因此很受老北京人和外埠来京任官家庭的欢迎。

北京的四合院历元、明、清、民国四个时期，久盛不衰，最适合于独户家庭的使用，至今仍有人仿盖。四合院，顾名思义，是由四方之屋合成的院落。即将东南西北四面的房屋围在一起，使建筑结构形成一个“口”字形，故名。如果少了任何方向的一面，都不能称为四合院，尽管在一个院里有三排乃至更多的北房和东西厢房，也不能将其列为四合院这个范围之内，因为，东西南北四面房屋在四合院的概念中，缺一不可。

旧京有“东直门的宅子西直门的府”“东贵、西富、南贫、北贱”之说。那时，出左安门、阜成门、朝阳门就是一片片乱坟岗子、菜地。北京城根下挤着一排排低矮的破房。冬天，通往城里的马道上，常有被风雪刮倒、冻饿而死的穷人。老北京有句话："不怕三红，就怕一黑"，红指的是沙果、山里红、秋海棠霜降前成熟，黑是指黑枣成熟要到霜降以后，而这时就要进入北京最寒冷的季节了。那时，穿不起棉袄的穷人多的是，对他们来说，冬天是最难熬的。

而住在四合院的人，是没有这种感受的。据记载，清代官员住房采取近似于"福利分房"的制度，原则上依照级别分配房屋。清代专制皇权下，在京任职官员的称为"京官"，他们的生活来源主要依靠俸禄。在各省、府、县任职的是地方官，他们的生活来源比较多，除了俸禄以外还有其他丰厚收入，如养廉银等。官员的住房标准，则是基本统一的，由政府按照级别分配。清代官阶级别沿袭明代官制分为九品，每品又分正、从两级，共18级。清朝不同时期不同场合，官员的住房待遇有所调整，大致来说：

一品官给住房20间，在北京就是三进的大四合院官邸，叫作"大宅门"；二品官给住房15间，也是三进的大四合院官邸，只是面积稍小一些；三品官给住房12间；四品官给住房10间；五品官给住房7间；六品官给住房5间；七品官给住房4间；八品官给住房3间，就是一般的小四合院；九品官也给住房3间，也是一般的小四合院。

大四合院

四合院的主人，由于非官宦即富豪，故在其外观上即显露出一种署衙气势来。

其基本结构是：北房五间：一明间，两次间，两梢间。东西厢房各三间：明间、南间和北间。厢房距北房七尺，距南房八尺，叫上七下八，为标准尺寸。厢房东西对称，叫左青龙（东）、右白虎（西）。南房五间与北房相同。以里是两进或三进院子，各院中间以垂花门隔开。

大四合院除具备四合院的基本条件外，还要有较为高档的附属设施，有左右跨院、花园、亭树、太湖山石、抄手游廊、水池、两歇山顶式垂花门、广亮大门，大门前有高大槐树，对面有大一字影壁，其院内所有住房多有围墙所封闭，有两个以上的小院、三合院或小四合院与之配套而成院落，使面积向纵深方向排列或延伸。

大四合院在北京的代表建筑多为王府或巨商私宅，因此，北京人又将这种层次的院落称为"宅第"，而要称之为王府，则需朝廷御赐，工部登记造册。据记载，宣武门内的北新华街112号，房主为北京双合盛五星啤酒厂创办人，其宅院结构足以超过个别王府，现已公布为北京市级文物保护单位。

四合院一般多在东西走向的胡同路北，故大门方位为南向，门开在住宅的东南隅，是八卦的方位。也有的四合院建在路南，四合院内的房屋布局大同小异，其门则在西北角，但无倒座房，以图吉利。

“勾联搭”一词是北京建筑行业和老北京人住房形式的一种术语。这是一种节约省料的建筑形式，也就是前后两屋连在一起，两屋连接部分呈天沟状，用以排水。勾联搭建筑形式多在于寸土寸金的地方，有的则因占地面积所限，不得已用勾联搭的建筑方法来增加建筑面积。

在较为高级的四合院里，也会出现勾联搭的磨砖对缝的高级南北房，这多因整座宅院整体布局所致。

现存精致的四合院（所谓灰砖灰瓦、梁柱结构和精细的砖雕石刻）多为清时所建。那时烧砖用豆秸和松柴。烧上好的砖则要用谷的秸秆，因为不同的燃料会使砖的硬度、韧度发生微妙的变化。

第一步是选定土质并用小筛子细筛。筛毕的土要在水中沉淀数日。下一步才是踩实、脱坯、入窑，以温火精烧15日。出窑后仍要用水洇15日。如是繁复的劳作，才能烧制出横平竖直、棱角分明、经数百年风雨碱蚀仍坚牢如初的好砖。宫中的用砖更讲究：用太湖湖底的泥。26道工序，5万块砖需耗时三年。砖坯入窑后先以糠草熏一个月，用碎柴和整棵的柴各烧一个月，再以松枝柴烧40天。窨水出窑后，还要在桐油中浸100天。质地坚硬、平滑无隙的砖敲击起来“叮叮当当”作金石声。砖在苏州装运，每船20块，顺京杭大运河漂至通州张家湾。“敲之有声，断之无孔”，上岸后每块砖还要逐一查验。

当年，四合院盖房时有三样事工匠是绝不马虎的，一曰磨砖对缝：砖浸过水后还要细加打磨，为的是砌墙时砖与砖之间有最小的缝隙。即便是这样小的缝隙，也要灌以掺有糯米的石灰水（桃花浆）。二曰磨砖勾缝：用石灰在砖与砖之间勾出一条直且细的线。三曰磨砖打缝：全部砌毕后最后一次修齐砌缝并在缝间涂以青灰。

中四合院

中四合院应具备垂花门，外院、中院、游廊、后院、罩房等。住中四合院的家庭在北京居民中应为上档次的人家，家中均有男仆和女佣人等。

中四合院大门一般为广亮大门，门独占倒座房一整间。大门内影壁前空间大，月亮门装饰整齐，进月亮门即为前院，可见南房三至五间，再前面又有一月亮门，通厕所及利用宅院西南角所设的车库。前院院落较大，北侧正中有一垂花门，门之两侧为花墙，门内有屏风，左右有游廊，院中十字雨路宽过六尺，庭院正中摆放有太湖石、鱼缸或种植果树。北房五至七间，东西厢房各三间，左右侧可通后院，后院有罩房和东西厢房，有的中四合院带有小型花园，在前院或外院应有车库或轿房，门口则应有专职门房。

小四合院

小四合院占地小，院内建筑少，一般只具备北房三间，一明两暗或两明一暗，东西厢房各两间或三间，南房两间或三间。进街门，正面为院东房的南山墙，墙上画着影壁，沿着小道左拐，便到院子中间。院中有长条砖墁的十字甬路通到四面各房屋。

小四合院无抄手游廊、花园、垂花门等，也不分前院、后院。但小四合院具备四合院的基本特点和设施，有东南西北四面房的整体建筑。尽管房间数量甚多，但院落不大。

三合院

三合院多为家境一般的人家所居住。还有另外一种三合院房屋很大，院落也大，无南房，这样的三合院多为大四合院的附属院落，如：会馆、王府、大宅门内均有。这种三合院的占地面积足以盖四合院，皆因四合院中的南房所居住的价值不太大，并有碍正房北屋的视线、采光。反之，还得增加院落面积。

住三合院的家庭，受到民间习俗的影响：“盖东不盖西，院里缺老妻，盖西不盖东，院里缺老翁。”所以，东西南北四面房屋只三面有，三合院实际上是从四合院派生出来的。

小院

小三合院、小四合院都可以称为小院。小院无一定的规矩，或两间北房，或两间西房不等。但能称为小院的前提是这所院子住房面积和占地面积均不大，仅住一两户人家。因为这个小院所居之人都是一家或至亲，人人都是小院的主人。

独院

介于四合院和大杂院之间还有一种“独院”，是一种只有南北房，缺少东西房的院落。独院的住户有些是久住大杂院的老住户，后来“发达”了，觉得再住大杂院有辱身份，但一时又住不起四合院，就先“过渡”一下，租或买一个“独院”居住。

这种情况在梨园界较多见。有些原本是住大杂院的“傍角儿”的三流演员，经济上稍微宽裕一些后，便咬牙买下一处独院，然后用力装修，使外人不由得要惊讶一番。这么做，有其直接的功利目的，因为当年从上海来北京约“角儿”的人，肯定在进入“角儿”家门之前，都习惯再三打量，一看是独院，谈价码时，势必会稍稍放宽。

另一种则是原本住四合院的人，因无力再住，退而求其次住进独院。住房的紧张，使老北京市民一旦有了钱，最流行的办法是置办房产，增加“灰色收入”，俗称“吃瓦片”。当时，房主每月拿着“房（产）折子”挨门挨户、大摇大摆地去收房钱，自己住的却不一定是最好的房子。最好的房子用来出租，一能得实惠，二可以不露富。

小洋楼

在西式建筑和西方生活方式的影响下，传统的居住方式发生了一些变化。一些军阀、官僚和富商纷纷群起效仿，建起西式洋楼作为住宅。晚清时期，一些在京的官员开始在传统的四合院中添建楼房，如光绪朝权臣荣禄的住宅中就有两座小洋楼、张之洞在什刹海的居所当中也盖了小洋楼、德龄公主在东皇城根也建了别墅。

民国时期，富贵阶层自建洋楼的情况更加普遍。20世纪20年代，在西城太仆寺街里的罗贤胡同，就有一所军阀所建的洋楼。这所洋楼外面是西式城堡似的高墙，大铁门，院落里是桃树林环绕的二层西式洋房，一通到底的欧式落地窗，窗纱全部使用西方常用的白色。在东城的新鲜胡同也有一所西式洋房，是一个特别富有的商人建的。

营房

北京作为辽、金、元、明、清五朝之都，除了有许多达官贵人、文人学士云集北京外，还有大批的军人也在京城周围驻扎，因此，北京有许多以军营命名的地名，如四川营、鞑子营、火器营等。在西城就有北营房、南营房之类的名称。

据考，营房大多是清代驻军的地方。清军入关之后，大批“旗兵”在城区及四郊驻扎，“拱卫京师”。清代的“旗兵”主要由满洲八旗、汉军八旗和蒙古八旗组成，不仅有满族、蒙古族、汉族士兵，而且各个“旗下”还有达斡尔、鄂伦春、赫哲等民族的人。

当年在朝阳门等城门外，均有营房，他们按旗划分，互不干扰，如：西城阜成门外的南、北营房驻扎的是镶红旗和一些绿营兵，这些兵丁在这里驻扎时，大多携有妻儿老小，所以营房也是当时的“居民小区”。

虽说这些营房是“居民小区”，但保留着军营的形制，所以住房都是一排排坐北朝南的平房，每一排房都由几个独立的小院组成，小院是四合院的形式，但没有“大宅门”四合院的恢宏。为了便于出操、集结，小院的门槛儿很低，或者不设门槛儿。营区内一般还有杂货铺、酒馆、茶馆等生活设施。

除了有营房外，还有校场，在城外关厢的地方，尚存校场口的地名。校场是用来操练兵丁的，在不操练时，是住在这里的居民休闲和扎堆儿聊天的地方。如今在北营房南头还有“校场口”的地方，便是极好的佐证。当年阜外北营房的校场在营房的南端，与南营房遥遥相望。清末民初，“旗兵”已不去操练，校场变成了菜田，再后来在这里办了小学。

民国之后，旗兵大多“解甲归田”，成了城市贫民或自由职业者。军营也改成了民居。因阜成门在历史上是走煤车的城门，产煤的门头沟地区离阜成门最近。所以不少居民都是去西山门头沟运煤、贩煤的“专业户”。因此，此地有不少老居民是赶大车的或者拴骆驼的把式。

阜成门外的南、北营房，成为居民区之后，营房年久失修，大多数破烂不堪，冬天透风夏日漏雨，成了贫民窟，有了“苦海幽州”之称。“文革”之后，北营房建了居民楼，大多数人住进了楼房。

官房

现今在西城区还有“官房”，留下的东官房、南官房之类的名称。所谓“官房”即是“官家盖的房”的意思。“官房”是清末民初为一些破落的旗人和平民所盖，类似于今天的“经济适用房”。

这种供城市贫民居住的“官房”，形制类似营房，一排排的与后来的工棚差不多。但其坚固程度不能与营房相比。“官房”多为碎砖砌成，房顶为青灰顶。北京当地的泥瓦匠盖这种小房颇有经验，即便是拳头大小的碎砖，他们也能和着稀泥砌上墙面。

与磨砖对缝、富丽堂皇的四合院相比，这些所谓的“官房”倍显简陋，住在这里仅仅比露天住宿强些。而昔日住在“官房”里的人，大多数为小手工业者、小摊贩和无业游民，他们自然不会有住“前出廊子后出厦”的大房的非分之想，但有了这样一个“窝”，也就心满意足了。

厂桥附近的“官房”，与王爷贝勒、王公大臣的府第为邻，但这些达官贵人并没有给他们的穷邻居带来多少“福音”。每逢雨季来临时，房倒屋塌，砸死人的事时而发生。辛亥革命之后，“官房”大多沦为私产，成为“吃瓦片者”谋财的工具，住在这里的人，更是苦不堪言。

在北京，除了西城厂桥一带的“官房”外，其他区也有，如东城区灯市口附近至今还保留着“官房大院”的名称。

“营房”与“官房”是北京四合院、大杂院之外的居住形式，亦是北京居住文化的一部分。

火房子

火房子是旧时北京叫花子们（即乞丐）居住栖身的地方。他们多集中在南城天桥一带。这些人在死亡线上挣扎，整日衣褛寒衫、蓬头垢面地流浪，他们在前门外两侧的商号、店铺前，不时地向过往的行人讨要，以引得人们的同情。

夏天，他们便结伙露宿街头。可是一到冬天，叫花子们就得成群结队地找地方睡了。叫花子头带领十几个叫花子找“客店”，以求御寒过冬。

所谓“客店”，实际上就是一间约十七八平方米的矮小、脏乱的无铺无盖的屋子，有的连顶棚都没有。屋子中间有一土坑，坑里烧些树枝、废纸等燃烧物，叫花子们围着火坑取暖。这种店价格极为低廉，不分男女，杂居一室。

如遇有风雪之日，叫花子们无法外出讨乞，店主看在叫花子头头儿的面上，可暂不要钱，并且给他们熬稀粥喝，以御饥寒，一待天气好转，众叫花子便分头去乞讨，晚上回来之时，店主便来催要所欠的粥钱、店钱。

叫花子们在社会上谁都敢惹，独不敢与火房子房主抗争，一是因为只有火房子的店主方可接纳他们，同情他们；二是有的火房子房主本身就是叫花子头。房主在接济叫花子御冬寒的同时，也在这些可怜的叫花子身上进行剥削，二者互相依赖，互相生存。

鸡毛小店

鸡毛小店，又名鸡毛房，是类似火房子似的穷人流浪栖息地。这种房子多集中在北京四九城门外的关厢一带，例如德胜门外小市、朝外关东店，南城则集中在前门外山涧口川堂院一带。

住这房子的人多是外地人携家带口来北京逃荒、要饭、捡破烂的，他们要比叫花子规矩一些。这些最穷的外乡人，在京城无亲友，所以他们多集中在关厢这个城乡接合的特殊地域。这些流浪人，拖家带口，夏天露宿街头，冬天则租住最为廉价的鸡毛小店。

前门外山涧口一带的鸡毛小店较为集中，冬季多有冻死于露天的“倒卧”，所以，旧政府曾在山涧口一巷内设有北平外五区贫民、流民养病所，其名为养病所，实为停尸房。

民国时期的廉租房

民国二十五年（1936）10月，时任冀察政务委员会委员长、国民革命军第二十九上将军长宋哲元拨款3万元给北平市，指示“拟建设平民住宅一处，俾使贫苦平民，借以栖止”，这在近代北京历史上开政府出资给老百姓盖房之先例。

第二年的7月，平民住宅在天坛西门外北侧建成，计正房140间，共14排。各排中间是男女厕所各一间，一共是28间。房屋一律是灰砖仰瓦焦碴地面，厕所为无瓦灰棚平顶。

这些住宅质量在当时应属上乘。当时，北京多数百姓住宅只有房角和墙基用整砖，其他部位用碎砖头填充，故墙内外必须抹灰，以防渗水墙倒屋塌。不少房顶也是房脊墙头用瓦，中间无瓦，叫作“棋盘心”。不少贫民住房，房顶全无瓦，就是灰棚。

首批住户于民国二十年（1931）元旦入住。虽然这批廉租住房数量有限，对于数以万计的城市无房或缺房的贫苦市民来讲是杯水车薪，但毕竟开了个好头。后来由于全面抗战业已爆发，“平民住宅”也就成了民国时期的绝唱。

20世纪50年代，为建设中央自然博物馆（今北京自然博物馆）拆除了最北面的两排20间房。

民国时期的旅馆

民国时期北京旅馆的类型较多，从资本模式看有外资、中外合资和中资；从其服务设施看可以分为西式、半西式和旧式。从结构上来看，外资和中外合资旅馆规模相对较大，设施豪华，主要为西式；中资旅馆较多为半西式和旧式，规模较小，档次不一。

1. 西式旅馆

外资经营的西式旅馆主要有东长安街的北京饭店（法国）、宝珠饭店（德国）、三星饭店（西班牙），东交民巷的六国饭店（希腊），崇文门大街的德国饭店，东单附近的华东旅馆、日本旅馆等。

这些西式旅馆多者客房达到200间，少者仅有10余间。按客房数量，可以分为三种规模：大型，客房数量为100～200多间，如北京饭店（客房200多间）和六国饭店（客房100多间）；中型，客房数量为25～99间，如德国饭店（客房30余间）；小型，客房数量为25间以下，如日本旅馆（客房10多间）。

2. 中西式旅馆

由于旅游需求的拉动，国内民族资本大量投资旅馆业。这些旅馆在建筑风格、设备设施、经营管理、服务方式等方面虽借鉴了西式旅馆，但仍保留中国传统旅馆的特点，故称之为中西式旅馆。

这里面规模较大的有1912年东长安街的长安春饭店、1918年香厂路的东方饭店、1920年翠微山麓的西山饭店、1922年东长安街的中央饭店、1925年西珠市口的中国饭店、1926年东交民巷的华安饭店、1930年东交民巷的利通饭店、1936年西城的状元府饭店等。

它们的客房数量多在100间以下，多则80余间，少则10余间。其中利通饭店客房有80余间，东方饭店70余间，中国饭店60余间，而交通饭店仅有12间。

3. 旧式旅馆

旧式旅馆，又称客栈、客店，主要集中在各火车站周围及城门附近。位于城内的则主要集中在前门和永定门火车站附近；近郊的集中地点有丰台、清华园、长辛店；远郊的有通州区、良乡、琉璃河、昌平、南口，其中南口站又因接近十三陵、居庸关、八达岭等旅游景点而成为京郊旅馆聚集之地；城门附近多为骡马店集中之地，客人主要是赶马车行路之人。

旧式旅馆大多沿用传统的经营管理方式，有的甚至客货生意兼做。这些旅馆等级差别较大，其中有一部分设施、服务水平不错，而房价要比西式和半西式旅馆低很多。如位于前门的三义客店是当时北京旧式旅馆的代表，拥有楼房5间，平房52间，服务周到细致。

据记载，1932年北京旧式旅馆有100多家，雇用员工1000多人。

4. 招待所

当时的招待所是由旅行社开办的。20世纪30年代初期，中国旅行社以“服务社会，便利行旅”为主旨，大力发展招待所业务。

1935年6月，首先在北平开设第一家招待所。招待所位于西交民巷3号北平分社楼上，有客房22间，还另租有中孚银行一座3层楼房。其客房内有浴室，并设有洗衣房和公共浴室，可以提供中餐、西餐及茶点。其客源中有很大一部分是外国游客。后来，中国旅行社又开设了北平第二招待所。

5. 公寓

公寓是供长时间停留的旅客居住的旅馆，其房价一般以月计算。在特殊时期，如学生放长假期间，公寓有时也为短期旅客提供住宿服务。民国时期，北京公寓发展速度很快。

旧京公寓主要有两类：一类是位于大街通衢的豪华公寓，如王府井的迎贤公寓、长安街的大鸣公寓、西单牌楼的大同公寓。其规模较大，设施完善，租金贵，租住者多为外国商人、律师、官僚等。

另一类是位于学校附近的普通公寓，其设施简单，一般仅有床、桌、凳子、脸盆架等。其租住者主要是学生，抗战前一般为月租2元。这种公寓还包伙食，每人每月费用为9元。每餐为大米饭和馒头，一菜一汤，夏天多为豆角炒肉，冬天则多是白菜炒肉。

6. 会馆

会馆兴起于明代，清代达到鼎盛。其功能为：“同省、同府、同县或同业的人在京城、省城或大商埠设立的机构，主要以馆址的房屋供同乡、同业聚会或寄寓。”会馆大体可分为试馆、行馆和仪馆。明清两朝，京师之地乃全国政治、商业中心。加之每三年进行一次会试，各地商人、学子，以及在京待命的官员云集，为方便这些人的食宿，于是设立试馆。试馆数量最多，占了会馆的绝大部分。另外，许多工商业者为了维护自身的利益，或协调工商业务，需要经常集会、议事、宴饮，于是就有了工商会馆之设。这类会馆，一般都是按不同行业，分别设立，所以也叫行馆。仪馆主要用于同乡旅京死亡停放灵柩之用，数量很少，一般建在城边比较偏僻的地方。

历史上，京城南部会馆林立。据《北京市宣武区志》统计：“至清末民初，宣南地区170条街巷中建有会馆511处，其中明代33处，清代至民国初年478处。”在一个不大的区域内，密集了这样多的会馆，堪称全国之最。

会馆的规模则因各地旅京人士的经济实力和热心程度而各有不同。大的有四五进院落和几层跨院，有的还建有聚会、宴筵的会所，祭神仙、祭魁星、祭乡贤的庙宇，有的会馆附有花园、游廊，还有的建有戏台以为聚会演出助兴之用。再加上各种附产、义园、学校等，规模就更大了。

比较典型的如宣外后孙公园的安徽会馆，为同治七年（1868）李鸿章兄弟首倡，淮军将领集资所建，规制宏大，为三路九个套院。这是省级会馆，房屋60多间，并有一座大花园，全馆占地8800多平方米。

少数民族的老屋

西郊的香山地区尚存一些满族老屋。清水脊的大门，迎面是绿色木质影壁，院内有株大海棠树，院内北房四间是瓦房，东边三间两明一暗，最西头是个单间。

从外面看，东边三间北房窗棂上面，罩万福万寿的纱篦子，上有吊窗，下边是纸窗，晚间放下吊窗，关好纸窗，里外都不能窥视。北房西头的单间上下都是纸窗，春天可以把上边的窗户支开，衔泥的春燕还能在檐柱间筑窝。

这种格式的旗下老房，在原来的香山八旗中只有上三旗的正黄旗、镶黄旗和正白旗各盖一套，清朝的等级制度是不能逾越的，只有参领、佐领才能住这样的房院。而回族人的居住特点主要是自觉地集中在一起。

这是因为回民与汉族人杂居共处，但由于宗教信仰、生活习惯不同，他们在居住上又自觉地集中在一起。这种特点，一方面便于开展宗教活动；另一方面方便联合筹集资金建清真寺，送孩子到清真寺学习伊斯兰教基本知识，还可由阿訇或教长处理本坊回民的婚丧嫁娶等日常事务等。

另外，回民由于长期与中国汉民杂居，其住室结构受汉民住室结构类型影响较大。遗留下来的阿拉伯风格已是凤毛麟角，所见较少。现在回族人所形成的住室结构和造型特点以及装潢特点，是中国传统建筑体系与阿拉伯建筑装饰体系的混合，是混合文化的传统，在这种混合文化传统中，主体建筑结构大多是中国汉族的传统，在装饰方面有较鲜明的阿拉伯民间工艺和图案。如回民住室的门和窗棂既有中阿融合的特点，又有典型的回族特点和汉族装饰特点，室内陈设回族特点很鲜明。

四大凶宅

民国年间，北京有凶宅之说。到底有多少凶宅，说法不一，其中传的最广的是四大凶宅，即西单小石虎胡同33号、东总布胡同22号、二龙坑的郑王府、虎坊桥的湖广会馆。其实清末民初之际，北京城中的“凶宅”甚多，远不止四处。这里所谓的凶宅都有两大共性：一是院落大、房屋多且长期无人居住；二是凶宅的成因都和有人自杀等事件有关。

1. 西单小石虎胡同 33 号

西单小石虎胡同33号院，在清朝时是宗学府，传说曹雪芹曾在此居住过。

曹雪芹曾与郭敏、郭城二兄弟结成诗社，与二人交往甚厚，诗歌唱和之外，还靠二人的不时接济度日。后来，曹家屡逢剧变，曹雪芹离开蒜市口，曾迁居到此。曹雪芹就在这里写下了《石头记》。

还有传说，民国初年一位洋车夫路过此地，客人下车后，转眼不见了，只看到一清朝大员脑后的孔雀翎在空气中浮动着渐行渐远，而车夫低头一看，手里的“袁大头”变成了早已废止的在清朝初年流通的顺治通宝……

几百年来，古宅数次易主，出现“凶宅”的传言也不足为奇。

2. 东总布胡同 22 号（新门牌 53 号）

22号院在东总布胡同中段北侧，是一座坐北朝南的二进宅院，占地面积约2000平方米。金柱大门建在中间，东、西两侧各有3间倒座南房，两扇朱红大门用金粉描出边框，门前有一对抱鼓石，檐枋与雀替饰以彩画，显得富丽堂皇。

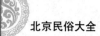

这个院子当初是大汉奸、北洋军阀时期北平铁路局局长陈觉生的宅子；日本占领

时期，这里是日本宪兵队的司令部；抗战胜利后，这里又成了国民党军统特务组织“励志社”的所在地。因为当年的铁路局局长陈觉生被日本人毒死，而这座房子里的楼梯上又曾有人上吊自杀，所以，这里就被称为凶宅。

1953年，此宅成为中国作家协会所在地；“文化大革命”期间，中国作家协会迁出。1986年，东总布胡同53号作为“旧宅院”被公布为东城区文物保护单位。

3. 二龙坑的郑王府

1900年八国联军攻占北京城，郑王府西侧的二龙坑成为帝国主义侵略军的屠场。当时尸积如山，流水为赤，恐怖至极，惨绝人寰。其北边的小胡同被称为鬼门关。

城门失火，殃及池鱼，因此郑王府也被罩上了一层阴森景象。辛亥革命后，郑亲王的后代断了皇粮，坐吃山空之时，将王府抵押给西什库的法国教会。一些神父又在王府院中干起了神秘、鬼祟之事。人们但见王府大门紧闭，院中不时传出外国人诵经之声，使人不由忆起郑王府中的人事巨变，因此被传为凶宅。

尤其是1948年，国民党中央电影制片厂北平电影制片三厂，不惜重金编造了一部“郑王府闹鬼”的故事，片名《十三号凶宅》。在耸人听闻的广告中渲染十三号凶宅、凶死、凶鬼，并且把恋爱、情杀等与闹鬼编织在一起，离奇怪异，乃至此地成了“凶宅”。

4. 虎坊桥湖广会馆

清代，湖广会馆大名鼎鼎，光绪年间，这个会所一时风云际会，在此处下榻清谈饮茶听戏的才子、达人多为名动朝野之辈。

此处闹鬼之说由来已久，非谭嗣同公殁后方有。据了解，此处建会馆之前为一片坟茔，百姓称之为乱葬岗子，后民国初年有佛山大商人杨弘业斥资建义庄，雇一面如非洲狮的麻风病老头儿看管义庄，待老人在此居住之后，乱葬岗子原来的夜夜鬼哭和磷磷鬼火渐渐少了，直至老人无疾而终，因为其曾患麻风，面目骇人，从无百姓敢上前搭讪，老人的身份也永远成了谜……后来，此地成了“凶宅”。

20世纪50年代简易楼房

自1953年开始，在市郊的许多大工厂、大企业兴建的同时，也兴建了不少配套工程。以宿舍为主，并配以医院、学校、运动场、商店。这时的宿舍楼房多为1梯3层式，每梯4至6户不等。居室内有厨房、厕所、大小居室、阳台、顶橱、壁橱等。这种单元式住房因为符合北京人的住房要求，所以得到好评。

这种建筑模式，几十年里一直为设计专家们所采用。单元式的房屋，建筑布局集中，节约用地，多户共同墙面多，占地面积小，造价低廉，同时又因每层住户不多，因此居住安宁，避免互相干扰。

1. 大院

“大院”是一种具有北京特色的市民聚落。据记载，其雏形可以追溯到古时候的县衙，即前面是公堂，后面是官员们到杂役下人们居住的地方，院墙一围，等级森严。北京的大院一般分为两类：一是党政军领导机构和中央各部委办所属机关部门；二是科学文教单位，这些大院都有修整极好的道路，绿树成荫的便道，森严的门卫，高大的院墙。可以说一座大院就是一个微型城市，里面食堂、澡堂、操场、商店、礼堂、洗染、照相等应有尽有。

大院始建于20世纪50年代，首先是军队大院在北京西郊出现，紧接着是文教大院在北郊聚集。到60年代，大院已发展到鼎盛时期，据介绍，当时北京有成规模的大院共1300处。1982年，《北京城市建设总体规划方案》提出“今后不能再搞‘大院’，要打破自立门户‘大而全’‘小而全’的格局”。到了80年代末，城市规划工作者调查，北京的各种大院已达2.5万个。

可以说：“大院文化”是和“胡同文化”相对的一种北京特有的地域文化。

20世纪50年代，在大院里集结生活的，是一些操外地口音或说着蹩脚普通话的干部及其家属。北京有一半的空间，是属于这些新时代的移民的。他们的孩子，也是在这块土地上成长的；后来，他们的孩子又有了孩子……这些孩子在高大院墙的保护下醒来，在楼房之间的绿化地带玩耍，说标准的北京话，渐渐淡忘了遥远的老家。

2. 公社化大楼

20世纪50年代末，在全国“大跃进”“跑步进入共产主义”的特殊年代里，北京市决定在各城区各自兴建一栋带示范试点性质的新型居民大楼：“公社化大楼。”东城区在东直门北小街北端的北官厅建成“北官厅大楼”，目前该大楼已拆除；崇文区在广渠门内大街南侧建成“安化大楼”；西城区在原福绥境办事处宫门口三条与安平巷之间、宫门口西岔以西的地块建成“福绥境大楼”。

公社化式的大楼多为8层，楼底一律为大房间，为公共设施，多为公共食堂。楼层内一律为公共厨房，洗衣服要到公共水房。这种不协调的居民楼出现不久，便引起市民的关注。半年过后，人们从使用人中看到了失望。北京市建筑部门及时察觉到了这种不符合北京市民居住条件的产物，很快地给予纠正。

据统计：福绥境大楼内现有居民364户，总计993人；另有6个单位入驻，使用房间165间，占用建筑面积4470平方米。近年来，九三学社西城区委提交的团体提案中建议对“福绥境大楼”进行合理改建，搬迁楼内住户，消除安全隐患。

调研报告中指出，福绥境大楼已经使用了40多年，目前安全隐患十分严重。该楼无燃气管道，走廊内排满了液化石油气罐，这在高层住宅设计规范中是明令禁止的。走廊天花板下拉满了电力电信明线，公共走廊内厨具杂物拥塞，影响医疗救护和火灾逃生。由于当初没有设置户用厨房，有阳台的住户一般利用阳台改造为小厨房，没有阳台的住户基本集中在西段，只能在公共走道内各自搭建小厨房。

目前，西城区政府为彻底解决福绥境大楼的居住安全问题，拟先搬迁楼内的住户，但这栋大楼下一步如何处置也成为大家关注的问题。九三学社西城区委提出建议，根据福绥境大楼的原设计结构特点和其区位条件，搬迁后的大楼经过改造有五类使用功能，即老年公寓、旅馆、办公写字楼、会议中心和教育培训中心，为推动该区科技发展和科普教育提供足够的场所。

3. 大杂院

“大杂院”一词起源于清末民初，其特点首先是大，其次是杂。“大”指的是地域，“杂”便是指居住者的成分了。大杂院是多户集居的院落，少则几户，多则数十户，有的则上百户。

1911年，辛亥革命风起云涌，京郊大量人口涌入京城，造成北京城内房屋奇缺，而这时，失去俸禄的旗人正在日落西山，贫苦的旗兵正在死亡线上挣扎，这些家庭为了生活，不得不将自己的祖产出租给他人，以收点房租钱，有的连自己的老宅子也卖掉，只好租住他人的房屋以栖身。

“七七”事变以后，北京的四合院内居民大多数日子过得越来越艰难。原来购买的四合院便开始逐步出租。先租出自己不愿住的东南房，再租西房，最后连耳房都租出去了，只留下北房自己住。

原先租住别人的独门独院，物价飞涨，租不起了。只好从租整座院子、租大院子改为租小院。从租几间房，改租一间房。居住条件逐渐降低。一所好端端的四合院从最早住一个家庭、一个家族逐渐发展到了两家、三家、四家……这些家庭生活在一起，五行八作的人聚集在一起，俨然一个小社会。

新中国成立后，北京市人口急剧膨胀，随着原来四合院中的四五家，院内子女相续成家而增至十多家。这十几家共住一个大院子，又盖起小厨房，于是四合院内形成了一个新结构。

“文革”时期，四合院、三合院、大杂院、小杂院中的人们不再局限将眼前的廊子向外推出以增加室内空间的做法，纷纷盖起了小厨房、仓库，盖子女居住的小住房。一时间，四合院内东一间、西一间各式各样。人们因陋就简，原来四合院中的十字甬路所分割的四块花圃，转瞬便成了八间小屋。

人口的增长，居民求生存的欲望，终于使许多北京古老的四合院在北京的地图上逐渐消失。而群居的大杂院就像雨后的杂草一样拱出了地面。大杂院没有格局，杂乱无章，里出外进的。再者不像四合院关上大门呈封闭状态，是独门独院。这杂院除了关灯睡觉，平时大街门都是敞开的。

1976年，唐山大地震波及北京后，北京的防震棚又一次地挤占了四合院、三合院中仅有的一点空隙，挤到了院落的外面，挤占了街巷、胡同，人们疯了似的跑马占地，盖了不少防震棚。

二、老北京四合院设施及标配

外影壁

从其所在的位置上说可以分为两大类，即门内影壁和门外影壁。位于四合院大门外隔街而望的那段高墙称之为门外影壁，大多为石砌，独立如屏风，甚是威风。更有高档次的四合院，大门两侧还有八字照壁，亦称为八字影壁。而在院内的为门内影壁。

北京现存外影壁不少，如什刹海畔郭沫若故居、下斜街旧时番禺会馆、东城区礼士胡同大宅院等。

大门

四合院大门分为两种：屋宇式，有门屋；墙垣式，无门屋，在墙上开门。

屋宇式大门占房屋一间，大门装在房屋中柱缝（脊檩缝）上的这种门叫广亮大门，门扇上有门钉，门楹上有四柱门攒，抱框则用石鼓门枕，并有砖雕与彩画。如果门扇安装在檐柱处，则叫如意门，为一般居民用，市内数量较多。

如意门门口墙面常用砖雕，以作装饰。无门屋的顺墙开的门叫墙垣门，等级最低，但也会尽可能地装饰一番，盖上个墙垣式门楼，更有的墙垣门为了美观，用瓦片砌成一串串的铜钱式样，花样新颖别致。门的上部有门攒，大户人家四个，小户人家两个，直径为五六寸，有圆柱形，四方倒角形，六方形，上面多有吉祥颂语，如“如意吉祥、顺福平安”等字样。

民宅中的院门上，大多有一对金属器物，俗名“响器”，官名“门钱”，俗称为门环。门环的种类很多，其中最为常见的门环呈六方形，状如乐器中的钱，在与门板固定的地方呈六角状，上面有孔、穿钉、穿销与门板结合在一起。大户人家的门环是铜的，极显气派。小户人家用铁的，两个树叶似的铁片。旧时没有电铃，四合院又幽深，这门钱是给门役预备的，大门里左侧的那间屋就是门役住的，类似今天的门卫。

除了门环、门拔外，后来人们又用铁丝和绳，系上铃铛作为叫人开门之用。

上马石与拴马桩

四合院门前有两方大石头，为旧时骑马官员准备，称之为上马石。此两块石头，作用极大，一是显示主人的等级，二是上马时离不开它。上马石多为汉白玉或大青石，石分两级，第一级高约一尺三寸，第二级高约二尺一寸，宽一尺八寸，长三尺左右。

住宅门前有否上马石也是宅第等级的一个划分标准，一般为封爵赐第的官宦人家，也有是大会馆。

与上马石结为姊妹的叫拴马桩。过去大四合院的倒座房后，常常有小门洞，里面有铁环，用以拴马。

拴马桩多设在四合院临街的倒座房的外墙上，距地面约四尺，桩子即为两房屋之间的柱子，砌墙时，先留出空柱，再砌上用石雕做成的石圈，石圈门内即为房柱，柱上有铁环，铁环直径为两寸，由小拇指粗的盘条做成。而石圈高约6寸，洞宽4.5寸，进深约3寸。

现存拴马桩的地方有：东城区花梗胡同东口路北，西城区学院胡同路北等处。

泰山石敢当

四合院及宅第四角处多立有高三四尺的青石，上书“泰山石敢当”五字。因此种青石多置于要道，故以镇邪伏煞而被住宅主人常设。为什么叫青石为“石敢当”呢？有文记为人名，有文记为仙石。

民间传说：石敢当是山东人，仗义执言，为禁压镇伏不祥之神，凡邪怪行至立有“泰山石敢当”处，都不敢前进，所以立石敢当以保护宅院。实际上是人们利用古代对灵物崇拜之遗风，以石为灵物，赋予降邪镇鬼的神力加以宣传，达到自我安慰的目的。

今北京街巷尚存泰山石敢当多处，东城区翠花胡同一院外就有“泰山石敢当”石。

门联

大门的两扇门中部刻有木制双钩对联，其字多为红底黑字，极为醒目。门联的字体以楷书、颜柳欧赵居多，间以魏碑与隶书，多不用行草。联中的文字，词语多显示其房宅主人的内涵，以“物华天宝，人杰地灵”“忠厚传家久，读书继世长”“芝兰君子性，松柏古人心”等居多。

旧时满族官员家庭多书“天恩春浩荡，文治日光华”的统一联句。德胜门内的积水潭畔，许林郁老人家所撰的门联可谓别具一格。上联为“卜居积水，世守砚田”。从联中可以见到房主的心境变化。

在北京的门联中，凡自做、自选的门联多为夸耀家世，辛亥革命后，北京的门联也反映出了时代进步的气息，赋予了门联新思想和新内容。

“文革”期间，门联一概被涂抹美饰一番，取代的多为“四海翻腾云水怒，五洲震荡风雷激”“金猴奋起千钧棒，玉宇澄清万里埃”“春风杨柳万千条，六亿神州尽舜尧”等，成为历史的记录。

除了门联外，在北京较大的四合院内，北房与东西厢房门前也常常有对联，这种对联多为抱柱联，这些联多与四合院中的抄手游廊有关，通常是挂在门前的楹柱上。楹是指堂屋前的柱子，因为这些对联是在露天挂着，所以抱柱联多为木制或竹制，字体以行楷为主，也有少量楹联是用隶书写的。

在宣武区东北园北巷曾有这样一副联，上联：物华民主日，下联：人杰共和时。

能将滕王阁序中的“物华天宝，人杰地灵”这句千年绝句与资产阶级民主革命联系在一起，可以看出这副对联的作用已将孙中山先生的进步思想运用到平民中间了。

门神

全国各地民宅多有门神，北京作为首善之区则为更甚。门神是北京民俗中最多信仰的神祇之一，其历史之久、流传之广、种类之多在民间诸神中是最为突出的。仅将北京旧时立于千家万户大门上的门神介绍于下。

捉鬼门神。多为神荼和郁垒，金鸡和老虎。传说桃郁都山有大桃树，盘屈3000里。上有金鸡，下有二神，一名郁，一名垒，并执苇索，伺不祥之鬼，禽奇之属。乃将旦，日照金鸡，鸡则大鸣。于是天下众鸡悉从而鸣，金鸡飞下，食诸恶鬼，鬼畏惧金鸡，皆走之，天下遂安。更有说者，郁垒二神捉到鬼后，缚以苇索，执以饴虎。北京人旧时在腊月二十三日后，便贴门神、饰桃人、垂苇索、画虎于门上，门左右置二灯，象征虎眼，以祛不祥、镇邪驱鬼。

祈福门神。此门神专为祈福而用，中心人物为赐福天官。也有刘海戏金蟾，招财童子小财神。供奉、张贴者的家庭多为商界人物，希望从祈福门神那儿得到功名利禄、爵鹿蝠喜、宝马瓶鞍、皆取其各、以迎祥祉。

道界门神。民宅多不张贴，但在京道观中有之，山门两大神，左为青龙孟章神君，右为白虎监兵神君。

武将门神。通常贴在临街的大门上，为了镇住恶魔或灾星从大门外进入，故所供的门神多手持兵器，如：刀枪剑戟、镋棍槊棒、斧钺钩叉、鞭锏锤抓、拐子等。北京居民院门口的武将门神多为唐代名将秦琼与尉迟恭。秦琼又名秦叔宝，山东历城人，武艺高强，人称赛专诸，似孟尝，神拳太保，双锏大将，锏打山东六府，马踏黄河两岸。尉迟恭，隋唐大将，武艺高强，日占三城，夜夺八寨，功累封鄂国公。秦、尉迟二将帮助李世民打下天下建立大唐后，被封为开国元勋。

北京民居中供奉的除秦琼、尉迟恭外，还有《水浒传》里的解珍、解宝、吕方、郭盛。因为北京的院落较大，占地面积往往延至后面的胡同。所以，在北京的住宅里，还有一种专贴在后门的门神。不过北京民居的后门门神只贴一位，因为后门一般多为单扇门。贴的多为捉鬼神钟馗和大唐丞相魏征。

因为北京是元明清数朝的政治、文化、商业中心，全国各地的文人、商贾、官宦、旅游者纷至沓来，与此同时，他们家乡的门神也随之而到，以神佑他们平安。所以，在北京民宅的大门上，各地门神应有尽有，如：燃灯道人、赵公明，东汉的姚期、马武，岳飞、韩世忠等。

门墩

为使四合院大门的使用寿命长久，在门下部的轴处设有门墩。其状如鼓，称门鼓或抱鼓石，如状呈长方，则称门枕。门墩除了保护门轴外，还起着装饰作用。门墩，又称门座、门台。普通的人家多用木制，为使用的长久和转动的灵活，人们常常在门轴的转动处加些油，以促其灵活。一则轻松无声响，二则门轴处不易腐蚀。

因为门鼓和门枕都有几个较大的面，人们为了美化和欣赏，便在上面雕刻出各种图案。常见的有万字纹，也有的刻吉祥图案，如双狮戏水、豹脚纹、荣华富贵、竹报平安、云头、回纹、如意头、竹梅双喜、八卦图和太极图等。

门枕上刻的石兽以石狮居多，几乎每座中、小四合院前都有。狮子为兽中之王，所以，门枕上刻石狮也显示出房宅主人的地位。石狮的刻工工艺极高，雄狮、雌狮各具特色，或玩绣球、或抚摸幼狮、或坐、或卧，姿态各异、各有千秋。

门枕与门鼓上面的图案取决于整个房宅的设计，因为门枕与门鼓是北京民宅大门系列中不可缺少的组成部分，所以在雕刻门枕上面的图案时，要考虑作品与大门的宽与窄，与影壁、门洞、垂花门、月亮门、门替的整体组合，只有将它们有机地结合在一起，才能显示出建筑与主人地位的融合，甚至连主人的特点和喜好都表现得淋漓尽致。

内影壁

内影壁是四合院的一个不可缺少的组成部分。门内影壁因其建筑方式而又分为独立式影壁与借山墙影壁。风水学讲究“直来直去损人丁”（《水龙经》），影壁既可挡住外面的视线，又使进入四合院的气流呈S形流动，弯缓而气流不散。

门内独立影壁，建在一进广亮大门的正面，多是从地面往上砌砖，下面为须弥座形，再上为墙身，用青砖打磨成柱、檩椽、瓦当等形状，组成影壁芯，影壁芯内的方砖斜向贴就。此类影壁多为立心影壁，即该影壁上面的各种图案多为青砖雕成，凸出于平面。而影壁上的各种砖雕图案多为吉祥颂言组成，如：鹤鹿同春、松鹤同春、莲花牡丹、松竹梅岁寒三友、福禄寿喜等图案。

与独立影壁不同的是又出现了借山墙而建的影壁，名称说法不一，有叫跨山墙影壁，也有称为借山墙影壁。这种影壁就是在进大门对面的房山山墙前，利用这山墙做影壁。

影壁是四合院内不可缺少的一部分，有些小四合院的外院进深不大，如果再建独立影壁是没有那么大空间的，就建跨山墙影壁。这种影壁多为平心，即影壁心为白灰挂面，再走一道青灰，中间写个“福”“平安”“鸿禧”等吉祥词，就行了，这种影壁可以不用底下的须弥座，但上面的檐口要有，方显出影壁在四合院中的衬托作用。

影壁不仅仅是个装饰物，它的作用在于阻挡过往行人的视线，保证了四合院内的私密性和安全感。一般的四合院在影壁前多向左行，因右为院墙，左为月亮门，四扇绿色木屏门，两扇终日不开，进月亮门下台阶二三，驻足四望，院子狭长，称为前院。

垂花门

垂花门的作用是把四合院分成了前后两部分，前院的宅地则由大门、倒座房、东侧影壁院和西侧小方院及倒座房前三间空地组成，西北东三面墙下种着各种花草，使人们感到四合院的宁静安谧。

垂花门是内宅与前院的分界线和唯一通道。前院，外人可以引到南房会客厅，而内院则非请勿入，这条规定就连自家的男仆都必须执行。因垂花门的位置在整座宅院的中轴线上，界分内外，建筑华丽，所以，垂花门是全宅中最为醒目的地方。

垂花门的特点是整座建筑占天不占地，因此垂花门内有一很大的空间，从而也给家庭主妇与女亲友的话别提供了极大的方便。垂花门有内外两道门，外门叫横盘门，白天敞开，晚上则关闭。

从垂花门进内宅，直行不得，人们的目光并不能直接看到院内的情况，因为垂花门里面的中门多不开，正面有屏风板挡住视线，所以使人们对内宅的情况又产生了一种神秘感。垂花门内只有左侧不装屏风板，而作为人们平时出入的通道。

影壁、大门及门墩和门神等，都是四合院的标配，也是大杂院之类建筑所不具备的。

四合院里的住房分配及庭院建筑

清末民初住在四合院的显赫大家庭，十多口人，再加上佣人、车夫等几十口人，如何分配这些住房呢?

其中外院：大门一间，门役一间，会客厅两间，男孩子一间。这样，前院的五间倒座房都有了安排。

正院：北房五间，正房为房主人当中最高长辈居住。

正房的大屋顶顶棚高，暑天空气流通；冬季严寒，但由于棚与屋顶之间有一定距离，朔风经过渡不会直接吹入屋内。屋内的地砖用生桐油刷过，这样就不潮了。也有不少地面是用长条木地板。门上挂黑布镶边、蓝布面子的门帘也是四合院的一个特色，冬天瞅着就暖暖的。到夏天就换竹帘了，通风、挡蚊蝇，坐在屋里能瞧见外头，外头瞧不见屋里。

如房主人有二房时，大太太多住正房上首，即北房东侧。二太太则住北房西侧。西厢房三间，为第二代大爷、大奶奶住。自然，东厢房三间为二爷、二奶奶住，后院罩房多为姐妹住，耳房为女仆住。

在一座标准的四合院里，尽管房屋数目多，然只有五间正北的房屋使用条件最为完善、最为优越。所以就是小四合院及三合院，也多为老一代的长辈住正房，因为东南西三面房都存在着不同程度的缺陷。

北京人在居住方面总是体现出北屋为尊，两厢次之，杂屋为附，倒座为宾的观念。可以说，四合院是北京传统文化、民族习俗的载体，又是礼制宗法家族等级的产物，老北京人在衣、食、住、行等方面都能体现出尊卑有别、长幼有序的等级和传统的伦理观念。

老北京非常重视庭院绿化，规模较大的四合院往往还另辟有花园。明代比较有名的私家园林有李园（今清华园的前身）、勺园、定园、梁家园等，这些名噪一时的园林大多以水取胜。到了清代，随着城市的不断扩张，水源也越来越不足，清朝廷公布了不准民间私引活水造园的规定，故北京清代的私园，除少数王府花园之外，极少凿池引水，再加上北京宅基地相对紧张，私园的规模也比较小。

老北京四合院中央，常常摆上数只大鱼缸，一是为了观赏，二是能够调节空气，三是还有防火的功能。这是北京四合院中非常典型的一景。在较大的私家花园中，偶尔有人工砌成的水池，一般也都是死水，功能和鱼缸差不多，但观赏性无疑提高了许多。如位于北京东城区帽儿胡同的可园，花园主体的中心便砌有一形态自然的水池，面积虽然不大，但池水蜿蜒通向南边的假山山脚，似有源头活水一般，假山、游廊、亭、桥、花厅皆围绕水池布置，使可园具有了几分江南园林的秀色，成为北京现存私家园林中的佼佼者。

更多的北京庭院、私园则以建筑物和叠石为主题，辅以各种各样的树木、花草、藤蔓。最常见的树种有：石榴，既美观又寓意吉祥，是子孙昌盛的象征；海棠，与玉兰共称玉棠富贵；丁香，芬芳馥郁；葡萄，既可遮阳纳凉，又是果品中的美味。

四合院的树木大都比较美观，高矮适度。夏天枝繁叶茂，可防止阳光直射室内；秋天果实累累，可以尝鲜；冬天落叶，使室内阳光充足。此外槐树和枣树也是老北京人家常见的树种，不仅因为槐花香、红枣甜，而且还有封侯拜相的美意。

老北京人家槐树几乎是必种的，俗谚曰："有老槐，必有老宅。"由于槐树树型过于高大，大多种在外庭或大门之外。

老北京的庭院绿化也有些忌讳：从不将松树、柏树、桑树、梨树种在院内，因为松柏是阴宅种的树，桑与"丧"同音，而梨则意味着分离。

"天棚鱼缸石榴树，先生肥狗胖丫头"，是对北京四合院生活的高度概括，也是生活在四合院里小康人家生活的真实写照。

先说天棚，北京的夏天太阳直晒，热气袭人。四合院里的大户人家在院子里面搭起天棚，用以遮阳消暑。凉棚除了遮阳避暑外，还有一个功能，那就是在乌云翻滚、疾风骤雨来临之时，尽管豆大的雨点和雹子打得屋瓦乱响，但凉棚能保院中的石榴树、花草、鱼缸不受任何损坏。

旧时，每年一进五月，人们便开始委托棚铺在天热之前搭好凉棚。搭天棚的目的是遮阳取凉，故老北京人多称天棚为凉棚。常用的材料有杉蒿、苇席、粗细麻绳和拨棍。这些搭凉棚的物件，多是向棚铺租赁的。因为搭凉棚利润少，芦苇席经过夏天三个月的雨淋日晒，多因糟朽而不能再用，这些废席只能当柴火烧。麻绳剁碎后，卖给泥瓦匠，做麻刀和泥用。

四合院里的天棚棚顶要比正屋屋檐高出1米多的样子，其目的是不但遮阳，而且通风。棚匠们用一只手和肩不停地向上捯，10多米的高度也不算回事，更有的棚匠能在杉蒿搭的架子上舞狮子、耍杂技，可见架子工的功夫十分了得。棚匠们在为主顾搭凉棚时，大多将棚顶上的苇席做成活动的，人们可以在地面上用绳索来控制棚顶上苇席的卷与舒。在酷热的夏天，可以把天棚卷起，上看天上星斗，下品香茶小饮，确实别有一番风味。

现在北京的地名里尚有棚匠胡同、棚铺夹道、棚铺胡同等，说明当年棚匠是不可缺少的行当。

四合院内主人的消遣娱乐方式甚多，如养鸟、养鸽子、斗秋虫等。在诸多项中，养金鱼堪称是最为风雅的一种。因为斗蛐蛐儿总是要打出个胜负，而养鸽子不但毁房，还易与左右邻里发生争执，所以北京人养鸽子的不多。

所养鱼讲究品种，院中大缸十余盆，鱼儿在水草中游动，使人心旷神怡。金鱼种类甚多，有望天、鸭蛋、龙睛等，细分起来，龙睛又以颜色来分兰龙睛、红龙睛、白龙睛、黑龙睛、紫龙睛等。望天又有兰望天、凤尾望天、绒球望天等。

鱼盆讲究大八套、小八套、大瓦套、直边等。鱼盆与花盆的使用要求正好相反，花盆要求要新，便于通气。鱼盆要求要旧，多年的陈盆里面常常挂上厚厚的一层绿苔。注入水时，大宗泡沫浮起才算好盆，盆中种有茨菇，红色的鱼在其间游动，煞是好看。

石榴树，每至秋天，四合院里的石榴树格外引人注目，石榴花开，火红夺目鲜红欲燃的石榴带来了勃勃生机。

四合院里的老住户所种的石榴果大、皮薄、汁甜、饱满、色鲜、品种多、营养丰富。当然，在北京也种有酸类石榴，其果皮鲜红而厚，籽粒肥大而软，汁多味酸，但别有一番口味，一般两三个石榴能重达一斤。

石榴以“三白”石榴为最佳，此种石榴与其他品种不同。因为这种石榴的花瓣、果皮和籽粒都是白色的，故名，北京人又称之为“冰糖石榴”。石榴也是多子多福和团结的象征，因为石榴千籽同居一房，它们紧紧地团结在一起。

“先生肥狗胖丫头”，四合院中不但有狗而且肥硕，摇头摆尾取悦闺中；丫头丰腴，主人的富厚可想而知；不仅如此，尤妙在这样的宅门儿还要有个执教的先生以培育英才，务使子孙能够发扬光大，显贵扬名。

狗与人类打交道，亦由来已久。现在北京遍街都是的“京巴”，“祖上”是十分高贵的。宫中饲养的玩赏狗名“狮子狗”（北京狗），六七寸高、十二三斤重，尤以绛色、白色为珍贵，有所谓“绛为金液白如银”之句。

老北京住房忌讳

“有钱不住东南房、冬不暖来夏不凉”，这是老北京人选择住房的条件。此外，还有更让老北京人在住房方面不能接受的，那就是数字和位置及某种特殊的物件在北京居住方面起的作用。

活人住的院子称为阳宅，寓意代表活力和生命力。把已去世的人存放地点坟地，称为阴宅。阴宅一般都种有松树、柏树，象征着死人的意念永存。此外，种上松柏树还有水土保持、保护坟冢的作用。

此外，数目字中，单数不吉利，一般人都不能接受。买箱子要买一对，买椅子要买两把，等等。但也有要单数的，那就是北房要单数，或三间，或五间，如果就有四间的地方也要盖三大间，每边再盖半间，美其名曰：“四破五。”至于东西厢房，也多以三间为准，目的是在院中建筑组合里产生一条中轴线，这条线似人身上的脊梁，是院落中最重要的风水源头。正因如此，双数在北京住宅建筑方面是不吃香的，所以，北京出现了这么一句俗语，“四六不成材”。

新时期住房八大忌讳

1. 忌厨房深藏不露

厨房在使用中要排放烟气、产生噪声，所以切记不要把厨房设计在单元房的深处。目前亦有厨房的冷热操作间分开，带灶具的热加工间和厅用玻璃门相隔，冷加工操作部分干脆和餐厅相连，这样的“西式”设计正在时兴起来。另外，要注意厨房或卫生间中管道的处理，如果管道太多且明置，既不美观又挤占空间，是一种不可取的设计。

2. 忌房屋通透性差

房间之间和公共活动区域的通风状况的好坏，也是衡量户型设计成功与否的一个重要标志之一。过于曲折的户型设计往往使室内空气受阻、夏日室内温度偏高。户内的空气对流是一项很重要的环保指标，只不过长期以来不太被人重视罢了。

3. 忌厨厕相近

在不少蹩脚的户型设计中，厨房和卫生间紧连在一起，随着人们生活品位的提高，这种设计应弃用。如果套房的面积较小，两者难以保持较长的距离，其房门也最好别设计成相对或并列的形式。在起居室最好能不直接看到卫生间的房门，厨房由于大多与餐厅相连，可以设在靠近户门的位置。

厕所和厨房紧挨着在风水上来说是不适宜的。在风水上把厨房当作是火的能量区，把浴厕当作是水的能量区；古来就不希望水火并临，不但会影响整间房子的能量状态，而且会造成磁场爆冲。

像厕所和厨房这两种能量性质完全不同的房间，一个是聚集人体秽气的水区，一个是制作食物的火区，一旦紧临，轻则居住者肠胃会有问题，重则会有食道肠胃方面的致命重症。

再者，厨房紧临厕所，卫生上也有问题，尤其有愈来愈多的病毒出现，像这种水火并临的房子，实需慎重考虑后再购买。

4. 忌大而无当

大户型不能简单地理解为中小户型图纸的放大。它应该是一种全新理念上的设计，房屋整体功能要相应增加；房屋高度的合理增加一般在2.7米以上；新型的采光设计（如景观落地窗）、装修效果等也应有改进和提高。否则，简单的面积扩大会显出住房的低矮，从而使人产生“大而无当”的压抑感。同时，大房间设计的失当会使原设计力图达到的“排场”变成“突兀”，这在设计建筑上是不可取的。

5. 忌一览无余

许多老的户型，进入户门后没有玄关设计，厅内景象一览无余，房屋整体缺乏层次感，卧室、书房的私密性和安适度受到影响。玄关的设计多种多样，通常有“密闭式”和“屏风式”两种设计，前者会多占用一些空间，后者实际上是一个完整方厅的一扇屏风，可用磨砂玻璃等半透明材料做成各种艺术造型，起到丰富内涵的作用。

6. 忌光线暗淡

在选择住房时要尽可能重视卧室的采光效果。起居室、厨房、卫生间的采光效果依次类推。如果卧室不能全部朝阳，最起码一间卧室要正南朝向。即便退而求其次的话，也要东、西朝向。另外，在考虑朝向的同时，选择景观，选择日后的环境也是一个重要的方向，倘若环境差、绿化差便会使你的房产价值减色不少。

7. 忌动静相扰

所谓动静结合实际上也就是房间功能组合要趋于合理。例如按照生活起居方便的要求，卧室位置要求深一些；户门最好不要直接面对着厅，以营造相对安静的环境；

同时卫生间与主卧室的位置要近，避免不必要的穿堂越室。另外起居室是家人集中活动的空间，设置音箱、电视等发声设备的地方应该和主卧室尽可能保持一段距离，以免互相干扰。另外，厨房和餐厅最好相连，这样既方便生活也有利于室内的卫生。

8. 忌靠近大马路

有些楼房离大马路尤其是交通主干道太近，噪声、空气污染严重，也是住房的一大忌讳。按照规范，商品房各窗户、门及门外50米内没有公共垃圾处理场所、污水处理站、供变电站、公共停车场、有轨交通工具等其他设施。与商品房相连的建筑物中没有任何饭店餐饮设施、洗浴场所等其他可能声生油污噪声等污染的设施，以免使居民的居住环境受到不良影响。

乔迁贺喜习俗

旧时，主人房屋新建落成或择吉地而迁居时，会受到亲友们的乔迁贺喜。

首先，主人先将瓶中装上净水，红绸封口，外贴红签，上书乔迁吉语，如：平安多吉、喜择吉地等，然后将瓶安放在经过风水先生看过的新居圣地，所用之物皆取平安之意。

乔迁之时，主人先在原住宅内送神，请搬运工将神座、神像、佛完、供品运至新居，随后家具及其他物件也搬至新家待搬运工人将神完、供品安置后，好事而能说者（多为搬运工中之头目）高唱喜歌，请本家老爷出来接神、安神、请神拜神、谢神。

还有的人家自乔迁之日起在自搭大棚下大办迁居贺喜之仪式，亲朋好友多携礼、携钱而贺。主人令管事人将各个不同的贺幛张挂在大棚周围，以显气派，贺词多为四字句：

天宝呈祥瑞霭，佳地福蕴新居

堂构朱门栋接，云霞华堂耀日

也有贺联者，多为当世名人、名家所书，而词句多为旧时常用之句。如：

“画栋依云呈异彩，花灯映月放光辉”“栋拂云霞绕紫气，家传诗礼足春风”“甲第鼎新容驰马，华堂钟秀毓人龙”“春风化雨艳桃李，瑞霭盈屋旺子孙”。

四合院中的吉祥物

宅院中的吉祥物包罗万象，如动物、植物、器物、符图、神人等。这些吉祥物深深地融合在北京人的心里，表达了北京居民对这些吉祥物的寄托。

动物类吉祥物有我们今天还能看到的动物、植物，也有人们凭空想象出的吉祥动物。

虎，民间视为神兽，人们常以它的威猛、勇武而镇祟驱邪，神佑安宁，官宦之家一般的中堂都挂有虎神，上题曰："怒吼千山动，三掀百兽惊。"画面上还分上山虎、下山虎、卧虎等多种。

狮，民间多说狮子与老虎都为兽中之王，故民居户外多有蹲狮或卧狮于门鼓、门墩之上，左边为雌，脚下踏一幼狮，右边为雄，脚下踏一绣球，也有大小两头狮子的图案，北京老人家多称之为太狮少狮图。也有双狮戏绣球，因绣球也属吉祥物之类，有绣球锦、绣球杖之物。

鹿是帝王的象征，古语中有"逐鹿中原""鹿死谁手"之成语，可见鹿在民间中的期望值有多大。鹿又谐音为"禄"，为民间五福（福、禄、寿、喜、财）之一。鹿与蝙蝠在一起称为福禄、长久，鹿与福寿在一起称为福禄寿。鹿与仙鹤在一起称之为鹤禄（鹿）同春。

蝙蝠身首如鼠，其形象奇特，常常倒挂于黑暗之地而让人们称奇。从字音上看，蝠与福同音，故而出现了两只蝙蝠在一起的双福。盒中飞出五只蝙蝠的"五福和合"。五只蝙蝠围着一个大寿字团团飞舞，人称之为"五福捧寿"。让蝙蝠与铜钱搭配在一起，就成了"福在眼前"了，可见北京人为蝙蝠成为院宅和寓室中的吉祥物而绞尽了脑汁。

麒麟这种吉祥物立在普通民宅中不多，只有高等王府中才有实体的雕刻，而普通民俗中多是用图案来表示。意在祈求早生贵子、子孙贤慧。

鸳鸯是一对形影不离的水禽，雄左雌右，灵性似通人类。人们将鸳鸯比喻为吉祥物则是珍视鸳鸯和谐美好，对爱情忠贞不渝的情操。民居内多有鸳鸯袅、鸳鸯帐、鸳鸯被。鸳鸯戏水、鸳鸯贵子等吉祥图案多在四合院的影壁与游廊上，至于新婚的洞房里，更是缺少不了代表夫妻和美的戏水鸳鸯。

喜鹊是人人皆知的吉祥鸟，因喜鹊一名大吉，故宅院内多有喜上梅梢、日日见喜、喜报三元（解元、会元、状元）等图案。

金鱼在北京的民宅的图案中是最多的，"鱼"与"余"谐音，吉利。于是，在宅院的壁画中多有连年有余、双鱼吉庆、鲤鱼跳龙门等吉祥图案，借此吉祥图案来寓意生活富裕、美好，寓意高位升迁、祝颂幸运。

从茅房到卫生间

旧时四合院的茅房（即厕所）均设在外院的角落，由掏茅房的（又称捡粪的）定时来收掏。这些掏茅房的再将所掏粪卖与城外的粪厂，以此为生计。这种情况一直延续到20世纪70年代。旧时，每年的初六是送“穷神”，祭“厕神”的日子。送穷神需要供煎饼、扎纸车，有干粮有交通工具，穷神就走了。厕神要来检查卫生，所以要清理厕所。

进入60年代，当时的副市长万里看到居民院中茅房的诸多不便，掏粪工的艰辛，下决心改变此种情况。于是胡同中每隔200米左右即建成一公厕，以取代院内的茅房。

90年代，公厕大多升级为公共卫生间，有了自动冲水的设备，条件大为改善了。

现在，大多数居民都住上了楼房，有了独立的卫生间，用上抽水马桶，坐便也成了一种享受。

四合院中的火炕

北京冬季非常寒冷，如何提高室温是百姓生活中的一件大事，因此大多数人家都有火炕。每日傍晚，忙碌了一天的人们便利用地炉子将炕烧热。各家屋顶上的小烟筒，青烟屡屡随风缥缈。入夜后，人们钻进厚实的被窝睡在火炕上，去乏又解困。如若赶上身体不适，在热炕睡上一宿，暖暖腰背，毛病即除。所以老北京人常说：“炕热屋子暖。”

说起火炕的建造，其中学问很奥妙。必须请会搭炕的泥瓦匠，根据房间大小，家庭人口多少设计炕的形状和位置。大间屋做通山炕，单间屋做顺檐炕，最小的房间可搭成棋盘炕。而建成的炕不仅坚固实用，最关键的是要好烧。

首先要按定好的尺寸用砖砌起炕帮。在炕箱子里填上厚厚的土，土层上面用砖垒成许多小胡同，形成网状火道，一头与地炉子相连，另一端通到烟囱楼底部。再用脱好的土坯或专门制成的方砖平整地铺在火道上，用灰浆把炕砖缝溜严以防跑烟，使炕面形成一个整体。其后，靠炕帮处做成地炉子，剩余部分用砖砌成四方形炉坑，上面盖上木制炉坑板，用来积放地炉子燃尽的煤灰。地炉子既能做饭还要与炕的火道相通，以此来烧炕取暖，可算是一举两得了。

还有一种不带地炉子的火炕，其炕体结构相同，只是炕帮下不砌炉子而留下一个方孔与火道相连，光用柴火就可以把炕烧热。由于有了火炕，即使天气再寒冷，都会感到暖意融融。

净宅

北京的老住户们，多则十几辈，少则几辈，数百年间，家中不可能没有死人的。死过人的房间怎么办，这就需要净宅。“净宅”也是北京人在住方面的一个习俗。

人死后，经过上床、更衣、铺金盖银、入殓、接三、唪经、伴宿、发引、入土等丧仪程序后便可净宅。

据记载，净宅所用的重要物件是神像、神符。请的神像多为：打鬼神钟馗、王灵官、吕洞宾、哼哈二将等，将这些神像张贴在亡人所住之屋，另在窗门各贴一符，称为“引祟”，目的是由符将鬼神引走，这样死人亡魂走后便不再复归。此外，桌上应供有五谷杂粮谓之“送魂”。

经过七天后，房屋便可重新住人了。

三、大杂院人们的生活

榆钱饭

春末，院中高大的榆钱树上挂满榆钱，于是家家户户开始吃起榆钱饭。主要配料就是榆钱和玉米面，将它们混好，然后放在笼屉上蒸。不过要注意掌握一定的火候，要不不是太干就是太黏。出锅后，大家每人盛上一大碗，浇上必不可少的调料——蒜汁，开始享受那美味，狼吞虎咽。

藤萝饼

每到院中藤萝花盛开时，女主人就用模子做藤萝饼；有时还做豆沙饼、云豆饼等。饼上还要点上一个红点儿，其工具是竹笔帽的帽头劈裂成六瓣，这六瓣用小线儿隔开再勒紧，蘸上泡了水的胭脂饼儿，往刚蒸熟的豆沙饼上一印，好看又喜气。

冰桶

在没有电冰箱的年代，老北京们就创造并使用了冰箱，但人们都称呼它“冰桶”。冰桶的外形为圆角方形桶状，全木制或陶的，口大底小，口部直径有45厘米或65厘米不等。木制的内有金属锡做的里儿，底部有漏水用的一个小圆孔，还有一个木塞儿。虽然是木制，圆角的部分也看不出接口，浑然一体，外面四周有两圈儿铜箍儿圈着，左右各有两个铜环子作为提梁。上面的实木盖子用两块组成，其中一块上面有两个透空的轱辘钱儿图案。小窗户为透气用的。

陶的冰桶与木制的外形一样，有所不同的是，没有金属锡的里儿，没有铜活儿，但外层有漂亮的琉璃釉，重量也重些。冰桶的外观大气、美观，做工用料的讲究及存世量之稀少，现在已是收藏家追逐的藏品。

另外，每到夏天，有走街串巷送冰的，买一些冰放在冰桶内，冰西瓜、冰荷叶包着的肉和酸梅汤、奶酪、杏仁豆腐。把落了开的荷叶粥放入粥罐内（粥罐是一种陶瓷器皿），再把粥罐放入冰桶冰一冰，清香冰凉的粥解暑去火。

“三多”

一是苍蝇蚊子多。当烈日消失在西边之时，也便是蚊子猖獗之时，纱门纱窗上密密麻麻叮满了蚊子，只要是一开门或窗，蚊子乘虚而入，防不胜防。二是黏虫多。这种小家伙，不知是从哪儿冒出来，拖着像脱了壳蜗牛的身躯，爬的厨房到处都是，在身后留下一条条黏黏糊糊的痕迹。为了消灭这种像鼻涕一样令人讨厌的东西，可费尽了周折。但它也有一怕：最怕的是盐，把盐撒在它身上，一会儿就变成了一摊糨糊。三是老鼠多。老鼠大多是从下水道里钻出来的，胆特大且绝不怕人。大白天窜来窜去的，经常以人类之家变为“己”家。有的人家整理衣柜，打开抽屉，手一摸毛茸茸的，竟是一窝小耗子！

大蒲扇

老北京民间传诵的一首民谣——“扇子有风，拿在手中，有人来借，等到立冬”。旧时没有空调电扇，大杂院的平民百姓，最常用的防暑降热之法就是使用扇子。在挥汗如雨的盛夏酷暑，一把扇子扇扇，清风徐徐而来，凉爽宜人，确是惬意。大蒲葵扇一般是一尺见圆，不但价廉且用起来风特大、特凉爽，很受老北京的百姓欢迎。那时，常见中老年人手拿蒲扇，坐在大杂院的门道里，边扇着边闲聊着家长里短；小伙子们则在胡同的路灯下，边下棋侃大山，边扇着热风；幼童们也常抢过老奶奶们的大蒲扇，放在胯下当马骑。大蒲扇是老北京夏日里的一幅别致的胡同风景。炎热的酷暑伏天使用扇子不但能清热消暑，还可驱蚊，手臂不停地摇动扇子，也有利于锻炼身体。

煤球炉子

那个时候家里做饭取暖的只有煤球炉子。一清早儿各家生火捅炉子，到处飘散的煤烟呛得人能流出眼泪来。滚滚的浓烟弥散在胡同里，整条胡同变成了一个大烟囱。那年月使用的火炉子很简单，上面炉口四周是一个方形的铁炉盘儿，炉身亦是铁皮做的。下方有一圆孔是通风和用火筷子撴火用。最下面是几根儿铁条做的箅子。整个炉子用四条铁腿儿支撑着。这种炉子没有烟囱、不能封火，夜晚不能放在屋里，煤气中毒不得了。每天早晨在院儿里笼火，用一拔火罐儿拔着，上来了再搬到屋里。火着乏了该添煤时再搬到院儿里。如此每天都要反复几次。第二天早晨再重新劈柴笼火，家家如此。这种炉子的优点是轻巧、上火快。早晨起来，点上火，添上劈柴，先压上“水氽儿”（带把儿的长圆铁桶），水开了先沏壶茶（老北京人有喝早起茶的习惯），然后趁火旺加煤，再套上“拔火筒”，等浓烟冒尽，火苗上来了就可以做饭了。

偌大的院子每天都煤烟缭绕，要好大工夫才会散去。这是从前大杂院儿的一景。寒冬腊月，家家户户生起了煤炉，刚烧时没有经验，炉子常常在封了后不久熄灭。但烧了几个冬天的煤球，却一次也没为引炉子而发愁，原因就在于熄了不要紧，去别人家再烧一块就是。所以一到冬天，将烧红的煤球夹来夹去，又成了大杂院中的一道风景。

这种简陋的取暖方式，屋里的温度的确很低，尤其到了夜里更是寒冷。当时绝大多数京城百姓都是这样过冬的。只有少数经济条件好的家里安装有炉膛很深的“洋炉子”，就是有烟囱的火炉。添煤不出屋，夜里可封火，自然要暖和许多。

可安装烟囱的“洋炉子”，又叫“花盆炉子”。这种炉子是铸铁的，炉肚是鼓形，炉盘厚实还有雕花，三条炉腿像龙爪。它最讲究之处是添煤和出灰可以密封，室内不见烟尘。这炉子的炉腰上还有两圈炉盘，是专门用来烤东西的。

过去，大院里十多户人家大概能有一两家有这种炉子。同院的小孩子常把馒头、窝头片放到这个炉子上烤。而主人们也从不嫌烦，有时还主动招呼："把东西拿来，我给你们烤上，明儿清早儿上学时吃。"

拍煤饼

不管烧煤球，还是烧砟子，都免不了攒下一堆煤末子，小户人家就自己动手和煤末攥煤球，晾干后再用。不过，没晾干之前要是赶上一场大雨，那可就全变成黑煤水了。中小学校利用劳动课发动学生攥煤球，机关单位和大宅门请人来处理成堆的煤末子。

拍烟囱

大杂院的男主人们会到废品收购站花两毛钱一个的价钱买回十几个装油漆的铁桶，拿回家后用剪刀裁成铁板。利用公休日，搬出工具开始拍烟囱。他们还利用拍烟囱剩下的边角料，拍成连接烟筒的拐脖和铁簸箕、煤铲等，将这些送给全院每家人。那年月，家家日子过得都挺拮据，冬季的煤火费补贴才十六元钱，买一节烟囱就得花三四元。

搪炉子

这项工作大多由年岁大有经验的中老年人担当。工具是大铲、一纸袋耐火土和一包麻刀，再将耐火土与麻刀在院中的青石板上搅拌均匀，然后用放了盐的水和成泥。耐火土里为啥掺麻刀？为什么要用盐水和泥呢？原来是"掺麻刀是为了让和好的耐火泥更有拉力，搪在炉膛内不容易脱落；用盐水和泥，能使耐火泥跟炉膛粘得更紧，提高炉子的使用寿命"。这搪炉子要底膛大，上膛小，像拔火罐形状，底下膛大，进氧气多，火上来的快，上边膛小，火苗往上蹿还能省煤。

囤大白菜

每到立冬前后储存大白菜那几天，各个菜站人声鼎沸，被围得水泄不通。白菜装得高过车楼子的大卡车，停在十米左右宽的巷子里。由于天黑得早，商店就拉出几盏白炽灯泡，用竹竿挑着。在昏暗的灯光下，车上站着人，一棵一棵地往下扔。下面的人自然排成行，一个个传递着，然后在墙边上堆成白菜垛。而不远处等着买白菜的人，就更是一道风景：穿着棉袄的、围着围巾的，两手揣在袖子里，冻得直转悠。大孩子们穿上厚棉衣、棉鞋，戴上棉帽子代替家长来排队。

买着白菜的人家儿用小竹车、手推车把这几百斤菜运回家，有些年老体弱的，商店就用三轮车帮助把白菜送回家。天气好的时候，家家在院子里房前屋后靠墙根的地方摆开大白菜晾着，晚上再一棵一棵地堆起来，然后用草帘子、麻袋片盖上，最后用砖头压好，生怕夜寒风大，把菜冻着。在当时，这可是整整一冬天的当家菜呀！

这一冬天，大人们换着花样儿地做白菜——炒白菜、熬白菜、醋熘白菜、白菜汤、白菜馅的饼子、白菜馅的团子、糊饼。那时候，要想吃顿肉多的白菜馅的饺子，就得熬到大年三十的晚上。凭着当月的供应和过节的补助票买点肥肉，和着面，拌着馅，一家人有说有笑地忙活着。到了夜里12点，大家一起蘸着腊八醋，吃着一夹直流油的猪肉白菜馅饺子，甭提多解馋了。

腌雪里蕻

每年入冬时节，也是大杂院的居民们腌制雪里蕻的时候，家家户户都把上一年用的坛子洗净备用，其材料为：雪里蕻30斤、姜适量；调料：盐（普通盐即可）（菜与盐的比例20：1）。

具体做法：1. 雪里蕻放在通风处晾晒半天。2. 将雪里蕻的黄叶去净，用流水冲洗干净。3. 放入一半的盐，搓揉均匀后静置十分钟。4. 将菜一小把一小把分别挤出水分。5. 放入另一半盐和姜末搅匀后装坛，在坛中要挤压紧。6. 20天以后可出坛（菜在坛中第一周时还是绿的，第二周开始泛黄，二十天后，腌得好的菜会呈些许的金黄色）。用此种方法腌制的雪里蕻，吃起来清新爽口，香脆中带麻辣，别有一番风味。

为了保持雪里蕻鲜嫩不坏，在取菜的时候最好用一双专用的筷子，不能有一点油迹，取完菜后把坛口封好。

泡澡堂

几十年前，上公共澡堂子洗澡是北京市民的一种享受。大杂院中的人们生活都是勉强度日，住房根本没有什么卫生设备。特别到了冬天，屋里冷得得穿大棉袄，擦个身体都冻得打哆嗦。这时能到澡堂子里一泡，惬意极了。

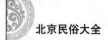

那时的澡堂子都是一样的价钱，服务质量也差不多。洗一次澡才两毛六分钱。各个单位通常都给职工发澡票，算是一种福利。青年工人下了大夜班儿有时先不回家，直接奔澡堂子。洗了澡就在那儿睡上一觉解解乏。醒了还要壶茶，边喝边同旁的人闲扯，颇有点悠然自得。

热被窝

晚上睡觉时棉被冰凉，这时孩子们都哭喊着要钻热被窝儿。大人就用一块砖在火炉上烤热，用一块布包几层，放在小孩的被窝里焐着。有的时候大人就用做针线活儿时用的烙铁在火炉上烧热，在孩子铺好的被窝里挨次熨烫，趁热赶快钻进去。即便这样，在后半夜也常常被冻醒。在物质生活非常匮乏的年代，京城百姓最难熬的就是冬三月。

矿石收音机

20世纪50年代，大杂院的房顶上都架设着五花八门的天线，这就是当时很多家庭用于收听广播的矿石收音机的天线。

当时的大多数老百姓买不起“话匣子”。特别是住在胡同大杂院里的老百姓，有收音机的家庭大概不到十分之一，矿石收音机的结构十分简单，其成本只有几元，而且不用电，成为一些家庭收听广播的首选，或者说过渡。

中学生们热衷于为自家做矿石收音机。该机的“心脏”是一块绿豆大小的天然矿石，在中药铺就可以买到的“自然铜”。矿石被封装在玻璃管里，用一根有弹性的黄铜探针经过反复调整，选择一个最佳“工作点”。这种矿石组件有单向导电的功能，是最原始的“半导体”器件，它在矿石收音机里的作用是“检波”，即将天线接收来的调幅高频信号转化为音频信号。还有一组线圈和一只可变电容器，它们组成的“LC谐振回路”，用于选择电台。另外一个重要部分，就是用于收听的耳机。由于矿石收音机没有信号放大功能，能发出的音频信号极其微弱，带不起喇叭来，通常只能用耳机收听，当时的“名牌”就是“大声”牌高阻耳机了。

矿石机的天、地线可马虎不得。天线越高、越长，效果越好。那时物资匮乏，铜线很难找到，就用粗铁丝，用两根竹竿架设到高处，被称为倒“L”式天线。地线最好接在自来水管道上。有的院子里没有接通自来水，只好用一根“火通条”钉入窗外的土地上。

由于没有放大功能，矿石收音机的音量很小，耳机里就像蚊子叫。房间里需要安静才能听得清楚广播。但在20世纪中叶，这种最原始的收音机，仍然是不少家庭收听广播的唯一工具。

1962年，三年困难时期结束后，北京人的家庭经济情况开始好转，一部分家庭逐渐购置了“三大件”之一的五六管收音机。当时流行的国产品牌有“美多”“熊猫”，还有前苏联的“记录”牌等。居民们收听广播的方式开始“升级换代”，而矿石收音机逐渐淡出群众的娱乐生活。

打电话

20世纪五六十年代，胡同的每个居委会的区域内，都只有一部公用传呼电话，服务于本辖区内的居民。

一般都是临街的房子作为公用电话屋，窗户上方挂有“公用电话”标牌。电话屋窗户的下半部分被改成推拉式的小窗，窗外安装了一块木托板，夏季来打电话的人可以通过推拉式的小窗，方便地将屋内桌上的电话拿到窗外的木托板上。窗户檐儿上接出了一米见方的席棚雨搭，为接打电话的人遮风挡雨。

坐着看电话的大多是退休在家的老大爷，接到需要传送的电话，老人家拿着铁皮喇叭风风火火出门，来到大杂院的门口就嚷上了：“13号的某某，赶紧去接电话……。”那时的传呼电话极其透明，毫无隐私可言，通过老大爷这一喊，更是广而告之。

当时打一次电话是五分钱，时间以三分钟为限，超过三分钟就要第二次收费。马蹄表的作用就是计时，三分钟一过，提醒顾客第二次收费已经开始。传送电话是一毛钱，如果遇到被传送电话的人家里没人，大爷会在小黑板上记录下事情的经过。

看电视

改革开放初期，20世纪70年代末和80年代初，能听到各地的新闻，看到各种节目，见闻多了，见识广了，大家真是一个字——乐。

那时的大杂院里，全院几十户人家往往只有一两家有小黑白电视机。所以每天吃过晚饭，同院的男女老少都不约而同地拿着小板凳、小马扎去有电视的人家挤着看电视。

为解决这个问题，不少人干脆把电视机搬到了窗外。那时，为了能抢到一个好位置看电视，不少小孩早早吃过晚饭就搬着凳子占个地方；冬天穿着厚厚的衣服，顾不上寒冷坐在那儿就为等着看电视，来得晚的只能站着看了，大家随着电视内容一起欢笑，一起伤感，其乐融融。

随着改革开放的深入发展，有条件的家庭开始买电视机了，那时买电视机凭票，光有钱还不行。电视机逐渐地从黑白的发展到彩色的，从12寸到14寸再到18寸……直至家家户户普及了电视机。

逮土鳖

药铺的门口贴着宣传画：大量收购土鳖虫，带翅膀的飞土鳖则被打上红叉。那画上的土鳖在院子里经常见到，小孩们捉到后就收起来，拿到药铺去卖，小个的一分钱一个，大个的二分钱一个。

大院里的礼数

如果哪家赶上红白喜事，大伙用不着串联，各户自然要随一点份子，不在乎花钱多少，图的是个礼尚往来。有新街坊搬进杂院，他必得先破点工夫到各屋拜访，不然，日后你过日子有为难之处，怎好红着脸跟街坊们张口？平常日子，你出我进，人们总要找个话茬儿打招呼。

1. 管“闲事”

两口子为柴米油盐免不了抬扛拌嘴，没大的动静，众街坊们只当听小曲儿，一般不掺和。要是闹得孩子哭大人叫甚至摔盆砸碗，院里辈分大些自觉得“说话顶用”的大爷大妈大叔大婶们，就使着眼神联合出面调停了。他们拍唬着老腔，佯怒地呵斥着正想抡拳头的男人：“挺好的小日子吵什么吵？走！到大爷屋消消气。”为表示调解的权威性，又常常立军令状似的对正抹眼泪的女人说：“别往心里去，等会儿大妈替你揍他，到时候你可别怪大妈手重。”一句话说得女人破涕为笑。

2. 好客

谁家的亲戚远道来了，偏赶上本家挂着锁，正在着急。这时，老街坊一准儿会把客人迎进自家屋，递过扇子，再敬上一杯飘着茉莉花的热茶，陪客人聊天，一直等到本家人归来。这是礼数，更是真情。大家都认为，既在一个院住着，那就是缘分。

其他

1. 盖小房

住大杂院时间长了，孩子大了，为解决居住问题，就得往外接小房子。这个活儿全靠自己和亲朋好友的帮助。首先是备工备料，大多是去捡翻建新房工地的旧砖破木料，胆子大的人家，也会“顺”一些水泥、沙子、白灰，像蚂蚁搬家似的，运回自家的门前。没玻璃，就在街边儿店里划几块，也就几毛钱。

一切准备停当，到周末，把几个铁杆朋友叫来，另外全家齐上阵，开始盖房了。家中的主妇和女孩子自然负责准备饭，男人们和来帮忙的朋友们汗流浃背，大干一天，一间约8平方米的砖木房子就接出来了。这边放一个单人床，那边放煤炉，中间是门，门上还有横窗，旁边是大窗户，窗前摆放着大木箱，既可储物又可当小桌子使用。这样家里的大孩子就有了自己的空间，全家皆大欢喜。

这种自建房由于没有统一的建造标准，房屋样式五花八门，有的是方形的，有的是长条的；有的房子盖得高，有的房子盖得矮；有的房子用青砖砌成，有的房子用红砖砌成。二环路周边好多院里的自建房，用的都是当年拆城墙剩下的旧城砖，远远望去还以为是一段残破的城墙。自建房的房顶差异也很大，讲究一点的用水泥预制板，差一点的用石棉瓦、水泥瓦，更差一点的用油毡、沥青。

当然，也有的住户建起了自建房，但不住人，自建房当起了仓库。大杂院里没有自建房的住户几乎没有，最不济的也在自家老房子前接出一块地方，三面砌上墙，顶上铺几块油毡，作为厨房使用。

2. 晒被子

大杂院的空间被挤占了，进入大门，从前院到后院，只剩下一条光线幽暗的窄窄通道，晒被子都没了地方，一出太阳，胡同墙根下一排排被子，这也是胡同里的一大景观。

3. 水龙头

大杂院的水龙头是个公共场合，有许多不成文的规矩。比如，不是什么东西都可以端到水池子边来洗；即使是洗被单或衣物也要瞅准了水龙头不忙的时候；院里有生小孩、坐月子等特殊情况，邻里之间还要多一份关照。

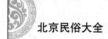

由于全院人要在同一个时间段洗衣做饭，很紧张，家家就预备水桶，事先接些

水，有老人的还准备了水缸。

水龙头又是院里的社交场合，街面上的大事小情，胡同里的家长里短，都能在水池子边听个八九不离十。水龙头的维护和管理常由热心公益的老人承担。比如，每月按水表数到各家敛水钱，就是一个劳神受累还得罪人的事。

当然最操心受累的是冬天。虽然早早儿就给水管子包上了草绳，但是，水龙头还是常常被冻住。这会儿就必须提着开水壶浇好一阵儿，才能放出水来。到了晚上，还要拿着铁钩，趴在水表井边，探身放回水管、关截门。

自来水进屋是在1980年以后。那会儿，地震刚过，防震棚趁着这段艰难时日，像雨后蘑菇似的，挎着房根儿冒出来。眼看着院中间的水龙头被围在巴掌大一块地方，各家相继把水龙头接进屋。

4. 渗井

大杂院里没有下水道，挖个大坑上面盖上水泥板，让流入的污水在这里渗入地下，这就是大杂院特有的排污措施——渗井。时间一长渗井不渗水了，打开水泥板，里面黑乎乎的，满满一坑臭孳泥，清除后的渗井便可继续使用。

5. 上厕所

20世纪60年代前，每个院里都有厕所。那时的厕所没有排污通道，大小便都存在厕坑里，但每隔一天专有清洁队的掏粪工人来掏粪。所用工具是一个大木桶，胳膊从桶的大木把穿过，挎在肩背在背上，就像士兵背步枪的姿势。然后手中握着一把长勺。他们隔天准时来，把两天积存的粪便一勺一勺地掏进大木桶，然后从院里背到胡同，再把粪便倒进拉粪车里。就这样一院一院地把整条胡同的粪便都要拉走。那时人们受的教育是劳动最光荣，所以人们对掏粪工人很尊敬。

晚清时期，京城公厕极少。大多是“一个坑、两块砖、三尺土墙围四边”。由于居住拥挤和许多人家无厕所，所以常随地方便或便于马桶之中然后倾倒于街旁渠沟内，以致满街狼藉、臭气逼人。

到了70年代，大杂院的厕所取消，在胡同每隔200米处建座公厕，在城区建起6000多座公厕。这样做极大地减轻了掏粪工人的劳动强度，提高了机械化水平。公厕的厕坑粪便可用水冲至粪井中，再用抽粪车运至郊外。

但有一个公认的难题就是上厕所难！那年代，一般早上6点到7点半是上厕所的高峰期。上公厕每天早上是一景。几乎在同一时间，男女老少不约而同地从各院里出来，手里端着形状不同、色彩不同的便盆，来到公厕会合。坑少人多，于是男女两条龙排了出来。最让人触头的是冬天上厕所。寒冬腊月，不管多冷，都要出院上公厕。厕所四处漏风，蹲在里边，屁股像被小刀刺似的。老年人，蹲着不方便，自己还要拎着恭凳来。

6. 侃大山

每天傍晚开始，院子里、门廊中热闹非凡。老年妇女们总是一手拿着蒲扇一手拎着板凳走到门廊里坐下，一边摇着扇子一边彼此间闲聊，内容多是东家长、西家短。年轻人之间的话题总是说些国际上或是国内的大事，政治也好，体育也罢，外面的世界每天都在变化，因而年轻人的话题每天都不缺乏，而且这种讨论很能促使一个人增长见识，所以这种业余时事评论家在北京比比皆是。小孩子们要么在院子里玩耍，要么老老实实地坐在门廊里听大人们高谈阔论。大老爷们则热衷地坐在院子里下象棋，楚河汉界一直厮杀到天色昏暗看不清了为止，而且每每会引来一圈观战者。主妇们总是最忙碌的，但做完家务后一般也会偷闲到门廊里溜达一圈。这种热闹的气氛一般在七八点钟达到高潮，而一过九点，人们开始陆续返回房间里准备休息，于是在一声声“回见”中，院子开始逐渐恢复了平静。

7. 拉房纤儿的

清末民初北京城里有不少游手好闲的人，以拉房纤为生，专门吃买房、卖房的主儿。他们每天一早就提着鸟笼子到茶馆里一坐，沏壶小叶茶，神聊起来，同时眼观六路、耳听八方，借以得到些买卖房的信息。

当年北京城里有些人看准了干这行不需要本钱，没有风险，只需要跑跑腿，如果运气好的话就能赚上一大笔钱。一些房纤手下边还有助手，负责探听消息，提供线索。还有一些人负责传信、跑腿、约期看房、递价。干这一行的既有破落户的子弟，也有各种各样的小市民，例如大宅门里管事的、小职员、车夫、厨子、看门的等。

拉房纤靠的是三寸不烂之舌，一个个都能说会道，遇上卖房的，要能挑眼，恨不得把这所房子说得一无是处，从而使卖主尽量压低价格。而碰上买房的主顾，拉房纤的又能把同一套房子夸得没了边，借以高价卖出。

俗语说：“同行是冤家。”他们之间既互相借助、利用，又互相排挤、拆台。因此干这行的说话、办事都要留个心眼，在与其他房纤过话时常用行话、暗语。在给买卖双方拉纤时，绝对不能让双方直接见面，也不能将一方的姓名、地址告诉另一方，否则就会被买卖双方甩了，或者被其他人戗了去。

那时房屋买卖成交率很低，有“十个纤，九个空，拉上一号就不轻”的说法，与今天的房屋中介一样。就是说买卖房屋成交率约在10%，一旦做成了，房纤就能得到一大笔佣金。虽然房纤都想在拉纤时少一些人参与，但是由于环节较多，做成一笔交易，往往要有五六个乃至七八个人参与其中，如果遇上大型府邸的房屋买卖，拉纤的人更有多达几十个的。

旧时买卖房产成交时，新、旧业主给拉纤的（即中保来人儿）好处费，谓之“佣金”，有个不成文的规定，即“成三破二”，就是买房的新业主拿出房价的3%；卖房的旧业主拿出房价的2%。这样，拉纤的（中保人）就可以拿到房价的5%。这乃是约定俗成的惯例，从清末到解放前，任何人无一例外者。另外，这5%佣金的分配还要分出大小份儿来，执笔写卖字儿、“倒字儿”的和出力较大的拿大份，次者拿小份。

新中国成立后，随着社会主义改造的逐步深入，拉房纤的与社会上的其他牙行一样，纷纷转业，成为自食其力的劳动者。拉纤一说遂成为历史名词。

四、民间建宅习俗

建宅前首先要通知左邻右舍，打招呼，有什么打扰大家的请多多包涵，同时也希望大家多给方便。这叫作“话说头里值钱”“礼多人不怪”。

趋吉避凶选宅地

择地而居是人类适应自然的一种选择。自古以来，人们都把居室看得很重，因为居室是人们安身立命之处。人类开始了定居生活后，以一个居处来应付不同季节的自然变化，希望住宅能遮蔽夏天的暑热，又能保证寒冬的日照，既可通风，又能保暖，还要躲避洪水猛兽的侵害。自然环境、地理环境千差万别，有的地方相对优越，适宜人们居住。趋吉避凶，追求安定的生活环境，是人类十分正常的需求。

传统房屋建筑和本地建材、匠人手艺紧密相关，和建房主人的人力、财力、社会地位相适应，形成了许多特有的建筑习俗。因此，择地而居建房舍就很重要。

旧时民间认为房子的位置、方向等选得是否妥当，直接关系到家道的兴衰。选得好，就可以子孙昌盛、家业兴旺，否则就会家运衰败、灾祸横生。因此人们重视房基的选择，以趋吉避凶。

根据民间相术的说法，选择宅地必须做到四宜五避，才能达到辟邪达吉的目的。

宜背山面水。房子靠山，是人们能“接龙脉，得地气，保安康”的理想选址模式。特别是“气乘风则散，界水则止”，面水的房子能纳“生气”。背山而居，使人感到稳实，屋后之山，还可起挡风作用。面水而居，水面清凉，给人送来清新空气，使人精神爽快，屋前有水，还有饮水、洗漱、防火、养殖等多种便利。因此，这一选址原则是有科学道理的。

宜面南向而居。如此选址，主要是考虑使房屋避免受到夏季阳光的照射和冬季寒风的侵袭。在夏季，太阳从东至西的照晒，使房子东西两个方位的房间异常炎热。这种热气，风水术称为“煞气”。如果面东或面西而居，就刚好迎着这种煞气，就会使人昼夜处在煞气之中坐卧不安。面南而居不仅避开了这种煞气，而且还能接受南风送来的凉爽空气。北京在冬季常刮西北风，以及由此带来的残叶尘埃，风水术也将这些阴寒污浊之风视为“煞气”，要求人们能够避开它的侵袭。面东、面西、面北而居都会迎受这种“煞气”，只有面南而居，才能把冬季的煞气拒之门外，从而有效地保存屋内人们度日取暖的生气。

所以过去建房时家家都有抢阳的习俗。抢阳指房子方位由正方向，偏向东南一些，每日早些时候把阳光“抢”进屋去。若房子偏向西南方向，则叫抢阴。除特殊情况，如随山形、村势，一般没人盖抢阴的房子。

避古家之地建房。老人们都认为在古家之地建房，侵扰了鬼魂，鬼神会进行报复，使人灾祸横生。所以要避开古人建房的基址，另择地建之。

宜地表清爽干净。凡是背阴、霉湿之处，往往鬼怪作祟，虫蛀霉生的地方，会使人居住时心感不适，而遭灾病。因此宅地必须选择地表清爽之处。

避于T和Y字路口及正当流水处建房。人们以为这样会使房屋处于来自大道和河流的煞气的冲击之下，会给屋内的人带来凶患。

避宅基地东西长南北狭。俗语有“卯酉不足，居之自如；子午不足，居之大凶”的说法。又有“当院横着长，必损少年郎”的说法。

宜居高面河。这样就形成一种前低后高，居高临下的形势，也可使房屋得到高的依托，屋前面视野开阔，能广纳河面吹送而来的清新空气，从而获得更多的宇宙之生气。民间谚语说："前高后低，主寡妇孤儿，门户必败；后高前低，主多牛马。"就是这一选址原则的具体体现。

四平八稳建住宅

凡建宅在选好地基开槽破土时，首先要请风水先生用罗盘校正方位，但绝不会摆正，而要"抢阳"。为使宅子处处有钱，一是在稳门口处的台阶石时，称为合龙门，台阶石必须用一整块石料，在石下压上铜钱或银圆，成为镇宅之物；二是在立架时，在棺柱之间，棺的海眼里放上铜钱；三是瓦匠封脊时，在大脊正中藏埋上铜钱，这些活动都在风水先生指挥下完成。另外在地基完工时，还要在四角各放一个装满水的瓶子，取其四平八稳之意。

房地基忌讳正南正北。过去在打地基时人们习惯请风水先生用罗盘（指北针）测定，选风水宝地，强调："房要正，住僧众，妨后人，财不兴。"因此绝不能搞一个正南正北的地基。因为庙、庵才会是正北，那是用以供神灵专用，以示神座正位，而设计民房时则总要差上几度。另外郊区常刮西北风，哪怕是正西风也会因房子的角度合适，起到避风、祛邪的作用。

立架上梁是建房中最为喜庆的日子。为防不测，上梁时就应先祭祀鬼神，祭毕将事先准备好的镰刀、尺子、镜子、秤杆等拴在米筛上，悬挂在堂屋的墙上。鬼怕尺量，镰刀能使魔鬼望而生畏，镜子是"照妖镜"，秤杆是区别人鬼的标准，而米筛则起天网的作用，"天网恢恢，疏而不漏"，一切胆敢侵入宅地的鬼神都无法遁逃。

此外，还有的在墙脚下砌一块石头，上面刻"泰山石敢当"五字，同样有辟邪的作用。

雨浇梁。若上梁时赶上小雨，被称为雨浇梁，是人们所喜欢见到的，寓意为"雨浇梁，越过越强"。上梁完毕，先用几根椽子把房架固定，叫作老架。这时有两个木匠比赛钉脊的椽子，从两头向中间，谁先钉到中间，便把蒙梁布抢归自己。蒙梁布是二尺见方的一块红布，抢走红布后，八卦图才露出来。

忌用孤棺。孤棺是指在盖正式住房时，不论三间、五间，使用一架棺，即为孤棺。所以在做棺时，即使五擦架内木棺也要用二棺子，因为二已是双数，就不算孤棺了。

忌用单椽子即往擦上钉椽子，一排叫一挂，不许钉成单数。单椽谐音单传，恐惧后代为单传，有心计的主人往往多亲自监督，而有经验的木匠会巧妙地在有单数的一挂椽子最后加钉一根。

忌用燕擦，即擦的一头有分叉，它也禁止用在房上。原因是人们怕权，怕不顺，怕出差错，便和燕擦联系起来。但由于人们的谨慎，几乎没发现哪一家错用过。

椽子不许倒挂。腊钉椽子以小头朝上、大头朝下为顺，相反叫倒挂腊。与人联系起来，倒挂，影射了上吊，是很晦气的。这种情况极少。除两头粗细难分，木匠绝对拣好钉的小头钉。

忌窗户对着门。因为民间流传这样“必得死人”，因此前院后窗与后院屋门不能直对。但若隔一条道路则不犯忌。

窗户对门，民间称“大口吞小口，必有一方死人”，主要是伤后院人。所以后院有房，盖前院房把后窗与后院的房门错开；相反，后院房后盖也应避开前院后窗。错开的办法是：把地基向左或向右错开半间地方就行了。

川底下村的民居建筑

门头沟区的川底下村落是经500多年不断完善逐步形成的，其建筑格局有着深厚的军事文化、商业文化、民居文化底蕴。村中院落多属山地四合院，全部就地取材进行建造，除青砖、灰瓦等经过简单的加工外，其余墙体维护材料，石材和屋架的木材等几乎均是未经加工的原始天然材料。同时建筑中厚实的墙体、挺直的屋脊雕刻及淡雅的书画形成川底下村民居质朴、简洁、清雅恬淡的建筑风格。

川底下古村根据山、水、方位三要素，选址于斋堂镇小北沟峡谷北侧的缓坡上，环境优美，有较完备的防洪排水系统。村中房屋庭院依山而建，沿山势高低分台而筑，层层叠叠，形成以四合院为主、三合院为辅的建筑群。

其建筑造型多是由正房、倒座、厢房及耳房、罩房组成的山地四合院，与城里的四合院比较，最大的特点就是小巧玲珑，单体建筑造型均由传统的屋顶、屋脊、台基三部分组成，为抬梁式构架体系，其等级排序依次为正房、倒座、左右厢房、耳房和罩房。

正房一般坐北朝南，为三开间，“间”宽2.4米，整个山墙高约2.7—2.9米，但其地面高度高于其他房间1米，设台阶五级，所以在院中看，正房的檐口高度则有3.7—3.9米。在正房东山墙上均设有泰山柱，以增加房屋的坚固性，并取东为长、大之意；

倒座一般也为3间，间宽、高度、进深均小于正房，台阶二到三级，其后檐墙不开窗，其檐部为封护檐；左右厢房均为2间，间宽、高度更次之，间宽2米，檐高2.4米。耳房、罩房的檐口则更低，形状因地势而变。

整个村落屋顶均为硬山式清水脊，即瓦顶的脊用砖砌线角，脊两端做象鼻子（当地称“蝎子尾”），脊上的雕花形状各异，各具特色。建筑充分利用当地的天然材料——青灰色砖瓦，素雅古朴。四合院中各房间的门及主要窗子均开向院内，部分有后院的院落，其前院正房的后墙设有开向后院的门窗。门窗全部在原木上刷以桐油，以防腐防潮，保持原木本色，外观古朴典雅。在建筑山墙上，靠近脊的位置有一直径约为20厘米的圆形白色装饰，具有装饰和对景的作用。当建筑位于公共活动空间处时，常在靠檐口部设有内刻“泰山石敢当”的壁龛。

火炕是农村特有的冬季取暖方式，炕有条山炕、棋盘炕之分。条山炕三面靠墙，呈长方形；棋盘炕两面靠墙，呈正方形，大多一面靠后墙，一面靠山墙，高度均在0.5米左右。炕下是曲折的烟道，炕面用石板铺成，最上面再抹一层黄土泥。烟道出口在山墙上，炕前角下为灶台。

炕烧了多年后要拆掉重搭。拆炕时，烟道的灰是极好的肥料。

第五章　商业习俗

北京的商业习俗是北京民俗的重要组成，与其他民俗关系密切。北京是五朝古都，又是礼仪之邦的首善之区，而且一直是我国最大的移民城市、消费城市，大量的外来移民带来了全国的文化、习俗，并影响了北京的文化与习俗。从严格意义上讲，北京的民俗，尤其是商业民俗应该是外来影响的占主导，而本土文化影响不大，是综合性的民俗。

自古以来，尤其从清中叶开始，北京的主要商业一直操控在山东人和山西人手中，山东人主要经营范围在粮食、餐饮、猪肉、布匹等行业，而山西人则主持上票号、钱庄、当铺、副食、山货等行业。除此之外福建、浙江、广东等地人把持茶业、杂货业。乃至北京人一度引以为豪的古玩、旧书等文化产业一直是江西人和河北人的天下，而给北京土著所留下的就不多了。由于外省人的介入，北京的商业习俗有明显外省文化的痕迹。像鲁商的诚信为本、晋商的勤俭精细都深深影响了北京商业民俗。北京人聪明灵巧，能言善辩，自然在做小本生意上有淋漓尽致的表现，尤其那种以北京土语为基调的叫卖吆喝，成为北京商业习俗的特色。

老北京人安贫乐道、知足常乐，但他们不因循守旧，能从小本生意中努力而做上了大买卖，东来顺、全聚德等老字号的发家史也印证了这一点，而这些则是北京商业民俗的精华。

北京的商业民俗的特色是北京民俗中最有趣的民俗之一。无论是沿街开店还是集市摆摊，都可以体会到他们的地道、守规矩及中华文化的影响。1949年后，北京的商业民俗中又注入社会主义因素，更加绚丽多彩，与传统民俗相结合，形成了北京的商业民俗。

一、经营方式的民俗

坐商与行商

坐商，泛指那些有固定的经营场所、固定的经营时间和基本固定的商品的商人。坐商是由原始集市的交易方式发展起来的。在北京，称坐商为“开买卖的”“做生意的”。而行商，人们则称之为“做小买卖的”“小贩”。主要因为行商没有固定的经营场所，他们无非是在庙会、集市摆摊设点，或走街串巷，沿街叫卖。

坐商因为有固定的经营地点，有自家的店铺，故而在商业信誉上高于行商，讲究“言无二价，童叟无欺”“和气生财”等。而行商大多靠甜言蜜语来糊弄顾客，尤其是他们往往采取“打一枪换一个地方”的“游击战术”来推销商品，因此，北京地区的行商亦有“游商”之称。

一岁货声——吆喝及其他

行商为了推销商品，一般用吆喝等广告形式叫卖。吆喝是小贩（行商）花言巧语、甜言蜜语的艺术表现形式，不仅民俗色彩极浓，而且还有强烈的地域色彩。像卖糖葫芦的，北京东城区和西城区就有区别，界线十分明确。

北京行商小贩的吆喝与北京地区的文化有很大关系，不仅吆喝的词句文雅，合辙押韵，而且还有旋律（音乐性）、节奏等特点。因为北京小贩吆喝的声音很美，且让人回味，因此有“货声”之称。

吆喝是有其功利目的的。无论是其音乐性，还是文学性，其实都是服务于一个目的，那就是推销商品。在功利性方面，京城小贩与其他地区的小贩，没有什么不同之处。

全国各地的小贩，都有吆喝的习俗，但北京小贩的吆喝，有些艺术化，想必是受当地戏曲、曲艺等艺术的影响。其中，除有些“王婆卖瓜，自卖自夸”外，大多含蓄，在叫卖词句中，有文学性。在叫卖词句的形容词上，很有独到之处，诸如“带刺的黄瓜”“顶花的藕”等，既形象，又优雅。尤其是其比喻的十分贴切，且又对购物者有吸引力。如“栗子味儿的烤白薯”“萝卜赛梨”等，将低价商品与高级商品相比，足见小贩之聪明。

代声叫卖

在吆喝叫卖的同时，京城小贩往往还用一些乐器（京人称响器）来伴奏，有的小贩干脆用响器声代替叫卖，因此人们称之为代声叫卖或响器广告。

这种叫卖形式，经过长时间的推广，已经约定俗成，形成了固定的模式。购货者只要听到这种响声，便知是卖什么或干什么的来了。

京城小贩的响器大致有敲击类、吹鸣类、弹拉类、综合类等数类。几乎每个行业都有自己的响器。除铃、锣、鼓、笛等人们常见的乐器外，尚有一些在乐队中见不到的，如磨剪子、戗菜刀用的“惊闺”，理发剃头的“唤头”等。像鼓这种乐器，在京城小贩中就有颇多讲究，卖木炭的用大鼓；叫卖古玩、破旧货物的用小鼓；这种小鼓还有区别，收购古玩、细软的鼓和收买破烂的鼓，在声音上与鼓的大小上还有区别。卖针头线脑的用“货郎鼓”；卖布头的除叫卖外，走街串巷上也用鼓，不过比卖针线的要大一些。

用响器叫卖历史十分悠久，至少元代的《析津志》中就有了记载。这种习俗随着时代的发展而发展。像鼓这种响器，民国之后曾用上了洋鼓，那时主要是卖洋胰子（香皂）的。20世纪末以来，除少量响器叫卖还存在外，大多均被淘汰，取而代之的是录音机、扩音机等。

童叟无欺与言无二价

北京是五朝古都，在“天子”脚下的商人自然有了点“皇家气派”。因此，北京有规矩的商人在操业时颇讲商德。

当年的商德主要是“童叟无欺”和“言无二价”。这种商俗在其他地方也存在，但在首善之区的北京比较突出。在我国，许多道德、习俗、行业规范、行业守则等大多出于儒家学说，其“童叟无欺”源于尊老爱幼的美德。“言无二价”则出于“信”的学说。

老人与儿童，虽年龄有很大差别，但他们在买东西购物时，最易于上当受骗。由于他们对商品真伪、质量、规格和计量的鉴别水平有限，时而受到不法商人的欺侮。于是聪明的商人们便以“童叟无欺”来标榜，并使之成为约定俗成的“行业规范”。

“言无二价”仅仅是一种经营手段，是与“漫天要价”相对而言。“言无二价”是商家自信的表现，是货真价实的表现。北京有名的“老字号”和有固定经营场所的商人，都以“童叟无欺”和“言无二价”自律，并形成了习俗。

在旧社会时，由于为利益而驱动，有相当一些商人在运作时，往往“童叟吾欺”和“焉无二价”。

宁肯要跑，不肯要少

旧京一些摊商，在经营时多以欺诈为宗旨，常常以假冒伪劣商品欺客，而且时常“漫天要价，就地还钱”，故有“老虎摊”之恶称。

“老虎摊”多以经营古玩、玉器、估衣等为主，他们是属流动经营的行商之列，能多挣就多挣，信用等一般商业道德对他们的约束力不大。所以他们在经营时，往往是“宁肯要跑，不肯要少”，宁愿做不成生意，也不会按实价销售。

在一般情况下，他们也会打价还价，不过，这种打价还价是“不肯要少”的另一种表现形式，其目的均是将不实价的货品推销给顾客，而在标价前已提价很高，即使降价他们也不吃亏，老北京人将这种行为叫“要谎”。“要谎”是小贩的习惯做法，有些商号亦有些恶习，此恶习沿至21世纪。

三年不开张，开张吃三年

“三年不开张，开张吃三年”，是旧京古玩业的一句行话。古玩业是旧京畸形繁荣的行业，其店铺之多，货品之全在全国为冠。

古玩业大多顾客都是颇有家资的人，如官僚、巨贾、暴发户和来华洋人等。而其货品又有不可比性，没有统一、量化的价格。“奇货可居”是这个行业的重要特点。因为有“奇货可居”的特点，经营此业者并不急于出手货物，“三年不开张”对他们而言是发财前的等待时间，如果货物出手，便可“开张吃三年”，牟取更大的利润。

卖者如此，买者也如此。因为大多顾客买回古玩并非实用，有不少人出于保值的观念，因此，“三年不开张，开张吃三年”的习俗，得以流传。

腊月水贵三分

京城商界旧日有“腊月水贵三分”之说。从广义上讲，是商家在旧历新年前要普遍涨价，借春节之际发一笔财。

从狭义上讲，是指浴池业及水业（泛指卖水者，开井窝子者和送水夫等）的腊月经营策略。

旧京春节是一年中最重要的节日，无论穷富在节前都要洗澡沐浴，因此腊月时京城大小浴池都顾客盈门，供不应求。此时开浴池者便借机涨价。

另一种含义是无论大门，还是小户，节前要备年货，烹调、洗涤用水增多，而在自来水没有普及之前，京城全靠水夫送水，在此时，水价自然会调高，形成“腊月水贵三分”之势。

自古以来，北京就是个缺水城市，城内可饮用的水不多，屈指可数的几口甜水井往往是“水霸”们的摇钱树，在腊月用水高峰之际，他们当然要借机生财。

“腊月水贵三分”是老北京商业习俗中最独特的，它在其他地区很难形成。除了在腊月时水价上涨外，送水的水夫也借机索要“节钱”，这样，使当年北京人吃水、用水所付出的代价极高。1949年后，自来水普及到各家各户，至此“腊月水贵三分”之说才寿终正寝。

二、年节的商业民俗

忙年

进入农历腊月之后，春节临近，是一年中最忙的季节，因此，民间称此时为“忙年”。

在“忙年”时刻，旧京商家生意格外兴隆，一些干果店、糕点铺、果局（水果店）、香蜡铺等，要沿街设摊，叫卖年货。此时开市的庙会、集市也以年货为主，广招顾客。旧京过春节颇多讲究，人们除了备吃食、穿用之物外，还要选购祭祖拜神用品，卖灯烛香蜡的香蜡铺的买卖红火。

由于年前购销两旺，京城内外的店铺自腊月二十三祭灶日始延长营业时间，有些还会通宵达旦，在日常用品供应之外，还要增加“年货”。

店铺如此，一些小商小贩也在借新年之际大做生意，像书卖春联、福字者，卖年画者，都要在节前将货物卖出去，因此，他们格外忙碌。

小孩子在节前也参加到“忙年”的队伍中，这些孩子主要帮助大人销售财神像（挨家挨户送财神）、活鲤鱼等。

一年之计在于春，而商家的“一年之计”则在于年终岁末，这种“忙年”习俗一直延续至21世纪。

讨债与算账

商家过年与平民百姓略有不同。他们在“忙年”之际，还要考虑和运作讨债与算账。

大的商家在年终前要算细账，总结一年之中的盈亏。有些店铺在算账之后，要请来股东聚餐，在宴席后要“分红”。如果一年中经营较好，股东、掌柜、伙计都会喜气洋洋。如果一年中不景气，亏损巨大，不仅无“分红”可言，说不定还要关张倒闭。节前的算账是商家的一大“关坎儿”，因此，算账格外引人注目。

旧日的商业，其经营方式除零售外，还兼批发，而批发时并非是现款交易，有些是用赊销方式批给小商小贩的，而年底算账后的首要之事，便是讨债——将客户的欠款追回。正如京城《竹枝词》云：“爆竹声中岁又终，持灯讨债各西东……”

如果小商小贩一年中经营得方，追回欠款不算难事，因为这些小商人深知与大商户的利害关系和讲究信用、义气、商德，赖账的事是不多的。但是，由于经营亏损和不得当，难以还本付息时，他们只好去躲债，而商户为了维护本身利益，就要去讨债，于是春节前形成了“西单东四画棚全，处处张罗写对联；手提灯笼齐讨账，大家收拾过新年”的局面。

说官话与除夕宴

旧京商家大年除夕时，东伙要相聚一堂，除备有酒席外，还要备有包子一类的主食。

除夕宴的酒菜有时是难咽的，包子也不是好吃的。因为这一天的宴席是关系到店东、店伙的命运，乃至影响来年的生计问题。

一般情况下，店主或经理、掌柜在开宴前向大家敬酒，如果他满面春风向大家讲评总结一年的经营、盈亏和店伙的表现，并希望大家来年时共同努力、同舟共济之类的话，大家便会放下心来。这时的酒，是值得高兴的喜酒。酒后的包子吃在嘴里也是香的，因为大家少了来年失业的后顾之忧，明年的生计不成问题了。

反之，如果店主在敬酒前愁眉苦脸，唉声叹气，大诉其苦，说出严重的亏损之类的话之后，大家的心都会涌到嗓子眼儿上，因为店主就要说“官话”了。所谓的“官话”，其实就是听起来冠冕堂皇的客气话，这些话无非是讲店东对不起大家，大家一年辛苦了之类的客套话。在客套之后就扯到了主题——让一些人“别处高就”，实际上就是解聘失业。

旧话俗谚中有“天不怕，地不怕，就怕店主说官话”之句，被“官话”奉承的人，便要卷铺盖走人——失业。在不景气的商号里，除夕宴的酒是苦酒，包子吃在嘴里也不是味儿，因为这种包子有“滚蛋的包子”之说。除夕宴后，留下的兔死狐悲，走了的辛酸流泪。

北京解放后，商家的这种旧俗已不复在。

祭祖与祭财神

旧日商家新年除夕时的祭祖习俗，与常人无异，正月初二祭财神与全国各地略有不同。商家祭财神主要场所在广安门外五显财神庙。正如古籍所云：“初二日致祭财神。鞭炮甚伙，彻夜不休。”这一天，京城商界人士天一明便来到庙中，烧香叩头，然后买几个纸元宝带回去。而且称之为“借元宝”，“借之则财旺”。“借元宝”旧俗，实属封建迷信，解放后销声匿迹。但当年则是商家精神寄托，是对来年的企盼与希望。“借元宝”是件很严肃的事，谁家也不敢马虎行事。

元宵节的商业民俗

农历正月十五古称上元节，又有元宵节、灯节的俗称。制灯、卖灯、生产经营元宵都与商家有关系，节中之商品节令性强必须加倍努力抵销出去。

旧京制灯，卖灯的中心是前门外西河沿、廊房二条、廊房三条一带，故有“灯笼街”之称，店铺一般是“前店后厂”，自产自销。北京最有特色的是宫灯，这是与外地市灯市有所不同之处。宫灯最初是专为宫廷、衙门制作，后来发展到了民间。每逢灯节前后，这里时常供不应求，要红火一阵子，店铺相互竞争，各显其能。

在北京的灯节期间，家家户户要吃元宵，北方的元宵与南方的汤圆有所不同，它是一层层滚出来的，北京人称“摇元宵”。因元宵的需要量大，京城的糕点铺、饽饽铺，如芙蓉斋、正明斋、聚庆斋诸“老字号”，往往在门口设摊，在大庭广众面前“摇元宵”——加工。

是日，“摇元宵”处，支起大棚，伙计要事先“剃头、洗澡”，而且要发一个新围裙和一块新包头巾。伙计们要在公众面前操作，以示“个大馅好”。当年元宵全凭自产自销，质量优劣，关系重大，所以店员十分认真，不敢弄虚作假，欺骗买主。

卖元宵时要数数，元宵节期间伙计们数数时要唱出来，有腔有调，十分动听，是街头的交响乐。

端午节的商业民俗

端午节亦是大节日，北京过端午节也有吃粽子的习俗，但其粽子的品种、质量不如南方诸城，因为，旧节在节日卖粽子者多为小商小贩，大商号一般不卖粽子。

小商小贩的粽子，多为自我加工，自产自销。多为牟利，往往有往糯米中掺大米之举。故当年京人所食端午粽子，并不见佳。

在粽子之外，旧京端午习俗中，仅有卖“五毒”饼引人注目。“五毒”泛指蝎子、蛇、蛤蟆、蜈蚣、壁虎，但“五毒饼”不是这“五毒”所制，实际上是由玫瑰、蜜糖等所制。逢端午节之际，京城糕点铺，要隆重推出“五毒饼”。

端午节也是旧日商界算账的“三大节”之一，虽不像春节那样认真，但账还是要算的，一些常年赊购商品的大户人家，在此节日向小户结旧账，除还债外，还要给商号伙计诸人“节赏”。

中秋节的商业民俗

中秋节习俗，全国大同小异。北京习俗与外地的不同之处，是有“兔儿爷”卖。

兔儿爷是泥塑玩具，除为玩具外，有些人家还要把它当作“神仙”祭拜。正如《旧京秋词》所云：“中秋儿童玩具曰兔儿爷，其雌者曰兔儿奶奶，识者所嗤，然愚民或高供以祈福焉。”

售卖兔儿爷者均为小商贩，主要出售时间、地点是中秋节前的庙会和集市。如今，中秋祭月习俗无存，但是近年又有兔儿爷出售，不过它不是祭品，而是工艺美术品。

在春节、端午节、中秋节“三大节”，还有其他一些节日，在这些节日，除商家借机出售一些与节令有关的食品、玩具、日用品、祭祀用品外，很少有自己独立的特色和特殊习俗。只是中药业在传说中的“药王爷”生日之日，借机减价销售，乃至有赠药之举，而洋药房绝不加入此列。

三、店铺开张民俗

北京店铺开张营业的习俗，与全国各地的店铺开业大同小异。除敲锣打鼓、鸣放鞭炮外，同人及亲友还要送贺礼幔帐，店里也要张灯结彩。店主在开张之日还要摆上几桌酒席，酬谢各界来宾。

在开张之际，一些大的店铺要请商会（工商会馆）办的水会来站脚助威。水会是业余消防组织，主要用来救火灭灾。是日，水会将救火工具，如铁钩、水枪、水车等在店门口排列，救火的水夫也站在门口，这些人大多为膀大腰圆者，站在店门口，煞是威风。

在旧社会，每逢店铺开业之际，还要招待乞丐头目，以防他们乘机捣乱。

除此之外，在开业后几天内要打折销售商品，借以酬宾。

民国之后，一些店铺开业还要请洋鼓洋号队在门口吹吹打打，而过去仅请民间吹鼓手来助兴。当年，店铺开业没有剪彩之类的仪式，但挂匾、亮匾的仪式则十分隆重，往往还要烧香，祭祀财神及行业保护神。与此同时，店铺在开张时，门口要挂（贴）上楹联，红纸黑字，喜气洋洋，以贺“生意兴隆通四海，财源茂盛过三江”及“开市大吉”。

20世纪80年代后，店铺开业开张，与旧日大同小异，只不过增加了剪彩、讲话和赠送花篮之类的内容。同时，为了给本店增辉和来日的顺利，一些大的店铺（商号）还要请当地党政官员、上级领导、工商、税务、公安等部门人员及新闻记者参加开业仪式。

开张仪式是店铺开业的重要活动，因此开张前的准备工作十分烦琐，有些是神神秘秘的。如新中国成立前首先要请风水先生选择“黄道吉日”，“吉日”选好之后，店里还要商议请客的名单，按京人习俗，这种邀请帖要在三日之前送达。有些店铺在开张前去庙里“请财神”，然后端端正正放在店中的“佛龛”里，而且要日夜香火不断。

旧京乞丐很多，他们有自己的组织，自称为“杆儿上的”，这些人喜欢在店铺开张之际云集店门口，以“唱喜歌”为由，大肆敲诈。因此，开张之前要拜访乞丐头目，开张之日要有专人负责安排、分发赏钱。

旧北京的店铺开业时，所请客人中没有女人，店中的女眷也要在此日回避，这种习俗保留很久，民国之后有所改变。同时，在开张时忌讳和尚、道士出现在店门口。因此，在开张仪式前，店里要派人在店铺附近的街口去阻拦这些“化缘”人。

一些大的店铺在开业之际，设专门的账房先生来登记，收集来宾的贺礼，乃至还有专人安排客人的座位。以防因疏忽大意，而造成不良影响。此习俗与婚礼无异了。

四、公益民俗

商家参与公益活动自古有之，并非始于今日，只是当年不称公益活动而已。

老北京商家的公益活动和公益广告，十分久远，且值得回味。在辛亥革命前，京城市政建设颇多缺陷，但在每年春天要“淘沟”——清除下水道的污物。此时，臭气熏天，路人只能掩鼻而行。于是，一些中药铺便免费赠送艾草之类的驱臭草药，供行人佩戴。当年城市少有照明，打开的地沟时有路人跌进去，像同仁堂之类的“老字号”便在沟旁道边挂出灯笼，既为路人照明，又宣传了自家，因为这些灯笼上都标有××字号捐赠的字样。

在科举时代，每逢贡院考试期间，全国赶考举子，云集京城，他们大多住在各自的会馆或馆店里，科举考试为暑期，天干地热，举子中暑者颇多，同仁堂等药店在此期间派专人去贡院、会馆、旅店免费赠送避暑祛热的“平安药”，既做了广告，又积下了功德。药业除有些公益性活动外，每逢药王爷生日之类的日子，一律降价售药，方便和照顾患者。

历史上北京的救济机构——粥厂、贫民收容所、救济所等的开支，不少都是商家通过商会、同业公会捐赠、排派的。当年赈灾救灾也是以商家为主导，如光绪十六年（1890）时，永定河水泛滥“近成泽国”，商会召集商户募捐“各募巨资，先放急账，继办冬抚，往来于泥淖冰霜中，活人无算”。

北京的商家除了资助粥厂、救济所之类社会慈善机构外，还兴办和资助“窝窝头会”与“带子会”这样的慈善组织。

“窝窝头会”始于清末，主要是为贫民提供充饥口粮。“窝窝头会”虽“集资于众”，但大多由商会提供赞助，“不足则演义务戏充之”。“窝窝头会”不仅赈饥，并且“兼筹御寒的衣物”。

“带子会”是为死人服务的机构，亦系商家资助兴办，主要是救济手工业者贫民。当这些人死去，家中无钱埋葬时，“报之于会，则殓事毕备。”据说葬殓时的“鼓乐、棚贡以迄茶，奔走”皆由“带子会”操办，因为参加“带子会”的成员，在参加活动时，每人腰系白带，故称“带子会”。

旧时商人虽有“奸商”之恶名，有“无商不奸”之说。但是，其在历史上也确实做了不少有利于老百姓的益事。这些事在当时被认为是“善事”，是社会公益事业。有趣的是这个商业民俗和传统，不仅被流传下来，而且还有所升华和扩大，成为人们生活中经常见到的现象。

旧京商家参与的公益活动，并不仅仅是慈善活动，他们对于政治性活动也喜欢参与。如“五四”运动期间，不少商家声援爱国学生，他们在学生游行经过的地方设茶桌，免费提供茶水。与此同时，他们还配合学生，进行“罢市”和抵制日货，并且联合起来，不在日本人办的报刊上做广告。

每逢有反帝活动，商人都要声援，他们是抑制洋货的主力。抗日战争之初，二十九军长城抗战时所用的大刀，便是北京商家赞助的。

五、煤业习俗

北京采煤和用煤已经有1000多年的历史，俗话说：“开门七件事，柴米油盐酱醋茶。”“柴”被赫然列在了第一位，由此可见，燃料在人民生活中的重要性。煤炭行业不仅为北京城市发展提供了重要的物质基础，而且在采煤、运煤、卖煤、用煤的生产和生活实践中，形成了丰富多彩的民俗文化，是北京民俗的重要组成部分。

由于煤炭是黑色的，人们把“吃煤行儿饭的人”称为“煤黑子”，由于这个行业具有一定的特殊性，对社会上大多数人来说，是陌生的、神秘的，甚至被某些人认为是粗俗的。然而煤业文化正像煤炭一样，初看起来它黝黑、坚硬、粗犷、平凡，可是你一旦接近了它、了解了它，就会像在黑暗中见到了火光，在严冬里感受了它的温暖一样，从而喜爱它、珍视它。明代著名的爱国英雄于谦那首《咏煤炭》“凿开混沌得乌金，蓄藏阳和意最深。爝火燃回春浩浩，洪炉照破夜沉沉。鼎彝元赖生成力，铁石犹存死后心。但愿苍生俱饱暖，不辞辛苦出山林。”就是对煤业文化内涵最好的揭示。

采煤业习俗

北京盛产煤炭，是全国五大无烟煤生产基地之一。北京的煤矿工人是北京地区出现时间最早、数量最大的产业工人，在上千年的生产实践和生活中，形成了丰富多彩，具有行业特点的民俗文化，这种文化的特点是具有朴实性、哲理性、豪放性和通俗性。北京煤业的民俗文化从一个特殊的角度，为北京的历史研究提供了宝贵的资料。

1. 煤业祭祀

办庙会　每个行业都有自己崇奉的神主，北京采煤业奉祀的神主是九天玄女。门头沟是北京煤炭的主产地，门头沟的煤炭资源主要埋藏在九龙山下，煤窑主要开在九龙山周边，九龙山位于门头沟区境东部，龙泉镇、王平镇、妙峰山镇、永定镇、潭柘寺镇的交界处，海拔853米。山势和缓，岭脊绵延数公里。明代时，门头沟各煤窑集资在九龙山山顶的夷平面上建了一座供奉九天玄女的娘娘庙，原来有灵官殿、老爷殿、娘娘殿、回香殿、茶棚等建筑，并且形成了具有行业特点的九龙山娘娘庙会。

九龙山庙会是旧时京郊规模最大的行业庙会，是煤业从业者的盛会。庙会的会期是农历的五月初一，其香客来源东至北京城区，西至大台、板桥，南到潭柘寺，北到军庄。香客大多是产煤区的村民、从事煤业生产的工人们，以及开煤厂子的商人和从事煤炭运输的人们。在庙会期间，附近各村的香会（民间花会）都上山去进行祭拜、献艺，除了香会中的武会（花会）表演之外，还有文会在上山的各条香道上沿途开办茶棚，供香客们休息，茶水是免费的。

四月三十这天，门头沟产煤中心区13个村子的19档香会，会把在炉灰坡娘娘庙里供奉的九天玄女娘娘木雕像抬上九龙山去避暑，一路上要绕遍产煤中心区的13个村子，行程20余华里，过街起舞，遇庙烧香。村民们携亲带友，万人空巷，十分热闹。香会把娘娘神像安放在九龙山娘娘庙的娘娘殿里，第二天上午举行祭祀仪式。

举办完了九龙山庙会之后，各煤窑就停产了，俗称“下山”；到了九月初一，再上九龙山娘娘庙，把娘娘殿里九天娘娘的神像，请驾回到炉灰坡村后的九天玄女庙供奉起来，各窑才能开工生产，这叫“上山”。这种风俗其实是有一定的科学道理的，从农历的五月开始就进入了雨季，民办小煤窑的排水能力差，煤窑里的地下水增多，影响出煤，无法生产，俗称“淹窑”了，只好停产歇业。到了农历九月，秋高气爽，地下水减退，气候干燥，就又可以生产了。

自从日本军队侵占了门头沟之后，庙会就停办了，此后再也没有恢复过。现在九龙山娘娘庙已不存在，只剩下了遗迹。

祭窑神　各行各业都有自己的祖师爷，煤业也不例外，其供奉的祖师是窑神爷。在门头沟有供奉窑神爷的窑神庙、窑神殿、窑神龛等。中国是产煤大国，北到黑龙江，南到贵州，许多省份都出产煤炭，由于地区的不同，所供奉的窑神爷也有所不同，有的地方供奉太上老君，有的地方供奉火神罗煊。北京的许多区县也都出产煤炭，所供奉的窑神爷也各有不同。北京的两个产煤大区，门头沟和房山所供奉的窑神爷就不一样。门头沟供奉的窑神爷是魏老爷，一般为普通矿工装束，左手拿着开山斧，右手倒提着一串铜钱，铜钱撒落在地上，以此表明窑神爷给矿工们撒下了一路铜钱，供他们享用。此外还有另一种寓意，矿工们存不下钱，随挣随花。门头沟圈门窑神庙里供奉的窑神爷则是另一种形象，文官装束，武将相貌。头戴官帽，身穿官服，衬衣呈赭黄色。黑脸，虬髯戟张，面目凶猛，这是魏老爷成神之后的神像。房山供奉的窑神爷名叫崔义，也是矿工形象，他一只手上举，意为他为矿工托起大山，保护矿工安全挖煤的意思。

祭祀窑神爷的活动由各煤窑自己举办。窑工们对窑神爷的崇奉十分虔诚，祭祀活动很多，最主要的是在窑神爷生日当天举行大祭。窑神爷的生日是农历腊月十八，门头沟则是提前一天进行祭祀，即腊月十七祭祀窑神爷。在过去门头沟属于京师宛平县，提前一天是为了显示京师首县的特殊性。

每年在农历腊月十七这天。每座煤窑在官中（办公室）、锅伙（工人住处）迎门的墙壁上，特别是拔道（窑口）正上方的窑神龛上都要贴上新的窑神像，并在两旁贴上对联，上写“乌金墨玉，石火观恒”等吉语。在窑口前摆上八仙桌子，上面摆着供品，前面中间摆上香炉，点燃成股的高香。仪式开始后，众人依次烧香祭奠，祭奠完毕后，可哄抢食物，并掀翻桌子、摔碎盘子，同时高声喊道：“岁岁（碎碎）平安！”。随后燃放鞭炮。按照规矩，这天窑主要请大家吃喝一顿饭。宴席就摆在窑场上，有酒有肉。宴席开始后，有三五成群叫花子和老艺人前来唱《窑喜歌》，吃喝完毕之后就放假了，等到正月初六再开工。

这一天，门头沟的地方官员、地方士绅、窑主、煤商们在圈门窑神庙祭祀窑神爷，摆设三牲供品，燃烛焚香，顶礼叩拜。之后大家一起商议有关煤业的公事。

从这一天开始，在圈门窑神庙前面的大戏楼唱大戏三天，此外还有民间花会表演、商品贸易集市，比过春节还要热闹。

除去窑神生日祭之外，还有开窑祭祀、复工祭祀、节日祭祀等，规模都比较小，并且是分散的。

2. 煤窑里面的规矩

矿工之间要互帮互助　煤矿井下生产是“三块石头夹一块肉”，早年间缺少安全设施，危险性比较大，生产条件差，安全没要保障，经常有人受伤。如果在井下有人受了伤，大家都积极进行救护，宁可今天的这个班不上了，钱不挣了，也要护送受伤的人出井，及时就医。没有钱的，大家凑钱给他疗伤或者治病，窑工受了伤，家里没有了生活来源，家属没饭吃，大家进行帮衬。矿井的斜坡上安装有梯子，空身下来的人必须要给背煤上去的人让路。在背煤或者背木头的人起身时，旁边的人都要扶一把。

井上的恩怨不能带到井下来　如果有窑工在井上发生了口角，甚至骂了娘，动手打了架，但下井之后彼此之间依然会亲如兄弟，井下条件既艰苦又危险，工友们必须互帮互助、团结一致。

善待老鼠　俗话说:“老鼠过街人人喊打。”然而在煤矿井下，人们则会善待老鼠。这是因为老鼠的感知比人要灵敏得多，经常在井下塌方、落顶、透水等危险来临之前做出异常反应，见到这种情况，窑工赶紧撤离，就能保证人身安全。岩层、煤层中会有有害气体渗透到煤窑里，这些气体看不见摸不着，但是只要看到有老鼠活动，就证明这里有充足的氧气，矿工就可以放心地工作。所以，在煤窑里，矿工都把老鼠看作窑神爷的化身，不许打，也不许吓唬，甚至会用自己带的干粮去喂老鼠。早年间，煤窑在农历腊月十七祭祀窑神爷的时候，要把供品中的大白馒头扔进窑洞里，敬献给里边的老鼠。

手是尺，眼是秤　煤矿工人有句俗语，叫做“手是尺，眼是秤，胳膊肘就是定盘星”。煤矿工人在井下干活儿，不可能每个人都带着量具，他们有一种特殊的测量方法，虽然不十分精确，但是也八九不离十。例如经遇到长度问题，煤窑行业有一种独特的长度单位计算方法：

一庹：即两臂平伸，从左指尖的距离到右指尖的距离为一庹，约合五尺，两庹为一丈。

一柞：手指叉开，从大拇指尖至中指尖的距离，约20厘米。

一小柞：手指叉开，从大拇指尖至食指尖的距离，约15厘米。

一指：食指侧立的高度：两指是食指与中指并立高度，依次类推，三指、四指。

一拳：指一拳侧立的高度，约10厘米。

一出指：一拳侧立加伸出大拇指的高度。

一扁指：食指平放高度。

一竖指：即一根手指的长度。

用木头讲究多 新开一座煤窑，窑口要架棚子进行支护，两根柱腿一根横梁夹起来呈“门”字形，在窑口架第一架棚子的时候，使用的木头是有讲究的，两根柱腿一根用枣木，一根用杏木，取其谐音，“早兴”，意思是早日出煤，兴旺发达。煤窑井下架棚子，横梁只能用松木而不能用桦木，因为桦木没有韧性，木质很脆，容易折断，只能用作柱腿儿。采买来的木头绝对不能有桑木，因为“桑”与“丧”谐音，煤窑最怕死人办丧事，如果井下发生了死人的事故，小煤窑甚至会因此而关张。

说话的规矩 在煤窑里干活儿，任何人都不能说不吉利的话、不利于煤窑生产的话，例如井下发生了塌方，窑工们不准说“塌了”，而是要说“冒了”。无论是新开的窑还是老窑，只要见了煤，就要向主管生产的“大作头”报告。大作头到掌子面经过认真查看之后，认为煤层有开采的价值，就会用红布包上一块煤，去向总管报告，说“见喜了”，而不能说“见煤了”，因为“煤”与“没”谐音。

3. 煤窑的行话

京西地区有着上千年的煤炭开采历史，在生产过程中形成了许多行业术语，一般的人是听不懂的，其中的一部分沿用至今，从中表现出了采煤历史、采煤方式、矿工的思想意识、煤业文化等诸多方面的内容，是煤业民俗的重要组成部分。煤业的行话中有煤窑（矿井）各部位的名称、人员的名称和工作术语等。

拔道：指窑口。

界外：指煤窑的地面以上部分。

井下：指煤窑的地面以下部分。

官中：指煤窑的办公室。

锅伙：指单身职工宿舍。

家伙房：指工具房。

弧：指从井口往斜下方伸展的洞子，现在叫作斜坡。

大巷：指东西走向的主要运输巷道。

石门：指南北走向的运输巷道。

暗井：指沟通不同水平巷道的竖井或斜井。

上山：指向斜上方开凿洞子。

下山：指向斜下方开凿洞子。

煤巷：指在煤层中开凿的矿洞。

风井：指通往地面用于通风的井口。

人行道：指人员上下井的斜坡洞子。

煤仓：指在倾斜的洞子里，用于自动往下溜煤的通道，如果溜矸石，则叫作渣仓。

小匣：指煤层薄的地方。

过压：指煤层突然变薄，距离较短的地方。

迎头：指开凿岩石大巷、石门的工作地点。

掌子、掌子面：指采煤工作的地方。

老塘：指废弃的洞子或采空区。

躲避洞：指躲炮和休息的小洞子。

瞎袖：指废弃的洞子。

弧跟：指斜坡与平巷的连接处。

反眼：类似于上山，但规格比较小。

上帮：指巷道的左壁。

下帮：指巷道的右壁。

顶板：指巷道、掌子面的顶部。

底板：指巷道、掌子面的底部。

窑脖子：指矿洞近井口的地方。

风锤：指风钻。

钎子：指钻杆。

大罐：指矿车

官中：指煤窑的办公室

作头馆：指大作头的办公室。

煤窑有一整套人员组织机构，对不同岗位的人员有不同的名称。

窑主：又称为“开窑的”，即煤窑的产权所有者。

山主；煤窑所在地的土地所有者。

总管：煤窑生产的负责人，民国时期改称为经理，相当于后来的矿长。

大作头；相当于总工程师。

作头：相当于技术员。

正账：即账房先生，主管财务往来，各项经济项目。其副手称为帮账，手下负责各部门账目的人员称为写账先生。

外柜：负责煤窑材料采购、煤炭销售等对外事务的主管人员。

号码子：对背煤工从井下背上来的煤进行计数，发给一个小纸条作为凭证，下班后，工人凭此去账房领工钱。

勒制子：负责产煤、卖煤计数的人员。

掌头：负责一个工作面的生产的人，相当现在煤矿中的班长。

打碰的：指刨煤工。

打白活的：在岩石层打洞子的人。

斧子手：支柱工。

走带筐：干杂活儿的。

水工：旧时从事煤窑排水的工人称为“水工”，在靠近窑口的斜坡上排水的叫作“白脸水工”，在井下进行排水的叫作“黑脸水工”。

除此之外，还有背煤工、通风工、窑场干活儿的等多个工种人员。

4. 矿工的生活习俗

单身窑工不存钱　门头沟有一句俗语，“能连上三个班，就是好窑工”。虽然劳动强度大，但是挣钱也不少，一个人下煤窑挣的钱，够全家人吃的。窑工当中的单身汉干一天活儿够自己三天吃的。窑工有当地人也有外地人，当地人要养家糊口，而外地人大多都是逃荒来的单身汉，住在煤窑的“锅伙”（类似于工人宿舍）里，自己挣钱自己花。他们虽然挣钱不少，但是他们不存钱，挣了钱就花，没钱了再去挣。因为井下干活儿危险性大，如果自己不幸遇了难，存多少钱全都白费。

住锅伙　锅伙就是单身窑工的集体宿舍，在窑场的一边盖上3大间房，两头两间用炕面石砌成两盘大炕，供窑工了休息。在两个炕的炕沿下面分别有一个地炉子。窑工上下班时，两个大火炉上坐两口大锅，一口锅内烧热水供大家洗澡用，另一口锅内的水拱大家做饭用。

住锅伙的人除个别人有条破被子、破毯子之外，大部分人都是穿着衣服睡觉，俗称“打混衣”。由于地方小，人多，在睡觉的时候。一个人头朝里，另一个头朝外，交叉着躺，叫作“颠头颠睡”。常住的人基本上有个固定的地方，临时住的叫“卡当子”。锅伙没有固定的人员限制，人多时，大家挤一挤，就又有空当了。

掰拨子喝罗圈儿酒　在小窑里干活的刨煤工和背煤工有的是按本班背出的煤数量来计算工钱的，这类矿工叫单班计件工。掌头从官中“打工”（领工资）回来，蹲在炕上开始给大家分工钱，俗称“掰拨子”。剩下的零钱一部分留给本班背煤工和刨煤工买肥皂、毛巾，供大伙洗澡用。另外的给小窑工，让小窑工到铺子里打酒买花生米，买回之后，由掌头把酒倒进大碗里，之后会大家蹲在炕上围在一起，就着花生米轮流喝酒。按照规矩，早回来的人不能先洗澡，掰完拔子喝了完酒之后，大家才能洗澡，如果有的人提前洗了澡，就不好意思喝酒了。

运煤与卖煤风俗

1. 煤炭运输靠骆驼

门头沟距离京城约50里，另一个产煤地房山距离京城也有数十里之遥。早年间既没有公路也没有铁路，要把开采出来的煤炭运到京城里去，主要依靠毛驴、骆驼、骡马。毛驴个头儿小，一次只能驮二三百斤，骡子一次能驮三四百斤，骆驼劲头大，一次能驮四百至六百斤。清代李虹若在一首诗中写道：“马骡运货终朝有，山内搬煤靠骆驼。”清代戏曲家文学家蒋士铨编纂的《京师新乐府》中有一首诗名为《运煤驼》，诗中写道：“成十成五联作行，背上捆载高于墙。……城中千烟复万烟，仗尔西山运煤石。”说明了骆驼在当时北京的煤炭运输中，发挥着重要的作用。

骆驼性情温顺，便于驾驭，耐力好。驮载量大，一峰骆驼驮两大口袋煤，重约五六百斤。门头沟盛产煤炭，但养骆驼跑运输的人家并不多，养骆驼的人家大多是永定河以东平原地区的人家。在门头沟与京城之间相距五十里的宽阔地带，从现今石景山区的五里坨、模式口、北辛安、杨庄、衙门口、古城，到海淀区的田村、五棵松、公主坟、八里庄、木樨地，都有养骆驼的人家。

2. 拥街塞路骆驼队

养骆驼的人家大多以运输煤炭为业，很少有只养一两头的，多的人家养几十头。当年北京城里最有名的两家煤铺是位于内城的“洪顺”和位于外城的“德生”，仅此两家就有运煤骆驼700余头。骆驼5头为一小把，7头为一大把，拉骆驼人只拉第一个骆驼，后面的骆驼都依次拴在前一头的屁股上。为了开道和防止丢失，会在头一个骆驼的脖子上戴一个铃铛，在末尾的骆驼的脖子上戴一个铁质的桶子铃铛，也称“桶子”。成把的骆驼在路上行走时，戴铃铛的骆驼走在前面，赶骆驼的人紧随其后。走在最后的、戴桶铃的骆驼，每走一步都会产生当啷当啷的声音。只要桶铛不响了，拉骆驼人就会回头看看，检查一下骆驼是牵绳开了，还是被人偷了。一到了秋冬季，京西运煤大道上，三五成行的运煤骆驼日夜络绎不绝。在城外，地广人稀，交通不成问题，可是一进了城就不行了，人多街道窄，骆驼身高体大，行走缓慢，大摇大摆地穿街过巷，行人躲避不及，就可能被剐蹭甚至挤倒。市民上街十分害怕遇上骆驼队，而发出了“集队转运，行人苦之”的感叹。在《同治都门经略》中收录了一首题为《煤骆驼》的诗，形象地描述了这种情况：“拦车遮路走成行，五六相连一串长。辱骂街头能忍耐，彰义门（广安门）内狠如狼。”尽管道路狭窄，行人拥挤，路人责骂声不断，但是驮煤的骆驼依然在大街上大摇大摆，缓缓而行。民国初年，京师警察厅曾经对运煤的骆驼队做出过这样的规定，“以三头为一队，而不准队队相连”，以缓解因驼队造成的交通堵塞。

3. 阜成梅花报春暖

北京内城有九座城门，即东边的东直门、朝阳门；西边的西直门和阜成门；北边的德胜门、安定门；南边的崇文门、正阳门和宣武门。明代永乐年间修建北京城，内城九座城门各有用途，各走一种车辆，阜成门是走京西门头沟运煤车的，因为阜成门距离出产煤炭的京西门头沟最近，早年间运输煤炭的骆驼驮队、大车大多走这座城门进城。在阜成门瓮城的门洞内，由煤栈客商募捐刻上了梅花作为标记，因为“梅”与“煤”谐音，故此，阜成门又叫“煤门”。每当北风呼号，漫天皆白，烘炉四周之人皆赞，“阜成梅花报暖春”。因为交通和城市建设的问题，1953年拆除了阜成门的瓮城和箭楼的基座，1965年阜成门彻底拆光了，这处“阜成梅花报暖春”的古迹也就看不到了。

4. 开窑不落栈，落栈不开窑

煤栈是一种经营煤炭生意的买卖铺号，他们直接从京西的煤窑进货，只经营批发，一般不进行零售。有一些大型的煤铺也称为煤栈，一般开在城里，批发兼零售。煤行儿有一句俗语，叫作“开窑不落栈，落栈不开窑”，意思是开煤窑的人一般都不开煤栈，开煤栈的人一般都不开办煤窑。煤窑经营、煤炭开采，属于是工业生产；开煤栈的主营煤炭销售，属于商业的范畴，两者虽有区别，但是又紧密相连。煤栈一般都和煤窑订有供销合同，这样对双方都有利。

开煤窑的和开煤栈的都属于煤行儿，虽然所做的生意不同，但供奉的是同一位祖师爷，那就是窑神爷。无论煤窑、煤栈还是煤铺，都贴有窑神爷的画像（神码子），所贴的对联同样都是写“乌金墨玉，石火观恒”。农历腊月十七，煤栈、煤铺老板也要到门头沟采煤中心区圈门窑神庙参加祭祀活动。

5. 煤栈开在铁路边

煤栈需要大宗进货，原来依靠骆驼把煤炭经阜成门运进北京城，在阜成门外北河沿、东岸城墙下边有多家煤栈。清代末年修通了从门头沟到西直门的京门铁路，1915年又建成了北京的环城铁路，铁路的开通给煤栈大宗进货提供了条件，所以民国时期北京的煤栈一般都开设在铁路沿线。

煤栈分为两种，一种是专门经营煤炭转运生意的；一种是经营煤炭批发生意的。经营煤炭转运生意的煤栈集中在门头沟火车站，门头沟是北京煤炭的主产区，距离京城25公里，清代末年修通了京门铁路，火车运煤可以从门头沟直达西直门。一时间，不大的门头沟火车站出现了数十家煤栈，收购各煤窑所产的煤炭，通过火车运往西直门。煤栈和火车站有良好的关系，可以包车皮。

虽然煤炭通过京门铁路从门头沟运到了西直门，但要运进城里去，仍然不方便。民国五年（1916），从西直门车站至东便门车站的环城铁路建成，之后在铁道沿线出现了多家专营煤炭批发的煤栈，宣武门外尤其集中。民国初年，宣武门外东、西两侧的顺城街道，开设有大德通、大成公、大盛德、东复兴、顺泰栈、宝瑞栈等36家煤栈。西直门外南、北两侧顺城街道，则开设有泰源成、成兴顺、宝和栈、泰合茂、三义栈等26家煤栈。

6. 煤铺开在胡同里

煤铺是经营煤炭生意的买卖铺号，从煤栈批发购进原煤，经过筛选加工之后，卖给住家户。早年间北京城的煤铺很多，每隔上三五条胡同必有一家。煤铺雇佣伙计，把运进来的原煤中的煤矸石拣出去，筛分出砟子块儿和煤末子。砟子块儿就是硬煤，要砸成核桃大小才好使用。煤末子无法直接使用，要把煤末子掺和上适量的黄土，制作成煤球才能进行出售。制作煤球的方式是摇制，从事这项工作的人称为“摇煤球的”。开煤铺的一般都是北京人，摇煤球的伙计以河北省定兴县人居多。煤铺除去了卖砟子块儿和煤球儿之外，还卖引火用的劈柴，以及搪炉子用的青灰，有的煤铺还代客搪火炉子。

7. 销售煤炭用筐量

早年间煤铺卖煤不用秤称重量，而是用制子筐称体积，一筐煤约50斤，论筐出售，远比用秤称重量要方便得多。到了民国年间才开始用磅秤或大杆秤称重量卖煤。新中国成立后有些煤厂子卖煤依然还是使用煤筐，这种煤筐是用竹子编成的，方形，要过磅秤称重量，一筐煤球儿也是50斤。后来卖蜂窝煤也用这种煤筐，以方便计量与搬运。

8. 叫煤

早年间，北京市民把买煤称为“叫煤”，意思是叫一声就给您送到家去。叫煤的方法很简单，顾客只要到煤铺交钱拿小票，留下姓名，就可以扭头回家等着了。煤铺的伙计会用排子车把煤送到家里去，堆放在指定的地点。与煤铺熟识的人家在胡同里碰到送煤的伙计，也可以跟他说一声：“给我家送XX斤煤球儿”，货到付款。

新中国成立后，去煤球厂买煤依然采取“叫煤”的方法，除非特殊原因，一般也不需要说明地址。都是周围住了几十年的老街坊，谁家住哪条胡同哪个院子，煤铺一清二楚。再之后，送蜂窝煤也是如此。

六、其他商业民俗

地域性

北京的商业从业者的地域性极强。而这种地域性充分体现着首都的特色，其历史也十分悠久，每个行业均由一省籍人士为主，其他各省人士仅有辅助作用。由一省人士操作一个或几个行业，使这个行业的地域性十分突出。到了明清时代，资本主义的萌芽略见端倪，这种地域性更显得突出，尤其是自清中叶始出现的一些“老字号”更是如此。

清季时，“八旗遗风”甚嚣尘上，这种风气也影响了北京居民，大多数居民的轻商观念极重。这种风气为商业的地域性提供了发展条件。因此，几乎北京所有重要商业均控制在外省人手中，北京人无缘，也没有资力和能力插手。

在很长一段时间内，北京重要的商业几乎全由山东、山西两省人士经营。鲁人勤俭好义，吃苦耐劳；晋人勤俭节约，精打细算，这些都是经商人的基本素质。于是山东人垄断了粮食、绸布、猪肉、饭庄诸业，而山西人则控制着钱庄、票号业务及油盐酱醋、干鲜果品等业的批发与零售。

除山东、山西人外，茶业则由安徽、浙江、江西等省人士所掌握，诸如湖广杂货、旧书古玩、鞋帽布匹等业的经营，均与北京人无缘。

封闭性

京城各行各业，都有自己的行帮、行业公会、商业公会乃至商会等组织。这些行业组织封建色彩、神秘色彩极浓，且又有封闭性和排他性的特点。而这种封闭性除了有保护自己、发展自己，进而还有垄断本行业的作用。虽然各行各业都有垄断的目的，但手段和实施的方法则有所不同。北京的大型商业（包括其他行业）都有一条共同遵守的法则和习俗——不用北京本地人。其原因之一是自古以来，土生土长的北京人，都有“天子脚下第一臣民”的自豪感和优越感，又加上北京是块“风水宝地”，吃饭、过日子很容易，因此，个别北京人染上好逸恶劳、清谈务虚、贪图享受的不良习气。旧日做买卖学徒要熬“三年零一节”，学徒工的生活是很苦的。而一些北京人根本就不乐意干诸如沏茶倒水、擦桌子、扫地之类的活，更不用说给掌柜的铺床叠被倒尿壶的活了。北京人受不了这种苦，自然难以进入“老字号”了。

京城“老字号”铺规极严，管理苛刻，不少北京人习惯自由散漫，不受约束，“老字号”不是他们首选的就业单位。

京城“老字号”大多是封闭型经营，许多商业秘密不能外传，其经营的手段亦属“保密”范围。如果用了北京人学徒，很难再保住这些商业秘密。店铺的东家和掌柜，当然觉得北京人不可靠了。用家在当地的人，不如用家乡人可靠。

旧社会的商业在长期经营中一直恪守着父传子、子传孙的固定模式，除对自己的亲属相信外，能相信的只有自己的同乡。北京人没有这种关系，自然难以进入“老字号”。

旧日商人均以唯利是图为宗旨，他们的疑心很大，总怕别人偷窃自家的东西。外省同乡在这里当学徒、京城没有家属、没有亲朋好友，即使有小偷小摸习惯也难以成气候，且又无处藏匿赃物，而北京人则不存在此类情况，故而“老字号”在怀疑北京人的诚实程度上是一致的，为了杜绝后患，他们将北京人排斥在外，一律不用。

这种丑恶习俗，曾流传相当长时间，在新中国成立后，方彻底改观。

“不养三爷”

所谓“三爷”，指的是店铺字号的股东、掌柜的少爷、舅爷和姑爷。这“三爷”由于身份特殊，不易于管教，如让他们参与管理与经营，最易于产生弊端。尤其是少爷之流，常以“老子天下第一”自居，不思进取，自视甚高，对于企业的发展有很大的破坏作用。为此一些精明的店主实行“不养三爷”的店规。

“不养三爷”的店规，实际上也是一种全国性商业习俗。店主“不养三爷”，并非是“大义灭亲”，而是出于对事业的长远发展的权宜之计，这在当年是有一定积极意义的。这种原始的“回避制”确实对北京一些“老字号”的发展有促进作用。而一些颇有名气的“老字号”，因为对“不养三爷”缺乏明确的认识，误用了“三爷”之类的人，致使“老字号”经营不善或倒闭。

“三爷”因久居京华，且又有养尊处优的条件，自然会染上一些不良习气，有的已是土生土长的北京人了，在这种前提下，将生意买卖交给“三爷”之流，显然是一种“自杀行为”。“不养三爷”成为旧京商业的不成文的“行规”，显然是有意义的。

北京一些百年老号，之所以能维持繁荣，与其地域性、封闭性和“不养三爷”不无关系。创业难，守业更难，明智的商人都懂得这个道理，“不养三爷”便是他们恪守的原则之一。

七、商业忌讳与迷信的习俗

忌讳是人们头脑中的产物，商人的忌讳是不少的，这些忌讳表现出他们在经商中的神秘主义色彩，又表现出他们渴望生意兴隆、财源茂盛的心理。

北京的商人亦是如此。不过北京商人的忌讳与其他各地商人在本质上没有任何区别，只是在内容与形式上略有不同而已。

北京商人的忌讳与迷信，主要表现在他们的经商生活中，各行各业都有些忌讳与迷信，但又有些不同。其共同的是各行各业都有自己的崇拜和迷信的行业神，仅商界就有不少，如：中药行的行业神是李时珍，也有奉孙思邈、张仲景为行业神、药王的；酒业的行业神是传说中的杜康；茶业的行业神是陆羽；餐饮业的行业神是詹王。詹王是何许人也，难以考据；粮业的行业神是个王爷，这位王爷源于何朝何代，亦难以考证；猪业的行业神是桓侯张飞；等等。

行业神中如果是史有其人的话，大多是个行业的祖师，至少是这个行业中的佼佼者。人们将其奉为神灵，时而祭祀，表现出人们对自己行业祖师的尊重和信仰。

商人以发财为目的，是他们一切希望的所在，因此商人们最敬重财神。北京的商人除祭祀，崇拜文财神比干、范蠡和武财神赵公明、关羽外，还敬重五显财神。五显财神庙在广安门外六里桥，每年农历正月初二是商人们前去祭祀的日子。

财神是行商者共同敬重和祭祀的神灵，其虔诚一代传一代，并蔓延到民间百姓之中。商界的行业神，在北京称为“号神”，故而京师《竹枝词》中有“高香一炷祭号神”之句。除财神外，商家还要隆重祭祀火神。旧中间，商店失火是很普遍的事，当时言称“回禄之灾”，大栅栏、琉璃厂、东安市场、西单商场、西安市场等均被火神光顾。商家在火灾中损失惨重，自然对火神充满敬畏和恐惧。而在消防事业十分落后的年代里，唯有祈祷火神保佑了。因此，除财神外，火神亦算是京城商人共同祭祀的神灵。

琉璃厂是文化街，文房四宝、古玩字画、书籍纸张最怕失火，因此，在琉璃厂这条不长的街上，居然有两座火神庙，一座是河北籍商人所设，另一座为江西籍商人所设，双方各自祭祀，互不干扰。但是火神只是一位。

商人对财神、火神及自己行业的“号神”，五体投地，对于京人奉为神圣的其他神灵的祭祀，如城隍巡游、龙王爷祈雨、文昌君祭祀等也极力参加，或出资或出人，乃至对“敬惜字纸”“放生”等活动均踊跃参加。

商人的其他的一些迷信与忌讳，则表现在其经营活动中，虽然这些没有任何仪式，但根深蒂固，渗透在生活中。北京的商界，都有扫地时不往门口扫的习俗，据说是为了防止财往外流；无论东家伙计都不许玩弄算盘；忌讳在店门口小便；不许在柜台、账桌上坐卧等，这些民俗形成了制度和“铺规”。

商家有些做法，表面上看是忌讳和迷信，有些其实是一种良好道德的表现，如老字号大店铺的东家与伙计，一年四季着长衫，不说恶语，待人和气，讲究站有站相及学唱“上柜来，笑颜开，休要发愣莫要发呆，无论穷富一样看待”的《生意歌》等，都是值得肯定的习俗。

此外，商界还有许多行话、暗语，也有自己的格言、谚语和歇后语。行话、暗语和格言、谚语等，是商界习俗的共性，也是其他行业、三教九流的共性，但是它亦有地方和行业特色。像北京地区流传较多的便有诸如武大郎卖豆腐——人松货软；卖布头的不带尺——存心不良；卖柿子的说睡——就是不涩；金回回的狗皮膏药——找病；纳鞋的不用锥子——一个师傅一个传手；砂锅居的白肉——过午不候；小饭铺的蒜——白吃；等等。既有北京特色，又多少有些典故。

商人开买卖，图的是兴旺发财，因此最忌“败家子”作风。北京商界将有“败家子”作风的店主，称为“甩手掌柜的”。“甩手掌柜的”多系老店主后人，他们对于祖辈创业的艰难早已忘却，坐享其成后，一味吃喝玩乐，不把店中的事当事。有的店铺因为有了“甩手掌柜的”经营一直不行，有了败家败业后的征兆，因此商家最忌恼“甩手掌柜的”。

此外，还有一种“甩手掌柜的”，他们只管宏观管理，具体琐事一概不管，放手让下边人去干。这种“甩手掌柜的”其实并没有真正“甩手”。倒显现出此辈的精明之处。

旧京商家的各家各户均有所谓“铺规”，有的“铺规”订的极为严厉，稍有触犯便遭处罚。因此，对于违犯“铺规”之人，处理时毫不客气。一些犯了“铺规”，被清除出店铺的人，很难再在商界混饭。因此，商家最忌恨违犯“铺规”之人。而买卖铺户也最忌收留此类人，如果有的店家敢冒天下之大不韪，会受同行的嘲笑和看不起。

对于那些“这山望着那山高”的“跳槽者”，商家也同样忌讳。因为“跳槽者”有不可靠之嫌。

鉴于诸多忌讳，旧京商人安分守己者居多，人们都尊称他们是“买卖人”，而不是“奸商”。

商人最忌讳“无商不奸”“奸商”的称谓，时时喜欢标榜自己是“儒商”（虽说“奸商”与“儒商”的表现形式有所不同，但就其性质而言，似乎一样）。因此，京城商人喜欢说自己干的是“陶朱事业”，而“陶朱”者乃是商所崇拜的范蠡。范蠡善于理财，在经商中总结出“十八忌”，这“十八忌”既是经商经验、教训的总结，又是中国商业道德的准则。其内容大概有如下十八忌，忌的是懒惰、含糊、奢华、滥出、滥入、潦草、歪邪、混淆、散漫、马虎、托误、糊涂、妄托、懒怠、暴躁、妄动、粗糙、浮躁等。不过，这“十八忌”可能是假托范蠡，实为众多商人多年经验的总结。

把经商喻为“陶朱事业”，听起来十分文雅，还有丰富的文化内涵，这可能与京商生活在北京这座文化古城有关系。范蠡系春秋时代越王勾践的大夫，晚年功成名就之后弃官而经商，在山东定居，并被后人称为“陶朱公”。而商人们则以“陶朱事业”来标榜自己。

当铺在旧中国是个神神秘秘的行业，故而黑暗的内幕与禁忌、陋习颇多。自然，老北京的当铺亦是如此。

按民间传说，当铺的“创始人”系一囚犯，该人因长期监禁，与狱中的牢卒等头目关系很好，便借机在狱中干些“小押当”的生意，对其他犯人敲诈勒索，出狱后便开办了当铺，当铺的拦柜、门栅、大门等，都与监狱的布局相仿。据说，这便是“创始人”为囚徒之说的佐证。

虽然，这些只是传说故事，但是，当铺的历史久远，不容置疑。尤其是当铺门口书写的告示：“指物代钱，无论何物均可抵押，物值十而押五，坐扣利息，几个月为期，限满不赎，即变卖折本。”几乎是所有当铺的宗旨。

北京的典当业，在明代已初具规模，到了清代，京城当铺大多控制在常、刘、高、董、孟五家手里。据有关资料，清末民初尚有二三百家之多，当铺因是个特殊行业，光赚不赔，所以他们有极大的封闭性和保守性，行规陋习十分严重。

历史上，京城当铺多为山西人所经营，他们与经营钱庄、票号的晋人相互利用，相互勾结，所以，晋人经营的当铺，一律都用山西人。在用人方面的禁忌中最令人生畏的是凡是被当铺解聘、开除、辞退的人，永远不许再进典当业谋生。这些离开当铺的人，对当铺内情十分了解，有的甚至于掌握不少商业秘密。如果甲当铺辞退的人进了乙当铺，乙当铺将为同行所不齿，生意难以做下去。一般说来，被当铺辞退的人，都有自知之明，不敢再到其他当铺就业。

当铺与当铺之间，店东、掌柜、伙计都不许私下来往，否则，一经查出便会失去饭碗。这个陋习表现出同行之间的竞争、倾轧十分激烈。同时，也显现出这个行业的神秘性。

旧京当铺的内部结构也十分复杂，内有财东、总管、当家的、掌柜的、账房先生、杂役、徒弟等“业务人员”。其“业务人员”之间有严格的分工，各负其责，领导与被领导的关系十分明确，不允许越权运作。历史上北京地处皇都，因此，股东多为达官内宦，这些人不亲自参与经营与管理，只是坐收红利。

当铺开业仪式是充满迷信色彩的。在开张前要请人择黄道吉日，是日，大掌柜要率全体员工叩头拜敬财神爷。当年当铺主要拜武财神关羽。拜神祭神之后，要“请幌子”，当铺的幌子无论是布的，还是木制的，都显得阴森森的，上书一个斗大的“当”字，或者书××当字样。在“请幌子”之前，各级掌柜的要敲打、摇晃算盘，据说是什么“驱煞神”的仪式。

一切就绪之后，当铺还要举行另一个仪式，即让三个学徒扮成童子模样，分别抱着“利市元宝”“平安吉庆”“吉祥如意”来当当，这三种“吉祥当”无非是一个银元宝、瓷瓶和玉石如意。只有这个仪式举行之后，方可正式开门营业。

人只有倒霉和贫困潦倒之时方去当东西，因此当铺开业时，没有喜庆气氛，也没有什么人来祝贺，连凑热闹的乞丐花子都不乐意靠近。

当铺做的是坑人买卖，花招颇多。如在书写当票时，笔迹潦草，写得龙飞凤舞，而且各家当铺都不统一，而且当票上还有隐蔽的记号，外人难以识破和假造，有些当票上所开货品名称只写一半字，如将“袄”写成“夭”，“棉”写成“帛”，等等。

当铺为了牟取暴利，往往将新东西说成旧东西，玉石说成硝石，金表说成铜表，硬木写成杂木。皮袄则以“虫吃鼠咬”“光板无毛”形容，绸褂则以“缺襟短袖”来描述。总之无论多么好的值钱货，当铺一律贬低。

当铺的颠倒黑白无非是赚钱，尤其是当物变成“死当”之后，当铺便大发横财，他们分别将当物中的“死当”送到古玩铺、挂货铺、绣货庄、家具店变卖，个别“死当”则卖给旧货店。因此，在旧社会时，这些店铺与当铺关系十分密切，他们相互勾结，共牟暴利。

旧京当铺虽多为山西人经营，而其行话多用安徽方言，如数字一、二、三、四、

五、六、七、八、九、十说成“摇、按、瘦、扫、尾、料、敲、奔、角、勺”；一吊钱说成“摇的齐”，东西说成“端修”，等等。这些行业用语，不少来自江湖黑话，外行人难以听懂。

当年典当不需要典当人提供身份证明和物品来源，但一般窃贼不敢到当铺典当，因为当铺与官府有关系。当铺的行规中，有不许收取赃物的严格规定，他们之所以这样做，并非是保护别人的利益，而是在维护本店的利益。如果哪个店伙误收了赃物，一经查出就要卷铺盖走人，不容半点通融。

当铺干的是乘人之危行当，他们往往奉行“言无二价”宗旨，如果一个人说当多少钱之后，便是“板上钉钉”，绝无回旋的余地，因为他们在当物上做了记号，而且当铺店伙之间用行话交谈，互通消息，典当人根本就听不懂。

新中国成立后，当铺一度被政府取缔，20世纪末以来，北京和其他城市又出现了一些当铺，但这些当铺与委托商行相似，有互通有无，调剂余缺的作用，在经营、管理和办店宗旨上，与旧社会的当铺，有本质上的区别。

八、商标与广告

“商标”——商业标志

商标，是附在商品上或服务处的一种标志、记号、图形、文字或两者的组合等。但是，在历史上北京商界认为商标是商业标志，而不是单纯的商品标志。正如清末出版的《金台杂俎》中所言：“凡商贾工艺之各种牌匾贴报而用之广招徕者，统谓之商标。”与我们今日理解的商标，在概念上有所不同。但是在“用之广招徕者”的作用上，与今天无异。

北京的“商标”——商业标志，与北京深源的文化底蕴，尤其是商业习俗、商业文化，不无关系。在繁华的东四、西单、鼓楼前、前门、大栅栏等地，店铺林立，各种各样的商业标志比比皆是。而且许多店铺的牌匾、招幌楹联等，文化品位之高，为其他城市所望尘莫及。这些可算是北京商业习俗的最大特色。

店铺的名称，当年是重要的商业标志。京城老字号的店铺，均有响亮且又含义深远的“字号”。如餐饮业，最著名的是带有“堂”字的，如会贤堂、惠丰堂等；尔后又出现了“八大楼”和“八大居”——东兴楼、正阳楼、泰丰楼、新丰楼、万德楼、悦宾楼、庆元楼、会元楼；砂锅居（和顺居）、天兴居、鼎和居、广和居、天然居、同和居、义盛居、会仙居；除此之外，还有便宜坊、全聚德、东来顺、玉华台、都一处、一条龙、来今雨轩、同益轩、柳泉居等。民间出现的“长安十二春”，均在字号中有“春”字。

这些“老字号”饭庄餐馆的店名起得好，字汇、字词用得妙，体现了京城文化特色，北京为首善之区，店铺名称则是一个窗口，并非仅仅“用之广招徕者”。

于是，为体现这种商业文化，人们约定俗成，逐渐让店铺名称规范和统一起来，使人一目了然，好读好记。如“堂”字多用于中药店和浴池——同仁堂、宏仁堂、宝泉堂，金银首饰店喜欢用“楼”字，绸布业喜欢用“祥”字，钱庄喜欢用“恒”字等。此外还有内联升、马聚源、同升和、亨得利等吉祥、兴旺、喜庆的字号。

店铺的牌匾，是重要的商业标志，亦是有广告作用的，在商标与广告区别不大的时代，这种商业标志的广告作用十分明显。现存的“老字号”不少家都把店铺名称在国家工商总局商标局注册登记，使他人不得冒用。

文人与牌匾

北京店铺的牌匾，文化内涵十分丰富，十分侧重于“名人效应”，一般“有头有脸”的大商号，都要请名人、名书法家来书写牌匾。

这些“名人效应”的直接结果，便是京城街头的牌匾成为书法艺术的瑰宝。如北京茶叶庄张一元、吴裕泰、永安茶庄等老字号，均出于名人之手。尤其是永安茶庄的牌匾出自于民国元老、著名书法艺术家于右任之手，自然为这家茶庄增色不少。

牌匾这种古老的商标形式，当然全国各地都有，但唯有北京有自己的特色，有特殊的含义，乃至表现得淋漓尽致。其特色之一是北京商家敢于将牌匾和皇帝、将相联系在一起。如都一处烧麦馆说“都一处”三字系清高宗乾隆皇帝之笔；而鹤年堂药铺、六必居酱菜园则宣传说他们的匾是明朝奸相严嵩所书；便宜坊烤鸭店的匾是明代爱国志士杨椒山写的。殊不知，这些牌匾的“公案”，事出有因，查无实据，乾隆、严嵩和杨椒山根本不会给他们题匾。所谓题匾的事，不是史实，仅仅是民间传说故事而已。但是，商家能巧妙地利用乾隆、严嵩的“知名度”，牵强附会，将自己的买卖和古人扯到一块，仅为北京商家能干和有条件干，不用说这亦是北京特殊的商业习俗。

请名人题匾，是北京商业民俗中最有文化品位的事，而名人匾额最多的地方，则是文化街琉璃厂。琉璃厂多为经营文房四宝、古玩图书字画、玉器珍宝的店铺，牌匾便成了不可少的商业标志。名人、名书法家的相助，使琉璃厂的牌匾在中国乃至世界都很有名。

据《琉璃厂小志》所载，清末民初之际的琉璃厂有87块牌匾出自名人名家之手。其中，同治、光绪两帝的老师、户部尚书、江苏常熟人翁同龢就写有茹古斋、尊汉阁、宝古斋、赏奇斋和秀文斋五块匾。除翁同龢外，还有清代书法家宝熙、多罗克勤郡王、乾隆朝礼部尚书梁诗正等人的书法杰作。

近代的书法家和政界要员及文人写的匾在琉璃厂更多，主要有李鸿章、梁启超、康有为、徐世昌、吴佩孚、郑孝胥、黄宾虹、张伯英、曾国藩、张大千等人。现代文人和书法家郭沫若、启功、赵朴初、邓拓、舒同、李可染、吴作人、爱新觉罗·溥杰诸人，都在这里留下了墨迹。

这些墨迹不是简单的文字符号和商业招牌，而是书法艺术在商业中的具体运用。书法艺术是我国独有的，也是北京商业习俗中可圈可点的一页。

“服务商标”传天下

服务商标的定义与概念，是在今天才确立的，但是，它存在的历史则十分悠久，所谓服务商标，即是提供服务的经营者，为将自己的服务、提供的商品与他人提供的服务和商品区别开而使用的标志。

北京是服务商标的发源地，亦可算是拥有服务商标最多的城市。这种服务商标在北京的特色是在所提供服务或售卖的商品后面，冠上服务者或制作者的姓氏。关于服务商标的文字记载至少要追溯到明代。当时的《宛署杂记》中记述的“部门八绝”便是那个时代杂耍艺人的服务商标，如吹箫绝、八角鼓绝等，这些所谓的“绝”，后来演变成“怪”，如清末民初的天桥“八大怪”之类。

当然，这些“绝”和“怪”，仅仅体现在杂耍演艺界，但这些亦算是服务商标是不为错的。因为卖艺生涯也要步入市场，按市场规律办事，为争得一席之地，他们必须为自己树一面旗帜——服务商标。

服务商标在北京近代和现代，主要表现在小吃行业和工艺美术、手工业行业中。

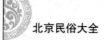

如小吃业有茶汤李、年糕张、年糕孟、年糕王、年糕虎、小肠陈、爆肚满、爆肚王、爆肚冯、爆肚杨、烤肉季、烤肉宛、窝头刘、素菜刘、豆汁何、豆汁冯、豆腐脑白、豆腐脑杨、肉饼何、馅饼周、馄饨侯等。小吃业多为小本经营，初创业之时，无非是在街头巷尾、集市庙会上摆摊设点而已，那时他们难有自己的字号。虽然后来不少人因生意兴隆发迹，但人们很少能记住他们店铺的字号，仍然习惯称他们是什么“烤肉季”“豆汁何”。

这些商品加姓氏的称谓，成为京城商业习俗不可少的内容，而且由此延伸到其他行业，京城一度出现的玉器王、象牙杨、毛猴曹、泥人张、面人郎、鬃人白、风筝哈、葡萄常以及什么“棚匠刘”“把子许”“炉灶曹”等，便是极好的佐证。

北京的这种独特称谓，是标准的服务商标，这与外地的“赖汤圆”“陈麻婆豆腐”及“潘鱼”“马先生汤”“谭家菜”等不同，因为这些不是服务商标，而是商品名称。

工商业界的服务商标，京味十足，符合北京人的生活习惯和习俗，故而能流传至今，经久不衰。当1993年1月，当时国家工商总局商标局开始为服务商标注册时，不少人都前去注册登记，使服务商标有了法律地位。

老北京广告类别

1. 灯光广告

在旧北京还是有一些别有韵味的广告，至今让人回味不已。如灯光广告便是一例。老北京的照明很差，许多店铺在黄昏之后，相继关门。至于霓虹灯广告，在20世纪20—30年代，更为少见。一直到抗战胜利后才陆续出现在西单、王府井和东安市场，并仅仅局限在美国牛奶、可口可乐的广告，一些老字号的饭庄、绸布店等，也不过多安几盏电灯而已，除用于照明外，还兼有招徕顾客的广告作用。

然而，那些在街头巷尾做小买卖的，却很讲究用灯光做广告媒介。如摆摊卖馄饨的、卖老豆腐的、卖糖葫芦的，等等，在夜晚都要点电石（乙炔气）灯。乙炔灯不是很亮，但不怕风。大一点的摊，方备有汽油灯。汽油灯亮如白昼，和乙炔灯一样，既可照明，又是广告灯。

每逢夜幕降临，街头巷尾的小摊上的灯亮了起来，灯光在寒风中摇曳，再加上几声凄凉的叫卖声，使人倍感古城的清幽、寂寞。小摊上有灯，那些走街串巷卖羊头肉、卖水萝卜的则喜欢提着一个小马灯或纸灯笼，灯光一在胡同里出现，人们就知道卖什么的来了。

旧京灯光广告除上述之外，一些大饭庄门口还高悬宫灯，灯上书有××楼、××堂字样，显然这是地道的广告灯光。

当现代的广告灯具出现之后，那些原始的乙炔灯、汽灯等，逐渐退出舞台。

2. 游行广告

游行广告早已销声匿迹，但是，在20世纪二三十年代，却是商家庆典、推销商品经常用的一种广告手段。

所谓游行广告，不过是由广告社之类的广告中介机构为商家做广告宣传。参加游行的人大多为临时雇用的游民、闲人和乞丐。这些人穿得破破烂烂，打着花花绿绿的旗子，有时还有乐队为前导，吹吹打打排着一字长蛇阵在街上巡游。在游行中，还要大喊口号和撒商店印制的传单。

这种广告形式除热闹外，收效不佳，后来被其他广告形式所替代。尤其在新中国成立前夕，这种游行广告队伍，常常被统治当局误为示威游行，故而被取缔。同时，商人们也觉察到这种广告形式并无多少促销作用，反而引人反感。

3. 广告门票

门票，不是今日所言之公园、剧场、影院的入场券，而是一种古老的广告媒体。昔日经商者只强调物真价实，不大注意商品的包装，许多商品的包装非常简单、粗糙，难以适应商品经济的发展。在这种情况下广告门票应运而生。所谓广告门票，就是在商品包装上附加一张色彩鲜艳、大小不一的标签状纸。这种标签纸，北京人称之为门票。门票上印有店铺名称、地址、电话、经营品种等，有的还印有店铺小史等，其中，最讲究的是果局子和糕点铺的门票。

北京旧时的干鲜果品业，多为晋人经营。晋人善经商，又喜精打细算，但在门票印刷上不惜工本。那时的门票，多为石印、油印和铅印。所用的彩纸多为一面有光泽的粉莲纸。如果在果局上买了水果之后，店伙将水果装进小筐内，然后附上彩色门票一张。这种水果筐因为有了彩色门票，显得喜气洋洋光彩夺目，是馈赠亲友的佳品。因为水果筐常常用来送礼，一传十、十传百、广告的启用便出现了。

糕点铺的门票附在点心匣或点心仓上。当年的老北京人可以从门票的颜色、式样上分辨出汉、满、回等不同的点心铺的字号来。

进入21世纪，旧日的广告门票已成为收藏者的收藏精品。

4. 包装广告

旧京店铺讲究包装，尤其是茶叶铺和中药铺更为讲究。这些店铺包装好的商品，摔在地上也不会散包。茶叶铺的包，大多包成小枕头形状。包装纸上印有茶叶铺的字号、地址、电话等，在包茶叶时，这些字样总在包装的最中央让人一目了然，有很好的广告效果。

中药铺的包装比较复杂，因为在20世纪60年代前，每一味药包一个小包，每包内都有一张小票，小票上印有药物名称、图形、功能等，既有广告作用，又普及了用药知识。在小包外通常再包一个大包，大包上就印有店铺名称等字样。人们一看就是药包，因为包上的字十分醒目。当年学徒进店来，首先要学会包药包，只有学会了方能正式站柜台。这种包装广告一度是茶叶铺和中药铺的“专利”。

包装广告的包装纸大多为白纸红字，印刷并不精美，但是简单明了，体现着当时的商业民俗。进入21世纪，售货员大多人不会包包，取而代之的口袋式包装，仍然有一定的广告作用，但是却少了当年的商业技巧和韵味。

5. 《竹枝词》与广告

《旧京琐记》中云：“旧日都门市肆亦颇留心广告之术，特极幼穉耳。”旧京广告形式丰富多彩，种类繁多。其中，利用《竹枝词》做广告，是最为巧妙和文化含量最高的广告术。

竹枝词是古代的一种民歌形式，类似打油诗和“顺口溜”，每首七言四句，据说始于唐代。这种竹枝词在清代的北京亦十分盛兴。并与商业活动相结合，成为一种广告形式。不过，竹枝词与现代的广告词有所区别，它是文人的创作，而不是广告商的创意；因是纯粹的文字游戏，故而文人在创作竹枝词时分文不取，只图欢娱而已。

在《都门竹枝词》中，有杨米人所作二十余首关于商业、饮食业的竹枝词，如“凉果炸糕聒耳多，吊炉烧饼艾窝窝，叉子火烧刚买得又听硬面叫饽饽”是介绍京城小吃的广告，在有关此类广告竹枝词中很有名气。他的另一首《竹枝词》：“三大钱儿买好花，切糕鬼腿闹喳喳，清晨一碗甜浆粥，才吃茶汤又面茶”也很有趣。

北京是多民族杂居的城市，因此在商业习俗和商业生活中亦有体现，如满族旗人得硕亭的《竹枝词》中，就用上满语和蒙语。如“我到他乡犹忆食，山楂糕与奶乌他”中的奶乌他便是满语奶酪之意。又如“奶茶有铺独亦华，奶酪如冰浸齿牙，名唤喀拉颜色黑，一文钱买一文茶”，喀拉是蒙古语，也是奶酪的意思。

北京的《竹枝词》，既是广告形式之一，自然少不了吟咏商家，如《续都门竹枝词》中有“缸瓦市中吃白肉，日头已出已云迟”之句，想必是给缸瓦市砂锅居饭庄做广告了。给致美斋饭馆的馄饨做的竹枝词，与今天的广告词几乎无异——“包得混沌味胜常，馅融春韭嚼来香。汤清润吻休嫌淡，咽后方知滋味长。”

《竹枝词》是我国诗歌沃土中的一枝奇葩，无论吟咏民俗风尚，还是抨击时政，其作用不可低估，尤其是将其列入广告形式中，更引人瞩目。

6. 艺人与广告社

老北京的广告虽然种类很多，但现代意义的广告社（广告公司）则出现的较晚。旧京的广告一般是由商家自我充当媒体，20世纪80年代出现的那些专做广告创意、设计的媒体与中介结构，在当时并不存在。只是随着时代的发展，方在20世纪二三十年代出现广告社一类的机构。

当时北平（北京）只有十家从事广告业务的广告社，除有特灵美术、三星、平津三家广告社有字号外，其他均以从业人的姓名为号，如杨本贤广告社、赵松岩广告社，等等。当年广告社大多为工艺美术艺人转业的，因此当时的业务以画路牌广告为主。

在广告社出现之际，广播电台的广告业务也十分红火。不过那时广告创意较差，不足以吸引听众，后来电台请来一些说相声的加播广告。当年著名的评书艺人连阔茹便代播广告，而且收效甚佳。连阔茹老先生还自己开了一家承揽广告业务的广告社。

商标与广告，在全国各地都有所表现。但是，它在北京则表现得淋漓尽致，且“京味”十足，既表现了北京的商业习俗，又突出了北京所具有的“京文化”。无论是叫卖吆喝、幌子招牌、文人牌匾、竹枝词，还是冠以姓氏的“服务商标”等，都表现了北京的特色和文化。

北京的商人在广告和商标中，借助京城这块“风水宝地”，能“古为今用”，将北京的一些名胜古迹、坛庙等，收录在商标中，天坛、前门、万寿山……乃至北京的古称燕京、京华、燕都、渔阳，等等，不断出现在各种商标上。因为这些名胜古迹或历史称谓的“知名度”极高，是不用花钱的广告。至于用历史上出现的人物王麻子、王致和等命名商品，更是巧妙。

九、旧北京的商业划分及其他

粮业

北京自古以来，人口众多，粮食消费颇巨，故经营粮食业者颇多，且分工也细。在近代有粮栈、米庄、陆陈行和米面行四大类。

粮栈或称粮麦栈，当年多设在铁路车站附近，专以代客经理买卖从中扣取费用为业，类似粮业的“牙行”，做粮业的期货买卖。粮栈资本雄厚者，同时亦自行买卖粮食。

米庄，专以采办南方诸省稻米，运往北京发售为止，也为上海、天津等商埠的面粉厂代销面粉。米庄是粮业大户，除做国内大米生意，而且还有经销东南亚的西贡米、仰光米及暹罗米的外贸业务。

米庄除经销稻米外，还从事稻米加工业务，因此米庄设有碾坊等加工作坊。

陆陈行是粮业的一种，在京城指批发贩卖杂粮五谷的行业，陆陈行是古称，沿用至新中国成立前夕。

米面行，即今日之粮店，专业零售米面杂粮为业，有的还兼营油盐杂货。在20世纪30年代，京城大小粮店四百余家，均属米面行。

除此之外，京城还有粮市。粮市在北京最盛时至少有七处，故有“九门七市”之谚。在民国时仅剩下西直门外、广安门内、西珠市口、朝阳门下关四处。粮市的经济人叫“斗头”。

北京的粮业，在相当长的时间内，为山东人所操纵、专营。如20世纪30年代的米面行公会会长赵序宸、米庄公会会长邹泉荪和米面粮业公会理事长王振廷均为山东黄县人，而且还是北平商会的头面人物。其中王振廷又有“粮老虎”之称，新中国成立后被判刑。在清代京城还有“老米碓房”。不过“老米碓房”只是加工南方漕运进京之粮，这些粮食大多是作为“皇粮”支付给满蒙八旗人员，一般不投入市场上交易，但清末时，亦有上市的现象。

在山东人控制粮业之前，京城的粮栈、粮店、粮食加工作坊等均由山西人所控制。民国之后，铁路运输发展，大宗粮食由铁路进京，山西人的靠马拉驴驮的原始方式日显落后，只能让位于山东人了。山东人胆大心细，与山西商人的“精打细算”不同，在粮食经营中更胜于山西人一筹，他们取而代之是历史的必然。

民以食为天，粮业是关系到国计民生的行业，在漫长的历史中，一直操纵在私人手中，故而粮业经营者在歉收的灾年哄抬口粮价，而丰收之年又干些“谷贱伤农”的缺德事。这些几乎是经营粮业的惯例。因此，此业中的一些奸商有“粮老虎”的恶称。

奸商卖粮时的捣鬼手段极多，除缺斤短两、以次顶好外，还有大斗进、小斗出来盘剥粮农。日伪时期，北平粮商中有一些爱国者，曾悄悄改变日本军部颁布的“混合面”比例，让市民尽量少饿死，但亦有个别奸商趁火打劫，借机发国难财。

粮业是个大行业，昔日能进入粮店学徒是一件很荣光的事，至少不会挨饿，然而京城粮店的学徒的日子并不好熬，虽然店里有大米白面，但是绝对不许随便食用。平日三餐只能是玉米面窝头、小米粥和清水熬白菜而已。

新中国成立后实行粮食统购统销政策，京城的大大小小粮店是最早完成社会主义改造的行业。

自1956年之后，京城粮店全属国营了，一切旧俗陈规，均被取消。

古玩业

古玩业是北京最发达的行业之一，其发达兴旺的原因皆与北京是文化古城有关。该行业的分类、称谓也十分有趣。

古玩业是个笼统的称谓，凡经营古董文物、金石玉刻、碑帖古砚等旧货者，皆属古玩业。其中，还有绣货庄、挂货铺、玉器行等行当。经营此业者，亦有“吃软片儿”之称。

一般商业开设总不愿与同业比邻并立，而尽量避开，恐同一商品售价悬殊，易遭顾客不满，唯古玩文物业则不然，后者喜欢集中众多同业于一街，形成专业街、专业市场。自清初始便形成了东、西琉璃厂古玩街，尔后又出现了以专卖珠宝玉器、翠钻珊瑚为主的廊房二条，以卖新古绣片绣花为主的西湖营胡同。

古玩业除有开设店铺经营者外，在庙会集市上亦有摆摊卖古玩者，只是后者多以民间旧货为主，古玩文物仅为点缀而已。

买卖古玩不同于一般行业，经营者略通天文、地理、历史等知识，且有口若悬河、对答如流的交易口才。所有卖古玩文物者，均不明码标价，全凭看顾客的身份、眼力财力而漫天要价。而且还视打价还价为正常。一般商业视造假售假为有违商德之举，而这个行业将造假售假视为正常业务。古玩业它既卖，也买（收购）。故而古玩业有专门的收购人员。收购人员大都为这个行业的佼佼者和行家里手，若在收购时看错了货，称之为“走眼”或“打眼”。

在收购收买时，亦有一些特殊习俗，如从同行手中买货，谓之“串货”，以顾客身份暗自向同行购买，谓之“撬货”，等等。由于这个行业的诡秘性很强，大多数店家不透露货物来源，有时收来的货并不公开陈列、出售，因为有的货是赃物或偷坟掘墓者卖来的“出土”货。这些货如急于出手，会招来麻烦。一般说来，此类来历不明的货只卖给懂行的收藏者或洋人。

大的或有些名气的古玩铺，采取“等主候客”的方式之外，还外派跑外人员去大饭店、大宅门推销。一些国宝便让这些人卖给了外国人。据本行人讲，跑外经营者还有给饭店、宅门的门房、仆人、管家人的“底子钱”的习俗，借以拉拢这些人通风报信乃至充当“托儿”。至于往古玩店拉客人的洋车夫，成交后也有赏钱（回扣）。

古玩业是典型的“三年不开张，开张吃三年”“宁可要跑，也不要少”行业，尤其是货没有可比性，在要价上的花招最多。

果业

北京的果子市是果业的基础。因气候等原因，历史上北京的果子市有旺季、淡季的区别。旺季以经营鲜果为主，淡季以经营干果为主。果子市分为南市和北市。南市设在前门外，主要经营南方诸省的水果；北市在德胜门，主要经营北方诸省的水果和干果。

北京果子市的北市在明代已形成规模，南市始于清乾隆年间。果子市以批发为主，少有零售，在此经营者清代还有“牙帖”。“牙帖”由清政府颁发，无“牙帖”视为无照经营，要受重罚。

批发果业的经纪人，表面看起来是开果局的，其实他们只是果农和果贩之间的中介人，他们的收入靠收取佣金（介绍费），佣金要收成交额的2%—5%左右。除果子市外，京城的果店也兼营批发，这种果店代客行销，也从产地趸货营销。操此行者都是在果子市长大的人，他们熟悉业务，甚至可以预测次年的收成。他们到产地收购时，因有熟人，故而可以赊购、卖完后即付款，从不失信。

果业的零售主要是果局（水果店）、果摊和果挑。果挑多为进京果农，所贩水果自产的居多。果局与果摊为果商，前者有店铺门市，后者则在固定地点摆摊。太平年代果局与果摊，都能讲信用，果品按质论价。但有时一些果摊也干些以次充好的勾当。尤其在替顾客包装送礼的果品筐时，做些手脚。如将次果、烂果混在中间，因包装精美、严密，很难让人识破。

酒业

历史上，北京的酒业十分发达，直至20世纪30年代，在前门外东大市还有油酒市，专营酒类批发业务。油酒市每月逢双日开市，足见酒的销量极大。

京城酒业零售的酒店大致分三种，一为黄酒店，二为官酒店，三为京酒店。黄酒店专售黄酒，北京不产黄酒，大宗黄酒多来自浙江绍兴等地。

官酒店以批发为主，主要向京城酒业零售商分销白酒、烧酒等。京酒店专卖白酒（如二锅头等）和露酒。京酒店内又有酒店、酒馆、油酒店和大酒缸之别。其中油酒店兼卖油类。

大酒缸系京城酒业的缩影，是小酒馆的俗称。这种酒馆不备桌椅，酒客坐在长凳上，大酒缸便是桌子，酒馆里备有诸如花生米、豆腐干等下酒菜，酒也是按两买卖。一般情况下，这种酒馆从早到晚经营，因来者多为熟人，故而可以向酒馆老板赊酒或按“节”结账。

大酒缸式酒馆一直经营到20世纪50年代中期，后来逐渐被酒饭铺所取代。

茶业

北京饮茶之风极盛，无论贫富、男女都以饮茶为生活时尚。北京地处华北无茶可产，故而京城茶业无论是货源还是经营者，均来自外省。

在京经营茶业者安徽省籍人为多，其次为福建、浙江等籍人士。京城老茶庄汪元昌、吴裕泰、张一元等皆属皖裔。清初在京经营茶业者为河北冀州寇姓。尔后由徽商方张汪吴四姓始远南方茶叶进京经营，其后山东孟姓（瑞蚨祥鸿记）亦加入，当时称六大茶商。民国二年（1913）北京成立茶行商会，当时有会员九十七家，多为这“六大茶商”分支、分号。

不产茶的京城、茶叶全靠去南方诸省采购，历史上一直是红茶从汉口采买，六安茶从安徽霍州设庄收买，皖浙闽茶庄在徽州、淳安、福州等地设庄收买。

派往外地的采买人员，要在茶叶收获前前往产地。坐庄收买者均为此业内行之人，还要对采茶、加工等一整套工序加以监督。茶叶运回京城后茶叶庄再做细加工，从中筛分出等级。筛分后剩下的茶叶末亦有销路，北京人中有喜用茶叶末沏茶者，他们称之为“高末”。

大茶叶庄有外购人员去产地坐庄采购进货，而小茶铺则由大茶叶庄供货。这种大茶叶庄不仅零售，还有批发业务。

进入21世纪，京城一些“老字号”营业不振，唯有老字号茶叶庄买卖兴隆，这表明，凡迎合时代习俗的行业均有永恒的魅力。

在北京最独特的是茶业中有些庄茶是由绸布店经营，如绸布业的瑞蚨祥便有茶叶店。京人买茶，大户以斤两购茶，小户则以包购茶，每包只能沏一壶茶。至于茶的名称也千奇百怪，如“雨前毛尖”“蒙顶云英”“名严珍眉”“仙源佳品”等，其实不过是京人喜饮的茉莉花茶的代名词而已。历史上北京茶庄除本地销售处，还销往华北诸地，北京是茶叶的重要集散地。

同时茶叶的发达，促使了诸如茶馆、茶摊行业的繁荣，京城大大小小茶馆和成千上万个茶摊均从茶庄进货。当然，他们挣的不仅仅是茶叶钱，还兼挣水钱和“服务钱”。

杂货业

北京的杂货业主要是由经营油盐酱醋的油盐店小铺和经营针头线脑儿、日用小百货的绒线铺、杂货铺所组成。

北京的胡同多，几乎每条胡同都有一两家油盐店、绒线铺这样的便民小店。油盐店，京人称之为“小铺”，设在街上的便是油盐店了。设在小胡同里的“小铺”，虽然与油盐店的经营范围相似，但是往往还卖煤油（点灯用）、针线、小百货等杂货。绒线铺是北京人对小百货的称谓。绒线铺以经营日用杂品为主，突出“小而全”的特色。

这些以卖杂货为主的小店，因为照顾主儿多为左邻右舍，抬头不见低头见，故而，经营者与消费者的关系极为融洽，很少有因缺斤短两、尺寸不足等引发的商业纠纷。住在小胡同大杂院的居民多为城市贫民，他们对货品的要求不高，因此，无论是副食小铺和绒线铺都不会去买那些质高价高的东西。鉴于周围的购物环境和消费群体的消费水平，这些小店的经营十分灵活，而且可以赊销。由于经营额不大，又民风古朴，双方都颇讲信用，赊了东西的人绝不赖账，稍有银钱便会如数付清。而店铺也没有给赊货者设账户、计利息之说，反正不过几毛钱的事，双方都不会找麻烦。

小店的内部关系也极好，经营者几乎没有东伙关系之别，店主或许就是伙计的长辈或亲戚，故而家庭色彩极浓，店里店外颇为温馨。

设在小胡同里的小店，往往还是这一地区的“信息中心”，小胡同里的人的不少“消息”便源于此。因为开小铺的多为老者，且营业又不繁忙，住在胡同里的人，每有闲暇，尤其是饭后茶余，都喜欢坐在小店里或小店门口聊天闲谈。

老北京人喜欢闲聊，设在大小胡同里的小铺为他们提供了场所，而店主们又喜与照顾主儿建立良好的关系，两者目的不同，促使小铺能长期存在下去。

小铺的店主懂得和气生财的道理，除与顾客关系良好外，与同行之间也少有竞争。如果胡同里有两个或三个小铺，他们之间也少有倾轧关系，各干各的，互不干扰。而顾客则是按习惯去购物，住在胡同东头的，不会去西头小铺买东西，住在西头的也不会去东头买东西，他们只是到自己熟悉和离居的最近的小铺购物，数十年来，也已形成习俗。

北京胡同里的小铺，在20世纪50年代中期后大多消失了，20世纪末胡同里又有不少便民小店，多由外乡人经营，但其温馨、融洽和人情味儿，难以与老北京那些杂货小铺相比。

设在街面上的油盐店（副食店），虽以经营入口的杂货为主，但其规模、经营范围超出胡同小铺许多，大的油盐店有的还兼营青菜，有的还“前店后厂”，自行加工诸如咸菜、酱菜、酸菜等。有的还兼营一些小百货和锅碗瓢盆等日用杂品。有的油盐店里还有设有酒菜的，熟客和常客可以在这里打些散酒，坐在这里独饮，下酒菜不多，是油盐店里卖的豆腐干之类的。

北京历史上有名的大油盐店，往往冠以“酱园”之称，如六必居、天源、王致和酱园等，他们除卖自产的酱菜、酱油、干酱、醋等，还兼卖副食杂品。

北京大的油盐店，经营者大多为山西人。晋人善理财，又会精打细算，因此，油盐店管理的有条有理，整整齐齐，大小伙计个个和颜悦色，从不与顾客争吵。

胡同里的杂货铺与绒线铺这类的小店，则以本地或河北人为主，因大多是小摊贩出身，因此在经营中不敢大手大脚冒风险，常以中庸之道为经营之术，起早贪黑，不惜力气。因是小本经营，只有蝇头小利可觅，所以，开小铺者没有发财的奢望，只求养家糊口、一生平安。

杂货业的大店大字号有同业公会和商会参加，而小铺则没有这种“福分”，他们只能靠自律维持着传统的商业道德，安分守己，从不浑水摸鱼，违背商德。

肉业

京城的肉业主要由猪肉业与牛羊肉业两大部分构成。

营猪肉者，主要是山东掖县（今莱州）、招远和莱阳等地人士。他们大部分聚集在前门肉市和东四猪市大街和豆腐巷内。在清代和民国期间，这里有许多猪店，俗称屠户汤锅，专营生猪收购、屠宰和鲜肉批发业务。生猪主要由河北、山东与京城四郊供应，每天从朝阳门入城，进城后赶入猪店，检斤过磅后存入猪栏，深夜始屠杀，天亮后便将鲜肉上市。

猪店门口常悬猪尿泡为记，猪店没有什么响亮的字号，多以屠户姓户为店名，如蒋二店、王张店、田大店，等等，此类店在民国二十年左右大约有二百余家。

猪肉的零售处京人称肉铺、肉杠，此外卖下脚的称小肠局与白油局。肉杠的经营者为清一色山东人，他们除零售给居民，大宗用产是饭庄、饭馆。由于猪店多，宰杀量大，促使猪肉的深加工业务也随之发达，酱肉店等行当生意亦发达，使得京城出现了不少这样的“老字号”——普云楼、振阳楼、天福号……

牛羊肉的经营者，在北京均为回族人。此业规矩极严，一般情况下不许卖肉者擅自杀宰，其行内有司宰杀之职的阿訇，在老北京，这些阿訇各司其职，每人管一段，当时全市共分二十余段。在宰杀前，要按伊斯兰教教规举行宗教仪式。宰杀后由羊肉床子（羊肉铺）自行剖解后再卖。除卖鲜肉外，一些羊肉床子还加工制作熟肉。牛的宰杀有专门的屠宰场，其仪式与宰羊相同。

卖牛羊肉的是回民兄弟，而购肉者则有汉民，汉民在购肉时，要讲规矩，进得店来不得说及回民禁忌之事和禁忌的话语。有趣的是，在北京凡有猪肉杠处便有羊肉床子，如猪市大街上，在20世纪50年代尚有三四家羊肉床子。而且与猪肉杠相安无事，从来没有纠纷发生。

除猪肉、牛羊肉外，京城还有少许专卖驴马、骆驼肉的汤锅和狗肉作坊。这些在京城的肉业中比重不大。这些作坊没在郊区，宰杀后便加工制成熟肉，熟肉再批发给小饭铺、小酒馆和小贩。

青菜业

种植、贩运、售卖青菜是个很古老的行业。不过，在历史上经营青菜属微利行业，大都为“单打单练”，故不被商界所重视。像北京地区的青菜业的行业组织“青菜业同业公会”直到清末宣统三年（1911）方在丰台樊家村成立，而与其他行业公会相比，它只是一个“小兄弟”。

旧京的青菜业称“青韭园行”，当时“青韭园行”分两大派，一为北派，会馆设在樊家村；一为南派，会馆设在大兴县岳各庄。主要成员为菜农、菜贩和菜牙子（中介人）。其经营方式是由菜农将所产青菜运到菜市，由菜牙子做价后再批给菜贩子，菜贩子将菜批给城里的菜店（副食油盐店也兼卖青菜）或小菜贩沿街和设摊销售。

为了抵制菜牙子控制青菜市场，有些菜农直接卖给菜贩再由菜贩批发、零售。当年北京的大菜市设在广安门内菜市口、天桥南一带，其他各区也有大大小小的露天菜市，有些菜市场是解放后的产物。当年大菜市不零售，只做大宗批发买卖。

卖菜，尤其是走街串巷的菜担子、菜车，颇讲究吆喝，他们可以一口气将所卖的青菜，不管有多少种类，均可吆喝出来。而城郊菜农到城里卖菜，一般不大吆喝，而且他们大都只卖萝卜、白菜这样的大路菜。

菜店卖菜不讲吆喝，但是在菜的陈列上下功夫，一些鲜菜上市后，他们要往上洒水，以保持其“鲜灵劲儿”。菜市是清晨开市，午后便关闭，因此，卖菜不仅讲时令性，也讲时效性，有些菜在上午批发不出去，只能降价处理。因此菜业是十分劳苦和有些风险的行业，且又微利不多，操此业者，少有发迹者。

解放前，北京菜业中还有所谓“菜霸”，如天桥“四霸天”中便有“菜霸”，此外还有一个叫“菜常”的常姓“菜霸”，这些人依仗其混不讲理和与“官面”勾结，哄抬菜价，欺行霸市，对菜农敲诈勒索，剥削吃菜的平民百姓。新中国成立后，这些人被绳之以法，菜市方有了秩序。

走街串巷卖菜的小贩，除讲究吆喝外，还能恪守“行规”，只在自己经营的地段上做买卖，从不乱串胡同。由于顾客大多为熟人，在经营中不仅“送货上门”到门口，也从不在缺斤短两，以次充好上着力。有时菜卖到中午后，这些菜贩还会以最低的价处理给居民，当时称之为“包圆儿”，有时甚至白送。

一个好的菜贩，大多有固定的照顾主儿，而人们对进胡同的卖菜者也不当外人，时以茶水慰问，而菜贩也在生意不忙时与胡同里的老太太、家庭主妇聊聊家常，关系十分融洽，表现了“首善之区”的古韵和风情。

绸布业

绸布业，主要由布行与绸缎行组成。

绸布业历来是北京首屈一指的行业，在它最辉煌的时刻，曾涌现出瑞蚨祥、谦祥益等“八大祥”，并有“头顶马聚源，身穿瑞蚨祥”的俗谚，足可见当年之盛。绸缎与布匹虽有所区别，但在经营时是在一起的。旧京一些小布店，布摊一般不经营绸缎等高级织物。

近代北京绸布业执牛耳者当属“八大祥”，这“八大祥”中有六家开在前门外，前门地区显然是京城绸布业的中心。“八大祥”的创办人均系山东章丘人士，其中瑞蚨祥、谦祥益两家老店都是孟姓人士创办。据说，他们是“亚圣”孟子后裔，是所谓的儒商。

山东章丘不产绸缎，因此像瑞蚨祥这样有三百余年的老店，早年以经营土布起家，当年他们主要经营“寨子布”“大捻布”，这种布结实严密，很有市场。随着事业的发展，这些老店又经营起绸缎来了。历史上北京是达官贵人、王公贵族众多之地，绸缎的生意自然不错。后来由于洋布和洋丝绸的大量涌入，以“八大祥”为首的绸布业又经营起洋货来。其中瑞蚨祥不仅卖绸布，而且一度涉足钱庄、茶叶、当铺、药房等业。

绸布大店因是由清一色的山东人经营，地方色彩极浓，外省籍人士难以介入，其店东店伙都来自本乡本土，对外有很大的封闭性。为了维护其竞争和垄断地位，这些老店都有极严格的店规。其中，站柜卖货者必是入店三年之上的伙计。站柜者首先学“机灵劲儿”和“眼力见儿”，即说话和气，会察颜观色，对购物者的心理有所了解，站柜者在冬夏一律身着长衣长裤，以示文明。刚入店者，要学习上架。所谓上架即是绸布的陈列，上架前要对质品编订号码上账，上架之货要将不同颜色的绸布分开，不允许有“靠色”现象，此外，大绸布店一年一算账，五年一大算，股东须十年后始提取红利，以保证有雄厚的资金周转。

京城绸布业的货源，除土布一项从京城、河北、山东等地进货外，丝绸类织物均由南方进货。在交通不便的年代，每年两次从苏杭等地进货，火车通行后，一些大店在上海坐庄收购，中型则在天津坐庄收购，而小布店只在前门外大蒋家胡同、布巷子等处购买批发货。

绸布业喜用“暗号”定价，外人难以知道其中奥秘，加每种货上均有小布条，上写一两个字，本店之外的同行也不知这些字的含义。据说，各家之暗号，彼此决不雷同，而且以十字拼用者为多。如有用“风来花自舞春入鸟能言”十字为暗号，如布条上书“风来鸟”者，则是每尺一角二分八之意。因不是明码标价，绸布业漫天要价和讲价还价是正常的现象。每逢旧历新年，各店均要打折售货，一过节便恢复原价，这种习俗是绸布业的行规之一。

绸布店除门市售货外，每店还设有“跑外人”。“跑外人”分上中下三等，上者专跑大宅门，推销上等布料；中者与鞋店交易，推销制鞋用细呢布料；下者与小布店小绒线铺打交道。三者均需嘴勤、腿勤、会讨账。

绸布业的操业者，大多受过专业培训后方能吃这碗饭，专业培训的主要内容是考究货品，何货为何地何家所产等，每种货应该卖多少钱亦在学习之列。所以在绸布业做学徒，并能学满成师是件很难的事。而能在绸布业的学徒，在当年亦是让人羡慕的事。

此外，在庙会集市上摆摊卖布头或串胡同卖布者亦属绸布业之中，但他们本钱小，所卖货品多为廉价和残次品、布头等，在绸布业中基本上没有什么地位，所以占的比例不大，故不被人们所重视。尤其是卖布头者，多靠花言巧语骗人，而且从不用尺量布，全凭胳膊丈量。其所谓布头，也并非布头，只是将整匹布分割而已。他们的布不少是伪劣质，一些本来织得很薄的布，他们往往上浆后出售，蒙骗不懂行的人。

小布贩子在卖布时喜欢在尺寸上弄神装鬼。明明是让你三寸，可拿回家时再丈量时，不仅没有多出三寸，连原来的尺寸都不足，显然是在量布时做了手脚。

小布贩和卖布头者在绸布业属名声不佳者，因此，他们的服务对象（坑蒙对象）只是些小门小户的妇女和喜欢占小便宜者。大多数人买布时，一般都去布店。

绸布业在历史上也算是历尽沧桑，尤其是在洋货的冲击下，他们不得不更弦易辙。但是，毕竟我国是丝绸织物发祥地，尽管有洋货的排挤冲击，但是还是能维持传统，恪守行规，使这个古老的行业一代又一代传了下来，一些商业民俗、商业道德也继承下来了，并成为现代绸布业的宝贵遗产。

书业

文化古城的北京，它的书业之发达让世人瞩目，无论是科举时代还是近现代，北京一直是我国的图书集散中心。

北京书业的发达，关键在于它有广泛、固定的消费群体和一批懂行业务精的经营者以及众多的书店、书铺、书摊。除收购、买卖图书外，大的书铺还有印书及带人修补图书的业务。

旧日的京城书业的辉煌，主要表现在古旧书行业之中。古旧书行业当年主要集中在琉璃厂、隆福寺、报国寺一带，民国后东安市场、西单商场一度成为古旧书书店云集之地。其经营者多为直隶（冀县、衡水、枣强、深县、束鹿等地）人与江西人。

古旧书行是个专业性极强的行业，从图书的收购、整理、修补、分类到定价、销售乃至印书都有很深的学问。操此业者与一般商贾不同，除去会精打细算外，还要有一定的文化素养，此业的佼佼者在文史修养上均有很深的造诣，他们对历代图书版本学、出版学和文化学了如指掌，能够对自己经营图书的来历、源流、内容、书的作者等如数家珍。像清末民初琉璃厂通古斋书店主人孙殿起，经营旧书数十年，由于业务精益，得与当时的文人学者相交，受益匪浅。他将所经手和目睹的图书逐一详细记录后，著成《贩书偶记》《贩书偶记续编》等书，据内行人称这些书的作用相当于《四库全书总目》。

孙殿起的外甥雷梦水先生也是版本学家，曾著有《书林琐记》一书。在“文革”后还在中国书店主管古旧书收购、分类、评估业务。

卖书不同于经营其他商品，它不讲吆喝之类的广告术，凭的是真才实学，对于书店的常客，他们可以记清这些人买过什么书，喜欢什么书，需要什么书。他们对图书的知识掌握之精，使京城书业大为增色。

古旧书的收购渠道畅通是书业繁荣之本。大的书店除坐店收购外，还要派出行家里手到大宅门、学生宿舍去登门收购甚至还到全国各地去搜罗善本图书。也有的书店派懂行的伙计到书摊和其他书店去收购，每有善本孤本等珍品，都不会逃过他们的眼睛。至于卖书，书店除门市销售外，还有专人往一些文人学者和藏书家的家中送书，这些书除为定购的外，不少是书店刻意推销的书。

古旧书店讲究以文会友，书店里陈设的古色古香，购书者可坐在书店里阅读、品茗，店主也会主动招徕，与之交友，在叙谈中将一笔笔生意做成。一些书店店主因与文人学者、大学教授有了私交，逢有好书便去推荐，双方默契，购书者对书价就不计较，书店自然获利颇丰了。

古旧书业因系河北、江西两省人士主营，他们之间很少有沟通，对书的来源渠道等商业秘密相互封锁。乃至在琉璃厂地区，书商们常日祭祀的文昌庙、火神庙都有两个，两省人在祭祀时都不喜欢混在一起，更不用说业务往来了。

新书行在北京出现较晚，只是在民国之后才有经营新书的书店，因为当年刻书印书的书店有新书出版，也只是送到古旧书店去。按现代印刷术出书的商务书局以及后来出现的一些印书局，差不多都在外埠，故而，京城书业的新书店历史不长。但它出现之后没有多久，便在书业占据了统治地位，东安市场、西单商场等地的书店多以经营新书和洋书为主，尤其是“五四”之后，新文化崛起，新书业日益繁荣，使得昔日繁荣的琉璃厂、隆福寺大为失色，最后，它们不得不也卖新书了，因为古旧书的消费群体基本不存在了。北京新书业最繁荣的时期始于新中国成立后新华书店的出现，新华书店成了新书业的代称，而形形色色的古旧书店也都划到中国书店里，古老的古旧书业基本上画上了句号。

在北京的书业中，既有书店、书铺、书局，还有租书屋和摆小人书摊者。租书店（屋）是专为读书人办的租赁书店，在公共图书馆不多的时代，确实有重要作用，使得那些喜欢读书又一时掏不出钱来的读书人有书可读。

租书店的顾客几乎都是常客，他们交一些押金后便有书可读，租金按日计算，逾期不还者，书店便扣去押金。书的押金是书价的1—2倍，即使你不还书，书铺也不受损失。

摆小人书摊者，主要为小孩子服务，主要是出租连环画。小孩子们只要花上一分钱便可以看上一本。经营此业者多为老人，“文革”前，隆福寺庙门口，摆小人书摊的老者是爱新觉罗·恒兰，系前清贝勒毓朗的后人，以此为业，养家糊口。

此外，街上卖旧物旧货者，偶尔也卖一些旧书，但他们不应算是书业的一员，他们所卖的书多为旧杂志和破书，不足挂齿。

贩书者多系识字的人，当然不是“学而优则仕”式的读书人。有些贩书人能够自己编书、著书立说，证明这个商业群体绝非等闲之辈。

餐饮业

北京的餐饮业亦是十分发达的行业且历史悠久。发展到近代与现代，业已臻于完美，仅从清末至民国初，便可窥视其一斑。

清末之前，北京餐饮业的精华是“堂”字号的饭庄，如东麟堂、惠丰堂、会贤堂等，这些“堂”字号饭庄又称为“冷饭庄”，其因它们平日不卖饭菜，只是应酬堂会宴席，如前门外东麟堂“自道光朝以来，凡有大公宴，如各省各科团拜，及科考之供给，以至承办陵差诸务，皆其料理”。后来出现在什刹海的会贤堂，打破了“冷饭庄”的常规，除应酬官宴外，兼卖散座，一时名噪京华。

清末民初，京城出现了以“八大楼”“七大居”为主的饭庄，这“八大楼”人们认为是东兴楼、正阳楼、泰丰楼、新丰楼、万德楼、悦宾楼、获云楼和会元楼。“七大居”亦有“八大居”“四大居”之说，主要指广和居、福兴居、万兴居、东兴居、同和居、天然居、义盛居等几家带“居”字号的饭庄。这些“楼”“居”的出现，便使京城餐饮业达到辉煌的巅峰。

京城餐饮业与外地有所不同，它与当时的政治、文化、习俗关系重大，每种菜系占主导地位，皆因时局的变化有关。“八大楼”与“七大居”均以经营鲁菜为主，因为当时在京为官者山东人所占比重很大，清宫御膳房的厨师也来自山东者为多，食用鲁菜即成为时尚，而这种时尚促使了山东饭庄的繁荣。

鲁菜由胶东菜、济南菜及孔府菜所构成，山东人精于烹调，世代相传其技艺已登峰造极，同时又适合当时的王公贵族、富绅大贾口味。另外，因鲁人控制着肉类、粮食的经营，使得山东饭庄无后顾之忧，他们在京城买卖红火自然是顺理成章的事。况且京城的相当多的大买卖是山东人操持，他们当然也喜欢家乡饭菜，“八大楼”“七大居”便成了他们叙乡谊的好去处，有了天时、地利、人和，鲁菜饭庄的发达兴旺是很正常的现象。

民国之后，皇帝倒台，取而代之的北洋新贵、国会议员则以江浙人士为多，京城大学的教授、学员，北洋政府各部的官员中南方人士渐多。于是，北京餐饮业也随之发生变化，在西长安街上出现了“长安十二春”，这十二家带“春”字号的饭庄虽在规模上与山东饭庄难以相比，但因经济实惠，且又是江淮、苏浙口味菜肴，很适合当时士绅、文人、学者的口味，“长安十二春”（庆林春、方壶春、东亚春、大陆春、新陆春、鹿鸣春、四如春、宣南春、万家春、玉壶春、淮扬春、同春园）也实实在在红火了一阵子，只是首都南迁金陵之后，这“十二春”方退出餐饮业的主导地位。

新中国成立后，新中国的领导人和驻军、机关干部中湖南、四川人不少，以经营湘菜和川菜的饭庄饭馆相继出现，只是因这些新领导层，崇尚节俭，不喜挥霍，湘菜馆、川菜馆没有形成太大气候，好在京城人多，仅品尝一次，他们便会有生意可做。湘菜与川菜的进京，改变了京城一些人的饮食习惯，为北京的餐饭业注入了新鲜空气。

北京人把饮食当成了时尚，当成了文化，因而在不同时代，总让一种或两种菜系出尽风头，从而形成了京城餐饮业的特殊特色。

北京虽是餐饮业发达地区，但是本地没有什么菜系可言，烤鸭、涮羊肉并不是北京人所发明的，只是它们在北京得到了发展，方走向世界，走向全国。兼收并蓄，不排外是北京餐饮业的最大优点。

在饭庄、饭馆之外，与平民百姓生活息息相关的，则是小饭铺。在北京，小饭铺之外还有称为“二荤铺”的小饭铺。

小饭铺不仅在规模上与“堂”“居”“楼”式饭庄有很大区别，在饭菜品种、档次和服务对象上也有所区别。但是，小饭铺亦有烹炒煎炸、蒸煮烩炖，不过它突出主食的花色品种，如面条、饺子、馅饼之类。街上常见的饺子馆、包子馆、馅饼铺、粥铺等，均属小饭铺之列，除此之外，旧京的切面铺亦属小饭铺之列，因为它不仅卖山东馒头、生切面、杂面，也经营打卤面、炸酱面，夏天还有麻酱面可卖。

小饭铺多经营家常便饭，经济实惠，还有“包饭”业务，当年在北京很是受平民阶层欢迎。由于薄利多销，在“饭口”时间内，总是顾客盈门。小饭铺店堂小，设备也简朴，来往“回头客”和固定客多，买卖双方关系融洽，很富有人情味。

“二荤铺”虽属小饭铺范围，但它以炒菜取胜，不像前述小饭铺以卖主食为主。所谓“二荤铺”指的是猪肉和“下水”。“二荤铺”店堂也不大，一两间门面，炉灶在门口，座位却设在里面，以经营家常的炖猪肉、炒腰花、熘肥肠、炸丸子等。旧日，平民吃不起大饭馆，把到“二荤铺”吃饭当成乐事，美其名曰“开斋”。

在小饭铺、二荤铺之外，京城还有众多小饭摊，他们多卖些贴饼子、炸丸子、老豆腐、馄饨等，此外，还有回民兄弟开的小吃店、羊肉馆、牛肉面馆等，这些都是餐饮业的重要补充。

北京旧日的餐饮业，有许多行业民俗，如大饭庄印有菜谱或写在小水板上，上面明码标价，但算账时全凭堂倌一口清，这些算账伙计脑子灵活，记忆力极强，只要看清桌上有多少盘菜，便会算上账来，而且分毫不差。报账时口齿清楚，声音洪亮，尤其是山东人开的饭庄，伙计用带京味的胶东话报账，十分有趣，动听。大饭庄有“堂头”，其职务类似今日的“值班经理”，负责处理前面的事，而“灶头”（厨师长）则处理灶房事物。此外，大饭庄还有“了高的”一职，主要由经验丰富的人充当，他主要的职务与今天的“导购”类似。这种“了高的”可以从客人的穿着打扮、气派判断出这个人的消费水平和饮食爱好。至于熟客，他们不但了解这个人的身份，乃至对他们家里的情况都了如指掌。

大饭庄的生意全凭“堂头”“灶头”和“了高的”，同行之间竞争便是挖走对方的这些人。有了这些人为骨干，买卖才会兴隆。

旧京饭庄还颇多规矩，大饭庄一律不用女服务员，伙计要说话和气，绝对不允许与客人争吵，真正做到了打不还手，骂不还口。伙计一年四季要着长衫，不允许将腿和胳膊露在外面。在顾客用完饭菜前饭庄要送“高汤”，用餐前要送“敬菜”，虽说早已打入顾客账上，但顾客在心理上还是很满足的。

在旧社会时，饭庄中也许一些陋习，一些大饭庄往往与“官面”勾结，难免有狐假虎威之嫌。客人吃剩下的饭菜，饭庄人不吃，而专门卖给小饭摊去卖“折罗”，而就卫生而言，实不足取。大饭庄还有一个陋习，那就是打碎的盘碗均不扔，全部收存。每逢有人酒后闹事砸了东西时，这些破盘烂碗便有了用处，店方将这些全算在账上。闹事者知道其中有诈，但又惧怕大饭庄的“势力”，且又理亏，只好自认倒霉。

旧货业

北京的旧货业在历史上一度畸形“繁荣”，反映出那个时代民不聊生的民俗民情。旧货业属又买又卖的行业，操此业者不但卖货，而且也收购，只要有利可图什么样的买卖都做。

收卖破烂儿，是旧货业最底层的行当。操此业者，多为老妪，她们背一草筐，专在小胡同大杂院中穿行，叫卖时吆喝“有破烂儿我买，有旧衣服我买！”这些人收的货物多为破衣烂鞋，难以估价，仅支付一两盒火柴，因此京人称之为“换洋取灯的”，“洋取灯”乃火柴之俗称。

她们收得的物品，除少量转卖，大多送到“铺陈市”卖给做鞋者打袼褙用。此业收入颇微，老妪们个个面带菜色，衣衫褴褛，形如乞丐，干好了仅能糊口而已。

在收卖破烂者之上，是称为“打鼓的”的小贩，他们中亦有档次之分，高级者专跑大宅门收购古玩字画、细软珍品；次者收购木器家具、瓷器等；再次者则收购旧衣旧物，破烂货他们一概不收。打鼓者行动诡秘，其同行之间又相互勾结争斗，职业道德极差，口碑不佳。尤其是他们往往和大宅门的管家、仆人相勾结，合伙坑骗主人钱财；有时与窃贼联手销赃。“打鼓的”所收购的东西，一般卖给古玩铺、挂货铺和估衣庄，少量在晓市上自销。他们的营销活动高深莫测，外人难以知晓。因此，人们对此行业之人，视同窃贼。

在旧货业中，较有规模者当属估衣店与估衣摊。估衣乃旧衣之雅称，估衣铺又称估衣庄，其所经营的估衣比较有档次，如便服、西服、戏装，等等。虽说都是穿过的衣物，但估衣庄的衣物并不便宜。因为上估衣庄买估衣者并非都是为了御寒遮体的，如东交民巷的洋人特别喜欢到估衣庄买些戏装和前清官员的袍服，他们买回国去当古董，或拿回去炫耀。估衣庄做这种买卖，自然不会心慈手软，借此大赚一笔。

估衣庄之外便是摆地摊的估衣摊。这个行当有季节性，只是在春秋两季买卖兴旺。在淡季时，买估衣者将精力用来收购，旺季时便沿街或在集市庙会上设摊。旧京时人民生活水平低下，贫苦人没钱买新衣，为了御塞挡风只能去估衣摊上买别人穿完不要的衣物，因此估衣摊有稳定的客户，总有生意可做。故而京城民歌中有“四牌楼东，四牌楼西，四牌楼府下卖估衣……”之句。东四牌楼东的三官庙门口，一度是估衣摊最集中地区，有估衣街之称。

除此之外，天桥等地估衣摊也不少。卖估衣者颇讲吆喝，有时还二人一唱一和，在吆喝时还将一件件估衣翻来倒去，招徕顾客。当时的《竹枝词》中曾有所描述：“裙衫袍褂列成行，布帐高支夏月凉。急事临身多绕路，怕听事问卖衣裳。”

估衣摊的货源有收购来的，也有些是当铺中的“死当”，因此价钱不高。因有些是死人或病人穿剩的衣物，讲究一点的人是不会光顾估衣摊买衣服的。卖估衣者为了赚钱，一般还要对衣物进行浆洗、修补，当然，他们并非是讲卫生，只是想多赚些钱而已。新中国成立以后，估衣庄、估衣摊逐步被取缔。

旧京的旧货业与今日卖的收藏品不同，是那个时代的产物，而且是社会生活的晴雨表，每逢改朝换代和兵荒马乱之际，这个行业便兴旺发达。

新中国成立后，旧货业赖以生存的基础不存在了，取而代之的是废品收购站和委托商行，这些均为国营，除有拾遗补阙作用外，其他的功能作用便不明显了。

花业

北京的花业，由鲜花与绒花（纸、绢等人造花）两大部分组成。

北京地处华北，无霜期短，鲜花怒放的时间不长，老北京人便以绒花、绢花、纸花代之，用以装饰自己，美化生活。京城妇女，无论老少，昔日都有头上戴花的习俗，如果是鲜花，戴一两天便会枯萎，况且严冬中也少有鲜花，这种习俗促使北京的绒花、绢花、纸花等人造花业一度繁荣，这些“人造花”人们称之为“京花”。

“京花”行又称花行，其在清中业至民国二十年之间最为兴盛。当年制造、销售“京花”的中心是崇文门外花市大街一带。花市产的“京花”因形象逼真，做工精巧而独步花业魁首地位，在1930年前后花市“各街市花庄及住家营花者约一千家以上”。

“京花”业由纯粹手工业工人所组成，有不少是家庭作坊式，也有的形成了规模，成为造花工厂。其中常年营业者占20%，80%是季节性的。常年营业的花作坊有自己的门市，他们做出的花一部分零售外，大部分批发给卖花小贩。季节性营业者，大多是为花庄做加工活，有的生产花枝，有的生产花叶，有的生产花朵；也有的专事花的“组装”，将花枝、花叶、花朵加工成整花。当然，也有些季节性花作坊自产自销“京花”。

“京花业”是劳动密集型行业，全凭手工操作，因此此行艺人十分艰苦，每天干十几个小时，也难得温饱。昔日，在此行曾流传着“上辈子打爹骂娘，下辈子托生花行，压折了炕坯，顶折了房梁，家有三亩田，不干花行”之说。

“京花”的用途分为喜庆花、丧花、供花、瓶花、佩戴花、戏剧花若干种，其材料又有绒、纸、绢、纱若干种。其中最受欢迎的是绒花，因为绒花有质感，尤其是红色绒花在春节时佩戴，尽显喜气洋洋，给人以“分外妖娆”之感。

纸花是花业的下品，它不大讲究工艺，皆因是为死人时摆用的花圈而做。但是这是“京花业”的大生意，它的生产、制造、销售，没有季节性，甚至于操此业者24小时都营业。

鲜花行，在北京的花业中有很大比重。昔日“丰台十八村”的花场子、花田、花棚子，是北京的鲜花生产、销售的基地。

在北京，经营和销售鲜花的历史，可追溯的很远，而且自元朝始，京城花农便掌握了冬季培育鲜花的技能。据说：“其法以纸糊密室，凿地作坎，编竹置花其上，类以牛溲疏磺，尽培溉之法。然后，秽沸汤于坎中，少俟熏蒸，则扇扇以微风，盎然盛春融淑之气，经宿则花放矣。”由于掌握了温室育花的技巧，北京一年四季都有鲜花可卖。这种工艺技巧促使和培养了北京人的爱花习俗，尤其在夏日妇女竞相佩戴玉兰花，顿时街头巷尾，花香扑鼻。冬日里的大宅门的客厅、书房摆上几盆水仙、干枝梅，尽显高雅之气。

北京鲜花产地在丰台草桥、花乡（黄土岗）一带，历史上所云的“丰台十八村”便在这里。这“丰台十八村”中的农民多以种花为业，贩花为生，一些发迹了的花农还开办了花场子，建了四季如春的“花房子”，而且还在市里开办了大大小小的花店，常年售卖鲜花。当然，一般花农则以自产自销为经营形式，他们大多卖的是些不太贵重的草花。每逢花开时节便挑担进城，到隆福寺、护国寺和土地庙的庙会上去卖。据史书云：在明代这种经营形式便出现了，当时“都人卖花担，每展千百，散入都门”。足可见操业者之多。到了清代，此风不减，出现了“芍药当春色倍娇，佳人头上斗妖娆。丰台一片青青叶，十字街头整担挑”的景色。

京郊花农的祖先大多数来自山东，他们的远祖是逃荒进京的。那时城南郊甚是荒凉，且土质不佳，不易种粮菜，吃苦耐劳的山东人开发花田，种植花卉。鲜花行到了近代有所发展，尤其是一些从国外引进的花种，曾丰富了鲜花行，那时东交民巷的使领馆、洋商开的饭店、商店，对鲜花的需求量不小，京成四郊的花房难以满足，于是大花棚子便出现了，花的品种也多了。

“文革”前后，京城鲜花行业大为衰败，主要缘于当时的“极左路线”影响。城里的鲜花门市部大多转业或关闭，花农为贯彻“以粮为纲”，将花田改成了农田。

改革开放之后，人们对美的追求急速回升，鲜花行业也从中复苏。不仅有盆花、观赏花，而且还有切花。切花是去掉根的鲜花，多用来赠送亲朋好友和探望病人。鲜花行业还有了租摆业务，为了举行庆典的单位设计、陈设、摆放、维护花坛等。

药业

北京的药业，在相当长的时间内一直由中草药独占鳌头，近代方有西药加入此业，西药在北京的历史，仅有百年左右。而中草药的历史则有几千年，北京的药业亦有五六百年历史。

自明代开始，北京的中草药行业便形成了规模和一整套传统经营模式。

中草药业是以药铺为表现形式。而西药则以药房为表现形式，这一铺一房，将中西药分开经营，北京人在买药时，决不会搞错。

北京的中药铺大多在字号冠以“堂”字，民国初年的《北京药行商会》登记中的150余家中药铺，除少数字号中用药局、药栈外，均为堂字号，如同仁堂、庆仁堂、万全堂，等等。中药铺以经营生熟药料为主业，生便是汤济饮片的原料，即草药；熟便是丸散膏丹，即成药。

大的药铺都是前店后厂，铺内有加工、炮制药的作坊。这些成药大多以“祖传秘方”为旗帜广告，而且在临床应用中得到了验证。而且每家药铺都有几味叫得响的成药，如同仁堂的安宫牛黄丸，长春堂的避瘟散等，在当年都享有盛誉。

大药铺的原材料均由自家采购，采购人员的药理、药材知识十分丰富，他们常年驻守在全国几大药市，专事采购、选药，像同仁堂药铺还有自家的鹿苑，取鹿茸用；有的药铺还在郊区有自家的药田。

药是关系到人的生死、健康的特殊商品，各家药铺在经营中都十分谨慎小心，丝毫不敢马虎，对于炮制药材和出售草药时，要反复核实，以免于弄错而贻害顾客。像同仁堂药铺的“炮制虽繁，必不敢省人工；品味虽贵，必不敢减物力”的经营方针，为正经经营药业的人的共同守则。

大药铺卖药，没有打价还价之说，价钱均由药铺自定，因此经营好的药铺收利颇丰，资本雄厚。当然同行之间的竞争也十分激烈，他们之间相互封闭，少有往来，很少有互通有无的事，同一类型和规模的药铺之间，几乎没有业务往来。

药铺大多是家庭式经营，店东、店伙之间有亲属关系的为多。像同仁堂开业几百年，它的分号、分支很多，但都由东家传人主持，清末同仁堂的“四大支”——乐孟繁、乐仲繁、乐叔繁、乐季繁，分别在全国各地开办了同仁堂、宏仁堂、永仁堂、怀仁堂等三十余家药铺而且都以“乐家老铺”标榜。他们除经营北京老同仁堂的成药外，还经营自家炮制的成药和自采自办的草药。

中药铺，尤其是“老字号”，颇重信誉，它们对成药原材料、制作工艺均不敢偷工减料，其“祖传秘方”“地道药材”一代传一代，不可随意更改。因是秘方，故不外传，一个药铺中只有极少的几个人才知道秘方的内容，最关键的几味药，只有店主一人知晓。由于是保守型经营制作，店外人想仿制十分困难。

中药铺中往往还有“坐堂大夫”，在医疗不普及的时代，“坐堂大夫”的作用很大。为了表达对药铺免费提供行医场所的感激之情，“坐堂大夫”同把“坐堂”药铺的药作为处方上的“首选”。在某种意义“坐堂大夫”是药铺的“导购”。尤其有新药上市之际，“坐堂大夫”便百般推荐。旧京中的药铺，大大小小有数百家，其中许多药店能坚持全年24小时营业，在有“时令病”传染和药王爷生日的日子里，一些药铺还有舍药之举。

北京的西药房出现的时间不长，京人习惯称它们为“洋药房”。为有别于中药，它们参加的商会为“香烛熟药行商会”，与卖香粉、蜡烛、化妆品的店铺划为一行。西药房的字号均冠以“药房”之称，其名称中往往有“洋味儿”，如屈臣氏药房、华欧药房、克敦氏药房，等等，大栅栏中有一家“老德记药房”，乍看似乎是中药房，殊不知这是德商所开。

西药房的店主最初都是洋人，除欧美各国之外，还有日本人。日伪时期北平日本人与高丽人合开的“药店”，以经营毒品为主，虽有时也挂药房牌子，其实是挂羊头卖狗肉。洋药房的针剂、药片除少量系上海、天津洋商工厂所产外，大多是“舶来品”。因此西药价要高于中药，但因其疗效快，在北京也有市场。西药房除门市零售外，还向医院批发药品。

最初的西药是一些传教士带进中国的，他们用送药等方式，诱人入教，当西药在中国有了市场之后，各类西药房相继开业。西药房当年的口碑不佳，1900年义和团在京城杀人放火，焚烧的洋人商行“老德记”等药房便首当其冲。

旧京的大中药铺为了不倒字号，只小量批发给有信誉的中小药铺，一般不批发给小药贩，因此，一些小药贩便做起了卖假药生意。卖假药是药业的浊流，这种药贩子亦是药业的败类。

假药贩多出没于街头巷尾和庙会集市之上，采取游击式经营，每天换一个地方，绝无有固定场所。他们所卖的药为中成药，主要是些治肚子病、牙病和打蛔虫的药，以及什么“大力丸”“金枪不倒丸”之类的“补阳药”。好在这种药贩子充其量是赚几个钱而已，并没有害人的心，所以贩的药虽标榜“祖传秘方”“偏方”，但大多是治不了病，又害不死人的药。药贩子个个信口雌黄，能言会道，对医术药理也略知一二，在卖药时有时还练一练拳脚武术，也有的还有“贴靴者”充当“托儿”。这些“贴靴者”往往用“现身说法”来吹嘘药贩卖的药，不明真相者，最易上当受骗。有些药贩往往打扮成云游道士、苦行僧的样子卖一些草药，如将香菜根做成的人参以及什么深山老林里的灵芝、“仙药”、“仙丹”等均出自这些江湖药贩之手。

鞋帽业

在北京无论是鞋行还是帽行，一些“老字号”买卖的名称十分文雅，给人留有很深的印象。如鞋行的内联升、步瀛斋、一品斋……帽行的盛锡福、马聚源……这些鞋店与帽店，构成了鞋帽业。

鞋行，又称靴鞋行，1919年统计，当时参加靴鞋行商会的铺户便有94家之多。

靴鞋行亦属于“前店后厂”的行业，大的靴鞋店都有自家的加工作坊。当年制造靴鞋全凭手工，艺人的转艺是吃饭的唯一资本，因此在每一个大靴鞋店内部存一批技艺上乘的手工艺人，他们分别掌握着“缝、绱、切、圈、排”的手艺。这五种手艺如果要掌握至少要学徒“三年零一节”，而且一般情况下，一人只能掌握一种手艺。

清代的官员、武将都要穿靴子，而普遍穿鞋则是辛亥革命之后的事，京城靴鞋业几乎都是由制靴转为制鞋的。当年的鞋底是布做的，需要用麻绳由手工去“纳”，纳鞋底是最苦的活儿，京城一些贫苦妇女便给靴鞋店做外加工——纳底子。

门市上卖的靴鞋是自家加工制作的，店主不会因质量担忧，最关心的是照顾主儿的多少，因为他们深知这些人才是他们的衣食父母。因此在经营中百般殷勤，尤其是当一些有身份的人购买时，店伙要跪在地上帮人家试穿。

内联升是京城靴鞋行的佼佼者，开业于清咸丰三年（1853），其店经营中摸索出一整套经营术，其店中有《履中备载》一册，内中记载着到内联升买过靴鞋的重要客人的年龄、鞋靴尺寸、家庭住址、生辰、爱好等，每逢购货者只要有个口信，他们便会把合适的尺寸、式样的靴鞋送上门去，免去顾客的车马之劳。

内联升为拉拢自家的顾客群，算是费尽心思，当一些有身份的顾客有生日和婚丧嫁娶之事时，店里便会送些薄礼，为报答其店的礼尚往来，只要他们去内联升购物，内联升的生意自然会红火。

内联升经营有术，不少店铺都竞相模仿，但是很难做到家，很长一段时间内，内联升独占靴鞋业鳌头，因此有了“头戴马聚源，脚蹬内联升”之说。

在靴鞋店之外，旧京还有鞋摊，这些鞋摊上的货，较比店铺在质量、样式上要差，品种亦相比少一些，但价格便宜。尤其是有供劳动者穿的结实“洒鞋”和老年妇女的小脚鞋等经济实惠的靴鞋，因此也有一席之地。

但是，在天桥和集市庙会上卖的鞋，则是另一回事，这些鞋摊有“低头斋”的戏称，而其所卖的鞋又有“过街烂”的恶名，主要是他们的鞋是烂布乃至纸做的，略做加工后，外表看起来不坏，但穿一会儿便“原形毕露”了。买这种鞋的大多是外地人和近郊农民，他们贪其价低，故便上当。

帽店与靴鞋店的经营相似，大帽店盛锡福和“黑猴儿帽店”等均为自产自销，有的还有自家的商标，在用料和制作上颇多讲究，诸如偷工减料的事很少见。帽店的老字号当属马聚源帽庄，它创业于清嘉庆二十二年，因是由帽摊发展而来，故以店主马聚源之名为字号。古代乃至近代，戴帽子是男人“专利”，所以帽行的生意不如靴鞋行那么红火。

如清代改制后，没人再穿靴子，于是便生产各式鞋类；男人不戴缨帽了便生产瓜皮小帽、凉帽、礼帽等流行帽子。当皮鞋、高跟鞋流行时，他们也盯上了皮底鞋，不会再去生产莲花盆鞋了。光头不戴帽子的人多了他们便压缩产品，或生产“巴拿马帽”吸引顾客。

因人们生活时尚转变，靴鞋行的布鞋制作名存实亡，虽然有些鞋店宣传、弘扬什么“鞋文化”，但经济收效甚微，不得不以经营各式皮鞋为主，“前店后厂”的格局难以维持下去了。帽店亦是如此。冬天戴帽子的人都不多，睡帽、礼帽、鸭舌帽等几乎没有了销路。

十、其他行业及民俗

外馆与洋行

少数民族商业，在北京的商业史上可谓独树一帜。所谓少数民族商业，并非是指那些为少数民族服务的鼻烟壶店、满汉饽饽铺、料器店，或者是回民开办的饭庄、饭馆、小吃店，主要的是指与内蒙古地区、蒙古国做买卖的商业。多民族杂居的北京，离蒙古地区不算太远，因此与“口外”的蒙古族商人做交易，是北京商业的特色之一。尤其是在清代，这种交易活动异常活跃、繁荣。

清季北京有内馆和外馆，专门做蒙古人生意的地方。内馆在城里，据史料所云，在“御河西岸尽南”，当时叫“达子馆”，原本是“蒙古年例入都所居”之处，内外蒙古人进京路途遥远，因此带来不少当地土特产在路上享用，而且有相当多的一部分用来贸易。于是，在达子馆一带，“携土货于此贸迁焉”，形成了集市且“贾肆栉比”而达子馆也成了变相货栈。

蒙古商人带来的货品主要是皮货、野味及少量的牛、羊等物，他们卖完货之后，买回去内地的丝绸、布匹、金银首饰、珠宝玉器等。因每年来一次，被当时人誉为“冬来春去古之雁臣也”。

外馆在安定门外（今外馆大街），与里馆相对而言，是清中叶后从城里迁来的。里、外馆的交易形式、交易内容相同，均有明显的“互市”内容。

蒙古族人生性纯朴，在交易中诚实可爱，忠厚无比，因此时而被内地奸商所欺，在长期的交往中，他们渐渐地积累了经验，也学会了讨价还价，对于内地商人的货，无论质地如何一律“杀价”，当然，“买的不如卖的精”，他们之中的一些人在那个时代上当受骗，也是在所难免的事。

除外、里馆的贸易集市外，在老北京还有所谓专做蒙、藏民族生产的“蒙藏庄”，这种“蒙藏庄”主要是向这些少数民族批发，零售内地的工艺口、土特产。其店铺中必配有会讲蒙语和藏语的人。这些人因无语言障碍，在交易时百般殷勤，花言巧语，而那些前来购物者，却也能顺水推舟，顺利成交。

在有“外馆”的时代，外蒙古尚在中国版图之内，而且大宗的交易则是内蒙古的商人。“外馆”贸易中，是以“以货易货”形式出现，以现金交易买卖只占其贸易额的一小部分。

洋行是北京人对外国商人在京所办企业、商行的称呼。北京是皇都，在漫长的历史中，不允许洋人在天子脚下开店办厂，至于外国商队搞些小规模的易货贸易，则不在禁止之列。洋人试图在京开店办厂企图，是英国人借来华祝贺乾隆皇帝八十大寿（1793）之际提出来的，但是他们的企图没有得逞。鸦片战争和甲午海战之后，由于清政府的腐败，“门户大开”无暇再顾及外贸事物，“洋行”出现在皇都里，成为京城商业中的一类。

第一个打进北京的洋行是英国人开的太古公司。当时他们在京西门头沟投资办煤矿，利用中国廉价的劳动力和丰富的矿藏，攫取利润。在此之后日本、美国、德国、法国、俄国和意大利等国商人在京陆续开办了洋行。据1931年的统计，由外国人经营的洋行，尚有78家之多，为“洋行”服务的洋人银行也有十余家。

北京的洋行，只有小部分是推销重工业产品，大部分是生活消费品——煤油、洋蜡、香烟、食品、西药、化妆品，等等，当然也有缝纫机、自行车、汽车配件，等等。洋行在推销它们国内的滞销货、剩余工、农业品外，还借机收购和走私中国的文物、土特产等。

北京历史上的洋行与上海、广州等沿海城市的洋行有所不同，它以零售为主，批发为辅，因多为在华洋行的支行，大宗生意也干的不多。而且以订货为主，现货不多，洋行的顾客以洋人为主，北京当地居民很少到洋行购物，他们买的洋火、洋油、洋蜡、洋钉……只去代理商即杂货铺去买。至于洋布、洋百货等，人们从中国人经营的商店去购。

洋行股东主人是洋人，伙计则是中国人，这些人算不上“买办”，只是打工者而已。洋行在北京经营时能恪守中国法律、公买公卖，绝对没有麻烦。但是洋行是帝国主义入侵的产物，因此他们在北京的商界中没有什么地位可言。

在洋行中，尤其是当年日本人开办的洋行中，有相当多的商人是日本军部的奸细，刺探中国情报是他们的主要业务。尤其是抗战时期日本的洋行为军队筹款大肆贩卖鸦片、烟土。日商在干这些勾当时手段十分狡猾，通常不公开营业，只是把毒品暗中批发给朝鲜人和汉奸开的“土膏店”“白面房”。为了便于控制，这些日商还与军部勾结，组织什么“蒙疆组合”“土药公会”和“土膏店公会”等反动组织，控制毒品的销售。

北京的洋行，在1949年北京解放前便陆续关闭。有一家印度丝绸店则一直经营到1966年夏天，这家丝绸店叫力古洋行，坐落在王府井大街南口路西。虽然这家丝绸店的售货员是印度妇女，但店主是英籍印度人。

进入20世纪末，在北京被称为“洋行”的外资企业很多，但在形式与内容上与昔日的“洋行”已不大一样。

洋行在北京出现之后，对于改变北京的商业构成，丰富商品市场，推行欧美生活时尚，有一定作用。但是，它与中国传统的商业文化不尽相同，有时甚至水火不相容。因此，洋行在北京远不如在上海、广州、天津这样的商埠市那样兴旺。

皇店、宫市及其他

北京历史上的皇店、宫市及设在紫禁城里的小吃摊和小饭铺，是很特殊的商业形态。

皇店，是明朝时出现的。明代的一些皇帝对做买卖兴趣十足。他们在紫禁城里开起“买卖”，让太监宫女扮作顾客，皇帝扮作商人卖物、卖粮，当然，这是一种游戏而已。而真正的皇店却开在紫禁城外。明代万历年太监刘若愚在《酌中志》一书，便对皇店有所记载。万历年的皇店有宝和、和远、顺宁、福德、德吉和宝延六家。皇店的东家是万历帝，掌柜则是“提都太监”。皇店经营南北杂货、皮货等，每年税收“数万两”白银。其中，仅贩貂皮就1万余张，布120万匹，茶1万箱，猪50万头，羊30万只，等等，营业范围和规模相当可观，皇店不愧有“皇家气派”。

皇店所在地在王府井大街一带，这里离东华门很近，便于皇室的监督与管理。皇店因以皇室为依托，财大势大，显然少有公平交易，其获暴利是很正常的事。

清代的皇帝对经商的兴趣不减，他们在紫禁城、颐和园、圆明园内开设“宫市”“买卖街”。不过，这里的买卖交易，纯属粉饰太平，点缀风景，只为帝后寻欢作乐，不为赚钱。像清代末期的颐和园后苏州街的买卖街，全仿江南水城苏州街市而建，各式店铺俱全，“开市”时货声鼎沸，生意兴隆。当颐和园买卖街被英法联军烧毁之后，慈禧曾让人在北海团城上重建买卖街宫市，“设列市肆，罗陈百货”，西太后还“亲往向价，以考镜商贾之情”，显然，这里亦只是游戏而已。

在清宫中，亦有真实买卖，清代隆宗门外的小吃摊便是一例。隆宗门在太和门西侧，紧临军机处。军机大臣和护军要日夜值班，而宫中又无供应餐饮的先例，于是宫中的苏拉（闲杂人）和太监在这里开办了早点摊，供应炒肝、苏造肉、杏仁茶、烧饼等京味小吃。这里的小吃摊，生意红火，给死气沉沉的深宫，带来了悦耳的货声。

在隆宗门小吃摊之外还有小饭铺。据清宫老太监信修明回忆，这个小饭铺叫四合义，开设在“禁内西河沿”，店主姓王，“专做内务府及太监之买卖”。四合义仅卖“大饼炒菜，无上等菜”及一些小吃，“太监有嘴馋者，到四合义吃顿酱肉卷饼，一碗豆儿粥，花钱不多，可以解馋。”据信修明称：“有时后、妃等命太监买来，也吃酱肉卷饼，不为稀奇也。”四合义属二荤铺之列，它能开在清宫之中，想必是店主与清宫内务府等衙门有关系。

皇店、宫市或紫禁城内那些假买假卖的“买卖街”，是北京商业中独有的现象，在我国其他地方不会出现，也不可能出现。

刑场与市场

刑场与市场并非是同一概念。但是，在五朝古都的北京，刑场与市场混在一起。

自元朝起，北京成为中国的政治中心。根据“刑人于市，与众弃之”之说，北京的行刑场均建在繁华的市场里。

元朝的市场建在柴市。

柴市在今天的城北交道口大街，府学胡同西口，这里是元大都的柴市，以贩卖柴草为主。

元朝统治者在柴市杀了多少人，史无记载，但他们在这里杀害了南宋爱国志士文天祥有记载。文天祥在被杀害前，曾被囚禁在元兵马司土牢中（今文天祥祠）整整四年。元至正十九年十二月（公元1283年1月），他被杀于柴市口。

文天祥在死前，曾创作了不朽诗作《正气歌》，文天祥就义后，《正气歌》成了千古绝唱。柴市因是古刑场，在历史上留下了并不光彩的一页。后来，有人根据文天祥的史事，创作了戏曲《柴市节》歌颂他光辉的一生和崇高的气节。

柴市旧址今虽在城北，但在元代则是城中心位置，离齐政楼（鼓楼）近在咫尺，齐政楼西则是积水潭（后三海）码头，商事活动十分活跃。元代选在此处杀人，显然按“刑人于市”之说，恫吓百姓。

明朝的刑场设在西市。

西市在今天西四十字路口东侧。明代东四、西四均有大市街之称，西四的大市街亦简称西市。关于西市刑场，在史籍中记载甚多，难以一一列举，即使到了近代，人们对此仍留有恐怖的记忆。如1935年出版的《北平旅游指南》所载，西市刑场“在此丧生者，不下万余人，试掘该地土犹带殷红色，盖即刑后沥血入土之故也”。

明代刑场西市附近有马市、羊市、羊皮市、缸瓦市等市场，虽然这些市场已不存在，但保留在地名中，西市杀人之多，令人瞠目，其主要原因是明代吏制腐败，除刑部、都察院、大理寺等司法衙门外，东厂、西厂锦衣卫也有行刑杀人的权力。故而“刑人于市，与众弃之”达到了淋漓尽致的程度。

清朝的刑场设在城南菜市口。

菜市口自然与菜市有关。清代这里是京城通往南方诸省的陆路必经之路。那时人们要经菜市口，出广安门，走卢沟桥，方能出京师。菜市口既是市场，又是交通要道，是行刑杀人的理想场所。

有意思的是，清代在这里杀人时，与商家关系极为密切，当地的西鹤年堂药铺是监斩官休息的地方，行刑前店前要搭席棚，供监斩官监刑。

杀完人后，还要将犯人人头悬在桂兰斋糕点铺前示众三天。

由于经常在菜市口杀人，此地的蔬菜生意颇受影响。但是，附近的骡马市大街的寿衣店、棺材铺则因此买卖兴隆，一度畸形繁荣。

到了民国之后，菜市口的刑场历史方结束，但“刑人于市”的恶俗并没有改变。只是由杀头改为枪毙，刑场迁到了天桥市场附近。

将行刑杀人与商业相联，不是商人乐意接受的现实。这种愚昧、野蛮的习俗延续了数千年，北京的商人自然难逃厄运，不知不觉地成了他们特殊的习俗。

在行刑前，将被处决的囚犯，要游街示众，按旧例，商人还要向这些死到临头的人免费提供食物、酒乃至衣服、鞋袜，等等。刑场附近的大多商人是要受损失的。然而，个别商人却从行刑中获利，如棺材铺、寿衣铺，等等。据说，有个别药材商人还偷卖“人血馒头”，即把犯人的血蘸了馒头卖给得“痨病”的人。此习俗之恶，已被鲁迅写进了小说《药》中。

晓市、鬼市和夜市

晓市，又有小市之称。这类市场均以买卖旧货为主，而且在拂晓前开市，黑灯瞎火中经营，故而又有黑市、鬼市的恶称。

晓市设在宣武门和崇文门外的二处最有名，按史料所载，此类市场“每日晨鸡初唱时，设摊者辄立”，因其“不燃灯烛，凭暗中摸索也”，在这里可以“随意酬值，其物真者少，赝者多；优者少，劣者多。虽之贸易，实作伪耳”。晓市的货来源大多不正，因此“好小利者，往往趋就之”。

按当时旧俗，如果有失物者在晓市上见到自家失物，不能言语，只能悄悄再买回来。如果失主与设摊者理论，不但讨不回失物，而且会“打不着狐狸弄一身骚”，挨一顿数落臭骂乃至一顿拳脚。

晓市的买卖者，多以京城“打鼓者”为主。“打鼓者”白天走街串巷趸货收购，清晨来此交易买卖。京城一些摆小摊者也喜欢到晓市“趸货”，因此，晓市有较稳定的买卖群体，使之能经久不衰。

晓市的货，除旧货旧物外，还有赃物。一些小偷和破落的大宅门管家、仆人及不肖子弟，将偷来的或家中的东西，低价卖给“打鼓的”，“打鼓的”再加价卖出，形成了“产销一条龙”。有些人卖东西时，因急需现金，并不十分计较价钱，因此“打鼓的”可从中渔利不少。尤其是一些大宅门里出来的货，确有珍奇之品，“打鼓的”低价收入，高价卖出，自然获利颇丰。

晓市有鬼市的恶称，且交易中少不了鬼鬼祟祟，买卖大件物品时，他们在袖里手拉手，以手势讨价还价；小件物品则用暗语行话，好在到这里的人，都懂这种“共同语言”，交易时并不费什么力。在讨价还价时，晓市讲“一口价”式交易，顾客杀完价回头便走，好在卖者要的是谎价，再往下杀价他们也不会赔钱。

如果是外行人，在这里只能上当受骗，因为也有“托儿”在这里一唱一和，诱你上当。此地的商品多以假冒伪劣货为正宗，尤其是黑灯瞎火中，再精明的也看不清楚自己要买的货的真实面目，只能凭经验和本事了。

旧京的晚市，又称夜市，比晓市略有文明。因为是在灯下交易，所卖物品又与晓市不同，主要以服装百货、水果小吃为主。这些货色大多是难以进室入店交易，经营者多为小摊贩，买者多为贫民和一般收入的人，不大讲究货色的样式、规格，只是在价钱上多下功夫。

夜市多摆在城门附近，此地来往人多，喜欢闲逛的人，也常到这里转悠。好在在夜市上购物者多无目的性，只要价格便宜，他们便会买去。因此，夜市上少不了假冒伪劣产品。如夜市上卖西瓜者，往往将白天难以出手的生西瓜卖出去，卖布头儿者，将白天难以卖出去的那些色不正的布头儿当好布卖出去。

晓市、夜市者，多为“无照经营”，内中的经营者又无“商会”之类的行业组织保护，且他们又无信誉和商业道德可言，因此在历史中，时常受到官府的取缔，但由于制度上的原因，几天后他们便死灰复燃，仍然红红火火。

无本生意

在老北京确有一些做“无本生意”的人。“无本生意”并非是指靠坑蒙拐骗为营生的人，主要指那些不需多大投入，仅凭卖力气便可养家糊口的人。

1. 挖得黄土补家用

北京地处华北，年年日日要烧煤取暖、做饭，春日里要修理住房，而大宅门还要养花种草，装点环境。而这些均离不开黄土。北京的近郊黄土既是生产煤球、煤砖的“添加剂”，也是建筑、修缮房屋的建材，更是种花者必不可少的土壤。自然而然黄土便成了商品，卖黄土者便应运而生。

京城卖黄土者，多为近郊农民，因四郊土质的不同，卖黄土者根据土的用途不同，内部的分工亦略有不同，如北郊多产黄沙土，易种花，这里的土多卖给大宅门。东郊的土有“胶泥拌”之称，掺上白灰便是抹墙的好原料。

黄土是取之不尽，用之不竭的，卖黄土者只需有辆车，有把子力气，利用农闲之际，稍一勤奋便可养家糊口，贴补家用开支，卖一车土可以挣上一二块大洋。不过，卖黄土只是季节性买卖，春秋两季有生意，冬夏则问津者甚少，故而，依仗这种“无本生意”发财致富是不可能的。

卖黄土者以车论价，一车土大约有2立方米。卖黄土者挣的是辛苦钱，除了自己去挖外，还要“送货上门”，自己卸车。有些家资者用驴拉车，无家资者无论多远的路，只能自己充当畜力去拉车。

2. 半年嚼谷是鸟虫

旧京以捉捕蛐蛐、蝈蝈、金钟儿及捞鱼虫、逮蚱蜢为业者，亦属“无本生意”之列。

京城是“五朝古都”，自古闲人多。尤其在清代，造就了一大批饱食终日，无所事事的“八旗子弟”与公子哥儿。这些人生活中的乐趣便是斗鸡养鸟、听蝈蝈叫、看蛐蛐斗。这些人的特殊“爱好”，使得一些人有了饭碗。

蛐蛐、蝈蝈、金钟儿等小虫，产于京郊四野的深山老林之中，其中最优秀的品种可“价值连城”，操此业者，不仅是昆虫学的行家里手，而且能吃苦耐劳，善于攀登悬崖峭壁。因为好的蛐蛐和金钟儿（京北独有的鸣叫昆虫）不会出现在大杂院的碎砖烂瓦下和墙旮旯里。

这种“无本生意”听起来不算什么，但干起来则是另一回事，因捕捉蛐蛐而跌下山崖丧命、受伤在当年是屡有发生的事。虽说是“无本”，但搭上生命则不是“无本”了。由于操此业者的佼佼者收入颇丰，因此不少人加入此行，但发财致富者却是凤毛麟角。大多人辛苦一生，只能聊以糊口。但是，北京确实出了几个“高手”，如蛐蛐赵、蛐蛐文子、蛐蛐景子等，他们在“无本生意”中，成为京里京外有名的蛐蛐贩子，发了财。

京城大户人家讲究“天棚、鱼缸、石榴树”，在自家院中摆上几大缸金鱼，既是身份的象征，也是一种闲情逸致。于是，专门有人为大宅门提供鱼虫者便应运而生。这些人当年被称为“捞鱼虫儿的”。干这个行当，也不要什么本钱，只要勤快便可。这些人往往在天明之前出城，城外的河湖沟塘和窑坑，便是他们的“聚宝盆”。他们捞到鱼虫后，再返回城里，天亮后便将鱼虫送到养金鱼户中。操此业者大多为城里的“闲人”，也有的是利用业余弄点零钱，真正靠此业为生者并不多。

在捉蛐蛐、捞鱼虫之外，捕鸟卖的应该算是最辛苦的。干这个行当者要十分内行，懂得鸟的习性、分类、活动范围，等等。捕鸟不同于捞鱼虫这种简单活儿，有时捕一只能卖上大价钱的鸟，要费尽千辛万苦。据说，在当年有人曾用一头骡子的价钱买一只鸟。

其他

在老北京时代，因人们喜欢吸水烟式抽烟袋，这个行业一度繁荣，前门外、鼓楼前都几家专卖烟具、烟草及诸如火镰、火绳之类的商店。后来西风东渐，吸纸烟者占上风，此类烟店只能转业或关张了。

昔日地安门外有专卖烟具、烟草的烟袋斜街胡同。地安门大街上有北豫丰烟叶铺，开业于清乾隆年间，专营关东烟叶等上等烟草，因营业好，在前门大栅栏街里还开了南豫丰烟店，民国之后因纸烟占据市场，这两号均关张了。

烟袋斜街里的有两家专卖烟具的“老字号”，一为同台盛，一为双盛泰，按民间传说，这两家店曾为慈禧太后和清宫贵人清洗过烟袋。其店门口还悬有一个一米多长的大烟袋模型，但是因时代迹迁，风俗变化，最终也关门大吉。

清代一度盛行吸鼻烟，卖鼻烟和制造鼻烟壶的不少。道光年间开业的天惠斋鼻烟铺在大栅栏街里，因来往顾客中有不少蒙古王公贵族，故店中有懂蒙语和会书写蒙古文的伙计。但是，由于生活习俗的变化，吸鼻烟不再时髦，这样的老店只能改卖香烟和烟叶了。至于制鼻烟壶者不得已将其转行到工艺美术行业去。

因“移风易俗”所引起某个行业衰落的不仅是烟铺之类的行业，如旧日一度生意不错的“冥衣铺”“棺材铺”和专卖殡葬用品的“纸活店”，也在解放后渐渐没有了市场。与之“配套”“一条龙服务”的杠铺、轿铺也终结了生意。

“冥衣铺”“棺材铺”等系“自产自销”行业，风俗有趣，在经营中尤喜“默默无闻”，店东、店伙从来不会笑脸相迎，买卖做成之后，也不会说再见之类的客套话。而且他们将自己所经营的冥衣、棺材分别称为“寿衣”和“寿材”。这个行业在20世纪末略有复苏，它们主要开在医院附近。

老北京所消失的行业还有“冰铺”——卖天然冰者。“冰铺”的货源是每年腊八采冰之后贮存的，平日存在冰窖里，在盛夏时此行生意最好。天然冰系河湖所产，就卫生而言欠缺不少，解放后渐渐衰退，尤其是制冰技术的普及，这个行业便失去了市场。

冰铺的服务对象主要是肉铺、鱼店，电冰箱和制冷设备出现之后，不卫生易融化的天然冰便无生意可做，它的消失，是历史的必然。

第六章　民间娱乐

民间娱乐是一种通过表现喜怒哀乐或自己和他人的技巧而使与受者喜悦、放松，并带有一定启发性的活动。很显然，这种定义是广泛的，它包含了悲喜剧、各种比赛和游戏、音乐舞蹈表演和欣赏，等等。

“娱乐”属于文化的范畴，北京是六朝古都，南北方民族融合、游牧文化与农耕文化交融之地，具有十分深厚的传统文化，娱乐的内容也十分丰富。北京的民间娱乐具有文化性、趣味性、普及性、民族性等特点，其中既有“阳春白雪”，也有“下里巴人”，具有深厚的传统文化内涵。

一说到老北京人的娱乐生活，人们自然就会想到晚清时期的八旗子弟提笼架鸟、斗蛐蛐、养鸽子、玩儿鹰，其实那只是北京人娱乐的一部分，贵族、官员有他们的娱乐、老百姓有老百姓的乐子。还有的则是老少咸宜、妇孺皆乐的娱乐项目，天桥儿、厂甸儿庙会、妙峰山庙会，戏园子看小戏儿，听大鼓书，茶馆里听评书，街头看耍把式卖艺的……这些都属于是“公众项目”，至于养鸟（包括养鸽子、养鹰等）、养虫儿、养鱼、养花儿等，那就属于个人爱好了。每玩儿一样玩意儿，那都是一门学问，就一样事儿“行内人”就能给您说上半天儿。现在人们养宠物，主要是猫、狗，早年间也有人养，而且还有养小兔子的、养小鸡的等。

民间娱乐属于人的精神生活范畴，在极“左”思潮充斥的年代里，一度被贬斥为封建主义文化的残留、资产阶级的闲情逸致，而看不到其中传统文化深厚的内涵。娱乐自古以来与文化的关系极为密切，文化越是发展，娱乐的范围就会越广，其方式也就越多。北京作为一座有着悠久历史的文化名城，自然这里的人们有着形形色色的娱乐活动。现在国家正在积极抢救传统文化，其中一些娱乐项目已经被列入了各级的非物质文化遗产保护名录，那些记忆中的乐趣，是老北京人难以忘怀的“乡愁”。

盘文玩核桃

文玩核桃是对核桃进行特型、特色的选择和加工后形成有收藏价值的核桃，要求纹理深刻清晰，并且每对文玩核桃要纹理相似，大小一致，重量相当。文玩核桃需要花大功夫才能凑成一对儿，再加上能工巧匠的精心雕琢，以及经多年把玩形成的老红色泽，就更显珍贵。

现代科学证明，揉核桃能延缓机体衰老，对预防心血管疾病、避免中风有很大的作用。特别是一些长期从事案头工作的人群，把玩核桃更能起到舒筋活血、预防职业病的功效。另外，通过把玩，一对普通的核桃年深日久变得晶莹剔透，就成了一件不错的艺术品。

文玩核桃多取自于野生山核桃，从2005年起，随着收藏文玩核桃人群的增加，一部分人工嫁接的山核桃也出现在了市面上，但其质地和品相相对较差。文玩核桃的产地和种类各异，大致分为麻核桃、楸子核桃、铁核桃三大类。麻核桃中包括狮子头、虎头、罗汉头、鸡心、公子帽、官帽等，在文玩核桃中，麻核桃属于高档次种类，一般市价在100元至4000元之间。楸子核桃相对平民化，虽然价钱便宜，但也不乏一些好的品种。文玩核桃中除食用核桃外，还有大约100多种大小悬殊，皮厚，个大，褶皱多，造型奇特和纹路优美的核桃，这类核桃既可做“手疗核桃”，又可做雕刻核桃，既能供人们观赏，又可作为收藏，因此备受人们青睐。

手疗核桃也叫健身核桃，又称“掌珠”。古时称“揉手核桃”，追溯起来，它起源于汉代，流行于唐宋，盛行于明清。在两千多年的历史长河中盛传不衰，形成了世界独有的中国核桃文化。古往今来，上至帝王将相，下至官宦小吏，平民百姓，无不为有一对玲珑剔透、光亮如鉴的核桃而自豪。特别是到了明清两朝，玩核桃达到鼎盛时期。明代天启皇帝朱由校不仅把玩核桃不离手，而且亲自操刀雕刻核桃。故有“玩核桃遗忘国事，朱由校御案操刀”的野史流传于民间。清乾隆皇帝不仅是鉴赏核桃的大家，据传还曾赋诗赞美核桃：

掌上旋日月，时光欲倒流。周身气血涌，何年是白头？

到了清末，宫内玩赏核桃之风更甚。手中有一对好的核桃竟成了当时身价和品位的象征。当时京城曾传言：“贝勒手上有三宝，扳指、核桃、笼中鸟。”每逢皇上或皇后的生日，大臣们便会将挑选出来的精品核桃作为祝寿贺礼供奉，揉手核桃的价值由此可见一斑。

北京故宫博物院保存着十几对揉手核桃，其色泽为棕红色，分别存放在雕刻精美的紫檀木盒内。里面标有“某贝勒恭进”“某亲王预备”的字样。

宫内玩儿核桃之风，自然也影响到了社会。民间将人们分为几类，将把玩核桃者排在首位，即：文人玩核桃，武人转铁球，富人揣葫芦，闲人去遛狗（指当时的风俗）。时至今日，人们仍把揉手核桃称为文玩核桃，即源于此。

戴扳指

扳指是一种护手的工具，戴于钩弦的手指，用以扣住弓弦。同时在放箭时，也可以防止急速回抽的弓弦擦伤手指。古人亦称为“机”，意义类似于“扳机”，表示扳指的作用相当于扳机。

扳指古已有之，前身叫作“韘”（shè）。《说文》曰：“韘，射也”，说明此器为骑射之具。韘初见于商代，在春秋、战国的时候就十分流行使用扳指了。

几千年来，扳指的形制出现过很多种样式，最为主要的是坡形扳指和桶形扳指。在中国，坡形扳指一直使用到明代。蒙古与清朝则主要使用桶形扳指。传统的汉族扳指与蒙古族的扳指略有区别：汉族扳指从侧面观是梯形，即一边高一边低，而蒙古族、满族的扳指一般为圆柱体。

据考证，桶形扳指主要出土于14世纪以后，目前发现出土最早的桶型扳指为战国时期，型制和清代的桶型扳指极为相似，现存于晋城博物馆。

拉弓时佩戴扳指，借以保护手指并可减少手指运动量。清代以军事力量夺取天下，射箭作为冷兵器时代重要的个人军事技能，受到极大重视，因此清朝军事力量的核心武装——八旗对此物甚为重视，几乎人手一枚，因而成习。初时因重实用，大小扳指皆选韧涩材质制作，宽窄肥瘦不一，因人而异，以便套带。军事所用的扳指现今俗称为“武扳指”，皆由驼鹿角盘骨制作，取材时选用角盘骨特有的带有髓腔孔的，位于扳指中间部位，佩戴时髓腔孔位于右手拇指关节处利于排汗。扳指中部带有一整圈髓腔孔的最为好用，使用长久髓腔被汗液沁黑，称为黑璋，黑璋环绕是名品。

入关以后，举天下以奉养八旗，不劳而获，待遇优厚，大量贵族子弟不再习武，却仍然佩戴扳指。由于炫富的需要，扳指的质地亦由原来的鹿角发展为犀角、象牙、水晶、玉、瓷、翡翠、碧玺等名贵滑润的原料。17世纪以后，满族将扳指发展成为首饰。八旗风气日渐奢靡，扳指这种军事器械渐渐成为一种极为时髦的饰品，八旗子弟争相以贵重材质制作扳指，相互攀比炫耀。最终，形成了上自皇帝与王公大臣，下至满蒙各旗子弟，以及附庸风雅的富商巨贾，虽尊卑不同而皆喜佩戴扳指的风气。

普通旗人佩戴的扳指，以白玉磨制者为最多。贵族扳指以翡翠质者为上选，其色浑澄不一，且花斑各异，碧绿而清澈如水者价值连城，非贵胄而不敢轻易佩戴。以其大小厚薄论，又有文武之分，武扳指多素面，文扳指多于外壁精铸诗句或花纹。

揉文玩葫芦

文玩葫芦，顾名思义就是适合在手中把玩的葫芦，也叫“手捻葫芦”，个头儿越小越好。手捻葫芦是一个稀有品种，8厘米以下的称为手捻葫芦，玩的就是小巧玲珑，一般手捻葫芦高度在4—6厘米，精品手捻葫芦为3—5厘米。手捻葫芦是手把件的一种，可以活动手指和手掌上的神经、肌肉，起到按摩穴位，达到健身养生的功效。

古书上有很多关于葫芦的记载。“匏”“瓠”“壶”“甘瓠”均指葫芦。“壶”“卢”本为两种盛酒盛饭的器皿，因葫芦的形状和用途都与之相似，所以人们便将“壶”“卢”合成为一词，作为这种植物的名称；而“葫芦”则是俗写，并不符合原意。不过后来人们约定俗成地写作“葫芦”，一直延续至今。如写成“壶卢”，反而让人莫名其妙了。

中华民族是一个有着特殊思维方式的民族，象征主义就是这种特殊思维方式的重要特点。葫芦的枝“蔓”与“万”谐音，每个成熟的葫芦里葫芦籽众多，汉族就联想到“子孙万代，繁茂吉祥”；葫芦谐音“护禄”“福禄”，加之其本身形态各异，造型优美，无须人工雕琢就会给人以喜气祥和的美感。古人认为它可以驱灾辟邪，祈求幸福，使子孙人丁兴旺，因此，千百年来，葫芦作为一种吉祥物和观赏品，一直受到人们的喜爱和珍藏。有些民家在屋梁下悬挂着葫芦，其称之为“顶梁”，据说有此措施后，居家比较平安顺利。较讲究的民众，则用红绳串绑五个葫芦，称为“五福临门”。

文玩葫芦盘玩也很有讲究，各有其法，均为各自主见。盘玩手捻葫芦的乐趣，注重皮质与盘玩出的质量是否能出彩。手捻葫芦的皮质铁骨而色易显，耀眼金黄。盘玩手捻葫芦的最高境界就是使其变色至后来的紫红、深枣红色，其实盘玩就是加速氧化，使其氧化程度高，才能使色更加赏心悦目。

戴手串儿

手串儿是将珠子穿成串儿，佩戴在手腕上的珠链类饰物，而今大街小巷男女老幼都喜欢佩戴手串，蔚然成风。现在的手串饰物的意味越来越重，就像一张名片，材料、形制、装饰依据个人喜好各有不同，传达着主人的性格、身份、情趣等信息。玩儿的人越来越多，市场越来越红火。

手串儿的由来较为普遍的说法是起源于佛珠，其历史可以追溯到六朝时期。佛珠分为三种形制，即挂珠、佩珠、持珠。大者挂于颈部胸前，谓之“挂珠”；中者戴在手腕或臂上，谓之“佩珠”；小者握于掌中，谓之“持珠”，亦有谓之“念珠”者。经过长时期的演变，到了清代，上至皇帝下至文官五品、武官四品以上官员皆可戴朝珠。朝珠就是佛教数珠的发展，清代皇帝祖先信奉佛教，梵文称满洲为“曼殊”的转音，佛教徒对清朝皇帝有“曼殊师利”大皇帝之称。时至今日，手串儿已经广为普及，走入了寻常百姓家，从功能上看也突破了传统意义，增加了装饰、把玩、投资等多重功用，成为受众人群极广的一类藏品。手串儿不能同时戴在左手和右手上，手串儿应该戴在哪只手上是根据当时所处的场合来决定的，也就是说，手串儿会根据所处的场合不同调整左右手。首先在家的时候应该是戴左手的，如果要出入店铺、饭店、商场或者去谈生意、见朋友等比较喜庆的事，手串儿应该戴在左手上，帮助招财旺运。但如果要出入如殡仪馆、医院等阴气比较重的地方时，手串儿应该戴在右手上，能够帮助主人辟邪化煞。

玩揉手球

玩儿揉手球和玩儿核桃是同一个道理，都是为了活通手上的经络，强身健体。制作揉手球的材质很多，有玉石的、有木制的，还有玩儿保定铁球的。

保定铁球的外表明光锃亮，其内部结构复杂，球内有球，并装有音板，两个为一副，俗称“一公一母”。拿在手中运转起来，音响各异，有高有低，清脆悦耳，既能收到调筋理神之功效，还能在铁球的缠绵悦耳音响中陶冶性情。旧时官宦、商贾进京往返于保定途中，必购买此物，作馈赠亲友或达官显贵的见面礼。

养鸟儿

说起八旗子弟，人们自然就会和“提笼架鸟”联系起来。其实老北京养鸟儿的不只是八旗子弟，养鸟儿是老北京人的一大爱好。红绿鹦鹉、虎皮鹦鹉、芙蓉鸟、倒挂鸟、珍珠鸟等，皆是毛色艳丽的鸟儿，能使人赏心悦目。画眉、百灵、红靛颏、蓝靛颏、字字红、字字黑等，叫起来百啭千声，声音悦耳动听。这些鸟儿放进笼子里饲养，养鸟人以提笼遛鸟儿为乐。

老北京养鸟儿来自于满族人养鸟儿听音儿的传统，满族人原来是猎于山林的游牧民族，闲来之时捕捉鸟禽以饲养观赏，是其爱好之一。满族人入关，定鼎中原之后，把这种传统也带到了北京。

从清末到民初，每天清晨在城墙根儿下、河边儿，随处可见身穿长袍，手提鸟笼的人，迈着四方步“遛鸟儿”。《燕京杂记》记载：“京师人多养雀，街上闲行者，有笼百舌者，又有持小竿系一小鸟使其上者。游手无事，出入必携。每一茶坊，定有数竿插于栏外，其鸟有值数十金者。”

养鸟儿一般都是养公鸟儿，一是听其音色，二是羽毛漂亮。清代满族人养鸟儿有讲究，俗话说“文百灵，武画眉”，养百灵主要是为了听其音色，真正的玩家能驯得百灵叫出十三种鸟鸣来，行话叫作“十三套”，也叫“百灵套子”。武养是给鸟儿戴上脖锁，训练其上架、打蛋儿、叼旗儿、吃飞食儿。

给鸟儿戴上脖锁是怕它逃跑，用小线儿把鸟儿拴在一根小棍儿上，这叫“上架”。鸟儿这时候认生，害怕，不好好地站着，乱飞，养鸟人口含一口凉水喷在鸟儿身上，羽毛一湿它就老实了，不再扑棱了。饿它半天儿，用手不停地摸摸鸟儿的头和羽毛，给它一两颗瓜子或芝麻吃，只要它一吃食就好办了，每天这样慢慢地训练，一个多月之后就可以吃飞食了。放开脖锁，鸟儿飞走落在树枝上或房檐儿上，一叫它就会飞回来。给它两三颗瓜子吃，吃完之后又飞走了。

养鸟儿人每天早晨要出去提着笼子遛鸟儿，遛完了之后常常聚在茶馆儿里“会鸟儿”，互相交流“押鸟儿”的经验。“押鸟儿”是养鸟儿人的行话，就是驯化鸟儿叫出不同鸟儿的鸣叫声。养鸟儿人每天遛鸟儿走多少步都是有数的，如果走的步数不够，鸟儿就不叫。养鸟儿人要到树林子里去遛鸟儿，揭开鸟儿笼子上的罩子，让鸟儿学其他鸟儿的鸣叫。

养鸽子

北京养鸽子历史悠久，起码可以追溯到明清两朝。无论王公贵胄、市井细民，均有热衷此道者。新中国成立初期，鸽子多是点子、铁膀、铁翅乌、铜翅乌、黑玉翅等观赏鸽，间或也有一两羽体格魁伟的“大鼻子”，北京人把这种瓦灰色的“大鼻子”

鸽子叫作“楼鸽”。

“楼鸽”因身体强壮，在鸽群里担当“挂哨子”的角色，一些大型的鸽哨如“七星”“十三眼”等均由“楼鸽”背负着。而相比之下，体型较小的观赏鸽只能挂较小型的鸽哨，如“二筒”“三联”等。

养鸽子有许多讲究：“黑玉翅”要两边主羽分别有五六支白条的为上品，而点子一定要具有“算盘子儿”脑型、金眼、笨嘴、细白眼皮才上档次。楼鸽又分为“西洋楼”和“东洋楼”，生有开花鼻子的英国鸽为“西洋楼”，鼻子不开花的日本鸽为“东洋楼”。

20世纪50年代，北京的鸽子市交易活动非常活跃，完全是民间自发的交易场所，多伴随着四九城内的各个“庙会”举行。庙会上有卖各种小吃的、说书的、变戏法儿的、拉洋片的，鸽子市只是其中一部分，各行当分门别类各自“扎堆儿”营业。

养鸽子是古都北京的民俗，就像四合院和小胡同一样，是老祖宗留下的特色。美丽的鸽子、清脆的鸽哨，是留在老北京人记忆深处的美好。养鸽子是老北京的几大玩儿之一。旧城改造之前，许多居住在四合院里的老北京人喜欢养鸽子，一条胡同里养鸽子的最少也有三五家。有条件的在前庭的跨院里坐北朝南搭上个鸽子房，没条件的则因陋就简在自家房上搭起个简单的鸽子窝，每天蹬梯子上房养鸽放鸽，乐此不疲。当年京剧大师梅兰芳就喜欢养鸽子，每天放飞，看着鸽子在空中翱翔，借此锻炼自己的眼神儿。

熬鹰

狩猎是游牧民族的辅助性产业，满族人原来是北方的狩猎民族。入主中原后，把养鹰的爱好带入了北京。

鹰习性凶猛，为了消除它的野性，养鹰人需要昼夜轮流熬驯。“熬大鹰”是玩猎鹰的第一步。据前人总结，玩儿鹰要“过五关斩六将”，这五关是：打鹰、相鹰、驯鹰、放鹰和笼鹰。而第三关“驯鹰”，北京人俗称“熬鹰”，老北京话也叫“熬大鹰”。新捕获来的野鹰称“生鹰”，主人为了驯服生鹰，要连续几天不让猎鹰睡觉，熬着它，当鹰犯困的时候就捉弄它，当它饿的时候，就拿着食物在它面前百般挑逗，就是“熬鹰”。经过不间断地熬驯，生鹰才能驯服，按照主人的指令起飞捕捉野兔等猎物，然后将猎物叼回后交给主人。没有主人指令，这只鹰绝不染指猎物。

中国的猛禽均是国家一级和二级保护动物，现在“打鹰”是违法的，熬鹰已经被严格禁止了。

养草虫

草虫，指草螽，泛指草木间的昆虫。出自《诗·召南·草虫》：“喓喓草虫，趯趯阜螽。”三国魏曹丕《杂诗》中也有：“草虫鸣何悲，孤雁独南翔。”

在遥远的周代，人们就注意到了蝈蝈。《诗经》中的《七月》《草虫》《螽斯》等是世界上最早的记载蝈蝈的文字。北京人玩鸣虫的历史久远，明宣宗朱瞻基喜欢养蛐蛐、斗蛐蛐是出了名的，为了玩儿蛐蛐经常不上朝。按照遗留的器物大致可以确定，在康乾时代已经有用瓠器养虫的历史了。

老北京人有一种娱乐方式，叫作“养草虫儿”。不分男女老幼、不分贫富贵贱，上至皇帝，下至平民百姓，皆可以养。蝈蝈、油葫芦、蟋蟀、金钟儿，号称是“四大名虫”，除此之外还有竹蛉、黄蛉、扎嘴、甩翅、草黄、“棺材头”、琴弦、油葫芦等，有些虫名，圈儿外的人听不懂，但玩虫的人都清楚。

草虫儿的来源有多种，穷人可以不花分文到城外护城河边上去捉；例如蝈蝈，蝈蝈多见于原野、灌木丛、矮林间，它们常隐伏于草丛或植物茎秆上，极善跳跃，不易捕捉。蹑手蹑脚靠近，看清蝈蝈位置，采取背后突然袭击的办法，以迅雷不及掩耳之势出击，用手掌猛扑上去，蝈蝈全身不能动弹，食指与拇指掐住蝈蝈头部两侧，蝈蝈便乖乖成为俘虏。

有钱人到虫儿市上去买，名贵的一只要上百块大洋。清末富察敦崇的《燕京岁时纪》中详细记载了各种鸣虫和斗虫在不同季节的时价：“京师五月以后，则有聒聒儿沿街叫卖，每枚不过一二文……七月中旬则有蛐蛐儿，贵者可卖数金（有白麻头、黄麻头、蟹胲青、琵琶翅、梅花翅、竹节须之别），以其能战斗也。至十月，一枚不过数百文，取其鸣而已矣。蛐蛐儿之类，又有油葫芦。当秋令时，一文可买十余枚。至十月，则一枚可值数千文。”

养草虫要有器具，有钱人家用葫芦，蓄虫葫芦。葫芦虫具依其造型可略分为鸡心式葫芦、棒子式葫芦、柳叶式葫芦、花瓶式葫芦四种，葫芦虫具除去葫芦本身外，还讲究口和盖，锯掉葫芦的上半部，配上紫檀象牙的口，再配上玳瑁、虬角或象牙的盖（也叫芯子）。畜养蝈蝈的还要在口内装一个用黄铜丝盘成的胆，这才算是一个完整的葫芦虫具。

穷人家用高粱秆儿皮子编一个笼子就可以用来养蝈蝈，用罐头瓶儿就可以养蛐蛐儿。

1. 养蝈蝈

蝈蝈是玩儿虫之人养的最多的一种草虫，身体绿色，触角鞭状，长于体躯，复眼卵圆形。前翅近膜质，较弱，前缘向下倾斜，静止时左翅覆于右翅之上方。雄虫在左前翅的轭区有圆形的发音器，右前翅的基部有光滑的鼓膜。听器位于前足胫节基部外侧。蝈蝈食性驳杂，从各种小虫到植物茎叶，荤素俱全。具备绝佳的保护色或拟态，人们对于它们的认知，更为直观的是通过声音，蝈蝈依靠翅膀的相互摩擦而发声，这种不开口的“歌唱”被人们称为虫鸣，并在自古至今的文学作品中传唱。

我国蝈蝈产地非常广，黄河以北广大地区都有分布，河北、山东的蝈蝈种类最多，而北京的名贵蝈蝈最多。蝈蝈的优劣不在于形体的大小，而关键是在其翅膀，因为翅膀是它“演奏音乐”的工具。玩蝈蝈的行家们根据其翅膀把蝈蝈分为三个等级：短翅、长翅、超长翅，其中超长翅者乃蝈蝈中的珍品，很难觅到，其声音响亮而醇厚，怡人动听，很远处亦可听到。

蝈蝈的天然叫声为“本叫儿”，另有玩家通过对蝈蝈翅膀的处理，改良它的叫声，即在翅膀上粘一滴松香或朱砂之类的药物，加重翅膀分量，使蝈蝈翅膀摩擦频率降低，使其叫声节奏变慢、叫声变厚重的玩法，称为“药叫儿”，但是“药叫儿”蝈蝈通常为玩家所不耻。

捕捉蝈蝈的时季一般从阴历的六月到九月。自然界中蝈蝈的颜色随着季节而变化，与自然环境颜色基本一致。野生蝈蝈性情狡黠而动作敏捷，一旦听到其他动静就会停止鸣叫，并迅速逃逸或隐藏起来。逮时，要先静听蝈蝈的鸣叫，大致确定其位置，然后寻音蹑脚而至，待到发现其具体位置时，用右手两指迅速捏住蝈蝈的项部，十拿九稳，但要敏捷，用力不要过大，不要碰蝈蝈的翅子和腿，否则会影响蝈蝈的鸣叫效果，甚至致其不会鸣叫。晚秋因气温日低，蝈蝈多聚集在阳光充足的地方，早晚温度低时多不鸣叫，中午才群声四起，是逮蝈蝈的最佳时间。秋末之蝈蝈，因经历了气温变化的磨炼，适应能力比较强，人工饲养存活时间较长，甚至可以越冬。

夏天养蝈蝈一般用小笼子，冬天养蝈蝈则一律用葫芦。芦顶端裁掉一部分，用胶粘一个口圈，再配个带眼的盖子，把蝈蝈放进去就可以了。这葫芦有几重功效，一是保暖，二是轻便易携带，三是便于发音，四是好看。

每年十月下旬以后，大批冬蝈蝈开始上市，并且一直延续到次年的三月。上市的蝈蝈分两种，一种是刚刚蜕为成虫，还没有开始叫的，另一种是成虫半月以上，已经开始叫的。这两种蝈蝈不会混在一起出售。

新买的蝈蝈翅膀发育未完整，尚未开叫，此时当妥善饲养，以定调门。可肉食，以玉米螟饲养，前几天要吃饱喝足，除饱饲玉米螟外，可以泉水、淡茶水饮之。此时不宜将蝈蝈置于过于温暖的地方，避免其过早鸣叫损伤翅膀。应该把蝈蝈放在一个相对冷一点（15℃左右）的地方，让它的翅膀慢慢发育硬朗。这一过程要持续半个月甚至更久，每天吃的八成饱就可以了。半个月二十天以后，将蝈蝈移至温暖处，再以大量玉米螟喂两三天，同时保持足够饮水，几天之内蝈蝈就可以开叫，这就是“定调”。

在蝈蝈开叫后，饲养重点转为“保调”，即保持现有调门儿，渐渐地使其鸣叫流畅豁亮。饲料不宜过于偏向肉食，传统做法是以玉米面、胡萝卜为主食，间以玉米螟。一定要避免其受寒，尤其是避免四五摄氏度的低温，过低的温度会造成翅膀摩擦无力以至声音嘶哑。

蝈蝈可以把葫芦揣在怀里养，为“揣叫”。也可以把葫芦摆在桌子上养，为“墩叫”。揣着养寿命短于墩着养，由于温度高，新陈代谢快所致。

水对于蝈蝈来说不但是饮用的，而且还是沐浴用的。每天晚上要把蝈蝈从葫芦里倒出来，喂食喂水后，让它在湿毛巾上爬一爬，湿润其脚爪，把蝈蝈放在一个大瓶子里，用小喷壶装纯净水每天稍微喷一下两下，随后蝈蝈会自行抓挠梳洗，既清洁又运动，对健康极有利。只要温度适宜，蝈蝈一年四季都可饲养戏玩。

鸣虫都属于变温动物，对温度要求很高。蝈蝈是“阳虫”，有很强的耐热性。气温在15℃以下，蝈蝈很少鸣叫，而在30℃左右则蝈蝈最喜欢鸣叫。蝈蝈的寿命一般在5—8个月，其长短与温度和鸣叫的时间有直接关系。冬天的蝈蝈特别要注意温度，温度低时，尽量不要让它鸣叫，白天放在葫芦里，揣在怀中，温度借人体温度升高，蝈蝈乐于鸣叫，但每次不宜超过半小时，一天不超过三次，否则会缩短蝈蝈的寿命。

2. 养蛐蛐

蛐蛐学名蟋蟀，亦称促织，俗名蛐蛐、夜鸣虫（因为它在夜晚鸣叫）、将军虫、秋虫、斗鸡、促织、趋织、地喇叭、灶鸡子、孙旺、土蜇，“和尚”则是对蟋蟀生出双翅前的叫法。蟋蟀是一种古老的昆虫，至少已有1.4亿年的历史了，还是在古代和现代玩斗的对象。蟋蟀利用翅膀发声，在蟋蟀右边的翅膀上，有一个像锉样的短刺，左边的翅膀上，长有像刀一样的硬棘。左右两翅一张一合，相互摩擦。振动翅膀就可以发出悦耳的声响。一般在夏季的8月开始鸣叫，野外通常在20摄氏度时鸣叫得最欢，10月下旬气候转冷时即停止鸣叫。雄虫遇到雌虫时，其鸣叫声可变为："唧唧吱、唧唧吱"，交配时则发出带颤的"吱……"声。当两只雄虫相遇时，先是竖翅鸣叫一番，以壮声威，然后即头对头，各自张开钳子似的大口互相对咬，也用足踢，常可进退滚打3—5个回合。

"斗蟋蟀"大约是从唐朝天宝年间开始的，兴于宋，盛于明清。京城民间始终保留着玩蟋蟀的习俗，各路玩儿家经常聚集到一起聊蟋蟀、斗蟋蟀。盛行时宣武门、牛街、椿树上头条是有名的摆擂台、斗蟋蟀的地方。

蛐蛐常见的有斗蟋、油葫芦、大扁头蟋、尖角棺头蟋、泰康棺头蟋、石首棺头蟋、多伊棺头蟋、窃棺头蟋、小棺头蟋、哈尼棺头蟋、大头蟋、污斑拟针蟋、树蟋等。由于斗蟋叫声好听，且打斗的习性而被广为饲养，其中个头大，争斗勇猛的个体价格较高。

饲玩蟋蟀的行家里手都知道有这样一句行话："六分种气，四分养。"有的蟋蟀刚捉来时很勇猛，由于饲养不当，几天后上阵就不堪一击了。

斗蟋蟀，是一项古老的娱乐活动，但这种休闲方式很残酷。斗蟋仅有雄性，它们为保卫自己的领地或争夺配偶权而相互撕咬。二虫鏖战，战败一方或是逃之夭夭，或是退出争斗。

每年秋季，京师就架设起宽大的棚场，开局赌博。在民国时期，北平庙会上都有出售蟋蟀的市场，摊贩少则几十，多则数百，人来人往，熙熙攘攘。

斗蟋蟀亦称"秋兴"、"斗促织"、"斗蛐蛐"。用蟋蟀相斗取乐的娱乐活动流行于全国多数地区。每年秋末举行。斗蟋的寿命仅为百日左右，这就将斗蟋蟀的季节限定在了秋季。而在古代汉字中，"秋"这个字正是蟋蟀的象形。

古时娱乐性的斗蟋蟀，通常是在陶制的或瓷制的蛐蛐罐中进行，两雄相遇，一场激战就开始了。

斗蛐蛐儿有许多讲究，季节不能早了，早了蛐蛐儿未发育成熟。要等到秋分，天气渐凉时才开始。

蛐蛐儿也讲究重量等级。斗蛐蛐儿之前，要把蛐蛐儿放在专门的"舀子"里，用专门的“秤（读平声）儿”称出蛐蛐儿的体重。一般的蛐蛐儿的体重在六厘左右，八厘就是大蛐蛐儿了。称体重是为了公平竞争，体重相差一毫都不斗。因为蛐蛐儿的主人不希望他精心养护的“爱将”有一次战败的记录。一只好蛐蛐儿只要战败一次，便从此丧失了斗志，对它的主人来说也就没有价值了。因而如果让它和重于自己的对手比赛，就是赢了，也要自身受损，要是输了就更“冤”了。

真正的玩家儿斗蛐蛐儿是很正规的。事先要备好“战场”，要下请帖。玩家儿们带着自己的蛐蛐儿赴约，一般还要带上一两个人，帮助照看自家的蛐蛐儿。正式比赛有专门的“斗盆”作为战场，有专人担任裁判，专人负责核准参赛蛐蛐儿的体重。比赛开始以后，赛场上鸦雀无声，多少只眼睛都盯着赛盆里的蛐蛐儿，蛐蛐儿的主人心里紧张得手心里能攥出汗来！因为蛐蛐儿之间的争斗也是很激烈、很有观赏性的。斗胜了的蛐蛐儿带给主人的必然是心花怒放；斗败了，主人自然沮丧。但玩家儿都是些有身份、有地位的人，彼此客客气气、礼尚往来。玩家儿斗蛐蛐儿，图的是好玩，非为获利。有时虽也“挂点儿彩”，不过是一两盒香烟而已。

种植花木

“花木”分为两类，一类是指以观赏为主；一类是以获得果实及遮阳为主。以观赏为主的称为“花草”，泛指可供观赏的花和草，常见的如金边麦冬草、菊花、月季、玫瑰、兰花、木槿和绿萝。以获得果实及遮阳为主的称为“树木”。

老北京植树种花有不少的讲究，北京人种植的花木大致分花木和果木两种，所植树种各有寓意，前者为观色、品花，后者为赏花、赏果、品果、遮阳。

北京人喜欢在院子里栽植海棠、玉兰、月季。海棠之“海”字意为“大”或“多”，“棠”与“堂”谐音，有满堂、满庭之意，喻示着满堂富贵、儿孙满堂，所以海棠树又被称为“富贵树”，海棠花则被视为“富贵花”，是吉祥与美好的象征。而玉兰与海棠同植于庭院中，则取其春花灿烂，暗喻“金玉满堂”。月季素有“花中皇后”之美誉，因其花期长，月月可开花，所以北京人多称其为“月月红”和“长春花”，以其寓意日子月月红火。石榴也是北京人喜欢栽植的花木，一是石榴花以红色居多，花开娇艳，极具观赏性；二是石榴成熟后籽实密集且籽粒饱满，有象征子孙满堂之意，符合多子多福的传统意识；三是石榴花果皆美，火红可爱，喻示吉庆、团圆，日子红火。

在北京人栽植的果木中，枣树是最常见的。枣被北京人视为吉祥与幸福的象征，因“枣”与“早”谐音，种植枣树有“早得贵子”之意。在北京民俗文化中，柿子也是吉祥如意的象征，圆圆的果实代表团圆美满，橙红的色泽寓意红红火火，“柿”字谐音“事事如意”“世代吉祥”等。柿树还有“七绝”，即一多寿、二多荫、三无鸟巢、四无虫蠹、五霜叶可玩、六佳实可啖、七落叶可临书，所以受到人们青睐，尤其是名人居所中多有栽植。

过去在一些较大的四合院里还有种植苹果树的，不为食用，只是图个吉利。因为苹果之“苹”与平安的“平”同音，寓以“平安”的含义，希望一家人能平平安安，阖家欢乐。核桃树过去在北京人的院子里也不少见，“核”与“和”谐音，种植核桃取“和和美美”之意，希望一家人和和气气，美满幸福。又因核桃有延年益寿之功效，故有“长寿果”之称，被视为“吉祥之果”。

除了花木、果木外，北京栽植其他树木也有讲究。老年间有“前槐后柳”之说，寓意“门前一棵槐，财源滚滚来”，人们认为槐树种于门前可增加财气，富贵有余，因“槐”之“鬼”与“贵”谐音。榆树多栽植于京郊农家的房前屋后，因榆树的叶子与铜钱相似，秋天叶子变黄以后更像铜钱，风吹手摇，树叶飘落，就像钱币落下，故有“摇钱树”之戏称。门前栽植榆树，树上结满“榆钱”，寓意财运亨通，家业兴旺。

有些树木是老北京人比较忌讳在院子里种植的。一是杨、柳、松、柏，因它们均有叶无花，色彩晦暗，有的甚至无果，松柏多种于荒山、坟丘、河边，故被划入不宜入阳宅栽种的范围。二是桑、皂、梨，因“桑”与“丧”谐音，被视为不吉利；皂角树的“皂”与“灶”谐音，俗称倒霉为“倒灶”；而梨树的“梨”与“离”谐音，有离别、分离、不和之意。同时这些树种木质较劣，难以长成粗壮可用之材。

老北京有人种花成癖，清光绪十年，恭亲王奕䜣到京西戒台寺“养病”，住在北宫院，他在这里广栽牡丹，都是千层牡丹之类的珍贵品种，还有罕见的黑牡丹，后人称北宫院为“牡丹院”。清末京西门头沟琉璃渠村皇家琉璃窑南厂的厂主，享受五品顶戴的琉璃皇商赵春宜，极爱养花，自号“花农”，在他的宅院左右两侧各有一座很大的花园，遍植各种花草，都是名贵品种，当地老百姓就管他家叫作“南厂花园子”。

养金鱼

金鱼起源于中国，也称“金鲫鱼”，近似鲤鱼但它没有口须，是由鲫鱼进化而成的观赏鱼类。金鱼的品种很多，颜色有红、橙、紫、蓝、墨、银白、五花等，分为文种、草种、龙种、蛋种四大品系。

金鱼的最早发现是晋朝桓冲游庐山的“赤鳞鱼”，“赤鳞鱼”是最早出现的金鱼——红黄色的金鲫鱼和野生鲫鱼一样生活于自然水域。我国在12世纪就已开始金鱼家化的遗传研究了，经过长时间培育，品种不断优化，现在世界各国的金鱼都是直接或间接由中国引种的。

老北京人养金鱼已有800多年的历史。那时候，上自官宦人家，下至布衣百姓，都喜欢养上几条金鱼，消闲解闷儿，颐养精神。每年开春儿，北京城里挑着鱼担，走街串巷的鱼贩就多起来了。卖金鱼的小贩头戴草帽，大襟蓝布衫，腰里系着包袱皮儿，蓝布裤，扎着腿带子，脚穿靸鞋。一条扁担有的是前后各一木鱼盆，也有的是前面是鱼盆，后面是筐。筐里装着大小不一的鱼缸，红的、橙的、紫的、蓝的、墨黑的、古铜的、银白的、五花的金鱼在水里自在地游着。金鱼有虎头、龙睛、丹凤、玳瑁、珍珠、水泡等。在金鱼家族里其珍品有金目、银目、双环、四尾等。白鱼朱额头的叫“鹤珠”，红鱼白脊梁的叫“银鞍”，红脊梁的有七个白点儿的叫“七星”，白脊梁有八条朱道的叫“八卦”，这样的金鱼价格昂贵。

北京人养金鱼的家伙也有讲究，小条的鱼在鱼缸、鱼瓶里养，转侧其影，殊可一观。大条的就在院里的泥质鱼盆、陶质鱼缸里养，影随鱼动，吞吐有声，或沉或浮，戏弄不已，似与主人相乐，真是趣味盎然，乐而忘忧。

老北京没有玻璃鱼缸，一般都是用瓷盆、瓷缸、陶盆养鱼，但是好的金鱼只在木盆、木海里饲养，而且对木盆、木海的木质材料也有要求。一般好天气的时候，把鱼缸放在院子里，天气不好的时候就把鱼缸放在屋子里，庭院里有鱼池的，也养在鱼池里。喂的东西也五花八门。

养金鱼是一项技术活儿，鱼盆的形状设计得非常合理，鱼盆的开口很大，鱼盆的直径最大处在水面，这样宽阔的水面使水中的溶氧量最大，即使没有过滤及加氧设备，鱼儿也能悠然其中。自得生态养鱼精髓。

养花瓦盆要新，养鱼瓦盆要旧，多年陈盆，里挂绿苔，入水蒙茸浮起，方为好盆。但目前老盆已不多见，基本上都是新烧出来的新盆，挑选养鱼盆首先看器形、俯视盆口是不是圆润、侧面看是不是水平。

再看胎质是否坚实，首先说胎质坚实的盆窑温足，烧得透彻。敲上去声音如磬。

寿命可达百年不朽、不粉化，不掉面儿。和低窑温、薄胎烧出来的盆可谓天壤之别。透气性能好。口大增加了盆口水面与空气的接触面积，增加了水面的溶氧。金鱼上下游动能力不强，水体过深对鱼并不有利。一般养金鱼，水深控制在三十厘米左右就可以了，也增加了水面的氧向盆底的渗透。

养狗

北京人养狗历史悠久，并且有以自己城市命名的著名的品种“京巴”，北京人最喜欢养的也是京巴，京巴的“祖上”是十分高贵的宫中饲养的玩赏狗，名“狮子狗”（北京狗）。

京巴犬又称北京犬、宫廷狮子狗，是中国古老的犬种，已有四千年的历史了，它是一种平衡良好，结构紧凑的狗，前躯重而后躯轻。它有个性，表现欲强，性格活泼，聪明通人性，其形象酷似狮子。它代表的勇气、大胆、自尊更胜于漂亮、优雅或精致。

京巴犬起源于中国，从秦始皇时代延续到清王朝，京巴犬一直作为皇宫的玩赏犬，在历代王朝中均备受宠爱。由于长期深禁在宫廷环境之中，使京巴犬保持了难能可贵的纯正血统，同时也带上几分高雅神秘的贵族色彩。

京巴犬最早的记载是从8世纪的唐代开始的，这种古老的犬从有记载开始就一直只允许皇族饲养，如果民间有人敢私自养此种犬就会被判刑。

在宋代时，该犬被称为“罗红犬”或“罗江犬”。在元代，它们被称为“金丝犬”。在明、清两朝代，人们又称呼它们为“牡丹犬”。当时，为了显示皇权的尊严，除了皇宫和王公大臣可以饲养北京犬外，一般平民仍不许养，否则要受到严厉的惩罚。而且，北京犬的独享尊荣还不止于此，官吏们对北京犬的宠爱到了必须“随身携带”的程度，出门时就把它放在宽大的衣袖内。所以，北京犬又被称作“袖犬”。袖狗仅一掌大小，然生性好斗，又叫“斗狗儿”，可藏于袖间，因此得名。两位饲狗者将狗置于桌案上观其争斗、撕咬，以博得一乐。百年来，宦官负起保留北京犬血统纯正的责任，制定了严格的育种标准。所以，一直到现在，北京犬和它们祖先的容貌特征并没有太大的差异。

京巴犬头宽大，两耳间平坦，额段深，吻有皱褶，短而宽，下颚突出。眼大、色深、凸出、圆形。耳呈心形、高位、下垂、饰毛丰富。鼻阔、短而平，黑色。躯短有力，胸宽，背平。肢短，前肢向外弯，后肢轻而稳健。尾高位，伏在背上至体侧，被覆直、长而丰盛的饰毛。被毛长而直、下垂、不卷曲也不呈波浪形；腿、尾和趾的饰毛长而丰厚，在颈部周围和肩下长有漂亮的鬃毛。肩高为20—23厘米，公犬体重为3.6—5.4千克，母犬为3.2—5千克。毛色允许有各种颜色，眼周围有黑眼圈，似假面具。尤以绛色、白色为珍贵，有所谓“绛为金液白如银”之说。

养猫

北京人养宠物有着悠久的历史，学问、讲究也多。北京人认为养猫是高尚情趣，只养猫但是不卖猫，来源依靠亲朋间互相赠送，卖猫被视为破产的象征。

老北京养猫讲究品种，大多以毛长者为贵，“柔毛有四五寸者为珍”。除此之外，还要以毛色的好坏区别猫的高下。一般认为白者、黄者为上品，黑者、杂色者次之，猫的花色变幻有百余种，但绝佳的并不多见，杂色猫中最漂亮的是黄白黑三色的“狸花猫”。各种家猫还根据皮毛花纹被赋予了不同的雅称，如白猫黑尾者，称为“雪中送炭”；上半身黑而下半身白者，谓之“乌云盖雪”；白猫头尾俱黑者为“鞭打绣球”。一些爱猫者还赋予某个品种的猫以特殊的意义——猫王。据说“猫王”的条件是：体重须达八斤以上，谓“八斤猫能避千斤鼠”；其肤色只限于纯黄或纯狸，且有虎纹，头扁圆，耳小而薄；眼睛须是所谓“金眼夜明灯”者。其脸谱须是白嘴盔子、红鼻头，嘴旁各有手指肚大小的一块黄点，俗称“蝴蝶斑”，触须坚如钢针。不论黄、狸毛色，肚皮须纯白色。尾巴由长毛组成，状如“火焰”，谓之“麒麟尾”，不认识的往往称为“秃尾巴根子”。总体来说就是狮头、虎身、麒麟尾。另外，猫王都是雄性的，雌性一律不上谱。老北京人不喜欢养白尾猫，以为不祥。

此外，对于猫的眼睛也有讲究，猫眼必以两色者为贵，名曰“雌雄眼”。也就是人们常说的“波斯种”。

很多知名人士都养猫，比如，著名画家丰子恺养猫、画猫；冰心老人家的“咪咪”在猫谱上名“雪里送炭”；老舍先生、端木蕻良先生、夏衍先生也养猫。

早年富户养猫者以羊肝煮熟、剁碎拌以白米饭，以熏苦肠拌饭者次之。贫户则从油盐店买来无盐干鱼，谓之“猫鱼儿”，用温水发开剁碎，掺在揉碎的窝头渣子里，属于穷喂。

打麻将

“麻将”起源于中国，粤港澳地区称为“麻雀”，由中国古人发明的博弈游戏，娱乐用具，一般用竹子、骨头或塑料制成的小长方块，上面刻有花纹或字样，北方麻将每副136张，南方麻将多八个花牌，分别是春夏秋冬，梅竹兰菊，共计144张。

麻将是从古代纸牌游戏发展形成的，可以追溯到唐代出现的古老纸牌游戏叶子戏，麻将萌芽于明朝中叶开始流行的纸牌游戏“马吊”。当时的“马吊”主要以水浒人物为内容，以钱为数值，牌的总数也只有40张，但已经开始将牌分作四门：十字门、万字门、索子门和文钱门，虽然文钱门是11张，但已经可以看到现代麻将数牌的影子。马吊的规则非常简单，仅仅是四人以牌的钱值斗大小，保证了它的广泛流传，并且走入市井。

到了晚明，把纸牌搭配出一副牌相斗的玩法也已经出现，组成一副牌的名目五花八门。据徐珂《清稗类钞》记载，明末士大夫就在这一规则之上创造了依次摸牌，先组成三副连子者获胜的玩法，称默和牌；又有打谁先拼出三张、四张、五张同色的玩法，称碰和牌。这时的牌数已增长到60张，十字牌也被取消，不久之后，又有人把牌数翻番到120张。《红楼梦》第四十七回里描写贾母、王熙凤、薛姨妈和鸳鸯四人斗牌的情景时写道：“鸳鸯见贾母的牌已十严，只等一张二饼。”应该就是默和牌、碰和牌的玩法。

斗牌规则发展至此就已经是麻将的雏形了，至于什么时候可以吃上家打出的牌，碰别家打出的牌，什么时候又加入了东南西北风、中发白、花牌，则很难考证。根据民国学者杜亚泉的《博史》所述，麻将从纸牌改为骨质是在1844年五口通商之后，当时的麻将也已经加入了花牌。也就是说，在清道光后期，如今的麻将就算是成形了，需要摆在桌子上搓，而非拿在手上打的纸牌。

不过，这样的麻将向北流传，尤其是传入北京上流社会，应该是花了不少时间。

北京人喜欢打麻将，并且有自己的特色，北京人打麻将喜欢给牌起外号，按照条、饼、万字儿的顺序，叫法都掺杂了逗贫，幺鸡叫“小鸡”或“小鸟”，二条叫“两根儿”，三条叫“裤衩儿”……饼字牌除了叫筒以外，还花插着有别的外号，一饼也叫“火烧、烧饼、一眼儿、锣”等，二饼叫“眼镜”的居多，八饼多称为“猪”……在万字牌里，一万后面有时候加上“诺夫”，五万被捉的次数最多，叫“五魁”，八万按照字面起名“劈叉”……字儿牌打的时候后缀最多，什么“先打南，不输钱”、“再打北，不后悔”、“要想和牌打发财”，透着要图个吉利。

掷骰子

骰子，古代中国民间娱乐用来投掷的博具。早在战国时期就有，通常作为桌上游戏的小道具。最常见的骰子是六面骰，它是一颗正立方体，上面分别有一到六个孔（或数字），其相对两面之数字和必为七，中国的骰子习惯在一点和四点漆上红色。

骰子是许多娱乐必不可少的工具之一，比如打麻将、推牌九等。这里说的骰子是指纯粹以骰子定输赢的赌博，一般用来赌大小。骰宝是由各闲家向庄家下注，每次下注前，庄家先把三颗骰子放在有盖的器皿（宝盒）内摇晃。当各闲家下注完毕，庄家便打开器皿并派彩，因为最常见的赌注是买骰子点数的大小（总点数为4至10称作小，11至18为大），故也常被称为买大小。

由于骰子的点数可有许多种不同的组合方式，而掷骰子时人们又无法预测所定的点数，因此骰子从产生之日起，便与赌博结下了不解之缘。中国古代的绝大多数博戏活动都要通过掷骰来进行，有些博戏是直接用掷骰的方式来决出胜负，也有一些博戏则是要通过掷骰与行棋、打牌的结合才能决出胜负。前一种方式比较适合于文化层次较低、赌博意图较强的人玩乐；而后一种方式则比较适合于文化层次较高，比较注重精神享受的人玩乐。但是尽管具体的表现形式有所不同，这些游戏活动都有一个共同的特点，那就是“悬于投”。汉代班固在《弈旨》一文中云：“博悬于投，不专在行。”也就是说，它们都是要通过掷骰子这种带有很大偶然性的方式来进行游戏。这种“悬于投”的特点，也成了中国古代的“博”与“弈”之间一个重要的分界线。

掷骰子流行于老北京下层的民众之中，过去开有赌场、宝局，其中一项主要的赌博方式就是掷骰子，这种赌博方法输赢极快。解放后封闭了赌场，禁止了掷骰子赌博的方式。现在骰子的作用仅限于打麻将等游戏中争先之用。

推牌九

牌九是一种古老的中国骨牌游戏，起源于宋代。因开牌时给庄家造成很大的心理压力，所以称呼它为“推牌九”。牌九的基本玩法就是以骨牌点数大小分胜负。骨牌牌九又分“大牌九”与“小牌九”，“大牌九”是每人四张牌，分为大小两组，分别与庄家对牌，全胜全败为胜负，一胜一败为和局；“小牌九”是每人两张牌，胜负立现，俗称“一翻两瞪眼”，由于干脆利落，“小牌九”流行较广。

玩家可坐庄与其他玩家对赌，也可轮流坐庄。人数包括庄家通常是4人或8人。各人下注后，由庄家将所有牌面朝下，开始砌牌，然后以8排每排4张排列。用骰子掷出点数，然后按顺序将牌分配到每个参与者手中。

分配牌的方法各赌场有异，以下是一种分牌顺序。各人先下注，然后由庄家抛骰子。依照骰子的点数，依逆时针方向派牌。

玩家会有4张牌，分开两组，每组两张。玩家可自行将四牌两两搭配，然后两组牌朝下，小的点数横摆放在前面，大的点数直摆放在后面（由于过于繁复已少人用，多不分大小横直放）。然后每人与庄家比牌分胜负，必须前后都大于对方才算赢，前赢后输或前输后赢就是和局，前后都输即输。所以配牌必须讲究策略。

推牌九流行于老北京下层的民众之中。

斗纸牌

“斗纸牌”玩儿的不是扑克牌，而是古老的叶子牌。叶子牌是一种纸牌，又叫“娘娘牌”，祥和牌，邪符牌。其玩法，古代叫“叶子戏”，现在叫“游祥和”“游邪符”。这是一种古老的博戏，它是我国传统文化的重要组成部分，是中国式传统娱乐项目，是中华民族的瑰宝，玩法和算法和麻将一样。十万贯应该是万贯花色的最后一张，而一十万贯是十万贯花色的第一张。“白描水浒叶子”和“水浒叶子”绘制于明末，“博古叶子”绘制于清初，这段时期的确是“马吊牌”最盛行的时期，后人还有明朝马吊亡国之说，说当时的叶子牌就是马吊，也有一定的道理。

在明末清初马吊牌盛行的同时，由马吊牌又派生出一种叫“纸牌”的戏娱用具，纸牌开始共有60张。斗纸牌时，四人各先取十张，以后再依次取牌、打牌。一家打出牌，两家乃至三家同时告知，以得牌在先者为胜。这些牌目及玩法就很像今天的麻将牌。这种牌戏在玩的过程中始终默不作声，所以又叫“默和牌”。

在老北京，斗纸叶子牌的游戏流行于妇女，特别是老太太之间，现在已经很少见了。

下象棋

象棋，亦作“象碁”，中国传统棋类益智游戏，在中国有着悠久的历史，先秦时期已有记载，属于二人对抗性游戏的一种。由于用具简单，趣味性强，成为流行极为广泛的棋艺活动，主要流行于华人及汉字文化圈的国家。象棋是中国正式开展的78个体育运动项目之一，是首届世界智力运动会的正式比赛项目之一。

象棋在北京十分普及，不但朋友、家人、棋友之间下棋，老北京有一种“棋茶馆”，卖茶带下棋。它里面的桌子就同别的茶馆儿不一样，是一拉溜的大长条桌，宽度为能放下一副棋盘，两边还能各放一套盖碗儿的尺寸，凳子也是一拉溜的长条凳，非常整齐，一排一排的，柜台上预备着数十副象棋。每天都有很多的棋迷前来下棋，一天到晚茶馆里总是吵吵嚷嚷乱乱哄哄的。我国老一辈的象棋大师——谢晓然先生新中国成立前就常在天桥的棋茶馆里下棋、教棋。并且，从这小小的“棋茶馆”里面很是走出了一批象棋高手。

街头的棋摊儿是老北京的一景。一般都在街头巷尾不碍事儿的地方，一张用三合板做的棋盘，一副被“盘得”油黑锃亮的棋子，“楚河汉界”二人分坐两边，先礼后兵便“杀”将起来，很快就围起众多“英雄好汉”，个儿顶个儿地摩拳擦掌，吆五喝六地站脚助威，虽有“观棋不语真君子”一说，但架不住心里起急啊，七嘴八舌的，心理素质不好的还真就下不了这棋。

下围棋

围棋是一种策略性两人棋类游戏，中国古时称为“弈”，流行于东亚国家（中、日、韩等），属琴棋书画四艺之一。围棋起源于中国，传为尧作，春秋战国时代即有记载。隋唐时经朝鲜传入日本，流传到欧美各国。围棋蕴含着汉民族文化的丰富内涵，是中国文化与文明的体现。

明清两代，棋艺水平得到了迅速的提高，其表现之一就是流派纷起。明代正德、嘉靖年间，形成了三个著名的围棋流派：一是以鲍一中（永嘉人）为冠，李冲、周源、徐希圣附之的永嘉派；一是以程汝亮（新安人）为冠，汪曙、方子谦附之的新安派；一是以颜伦、李釜（北京人）为冠的京师派。这三派风格各异，布局攻守侧重不同，但皆为当时名手。在他们的带动下，长期为士大夫垄断的围棋开始在市民阶层中发展起来，并涌现出了一批“里巷小人”的棋手。他们通过频繁的民间比赛活动，使得围棋游艺更进一步得到了普及。

围棋下法比较复杂，属于高雅游戏，因而在北京没有象棋那么普及。但是从这里走出了不少的围棋大师，吴清源虽然出生于福建省福州市的名门望族，后举家迁居北京，11岁时成为北洋军阀段祺瑞门下棋客，时常出入北京中央公园（现中山公园）来今雨轩棋席。棋圣聂卫平从小就居住在北京，九岁开始学棋，十岁时就在北京市少年儿童围棋赛上夺得冠军，还获得过全国少年棋赛冠军。围棋九段孔杰则是北京人。

打扑克

鸦片战争后，外国扑克随着洋人进入中国，当时进口的扑克主要是来自于美国和日本，日本扑克因价格便宜而畅销。1931年，全国掀起抵制日货运动，提倡国货，发展实业，上海人黄金生创办了翠华卡片厂，试制出中国第一批扑克，红狮牌扑克。

打扑克在北京很普及，不分老少、男女，都以扑克牌作为游戏，并且有许多玩儿法，例如：打百分、四十分下台、争上游、上七、抽对儿、拱猪、扎金花儿、斗地主等。扑克牌所需的场地简单，公园、火车的车厢里、街头，都可以看到打扑克的人。

听戏

听戏（北京人将看戏称为听戏）是北京人的最爱，也是最主要的娱乐方式之一。北京城中上至朝廷、政府命官，下至黎民百姓，均喜欢京剧。据说清咸丰皇帝就常于政务之暇，宣召艺人们入内廷供奉；慈禧更是酷爱京戏，听戏之外还常着戏衣装扮神仙。清末民初，随着业余京剧爱好者（票友）的增多，他们的组织（票房）纷纷建立，以及京剧名角的迭出，京剧在北京的影响和传播更为广泛深入了。

当时民众听戏的集中场所是戏园子，其中知名的有广和楼、三庆园、广德楼、中和园、庆乐戏园等。昔日北京的戏园子和今天的剧场有许多不同之处，最早的戏园子一般都带楼，楼下通称“池座”，池座中摆着长条桌子和长条板凳，观众在长条桌子的两侧相向而坐。开戏时，观众得侧过身子去观看。

戏园子里可以喝茶也可以吃零食。正中池座的两旁称两廊，两廊的座位称散座。民国时期，在池座的最后还摆着几张方桌，围着桌子也摆着长板凳，这是专为军警及他们的至爱亲朋准备的，称之为“军警弹压席”。当时戏园中男女分坐，男客坐楼下，女客坐楼上。楼上的前排还设有包厢，后边为散座。直至20年代以后，戏园子里男女才合座。

老北京人喜欢京剧外，不少人也各有所好地喜欢听评剧、河北梆子等戏剧。老北京人喜欢听戏简直到了痴迷程度，所以这“戏迷”二字就随之而生。就京剧来说，各个“流派”的戏剧、各位艺术大师的表演，有条件的老北京人要“听”，生活困难的老北京人创造条件也要“听”。

老北京人喜欢听整出儿的大戏，但是有些人听戏就是为了听某个唱段儿，甚至是某句“唱儿”。就为这一句“唱儿”，不惜花钱买票反复听那一出戏。因为有时候那些“艺术大师”的一段儿“唱儿”、一句“唱儿”，凝聚着“大师”风格和艺术精华，无人能取代，千古称“绝”，所以买票听这一段儿或一句“唱儿”。

老北京人听戏听的是“角儿”。京戏讲究：唱、念、做、打、手、腿、身、法、步。戏园子里讲究“三甲鼎”，三大老生为首的是程长庚。程老板有铁嗓子之称，张口抬头，只一个“啊”字，全场被镇得鸦雀无声。杨小楼号称“杨霸王”，唱的是《霸王别姬》，据说连拉幕的手都哆嗦，他扮的霸王虎虎生威，气场逼人。梅兰芳曾说他最佩服的就是杨小楼。谭鑫培在梨园中号称“伶界大王”，是一杆大旗，创造了谭派唱腔，谭鑫培唱红的时候，“四大须生”还没有怎么出道呢，马连良还给谭老板挎刀（演配角）呢。

老北京戏园子里，戏迷相见都争说“角儿”，显摆自己懂戏、懂角儿、熟角色。真正的角儿登场，挂头牌的上台大都是快半夜了，所谓压轴戏正是指此。板打得山响，琴拉得高亮，小锣“筛”得又紧又脆。好戏在后头，这时候到的才是贵客。

老北京人彼此交谈时，对于喜欢“听”一段儿或一句“唱儿”的嗜好，叫作“就好听‘那口儿’”，而“那口儿”就是大师的千古绝唱。京剧“四大名旦”梅尚程荀，“四小名旦”李世芳、张君秋、毛世来、宋德珠，风格各异，特色鲜明，各有各的著名剧目、著名唱段，颇有绕梁三日之感，使人食不甘味。

各个时代、各个剧种、任何一位演员的表演，尤其是演唱的唱段儿或唱句儿，总有以自己独特风格和韵味儿的“那口儿”，征服自己的听众。尤其是就好“那口儿”的老北京人，听后总是忘不了、放不下。

过去北京戏园子经营的方式，多为戏园主向戏班约请，双方订有合同。其经济收入采取分成办法。收入的多少，由售出票的多少而定。戏票的售价，则以戏园规模、位置及戏班的演出水平而定。光绪初年，大戏园子里的座位每人收“京钱一千三百”（即铜钱1300文）。到了清末民初，名角登台，票价则卖至1块大洋。时至30年代，有的名角演出，每票居然卖至2块大洋。这已不是一般百姓所能支付的娱乐费。

除了戏园子之外，“票房”和“堂会”也是听戏的地方。所谓“堂会”，据说最早起源于一些王公贵族的府邸。因为当时清廷不准王公贵族登台演戏，所以嗜戏成癖的王公贵族们便关上门，在自己的府邸厅堂登台串演，故有“堂会”之名。后来发展为达官显贵、富豪大户于举办喜庆、寿诞之时，约请戏剧名角来府演出，招待亲朋好友的娱乐活动了。民国时北京堂会盛行，1928年后，达官显贵相继离京，堂会方渐消沉。不过民间遇有庆贺之举，主人家邀请票友串演于大饭庄之中，亦是常有之事，也可说是堂会的继续。

玩儿票

“票房”既是“票友”的组织，又是他们的演出场所。“票友”即非专业的演员，以及一些对某种说唱、表演艺术的爱好者。“票房”开始时多半设在寺庙及富贵之家，后来随着京剧的发展，票房日益增多。因此，票友之家，机关、企业乃至学校都设立了票房。这样一来京剧的普及活动便开展了起来。最早的“票房儿”是京剧票房，清代时，朝廷禁止旗人唱戏，一些京剧爱好者就自己在家里自娱自乐，这就是最早的票房。此后其他剧种乃至曲艺的票房陆续出现。到民国时期，票房主要分为两种，一种是京剧业余爱好者自行构建的票房，纯属于自娱自乐；另一种则是营业性的票房。在北京非营业的票房居多，营业性的票房比较少。

“票友”是戏曲界的行话，是指会唱戏而不是专业的爱好者。据说昔日中国戏坛有许多名票友，其演技、唱腔、扮相，都胜过台上正角，京华、沪宁都有名噪一时的票友。票友从来不为钱去演戏，倘若兴致浓处，水袖长衫、长靠短靴、粉墨登台，也只是为了一个“玩”字，却决不会收那份“包银”。

票友大多数是为自唱自娱，如清朝的皇帝爱新觉罗・载湉（光绪皇帝）、贝勒爱新觉罗・载涛、“夏山楼主”韩慎先、袁世凯的公子袁克文、同仁堂的经纪人周子衡和上海的杜月笙、银行老板冯耿光、张伯驹、生理学家刘曾复等，都是造诣很深的名票，为京剧的发展做出了重要贡献。但也有不少人由业余转为专业演员，也就是人们常说的“下海”，如老生张二奎、孙菊仙、汪笑侬、言菊朋、郭仲衡、奚啸伯，花脸黄润甫、金秀山，小生德珺如，老旦龚云甫、“卧云居士”赵静臣，琴师李佩卿等，都是京剧舞台上举足轻重的艺术家。

看曲艺表演

北京是曲艺之乡，在这里产生了单弦、京韵大鼓、北京琴书、相声等不少的曲艺门类。曲艺门类主要分为两种，一种是只说不唱的，例如评说、快板儿；一种是唱的，例如各种大鼓（也叫鼓曲）。曲艺是一种文学、表演以及音乐相结合的综合艺术，包括相声、评书、鼓曲等表演形式，观众喜闻乐见，具有广泛的社会影响。清末民初时期，农村的曲艺艺人大量涌入北京，演出场地和表演形式形形色色，不拘一格。

曲艺应该是鼓曲和杂艺的合称。鼓曲包括：京韵、西河、单弦、京东、琴书、莲花落、什不闲、坠子、梅花大鼓等；杂艺包括：相声、快板、口技、双簧、什样杂耍等。

曲艺当初没有固定的演出场所，艺人大多是在庙会、集市等露天场所表演。北京的寺庙众多，各个寺庙定期举办宗教活动与集市贸易，艺人按照各个庙会举办的日期前去卖艺。艺人把露天场地的演出称为“撂地”，这是指承租相对固定的场地，招揽观众围观，卖艺赚钱。另有一种演出方式称为“画锅”，艺人寻找一块空地，就地划定一个范围，聚拢观众，边演出边向观众收钱。有的艺人把露天场地固定下来，搭盖席棚或布棚以遮阳避雨，又在棚里设置板凳，方便艺人演出和观众观看，这种演出场地称为“大棚”。

除了在庙会、集市等露天或半露天场地演出之外，曲艺艺人也走街串巷、登门入户演出。艺人边走边弹奏乐器，遇到召唤便入户演出，这种演出方式被称为“逛街”。还有一种有组织的演出方式称为“堂会”，由富庶人家邀请，经纪人和班主组织，演出大多安排在寿诞喜庆活动当中，以八角鼓、京韵大鼓、单弦牌子曲等曲种为主，按照活动的性质，安排演出的内容。夏天一般在主人宅院中的天棚下演出，其他季节大多安排在厅堂里面，可以连续演出若干天。此类演出，艺人收入丰厚，被称之为“上等买卖”。艺人入户演出的另一种方式称为“家档子”，又称“家买卖”，与“堂会”的区别是不局限于喜庆活动，一般是邀请一个曲种的艺人，连日固定时间演出一部长篇书目或曲目，可以连续演出一个月左右。

清末民初时，北京兴起了一批平民百姓可以经常光顾的“书茶馆”，书茶馆邀请表演的都是曲艺名家。辛亥革命以前，茶馆、茶园听书的茶客都是达官贵胄，不允许妇女入内。到了民国，才逐步接纳妇女，但男女席位分开，至20世纪20年代才放宽限制。辛亥革命以后，随着社会风气和习俗的变化，一向在庙会、集市卖艺的曲艺艺人开始逐渐进入“书茶馆”和“杂耍园子”演出。

民国年间，书茶馆又称“书馆”，门口悬挂海报，写明某日特邀某艺人演出某部书，屋里设置桌椅板凳，经营茶水，还有小贩卖瓜子、花生、冰糖葫芦等小食品。书茶馆在上午像清茶馆一样接待茶客，下午和晚上约请曲艺艺人演出，大多为评书、京韵大鼓等。下午的演出一般在两三点钟至五六点钟，晚上演出又称“灯晚儿”，通常在晚上八点钟至十一点钟前后。茶客们边喝茶边听书，除付给茶资之外，每演完一段，便有茶馆伙计拿笸箩收钱，茶客还可以点艺人和点曲目，但需要另付费用，所谓“书钱”。每天收的茶钱全归书茶馆；收的书钱，要按照上座多少及艺人的名气，由书茶馆与艺人双方约定分成比例。

女艺人被称为“坤角儿”，“坤书馆”因此得名。坤书馆大多聚集在天桥一带，都是由女艺人演出，但牌匾上并不标明坤书馆，最初演唱“莲花落”，后来逐渐演出京韵大鼓、梅花大鼓、西河大鼓、岔曲等。20世纪40年代末期，北京的“书茶馆”达到70余家，至50年代初期，仍然有40余家，大多聚集在天桥、朝阳门外、新街口一带，“文革”当中，书茶馆全部停业。

“杂耍园子”也是重要的曲艺表演场所，在民国初年兴起，主要演出评书、相声、鼓曲等曲艺形式。大的杂耍园子就是一个综合商业娱乐场所，里面有商店、饭馆、戏园子、电影院，例如“新世界游艺场”“城南游艺园”“西单游艺社”等。20世纪40年代，北京可以演出曲艺的戏院、剧场约有30余家，例如吉祥戏院、长安戏院、开明戏院、华北戏院等。集中在天桥、东安市场、隆福寺等庙会、市场的演出场地，被称为“明地”。北京南城的天桥是许多民间艺术的发祥之地，清末民初时期，相继在天桥卖艺的民间艺人大约有600余人，包括曲艺、戏曲、杂技等各色艺人。天桥既是北京平民百姓的主要游艺场所，又是各个行当的艺人扬名立万之地。20世纪50年代，天桥发生了巨大的变化，市容、街道得到整治改造，新建了剧场，许多民间曲艺艺人被招收进国营或集体所有制的文艺团体，1957年以后，天桥的各类私营或个体的演出场所大部分停业。

1927年，北京市开始出现无线电广播电台。广播电台问世之初，一般市民买不起收音机，商场、店铺为了招揽客人，纷纷购买了收音机，广播电台的听众便由此培养起来。由于曲艺原本就拥有广泛的受众，因而成为当时新兴的商业广播电台主要的娱乐节目，并推出了许多曲艺作品和著名艺人，从而又培养了更多的听众和爱好者。20世纪30年代初，北京西城电话局开办的广播电台开始播出曲艺节目，此后不久，评书、相声、鼓书、单弦等娱乐节目成为其主要播出内容。艺人在电台演播节目，电台不付报酬，由艺人从电台承包广播时段，同时承接商业广告，在节目中插播。北京的广播电台逐渐发展到10多家，大多为商业电台，影响较大的有华声电台、百利维电台、中国电台、民生电台等，当时曲艺节目占了娱乐节目的80%以上，广播电台成为曲艺演出的重要场所。

看木偶戏

木偶戏也叫“傀儡戏”，相传早在西周时期就已经出现了木偶戏的演出雏形。北京的木偶戏在金元时期很盛行，明清以来，以托偶形式表演的木偶戏在北京成为一个固定的行业。清末时还有三四个较大的木偶戏班。除此之外还有许多以三四个人组成的“家班”，以及一个人表演的“扁担戏”，老北京人叫作“耍呜丢丢”。

“耍呜丢丢”也叫“耍猴栗子”。卖艺人挑着一个担子，一头是一个小戏台，即蓝布帷幕，另一头是一个大圆笼，里面装有木偶、道具及锣鼓。走街串巷，靠墙搭上一个小戏台。在表演之前先敲锣招引观众，等到围观的多了之后便开始表演了。他躲在帐幕里手里拿木偶，边耍边唱，演唱和伴奏均是一人。口里含着一个口哨，发出“呜丢丢——呜丢丢”的声响。《铡美案》《王小打老虎》《猪八戒背媳妇》等都是演出剧目。往往在演出当中停下来，表演者从布幕中钻出来，向观众收钱。这种表演最受孩子们的欢迎，都追赶着看稀罕，一收钱就全都跑了。

看皮影

皮影戏是中国民间一门古老的传统艺术，老北京人都叫它“驴皮影”。先后形成东城、西城两大派别。千百年来，这门古老的艺术，伴随着祖祖辈辈的先人们，度过了许多欢乐的时光。皮影戏始于战国，兴于汉朝，盛于宋代，元代时期传至西亚和欧洲，可谓历史悠久，源远流长。

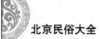

皮影自明中叶从兰州和华亭先传入河北涿州，后再传到京西门头沟的下苇甸村、北郊农村，然后入城。到清朝同治年间分为东、西两派，东派——滦州戏，西派——涿州影。西城毛家湾的“和顺社”是西派，以外就都是东派的领域了。两派的区别在于，西派没有底本，影戏人都着古装；东派有底本，旦角用时装，所以后来以东派为影戏的主流。

西派皮影形成于明正德年间（1506），经路德成成立于1842年的北京祥顺影戏班、路福元的福顺影戏班、路耀光的德顺影戏班、以路景达为代表的另一德顺影戏班（1957年政府改造为北京宣武木偶皮影剧团，后更名为北京皮影剧团）及路海、路宝刚共五代传承。在表演中配唱西北的“碗碗腔”、“老虎调”，开始叫作“蒲团影”。相传观音菩萨曾化成影戏艺人，从于蒲团之上警世启顽。所以影戏演出时，艺人端坐蒲团，以示肃敬，故名“蒲团影”，遂称“西派”。西派皮影逐渐受京剧影响，又吸收了东派精华进而突破了宣扬佛法的范围，编演了一些神话故事戏，丰富和发展了表演内容和艺术形式。

明武宗正德戊辰三年（1508）北京曾举办百戏大会，皮影戏参加了演出。清代北京皮影已很普及。1821年，道光皇帝即位，白莲教案趋于平静，北京城内的影戏逐渐恢复。不久，河北滦州影进京，唱腔新颖，表演生动，受到北京观众的欢迎。因其东来，又落户于东四牌楼一带，故称“东派”。

西派皮影艺人路广才之子路德成继承父业，在北京西城演出。此后以路家为代表的北京西路皮影传承了下来。辛亥革命后，路家班第四代传人路宗有在西四牌楼北毛家湾成立德顺皮影社。他与京剧界人士往来甚密，遂将京剧唱腔吸收到影调中，别开生面。京剧名宿梅兰芳、尚小云常邀其至家中演出，对其演唱的影调十分欣赏。此外，京剧演员刘鸿声学艺期间，曾到德顺皮影社参加幕后伴唱（后台叫“钻筒子”），使北京皮影能演出京剧剧目，如《二进宫》等，形成独特的风格。

过去表演皮影由艺人在幕后一边操纵皮影一边演唱，并配以音乐。一个戏班六七个人和一箱皮影就能演三四十场戏，演出完毕，全部行头装箱就走，辗转十分便捷。演皮影戏的设备非常轻便，所以戏班流动演出的优势很强。不论在集市还是在大厅、广场、庭院以至普通室内，架起影窗布幕和灯箱就能开戏。在民间乡村城镇，大大小小的皮影戏班比比皆是。无论逢年过节、喜庆丰收、嫁娶宴客，都少不了搭台表演皮影，有的还要通宵达旦或连演十天半月，十里八乡的人都来观看，非常热闹。

皮影戏还进入到宫廷。康熙时，礼亲王府设有八位食五品俸禄的官员专管影戏。嘉庆时逢年过节等喜庆日子还传皮影班进宅表演。当时的北京影戏班白天演木偶，夜晚则于堂会唱影戏，有不少京剧演员也参加影戏班演出。

看拉洋片

拉洋片是中国的一种传统民间艺术，从河北传入北京。表演者通常为1人，使用的道具为四周安装有镜头的木箱，箱内装备数张图片，并使用灯具照明。表演时表演者在箱外拉动拉绳，操作图片的卷动。观者通过镜头观察到画面的变化。通常内置的图片是完整的故事或者相关的内容。表演者同时配以演唱，解释图片的内容。

拉洋片又名“西湖景”，初起的形式是：以布做墙围成直径约两丈的场地，内容二十至三十名观众。有画挂于人前，画面高约2.5米，宽约3.3米，上绘各地山水兼人物，一张画成一卷。观众看完一张后，演员用绳索放下另一张。同时，用木棍指点画面并做解释。另有人打着锣鼓招揽观众。后经多年变化，其表演形式为：用一木制箱，分上现两层，每层高约0.8米、长约1米。下层的正前面有四个或六个圆形孔，孔中嵌放大镜。箱内装有八张以“西湖十景”或历史、民间故事为题材的画面，演员用绳索上下拉动替换。木箱旁装有用绳牵动的锣、鼓、钹三件打击乐器，演员每唱完一段唱词后，以打击乐器伴奏。自清末民初始，天桥并护国寺、白塔寺、隆福寺等庙会以及京郊的丰台镇、通州等集市上均能见到拉大片的表演。

拉大片有“琉镜”“推片”“西湖景”“水箱子”“大洋船”等表现方式与技巧。

琉镜：也称“琉璃镜”，比大片略小，每张画面不超过一米，画面固定，分前后两排，有布幔围挡，布幔挖孔，前后各嵌十二块圆形放大镜。内容除清代故事外，还有时事新闻等。民国初年，三大枚铜子儿可连看二十四张。

推片：观众坐在长条板凳上。将片放于木制箱中，分上中下三层，每层八张，每张片不过半尺。此种片需两人表演，一个推动底层的一张片子，顶动另一张供观众换看画片；一个在另一侧接过底层片子送入上层。旁边不花钱的观众只能看上层的片子，中层的看不到。演员表演时，也是把中层的片子说唱得神秘，夸赞得有趣，引人花钱。

西湖景：画面内容多以杭州西湖的景致为主，如苏堤春晓、三潭印月、花港观鱼、断桥残雪等。景箱同为木制，上嵌有四块放大镜，内行人称“小四门儿”。画片在箱内用绳索上下拉动，演员将八张画片一张张地拉上去。花钱的观众可以看全八张，围观者只能看到一两张。

水箱子：箱体木制，用绳索连接画片，上下拉动。最后一张画面，镶有立体偶人，与箱外绳索连接，拉动绳索，偶人即舞动起来，做各种动作。箱的底部装有许多朝上的小水管，箱底放一水桶，取水由箱上口灌入。水通过高处管道的压力，从小管向上喷出，或涌或流，与偶人的动作相映成趣。其曲目大都与水有关，如《水漫金山寺》等。

大洋船：箱体木制，形似轮船，船的周围有圆形放大镜，箱内设有机关连接活动偶人，牵动绳索，偶人做单人舞蹈、双人舞蹈等精彩表演。

随着时代的变迁，画面的内容多有更换，题材更为广泛。20世纪30年代，北京拉大片的演员最有名望的是天桥地区的焦金池（艺名“大金牙”），是当时天桥地区“八大怪”之一。因他面部表情丰富，不论眼神、口型、形体动作都很滑稽，成为“形象怪”；又因他的讽刺唱词非常幽默，唱腔的腔调高低变化较大，又带有浓厚的乡音，成为“声音怪”。他用的画片多以民间故事为题材，如：《义和团打教堂》《黄爱玉上坟》等。他唱作俱佳，雅俗共赏，曾灌制过《夸美人》《大花鞋》《妓女告状》三张唱片。由于“大金牙”演唱得非常出色，有时他不设画片箱，只凭演唱大片内容，同样招引观众喝彩叫绝。此后，拉大片除原有的形式外，也时以单纯的演唱形式出现在观众面前。后有“大金牙”之徒罗沛霖（艺名“小金牙”），其演唱亦深受广大观众欢迎。

拉大片的唱词为上下句，通常上句落仄声，下句落平声；上句起韵，下句入韵；一韵到底。唱词均以七言为基本，句前可加“三字头”，句式中或嵌字，每段唱词少则四句，多则七八十句。

拉大片的演唱语言通俗易懂、生动活泼，其内容多是劝世之作。语言幽默、诙谐（尤其是段落结尾之句），加之由上而下的滑音拖腔，形成独特的风格。唱腔为由河北民间小曲传入北京后与北京语音结合而成。基本唱腔为小曲体，有两种：一种为四句体，另一种在二、三句间夹若干半说半唱的平腔上下句。

拉大片的传统曲目有《纣王宠妲己》《渔樵耕读》《刘伯温修造北京城》《夸美人》《大花鞋》《秦英征西》《水泊梁山》《水漫金山寺》等。

新中国成立后，各工厂、机关、学校，为配合各项政治运动，还创造了简易“拉大片”，即根据不同内容，手绘“漫画”若干张，悬于木架上，翻一张唱一段，深受人们欢迎。新编曲目有《全国解放在眼前》《百万雄师下江南》等。

看变戏法

戏法是中国的一种民间的艺术，戏法不同于魔术，变戏法的演员身穿长袍大褂；而魔术的服装为穿西服或制服。戏法儿的道具，大部分是人们的日常生活用品或生产工具，如盆、碗、碟、勺、笼、箱、柜、刀等；而魔术道具大部分观众不熟悉，全靠特制而成。如魔术棍、魔术枪、铁皮筒、魔术缸等。戏法儿的手法是“上下翻亮、经外交代”。意思是表演前向观众交代双手时的姿态，必须上、下、反、正都要亮明，把盖布里外让观众看过；而魔术的手法是“上指下掏，左亮右操”。当演员用手指向上空时，而趁机用另一只手掏出下面所埋伏的东西，故为“上指下掏”。当演员让观众看左手时，迅速将埋伏物用右手操出，名曰“左亮右操”。“戏法儿”和魔术的基本手彩活（即手上的技巧）各有四套。

戏法按门当儿讲，叫作“彩门”，凡是变戏法的行当都称之为“彩立子”。这“彩门”里有种种分别，分为两种，一种是大戏法，一种是小戏法。

大戏法也称之为“落活”，大戏法的表演很是精彩，一个人身穿长袍，用毯一蒙，能变出很多的东西，像带水的、带火的，天上飞的、地下跑的、草里蹦的，吃的用的，叫人明知东西带在身上，可就是不知道怎么带着的，火带在身上着不了，水带在身上洒不了，还能变的来去自如，等等，总之他一个人变出来的东西摆在台上，几个人都拿不走。

小戏法就不同了，小戏法是看手上的功夫，手头得快，一帮人围着看，在他手里的东西变得来去自如，看不出破绽，像什么“仙人摘豆”“三仙归洞”“金钱抱柱”“空盒变烟”“巧变鸡蛋”“平地砸杯”“木棍自立”等，以上这些戏法却是中国的老艺人们在实践中研究出来，并取得很好的艺术效果的一些艺术形式，这种艺术形式有很高的艺术价值，就连外国的魔术其中有很多表演形式和套路，都是来源于中国古典戏法中的一些要素，具有很高的科学性。

中国的戏法距今约有4000年历史，作为一种艺术形式进行表演，最早出现于公元前108年，西汉武帝刘彻举行了以“鱼龙曼延”（戏法）和“百戏”（歌舞杂技）为主的表演，招待国外使臣。“鱼龙”后成为宫廷礼仪的一部分；隋唐时期，宫廷魔术与民间魔术并举，繁荣发展；宋代出现了“瓦舍勾栏”的娱乐场所，流浪艺人众多，并产生了著名的魔术团体（如南宋“云机社”）。此时戏法分科也越发精细，并形成了“手法、撮弄、藏厌（挟）”三大体系。古彩戏法（落活，藏厌类）即此时期创造出的划时代魔术，新中国成立后被天津杂技团保留。

明清时期，戏法鲜见于宫廷，主要存在于民间，分“撂地”（流浪艺人划地为台表演）和“厅堂”（艺人受召于富贵人家表演）两种方式。各地均出现了戏法艺人较为固定的演出场所，如北京天桥，以及天津的“三不管”等，并涌现出众多著名戏法艺人。古典戏法的传承人王殿英1923年生于曲艺世家，父王振清、胞妹王毓宝均为著名曲艺演员。他16岁拜郭璧臣为师学习古典戏法，表演时口彩相连，风趣幽默；手彩表演技巧娴熟，手法脆、快、帅，“使口”时如话家常，娓娓道来，幽默风趣，亲切自然。相声大师马三立先生曾给予高度评价。

与现代魔术多依赖于道具表演所不同的是，在民间“撂地”为生的古典戏法，着重强调演员本身的手法技巧，以“夹带藏掖”为手段、以“口彩相连”（即边说边变）为表演特色；而四周皆观众的表演空间，也要求戏法必须可被四面围观而不能失托，这一点是西方现代魔术舞台化表演无法比拟的。

看耍把式卖艺的

“把式”指武术的架势，亦指武艺。“耍把式卖艺的”就是靠街头卖艺赚钱维持生计的一种人。

北京耍把式卖艺的有练硬气功的（油锤灌顶、单掌开石、胸口开石、喉头顶扎枪、吞铁球、吞宝剑等）、摔跤的、练武术的、拉硬弓的、打弹子的，等等。这些艺人身上的绝活都是真的，都说台上一分钟，台下十年功，这都是当时的一些艺人面对的场景。如果今天没收到钱，今天的饭钱就没有了，如果今天运气好，收上来的钱比平时多一点，兴许还能再吃个菜。

耍把式卖艺的分为两种，一种是专门练武术，如天桥耍大刀的张宝忠、摔跤的宝善林（宝三儿）、打弹弓的“小骆驼”等。在庙会、街头以卖艺表演为生的，老北京人管这叫“耍把式的”，在这里表演的人都是身怀绝技，功夫了得，以前卖艺的比如耍举刀的，这刀只适合表演用，这刀轻则几十斤，重则一二百斤，还得举起来，还能表演各种动作，现在甭说一二百斤平常人能不能举起来，单说这几十斤的刀举起来，还能表演各种动作，真是不容易，可见当时的艺人为了养家糊口有多么的艰辛和不容易。张宝忠绰号“大刀张”，自幼学习武术，以春秋刀、刀里加鞭、力开硬弓等最为见长。

另一种是耍把式兼卖膏药，例如卖大力丸的。早年间，街头巷尾都能碰到卖大力丸的，光个膀子，一巴掌护心毛，一身横肉，腮帮子鼓着，说话喷着白沫，把胸脯拍得梆梆响，扎个马步，跺上两脚，摆个架势，转上几圈以后，就开始推销他的药，那就是要卖大力丸了，前面那一套规定动作只是为卖大力丸做的蓄势。

看耍猴儿的

耍猴戏，又名猴戏、猴子戏，是中国民间卖艺之人的一种生意，流行于全国各地。操此业者以猴为戏，颇受过路行人喜爱。

耍猴在中国已有悠久历史，最迟于唐朝已有出现，发源于今河南省新野县。古人把猴子视为马的守护神，常于马厩内养猴子，以留住马匹。因为传说孙猴子（孙悟空）做过弼马温，故而猴子可以管马。孙猴子可以通天，所以让猴子表演猴戏作祭祀之用。后来耍猴的宗教性变淡，有些只是纯娱乐观众，一些小贩为招揽顾客，也会养猴子表演卖技艺，尤其常见于卖武术、卖药等行业。

昔日出没于北京大街小巷的耍猴儿艺人，绝大多数是来自河北省吴桥县的农民。吴桥是杂技之乡，据说，自元代以来驯猴儿之风日盛，以耍猴为业者层出不穷，遍及全国各地。在北京演出者，间隙地则耍之。只要将供猴儿坐着的铁杆往地下一戳，“镗镗镗”一阵锣响，立即就会招来一大帮男女老少好奇者。将艺人及其豢养的猴子、山羊、巴儿狗团团围住，一面听着艺人满口乡土气息的俚歌，一面看着以猴儿为“主角儿”的饶有风趣的表演。

担任主要角色的猴子，从一开场便非常紧张和繁忙：它不停地眨着眼，按照主人所唱的俚歌内容，从一个黑色的木箱中相继取出特制的花花绿绿的袍带、面具、胡须、乌纱帽，装扮成武松、寿星、八戒、悟空等历史人物及古典小说或神话故事中的人物；如同京剧演员“走圆场”或“开打”一般，转几个圆圈儿或折几个“吊毛”，动作灵巧而滑稽，每每引人发笑不止。这一套节目表演完毕，继而是巴儿狗钻罗圈儿、走跳板、滚木球，一则为观众换换节目，二则让猴子稍事休息。大轴子节目，则是猴儿骑山羊、爬竹竿儿、打秋千，最后穿上《水浒传》中人物武大郎的服装，以颇为幽默的动作表演攀杠子。

看电影

1896年电影传进了中国。100多年前的北京的天桥洋人开设的西洋影戏院门庭若市，同样一条街，中国人任景泰家开设的西洋影戏院却门可罗雀，因为没有新片子可以放。一个偶然机会，任景泰参加京剧名角谭鑫培的寿宴，便有了将谭鑫培的京剧拍成西洋影戏的念头。1905年7月9日《定军山》开始拍摄，这是中国拍摄的第一部电影，由北京丰泰照相馆摄制的，著名京剧老生表演艺术家谭鑫培在镜头前表演了自己最拿手的几个片断。片子随后被拿到前门大观楼熙攘的人群中放映，这是有记载的中国人自己摄制的第一部电影，标志着中国电影的诞生。

20世纪40年代初，电影在中国迅速发展。当时上演的是美国“好莱坞”和中国自己的电影。电影从无声到有声，涌现出了范雪鹏、阮玲玉、李丽华、周曼华、白光、龚秋霞等许多明星。当时中国电影内容大多是武打、“鬼怪”、古代、爱情片；好莱坞电影多是歌舞、娱乐片。

山东孟氏兄弟俩来到北京之后，开办了“明星电影院”和“蟾宫电影院”。明星电影院在东四北大街，蟾宫电影院在隆福寺街。在抗战前，北京有“大光明”（就是后来的西单剧场，初名“哈尔飞俱乐部”）等30多家电影院。

日伪统治期间，北京的电影业衰败，抗战胜利后，北京的电影院依然艰难，到1949年北京解放时，电影院只剩下了26家。解放后，北京的电影院迅速发展，充分满足了人们的需求。电影始终是北京人娱乐中最重要的项目之一。

逛庙会

老北京庙会是古老的民俗及民间宗教文化活动，春节俗称过年，除一般年俗外，庙会则为旧时北京过年的主要习俗，最富有北京的民俗特色。北京的庙会有的是一年一度，有的一个月内就有数天，会期除固定的，还有不定天数的。比如清末民初的会期：每月逢一、二、九、十是隆福寺，逢三是土地庙，逢五、六是白塔寺，逢七、八是护国寺。再加上正月初一开庙的东岳庙和大钟寺（一般开庙10天到半月），初二的财神庙，十七、十八的白云观，三月初三的蟠桃宫，等等。各类庙会几乎天天有，有时一天还不只一处。

在北京的庙宇中，有几处的宗教活动是极富特色的。如正月初八的弘仁寺、十五的黄寺、二十三的黑寺、三十的雍和宫等，主要内容是喇嘛庙举行宗教仪式：由喇嘛们扮演鬼怪；长教喇嘛手执法器，游转之后，将“鬼”除之。再如城隍庙的“城隍出巡”也是单纯的宗教活动，每年五月初一，东城的大兴县城隍庙和四月二十二城西的宛平县城隍庙都有“城隍出巡”。届时，将庙内城隍的塑像抬出，不但有前呼后拥的仪仗执事，还有若干“马童”和装扮成各式模样的善男信女们，一直走到都城隍庙，出巡之时，大街上观看者如潮似海。每年十月二十五的白塔燃灯、七月十五中元日的烧法船、正月初八的星灯等，宗教气氛极为浓烈，有些活动只属宗教范畴，而且没有庙会市场伴随。其他的庙会期间，虽然也都是该庙举行宗教活动的时间，但由于特色不浓，往往不被人们所重视。

庙会活动深受北京市民的喜爱，故而沿袭至今。龙潭湖庙会、地坛庙会、石景山“洋庙会”等，虽与传统庙会有异，但都是在春节期间举办，而是以娱乐和美食为主了。妙峰山庙会已经列入了国家级非物质文化遗产名录。

逛庙会

旧时逛庙会主要有两个去处，一个是妙峰山庙会，另一个是厂甸庙会。

旧时的妙峰山庙会虽然以朝拜碧霞元君为直接目的，但实际上已经扩展为了一项包容甚广的民俗娱乐活动，超出了宗教信仰的范围。民俗学家顾颉刚等五位学者于1925年到妙峰山，对香会、庙宇做了实地调查研究，出版了《妙峰山文集》，开启了中国民俗学研究的新纪元。妙峰山娘娘庙会于40年代停办，1993年恢复。每年参加庙会的客人除来自全国各地外，还有许多外国的游客。

妙峰山庙会最大的特点就是“三香”文化，即香客、香道、香会。

“香道”指从山下通往妙峰山娘娘庙的道路。旧时上妙峰山必须攀越20多公里的崎岖山路，庙会期间有数十万人上山进香。山民将羊肠小道拓宽砌石，开辟成可供骑行、抬轿的畅通香道。依方位和习惯依次称西道、南道、中南道、中道、中北道、老北道。庙会期间的许多活动都是在香道上进行的。香道沿途设有茶棚，义务为过往香客提供包括饮食、住宿在内的一切服务。但是接受服务要进行对碧霞元君的祭祀仪式，否则得不到服务。

妙峰山进香者多是个人独行、一家一户或朋友结伴而行。除此之外，还有一些专为进香结成团体的香会组织，这些组织少的有二三人，多则几十人上百人。庙会开始前，京城的香会就已开始行动，直到庙会结束，他们是庙会中最活跃、最突出的成员。香会组织最早可以追溯到明代。自建庙开始，村民就组织香会队伍参加庙会。

香会的宗旨是替“老娘娘”（碧霞元君）施恩散福，自己积下功德，从而都是义务的。他们的规矩是“车笼自备，茶水不扰，虔诚上山，戴福还家”。

香会分为文会和武会，文会又称善会，担负庙会全过程中各项服务性工作，包括饮、食、住、行等香客的基本物质需要和为庙宇香堂提供的各项服务，以及为庙会提供各种物资等。文会主要有：开山会（开辟香道、修缮庙宇）、修道会（净道会，修整、清扫香道）、清茶会（粥茶会、馒首会，设立香道沿途茶棚，提供粥、茶等食物、饮品）、路灯会（灯烛会、洋灯会、汽灯会，为香道和庙宇提供夜间照明，或为夜行香客提供灯笼、火烛）、缝绣会（为香客缝补走破的靴鞋）、拜席会（为茶棚提供草席搭棚，供香客瞻拜、坐卧）、巧炉会（为茶棚修碗修盘，修补铜、铁供具、用器），还有茶叶会、拜垫会、盘香会、献圆桌会、献袍会、献供斗香会、白纸会、檀香会、鲜花会、献国鲜会、米供会、掸尘会、裱糊神堂佛殿窗户会等。栏杆绳络会为南道渡河船及桥提供绳索、桥栏和绳网。还有一种惜字会，专门捡拾香道沿途的香纸、残文、废纸，集中焚化。这些文会都以“行善”为宗旨，概不收费，经费来自募捐和发起人自筹，乡村善会则按地庙分摊。

武会又称花会，以表演技艺“酬神”为宗旨，源于远古“社火”，又称百戏、杂戏等，属于民间技艺表演。武会按各自表演的种类不同分为许多会档，即使同一种技艺，也因地区和师承不同，表演起来也各有千秋。妙峰山的武会分为会规以里（俗称“井字里”）和会规以外（俗称“井字外”）两种。“井字里”的会档共有13种（后增加3档，为16档），表演用的道具和器械都是从娘娘庙里的用具、用品、设备演化而来，例如太狮会的太狮本是娘娘庙山门前左右大石狮，中幡是庙门的高幡竿，高跷是庙门木闩，石锁是庙门的锁头等。“井字里”武会走会的先后顺序是：开路、五虎棍、秧歌、中幡、太狮、双石头、石锁、杠子、花坛、吵子、杠箱、天平、太平。“井字外”的会档种类更多，除去“井字里”的十三档之外，还有太平鼓、舞龙、旱船、跑驴、霸王鞭、水（火）流星、假人摔跤、飞刀、舞索、竹马、猪八戒背媳妇等。1920年前后，京城的一些青年组织起“万里云程踏车圣会”，以表演自行车骑行技巧为演出内容。有的武会表演项目不限一两样，复杂的如“义顺同祥正虎打路藤牌少林”之类，刀枪棍棒一齐施展。妙峰山庙会已于2008年列入国家级非物质文化遗产名录。

厂甸庙会

在旧京城的众多庙会中，唯有厂甸的庙会不以庙为名，其实，厂甸庙会的中心是火神庙，只是厂甸名气大，湮没了火神庙。每年只在春节才有一次，却是京城里规模最大、京味儿最浓、最闻名遐迩和脍炙人口的。

厂甸庙会是北京历史上“八大庙会”之一，并且与南京夫子庙、上海城隍庙、成都青羊宫并称为“中国四大庙会”。即使是最萧条时的厂甸庙会，一天的客流量就能够达到当时京城常住人口的五分之一，老北京没有逛过厂甸庙会的人几乎是没有的。

厂甸庙会已有400多年的历史，庙会始于明代嘉靖，兴于清代康熙，盛于乾隆。举办时间为农历正月初一至十五，1918年，北平市政当局正式认定厂甸为京都唯一的官设春节庙会集市。

厂甸庙会所依托的是位于宣武区南新华街一带的火神庙、吕祖祠和土地祠三座小庙。全盛时期的厂甸庙会北起和平门，南抵梁家园，西到南北柳巷，东至延寿寺街，整个庙会的核心是位于新华街的海王邨公园（今中国书店）。因为临近书肆密集的琉璃厂，厂甸庙会的文化气息非常浓郁，有很多经营书籍古玩、字画文具的摊商，这也是厂甸庙会所独具的特色。

厂甸庙会是京城各阶层男女老幼旧历新年争相光顾的场所。据乾隆年《帝京岁时纪胜》记载：“每于正月元旦至十六日，百货云集……千门联络、图书充栋、宝玩填街”，光绪年间《厂甸记》中说：“平时空旷，人迹罕至；至正月则倾城士女、如荼如云、车载手挽，络绎于途。”1945年“残灯破庙”的冷落时期，仍有游人逾20万，占当时京城人口的五分之一。1960年曾中断一时，1963年，市政府重开厂甸庙会，全城轰动，席棚布帐鳞次栉比，商摊货贩比肩靠背。

厂甸的庙会仍一直举行到20世纪60年代初期，依然红火热闹，后来因“文革”等政治运动，一下子偃旗息鼓37年。北京市政府于2001年恢复了厂甸庙会。每年春节厂甸庙会地址依然以琉璃厂为中轴线，北起和平门路口，南至虎坊桥十字路口，全长1050米。

逛公园

老北京在清代时还没有公园，只有皇家园林和私人花园。进入民国之后，一些皇家园林先后开辟为公园，主要有万牲圆（动物园）、中央公园（中山公园）、城南公园（先农坛）、天坛公园、北海公园、京兆公园（地坛）、颐和园。

北京能开办公园，朱启钤起到了很大的作用。朱启钤，光绪年间的举人。他不但是工艺美术家、建筑家、中国营造学社创始人，还是北洋政府的重臣，曾任京师大学堂译书馆监督、北京内城警察总监、东三省蒙务局督办、津浦路北段总办、交通总长、代理国务总理。特别是在他担任代理国务总理期间，还兼任着“京都市政督办”。北京城的正阳门改造、故宫周边道路改造、环城铁路建设、开辟名胜为公园等，多是他主持市政时的手笔。

1914年5月，朱启钤向大总统袁世凯呈上《请开京畿名胜》的提案，议请将原皇家园林定规章制度，向民众开放，从而保障开放旅游和古迹保护两不误。从此，老北京就有了对百姓开放的“公园”。首先开辟的公园是将社稷坛改造为“中央公园”，并于1914年10月10日，庆祝“双十节”时正式向游人开放。1925年后，为纪念孙中山改名为“中山公园”至今。

民国后，作为“三山五园”（香山静宜园、玉泉山静明园、万寿山清漪园、圆明园、畅春园）中的玉泉山静明园，也一度向民众开放成为游览之地。

北京动物园前身是农事试验场附设的动物园——万牲园，园址明代时为皇家庄园；清初改为皇亲、勋臣傅恒三子福康安贝子的私人园邸，俗称“三贝子花园”，东部叫“乐善园”，西部叫“可园”。清朝光绪三十二年（1906）在原乐善园、继园和广善寺、惠安寺旧址上，由清农工商部领衔筹建农事试验场，初衷是为学习西方先进经验，“开通风气，振兴农业”。

为此，清宫内务府奉宸苑管辖的坐落在西直门外的乐善园、继园及其附近的800亩官地所属的一部分地盘，专门划归为“万牲园”。

在筹备建造这座规模宏大的“万牲园”时，慈禧太后和光绪皇帝不止一次地提醒谕告管理施工的部臣注意风景，故各项建筑物多带园林形式。“万牲园”即是清光绪三十二年（1906），由商部奏准，时称“农事试验场”，将清宫动物交场内豢养，故这座农事试验场又有“万牲园”之称。

辛亥革命后清政府倒台，农事试验场几易其名，从“中央农事试验场”到“国立北平天然博物院”再到“实业总署园艺试验场”直至“北平市园艺试验场”。1949年2月，北京市人民政府接管了当时名为“北平市农林实验所”的北京动物园后，将其更名为“北平市农林实验场”。考虑到农时试验场的条件已经不适应进行农桑实验，经过整修、改造和绿化，于同年9月1日定名为“西郊公园”。1955年4月1日，西郊公园正式改名为“北京动物园”，由时任中国科学院院长的著名学者郭沫若题写园名。

北京动物园占地面积约86公顷，水面8.6公顷。饲养展览动物500余种5000多只；海洋鱼类及海洋生物500余种10000多尾。每年接待中外游客600多万人次。是中国最大的动物园之一，也是一所世界知名的动物园。

逛天桥儿

天桥位于天坛西北，是皇上去天坛祭天的必经之桥，意为通天之桥，故称“天桥”。天桥平时由木栅栏封起来，除了皇上其他人等不许通过，一般官民只能走两侧的木桥。桥下原有的河道后来就逐渐演变成了龙须沟。“清光绪三十二年（1906）整修正阳门至永定门的马路，将这条路上原来铺的石条一律拆去，改建成碎石子的马路，天桥也改建成矮矮的石桥。1929年，因有轨电车行驶不便，就将天桥的桥身修平，但两旁仍有石栏杆。1934年展宽正阳门至永定门的马路，就将天桥两旁的石栏杆全部拆除，天桥的桥址不复存在。”

“酒旗戏鼓天桥市，多少游人不忆家”，清末民初的著名诗人易顺鼎在《天桥曲》写下了如此脍炙人口的诗句。在民国初年，天桥真正形成为繁荣的平民市场，被视为老北京平民社会的典型区域。天桥因市场的兴起而繁荣发展，而这一市场又是面向平民大众，集文化娱乐和商业服务为一体，文商结合，互为促进。它的兴起不仅是一个经济现象，也是一个文化现象。天桥在它发展过程中，逐渐形成了独特的天桥平民文化，因其生根于平民百姓之中故虽历经沧桑，却能经久不衰。

新中国成立前，许多江湖艺人在天桥“撂地”卖艺。天桥市场的杂耍表演是一大特色，不但项目繁多，而且技艺高超。

历史上天桥艺人最著名的就是“八大怪”，先后出现了三拨。出现于清末咸丰、同治、光绪年间的第一拨“八大怪”，一般是指穷不怕、醋溺膏、韩麻子、盆秃子、田瘸子、丑孙子、鼻嗡子、常傻子等八位艺人。第二代天桥“八大怪”，主要是指在辛亥革命以后出现在老天桥民间艺人中的佼佼者和演技奇特怪异者，他们是：让蛤蟆教书的老头儿、表演滑稽二簧的老云里飞、装扮奇特的花狗熊、耍中幡的王小辫、三指断石的傻王、耍金钟的、数来宝的曹麻子、耍狗熊顶碗的程傻子。第三代“八大怪”活跃在距今半个多世纪前后，为：云里飞、大金牙、大兵黄、焦德海、沈三、赛活驴、拐子顶砖、蹭油的。

历史上的北京，一部分是以皇城为中心的皇家贵族的北京；一部分是以天桥为代表的平民的北京，是平民的北京创造了皇家贵族的北京。到天桥逛的人，有的是想买点儿日用百货；有的目的是看一看各种民间艺术；还有的就是到天桥的吃食摊上品尝一下物美价廉的风味食品。天桥是平民的乐园，早年间北京人一有工夫就去逛天桥儿。

郊游

北京人喜欢郊游，踏青赏景，愉悦心情。阴历四月初八是“佛诞日”，借着到寺庙烧香的机会到郊区去游春，俗称“借佛游春”。

明《宛署杂记》载：“四月赏西湖景，登玉泉山游寺，耍戒坛秋坡。西湖在县西三十里，玉泉山在西湖旁，山水佳丽。碧云、香山二寺，都下称福地。俱详别卷。戒坛在县南七十里，先年僧人□□奏建说法之所，自四月初八说法起，至十五日止。天下游僧毕会，商贾辐辏，其旁有地名秋坡，倾国妓女竞往逐焉，俗云赶秋坡。宛俗是月初八日，耍西湖景、玉泉山、游碧云、香山。十二日耍戒坛，冠盖相望，绮丽夺目以故经行之处，一过山坳水曲，必有茶篷酒肆，杂以伎乐，绿树红裙，人声笙歌，如装如应，从远望之，盖宛然图画云。观佛蛇，县西潭柘寺有二青蛇，与人相习，每年以四月八日来见，寺中僧人函盛事之，事传都下，以为神蛇，游人竞往施钱，手摩之以祈免厄。僧人因而致巨富云。游高梁桥，高梁桥在县西五里，有娘娘庙，塑像如妇人育婴之状，备极诸态桥适当前即西湖水流入禁城口也，俗传四月八日，娘娘神降生，妇人难子者，宜以是日乞灵，滥觞遂至倾城妇女，无长少竞往游之。各携酒果音乐，杂坐河之两岸，或解裙击柳为围，装点红绿，千状万态，至暮乃罢。”

旧京春游通常是跟清明扫墓结合到一起的活动。明代《帝京景物略》里有精彩描述：“哭罢，不归也，趋芳树，择园圃，列坐尽醉。”扫完墓，紧接着就踏青郊游去了。游春，自然要去有山水和草木的地方，领略自然野趣。位于西直门外半里的高梁桥，是旧京踏青的好去处。这里曾碧水夹堤，垂杨十里，田野平旷。桥下流水由玉泉山、昆明湖流来，流向德胜门水关。向西北可遥望西山、玉泉山和万寿山，层次分明，翠色入目，令人忘忧。

旧京童谣里唱道："劳您驾，道您乏，明年请您游二闸。"这里所说的二闸位于东便门外五里，后改名庆丰闸。元朝时在城东开辟通惠河，自东便门到通县，源流四十里，联络北运河，以利漕运。二闸就是通惠河上的一个闸口，这里在清末民初极为繁盛，两岸店铺林立，五颜六色的茶招、酒帘在林间招展，别具风情。游人大多喜欢雇乡下人的小毛驴儿，从崇文门出发，沿护城河两岸，于柳荫下缓缓行至东便门，再换乘小船或画舫，随流向东。

除此之外，陶然亭、麦子店、万柳堂也是京郊踏青的好去处。几百年来，北京人对郊游乐此不疲，现在诸如戒台寺、潭柘寺、碧云寺、香山等，依然还是著名的旅游景点。

游泳

早年间人们称游泳为"玩儿水"，东便门外5里有个闸口，名叫"庆丰闸"，俗称"二闸"，闸口悬下两三丈高的瀑布，白浪翻滚，声势壮观。二闸周围的小孩子俱生于船户之家，水性极好，浑身皮肤因长期日晒而呈绛紫色，故有"水鬼"或"水虾子"之称。游人为试小孩的水性，纷纷将钱物投进急流中。立即会有几个小孩爬上老榆树，凌空连翻几个筋斗，似蛟龙一般扎入水中。不一会儿，就用嘴叼着东西浮出水面，如同鸬鹚捕鱼一样敏捷。待将物归原主，即在一番夸奖声中接过一个铜圆的赏钱。

在新中国成立之前，北京没有游泳池，人们都是到天然水域去游野泳，例如什刹海、护城河、通惠河、高梁河，郊区可以去永定河、潮白河、通惠河。当时城外有许多因挖土儿产生的"窑坑子"，雨水汇集，是孩子们夏季玩儿水的乐园，因为缺少安全设施，溺水之事经常发生。

20世纪50年代，北京在进行市政建设的同时，全面治理内城水域。1951年6月，昔日一片荒凉的什刹海建成了设备较为先进的"北京市人民游泳场"，成为京城首个露天游泳场，每年从6月初起对外开放，8月底关闭，其间，每天开放三场，每场能容纳4000人。为避免拥挤、照顾团体，1953年，人民游泳场增开夜场，并实行周六、周日预售票制度。

参加游泳活动的人越来越多，仅1955年全市办理游泳体格检查证的就有20多万人，一个人民游泳场远远无法满足人们的需求。为此，北京市决定在南城陶然亭公园东门斜对面再修建一座游泳场——陶然亭游泳场。在20世纪六七十年代，不但把什刹海、龙潭湖、玉渊潭等天然水域整修成一批大型的天然水域游泳场，还修建了100多个人工游泳池。

登高

阴历九月初九是“重阳节”，老北京人有“登高”的习俗。清代学者顾禄在《清嘉录》一书中说，“重阳将至，盲雨满城，凉风四起，亭皋落叶，陇首飞云，人以为是立秋后第一寒信”。也就是说，这一天被认为是立秋后骤然降温的一个转折点，人们容易生病，“登高”是为了躲避灾祸。

杨静亭在《都门汇纂》里的竹枝词：“土城关外去登高，载酒吟诗兴致豪，遥望蓟门烟树外，几人惆怅尚题糕。”杨静亭生活于嘉庆道光年间，《都门汇纂》成书于道光二十五年，可见那时北京人的登高之地首选北土城。而到了晚清，情况发生了变化：“景山偷约去登高，佳饵分携乐意陶，内制却嫌酥太腻，翻教宫监市花糕。”但赵珩先生在《百年旧痕》一书中指出，景山公园在民国开放得比较晚，“那个时候（登高）没有去景山的，一般来说……清末民初登高一般在南城的天宁寺，天宁寺地势比较高，可以俯瞰北京。还有的去陶然亭，陶然亭也是登高的地方，所谓‘与君一醉一陶然’是也”。

相比之下，《日下回眸》一书中对老北京重阳登高记录得最详细。那时西山八大处、居庸关长城，因为路途遥远，并不是京城居民的首选登高之地，而北城与南城的居民登高又各有地址。北城居民大多到西直门外五塔寺金刚宝座上登高，还有不少人选择去北土城登高。南城居民则多去天坛迤东，龙潭湖北侧的法藏寺弥陀塔登高，弥陀塔俗称法塔，建于金代大定年间，高10丈，七级八面，面面有窗，每面有佛。塔内有旋梯可登，“弥陀塔和天坛祈年殿东西向遥遥相对，登塔临窗，远眺龙潭湖秋波荡漾，野菊盛开，天坛内古柏森森，殿宇巍峨，瑟瑟秋风阵阵拂面，确有‘高处不胜寒’之感”，可惜弥陀塔于1971年被毁掉了。

旧京还有一处登高之地，就是京西玉泉山妙高塔。晚清学者陈宝琛曾经在1915年重阳节登上妙高塔，作诗一首："偷闲豫了登高债，思旧来寻酌水盟。垂暮犹凌孤塔迥，无尘能洗此泉清。离宫树石余王气，绝岛风涛有战声，地下故人应见念，忧危当日自承平。"诗中的忧虑之思是很明显的，"绝岛风涛"是指当时日本和德国在"一战"中为了争夺胶州湾而展开激战，陈宝琛感念列强对祖国争夺瓜分如此酷烈，而国人却束手无策，所以登高远眺，身在京城而心在胶东，未免五内俱焚……

冰嬉

到了冬季，天寒地冻，老北京人依然有适宜的娱乐项目，那就是"冰嬉"。冰嬉分为两种，一种是玩儿冰车。这是一种在冰上滑行的器具，小的叫冰车，用于游戏；大的叫冰床，是一种既可以载物又可以载人的交通工具。另一种是滑冰。

宋代时我国就有了滑冰运动，那时滑冰被称为"冰嬉"。《宋史·礼志》称："幸后苑观花作冰嬉。"这时还出现了冰床，数人坐在木板上，木板上铺一些垫褥之类的轻软暖和的物件，一人拉动木板在冰上滑行。

冰嬉到明朝时被列为宫廷体育活动。明万历时，太监刘若愚在《明宫史》中说："阳德门外，冬至冰冻，可拉拖床，以木作平板，上加交床或藁荐，一人在前引绳，可拉二三人，行冰上如飞。"明世宗嘉靖三年（1524）正月十六，皇太子自宫中往见，即绝河冰坐拖床而过。《明宫词》中有关于冰嬉的描述："琉璃新结御河水，一片光明镜面菱。西苑雪晴来往便，胡床稳坐快云腾。"明朝人刘侗写的《帝京景物略》也记载，明代时，京城人常在什刹海坐冰床赏雪豪饮："雪后，集十余床，垆分尊合，月在雪，雪在冰"，描写了人们在雪夜冰湖上畅饮之情景。"引河一道冻成根，寒玉能坚澈底痕。唤作冰床载人去，顺城门外到前门。"

受皇室的影响，北京民间的冰上运动也蔚然成风，据《帝京岁时纪胜》及《补笺》记载，每到寒冬之时，"都人于各城外护城河上，群聚滑擦"；"什刹海、护城河冰上蹴鞠，则皆民人练习者"。由于隆冬时河流封冻漕运停驶，那些牵船的船夫为了生计，自制简易冰床在什刹海、二闸、护城河等处做起拖冰床生意。乘冰床者多是较富裕人家的子弟或文人墨客，乘冰床是为欣赏什刹海或二闸沿途的冬日冰雪风光。还有人乘冰床从二闸到通州酱园，慕名去购买酱菜、酱豆腐，一时传为趣闻。

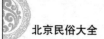

民间的冰上娱乐是老少咸宜的。冰床是以木材制成床形，长五尺余，宽约三尺，可同时乘坐三四人。在木床与冰面的接合处以铁条镶嵌，以减少床的摩擦，使床在冰上行驶便利轻盈。冰床的主人是季节性以此为生计的营业者。他在前牵绳以拉拖床体，借冰之力使拖床在冰上滑行，故又名拖床。由于惯性和速度的原因，牵绳急行数步之后，床主飞身跃坐床沿，此时冰床仍行走如飞。乘床者心旷神怡，目爽气顺，有如置身于水晶宫，别有一般好心情。家资富有的子弟，还将几张冰床甚至十几张冰床绞连在一起，置酒案于拖床上，饮酒赏景，由多人牵引，驰走如飞，其乐在陶然之中。

清代冰上运动源于满族习俗。《日下旧闻考》曰："冬月则陈冰嬉，习劳行赏。以简武事而习国俗云。"清高宗乾隆《冰嬉赋序》曰："国俗有冰嬉者，护膝以芾，牢鞵以韦，或底含双齿，使啮凌而人不踣焉；或荐铁如刀，使践冰而步愈疾焉。"

冰嬉作为清朝国俗之一，其原因不仅在于它在生产、生活中有着重要的地位，还在于它在军事上有着不可替代的作用，之所以能够长盛不衰，主要由满族特殊的生存环境及帝王的重视与提倡，建立组织机构与规章制度，融娱乐与技艺于一体等诸多因素促成的。

滑冰是现代的一项体育运动，过去称此为溜冰。早年间没有冰鞋，只是在日常所穿的普通鞋底下绑缚一块木板。板为长方形，厚寸许，板下有镶嵌的两根铁条，用钉在木板上的带子将脚连鞋一起固定好，这冰鞋就算齐活了。20世纪20年代，随着西方文化对古老中国的浸透，现代化的带冰刀的冰鞋才出现在北京的地面上。30年代冰场有中南海新华门内的东湖、北海的五龙亭前、北海的漪澜堂前、双虹榭前……公园内开冰场是北京棚铺的生意。一入冬他们就事先用杉槁和芦席在较好的冰面上围一个场子，拉入电线、吊上电灯，冰场就完成了。在这里滑冰的人，除了偶尔有人做"苏秦背剑"、"金鸡独立"、"凤凰单展翅"的简单动作外，很少有什么新花样。来滑冰的人大多是大中学校的学生。抗战胜利后，有一个南小街棚铺的掌柜，别出心裁地在王府井东长安街路边的空地上租了块地皮，围成场子。人工浇成冰场，还在里面装上了电唱机和彩色灯泡，开了音乐舞蹈冰场在北京的先河，还引来了不少外国人。做了两个冬天的好生意，这在当时着实是新鲜而又风光的。

滑冰的长途跋涉可由朝阳门至通州的通惠河上，此举大多呼群结侣而行。负者是要在小楼请胜者吃烧鲇鱼的，酒足饭饱后再结伴而回，无体力回返者则乘冰床坐享其成。

冬季里冰嬉的习俗一直沿袭到了现在，例如每年冬季结冰后，什刹海前海则开办冰场，深受冬季运动爱好者的喜爱，使什刹海风景区逐年观光旅游人数的不断增加，景区的影响力日益扩大。滑冰场分为冰车区、滑冰区等，方便各类游人的各种需求，为什刹海风景区增添了独特的韵味。

放风筝

在春秋战国时期，墨子研究试制了三年，终于用木板制成了一只木鸟，飞上了天空，被称为木鹞或木鸢，被认为是中国最早的风筝。到了东汉期间，蔡伦发明造纸术后，才开始用纸做风筝，称为“纸鸢”。关于风筝之名的由来，据古书记载：“五代李邺于宫中做纸鸢，引线乘风为戏，后于鸢首以竹为笛，使风入竹，声如筝鸣，故名风筝。”准确地说，不能发出声音的叫“纸鸢”，能发出声音的才叫“风筝”，今天人们则统称为风筝了。

清末民初，北京地区做风筝公认的有四大家（“曹氏风筝”“风筝金”“风筝哈”“风筝马”），其中有一支就是现在的京城金马派风筝。在清朝结束之前，金马派风筝的代表性人物金福忠一直是为宫廷里的皇上做风筝。供应给宫廷的风筝不仅供帝后玩耍，还要被皇帝当作赏赐品，赏赐给皇帝的侄男弟女和王公大臣。特别是在春节期间，赏赐风筝刚好应了一句话，叫“春风得意”，同时大臣得到风筝还寓意平步青云、步步高升。

明清两代是风筝发展的全盛时期，特别是在清代，放风筝已经成为京城清明节的习俗活动之一。清代文人潘荣陛在《帝京岁时纪胜》中称：“清明扫墓，倾城男女，纷出四郊，担酌挈盒，轮毂相望。各携纸鸢线轴，祭扫毕，即于坟前施放较胜。京制纸鸢极尽工巧，有价值数金者，琉璃厂为市易之。”彼时富家公子“购风筝，一万一掷数十金，不靳其值”，一只风筝的价格够贫寒之家数月的开销。

在老北京的习俗中，剪断风筝线放走风筝代表着“放晦气”，不同图案的风筝则寄寓着不同的美好愿望。比如京派风筝的代表作“沙燕”便是因“古之人以燕为喜之征，春之象，故必以意匠为之”，并且在制作时要注意“须使其眉目中角，均呈喜相”，以暗合燕子“吉祥喜兴”的象征寓意。在风筝上画红色的蝙蝠图案则被认为预示着好兆头，寓意“洪福齐天”“洪福无量”；五只蝙蝠围绕着寿桃组成一朵桃花，绿蝠画成尖锐的柳叶状，寓意为“五福捧寿”；“四狮”谐音“四世”，因此画四只狮子是象征家族人丁兴旺“四世同堂”；画孔雀、牡丹和白头翁，寓意婚姻富贵、白头偕老；画鹿、鹤与松树则寓意“鹿鹤同春”；等等，总是不离对美好事物和对未来的向往与追求。

荡秋千

荡秋千是我国古代女子娱乐方式之一，而非今天儿童用来玩耍的器材。《荆楚岁时记》言："春节悬长绳于高木，士女袨服坐立其上，推引之，名'秋千'"，汉武帝千秋节日以之戏于后庭。秋千因为使人联想到千秋万岁的"千秋"，故被用于庆贺汉武帝生日。荡秋千的女子衣袂飘飘于半空之中，就像乘风飞舞的仙子，给人一种空灵潇洒的淋漓之美。秋千之戏盛行于唐宋民间，秋千佳人也成为文人诗词中常见的美好意象。

北京有在清明节荡秋千的习俗，无论是皇家还是平民百姓都喜欢这种游戏。在民间，秋千一般是在自家的庭院里或无主的树上，栓两根绳子，绑上一块木板。只有有钱人家和学校里才设置有秋千架子，荡秋千活动无论城乡都很流行。

荡秋千时，身体随着秋千前后摆动，处在前进和后退急速变化的状态之间，可以协调身体的平衡性，在快速变化中使腰部受到反复刺激，腹部肌肉也有节律地收缩、放松，不知不觉中就增加了腰腹部力量。荡秋千要讲究方法，两手握绳，手心相对，与胸同高。两臂自然弯曲，荡千秋者可站在或坐在板上。由后上方向前摆时，屈膝下蹲，前摆过垂直部位时，两腿蹬板，并逐渐伸直，向前送髋，挺腹；由前上方向后摆时，屈膝下蹲，后摆过垂直部位时，臀部向后上方提起，逐渐蹬直双腿；双手随前后摆荡而用力。

踢毽子

键子起源于中国汉代，唐宋时期开始盛行，在民间流传极广，集市上还出现了专门制作出售毽子的店铺，明代开始有了正式的踢毽比赛，清代达到鼎盛时期，在毽子的制作工艺和踢法技术上，都达到空前的程度。

毽子以鸡毛毽为多，亦有以绒线、皮毛等插于圆形底座上制成者。唐初，"沙门慧光年方十二，在天街井栏上，反踢蹀（毽子），一连五百，众人喧竞异而观之"（《高僧传》）。到了宋代，踢毽子活动更为普及了，技巧翻新。"今时小儿以铅锡为钱，装以鸡羽，呼为毽子，三四成群走踢，有里外廉、拖枪、耸膝、突肚、佛顶珠、剪刀、拐子各色，亦蹴鞠之遗事也。"

明清时期，踢毽子在北京不仅风行，而且技艺高超，“手舞脚踏，不少停息，若首若面，团转相帮，随其高下，动合机宜，不致堕落”。清代踢毽子为妇女所喜爱，清初著名词人陈维崧曾赞美女子踢毽，说女子踢毽比踢足球还巧妙，比下棋还有趣味。

传统踢毽子对场地要求不高，只需比较平坦的空地，五六平方米、三四平方米均可。毽子的基本踢法，主要有“盘、拐、绷、蹬”四种，用脚内侧踢为“盘”，用脚外侧踢为“拐”，用脚面踢为“绷”，用脚掌踢为“蹬”，用脚趾踢为“挑”，用脚后跟踢为“磕”等。

20世纪30年代后，踢毽运动曾一度衰落。新中国成立后，政府大力扶植发展这一传统运动项目。1950年，北京市吸收街头踢毽艺人参加杂技团，专设踢毽子节目，并出国进行表演，受到了国外观众的热烈欢迎。1956年，中国第一次正式的踢毽比赛在广州举行。1963年，踢毽子同跳绳等一起，被列入国家提倡开展的体育活动，并被编入了小学体育教材加以推广。

抖空竹

空竹古称“胡敲”，也叫“地铃”“空钟”“风葫芦”。抖空竹亦称“抖嗡”“抖地铃”“扯铃”，是一种非常普及的民间游艺活动。流行于全国各地，天津、北京及辽宁、吉林、黑龙江等地尤为盛行。

抖空竹在我国有着悠久的历史，早在三国时期，曹植写过一首诗《空竹赋》。宋朝时期，宋江写过一首七言四句诗：“一声低来一声高，嘹亮声音透碧霄，空有许多雄气力，无人提挈漫徒劳。”

空竹一般为木质或竹质、中空，因而得名，是一种用线绳抖动使其高速旋转而发出的响声的玩具。“抖空竹”是中国传统杂技中以简单小巧，信手可得的物件，练出高超技艺的代表节目。抖空竹集娱乐性、游戏性、健身性、竞技性和表演性于一身，技法多样，目前的花样技法就有100多种，还有双人、多人等众多集体花样。

抖空竹原是庭院游戏，后经加工提高，有了竞技性质，并成为传统的杂技项目。空竹分双轴、单轴。轴、轮和轮面用木制成，轮圈用竹制成，竹盒中空，有哨孔，旋转发声，中柱腰细，可缠绳抖动产生旋转。玩的人双手各拿两根两尺长的小竹棍，顶端都系一根长约五尺的棉线绳，绕线轴一圈或两圈，一手提一手送，不断抖动，加速旋转时，铃便发出鸣声。抖动时姿势多变，绳索翻花，表演出串绕、抡高、对扔、过桥等动作，称作“鸡上架”“仙人跳”“满天飞”“放捻转”等。

在北京，明代时已经有了对抖空竹的记载，《帝京景物略》曰：“春场中有童谣‘杨柳儿青，放空钟’。”《清代野记》中写道：“京师儿童玩具，有所谓空钟者，即外省之地铃。两头以竹筒为之，中贯以柱，以绳拉之做声。唯京师（指北京）之空钟，其形圆而扁，加一轴，贯两车轮，其音较外省所制，清越而长。”

清代时，抖空竹已发展成为受人欢迎的杂技节目。艺人们在原有花样的基础上，又创作出许多新的花样和高难技巧。表演时与优美的舞姿和动听的伴奏音乐融为一体，更提高了人们的审美情趣。在发展过程中，艺人们不仅表演抖传统的车轮式双头空竹，又设计出陀螺式的单头空竹，而且还可以把茶壶盖、小花瓶等器物作为抖弄的道具进行表演。

练武术

中国传统武术伴随着中国历史与文明发展，走过了几千年的风雨历程，成为维系这个民族生存和发展的魂和承载中华儿女基因构成的魄。止戈为武，武，是拥有维护自身安全和权益的实力。人们修习武术，是让人们从身到心、由魂而魄得到提升而充满安全感，精壮神足，具有安然自胜的实力。这是中华民族历代沉淀而成、安魂守魄的法宝。

武术是深受北京人喜爱一种体育运动，在北京练武术的人很多，主要目的是强身健体。1900年由河北形意拳流派刘奇兰的弟子耿继善先生创建的四民武社，曾经是武术家来往交流荟萃之地，是历史上北京成立的第一家武术社，许多著名武术家与其过从甚密，甚至曾经在四民武社执教传艺。“四民”之意是指“士、农、工、商”，成立伊始，其受众就定性为面向北京各个阶层人士。武术界的高手们一起研究武功、切磋技艺，互相借鉴，显示出了极好的武德、武风，为武术的发展及武术界的团结做出了不朽贡献。曾与四民武术社来往密切的有：义友镖局李存义、和盛镖局刘德宽、八卦名家程有信和刘凤春、六合拳名家刘彩臣、形意八卦太极名家孙禄堂、形意名家尚云祥、太极名家吴鉴泉、太极名家吴图南、太极拳名家杨禹廷、杨式太极拳名家崔毅士和葛星武、武术名家马礼堂、形意名家李天冀、形意名家陈子江、炮锤名家白瑾、查拳六合拳名家马玉清、戳脚翻子拳名家吴斌楼、太极五行锤名家高瑞州、太极名家孙剑云等。

“四民武术社”社址位于地安门外西火神庙。以传授形意拳、八卦拳械为专长。形意拳是我国三大著名内家拳之一（形意、太极、八卦），形意拳要求外形与内意高度统一。形意拳主要包括：五行拳、十二形拳、杂式锤、形意连环刀、形意连环棍、形意六合枪、形意连环枪及对练套路等。

北京从民国时期就有武术比赛，新中国成立后，在“发展体育运动，增强人民体质”的原则下，经常举办各种武术比赛，例如到2018年，已经举行了十五届少儿武术比赛。北京许多男孩子都喜欢练武术，早晨在护城河边、在什刹海边上练习武术，主要目的是为了强身健体。

摔跤

摔跤作为中华民族传统的技击、娱乐活动有着悠久的历史。摔跤技艺在古代重视摔跤的技击功能和军事用途，近代以来，老北京摔跤有了自己的特色，随着时代的变迁，摔跤的表演娱乐功能日益彰显。辛亥革命以后，天桥地区的老北京跤艺表演因其在地域和社会环境上的优势，发展较为顺利，特色鲜明。老北京跤艺表演承袭了我国传统摔跤的特点，历经了一系列社会变故后仍能保持其原有的技击、表演的传统特色。

老北京管摔跤叫作“撂跤”。过去有很多北京人专门好“撂跤”，并且历史悠久。早在清代，朝廷就有“善扑营”的设置，里面养有很多不同等级的“扑户”（掼跤手）；据说“善扑营”的建立是从当年“康熙爷拿鳌拜”开始的。从此之后，康熙拿鳌拜的故事名扬天下，而众跤手也都成了康熙身边的贴身护卫，并设立了由名跤手组成的“东西两翼善扑营”。到了后来“善扑营”就演变成了专为皇帝进行表演的形式，后又增添了骑、射两项，并设有都统、统领、翼长等职务。“善扑营”分东、西两营，东营在今天的东城区宽街大佛寺，西营在今天的西城区西四北大街旃檀寺。“善扑营”内负责掼跤的总教头名为“罡尔鞑”，跤手名为“扑户”。每逢遇有重大活动和庆典的时候，“善扑营”的扑户们都要出来表演技艺。特别是皇帝筵宴蒙古王公的时候，更要同蒙古来的跤手进行较量，大获全胜者往往会被皇帝授予“巴图鲁”（满语“英雄”）的称号。

到了民国，“善扑营”伴随着清朝的覆灭而消亡了，而那些完全依靠吃“铁杆儿庄稼”的扑户们也就没了饭碗。为了摆脱生活上的困境，不得不开始了撂地卖艺的生涯……宛永顺（宛八爷）就是其中之一，他原来是“善扑营”的三等“扑户”，而真正开始在天桥掼跤撂地卖艺的是从沈友三（沈三爷）开始的。由于扑户们的技艺精湛，独具民族特点，极受广大民众的欢迎。尤其是他们还培养出一大批卓越人才：熊德山、单士俊、满宝珍、孙殿启（小铸儿头）、徐俊卿、赵文仲（赵四，相声表演艺术家赵振铎之父）、利铁存（铁三爷）、宝善林（宝三爷），等等。

在“掼跤”的技法上讲究二十个字：踢、抽、盘、肘、卧、抻、撤、闪、拧、空、蹦、拱、排、滑、套、扒、拿、里、倒、勾。而在这里面又细分为：手别子、拱别子、揣别子、温别子、反别子、撩勾子、抹脖切手、跨奔儿、扒拿儿、穿腿、穿裆靠、大嘚合勒、小嘚合勒（又叫“跪腿儿嘚合勒”），还有什么里手花、大背胯、抱腰、搓窝儿、砸等。讲究的是：大绊子三千六，小绊子赛牛毛。虽然招数有别但各有巧妙。而其练功的器具则分为：沙袋、石锁、磨盘、木桩、滚轴、滑车儿、地撑儿、锁链子，等等。

摔跤一直是北京人一种特殊的体育运动和爱好，在“文革”之前，许多工厂、学校都有摔跤爱好者，每逢休息的时候，利用沙坑或者铺上垫子，练习摔跤，有时还举行摔跤比赛，既使到了今天，爱好撂跤的北京人仍然大有人在。

钓鱼

钓鱼，大人小孩子都喜欢，很多名人、文人也都喜欢钓鱼。垂钓可以磨炼性格，锻炼身心，还可以陶冶情操，以鱼会友，切磋技艺……久居城市的人来到郊外，投身到大自然的怀抱中，呼吸新鲜空气，安坐河塘边，甩上几钩，撒上几网，心胸也会随之开朗许多。

北京钓鱼历史悠久，钓鱼台国宾馆那地方之所以叫作“钓鱼台”，就是因为那里原来是金章宗钓鱼的地方。清乾隆曾在此建望海楼，并亲题了“钓鱼台”三个字。

清末民初，北京人钓鱼的地方当首推长河（明清称为玉河）。因长河联结昆明湖，湖中“鱼蟹尤繁”，“一遇阴雨，时多溢出，玉河两岸，钓者麇集。”此外，城内有什刹海、东郊“有菱角池中植藕……呼之为坑”、“南郊有地曰莲花池，莲塘也”都是钓鱼之所。北京四郊“有砖瓦旧窑，因用土而成大坑坎者，遇泛滥，亦留潴而为池，藏鱼介，均可乘纶垂钓”……

长河之水从上游到下游，途经绣漪闸、长春桥、麦庄桥、广源闸、白石桥和高梁桥。旧时多为垂钓处，尤以高梁桥一带更是垂钓的好去处。早年间，每天上午、黄昏在高梁桥的西北角浅滩处有不少垂钓者。

做游戏

老北京儿童游戏有拽包、跳皮筋、抓羊拐、抽陀螺、撞拐、邀人过河、滚铁环等等，丰富多彩，难以计数。特点是对场地没有要求，玩具简单易制作，人数不限，趣味性强。

拽包：此游戏可有3人至4人参加。三人玩法是在两条线外各站一人，负责拿包砍，中间站一人面对手中拿包的人，游戏开始后拿包的人把包扔向中间人的身上，又要不让她接住，只要砍中三次，中间的人没接住包，她就输了，就要“下台”，换那个砍包的人上场。如果被砍的人接住砍过来的包，那么每接住一次就得一分，可减去被砍中的一次。四人玩法是分成两人一组，线中间站两人，砍法规则相同，两人都被砍下为输，“下台”，由另一组人上场做被砍包人。

跳皮筋：是女孩们最喜欢玩的游戏之一，约流行于20世纪的50至70年代。此游戏只需准备一根长皮筋即可，皮筋来源于胶皮或废自行车内胎铰成细长条，亦可用一些小皮筋圈（当时多取自牛奶瓶上束瓶口的皮筋）连接在一起即成。可三人至五人一起玩，亦可分两组比赛，边跳边唱，非常有趣。先由俩人各拿一端把皮筋抻长，其他人轮流跳，按规定动作，完成者为胜，中途跳错或没钩好皮筋时，就换另一个人跳。跳法是皮筋高度从脚踝处开始到膝盖，到腰到胸到肩头，再到耳朵头顶，然后举高“小举”“大举”，难度越来越大，跳者用脚（不许用手）去钩皮筋边舞边唱着自编的歌谣，例如，“一朵红花红又红，刘胡兰姐姐是英雄，从小是个苦孩子，长大当了女英雄”等。

抓羊拐：抓羊拐也是女孩们非常爱玩的游戏。所谓“拐”就是羊后腿踝骨的俗称，是表面较光滑又不规则的六面体，其中四面是两组凹凸不平且能立起，一般要准备四个，孩子们把它们洗净并染上红或绿的颜色。另外，还要缝制一个一寸多见方的布包，里面装入绿豆或小石子。

玩法：参赛人一般有2人至4人，常在四合院房檐下的台阶上或小饭桌上进行。有多种玩法不同规则，平常的一种玩法是，先将四个羊拐抓在手里，一转手腕将拐撒在地上，并同时抓起布包，然后在每抛起一次布包时，要顺序把拐扶正或按倒，并要接着布包不能落地，最后要一次把羊拐抓起，并接住布包即为赢，如果有一次没接着布包或没按规则顺序扶好拐就为输，就由另一个人接着玩，轮流进行直到赛出结果和名次。

抽陀螺：抽陀螺的游戏历史久远，据《帝京景物略》一书记载，此游戏从明代就已流行。陀螺是一种木质旋出的，像个漏斗上圆下尖样的一个锥形体，在尖头上安有一个小钢珠。为了转起来好看，亦可在陀螺上着几圈环形色彩，转起来就非常好看，另外还需制作一个鞭子，即用约二尺长的一根小木棍，在棍的一头系上一根绳或细皮条、布条即可。玩时先将鞭子的绳在陀螺上绕几下，然后用劲把陀螺放在较平的场地上，让钢珠着地旋转，玩者应用鞭子抽打，使其不停地旋转。有些玩技好的孩子，可一人同时抽打2个至3个陀螺，亦可2人至3人同时各抽陀螺比谁转的时间长者。

抽陀螺游戏是一项盛行于20世纪40年代的男孩玩的游戏，当时老北京的孩子把抽陀螺叫作“抽汉奸”，因那时日本人侵占了北京城，汉奸助纣为虐，他们跟日本鬼子一样招人恨，老百姓就借抽陀螺时出气，一边抽一边说：“抽汉奸，打汉奸，打败日本，打汉奸”“抽汉奸，打汉奸，棒子面又涨一千”，以解心头之愤恨。

撞拐：撞拐是一项非常有趣的游戏，男女少年均可参加“战斗”。只需选一块平整的场地，并在地面上用粉笔画出几个直径一米左右的圆圈作为“阵地”即可。此游戏可一对一或组对组，一对一两人玩法是在地上的两个圈内各站一人，每人要一手抓住自己的一只脚的脚腕，将这条腿盘起来，只留另一条腿着地跳跃行走。游戏开始，由一人出圈“攻击”，一人守“阵地”，出击者蹦到对方圆圈边，两个人互用膝盖撞击对方，但不可用手去推拉，当被撞出圈（阵地）或另一条腿着地时，即为战败。如出击者被守阵地者撞下另一条腿，出击者即为失败。然后再轮流当“出击”者或“守阵地”者。如果多人分两组玩时，则以最后仍坚守阵地没被撞出圈，而出击者均被击败时即为胜者。

滚铁环：滚铁环是一项盛行于20世纪四五十年代男孩们爱玩的游戏。铁环是个直径约一尺多圆的铁圈，其厚约一厘米，另有一个一尺多长的铁钩。玩的时候，玩者手握铁钩钩住铁环，从场地一头边跑边推，让铁环不倒并不断向前滚动，一直滚向场地的终点。滚铁环亦可两三人一起进行比赛，中途不倒又最快速到终点者为胜。

跳绳：跳绳是一人或众人在一根环摆的绳中做各种跳跃动作的运动游戏。这种游戏唐朝称“透索”，宋称“跳索”，明代称“跳百索”“跳白索”“跳马索”，清代称

"绳飞"，清末以后称作"跳绳"。作为一种古老的汉族民俗娱乐活动，南宋以来，每逢佳节都跳绳，家家户户都要比赛。

跳绳活动源远流长，当女娲"乃引绳在泥中，举以为人"时，绳子便伴随着人类一起生活了。古人拿绳子来记事，也用它来捆扎收获的农作物，或拴住牛马、捆绑猎物等，绳子成了人类生活中的重要工具。因此，跳绳可能源于原始的农事、狩猎或军事活动。

跳绳儿在北京早已成为一种民俗，每逢佳节，民间都有跳绳活动。而且出现了多人轮跳的游戏方式。据沈榜《宛署杂记·民风一》记载："跳百索：（正月）十六日，儿以一绳长丈许，两儿对牵，飞摆不定，令难凝视，似乎百索，其实一也。群儿乘其动时，轮跳其上，以能过者为胜，否则为索所绊，听掌绳者绳击为罚。"而《帝京景物略·灯市》中记载："元夕（正月初一晚上），二童子引索略地，如白光轮。一童子跳光中，曰跳白索。"这些都是双人摇绳、多人轮跳的游戏方式。

跳绳在清代是一项冬季的户外活动，深受儿童喜爱。潘荣陛《帝京岁时纪胜·岁时杂戏》记录了清代北京元宵节民间的娱乐活动，其中有："博戏则骑竹马，扑蝴蝶，跳百索，藏蒙儿。"

跳绳儿游戏，男女均可，儿童成人咸宜，发展到了现在，出现了许多花样儿，双摇、三摇甚至四摇，编麻花、带人，两根绳等，不仅难度加大，而且更好看了。

赏花灯

花灯，又名灯笼，是起源于中国的一种传统民间工艺品，在古代主要作用是照明，由纸或绢作为灯笼的外皮，骨架通常使用竹或木条制作，中间放上蜡烛（或者灯泡），成为照明工具。花灯是中国古代传统文化的产物，兼具生活功能与艺术特色。花灯是中华民族数千年来重要的娱乐文化，酬神娱人，既有"傩戏"酬神的功能，又有娱人娱乐的价值，现代社会多于春节、元宵等节日悬挂，为佳节喜日增光添彩，祈求平安。

自明代以来，作为皇城的北京城在正月十五这天，皇宫内宫殿高挂"春灯"，宫内灯火通明；皇宫外，更是花灯繁盛。如今的灯市口就是明代时元宵节这天京城百姓购物、观灯之处。清朝时，花灯最盛，灯市的范围也得以扩大，北京城内出现了多个"灯市"，而且花灯工艺复杂，精彩纷呈。在热闹的灯市中，也催生了猜灯谜、花会、

“催灯梆”和“灯政司”等各种习俗，它们构成了老北京元宵节的独特风俗画卷。

到了清代，自正月十三至十七为灯节，十三叫上灯，十四叫试灯，十五叫上元灯，十六叫残灯，十七叫落灯。每逢灯节，内廷便置酒兴会，赐宴外藩，皇家在乾清宫等宫殿高挂“春灯”，使宫内灯火通明，如同白昼。

在民间，因灯市离皇宫太近，自康熙年间起为防火，朝廷下令将灯市口的灯市北移至东四大街，同时在前门外、天桥灵佑宫、琉璃厂、地安门大街等处也设有“灯市”。各种花灯种类繁多，热闹非凡，尤其正阳门东月墙、打磨厂、西河沿、廊坊头二三条及大栅栏花灯最繁盛。

民国时期在城南游艺园举办过元宵花灯大会，有的花盒子高达十三层，点燃后有演戏的场景，也有烟花火炮，观者如潮，盛况空前。那时在厂甸庙会及一些商店门前，在放完花炮后，也常放一两个花盒子，灯彩纷飞、层层变幻的盒子灯，引得老百姓久久不愿离去。正月十五在前门大街及大栅栏街的花灯与灯画是最轰动四九城的民俗活动，瑞蚨祥绸缎店的“唐僧取经”花灯、谦祥益绸布店的“七侠五义”花灯等都非常吸引人。那时的棋盘街内六部衙门和工部的门前也张灯结彩，吸引大量游人前往观看，老北京人称之为“六部灯”，有一首歌谣这样唱道：“太平鼓，响咚咚，一生爱看六部灯；灯屏儿，书成套，一典一故我知道。”

元宵节时，北京城乡都有挂灯的习俗，甚至于出现了花灯比赛，看哪家的花灯制作的最精巧、最漂亮。京西门头沟有一个琉璃渠村，村口有一座过街楼，每到元宵节，各家商铺都把自家的花灯挂在过街楼上，使得整座过街楼灯火通明，故而人们又把这座过街楼叫作“灯阁”。

猜谜语

谜语源自中国古代民间，历经数千年的演变和发展。它是古代人集体智慧创造的文化产物，其特点多是对事物的形态、动态、性质等征的描绘，用歌谣的形式制谜。

猜谜语在我国有着悠久的历史，古称“打灯虎”“灯谜”，据说，是从《史记》李广在北平射虎的故事中引申出来的，是一种中国传统文字游戏，属于传统猜灯谜的一种形式，也是中国特有的一种语言文化现象。

猜谜语在北京有着悠久的历史。清代无名氏《燕京杂记》曰：“上元设灯谜，猜中以物酬之，俗谓之打灯虎。语甚典博，上自经文，下及词曲，非学问渊深者弗中。”

李家瑞《北平风俗类徵·游乐》引用刘廷玑《在园杂志》:“京师、淮扬于上元灯篷，用纸条预先写成，悬一纸糊长棚，上粘各种，每格必具，名曰灯社。聚观多人，名曰打灯虎。凡难猜之格，其条下亦书打得者赠某物。如笔、墨、息香之类。”

猜谜语是北京民间盛行的一种娱乐方式，大人把猜谜语作为一种开发孩子智力的游戏，挑简单的谜语叫孩子猜。每到元宵节，许多地方都有猜谜语的活动，相声里也有《打灯谜》的段子，东城区的翟鸿启老人一生痴迷谜语，并且精通制谜，并且还收了几名徒弟，传承这项古老的文化。

听话匣子

老北京人所说的“话匣子”，原来指留声机，后来指收音机，管这两种东西都叫话匣子。在收音机出现之前，留声机已经于清末民初传进了北京。早年间北京街头上有专门“放话匣子”的，两个背着包袱的人，前面人的肩上扛着个大喇叭。他的包袱是方的，显然里边装的是木制的话匣子。用的时候再把肩上的喇叭装上，就可以放出声音。另外的一个人背着一个大挎包，是前者的帮手，挎包里放的是一大摞硬胶木唱片。二人一前一后走街串巷地兜揽生意。这一行在清末民初很是流行。比如说谁家中办红事、办寿事、办堂会，叫“放话匣子的”来，在亲朋好中间放上半天儿，凑个热闹；或平民家中的老太太、女当家的在屋中闲得没事，也到街上叫放话匣子的进来，把话匣子安好，拣些唱盘放放，花钱不多，戏瘾过足。唱完十二张，才花八个铜板，倒也是消闲解闷的时尚玩意儿，当年留声机放的百分之八十都是京剧，其中最吸引人的是《洋人大笑》。

作为平民娱乐，话匣子人人皆爱、处处欢迎，所以出现了租借话匣子这一行。这种时髦的东西当时很稀罕，并且昂贵，难以进入寻常百姓家。小贩买一台当作生意手段，也可以养家糊口。

讲故事

听讲故事是当年平民百姓一种普遍的娱乐方式，最喜欢听故事的就是孩子们。夏天的晚上，一群孩子围着老人，听老人讲故事。在郊区农村，村中大多有一个村民约定俗成在闲暇之时聚会的地方，俗称“牛皮台儿”，夏季里，特别是晚上，是村民们收工之后聚会的地方，大家在这里聊天儿。有的讲述所见所闻，有的讲述奇闻逸事，大家乐此不疲。

做玩具

老北京民间有几件别具特色的玩具，不仅孩子爱玩儿，而且成年人也喜欢，并以此作为娱乐消遣。

毛猴儿：毛猴儿是老北京的传统手工艺品，毛猴艺术将猴子的天然情趣和艺术家的创作完美结合，造就了一种绝妙的艺术境界。

相传道光年间，在北京宣武门外骡马市大街有一家名为“南庆仁堂”的药铺。有一天，店中一个配药的小伙计因没伺候好账房先生而挨了一顿臭骂，小伙计怕丢饭碗只好忍气吞声。到了晚上，他在烦闷中无聊地摆弄着药材时，偶然发现蝉蜕具有某些形象特点，不由心中一动，便决定用中药材塑造一个“账房先生”。他选取了辛夷做躯干，又分别截取蝉蜕的鼻子做脑袋，前腿做下肢，后腿做上肢，用白芨一粘，一个人不人、猴不猴的形象便出现了。拿给师兄们一看，也都说极像尖嘴猴腮的账房先生。小伙计觉得很开心，算是出了一口气。就这样，无意间世上第一个毛猴诞生了。流传到社会后又被有心人加以完善，逐渐形成一种深受人们喜爱的手工艺品。

做毛猴儿主要用到四味中药：蝉蜕（知了壳）做头和四肢，辛夷（玉兰花花骨朵）做身子，白芨做黏合剂，木通做道具。

鬃人儿：鬃人儿是一种很有趣味的玩具，用胶泥、秫秸、棉花、彩衣、猪鬃制作而成。鬃人身高约9厘米，都以皮影戏和京剧中的人物为角色，塑造出不同的形象。玩时把鬃人放置在一个铜盘中，轻轻敲击铜盘，鬃人会伴随着铜盘声有节奏地转动起来。鬃人的转动借助于底座粘有一圈长约二三厘米的猪鬃，鬃毛具有弹性，且排列角度的不同和敲击铜盘力量的大小，鬃人可以正转或反转。因它有趣的像一出出戏剧，故老北京人亲切地称它为“盘中好戏”。

面人儿：面人儿是以面粉为主要原料，再加入各种颜色，捏出不同造型的人物。在老北京街头，尤其是在白塔寺、护国寺、东岳庙等较大的庙会上都有卖的。他们用蒸熟后着色的面团当场捏塑小娃娃、各种动物或戏剧人物等，是当时人们最喜欢的一种小巧玩赏品和陈设品。

面塑艺术是受战国时期的“俑”和汉代木偶等民间工艺的影响而发展起来的。据宋孟元老《东京梦华录》记载：“以油面糖蜜造笑靥儿，谓之果食，花样奇巧百端。”

明代沈榜在《宛署杂记》中记载了当时北京地区面塑在民间的普及盛况："七月，宛农家岁以是月祈祷年丰，各用面果送纸钱，挂田禾之上，号曰挂地头。"这里所记载的，都是用熟面或生面捏后蒸熟面的面塑祭品、供品。

兔儿爷："兔儿爷真叫神，大红帅袍穿在身，将军铠甲金闪闪，背插靠旗好威风。"这是一首老北京的童谣。老北京的儿童可没有现在这么多玩具，泥塑的玩具就成了儿童们的最爱。泥娃娃、泥公鸡、泥响猫、泥果果、泥饽饽……别看这些玩具简单古朴，却是小商贩们、挑货郎担的走街串巷的畅销品。其中，"兔儿爷"是最走俏的泥塑品了。在京城老百姓心中，兔儿爷是一位受人尊敬的神仙。八月十五中秋节，家家户户在皎洁的月光下供奉兔儿爷——那位在月宫中捣了几千年药的"玉兔儿"。

旧时医疗条件差，北京春秋季多发瘟病，北京人认为捣药的玉兔儿能保佑人间太平，故而供奉玉兔儿，按北京人的习惯，尊称它为"爷"。

第七章　戏曲习俗

民间戏曲主要起源于原始歌舞，是一种历史悠久的综合舞台艺术样式。经过汉、唐到宋、金才形成比较完整的戏曲艺术，它由文学、音乐、舞蹈、美术、武术、杂技以及表演艺术综合而成。中国的戏曲与希腊悲剧和喜剧、印度梵剧并称为世界三大古老的戏剧文化，经过长期的发展演变，逐步形成了以“京剧、越剧、黄梅戏、评剧、豫剧”五大戏曲剧种为核心的中华戏曲艺术。

综合性、虚拟性、程式性，是中国戏曲的主要艺术特征。这些特征，凝聚着中国传统文化的美学思想精髓，构成了独特的戏剧观，使中国戏曲在世界戏曲文化的大舞台上闪耀着它独特的艺术光辉。

中国戏曲是一种高度综合的民族艺术。这种综合性不仅表现在它融汇各个艺术门类（诸如舞蹈、杂技等）而出以新意方面，而且还体现在它精湛涵厚的表演艺术上。各种不同的艺术因素与表演艺术紧密结合，通过演员的表演实现戏曲的全部功能。其中，唱、念、做、打在演员身上的有机构成，便是戏曲的综合性的最集中、最突出的体现。唱，指唱腔技法，讲究“字正腔圆”；念，即念白，是朗诵技法，要求严格，所谓“千斤话白四两唱”；做，指做功，是身段和表情技法；打，指表演中的武打动作，是在中国传统武术基础上形成的舞蹈化武术技巧组合。这四种表演技法有时相互衔接，有时相互交叉，构成方式视剧情需要而定，但都统一为综合整体，体现出和谐之美，充满着音乐精神（节奏感）。中国戏曲是以唱、念、做、打的综合表演为中心的富有形式美的戏剧形式。

梨园

梨园是戏曲艺人及其组织的代称，梨园规约是演员们在长期的社会生活和艺术实践中约定俗成的条例、规矩，又称作“班规”。梨园规约涉及的内容十分广泛，既包括演员、伴奏人员、后台服务人员的职责、义务、道德修养等，也涉及演出纪律、戏班习俗、信仰以及经济收入等方面。梨园规约的条款很多，北京地区梨园规约主要包括六大部分：台上规矩、后台规矩、行当规矩、戏班禁忌、戏班习俗和有关经济规矩。梨园规约除一度曾有“十大条款”（又称“十大班规”）的说法外，均无成文，但对于各种规矩、禁忌、规定，演员们都要十分严格地遵守，不得违反，否则，会受到谴责，甚至遭到处罚。对于梨园规约的全部内容，应该采取科学的态度，认真进行整理，严肃对待，正确评价它在整个京剧发展过程中所起的作用，剔除其中不合理的、封建迷信的成分，取其精华，使其为京剧事业的发展继续发挥作用。

梨园座次

后台座位管理各有次序，不得乱扰。管事人坐账桌。催场人、上下场，坐后场门旗包箱。生行坐二衣箱。贴行坐大衣箱。净行坐盔头旗。末行坐靴包箱。武行上下手坐把子箱。丑行座位不分。此外，后台还有桌子：彩匣桌、梳头桌、后场桌。

梨园忌讳

后台不得坐箱口。大衣箱上不准睡觉。箱案（在箱子上另放一个案子称箱案）不得坐人（大衣箱最重要）。不得两脚磕箱。上玉带不得白虎（即左为青龙，右为白虎，上玉带时，必须从左往右插，从右往左插内行人称之为白虎）。后台不准晃旗。加官、财神、喜神，各脸不得仰面，戴脸不准照镜说话。戴王帽遇草王盔，不得同箱并坐。扮关公、神佛角色须要净身。后台不得做闲事。净行不得搽彩条。生行忌落髯口，贴行忌搽头、吊跷、落裤。贴行扮戏，不得赤背。扮相不得丢头忘尾。扮戏不得抽烟。后台不得张伞（指雨具或雨盖）。后台不准弈棋。后台不准合掌。后台不准搬膝。前台不准言“更”（更，读“经”）。后台不准言“梦”（梦，读“兆”）。青龙刀、白虎鞭、火髯、魁星脸、神鬼脸，一切大样刀具如大枪、斧、戟、镏金镜、盘龙棍、大小槊、降魔杵、大纛旗、灵官鞭、鬼头刀、雷公锤、钻、彩匣、朱笔等件，不得乱动，如犯重责。

梨园后台规矩

戏班在戏园里演出时，后台中也有约定俗成的规矩，供演员们遵守。这些规矩的主要内容有：1. 禁止妇女上台或入后台；2. 财神、加官面具不得朝天放置，取在手中时，不得与他人言语；3. 禁止掀帘外窥；4. 禁止在后台赌博；5. 禁止坐“九龙口”

（鼓师座位，别人不得擅坐）；6．青龙刀、开门刀不得擅动，青龙刀非用时，必用布包裹；7．禁止跨坐戏箱，或抱膝而坐；8．丑角未开面，他角不得抹彩；9．旦角上装后，不得赤身露体；10．禁止顿足骂人；11．禁止撑伞；12．未抹彩前，不得试戴面。另外，各行角色一到后台，必须先到祖师龛前恭敬行礼，再向四周作揖，敬拜前辈；各行当歇坐戏箱时，必须按行当分坐，各有位置；旦角绑跷，头必向里等。

梨园祭祀

北京地区京剧演员所祭祀的行业神，主要包括祖师神和出于某种原因而供奉的保护神，尤以祖师神为主。在祖师神中，又包括梨园业祖师和各行当及职事的祖师。

京剧演员供奉各种神灵，其主要原因是希望得到神灵的护佑，祈求获得利益和成功，祈求消除困难和灾祸（即祈福禳灾）。京剧发展、兴盛的时期，正值社会动荡不安的年代（从清末、民初，直至北洋军阀、抗日战争），演员们谋生艰难，时时感到难以把握自己的命运，于是，“谋事在人，成事在神”便成为演员们的普遍心理。取得了成功、获得了利益，便认为是“神功默佑”，祖师显灵；遇见解决不了的困难和问题，遭受到挫折，便认为是神不佑我，“祖师爷不给饭吃”。因而，寻求神灵保佑，渴望生活、事业成功是演员们供奉神灵的基本目的。

供奉行业神，祭拜祖师爷，这是一种带有迷信色彩的信仰活动，中华人民共和国成立以后，大陆京剧界的这类活动已经自动取消。但是，从历史的角度看待这种活动，会发现它对于团结同业人员，激发和增强演员们的敬业精神，曾经起到一定的作用。

1．二郎神

明代，梨园业奉清源师为戏神、祖师。清源师即二郎神。明代的戏曲艺人把自己所从事的梨园业称为“戏教”，与儒、释二教相提并论，将二郎神与儒、释二教的鼻祖孔子、如来佛并列，认为二郎神“演古先神圣八能千唱之节”，“流此教于人间”，即二郎神给人间创下了演戏这一行业。

二郎神到底指谁，说法历来不一，一说为毗沙门天王的二郎独健，一说为李冰或其二子李二郎，还有一说认为是《封神演义》中的杨戬。自清朝初年以来，二郎神作为梨园业祖师的地位逐渐被老郎神所代替，但二郎神仍然是梨园行所祭祀的神灵之一。京剧研究家齐如山在《戏班、信仰、二郎神》中曾写道：“戏界对于二郎神，亦极崇拜，平常亦呼之为二郎爷，亦曰妙道真君。崇拜之缘故，大致因戏中凡遇降妖伏魔等戏，皆借重此公，故平常亦以为其能降伏妖怪，特别尊敬之。戏中所以恒用二郎降妖者，盖因《封神演义》中之二郎杨戬，颇有神通，又加意附会之。”后代崇奉二郎神，已经与明代大不相同，明代戏曲业是把二郎神作为创立“戏教”的祖师来供奉，清代以后只是把它作为降妖伏魔的保护神来看待。

2. 老郎神

清代以来，梨园行供奉老郎神极为兴盛，全国许多剧种都视老郎神为祖师，北京京剧前辈艺人也传说祖师爷为老郎神。

关于老郎神到底指谁，说法历来不一。一说老郎神是唐玄宗李隆基（即唐明皇）；一说老郎神是过去某一个朝代（或说为唐明皇时）的一位小艺人，能够向艺人传授技艺；还有一说称老郎神为翼宿星君。另外，还有后唐庄宗、灰白老狼、颛顼之子老童等几种说法。在戏曲界传说比较普遍的，是认为老郎神就是唐明皇。

奉唐明皇为戏曲祖师爷，既有一定的史实根据，又附会了部分传说的内容。据《新唐书·礼乐志》记载：“玄宗既知音律，又酷爱法曲，选坐部伎子弟三百，教于梨园，声有误者多帝必觉而正之，号‘皇帝梨园弟子’。”“宫女数百，亦为梨园弟子，居宜春北院。”唐明皇多才多艺，尤其酷爱音乐，还曾经亲自作曲让梨园演奏。戏曲业被称为“梨园业”、戏曲艺人被称为“梨园子弟”的说法便由唐明皇设立梨园而来。唐明皇与戏曲演出有关的传说，多是根据以上史实衍生、附会出来的。如相传唐明皇既能打鼓，还能唱小花脸，后来，打鼓佬、小花脸在后台的地位也就因此而显得非常特殊。

唐明皇为什么又被称作老郎神呢？对此的解释历来说法不一。比较可信的说法是唐明皇自称或人称之为“三郎”，晚年称“老郎”。《清稗类一钞》载：“玄宗且自称三郎，又因禅位倦勤退为上皇，而称之曰老郎。”《汉调二黄源流探索》亦云：“据查，唐人积习，以称郎为清贵，称排行为尊敬。玄宗为睿宗第三子，人称三郎，晚年称老郎。”

老郎神的形象，一般是面白无须，眉清目秀，头戴王帽，身穿黄袍。京剧界有“换季衣”的习俗。对供奉在后台的祖师爷神像一年要按冬、夏两季换衣服，冬季穿黄蟒多戴王帽，夏季换穿黄帔，戴九龙冠。换衣服的经手人在为祖师爷神像换衣之前，必须洗面净身，以示对祖师爷的尊敬。老郎神有专门的庙宇，称为老郎庙，很多老郎庙同时又是戏班、梨园行会聚会议事的场所。北京的梨园会馆，因其中建有老郎殿或供有老郎神的牌位，也被称作老郎庙。

除老郎庙外，戏园的后台一般都设有老郎神像或老郎牌位，称为“祖师龛”，供演员进出后台时拜祀。演员中有“上台不拜老郎神，装什么不像什么”的说法。演员进后台先得向神位拱手，称为“参驾”，临出场时再拱手，称“辞驾”；下场进后台时又拱一次手，称“谢驾”。这套参拜仪式各个戏班都一样，所有演员都必须遵守。

（1）平时演出、议事要祭拜老郎神，遇有一些节日、重要事情也要专门祭祀。如：农历三月十八日要祭老郎神。京剧界传说，农历三月十八日为老郎诞辰，届时要举行隆重庆祝仪式。戏班全体人员都要出动，簇拥着被高高抬起的祖师爷神像，在皮鼓、唢呐、齐钹等乐器前引下出发，一路上吹吹打打，热热闹闹，来到某个公寓或某处饭庄，首先举行祭神庆典仪式，仪式完毕，全体聚餐。餐后仍由乐队前导，将祖师爷神像护送回原处，庆典仪式完毕。（2）节日祭神。祭祀老郎神是京剧演员节日庆贺活动的主要内容。每逢节日如春节、元宵节等，都要向老郎祖师神像上供设祭。（3）重要演出时迎神祭祀。每当举办重要的大型演出时，戏园和戏班常有迎神之举。把老郎神像自场外迎入后台，举行祭拜仪式的同时燃放鞭炮、杀鸡，前场吹打迎神乐曲等，气氛极为庄重。

据史料考证，尊唐明皇为梨园业祖师爷起于清朝初年，后来逐渐被广大戏曲演员所普遍接受。

3. 喜神

喜神，又称“彩娃子”，是京剧戏班中普遍供奉的神灵之一。喜神受崇拜的程度仅次于老郎神，有人认为喜神就是梨园所奉的祖师神。

关于喜神，齐如山《戏班·信仰·喜神》中曾有记载：“戏班中最崇拜者为祖师，其次即喜神。喜神者何？即演戏所用之假娃娃是也。喜神在台上，固可随便玩弄，到后台则众人对之皆须恭敬，故喜神一到后台便须脸朝下放之，不许仰面，因众人见其面须对之行礼，则不胜其烦，故须面朝下也。在戏园中演戏后台必有祖师龛，众人皆须对龛行礼，若在人家演堂会戏，便无祖师龛，则众人来去，皆对大衣箱一揖，因大衣箱内有喜神也。”为什么要供奉喜神呢？喜神到底指谁？齐如山总结了三种说法：“其一说曰：凡人家演堂会戏多因生日满月等喜庆事，皆与小孩有关，戏班中之假娃娃，小孩也，故特别尊敬之，名之曰喜神。因人家生小孩，庆贺演戏，则戏界中人可以借此得钱也。其二说曰：昔有人学戏，久不会，后梦一小孩来教，骤能领悟，于是共尊小孩为喜神，特供奉之，此盖因翼宿星君像，为一小儿状，故又将祖师与喜神，误合而为一矣。其三说曰：唐明皇之太子，放在大衣箱内安睡，竟尔死去，即封为大师哥，亦曰喜神。”

北京梨园业建有多座喜神殿，如精忠庙喜神殿、东岳庙喜神殿、江南城隍庙喜神殿、妙峰山喜神殿等。

4. 御后祖师

清朝道光以后，宫廷内供奉的梨园祖师是道光皇帝的母亲，被尊称为“御后祖师”。相传，道光皇帝的母亲原来是唱小花脸的演员，后来被嘉庆皇帝看中，接进宫去生了道光皇帝被立为正宫娘娘。道光做了皇帝后，一个偶然的机会，听到他母亲说出自己的身世，他非常感慨地说：“想不到我也是戏子呀！”意思是说自己是唱戏的人的儿子，此话后来就讹传成演员就是“戏子”了。“御后祖师”的神像是头戴冕旒冠的金身像。

5. 行当祖师神

除了戏曲演员所共同信奉的祖师神以外，一些行当和职事还供奉特有的祖师，如武行供武猖神，乐队供李龟年、清音童子、鼓板郎君，管戏箱的供青衣童子，梳头的供观音等。全体演员所共同信奉的祖师爷要供在神龛上，神像两旁是一副小銮驾，摆有金爪、钺斧、朝天镫，这是戏班中各行人员都需祭拜的神灵。各个行当自己所供奉的神位都不往神龛上放，只是供在各自身边的桌子上，仅本行当的有关人员敬奉。

6. 武猖神

“筋斗行”，俗名“打英雄的”，是专演武戏的配角。京剧武行供奉武猖神。武猖神，又称“筋斗祖师白猿”“武猖兵马大元帅”，武猖又写作“五昌”“五猖”“武昌”“斌猖”。北京江南城隍庙内供有“梨园祖师之位”的喜神殿侧建有武昌殿。京剧界武戏行每年农历五月十三日举行“祭五昌”活动，是整个武戏行的大典，五昌神的神像旁设有武銮驾，摆上藤牌、弓箭、鸭子棍、锁链、堂板。祭五昌这天，要由武生、武花、武丑、武旦分工掌刀杀鸡，然后会餐，表示团结。齐如山《戏班・信仰・武猖神》中记载：“武猖神须供于桌下者，因避凶煞、避刀兵也。祭神之日，用活鸡五只，剁头放罐内，红布封口，放桌下，一年一换。不上台者，乃兵马大元帅不出头，则一定系世界平靖，不用刀兵也。后俞润仙成春台班时，以为武行供武昌，亦如文人供文昌，何用犬边，亦不应供于桌下，于是改书武昌，供于桌上。”齐如山还曾写道：“白猿为翻筋斗人所供”，戏曲界传说，武行因奉白猿为筋斗祖师，所以从来不养猴子。

武猖神的来历，李洪春在《京剧长谈》一书中曾有如下解释：当武行供的神位写的是“五昌”时，供奉的便是战国时期白起、王翦、廉颇、李牧、孙武五员武将，神位如果写作“武猖”，供奉的则是六位神，除以上五员武将外，另加“筋斗祖师白猿”。武行供白猿，大概是因为猿类善跳能攀，与翻筋斗演员的职业特点相吻合。另外，在古典小说和民间传说中，猿往往被人格化，成为善于击技的能手、武艺剑术的祖师，武行供奉白猿与此也不无关系。

7. 场面祖师

北京的京剧戏班的乐队称为“场面”，又称“随手”。场面有文武之分，吹拉弹者为文场，打鼓打锣者为武场。场面供奉的祖师是李龟年。

李龟年是唐代宫廷里的著名乐师，既善于歌唱，又善于弹奏羯鼓、筚篥，唐玄宗时曾在梨园供职。他作的《渭州曲》曾盛行一时，并流传后世。安史之乱以后，李龟年流落江南，唐代大诗人杜甫有《江南逢李龟年》诗记李龟年：“岐王宅里寻常见，崔九堂前几度闻。正是江南好风景，落花时节又逢君。”由于李龟年是我国古代著名的音乐家，所以乐队奉他为祖师。

8. 清音童子鼓板郎君

在过去北京的票房里，经常可以见到墙壁上贴着黄纸写的：“九天翼宿星君、清音童子、鼓板郎君之神位”，这是票房的琴师、打鼓佬供奉的神灵，每次开锣演唱前一定要对此神位焚香行礼。任半塘先生曾在《唐戏弄》中说：“清音童子应即雷海青，执板郎君或贺怀智之流。”雷海青、贺怀智都是唐玄宗时梨园中的乐师。雷海青以精通琵琶著名，安史之乱中，安禄山将长安梨园子弟掠至洛阳，在凝碧池宴会上强迫众乐师演奏。雷海青愤而掷乐器于地，西向恸哭，遂被安禄山肢解示众，雷海青因此被誉为“忠烈乐官”。明末清初的《磨尘鉴》传奇中曾经讲道：唐明皇自西南返京后，黄幡绰率清音童子、执板郎君二人的魂灵来朝参拜，于是唐明皇传下一旨，命“各省俱建庙宇，塑他三人形象，敕赐老郎庵，享受万年不绝的香火”。

9. 青衣童子

戏曲表演中应用物品种类很多，需要有多人专门管理，因各类物品均放在戏箱中，所以，管理者便被称为“管戏箱的”，这是戏班中的重要职事之一。

管戏箱的奉青衣童子为祖师。青衣童子，又称“指天画地聋哑童子”，尊称为“指天画地佛”。据《历代神仙通鉴》卷十一记载，文昌帝君有随从天聋、地哑二童，“（梓潼真君）每出驾白骡，随二童，曰天聋、地哑。真君为文章之司命，贵贱所系，故用聋、哑于侧，使其知者不能言，言者不能知，天机弗泄也。”管戏箱的所供青衣童子（指天画地聋哑童子），或许源出于此。

管戏箱的每年举办神会祭祀祖师，神会名为“犒箱会”，又称“靠箱会”。神会的日期，或说为农历五月初三，或说为农历六月十二。届时，参加者集资，大家共同烧香祭神，然后同业聚餐以示团结。

10. 化妆祖师爷

京剧戏班中有专门负责为旦角演员化妆、梳头、贴片子的，称为“梳头桌师傅”，俗称“梳头桌的”，梳头桌师傅是戏班中后台主要服务人员之一。梳头桌师傅供奉南海观世音为祖师。因为观音菩萨是男的，女菩萨像是他的化身。过去的旦角都是由男演员扮演，所以，就和观音菩萨的由男变女拉上了关系，为旦角化妆的师傅便将观音菩萨抬为祖师。观音菩萨的牌位总是供在梳头桌的上方，梳头桌上除了戏具用品外，不许摆放其他物品，否则就是对祖师不恭敬。

11. 音神

戏曲演唱特别讲究发音，与音乐的关系极其密切。因此，梨园行还供奉音神。音神包括十二音神及翼宿、黄帝、伶伦、孔子等。只有在规模较大的祖师殿中才供奉音神。音神位于祖师像之前，分别排列于两旁。北京精忠庙祖师殿立有十二音神的牌位和神龛，牌位上所书“先师”，意即祖师。赵景深先生有《十二音神考》一文，对十二音神的来历考证甚详。赵景深先生认为，十二音神可分为四组：罗公远、黄幡绰、叶法善为一组，都与梨园祖师唐明皇有密切关系；晋朝阮籍、孙登为一组，都擅长箫，孙登还会鼓琴；韩娥、秦青、薛谭、沈古之、石存符为一组，都是最古的歌者；王豹、绵驹为一组，都善于歌唱。

十二音神以外，梨园行另外还供奉四位音神：翼宿星君、兴乐祖师黄帝、造乐祖师伶伦、正乐祖师孔子。这四位音神都与音乐有关：翼宿是传说中天上的乐府；黄帝令伶伦制定音律，又令伶伦与荣将铸十二钟以合五音、以施英韶，伶伦造磬以谐八音；孔子曾将诗三百披之乐章，皆弦歌之，以求韶武雅颂之音。正因如此，这四位都被奉为音神。

12. 九皇神

北京梨园行每年都举办“九皇会”，祭祀九皇神。

九皇神，传说为北斗九皇。过去曾有“天皇十三位，地皇十一位，人皇九位，共为三十三天”的说法，九位人皇创造衣服、房屋、音乐、五谷等人间万物。戏曲界每年演出时，糟蹋诸物太多，所以就向主管神九皇神请罪。

戏曲界供奉的九皇神像，是个头戴道冠、身穿道衣、手抱如意的长须老人，坐在由九个犇拉着的辇上。犇是有角的猪，传说九猪出一犇，因此人间视犇为神物。松柏庵供有九皇神，为男神画像，画中的北斗九皇在祥云缭绕中乘犇拉辇奔驰。供奉的九皇神、犇和车辇，都是用纸糊的，糊得要非常逼真。过去北京城糊九皇最出名的是打鼓的耿五家，糊制得特别精美，许多剧团都请他家去做，从四大徽班起一直到中华人民共和国成立，始终没有间断。

九皇会是每年九月初一至初九日梨园行举办的奉祀九皇神的活动。有的九皇会是某一个戏班单独承办，也有的是几个戏班联合办。办会的地点一般是在南下洼子松柏庵或梨园公会。

九皇会开始起会的那天晚上要接驾，就是把九皇神请来。自九月初一起，由这几天没事的演员扮演老道开始念经，每天念三遍经。初三、初六、初九是主日，每个演员都要换上草鞋进殿参驾、烧香。殿内供着九皇纸像，像的周围用各色菊花衬托。烧香时，演员扮的道士们身穿法衣，手持法器，口念道经。烧香、参驾后，一起吃素菜、素面。九皇会期间，演员们在家中也要吃素，不能动荤腥，直到送驾后为止。九月初九晚上送驾。送驾就是把纸像送到宽敞的地方烧掉。送驾时，由老道手持法器，念经相送，没有戏的演员相随。送完驾，一年一度九皇会就结束了。九皇会的费用一般是由各个戏班捐凑的，不够时，由组织者负责添凑。

13. 五大仙

五大仙是一组人格化的动物神，又称“五大门”、“五大家”。戏班所供奉的五大仙，或为老鼠、刺猬、蛇、黄鼠狼、狐狸，或为老虎、黄鼠狼、蛇、老鼠、兔子，以前者最为普遍。

戏班中的演职员对五大仙极为恭敬和迷信。对这五种动物，不能直呼其名，而要尊称为“爷”，称老鼠为灰八爷，刺猬为白五爷，蛇为柳七爷，黄鼠狼为黄大爷，狐狸为大仙爷，如果犯了忌讳，叫了本名，就会受到惩罚。演员若看到五大仙，必须磕头烧香，恭敬祭拜。

梨园科班

现在把演员演出的组织称为“剧团”，如京剧团、话剧团；还有的称为“剧院”，如歌舞剧院等。过去的剧团是以“班”、“社”命名的。早在宋代就有以“班”命名的演出团体（如“云韶班”）。清代乾隆年间，京剧戏班就已经出现，如著名的四大徽班：三庆班、四喜班、春台班、和春班。民国二年（1913），官方下令，凡是以“班”命名的戏班，全部改为以“社”命名。（改“班”为“社”的原因，除官方下令一说外，还有另外两种说法，一说认为改“班”为“社”是为了与“清吟小班”一类的妓院相区别；另一说认为，民国以后各行各业都讲维新，戏曲界觉得一些旧名词、旧规矩已不适用，便自行开会予以更改，改“班”为“社”即是更改的内容之一。）以“社”命名的戏班如双庆社、奎德社、翊文社等。习惯上，仍把过去的剧团称为“戏班”，或者笼统地称为“班社”。

组成京剧戏班，必须报请政府有关部门批准。清朝中后期，北京地区组成戏班时，首先上报精忠庙，然后再由精忠庙的庙首呈报内务府，待批准以后才能正式演出。民国以后，组成戏班需要报警察局备案。新中国成立后，戏班改称剧团，属于国家重要的文艺宣传机构，由专门的政府部门予以组织和管理。

戏班一般由班主和领班人主事。班主，又称“承班人”、“后台老板”、“后台经理”，是京剧戏班的财东，负责出资组织戏班。戏班既有一人独资经营的，也有二人或数人合资经营的。班主在戏班中具有绝对权威，掌握戏班的组织人事、财政经营、演出业务和其他班务大事的决定权。班主，有的戏班是由具有一定权势的资本家、实业家、士绅充任，也有的戏班是由艺高资深的演员兼任，北京地区如程长庚、梅巧玲、田际云、梅兰芳、杨小楼、尚小云等都曾任过班主。领班人，是京剧戏班的法律责任者，相当于现在的法人代表。戏班组班时，必须报请政府有关部门注册批准，呈报时的署名者即是领班人，因而，领班人对于戏班负有法律责任。领班人可以不过问戏班的业务，专门负责应付官场、必理对外交际事务。领班人需要具备熟悉官面公事、社交广泛、能说善辩等能力，一般是由班主的委托人充当领班人，也有班主自兼领班人的。

1. 龙虎班

龙虎班，顾名思义，是说这类戏班力量雄厚，犹如龙虎一般。龙虎班，又称“大班”。这类班社非常讲究艺术质量，从主角到配角人员齐整，四梁四柱（指各类演职人员）齐全，音乐、服饰都很讲究，班规严格，艺术表演态度严肃认真。如北京地区著名演员梅兰芳的“承芳社”、程砚秋的“秋声社”、荀慧生的“留香社”、马连良的“扶风社”，以及杨小楼、金少山、高庆奎、周信芳等组成的戏班都属于这一类。龙虎班的演员比较固定，班社持续的时间比较长，往往固定在某一个戏园定期演出。

2. 草台班

草台班，又称“野台班”，因为经常在乡村集镇野外临时搭台演出，故而得名。草台班的演员较少，人员流动性强，设备简陋，常年活动于农村乡镇，赶集逢会表演。草台班演出的剧目大多以武打技艺为主，表演风格比较粗犷。草台班这类演出形式，又被称作“跑帘外”（帘外，是指北京以外其他地区的乡镇码头），或称“跑野台子”。草台班的演员长年在外，非常辛苦，但对于锻炼演员的表演技艺、增加舞台经验会有较大益处，北京许多著名演员（如谭鑫培、周信芳、盖叫天、李万春等）在未成名前都曾经参加过草台班跑野台子演出。

3. 毛儿戏班

早期由女演员组成的京剧戏班称为“坤班”，女演员被称作“坤伶”。坤班最早产生在上海，当时被人称作“京班髦儿戏”。髦儿戏，又称“帽儿戏”、“猫儿戏”、“毛儿戏”。对于其名称来源的解释说法不一，一般认为，毛儿戏班，是由同治年间从北京南来的京剧演员李毛儿创办。李毛儿是首批南来的京剧二路丑角演员，到上海后，从安徽安庆收买了一批贫家女孩，带回上海教戏，演出不上戏馆，专应各种堂会。到光绪中期，上海已有多家毛儿戏班，演出活动也相当频繁。光绪年间的毛儿戏班，有的是专业性戏班，有的是妓、戏兼营，她们已经不只是承接堂会，而且已经登上舞台公开献艺。继上海之后，天津、苏州、杭州，以至于北京都出现了毛儿戏班，而且还出现了著名的京剧女演员。

4. 彩头班

专门以表演连台本戏为主的京剧戏班；上演《西游记》《狸猫换太子》《八仙得道》等戏，演出时特别注重灯光布景。

5. 共合班

由部分主要演员联合组成的班社，实行民主协商管理，按劳分成。共合班持续的时间一般不长。

6. 小班

戏曲班社中由一般的名角组成的京剧班社，与“龙虎班”相对，称为“关中班”，又称为“小班”。这类班社并不经常固定在某一剧场演出，管理也比龙虎班松懈。另外，除龙虎班称“大班”，关中班称“小班”以外，大班、小班在北京京剧界还有特殊的含义。凡是组成戏班，以演出为主要目的，这种戏班俗称“大班”；凡是以培养演员为主，兼及演出的戏班，称为“小班”，小班即科班。

舞台表演人员

戏班中的舞台表演人员，即演员。早期戏班是集体制，不突出演员个人，所有演员均位居于戏班群体之中，演员们互相配戏，不分主次。演员们更多注重的是角色行当的区别，技艺上的高下之分不是很明显。后来，这种演员不分主次的集体制被以主要演员为中心、其他演员围列周围的体制所代替，形成了“名角挑班制”，或称“名星制”。名角挑班制形成以后，以主要名角为中心，其他演员按技艺高下分出档次，演员便有了主角、主要配角和次要配角的区别。一个戏班中，如果是老生挑班（即老生为主角），首席助演一般为旦角，其次是花脸、武生、小生，再次是次要的生角、旦角以及老旦、武旦、文丑、武丑等，这就是戏班中的“四梁四柱”。

1. 头牌角

头牌角，又称“主角”，俗称“挂头牌的”、“挑大梁的”、“台柱子”。戏班中的头牌角，必须是由本身具有较高的艺术水平、在观众中具有一定的影响力和号召力的演员担任。头牌角一般多是老生和旦行（青衣、花旦等）的演员，后来也有武生、花脸、小生、武丑等行当的演员挂头牌。头牌角在演出时是第一主演，一般都出演“大轴戏”。在戏班的演出广告、海报和演出牌上，头牌角的名字和主演的剧目，均占据最显要的位置。

2. 头等角

头等角，又称“头路角”。戏班里各个行当都有头等角，在演出时担任主要角色或主要配角。戏班中的头等角，一般是老生、小生、武生、青衣、花旦、铜锤花脸、架子花脸和丑行各1—2人，老旦、武旦、武丑各1人。

3. 二路角

二路角，又称“里子演员”，水平较高者称为“硬里子”。二路角在演出中辅助头等角，所扮演的角色略次于主要角色。如《搜孤救孤》中的公孙杵臼、《四郎探母》中的杨延昭、《花田错》中的小姐等，经常由二路角充任，一些对儿戏，如《双包案》《奇双会》《白蛇传》《樊江关》等，也由二路角充任。戏班中的二路角，一般是老生、旦角、花脸、武生、丑行各2—3人，老旦、小生、武旦、武丑等行各1—2人。

4. 三路角

三路角，是在戏班的演出中扮演一般配角的演员，如扮演《文昭关》中的皇甫讷，《艳阳楼》中的小姐、母亲，《三岔口》中的焦赞等角色。戏班中各个行当都有三路角，生、旦行当中最多。

5. 乐队伴奏

京剧的乐队，俗称“场面”“文武场”。管、弦乐器为文场，打击乐器为武场。文场的基本乐器包括京胡（通常所说的“胡琴”）、京二胡、月琴、弦子（小三弦）、笛、笙、唢呐、海笛子（小喇叭）及云锣等。武场的基本乐器包括鼓板、大锣、铙钹、小锣。文武场人员的多少并不是完全根据乐器的多少而确定的，因为京剧乐队中历来有一人兼习多种乐器的习惯。

6. 管事

管事，包括总管事、文管事、武管事和小管事。总管事，又称“文武管事”、“戏提调”，俗称“大拿”，负责安排戏码，分配演员角色，演出时在后台坐中（坐在账桌前），监督指挥演出中的全盘业务。总管事多由经验丰富、熟悉戏班演员情况的人充任。文管事负责安排处理有关文戏的演出事务，武管事负责安排处理有关武戏的演出事务。文管事、武管事和小管事都是总管事的下属人员。有的戏班各个行当中都有一名小管事，所以，小管事又被称为“行头”，主要负责处理后台的零碎事务。

7. 箱倌

箱倌是负责管理戏班服装、道具及各种演出所需物品的后台服务人员，包括箱头、大衣箱倌、二衣箱倌、三衣箱倌、盔箱倌、旗把箱倌、后场桌人、管彩匣人等。箱头是箱倌的头目，又称“领箱人”、“领箱的”，辅助箱主（戏箱的主人，一般为班主）管理戏箱、联系业务、招纳箱倌，负责领取和发放箱倌的“箱份”（工资）等。箱头既有专职的，也有由箱倌兼任的。箱头，一般由具有较高戏箱管理经验的人员担任。

大衣箱倌负责管理文人角色所穿的服装和一切女角色所穿的服装，以及一些相关道具。

二衣箱倌负责管理武人角色所穿的服装。

三衣箱倌负责管理内衬衣物、堂衣和男女角色穿的靴鞋。

盔箱倌负责管理盔头、纱帽、巾子、髯口、水纱、网子和各种发型及盔帽各式配件。

旗把箱倌负责管理大小帐子、桌帷、椅帔、标旗、刀枪把子、马鞭、令鞭、印盒、酒具、笔砚等道具。

后场桌人负责管理小把子（剑、鞭、锏等）、虎形、彩头等零星物件，以及临时使用的小道具。

管彩匣人负责管理净、丑角勾脸所用的颜色、纸张、笔墨、油料等。

箱倌之间需要互相配合、互相协作。担任大衣箱倌的，一般都有曾经担任二衣箱倌和三衣箱倌的经历，在工作和技术上，大衣箱倌经常对二衣箱倌和三衣箱倌给予指导和帮助。二衣箱倌负责武人服装，遇到演出大型武戏时，三衣箱倌需协助二衣箱倌的工作。盔箱倌有时还兼管彩匣人的工作。

8. 其他幕后人员

总管事，又称“首事人”。戏班与外界的一切接洽和班内事务处理的人员。

检场人，又称“监场人”、“检场的”，凡是在舞台上摆放桌椅、安置床帐、喷撒火彩、扔垫子等零碎事务，均由检场人负责处理。

打门帘人专门负责演员上下场时撩放门帘。

催戏人负责通知演员戏码和角色、负责催场、督促演员提前到后台等戏班中的通信联络工作。

司账人负责管理戏班中的一切财政事务。

查堂人负责查看，掌握前台卖座情况（观众人数），并查对每场演出后前台所报的卖座数量，以防出现舞弊现象。

管水锅人负责供应后台全体人员的饮水、用水以及准备演员洗脸、卸妆用的手巾、脸盆和肥皂等。

底包，在京剧戏班中，还有一部分被称作“底包”的基层人员，又称作“班底”。包括武行、院子过道、旗锣伞报、宫女丫鬟、龙套等二路角以下的群众演员，以及“官中”乐师、后台服务人员等。

堂会钱

早期北京京剧戏班中，新搭班的演员必须先效力半年。在这半年里，演员在家中吃完饭后来戏班演出，唱完戏后再饿着肚子空手回去，白给戏班唱戏，拿不到一分一文。半年以后，如果能在戏班的水牌上落上名儿，便可以拿到半份“堂会钱”。由于水牌上写着全体演员的名字，在水牌上落名就说明成为戏班的正式人员；堂会钱，又称“塔灰钱”，是在演堂会时由主人加增的赏钱，由演员共分，一般都少得可怜。新搭班的演员一般要在戏班中待二至三年，才会拿到正式演员的戏份。因此，早期京剧下层演员，只好一边演戏，一边做小买卖，只靠唱戏是难以活命的。

在过去的戏班中，演员的行头（即演员演出时穿的各种服装，又称“戏装”）都是自备的，演员登台演出，戏装的好坏，直接影响着演出效果。因此，是否具备戏装、戏装质量如何也影响到演员搭班找出路。甚至有个别演员，单凭戏装新，也可以长期搭入大班社，被贬称为“行头小生”、“行头旦角”。演员们称戏装为“打饭吃的票”。戏装都是用上等的绫罗绸缎精工绣制而成，价格昂贵，而且随着排演新剧目的增加，还要不断添置戏装。所以，置办戏装不仅是演员搭班和演出的重要事项，而且也是生活中的一项重大开支，对有些演员而言则是一笔负担，故有“制不完的行头，还不完的账”的说法。

除固定搭入一个班社外，还有一种“走散事”的搭班方式。戏班中如果临时缺少某个角色，班外的某个演员便临时搭入戏班扮演这个角色，这种演员是戏班的临时演员，戏份也不是固定的。

早期戏班，每年农历三月十八日是“说行话”的日子，这天凡是接到红白帖子的演职员都要来到班内，谈谈谁涨工资，谁降工资。红白帖是白封套红签，内有请柬，凡是接到红白帖的，说明这一年被戏班聘用了，没有接到的，就说明戏班不用了，需要另找出路。在“说行话”之前还要给祖师爷烧香行礼。后来，戏班聘用演职员，一般都在年底封箱前进行。

编戏

过去一些戏曲演员把编剧称为“打戏”。“打”，是创作、制造的意思。戏班里称编剧为“打戏”，又称“打本子”。京剧经过近两百年的发展，在演出剧目方面不断丰富，旧传有“三千八百出”之说。1989年出版的《京剧剧目辞典》中，共收有京剧剧目5300余出，虽然比较全面，但仍不能说全部收尽。过去戏班所上演的主要是一些传统剧目，尤以生、旦行的剧目为主，经常上演的大约在一二百出。20世纪以来，京剧进入鼎盛时期，各戏班为了营业和竞争的需要，纷纷上演新编剧目，北京地区如四大名旦竞演的“四红戏”：梅兰芳的《红线盗盒》、尚小云的《红绡》、程砚秋的《红拂传》、荀慧生的《红娘》，都是新编剧目。

早期京剧剧目的创作者，多是当时的京剧演员。如以编写“三国戏”而出名的卢胜奎就是三庆班著名的老生演员。这些演员出身的编剧，一般是因为演出的需要而兼习编剧，他们编写的剧本注重舞台性、动作性，与舞台演出实践密切结合，在文学性（可读性）方面不如当时的昆曲传奇剧本。

民国以来，尤其是“五四”运动以后，一些文人学者出于对戏曲的社会作用的新认识，开始加入到对京剧剧目的编、改工作之中，而且形成了某个文人专为某个演员编剧的特点。如在北京京师大学堂任职的齐如山便为梅兰芳编写了《黛玉葬花》《嫦娥奔月》《红线盗盒》《洛神》《凤还巢》《太真外传》等；在礼制馆任职的罗瘿公为程砚秋编写了《红拂传》《青霜剑》《赚文娟》《花舫缘》等；出身官宦之家的陈墨香为荀慧生编写了《钗头凤》《杜十娘》《红楼二尤》《孔雀东南飞》等。这些文人剧作者，除了对传统剧目进行整理、改编，使其推陈出新外，还配合反映现实生活，编写了一些新的历史剧和时装戏，丰富了京剧剧目的内容，提高了京剧的思想性和艺术性。

排戏

戏班排戏，主要是指排演新戏，凡是传统剧目，戏班中没有排练之说。由于传统剧目都有固定的内容和表演程式，各个戏班演来都大同小异，演员在学艺过程中，已经掌握了本行当主要传统剧目表演的唱念程式，参加戏班演出，就是考验你学得是否符合规矩。因此，戏班演出演员之间习惯于“台上见”，至多是在演出前由几个主要演员在一起“对戏”。如《战长沙》中的关、黄对刀，或像《武家坡》《汾河湾》《梅龙镇》等生、旦对唱的戏，演出前对唱几遍，也就算排练了。

戏班排演的新戏，是以主角的表演为中心，其他演员配合着串演于其中。过去排戏，只有一个剧本作为基本依据，演员根据剧本的提示，按照角色行当的要求自己去发挥，由演员自己设计动作和创编唱腔。这种排戏方式，可以使演员的特长在戏中得到较大程度的发挥，演员的主动性较大。当然，这种演员的自我发挥不能影响主演的表演，整个演出必须围绕着主要演员的表演而进行。如果配角表演极为出色，效果压过主角，这便是“喝”了主角，配角喝移主角，便有被辞班的可能。

过去京剧表演体制中，几乎没有导演的地位。导演的工作，实际上是由“说戏”的师傅来承担，或者是由戏班中某一位经验最丰富，知识、阅历最多的演员来发挥作用。在戏班中，挑班的名角，往往实际上完成了导演的职能。因此，京剧表演体制中，导演这一角色实际上是由演员来兼任的。北京地区如著名老生演员贾洪林、著名旦角演员王瑶卿都是导戏的能手，著名老生演员马连良也非常重视排戏。

戏班排戏的时间，或者在没戏的白天，或者是在散戏后的夜晚。排戏的地点，有的是在主演的家中，有的就在散戏后的戏台上。

京剧戏班的排戏，可分为过戏、响排、彩排三个步骤。演员接到角色，初步熟悉角色的台词、唱腔之后，在彩排以前或响排以前的非正式排练，俗称“过戏”。在彩排以前，由文武场面伴奏，但不穿正式演出服装的排戏，称为“响排”。在正式演出前的总排练，称为“彩排”。彩排时，演员必须化妆和穿着正式演出服装进行表演，音乐和舞台工作等各部分都按照正式演出的要求合成体现。彩排是正式演出的预演，是演员化妆、穿着整齐的总排练。

演戏

京剧戏班的演出，过去主要有经常性营业性演出和堂会演出。在剧场中的营业性演出，早期是从午后一直演到太阳落山，不演夜戏，只演日场，自辛亥革命前后，才开始演夜戏。堂会戏的演出，有时是一个戏班包演，有时是几个戏班联合，演出时间也比较长。

1. 开箱

北京地区每年的正月初一，京剧戏班都必须到戏园演出，并且要举行特殊的仪式，这种仪式对于戏班方面称“开箱”，对于戏园方面称“开台”。

正月初一的演出，比平时的开演时间早，一般是上午九点左右就开锣，下午三点多钟就散戏。这一天的演出，凡是搭上班社的每一个演员，都必须出台亮相，目的是为了让观众知道戏班今年约定了哪些演员，带点广告性质。

正月初一的正式演出之前，要举行“开箱”仪式。首先跳灵官，灵官由净行扮演，至少要上二位，多者四至八位，灵官手拿灵官鞭在没有台毯的舞台上跳灵官舞。跳完灵官后，检场的在舞台正中摆个铁盆，盆内有钱粮纸马，检场的背着身子用“吊云”的手法，撒一把火彩把盆内钱粮纸马引着，四个灵官每人用长竿挑着鞭炮，就盆内的火点着放起来。鞭炮放过，撤盆，灵官下场。然后上两个由末行扮演的两个童子，把台上的鞭炮纸扫净，这两个童子名叫“净台童子”，又称“扫台童子”。舞台扫净后，放上台毯，上由老生或小生扮演的加官。加官戴加官脸子，穿红加官衣，手拿加官条子，边跳边展开加官条子，条子上面写着“恭贺新喜”、“福禄臻祥”等吉祥话。然后，把加官条子放到台中央的高台桌上，桌的上面有两顶盔头，上首是纱帽，下首是金貂。盔头下面有一红盆，红盆内有一副对联，对联用绦子压着。加官放下加官条子，把条子展开，出现对联的上联“开市大吉”。加官下场，上由花脸或小花脸扮的财神，财神戴财神脸子，穿绿财神蟒，拿着个元宝。跳完财神后，把元宝放下，打开金貂下面“万事亨通”的下联，财神下场。这时，剧团老板用红漆盘子托着“开市大吉”的上联交给台下的上首掌柜，剧团大管事用红漆盘托着“万事亨通”的下联交给台下的总堂头，在台上台下交接时换上来两个铜盘，盘内各有一个红封，封内是给参加仪式的所有人员的“彩钱”。掌柜和堂头接过对联后，马上贴在剧场后排的两根柱子上。此时，堂头高喊：“开戏喽！”一年的演出从此开始。

正月初一演出的都是吉祥戏，这些戏中都没有死伤情节。常演的剧目有《打金枝》（《七子八婿》）、《鸿鸾禧》、《御碑亭》（又名《大团圆》）、《贵妃醉酒》、《定军山》（取其“一战成功”之意）等。

正月初一演出，按照惯例不开戏份，由后台管事分发喜封，用红纸包着铜元二十枚，或是一毛钱，不论角色大小，待遇一律平等。这天第一位进戏园听戏的人，照例不收票钱，称为“财神票”。

2. 封箱

戏班到每年腊月底有个短期的停演，称为“封箱”。封箱的时间一般是腊八以后，临近除夕时。封箱时也要跳灵官，跳完之后给祖师爷烧香行礼。然后给戏箱贴上“封箱大吉”的封条，一等到正月初一开箱时再启封。

包银是京剧戏班中支付演员报酬的一种形式。班主组织戏班，邀请演员时岁必须事先与演员约定演出期限，时间为半年、一年或数年不等，同时也商定预约期间的价钱，成交以后便支付钱两，称为“包银”。包银钱数因人而异，多少不一。预约演出期间的车马钱一般不在包银之内，另外付给。

早在四大徽班时期，凡是搭班演出的演员，不论是班主邀请的，还是自投搭班的，都有包银。每年年底封箱以后，有所谓的“讲公事”，即班主与留用的演员和新邀来的演员讲明条件，一般是签订数月至一年的合同，谈妥总包银数，每季度初领取该季度的包银。对于极叫座的名演员，在订立合同时，也有一次付给半数或全部包银的。演员每天演出还可以领取若干车钱，车钱的数目一般为包银的百分之一。演员自订立合同之日起，在合同期内，不得另搭其他班社，如果另搭他班，原戏班可以按照梨园行规，通知其所搭戏班，告演员“首尾不清”，任何戏班都不能再起用。领取包银的演员也不能私自应堂会，违者受罚，甚至被开除梨园籍。

由包银制改为戏份制的时间大约在20世纪80年代。齐如山在《京剧的变迁》中曾经指出：“北京戏班，以前讲包银，说定后，一年不改，班主赔赚与角色无干。光绪初年，杨月楼由上海回京，搭入三庆，极能叫座，遂与班主商妥，改为分成。”这种分成所得，就是戏份。

3. 戏份

戏份又称“现份”，也是京剧戏班中支付演员报酬的一种形式。戏份是演员按照规定好的百分比，从戏班每日演出的收入中提取酬金。戏份以日计算，每日演戏，每日付钱。领取戏份的演员，可以在不影响本班演出的情况下，到其他班演出，这样便出现了演员赶场的现象。在四大徽班时期，除三庆、四喜等大班实行包银制以外，北京地区的嵩祝成、瑞盛和等小班的分成方式是后来戏份制的雏形。这些小班每天按收入的多少，依照搭班时谈妥的条件，如数发给每个演员，收入多暂不多分，收入少便打折扣支付（称为“打厘”），如果年终结算时，总收入略有盈余，班主还再奉送各位演员若干钱两。当时的惯例，后台的账房把工资按大小份摆列在钱板上（过去使用铜元或制钱），除主角以外的演员，可以根据自己能够出演角色的情况，拿取其中较多的一份，后台管事立即派第二天应演的角色，如果演出成功，能够胜任，该演员在戏班中的地位和所得报酬则可以升级；如果演出失败，戏班立即予以辞退。

戏份有原份、打厘、抹份的区别。原份是按照原来谈定的价格，每日付给演员的戏份。打厘是指戏班每天付给演员的戏份虽按原价，但实际所得钱数则要根据上座率打折扣，如观众上座率为八成，戏份便按八折支付。抹份，又称“扣份”，是指把当天的戏份全部抹掉，演员分文不取。按照戏班的惯例，每年“祭神戏”（即祭神头一天的演出）不开工资；经过一期演出的最后一天，也分文不开，这种情况，称为“帮箱主日子钱”。

由包银制改为戏份制，一方面，演员的收入较以前有所提高；另一方面，演员不再被束缚在一个固定的戏班中，可以比较自由地参加自己认为合适的班社演出，有利于艺术交流和演员技艺的提高。

从一年（或数月）工资总付的包银制改为按日计酬的戏份制，一般说来，只要有演出演职员就会有收入，没有演出就没有收入。但是，演员之间的收入彼此差距很大。据1917年农历十月十七北京广德楼戏院梅兰芳演出支付的账单记载：当晚梅兰芳得80元整，而最底层的演员只得0.6元。民国初年，头牌演员的戏份每天可得二三百元，最少也得几十元，二路演员得十几元、二三十元不等；三路演员、一些零碎角色只得铜子十吊（当时币值五吊为一元）；武行的“上下手”和龙套每人只能得二三吊。而1920年的物价情况是：米每斤0.14元，肉每斤0.18元，棉花每斤0.42元，盐每斤0.05元，糖每斤0.20元，布每尺0.14元。（参见李旭东《戏班管理体制初探》，载《艺术研究萃录》第二期，陕西省艺术研究所编；《第一次中国劳动年鉴》，1928年，北平社会调查部编。）

由于戏班演员收入差距大，如果主演号召力下降，演出场次少，上座率低，大家的收入将明显下降，收入低的基层演员的生活有时就难以保障。另外，有些演员或因年老力衰，或体弱多病，无法登台演出，生活也没有保障。因此，京剧界每到岁尾年头都要义演筹款，俗称“窝窝头会”，以此周济贫穷同业，但杯水车薪，于事无补。

4. 办账

北京的戏班在与戏园发生经济关系时，形成了许多规矩。戏班在演出时每天与戏园一起分款，称为“办账”。办账的方法有多种，如“三七”分账、“二八”分账、“七五二五”分账等。不论哪种办账方式，都是戏班拿“大头”，戏园得“小头”。采用何种分账方式，是由双方在事先议定。戏班在与戏园办账之前，还可以先收若干，称为“收加钱”。如每张票卖八角，可以先提两角全归戏班，余的六角再与戏园“三七”办账。戏班最多时可以先提五六角，只余二三角再与戏园办账。但是，如果遇上大名角要求加价（即提高包银），所加部分则必须由戏班单方承担。

5. 邀头

北京旧时戏园中，有专门负责邀角接班的人，其中的负责者称为“邀头”。戏园邀角演出时多采取“四天五场”的形式，即从每周星期四演到星期日，连演四个夜场，星期日加演一个日场，戏园只付给戏班和演员四天的包银。有的戏园因有固定班底，邀角时则专邀名角一人，或再兼邀主要搭档一至二人，给予的待遇十分优厚。

6. 搭班

演员经过系统地学习，掌握了京剧表演的基本技巧和本行当的主要剧目、主要角色之后，就可参加戏班正式演出。演员加入戏班，俗称“搭班”。

7. 扣腕

演员参加戏班时，必须向盔箱交网子，向三衣箱交靴包，这种手续俗称“扣腕”，是演员加入戏班必须履行的手续之一。交过网子靴包，才能算作戏班的正式成员。演员一旦将网子和靴包取走，便表明已经正式脱离戏班。

8. 戏折子

演员搭班，还要向戏班递交“戏折子”，俗称“报戏目”。戏折子上写明你会演的剧目，供管事的派戏时参考。过去戏班演出，要到开演之前，管事的才把写着当天演出剧目的水牌子拿出来，演员根据所派的角色再去扮戏。刚搭班的演员，派戏时一般是派戏折子上有的剧。但有时为了故意考验，专门派戏折子所报以外的戏，新搭班的演员等到水牌子上看到派演自己不会的剧目时，离演出的时间已经很近，现学十分仓促；若说不会，就属于“临场推诿”，违犯班规。出现这种情况，演员就需要随机应变，边向其他演员求教边演出，俗称“钻锅”。“钻锅”关键是看演员的应急能力和临场发挥的水平。

9. 派戏

派戏又称“派角儿”，是指在演出前，根据戏班中各个演员的行当、特长和艺术水平的高低，分别安排适合各个演员扮演的角色。派戏，主要包括确定演出戏码、进行角色分配、排定戏码前后顺序。戏班中的派戏由后台管事负责。过去戏班中的演员，要等到演出当天的上午，才会知道自己的戏码。如果想早点知道自己的戏码，以便提前做好准备，普通演员可以在前一天晚上直接去问管事，名演员可以关照催戏人于前一天晚上前去通知他，但这种了解是有代价的，必须给管事的送礼，在戏班中称这种送礼为“拿贴饼”。当然，戏班中的头牌演员不需要这样办，当天晚上演出的戏码，管事的于当天上午写在一张黄纸上，派催戏人送到家中，让演员可以计算时间，不至于误场。写有当天戏码的黄纸，称为“催戏单”，上面除戏码外，还写有演员的姓名，主要演员只写一个姓，另外开列出配角的名姓。

负责派戏的管事对戏班中的各位演员都非常熟悉。过去演员搭班时，要把自己会演的剧目写在“戏折”上，交给戏班，供派戏时参考。戏班在派戏时，还有“照着师傅要徒弟”的说法，只要是师傅能扮演的角色，不论徒弟会不会演，派戏时都可以派给徒弟。因此，管事的对戏班中各位演员的师承关系都十分了解。

京剧派戏时，还注意考虑到舞台视听效果，尤其是注意演员体型高矮、嗓门高低的搭配。台上不论是主角还是龙套，不论是唱还是念，只要张嘴就得够有“官中”（即“一般的”）的正工调。戏界规定，不够正工调的嗓子就不要吃唱戏这碗饭。即使是龙套演员，在台上答应一声“有”，也得够正工调，为的是全场一个调门。同时，场上一堂四个人的身材也要一般高矮，否则不好看，总不能让一个瘦小枯干的演员扮演中间的花脸，而边上站的配角反而身材魁梧，这样很不协调。

派戏的管事还必须清楚什么戏在先，什么戏在后，不能在同一场演出中，同一个角色在前边的演出中有胡子，在后边的戏里反而没胡子了。如《界牌关》不能排在《罗成叫关》之前，因为罗通在《界牌关》中已经战死，而《罗成叫关》中，罗通才只有三岁。《龙虎斗》不能加在《斩黄袍》之前，《斩黄袍》中赵匡胤刚刚称帝，《龙虎斗》中赵匡胤不仅称帝多年，而且胡子也已由黑变白。诸如此类的戏很多。因此，派戏的人，必须熟悉剧情，了解历史，即使没有念过书，也应该知道戏与戏之间的前后联系，否则就没法派戏，或者一派就错。

10. 扮戏

扮戏是指演员演出前的化妆，主要包括面部化妆和穿戴各种衣饰。

演员在后台扮戏，老生、武生等生行演员可以坐在账桌前扮戏，旦行演员没有资格坐账桌。后来，又形成了凡是挂头牌的好角儿可以坐账桌扮戏的习惯。化妆时，按照惯例，小花脸首先开笔后，其他行当的演员才能动笔化妆。

11. 俊扮

俊扮又称“素面”、“洁面”、“胭脂化妆”，是用炭墨描眉勾眼，用胭脂揉面，通过略施彩墨，达到美化的效果。俊扮化妆一般用于生、旦两行，化妆程序也比较简单。

生行俊扮分为拍粉、揉红、画顶膛红（又称画眉心）、描眉勾眼等几个步骤。拍粉是在脸上薄而均匀地抹上一层粉，并用粉刷掸去浮粉。揉红，又称搽红，是在上下眼睑及颧肌部位搽上一层淡淡的红色，用以表示人物面部血气充盈和体魄强健。画顶膛红，是从眉心处经印堂向额顶画出一道形状为上窄下宽、颜色为下深上浅或呈倒“丫”形的红色线条，用以突出人物气宇轩昂的气概。描眉勾眼是用眉刷蘸黑烟，沿眉毛走向由里向外描画，至眉梢处往上挑，然后再沿上、下眼边，由内眼角处向外勾出两道黑边，至外眼角处合二为一，目的是使眼睛大而有神。旦角俊扮的程序较生行略为复杂，分为搽底油、打底色、拍红、画眉勾眼、敷粉、搽红、染眉、涂唇等几个步骤。俊扮的着色深浅，也要根据人物的年龄、性格、身份的不同有所区别。

12. 彩扮

彩扮就是勾画脸谱。脸谱是净、丑两个行当的演员在面部勾画的五颜六色的各种图案，由于这些图案并非是演员随心所欲地任意涂抹，必须按照一定的谱式勾画，所以称作“脸谱”。

戏曲表演勾画脸谱在我国具有悠久的历史。脸谱的起源，和南北朝时期北齐兰陵王“戴面拒敌”的历史故事有关。兰陵王长恭长得十分俊美，上阵杀敌时，常常被敌人取笑，说他貌似妇人，兰陵王因此十分苦恼。为了能够威慑敌人，他专门做了一个十分凶恶的假面具，上阵时戴在脸上，这样就增加了气势。唐代乐舞《兰陵王破阵曲》，在表演时戴的假面具就受到这个故事的影响。唐代的傀儡戏也采用了夸张的艺术手法，在“托偶”的脸上勾画出“五官”，用来表现各种人物形象。到元杂剧时期，脸谱已经成为面部化妆的主要组成部分，当时的正面人物都不勾脸，只是用勾脸来表示阴险、狡猾、残暴的人物。脸谱到清代的乾隆、康熙年间有了很大发展，开始出现较强的图案性谱式。

清朝同治、光绪年间，在北京地区京剧兴起之后，随着表演艺术的提高，脸谱也有了较大发展。京剧前辈艺人，从最初的“描眉”、“画眼移”、“钩鼻窝儿”等简单地艺术夸张，进而开始研究人物面部纹理，分析各种戏曲人物的年龄，性格特点和面部特征，采用接近于现实主义的艺术表现手法，生动地勾画出各种典型人物的脸谱，使戏中的典型人物都有了相当定型的脸谱，如包公、曹操、张飞等，只要角色出场，不用介绍，观众就可以从脸谱上辨认出来。

京剧脸谱在用色方面形成了固定的习惯。每一个脸谱都有主色、副色、界色和衬色的区别。在勾画脸谱时，不论使用几种颜色，总有一种主色用来显示剧中人物的性格特征，其余的副色、界色、衬色，有的是为了起陪衬、装饰作用，有的是为了丰富人物性格的其他方面。在脸谱用色中，红色脸象征忠正、耿直、刚强、有血性，如《古城会》中的关羽、《铁笼山》中的姜维；紫色脸象征肃穆、稳重、富有正义感，如《二进宫》中的徐延昭、《刺王僚》中的专诸；黑色脸，一方面表现性格严肃、不苟言笑，刚正不阿，如《赤桑镇》《铡美案》的包拯，另一方面还表现孔武有力、粗鲁莽撞，如《黄一刀》中的姚刚、《丁甲山》中的李逵；白色脸象征奸诈、多疑、凶恶、专横，如《捉放曹》中的曹操、《艳阳楼》中的高登；蓝色脸象征性格刚直、桀骜不驯，如《取洛阳》中的马武、《盗御马》中的窦尔墩；黄色脸，文角色象征内有心计，如《刺王僚》中的姬僚，武角色象征勇猛善战，如《战宛城》中的典韦、《车轮战》中的宇文成都；绿色脸象征骁勇、暴躁，如《自水滩》中的青面虎、《打渔杀家》中的倪荣；金色脸象征威武、庄严，如《大圆朝》中的闻仲、《晋阳宫》中的李元霸；另外，戏中的神仙、妖怪常使用金色脸或银色脸，如《十八罗汉斗悟空》中的如来佛、《天河配》中的金牛星、《锯大缸》中的白鹦鹉等。

演出场所

1. 茶园戏楼

北京地区早期称剧场为茶园，是因为当时的剧场以卖茶点为主，演戏为辅，是名副其实的喝茶的场所。茶园中客人的座位只收茶钱，不售戏票，观众一边喝茶说话，一边聆听戏曲。北京最早的茶园是查家茶楼，即后来的广和楼、广和楼戏园，这是北京最早的营业性茶园。

广和楼，位于北京前门外肉市街路东，这个地方原是明末一个姓查的盐务巨商的私人花园。明朝末期，前门大街还是土路，马路两旁有许多摊贩。姓查的为了凑热闹，就把他的花园改为茶园，人们称之为“查园”，后来又改称“广和茶园”。查园内设有几十张长桌和长板凳，只卖清茶。清朝乾隆年间，前门大街由土路改建为石条马路，马路两旁的摊贩也纷纷建起了铺面房，广和茶园被遮在后面，但由于前门外商业日益繁盛，广和茶园的买卖也更加兴隆。查姓人家为了多盈利，扩大了茶园的面积，茶园内加筑了一个小型戏台，白天仍然卖清茶，晚上掌灯以后，加演说评书、演杂耍、八角鼓、莲花落等。光绪年间，广和茶园重新修建，扩大了戏台和听戏的座位，能坐八九百人，并且约请北京著名演员和梆子班、二黄班和高腔班经常演出。光绪二十六年（1900），八国联军侵扰北京后，查氏将茶园转卖给商人王善堂经营，广和茶园改称为“广和楼茶园”，后来又改称为“广和楼戏园”。内部经过重新修整，门外胡同口临街处，搭上一个牌楼，竖两根高约一丈的方木柱子，两根柱子上分别写着“吉祥新戏”“风雨无阻”；正面有铁板刻花大聚宝盆，上边写着“广和楼”三个大字，下边写着演出的班名、社名。戏园内，戏台是座东朝西，呈四方形，戏台前边有两根大台柱子，柱子上挂有一副油漆对联，上联是：“学君臣，学父子，学夫妇，学朋友，汇千古忠孝节义，重重演出，漫道逢场作戏”；“下联是：“或富贵，或贫贱，或喜怒，或哀乐，将一时离合悲欢，细细看来，管教拍案惊奇”。还有一块横匾，悬挂在通向后台的上下场门中间，上面写着“盛世元音”四个大字。成立于1904年的富连成科班，曾于1907年至1910年、1914年至20世纪40年代末先后两次在广和楼长期演出，科班培养出来的许多著名演员和搭班演出的梅兰芳、周信芳等都曾在广和楼献艺。新中国成立以后，广和楼经过重新扩建，改名为广和剧场。

北京早期剧场除广和楼外，比较著名的还有阜成园（建于明末清初，毁于八国联军手中）、广德楼戏园（建于清朝光绪初年，今为前门小剧场，仍以演曲艺为主）、三庆园（建于清朝中叶，现为某商店的仓库）、三乐茶园（建于清朝光绪初年，现为大众剧场）等。

辛亥革命以后，南北各地陆续兴建改良广和楼剧场和新式剧场，茶园逐渐减少以至消失。我国现代形式的剧场，一般认为始建于1908年上海的新舞台，此后，北京、天津等大城市也纷纷建造新式剧场。同旧式茶园相比，新式剧场在舞台形式、观众座席、灯光照明以及剧场的建筑材料等方面都有较大改进。旧式剧场的舞台多呈四方形，舞台伸入观众座席中间，观众围绕着舞台可以从左、右、中三个方向观看，甚至戏台的背面也有观众，观看演员的背面；新式剧场则把三面敞开的舞台，改为观众只能从正面观看的“镜框式舞台”或“马蹄式舞台”（即形式为台边呈半圆形，后边是长方形，像只马蹄的形状）。茶园中的观众座席，为了便于喝茶谈话，座席大多是方桌长凳，正面座位并不面对舞台，而是观众两两相对，看戏时需要侧身观看；新式剧场一律取消茶座，改为观众正面面对舞台的横排连椅。由于受到条件限制，旧式茶园中的灯光照明一直欠佳，新式剧场则运用先进技术，改善照明条件，增强了演出效果。茶园的建造多是砖木结构，空间较小，容纳观众也少；新式剧场采用钢筋混凝土结构，规模宏敞，观众容量也相应增大。如今，新式剧场已遍布全国城乡各地，是京剧表演最主要的场所。

2. 私宅演戏

在私人家庭中的演出京剧，过去只有个别权贵豪绅家中建有固定的戏台，一般人家多是现演现搭台。清朝时，北京地区部分王府、贝勒府和在朝重臣的府中建有戏台，如位于定阜大街的庆王府（今北京师范大学），先在东交民巷后迁至崇文门内船板胡同的肃王府，位于西单背阴胡同的涛贝勒府，位于东城区秦老胡同的洵贝勒府，以及位于西安门麻花胡同的内务府总管继家等，都经常传呼科班和名演员的戏班进府演出。

3. 饭庄演戏

由于办红白喜事时经常在饭庄里招待亲朋好友，因此饭庄也是京剧演出的重要场所。北京早期经常演出京剧的饭庄很多，如天寿堂、福寿堂、增寿堂、庆丰堂、同兴堂、惠丰堂、聚贤堂等，其中除天寿堂有固定的戏台外，其他饭庄都是临时搭台演戏。

4. 会馆演戏

过去北京城里的会馆很多，大到各省有省的会馆，小到各县有县的会馆。会馆里面，除少数以省为名的大会馆建有戏台外，一般的会馆都没有戏台设备。会馆中的京剧演出主要有两种情况，一种是每年新春团拜的时候，故里老乡借会馆举行联欢，约请著名演员演唱，以娱嘉宾；另一种是在科举时代，举行同年（科举时代同一年登科及第者）团拜，也多借会馆举行，团拜时因为要把那一科的几位老师恭恭敬敬地请来参加，请京剧戏班演唱也成为必不可少的内容。辛亥革命以前，北京湖广会馆中的京剧演出是非常有名的。除在会馆中演出外，还有一些京剧演员也常借用会馆的戏台练功、吊嗓子。

5. 庙台演戏

我国民间的神灵众多，相应建立的各类庙宇遍布城乡各地，庙会活动也十分盛行。自古以来，我国就有以歌舞娱神的传统，在祭祀活动中，歌舞音乐是必不可少的内容。宋元以来，人们借祭祀活动而展开演戏娱乐，庙会中的演戏已具有满足宗教和娱乐两大文化需要的作用。

为了在祭神和庙会活动中举行戏剧演出，人们在一些庙宇寺观的院内，或在紧临寺庙的周围建造戏台，这类戏台被称为“庙台”。庙台演出的京剧，一般是迎神戏和庙会戏。

过去京剧草台班在跑江湖演出时，也常借用庙台作为演出场所。如果草台班所到的乡村集镇，既没有戏园设施，也没有神庙戏台可以借用，那么，只好临时搭简易戏台供演出用，这类戏台被称为“草台”，又称“野台”，草台班即由此得名。搭草台多是在乡村演出，使用的材料主要是竹、木、芦扉等，一般是后台用席作顶，前台用席或芦扉围棚，台基用竹竿或木头扎成，也有借用原有的土台做台基的。草台搭成，演出时观众站立于空旷野地之中观看表演。在城市中，如果遇到喜庆盛典等事，也有临时搭的戏台，其样式和使用的材料都要比农村的草台更为讲究。有一些临时戏台配有成套器材，便于流动，称为“行台”。现在剧团使用的流动戏台，多采用现代钢筋材料作骨架，结构便于装卸、折叠，既省力又省时，还具有坚固耐用的特点，为剧团在乡村流动演出提供了极大便利。

演出形式

1. 营业性演出

京剧戏班的营业性演出最初是在茶楼戏园之中，后来改在剧场中公演。以“跑帘外”为特点的戏班，则在乡间村镇、水陆码头临时搭台演出。

京剧在茶园中进行演出的时期，观众进入剧场看戏只付茶钱，另外再给找座位的服务员一笔小费。戏班在茶园中演出，一般从中午开始，演到黄昏时分便散戏。早期京剧不演夜戏，茶园中不许点灯。1900年以后，茶园中开始在演到最后（接近傍晚）时点蜡烛、点火把照着演出。民国以来，部分名演员先借“义务戏”的名义上演夜戏，后来不准演夜戏的禁令便逐渐被打破，各戏院也普遍上演夜戏。夜场演出，每场一般有六七个剧目，既有折子戏，也有有头有尾的本戏，演出时间在四五个小时。新中国成立以后，京剧主要是夜场演出，晚七点左右开演，演出剧目四至五出，或者前面一出折子戏，后面一出情节比较完整的大戏。

戏班在农村串乡走镇演出，平时一般只演夜戏，演出剧目多是武戏和富于生活情趣的“三小戏”［即小生、小旦（花旦）、小丑］。每逢寒冬腊月农闲时节，农村庄稼收割完毕，农民有空闲时间忙年娱乐，这一时期戏班的演出最忙，经常是一天要赶“三工戏”。上午九点到十一点称为“早工”，午饭后十二点半开锣唱到下午四点称为

“午工”，吃过晚饭后，五六点钟唱到夜晚十点称为“晚工”。此时，戏班演员非常辛苦，有时三个工活分在三个地方，这边刚唱完就要“赶场”去那边唱。夜晚，常常是夜场戏刚唱完，就立即乘马车（或牛车）奔下一个村子，准备第二天上午唱“早工”。

现在京剧剧团除在城镇剧院定期公演外，也常常到乡村、工矿串演。演出形式多是以村或企业为单位，按演出场次付酬，演员的收入也比较优厚。

2. 堂会戏

堂会戏是指富商士绅在节日、婚嫁、寿诞等喜庆日子里，为了招待亲朋好友，在私宅或饭庄、戏园、会馆中组织的专场演出。堂会戏也是营业性演出，但不是面向整个社会、市场，而是专门演给某一部分人观看，类似于现在盼“集体包场”、“专场演出”、“部演出”。演员应邀赴演堂会戏，内行人称之为“外串”。

过去能够举办堂会的，包括清代的宫廷，民国以后的总统府，各个王府、衙门、同乡、同年的团拜，各种行业公会以及王公、大臣、官僚、巨商的节日、婚嫁、寿诞等私家筵宴场面。堂会演出的场所有以下几种情况：有的大户人家院落宽敞，家中设有戏台，堂会便在自己的家里举办，北京地区如晚清那桐中堂在金鱼胡同的“那家花园”中设有戏台，蒙古那彦图王爷在宝钞胡同那王府里也设有戏台；自己家没有戏台，院落也不够宽敞的人家，就选择有戏台的饭庄办堂会；自己家虽然没有戏台，但院落宽敞，举办堂会时就在自己家中临时搭设戏台；有的官方人士办堂会戏，就借用公家的礼堂；也有个别人家租戏园子演堂会戏。

京剧堂会，在未曾上演正式剧目之前，照例先由演员扮成福、禄、寿三星，给本家“跳加官”表示祝贺。本家照例要给赏钱。然后，才开始上演正式剧目。清朝时，喜庆堂会大都先演几出“敬神戏”，如《封相》《赐福》《点魁》《五代》《遐龄》《献岁》《报喜》《八仙》等小剧目，俗称“帽儿戏”，同时，戏与戏之间换幕时，还要再跳加官，每跳一次加官，本家必有赏钱，这已成定例。喜庆堂会有其特定的内容，在剧目方面必须是“吉祥戏”，办生日、做满月的剧目都有固定的套数。如办生日时，多上演《大四福》《麻姑献寿》《蟠桃会》等剧目；做满月时，如果本家生的是男孩，则演《麒麟送子》，如果生的是女孩，则演《观音赐女》，一般情况可演《打金枝》（又名《满床笏》）、《状元印》、《御碑亭》等剧目。由于京剧剧目十分丰富，本家家庭成员的爱好也不尽相同，所以，堂会戏的剧目有时变化很大。

堂会钱也是演员个人生活中一笔十分可观的收入。过去的演员，搭班在戏园日常演出的经济收入，只够平常维持生活的开销，其余开支便主要依靠堂会钱和出外演出（到北京以外的天津、上海等地演出）的包银。对于一些著名演员，堂会钱的收入相当可观，梅兰芳在民国初年刚参加堂会戏演出时，每出戏他个人可得60元至80元，后来，他每出戏可以收入400元；谭鑫培最初每出戏不过120元，后来涨到700元。

在京剧堂会戏演出的历史上，最盛大的一次宫廷堂会戏是在1922年12月，为断守在紫禁城小朝廷的清废帝宣统和婉容皇后举行中国历史上最后一次"大婚式"，"大婚式"后演出了京剧堂会，这也是在此前后几十年来最盛大的一次堂会。这次堂会由萧长华和掌管宫内戏剧事务的"升平署"总管太监武长寿主持，邀集了王瑶卿、田桂凤、尚小云、俞振庭、龚云甫、余叔岩、梅兰芳、马连良、李万春等二十几位京沪名角参加。堂会演出了三天，上演的剧目有《借赵云》《钓金龟》《状元印》《青石山》《四杰村》《双金钱豹》《八蜡庙》《霸王别姬》等近二十出。这次堂会共花费三万多银圆，演出中出现了许多既可以说是开风气之先，也可以讲是令人啼笑皆非的事。在第一天演出中，周瑞安演《恶虎村》，他在戏台口特设的一根铁棍上表演武功"扒栏杆"，溥仪感到十分新奇，当即"特赏一百元"，要他重演一次。皇帝的"金口玉言"无人敢违，周瑞安遂开了京剧表演"返场"的先例。按照宫中旧例，看戏不叫好,《双金钱豹》演到精彩处，皇叔载洵竟然失声叫了声"好！"随后溥仪也情不自禁地鼓了掌，于是，后面的演出开始得到了贵人们"有失身份"的喝彩声。最令人哭笑不得的是，"大婚式"的堂会竟以《霸王别姬》收场。点这出戏时，曾有人问溥仪："大喜日子，这戏合适吗？"溥仪讲："没关系。"当虞姬自刎时，太妃和其他女眷纷纷落泪，一些王公旧臣却不住摇头，认为这是不祥之兆，直到1924年溥仪被冯玉祥的军队赶出紫禁城，王公旧臣们还振振有词地讲："大婚日子演《霸王别姬》，应在今日了。"

在京剧初创时期，堂会戏曾和戏园营业戏同等重要，甚至有的演员专以演堂会戏为业。自民国二年至民国十七年（1913至1928），北京的堂会戏非常频繁，平均每星期都有两三次。民国十七年（1928），当时的政府机构迁往南京，此后，堂会戏便相应减少。三四十年代虽然仍有堂会戏，但与过去相比就显得十分稀罕。

京剧堂会戏的演出，艺术水平较高，有助于提高观众对京剧艺术的欣赏水平。同时，各个戏班的演员在堂会戏中同台演出，既便于相互交流，也可以促使彼此之间的艺术竞争，从而有助于演员自身表演技艺的提高。纵观京剧发展的历史，堂会戏这种演出形式对于京剧艺术的发展与提高、普及都起过重要的作用。

戏提调，相当于戏班中的总管事，负责堂会的约角、剧目按排等事宜。家庭举办堂会，一般是请亲友中熟悉演出事务的人担任戏提调，团拜时办堂会，则请团拜中的人出任戏提调。

来手，戏提调虽然熟悉演出事务，或者认识戏曲界的人士，但他毕竟是行外人，不可能亲自到各个演员家中约角，所以，戏提调必须再找一位和自己熟悉的戏曲界人士，一切由他承办，这位承办戏提调委托约角事务的人被称为“来手”。当来手的人，平时要与经常当戏提调的人保持联系，有机会就常去请安问候，这样，才会有得到委托的可能性。另外，当来手的人自己必须有长期搭的班社，这种长搭之班在有堂会时就可以作为班底。来手还要常常行走于各位好角的家中，联络感情，有堂会时便于约请。一般而言，由于堂会戏收入丰厚，演员是要有求于来手的，但是对于一些好角，尤其是著名演员，如谭鑫培、梅兰芳、杨小楼、余叔岩等，他们都有相当的艺术影响，受邀请演堂会的机会又多，来手要想约请到他们，确实需要平时就有一定的关系才行。

全包堂会，要唱整整一天，从中午十二点开戏，一直唱到深夜一点，甚至要唱到天亮，戏码一般在十出左右，多者可以达到二十出，重要演员一般都是一人唱两出。参加全包堂会的演员，因为演出任务较重，戏园里的营业性演出只好停演，所以在堂会中得到的戏份也多。不过，全包堂会演出的剧目完全由主办堂会的本家点戏，不论什么剧目，只要本家点到就必须唱，如果不会唱，不但演员自己栽了，连师傅也一起跟着栽了。

3. 行会戏

行会戏，又称“行戏”，是京剧戏班专门为各行各业祭祀祖师等团体活动所进行的演出。这也是京剧戏班营业性演出的一种。过去三百六十行，行行都有自己的祖师爷。如棚行、轮子行（车行）祭马王，汇票庄、干果行祭关公，铁匠祭老君，木匠、瓦匠祭鲁班，厨行祭灶王，双线行（皮匠、鞋铺）祭孙膑，等等。祭祖师有固定的日期，一般都是在祖师诞辰这一天举行祭祀。祭祀祖师的日子，也是各行各业从业人员大聚会的日子，因此，每年此时都要请戏班演一场“行戏”，既有庆祝的意思，又有同行从业人员辛苦一年之后共同娱乐的性质。

行会戏的时间，多在每年的农历正月至五月间。由于各行行戏演出的时间都是固定的，所以戏班和戏码都是提前定好，到时候戏班就不再安排其他演出活动。过去约请富连成科班演行戏，就必须在正月十五之前把戏定下来，过期科班就不再接了。北京地区行会戏演出的地点，除某些行业有固定的会馆外，一般的行戏多借用精忠庙、织云公所（崇文门外三里河路北）、正乙祠（西河沿路南）、浙慈会馆（三里河）、江西会馆（宣武门外大街）等场所演出。

约请戏班唱行会戏时，戏班方面有“应戏不应人”的规矩。所谓应戏不应人，是指戏可以随便点，演员却不能指定，因为行戏都是提前定好的，如果提前指定某戏由某位演员出演，到时候难以保证这位演员准能上场，因此，行会戏是“应戏不应人”。

行会戏的戏价较低，有的行会戏演出的收入要比正常业务戏演出的收入少一半，因此，一些大戏班都不愿意接演行会戏。行会戏的戏价虽低，但每年的行会戏总有十几次或更多一些，而且，行会戏演出的地点一般离戏园较近，有的行会戏直接租戏园演出，戏班可以“分包”（即一个戏班分在两处同时演出），也容易“赶包”（即戏班或演员同一段时间在一处演完再赶赴另一处演出），所以，小戏班都愿意接演行会戏，行会戏收入也是小戏班经济收入中不可缺少的一部分。从约请戏班的各个行业来看，演行戏也都喜欢找小戏班，一方面可以省钱，另一方面小戏班演的武戏多，热闹。

富连成科班就经常接演各类行会戏，这可以为科班学员提供更多的舞台实践机会。著名京剧表演艺术家、马派老生的创始人马连良，就是在行会戏的演出中脱颖而出的。马连良在科班学习时，直到快出科了，还总是演“院子”、“旗牌”一类的角色。但他并不灰心，老师给别人说戏他就听，听会了就在一边练，平时肯下私功。有一年，富连成应行会戏时，日子应重了，戏码又都一样，全是《五彩舆》，直到临近演出时才发现，而班内能够扮演主角海瑞的只有“金丝红”（王喜秀的艺名）一人，这可急坏了社长叶春善。这时，马连良自告奋勇，要求演海瑞，原来，在老师给别人排这出戏时，他已经把海瑞的戏全看会了。马连良这次演出观众反应强烈，效果很好，叶春善看后叹为奇才。从此，马连良在科班中才演上了“正戏”。

行会戏演出，上午十点开戏，下午五点散戏，一般不演夜场。只有药行例外，演药行戏要日夜两场，而且规模也比一般行戏大。行会戏的观众，对于京剧的欣赏水平并不低，平时他们经常在戏园中听戏，每出戏的情节内容、演员表演好坏，他们本来就相当熟悉，因此，演员在行会戏演出中，表演也不得有丝毫马虎。

行会戏在派戏时，必须知道什么戏能唱，什么戏不能唱，如果唱错了就会招来麻烦。因为每个行业都有自己的禁忌，尤其是涉及行业祖师爷的戏码更要慎重。过去行会戏，除京剧戏班外，梆子班也接演。

4. 义务戏

义务戏是演员白尽义务而不取报酬的一种演出形式，俗称“义演”。举办义务戏演出始于清朝光绪末年。最早的一次义务戏，是天津八善堂之一的南善堂为孤儿院募捐，邀请在天津的著名演员义务帮忙，在“下天仙”茶园唱了十天戏，票款的收入，除部分必要的开支外，全部捐给孤儿院。当时组织义务戏只是偶尔为之，不料后来逐渐形成风气。

举办义务戏演出的原因，不外乎以下三个方面：一是为了救助贫穷同业，二是赈济各种灾荒，三是为社会上的公益、慈善事业募捐、筹款。因此，义务戏是含有慈善、救济意义的一种演出形式。

义务戏演出一般由梨园公会负责，推举有声望的梨园界人士担任管事先生，戏码由大家共同商定。过去北京每次演出义务戏，在京的著名演员无不参加，甚至也有想参加而排不上号的。因此，义务戏演出的剧目和演员的搭配，都是在一般班社的演出中看不到的。义务戏演出，演员的名次不分先后，大轴戏的角色当然是一流演员，就是演开场戏的演员也毫不逊色，像金少山的拿手戏《李七长亭》就曾经在前边演出。

每年腊月岁末，京剧界的著名演员都要举办一场“大义务戏”，筹款救济贫苦同业。之所以称“大”义务戏，是因为演出的时间长，从晚上七点钟开戏，一直唱到第二天天亮，而且参加演出的著名演员都演自己的拿手戏。大义务戏又被称为“窝窝头义务戏”。窝窝头是用玉米面或小米面做成的食品，价贱品低，一般贫穷演员以此果腹充饥。取名“窝窝头义务戏”，是说义务戏演出所救济的钱款，杯水车薪，只能让贫苦同业吃上窝窝头而已。大义务戏演出，凡是当天戏单上有名字的演员都不领取救济，白尽义务。其他需要救济的演员，在演出开始前，都要到后台签名，等到演出结束后，按顺序分钱。如果演出所得收入不够支出，钱不够分，无论差多差少，都由在外地演出的著名演员负责补齐，曾经迁居上海的梅兰芳先生就是经常汇款补齐的一位。

大义务戏演出的地点一般都是在西珠市口的第一舞台，这个剧场能容纳三千多人。演出的戏码提前几天就在报上登出来。由于演员角色齐整，剧目繁多，所以观众十分踊跃，甚至有坐火车、乘飞机专程来京看戏的。在大义务戏演出中，除戏单上原定的剧目外，还经常临时加戏，加戏时，用长纸条写上演员和戏名，贴在对着上场门的栏杆上。原为票友的著名须生言菊朋，就是在1924年初的大义务戏演出中正式下海的。

搭桌戏，京剧界把若干演员为救助某一同业而举办的演出称为“搭桌戏”。搭桌戏也是义务戏的一种，参加演出的演员不取报酬，收入全部赠给该人。1936年，杨小楼、梅兰芳、王凤卿就曾为俞振庭演过“搭桌戏”。俞振庭是著名武生俞菊笙的次子，也是著名武生演员，曾经创办斌庆社科班，组织过阵容强大的“合春社”、“双庆社”戏班，后来班社相继解散，生活日益窘迫，最后落到由梅、杨为他唱搭桌戏的地步。

“搭桌戏”的名称在清朝末年就有了。当时，有些庵、堂、寺、院修葺庙宇，塑画佛像，需要筹集款子，庙内的主持人就出面邀请著名演员帮忙，唱戏筹款。这种演出是在庙内搭台，请当地的绅商富户前来看戏。戏台前摆设许多方桌，每桌坐六人，每人出钱四吊（一桌可收二十四吊钱）。当事先摆设的座位坐满时，再有观众前来看戏，就只好临时安置，这时负责招待的人员就大声招呼：“搭桌子！搭桌子！”桌子搭好，凳子放下，请客人入座。唱戏的演员都是义务帮忙，听戏的客人都是前来布施，所以搭的桌子越多，收入越多，于是有人就给这种性质的演出取名“搭桌戏”。后来，梨园界也沿用这种筹款方式，虽然改在剧场演出，用不着搭桌子，但性质相同，名称照旧。

合作戏，是由部分著名演员临时联合同台表演的一种演出形式。同义务戏相比，义务戏是由梨园公会出面组织，所有著名演员都参加演出；合作戏是由某一个班社或个别京剧爱好者发起组织，只能聚合几位著名演员参加演出。合作戏属于营业性演出，所有参加演出的著名演员都可以拿到酬金，而且酬金的数额与日常营业戏相比要高出数倍。

合作戏的演出始于1938年，在20世纪30年代末至40年代中叶的北京最为盛行。当时，日本侵略者占据北京，民生凋敝，各个戏班的营业状况普遍衰落，演员们的收入日益减少。为了号召群众，出奇制胜，有人便把平常不能同台的演员集中在一起，进行合作演出，标名“合作戏”。

较早举办的合作戏是“丑角大会”，把北京所有的名丑如萧长华、马富禄、叶盛章、茹富蕙、慈瑞泉、曹二庚、郭春山、贾多才、朱斌仙、李四广等荟萃一堂，演出的剧目有《打杠子》《打砂锅》《打城隍》《小过年》《一匹布》《荡湖船》《龙凤配》《背娃入府》等。参加演出的丑角中，只有叶盛章能够自己挑班，所以大轴戏都是由他主演，如《跑驴子》《花子判断》等。

1939年，有人出面组织举办“花脸大会”，集京剧花脸的金派（金少山）、郝派（郝寿臣）、侯派（侯喜瑞）三大流派于一台，演出的剧目是：金少山演《御果园》，列为大轴；多压轴是郝寿臣演《李七长亭》；第三为侯喜瑞演全本《沂州府》（包括“真假李逵”、“见娘”、“打虎”）。这三出戏都是他们的代表作，能够同台演出，确实是十分难得。

有的合作戏，演出剧目中的各个角色，均是邀请当时最适合扮演该角色的著名演员出演。如曾经有人举办全部《龙凤呈祥》的合作演出，由张君秋饰孙尚香；奚啸伯前饰乔玄，后饰鲁肃；杨宝森饰刘备；金少山饰张飞；叶盛兰饰周瑜；刘宗杨（系杨小楼的外孙，学杨小楼极像）饰赵云；李多奎饰吴国太；马连昆饰孙权；萧长华饰乔福。

5. 应节戏

应节戏又称“月令应节戏”，是专门在节日期间表演的一种演出形式。应节戏的特点是有固定的演出剧目，这些剧目的内容又多和节日有关。

我国宋代戏曲中，就有专门在节日里上演的剧目，元、明两朝相传下来，到清朝时，北京清宫中演出的剧目便有“月令承应”一类，这是专门在一年中每月的节日里排演的戏，这类戏的戏码很多，自元旦至除夕，十二个月中所有的节日都有应节的戏，如《喜过元宵》《子安题阁》《屈子竞渡》《混元盒》《天香庆节》《九华品菊》《踏雪寻梅》等，都是宫中的应节戏。

应节戏的盛行，是和当时的节日习俗、节日京剧观众的变化有关。清朝时，女子不允许进入戏园看戏，直到光绪末年，特别是民国以后，这个禁令才被打破。一年中的各个节令，又都是各家接姑娘回娘家的日子，北京称这种日子为“接姑奶奶”的日子。姑娘在婆家做媳妇，平时难得娱乐，更是很少看戏，回到娘家就随便多了。因此，进戏园看戏便成为最常见的一种娱乐形式。姑奶奶看戏，总要有几个人陪着，有时则是一家人都去。有这样的情况，戏班自然争着上演好戏，以便卖满座多赚钱。节日期间上演的剧目，如果仍旧是平时营业戏的戏码，未必能够满足小姐太太们的口味，因此各个戏班都想办法，或者利用与节日相关的传说故事编排新戏，或者利用宫中原有的节令承应戏重排或改编，无论是新编、改编，还是新排剧目，大多受到观众的欢迎，戏班与戏园方面也因此获利百倍。

除每年正月初一开箱时有固定的剧目、固定的仪式以外，其他节日也都有固定的应节戏。

正月十五上演的应节戏称为“灯节戏”，灯节戏最常演的剧目是《上元夫人》，这是齐如山专为元宵节编排的剧目，陈德琳、王凤卿、梅兰芳曾合演过此剧，大受观众欢迎。这天的演出要由科班的学生跳要骨牌灯。骨牌灯是用纱做成的一尺多长的长方形纱灯，内有蜡烛，跳时点燃，灯正面有骨牌点子，背面有拿手。骨牌灯每人一副，共十六副，三十二张牌。跳的时候，场内灯光全部熄灭，只有骨牌灯在黑暗中相互配对表演。

二月二演出时要耍龙灯。三月三上演的剧目为《蟠桃会》。五月初五端午节，应节戏较多，如《五判斩五毒》《混元盒》《白蛇传》《钟馗》《火判》等。其中以《混元盒》最为著名。《混元盒》原来是宫中的月令承应戏，宫外的戏班也经常上演，这出戏以旦角为主，演来颇受太太小姐们的欢迎。七月初七的应节戏是《天河配》，演出时要跳喜鹊、跳七巧、跳牛八块。跳喜鹊是由十六个人表演，每人拿着两个喜鹊形，用这三十二个喜鹊形摆字，一次摆一个字，最后摆成一句吉祥话。跳七巧是由七个人拿着七巧灯，用七巧灯拼成各种图形。跳牛八块是由八个人各拿头、身、前腿、后腿八块，一面是牛的部位图，一面是云彩、八宝，八个人随着锣鼓、音乐的伴奏摆成牛的各种姿势。八月十五中秋节的应节戏较多，有《嫦娥奔月》《阴阳河》《天香庆节》等。

应节戏演出以元宵节、端午节、七夕、中秋节最受人们重视，其余的节日，如二月二、三月三、重阳节等，虽然也有应节的剧目，但观众重视的程度就远不如前面几个节日。

戏曲演出习俗

1. 打炮戏

打炮戏又写作“打泡戏”，是一个京剧演员（或一个戏班）新到一个演出地点时，最初三天所演出的剧目。打炮戏的成功与否，往往直接影响到这个演员（或戏班）在当地演出的成败。

1923年，李万春从上海来到北京，随俞振庭主办的“斌庆社”演出。前三天的打炮戏演的是《两将军》《四郎探母》《珠帘寨》。马超是武生应工，杨延辉是老生应工，李克用是靠把老生应工，三出戏允文允武，李万春显示了自己的艺术才华，从此便在北京“扎”了下来。1937年，金少山从上海来北京，组织“松竹社”，在前门外鲜鱼口的“华乐园”首演，第一天打炮戏是《连环套》，一炮而红，打下了以花脸挂头牌、挑大梁的良好基础。

2. 摆台

早期京剧在北京剧场里演出时，开戏之前首先有摆台仪式。摆台分为大摆台和小摆台两种。大摆台是在舞台中央放置一个高台，高台上挂有大帐子，旁边有印合架（或桌子），上面有印匣、令箭架、纸墨笔砚。高台两侧各放两把椅子，椅子上各插一面标旗（或伞），位于上场门的插红标旗，位于下场门的插黄标旗。舞台前面的栏杆上（旧式剧场舞台前面都有一排栏杆）插五面大纛旗，分红、黄、绿、白、黑五色，黄旗居中，左边为红、黑两面，右边为绿、白两面。舞台中央高台的左右两侧，一边摆龙形，一边摆虎形。小摆台和大摆台差不多，只是把高台改成一张桌子，大帐子换成小帐子。

摆台由检场的负责布置。摆台完毕，就要“吹通”响乐器。吹通之后，把舞台上的高台、旗、椅等迅速撤下，换上第一出戏的砌末（戏曲行话，即道具）。

3. 吹通

吹通是京剧正式剧目开演前吹奏的幕前曲，目的是号召观众，吸引注意力。一般都吹打三通，南方也有只吹打一通的。第一通、第二通是用武场的打击乐来进行，如果打“苏通”，就是打安徽班的乐点，如果打“高通”，就是打高腔的乐点；第三通是用唢呐来吹奏，吹奏的都是吉祥的曲牌，如“将军令”“哪吒令”“一枝花”等。过去，京剧戏班在乡村野台开戏前，先要用锣鼓和唢呐吹奏一通，借以招徕观众。打闹台分为三通，每通之间停息片刻。头通以小堂鼓领奏，大锣、铙钹配合，乐点比较单调；二通又称“响通”，以单皮鼓领奏，全堂打击乐配合，乐点复杂，由“急急风”“走马锣鼓”“冲头”“抽头”“九锤半”“马腿”“大水底鱼”“收头”等锣鼓经组成；三通又称“吹通”“吹台”，用唢呐吹奏“将军令”曲牌。后来京剧进入剧场演出，也沿用了打通的习惯。

场面人员吹奏三通是，演员救灾三通吹奏中各就各位，准备化妆演出。打第一通时，所有当天有演出任务的演员，不论是主角还是龙套，都必须来到后台。打第二通时，演员就要开笔勾脸。开笔是有规矩的，必须是小花脸先动笔。不论小花脸的戏是在前场还是后场，都得由他先开笔，小花脸不动笔，其他行当的演员谁也不能动笔，据说，这是因为唐明皇曾经演过小花脸的缘故。吹响第三通时，后台要给祖师爷烧香，香必须由生行演员上，因为在各个行当中，生行是排在第一位的。如果烧完香，还有演员没有扮好戏，打鼓佬在打完《将军令》或《得胜令》等曲牌以后，接着再打“战场锣鼓”，直到后台管事的高数全齐了，这才转入开演第一场戏。

三通过后，堂头要喊“开戏喽！”演出结束时，当“尾声”一响，堂头还要喊一声“散戏喽，诸位小心零碎东西！”这两声喊，必须声音洪亮。除喊这两声外，堂头还负责前台的一切事务。

4. 轴子戏

清末民初，戏班排戏“打本子”，把剧本中的台词，用毛笔直书在长条的高丽纸上，写完后，卷起来就像一轴画似的。戏大，抄台词的纸就长，卷起来的纸卷就粗；戏小，纸就短，卷起来的纸卷就细。这样，就有了“大轴”“中轴”“小轴”的说法。后来，演员们约定俗成，把“轴”念成去声（音“咒”）。

过去的京剧演出，时间长、剧目多，人们把一场演出划分成几个阶段，每个阶段比较主要的剧目被称作“轴子戏”。

5. 跳加官

旧时戏曲重大演出的开场仪式。开戏前的三通打过之后，先是表演“跳加官”，跳加官又称“跳加冠”、“跳升冠”。所扮人物系道教神仙“天地水”三官中的“天官”，加官多由生行演员扮演，出场时头戴相纱、面具，身着大红或黄色或绿色加官解袍，手执一叠条幅，上书“天官赐福”“加官进爵”“一品当朝”“富贵长春”等吉祥字样。表演者和着场面鼓乐的节奏，灵活运用各种夸张性身段、步法，循着独特的舞蹈程式，欣然起舞，边舞边“跳”，边向台下逐一展示条幅上的吉祥词语，摆出各种富有塑型美的亮相架势，形成庄严而热烈的艺术效果，借以向观众表示祝贺与欢迎，故称“跳加官”。

6. 跳财神

开戏前的三通打过之后，先是表演“跳加官”、“跳财神”之类讨取吉祥的个人舞蹈，随后演开场戏。据说唐朝就有此习俗，以求赐福得财，保佑平安。财神多由生行演员扮演财神。跳财神时财神面涂金，头顶乌纱，足蹬朝靴，金银垫肚，外罩紫红袍，右手持宝剑，左手持大金元宝，前有蝙蝠引路，后有黄罗伞盖，旁有书酒侍者，亦步亦趋。摆出各种架势，借以向观众表示祝贺与欢迎，故称“跳财神”。

7. 开场戏

开场戏又称“帽儿戏”、“开锣戏”，是一场演出中的第一出戏，因其位居冠首（顶头）而得名。帽儿戏多是人物不多、情节简单的剧目，如《天官赐福》《百寿图》《渭水河》《枣阳山》《美良川》等剧常被作为帽儿戏演出。

8. 小轴子

小轴子，帽儿戏之后，整场演出初步进入高潮，这时候的戏称“小轴子”，又称“早轴子”。

9. 中轴子

小轴子唱过以后，演出将近一半，这时候的主要剧目被称为“中轴子”。小轴子和中轴子的主要演员，一般是戏班里的头路角色。

10. 大轴子

整场演出最后一出主要剧目称为“大轴子”，大轴戏的主要演员一般都是戏班中挂头牌的名角。

11. 压轴子

倒数第二出戏也是主戏，称为“压轴子”（术语称“倒二”）。压轴子是由于紧压大轴而得名，主要演员大都是戏班中的头牌演员或名角，剧目一般是唱做兼重的文戏。

12. 武轴子

早期京剧演出，特别注重武戏，一场演出中的大轴子、中轴子和小轴子，一般都演武戏，所以又有“武轴子”的说法。小轴子武戏，常演如《金锁阵》之类的小型武戏；中轴子武戏，常演如《战冀州》之类的中型武戏；大轴子武戏，则演如《长坂坡》之类的大型武戏，或者演一些精彩火炽的连台本戏。另外，京剧界还有“三块武戏”的说法，即在一场演出当中，头三出以武旦戏居后，中三出以短打武生戏居后，末三出以长靠武生或大武戏收场，“三块武戏”的说法其含义与“武轴子”相同。

13. 垫戏

垫戏是一场演出中，在原定的剧目之外临时增加的戏码。演出时增加垫戏，一般都是因为演员误场。过去主要演员的戏都排在整场演出的后边，有的演员不按时到场，或者同一时间在几个地方都有演出，赶场赶不及，按照梨园惯例，开戏之后中间是不允许停锣的，这时，后台管事只好临时安排一出“垫戏”，拖延时间，等待演员。垫演的剧目，一般是人少、戏短、化妆省事，内容可长可短，情节可以任由演员自由发挥，演员在表演中不论演到何处，只要接到后台管事的暗示，都可以来个“急刹车”结束表演，继续原定剧目的演出，如《花子拾金》《瞎子逛灯》等都是经常垫演的剧目。

在早期京剧演出中，如果需要临时垫戏，后台管事一般都是垫一出昆曲，因为演出中昆曲比较少，垫出昆曲可以换换听众的耳音。垫昆曲戏时，如果有一位旦角，就可以唱《阳关折柳》，因为这出戏中的吕洞宾是由旦角应工，曾教过四大名旦昆曲的戴韵芳就以垫演这出戏而著称；如果有一位武生，就可以垫演一人唱的《林冲夜奔》；如果有两位小花脸，就可以垫一出《定计化缘》；如果有三个演员，一个武生，一个小生，一个小花脸，就可以唱一出《夜巡》。

除演员误场以外，有时因为重要人物前来看戏尚未到场，或者由于其他原因，也会造成临时垫戏。

14. 送客戏

送客戏是一场演出中的最后一出戏，但它和大轴戏不同。大轴戏是由挂头牌的名角主演，演出的剧目或者为名剧、或者为大武戏，演员的阵容较强，送客戏则是一般演员、一般性剧目。

过去一场京剧演出，由于演出剧目较多，时间过长，观众往往等不到最后演出结束就纷纷离席而去（术语称“起堂”）。因此，在安排戏码时，著名演员都喜欢演倒数第二出“压轴戏”，最后一出戏则安排一般性剧目，这些戏情节简单，技术性强，如《东皇庄》《三雅园》一类的武打戏就经常安排在最后演。由于观众是在这些无足轻重的演出中逐渐散去，所以称这些戏为“送客戏”。

早期京剧演出，送客戏被列入固定演出程序之中，每场必有。到20世纪二三十年代，上海的京剧演出中仍有演送客戏的习惯，北京已不多见。

谢场

谢场又称“金榜谢场”“送客”。早期京剧演出，一场戏散场后，从台上走出一男一女两个演员，男的多为小生，戴驸马套翅，身穿大红官衣，纱帽上还插着一对金花，女的为旦角，头戴凤冠，也身穿大红官衣，二人在台上对着观众频频打躬行礼，表示感谢。有的甚至走下舞台，一直把观众送到戏园门口。后来，小生和旦角改为扮好的两个龙套上台打躬，也有用唢呐吹一个尾声的。谢场之后才用落幕表示终场。

“谢幕”是20世纪四五十年代以后才兴起的名词，含义与谢场近似。过去，“叫帘”与“谢幕”二词常连用。“叫帘”一词，据说译自英文，意思是观众对某剧团或某演员的艺术非常欢迎，希望他们再出来看一看。之所以译作叫帘，是因为外国舞台的幕布大都是深色丝绒制成的，是帘子的形式（也有两边分开的），外边还有一层钢质的幕，这层钢质幕遇到火警时才放下来，平时不用。外国的台幕较早使用电力操纵，起落方便，所以演出结束后，观众欢迎演员再次出台的“叫帘”可以达到十次以上。叫帘是观众叫演员出来，谢幕则是演员向观众表示道谢，意思虽然完全相反，但作用都是一样。

戏曲用具

1. 大衣

戏中角色所穿的文服统称大衣，置放文服的衣箱称为大衣箱。一切带水袖的大服、长袍，不带水袖的僧道服、彩旦衣，所有女用袍服、战衣飘带装饰和部分服装外饰物及一些道具，均放置在大衣箱中。喜神也装在大衣箱内。

2. 二衣

戏中角色所穿的武服统称二衣，置放武服的衣箱称为二衣箱。一切武职、兵丁、武林人物所穿的各式服装，茶衣及无水袖的服装，部分僧、道及罗汉用衣，一些塑形道具及带饰物等，均放置在二衣箱中。中国戏曲自明朝以来，生、末分行，生行又多兼演武戏，二衣箱中的物品多为武人使用，所以生行坐二衣箱。

3. 盔头

戏中角色所戴的帽子统称盔头，置放盔头的箱子称为盔头箱，又称“帽箱”。盔头箱包括木箱、圆笼和竹筒等容器，木箱置放巾、发、髯口，圆笼置放盔帽，竹筒置放雉尾翎。

4. 靴包箱

靴包箱又称“三衣箱”，戏中角色所穿的内衣及靴、裤等统称三衣，多置放内衣、靴、裤的戏箱称为三衣箱。一切内衬衣物、靴、鞋、履及一些塑形道具，均放置在三衣箱内。

5. 把子

戏中所用的武器道具统称为把子，又称“刀枪把子”“靶子”，如刀、枪、剑、戟、斧、钺、钩、叉、镗、棍、槊、拐、鞭、锏、锤、抓、镖等。置放把子的戏箱称为把子箱。

6. 旗把

演出中所使用的各种道具统称为旗把，置放道具的箱子称为旗把箱。凡是戏中所用的大小道具、刀枪把子都放置在旗把箱内。严格地讲，旗把箱可分为旗包箱和把子箱两类，旗包箱内放置的是刀枪把子以外的其他道具。旗包箱固定地放在门帘内左右。

7. 戏圭

戏圭，又写作“戏规”，俗称“水牌子”，是戏班每天用来公布戏码的器具。戏圭是用红木镶边做成的插屏，长六七寸，宽约一尺，分为上下两排，每排都镶嵌着用象牙或牛骨做成的小签条，每个十几条到二十条不等。戏圭放账桌上，每天的戏码排定以后，都写在戏圭上面，戏码一旦写在戏圭上，除非有殊特情况，一般不许更改，即使非更改不可，也只能由后台总管负责处理。戏圭上只写当天的戏码，并不写演员的姓名。演员来到后台，只要一看戏圭，就可以知道自己的戏码，并且算出自己该在什么时候上场。如戏班中有两个青衣，戏圭上前面的戏码有《母女会》，后面有《祭江》，两个青衣演员从戏码先后排列顺序上，就会知道自己该唱哪一出，这是由戏班中角色行当的分配习惯而形成的一种默契。

8. 戏簿

戏簿，俗称“戏账”，是戏班演出的备忘录。戏班每天演出的剧目，都由专人记录在戏簿上面，以备后来查索和参考。一个戏班的戏簿，如果记录完备，那将是一份十分难得的戏剧史料。

9. 出牙笏

出牙笏，是北京地区戏班中发布通知、召集全班人员的一种方法。牙笏是和朝笏的形状一样的长条板，每当戏班中有重要事情需要告知班内人员时（如公布处分、通知演出事项等），由总管事负责把事情写在牙笏上，竖在后台账桌前或者戏圭旁。戏班中的演职员听到“出牙笏！”的喊声，就都围到账桌前看牙笏上写的事由。凡是牙笏上写明的事情，戏班全体人员都必须照办执行。如果不按通知办事，或者私动牙笏，都被看作是违反后台规矩，要受到责罚。

10. 戏衣

戏衣，是京剧演员在舞台表演时穿着的各种服装的总称，京剧术语称为“行头”。京剧中的人物，上有远古传说中的神话人物，下有明、清乃至近现代的人物，人物多但是演员扮戏时所穿的服装却不分朝代。京剧的戏衣主要是仿照明代服装样式而制作，同时也吸收了金、元、清等朝代各民族的服饰。京剧戏衣并不过分强调时代性，有些服装历史上虽然确有实物，当被用作戏衣之后，既可以用其显示时代性，也可以不受时代的限制。如戏中常见的“箭衣”、“马褂”，本来是清朝的服装，但在京剧表演中，春秋时期的伍员可以穿用（如《文昭关》）；三国时期的刘备也照样穿用（如《长坂坡》）。

京剧的戏衣总称为“全箱”，箱修是指“衣箱”。按照衣、物类别的不同，分为大衣箱、二衣箱、三衣箱、盔头箱、旗包箱等。

北京戏班中戏衣的存放过去有许多讲究。如在大衣箱中的戏衣，主要是蟒、帔、官衣、开氅、褶子等带水袖的服装。大衣箱共有两只，分别称“上首箱”和“下首箱”。在上首箱里，皇帝穿的黄蟒并不能放在最上层，上首箱的第一件戏衣是天官、加官穿的红蟒，第二件是财神穿的绿蟒，第三件才是皇帝穿的黄蟒。上首箱五色蟒排列的顺序是：红、绿、黄、白、黑。在下首箱里，要把“富贵衣”和“老斗衣”放在上层。再如盔头箱，盔头箱在后台要靠墙横排着，并且要把箱盖打开立起来，在箱的两端竖起六尺左右高的架杆，架杆上面的横梁，安有若干木头橛子，“硬盔头”都挂在橛子上。盔头的挂法，从左往右，第一顶先挂皇帝戴的王帽，其次是侯帽、大镫、紫金冠……最后才挂“反王”戴的草王盔，草王盔还要用风帽罩上，这种挂法称为“王帽不见草王盔”。这些规矩虽然有封建迷信的含义，实际作用却是为了使戏衣有固定的安放地点，演出时便于演员取用，避免出现混乱。

11. 梳头桌

梳头桌，旦角的化妆，除面部化妆外，各种头饰、发型的化妆比较复杂，因此，在后台专门设置梳头桌，供旦角化妆时使用。梳头桌，又称“包头桌”，桌上放置装有假发、鬓簪、首饰、珠花、脂粉、草花等饰品的匣子，匣子内的物品都是旦角化妆所必备。戏班中有专门负责为旦角化妆、梳头、贴片子的师傅，称为“梳头桌师傅”，俗称“梳头桌的”。梳头桌师傅除化妆外，还要掌握打茨菰叶、拧髻子、做头鬏、扎头绸等技艺。京剧界著名的旦角演员，都有专门为自己化妆的梳头桌师傅。

后台禁忌

北京地区戏班在后台形成了许多禁忌，也是戏班全体人员所必须遵守的。

开戏前不许坐九龙口：九龙口是打鼓佬坐的位置，打鼓佬是全场演出的总指挥，开戏前不可擅动鼓板，以免造成混乱。

后台“龙口”不许坐：后台戏箱之间的空间被称为“龙口”，龙口近似人的喉咙，如果坐在龙口处，犹如喉咙被扼住，演员们害怕嗓音因此会暗哑，所以忌坐龙口。

忌说伞、说梦：京剧戏班最忌讳“散”字，因“伞”与“散”谐音，所以，戏班人员用“雨盖”二字代称“伞”。即便是演出的戏中有用雨伞的地方，在后台也不准打开，必须在出场的一刹那把雨伞打开，这是因为前台散了不要紧，观众回家了，与后台无关，后台散了就不行了。过去京剧丑角表演艺术大师萧长华先生无论晴雨雪天，都是步行手持旱伞赴戏园演出。有一次多萧先生手持旱伞进了后台，有人笑着问他：“萧老，后台是不准打伞的，您这是怎么回事呀？”萧老幽默地笑着回答说：“我打的这个伞是布伞（谐音‘不散’)，所以永远散不了。”戏班里忌说“梦”字，凡用“梦”字的地方，全用“打黄梁子”代替。忌用“梦”字有两种原因：一是因为戏班所崇拜的喜神，名字为梦更，所以必须避讳“梦”字；二是演戏和看戏，都好像做梦一样，不可说破，所以“做梦”二字，必须用“打黄梁子”代替。在戏班中，因忌“梦”字，即使有人姓孟，也必须说成姓孔。

忌猜钱、下棋：猜钱时经常要说“死板子”“活板子”,“死板子”容易说成“死班子”，班子“死”了是大忌讳。下棋时要说“你走”“我走”等话，大家都走了，班子就散了，因此也是大忌。实际上，后台不许猜钱和下棋，主要目的是维持后台秩序，保证演员精力集中。

不许擅动神佛物品、不许擅动大纛旗、不许拉弓：这些禁忌的目的是防止物品挪位，影响管事的工作，耽误演出。

上装后不可落座：演员一旦穿上角色服装，坐下时容易弄皱服装，不让落座是为了确保服装的整洁。演员穿上戏衣后，如果两次上场之间有较长一段时间可以休息，必须脱掉服装后再落座。

旦角在后台不许赤胸露背、旦角开戏前不许上舞台、旦角上装后不许便溺：这些关于旦角的禁忌，主要是为了避免后台人员和旦角演员开玩笑，以免影响演员情绪，影响演出质量。

关公戏的禁忌

关公戏，是京剧中以关羽为主要人物的剧目。过去，人们把关羽尊称为“老爷”、“关老爷”，关公戏因此又被称为“老爷戏”。

在早期京剧剧目中，关公戏比较少，只有《白马坡》《战长沙》《华容道》等几出，而且主要是以唱功为主。后来，被誉为“红生泰斗”“活关公”的王鸿寿（艺名三麻子），创编了三十余出关公戏，大大地丰富了关公戏的剧目和表演。当代以演关公戏著称的李洪春，也创编了几出关公戏。这些关公戏，主要依据历史、演义小说和各种传说，内容包括自关羽出世，直至战死以及死后的主要事迹，是京剧中少有的全面表现个人生活史的剧目。

京剧关公戏，在历史上曾经有两次被禁演。第一次禁演是在道光、咸丰年间。当时，三庆班的米喜子以演关公戏擅长。一次米喜子和程长庚在北京三庆戏园演出《战长沙》，米饰关公，程饰黄忠。米喜子一进后台就把一壶酒放在化妆桌上，穿好行头后，就坐下来用手捏脑门，在快上场时，一口气把一壶酒喝完，然后戴上髯口，从容上场。那时，关公的出场是用左手水袖遮面，右手揪住袖角，到台口再落水袖亮相。当米喜子一落水袖时，台下就乱了套，听戏的官员、平民纷纷跪倒，原来，他们看到的关公和平时舞台上揉红脸的形象不同，而是一位面如重枣、脸有黑痣、凤目长髯的活关公。这种形象，是米喜子利用“喝酒串皮”的特点，喝酒后憋气，酒劲上脸，脸很自然地变成红色。由于当时人们十分崇拜关羽，当看到台上的关公不同以往时，便以为“关老爷显圣”，不由得纷纷跪拜。此后，民间便盛传“米喜子一演戏，关老爷就显圣”的说法。被官府极力推崇的关老爷，怎能因为一个戏子演关公戏一再显圣呢？！于是，官府便下令禁演关公戏。第二次禁演是在光绪末年。以演关公戏著称的三麻子王鸿寿，当时正在北京搭田际云的“玉成班”演出。一天，王鸿寿在前门外大栅栏广德楼上演《屯土山》。当时的舞台前边有栏杆，栏前要贴报子纸（报子纸专门介绍当天的剧目和演员），因为一张一张地贴，积厚了，剧场人员揭下来就放在栏杆下面，正巧第一排有位抽水烟的观众，吹烟核把积存的报子纸给点着了，当时台上正是王鸿寿的关公在表演。这样，“关老爷显圣”的说法又传开了，结果仍然是禁演关公戏。关公戏虽然两次被禁演，但由于人们对关羽的崇拜心理以及关公戏中许多独特的表演技艺，都使得关公戏继续在舞台上保存下来，并且成为生行中的一个门类。

以关羽为主要人物的剧目在元杂剧中就已经出现，清朝的关公戏在内容和表演方面都有很大的提高。舞台上的关羽形象，是根据《三国演义》中的有关描写而设计的。根据关羽的人物特点，只有生、净两行适合扮演，便形成了“红生”和“红净”两个行当。起初，戏中的关羽是由生行应工，称为“红生”。实际上，红生行并不是单指关羽，像姜维、赵匡胤等也属于红生，但是，一般说的红生多是指关羽。净行应工关公戏，是因为第二次禁演关公戏后，有些关公出现的剧目，如《临江会》等，就把其中的关公改成张飞，自然是由净行扮演。后来，禁令废弛，剧中的张飞又改回为关公，关公这一角色也就形成了“红生”“红净”两门抱的表演特点。

早期戏班演出关公戏时，扮演关公的演员一进后台就不说话、不闲谈，以此表示对关公的崇敬。同时，还要烧香、磕头、顶码子。所谓码子，是演员事先用黄表纸写上关圣帝君的名讳，然后叠成的上边呈三角形的一个牌位。演员烧香磕头后，把码子放在头盔内（南方演员放在箭衣内），演出结束后用码子擦掉脸上的红彩，再把它烧掉，烧完后才能闲谈。演《青石山》时，顶码子还有专门的仪式：开戏前，先把帷幕挡上，帷幕是三个大布城的形状，连在一起遮满三面，幕的上面绣着水旱八宝、鱼螺伞盖、花贯鱼肠或是三蓝云大红蝙蝠。在幕内由扮演关公、关平、周仓、马童、神将的演员给“圣公码”（即码子）行礼，然后关公上龛，香、蜡依旧点燃，待关公唱完导板，在“急急风”的锣鼓声中才将帷幕撤去。

对关公的神化，不仅体现在一些迷信仪式上，在具体的表演方面也受到很大影响。早期关公戏的表演是偶像式的，表情呆板，双眉微纵，眼不轻易睁，看东西时理髯的动作，仅用一个食指反腕轻轻捋下，不许用满把去理。拿刀像打执事的，双手直举着大刀。开打时，也只有一两个回合，如果要杀人，只许横刀反刃一抬，就算把敌人杀死。就是在会阵时，敌方也不直接称呼关羽的名字，而是问：“来的敢是关公？”关公戏到三麻子王鸿寿时，不仅在化妆、道具、唱念方面都有所突破，而且注意表现人物情感。表演时增加了马童这个人物，通过马童与关公的身段造型，更好地衬托出关羽作为武将的艺术形象，同时也活跃了舞台气氛。

对关公的神化，还体现在观众的观赏习惯中。过去，“茶园”时代的京剧观众，看戏时，还要喝茶、吸烟、嗑瓜子，场内秩序嘈杂。但是演关公戏关羽上场时，观众一个个都要正襟危坐，全神贯注地观看。皇宫里也常常演出关公戏，每当演到关公上场时，皇帝和后妃都要带头离座，其他王公贵族也随之起立，等到关公在台上落座以后，皇帝才坐下。这些都是为了表示对关公的尊崇。

京剧舞台的习俗

舞台是演员施展技艺的用武之地，也是人们观赏艺术表演的重要场所。

中国的舞台具有悠久的历史。早在东汉年间，我国就出现了比较成熟、定型的供表演使用的舞台。

明清时期，随着戏曲艺术的发展和观众欣赏水平的提高，戏曲表演场所也有了较大改进。这一时期，城市中兴起了“茶园式”剧场，农村也修建了许多规模较大的固定戏台。这一时期的戏台，多采用伸出式格局，台口敞开，或有立柱，或无立柱，观众可以从三面围观，舞台的前、后台分开。乡村固定戏台的建筑比较简单，多是依傍庙宇而建，有的是立柱式三面观舞台，更多的是一面开口式舞台。一面开口式舞台建筑比较简单，只要在三垛墙上盖一个大脊顶就可以了，近似于现代的镜框式舞台。

京剧的兴起及鼎盛时期，舞台形式以三面敞开式舞台和西方传入的镜框式舞台、马蹄式舞台为主，舞台的前台表演区和后台化妆区有严格的区分。京剧前台表演习俗和上述这些舞台形式有着密切联系。

1. 舞台布局

京剧表演的旧式舞台，其构造是正方形，前后有四根大柱子。台前的两根柱子上多悬挂名人书写的楹联。后面的两根柱子中间，是一堵木板墙，木板墙的左右两端各开一门，供演员上下场使用。京剧传统剧目的演出，演员都是从右门上场，由左门下场，因此，右端开的门称上场门，左端开的门称下场门。上下场门的门上都挂有门帘。京剧界前辈艺人，向来把上场门称为白虎门，下场门称为青龙门，所以，上场门的门帘上都画一只老虎头，下场门的门帘上画一片云彩，后来下场门也有画一只龙头的。现代镜框式舞台，虽然已经没有上下场门设备，演员改由左右侧幕上下场，但上下场门的说法仍然沿用了下来。

按照舞台表演惯例，方形舞台的左边靠近下场门的区域被称为大边，舞台右边靠近上场门的区域被称为小边。因为根据传统习惯，左手为大，右手为小，所以才有大边、小边的称呼。过去，京剧舞台上的摆设比较简单，通常都是一桌一椅。座椅摆在桌子后边，称为内场椅；座椅摆在桌前，称为外场椅。桌子后面的区域称为内场，桌子前面的区域称为外场。演员在表演时，常常用大边、小边、内场、外场来称呼表演的位置。京剧文武场在台前表演的位置也有一个变化过程，人员也是不断增加。早期京剧场面人员只有七位，位置是在紧靠守旧的前面，面对着观众伴奏。在靠近守旧的中间位置，放着一张竖场桌，桌的左侧，前边是拉胡琴的座位，后边是弹月琴的；桌的右侧是弹三弦的，前边还放着一个堂鼓，弹三弦的除负责三弦、堂鼓外，还负责大铙和镲锅的打击。桌子上面放着大铙、镲锅和一个锅圈，另外还有一副齐铙和两支笛子。齐铙最初是由弹月琴的负责打击，后来才分开由两个人各负其责。两支笛子是供演出昆曲时使用的。早期乐队中只有一把胡琴，既拉西皮，也拉二黄。如果在演出过程中，琴弦突然断了，弹月琴的马上用笛子接着伴奏，拉胡琴的立刻从胡琴筒子里把带有系着扣的琴弦取出，几秒内就把弦换上，然后接着伴奏。在弹三弦的右边是鼓佬的位置，鼓佬的上首是小锣，下首是大锣，后边是南弦子。打鼓佬坐的位置与拉胡琴的平行。如果碰上演出有砌末（布景、道具）的戏时，场面的位置就要搬家，搬到面对上场门右侧的栏杆前边去。直到民国初年，场面的位置才固定在下场门前面的左侧，直到现在都没再变动。

民国以后，京剧场面的伴奏乐器增加，人员相应扩大。原来一位乐师兼奏几种乐器的现象，也随着伴奏技巧的发展，逐渐朝着一位乐师专奏一种乐器的专一化方向变化。20世纪20年代，在北京专门为梅兰芳伴奏的著名琴师王少卿和徐兰沅，经过共同研究，把二胡引进京剧表演的伴奏之中，创制了“京二胡”，丰富了京剧的伴奏音乐。

早期京剧表演，舞台上的桌围、椅帔、守旧等，都是各戏通用，并不是随戏更换，与台上的演员也没有关系。民国以后，京剧表演出现了求新、求美的舞台美术新趋向，有的演员自带舞台用品，在演出时把桌围、椅帔和守旧等更换一新，以增加舞台气氛。

2. 守旧

木板墙的墙上挂着门帘大帐，称为“守旧”。守旧的名称，是在新式舞台改用布景以后，遇到有些戏仍然要使用门帘大帐，其他舞台设施都是新式的，只有门帘大帐是旧物，所以称为“守旧”。最初，守旧是挂在板墙上，并不和门帘连接，后来守旧才和门帘连接在一起。守旧的颜色一般是大红色，因为大红色容易和戏中人物服装的颜色搭配起来。守旧的颜色和演员服装的颜色不能太接近，因为颜色太接近，就会把服装的颜色衬得暗淡无光。

3. 轴棍

北京早期的京剧舞台，在外场栏杆上吊着一根横杠，戏台上叫作“轴棍”，这是供演员在上面表演各种绝技时使用的。

4. 彩火

彩火又称为“火彩”，凡是剧中出现明火场面，都用彩火来加强效果。在有些戏里，鬼神或妖魔出现时，也用彩火衬托气氛。彩火是用松香作原料，制作时将松香研成细面即可。彩火有撒彩火和喷彩火等不同手法，统称为放彩火。放彩火这项特技，在净化舞台时，撒彩火已被取消，喷火在个别剧目中还有保留。

5. 检场

在京剧戏班的演职员分为七行七科的时期，七科中有“剧通科”，负责在演出中搬置桌椅、拿递道具、喷放彩火、扔垫子，以及协助演员穿、卸服装。剧通科的成员被称为检场人（或“监场人”），俗称“检场的”。检场人既是后台服务人员，同时也在前台演员的表演中出现。

检场人必须精通京剧业务，熟悉舞台表演情况。京剧舞台上的场次变化、道具设置都是随着演出的进行而千变万化，仅是桌椅的摆放，就有内场桌、外场桌、里八字、外八字、大座、小座、正椅、倒椅等多种形式和变化，而且，摆高、气椅儿等特殊摆法还需要保证准确及时、稳当保险等。因此，检场人必须做到对剧情十分了解，才能在演员的表演中及时予以协助。

检场人需要掌握一些专门技术。在过去的京剧演出中，放彩火和扔垫子都由检场人负责。过去在演出中，演员跪拜和做屁股坐子等动作时，戏装必须触及台毯，容易弄污、弄皱戏装，这时，就由检场人从台的侧面扔出一块垫子来垫上，检场人扔垫子的分寸非常重要，扔晚了固然不行，扔得太早，也会损害演员表演的艺术性。最好是不迟不早，正好和演员落下的动作赶到一块儿。尤其用屁股坐子的时候，分寸要掌握合适，不在起跳中妨碍观众视线，而是与落下的动作严丝合缝，才能起到绿叶衬红花的效果。演员用过的垫子，不能留在台上，以免分散观众的注意力，破坏剧情，要由演员及时扔回侧幕里去。演员扔垫子也得有技巧，扔得要脆、要美。

检场人由于穿梭于前台与后台之间，来往于演员与乐队之间，因此，常常要担当起传递消息、补漏救场等责任。

6. 饮场

饮场，是指演员在舞台演出中，由检场人或跟包的递送茶水，当场饮用润喉的习俗。

过去京剧演出时间较长，有的演员一场中还要演双出，也有的演员一天中要赶几次场。京剧以歌唱、舞蹈为主，有的唱段时间较长，如旦角中的《祭塔》《祭江》《会审》三戏，有“坐死的祭塔，立死的祭江，跪死的会审”的说法，其中都有大段的唱工。早期京剧舞台，台的两侧不能遮藏，演员也不能随便上下场，演出过程中根本没有饮水润喉的机会。基于以上原因，在京剧演出中便形成了饮场的习惯。

20世纪50年代净化舞台时，饮场也被取消。

7. 把场

京剧演员初次登台演出，或者初次上演某一剧目，本人经验不足，不熟悉舞台表演规律，通常由师长在舞台的一侧照料提示，这种情况俗称“把场”（即把住场子）。把场一般由以下几种情况：

演出大型武戏，需要把场。

科班学生演出，需要把场。科班学生登台演出，技艺不够娴熟，经验不足，难免容易临时出错。老师在一旁把场，既可以给学生们壮胆，遇到遗忘或容易出错的地方，还可以及时提醒学生，及时加以补救。

新拜师的徒弟演出，师傅为徒弟把场。李少春在北京拜师余叔岩后，初次上演《战太平》，演出时，余叔岩先生亲自把场。

戏园座位

早期北京的茶园式剧场，采用伸出式三面观舞台，观众席一般分为楼上、楼下。楼下中间部分叫“池子”，两边叫“两廊”。池子里面顺着舞台成行地摆放着大长桌，桌旁分放着两列大长凳。观众们对面而坐，分别将头向左或向右扭向舞台看戏，观看时间稍长就必须向相反方向转动头部，否则脖子会感到吃力。摆放长桌是为了方便观众饮茶、吃零食。戏台左右两旁，称为“小池子”，因为离台最近，看得清楚，听得仔细，此处往往被看戏的行家占据。戏园靠墙的四周，称为“大墙”，四周都有用砖砌出来的座位，比前面的座略高，观众要跳着往上坐，坐时上面放一个垫子，背靠墙，并不难受，由于墙上每天都有人靠，被蹭得又光又滑。

1. 散座

北京的茶园式剧场楼上正面的座位称为“散座”，散座的布置与池子相同。散座两旁称为“官座”，即后来的包厢。每个官座内可容纳十一二人，一前有一排长凳，后面放的是高桌，桌上铺设蓝布棉垫，坐在上面比坐池子里舒服。靠近戏台上下场的地方有后楼，称为“倒官座”，在这里只能看到演员的背面，票价虽然便宜，观众一般都不愿意坐，此处多被戏园和戏班用来应付关系。

2. 官座

清朝时，北京的戏园里，还专门设有“官座”（与茶楼之官座含义不同）。北京戏园的楼上，楼两头靠近戏台的地方，各截出两个单间，称为“官座”。官座是专门为御史衙门、内务府、升平署的官员而设。当时北京的戏园主要位于前门外，归巡视北城御史管辖，所以戏园里专门预备两间官座，一间给御史衙，一间给巡城御史，随时准备迎接他们来看戏。御史看戏还兼有稽查演出中有无伤风败俗、出规矩之事的任务。官座中均为御史衙高级官员，下级公务员只能在池子里占一张桌子观看。

戏园广告

1. 摆门

京剧演出最初的广告，是采用实物介绍的形式。当天戏班演出什么戏，便把主要剧目中的主要道具摆在剧场的门口，观众看到摆的是什么道具，便知道演出的是什么戏。这种广告形式被称为“摆门”。

摆门只有道具，不说演员，观众需要根据平日看戏的经验，猜测是由哪位演员主演。还有一种广告形式，将摆门代表的剧目和主要演员都告诉观众。如谭鑫培演出的时候，只在戏园门口戳一块牌，上面仅写一个“谭”字，名字和戏码一概不写，观众就冲这个“谭”字来买票。

2. 招纸

招纸又称招牌，旧时实物广告的摆门是剧场宣传的最初形式，相继便出现了以文字为主的广告形式。早期的北京京班戏园，其广告大多是用色笔或墨笔将演员姓名和上演剧目写在彩色或素色纸上，拿到闹市区的街头上张贴，用来招徕观众。人们把这类广告称之为“招纸”或“招牌”，后来，又称作“海报”。在海报上面，主要演员和剧目字体大，安排在显著的地位，次要者字体小，安排在偏下的地位。20世纪50年代前后，剧院中的剧目广告多改用彩色印刷品，但仍称作海报。

3. 戏单

戏班与戏园除了在社会上对外做宣传，在戏园内还有各种剧目广告形式。清朝末期，北京的戏园里有专门卖戏单的，这也是一种广告。戏单共有两种，一种是长三四寸、宽约一寸，如同两个火柴盒一样大小的纸片，或为黄纸，或为红纸，上面写着当天所演的主要剧目，在演到第四五出戏时，有专人送来，观众只许看，看一次一枚大个钱；另一种戏单是在演到第五六出时，又由专人送来，这是观众可以出钱买的戏单，每张花大个钱两枚。民国初年仍盛行于北京的戏园中，后来才出现了铅印的戏单，而且戏单的样式也越来越讲究，内容也越来越完备，不仅有剧目名、演员名，甚至还有剧情简介。比较完备的戏单，上面详细列出每一剧目的演员名，并根据剧中角色的主次和演员的身份，设计字体的大小和排列戏单中的位置。

北京戏园的京剧演出，在光绪初年及以前，由程长庚等人主持，规矩较严，各个戏班在戏园中演出的戏码，一般是在前一天就定下来，不许再改。到光绪中叶以后，谭鑫培等人演出时，规矩就不严格了，演出前常常不定戏码，定了戏码也经常临场改动。正是因为有这种变化，才会出现北京戏园演出过程中卖戏单的情况。

4. 门报

门报是指张挂于剧场门口的剧目广告，大多是长方形黑漆木牌，上面用白粉书写演员名和剧目名，高悬在门框和甬道两侧的墙上，用以招徕观众。

5. 堂报

堂报是指张挂于剧场观众大厅的剧目广告。堂报也是长方形黑漆木牌，大多高悬于两廊的梁柱上，用以展示一场演出的进程，并预告下一场的曲目。

自从海报出现以后，演员在海报上的排名顺序，便成为演员和观众都十分关注的一项内容。因为从海报上演员的排名顺序中，可以反映出演员在戏班中的位置，也反映出戏班、戏园以及观众方面对演员的评价和对其艺术水平的认可。海报上演员姓名的区别，一方面是前述字号的大小，另一方面就是“站”着和“坐”着的差异。所谓站着，就是姓名竖着排成一排；坐着，就是将姓与名分开竖排，名字又单独横排。

凡是能在海报上赐座的演员，一般都是挂头牌的演员，普通演员的姓名只能站着。有的海报，把站着和坐着的演员的姓名又都分别用大、小字号予以区别，更细致地区分出演员的地位和艺术水平。

如果是两个艺术水平相当的演员同台献艺，演出的组织者便要在排名顺序上下一番功夫。30年代初，一向以“南麒北马”并称的周信芳、马连良于天津春和戏院同台合作演出，戏院同时放出了两块预演剧目广告牌，一个牌上写着：“下期特约麒麟童、马连良艺员合作演出”，另一块牌上写着：“下期特约马连良、麒麟童艺员合作演出”，这种不分一二的排名次的写法，确实煞费苦心。

利用海报给演员排名次，一方面是戏院借此宣传，突出主角，突出名角，以此招徕观众；另一方面，长期以来，演员的名和利密切联系，有名才会有利，海报上的排名是“名”的最具体的体现。正因为如此，过去的京剧演员在海报的排名问题上经常出现争论。新中国成立以来，演员的名利思想经过思想教育，已经被为社会主义服务、为人民服务的思想所代替，在海报的排名顺序上出现了不计名次、以姓氏笔画或出场顺序排名的新现象。

听戏与看戏的习俗

在清末民初以前，京剧艺术注重唱功，观众对演员的要求也是以唱为主。特别是青衣演员，更是专重唱功，表情、身段都不十分讲究。青衣表演的角色，面部表情大多是冷若冰霜，出场时必须采取抱肚子的身段，一手下垂，一手置于腹部，稳步前进，不许倾斜，这种角色及其表演代表着中国古代典型的端庄、稳重的正派女性。演员表演以唱为主，观众在欣赏时也就形成了重听而不重看的习惯。当时进戏园观赏演出，都被称为“听戏”，如果谁说去看戏，那会被人讥笑为外行。一些老观众，遇到舞台上有大段唱功时，干脆闭上眼睛，手里拍着板眼，静心品味演员的一腔、一调、一字、一音，听到高兴的时候，大声喝一声彩，然后再继续往下听。

清末民初以后，以王瑶卿为代表的青衣演员，开始打破青衣戏只重唱、不重做的传统习惯，注意唱和表情、身段的密切结合，丰富了青衣的表演。但是，把去剧场看演出称为“听戏”的说法却一直延续下来，到今天仍然有不少人照旧说“听戏”。

听戏重在听演员的唱、念，看戏是看演员的动作、表情，听与看相结合，才能够全面欣赏京剧艺术，演员也只有满足了观众听与看两个方面的欣赏需求，才能够在观众中站住脚、赢得艺术声誉。

1. 喝彩

观众在欣赏京剧演出时，每当看到得意之处，便通过喝彩、鼓掌等方式来表达自己的高兴之情，这种观剧习俗，在北方称为“叫好”，在南方称为“喝彩”，后来南北方也互用这两个词。

2. 碰头彩

碰头彩，即《梨园佳话》中所说的“迎帘好”，这是正彩的一种。当著名演员在戏中第一次出场时，观众立刻用叫好或热烈鼓掌来表示欢迎，称为碰头彩。能够赢得观众的碰头彩，说明演员具有较高的艺术水平和一定的知名度，同时也表明观众对演员的信任、热爱和支持鼓励。碰头彩常常是在演员出场后第一个亮相时喊出来。

3. 正彩

正彩，是由于演员的唱、做精湛，观众以彩声表示赞赏。

4. 倒彩

倒彩，俗称“喝倒彩”，是演员在表演时发生舞台事故，如念错、唱错台词、刀枪把子失手等，观众对此用喝倒彩或怪声叫喊等方式来表示不满。

5. 压堂

压堂，过去京剧戏园中秩序嘈杂，一般的演员都是在人声扰扰之中进行表演。但是，也有一些演员（多为名角），每当他们一出台，台下的观众立刻就会肃静下来，注意力都集中到演员的表演上来。内行称这种演员具有“压堂”的本领。

6. 起堂

起堂，与“压堂”相反，在演出中，如果演员的演出质量不佳，观众没等到终场便大量起身离座退出剧场，这种情况称为“起堂”。

7. 开闸

开闸，演出质量极差，观众深表不满，演出中间观众便成批离座，涌出剧场，造成演出无法进行，这种情况称作“开闸”。

8. 抽签

抽签，在演出中，由于演出质量不佳，观众不到终场，便三三两两地离去，这种情况称作“抽签”。

戏园商业

1. 售票

早期北京地区京剧戏园，以卖茶为主，兼带看戏，因此，观众只需交茶钱，并不另外交看戏的钱，给看座的赏钱、看戏单、买戏单的花销都属于额外开支。

戏园由以茶钱收入为主逐步转向以戏价收入为主以后，其管理方式便发生了变化。北京的戏园，经理为最高负责人，经理下面有负责管辖看座人的堂头，堂头之下有若干看座人，每三个看座人负责卖一路票（金戏园一般分为九路）。看座人卖进钱来交给堂头，堂头再交给戏园负责财务的人（俗称“柜上”），柜上再把这些收入与戏班分成。为了防止舞弊，卖座人报过所卖的人数以后，堂头先查对一次，再报告给戏园；戏园派账房人员复查一次，然后报告给戏班；戏班再派人复查一次，此后才可以分成。这三次查核，便称为“查堂”。尽管三番两次地查堂，其中仍难无弊。过去，凡是戏班、戏园的朋友，偶尔到戏园看戏，只要打过招呼以后，便可以不花钱白看戏。舞弊就是利用这些客人。

民国以后，北京出现了新式剧场，并且实行了预售票的办法。但是，看座人往往先把好座号买到手，然后再倒手卖出赚好价钱。所以，当时实行的预售票的办法，实际上是“换汤不换药”，如果要想坐好位置，仍然要去求看座人，原来“七毛两吊的白天戏”，买到手总要花一元多。

2. 卖茶

戏园早期称为茶园，卖茶原本就是茶园的基本业务，后来才转为副业。

北京戏园里卖茶的有三种情况。一种是戏园自己卖茶，或者由戏园包给别人卖茶。包给别人的方法是，卖多少座，按一定比例交戏园多少钱；每一座多少钱、包主卖钱多少，戏园均不过问。过去，每到夏天，人们喝茶解渴，叫卖茶人续水，叫不到时，就用壶盖敲茶壶，敲的人多，往往全哨哨作响。由于戏园里卖的茶叶不好，茶壶也不干净，所以，出现了另一种情况，就是由饭馆负责向戏园里的观众送茶。过去戏园楼上的座位，戏园并不出售，而是包给各个饭馆，各个饭馆分包以后，如果有客人来吃饭时想听戏，就让饭馆代为订座。吃完饭接着去听戏，饭馆照例派伙计前去送茶，并负责照料一切。饭馆里送的茶，茶叶的质量、茶具等自然要比戏园里的又好又干净。还有一种人，买很好的茶叶泡一大锡壶茶，提到戏园里去卖。这种人的茶，茶具干净，茶叶也比饭馆里的好，在戏园里碰到熟人，就送上一碗，当然人家也不会白喝，时间一长，熟人就多起来，人们知道他的茶好，自然也愿意喝他的茶。

3. 卖点心水果

卖点心水果是过去每一个戏园中必有的买卖，一般都是由戏园包出去，谁负责包卖，就按比例交给戏园一定数额的钱。

4. 卖水烟

过去没有烟卷，官员文人多吸水烟，工商界人士多吸旱烟。在北京戏园楼上看戏的观众，可以自带水烟袋，楼下池子里的观众，只能吸卖水烟卖的水烟。卖水烟的用一根长五六尺的水烟袋，从很远处就可以伸到观众的嘴里去。卖水烟的还捎带着卖纸媒，以便观众用来自吸旱烟。

5. 打手巾把

打手巾把被称作是中国旧戏园独有的一种服务习俗。这种生意，最初创始于天津，光绪初年传入北京。

过去戏园中的观众，尤其是请客人看戏，总是连带着一起在看戏前先去饭馆吃饭，酒足饭饱来到戏园后，饮茶是不可缺少的，出汗也难免；戏园中人多，尤其是在夏天，更容易出汗。所以，在戏园中用手巾擦脸，确实是一件很舒服、很痛快的事情。因此，打手巾把曾经是戏园中不可缺少的服务业之一。打手巾把需要有特别的技术。一个人专门在楼下负责洗毛巾，洗好以后，10条捆为一把，由下边扔到楼上，不差毫厘，楼上有人接住，然后再散发给观众使用，用完后，扔下来再换。第一轮全场观众擦完后，接着是第二次。第二次擦完后，就要给钱了，每人不过给铜元三两枚。由于打手巾把的扔得很准，所以也有很多人爱看，每当他们扔的时候，有人不看戏，专看他们，尤其是外国人，更是特别予以注意。

6. 卖古玩

清朝光绪年间及其以前，北京戏园中还有卖古玩的。古玩主要有扳指、戒指、烟嘴、眼镜、玉牌子、耳坠、笔架、小笔筒等。用木盘托着古玩兜售，不吆喝，只在楼上卖。因为楼上的观众都是官员、文人、商人、外地来京的客人，尤其是外地来京的客人，一般都会买一点作为纪念。

票房与票友

1. 翠峰庵票房

翠峰庵票房是北京地区影响最大的一个票房，成立于同治初年，由清宗室载雁宾创办。载雁宾自幼喜爱京剧，成年后便在其家庙翠峰庵中设立票房，该票房在光绪年间大盛一时。票房每月逢三、六、九登台串戏，观众踊跃观看，其门票与前门外戏园的门票相同，票房中各路角色百余人，每个人都具有较高的艺术水平。光绪年间，先为票友后下海为著名小生的德珺如曾经主持翠峰庵票房。由于德珺如是满族贵族子弟，他还曾因为主持票房而受到过处分。

2. 春阳友会

春阳友会是北京非常著名的票房，该票房名票荟萃，对京剧艺术做出过重大贡献。春阳友会创办于1914年，创办人樊棣生是富绅子弟，广有家产。春阳友会取“春阳明媚，生机旺盛”之意。成立时，推举李经畬为名誉会长，聘请梅兰芳、姜妙香、姚玉芙为名誉会员，樊棣生任会长。会址设在崇文门外东晓市浙慈会馆。参加活动的包丹庭、赵子仪、恩禹之、乔荩臣、郭仲衡、李吉甫、陈远亭、傅敬臣、世哲生、林锡甫、谭兰生、铁麟甫、王又荃、贾福堂、松介眉、赵静尘、沈云阶等都是著名票友。专业京剧演员，如余叔岩、陈德霖、王瑶卿、姚玉芙、姜妙香、刘砚芳、程砚秋等也曾参加活动。春阳友会自成立以来，成员比较整齐、稳定，活动比较频繁，参加活动者以严肃的态度探讨京剧艺术，已经超出了自娱自乐的范围。

3. 脑门钱

票友在票房里组织演唱活动，都是非营业性演出，有时还要由票房的主持者贴钱，主持者给予串演票友的报酬称为“脑门钱”。

4. 下海

票友从爱好京剧艺术、业余参加京剧演出，转而加入戏班成为正式京剧演员，这在过去被称为“下海”。

票友有时也搭戏班参加演出，按照常规票友应该付给戏班搭班钱。但是，一些名票友参加戏班的演出，增加了戏班的号召力，戏班暗地里要支付给名票友报酬，这被称为“使黑杵”。

票友参加戏班的演出，称为“串客”或“清客串”，又称为“玩儿票”（顽儿票）、“票班”。

乡村戏曲

北京是有着三千多年建城史、八百多年建都史的文明古城，既有平原也有山区，既有城区也有郊区，既有城市也有乡村。城里有戏曲，郊区、山区、乡村也有戏曲，也是北京市戏曲及其民俗文化的重要组成部分，本部分以京西门头沟区为例，简单介绍一下有关乡村戏曲的习俗。

元代是北京戏曲兴起之始，明代以后，京西山区庙会活动及山乡戏曲日渐兴盛，清末民初达到鼎盛，有的保留至今，成为非物质文化遗产。

关于门头沟区的山乡戏曲，据研究京西戏曲的谭怀孟先生讲：中国戏剧分南北，南方和北方吃的不一样；戏说法也不一样，唱法也不一样。北方人唱的是燕赵悲歌，苍凉激越，声如行云，气吞万里；南方人唱的是吴越小曲，玲珑剔透，韵味无穷。北方的叫“杂剧”，南方的叫“戏文”，这就叫“北剧南戏”。

门头沟区地处北京西部，故称“京西”，曾被北京市划为“京西矿区”。京西岭峻水美，地形奇特。北京的母亲河——永定河穿境而过，长达一百余公里，招致古人类循河而至，门头沟多山区，是古代拱卫京城的要塞，很早就有军户、移民就地扎根，依山而居，形成了若干形制不同，以姓氏、方位、山谷、树木、物产、军事机构等命名的大小村庄。多种戏曲蔓延于村里乡间。因本地剧种存在较早，和国粹京剧相比，自贬本地戏曲为“村戏”亦不为过。

村戏为当地百姓文化生活增添了无穷的色彩，促进了若干民俗礼法的形成，并始终贯穿于人们的生产、生活当中。

村戏的表演形式是：“生旦净末丑，诗曲媚俗白；说唱念做打，吹拉弹唱击”。囊括古今，真实刻画古代人伦孝道、嫌贫爱富、世态炎凉、仁义道德等社会状况，记述历史传承、民俗更迭、警世绝句，还不惜编造出一些神鬼佛道显灵下凡的故事，使人产生天理难容、因果报应之心态，达到娱人心理的作用。

多年来有一句俗话“有戏了”、“没戏了”，就连只有“八个样板戏”的年代，百姓间也在相互悄悄传说着“没戏了”这句话。一个“戏”字，道破了世事兴衰。

1. 戏种

门头沟的村戏可分为婚变、神话、抗争、军事、爱情等内容。

在明末，就有人把村戏称为“花戏”，意思是戏曲种类繁杂。门头沟曾有过9种戏曲。即：河北老调、山梆子、柏峪燕歌、苇子水秧歌、蹦蹦戏、评剧、皮影戏、河北梆子、文明戏。现在只存有山梆子、柏峪燕歌、苇子水秧歌、蹦蹦戏四类。柏峪燕歌、燕家台梆子、田寺梆子、西斋堂梆子、苇子水秧歌、淤白蹦蹦戏等，是门头沟既有特色又有代表性的优秀村戏。

山梆子

我国戏曲有“南昆、北弋、东柳、西梆”之称。西梆即山（山西）陕（陕西）梆子。经查，门头沟区解放前有山梆子戏的村50多个，并且集中在山里斋堂川。传入路径分为“京城、北路、西路”三路。每个戏班都有多个师尊。因此，山梆子属多种戏曲艺术混合体。

梆子，又名梆板，打击乐器。梆子戏即以使用梆子击拍而得名，明末兴起并逐渐流行。演奏时，左手拿长方形梆板，长20厘米、宽5—6厘米、厚4厘米；右手执圆柱形木棒，长25厘米，直径4厘米，以木棒敲击长方形的梆板发音，音色清脆、坚实，是梆子戏、豫剧、秦腔等梆子戏曲的代表性击节乐器。一般多用紫檀、红木制作，有些地方用枣木红心制作，材料必须坚实、干透，不能有疤节或裂痕。外表光滑、圆弧和棱角适度。梆子在一些民间器乐合奏及曲艺伴奏中也常使用，广泛流行于河北、河南、山东、山西、陕西等地。民间巡更或衙门用的梆子有所不同，是用竹子或挖空的木头制成。

门头沟西部实为明代边关，军民大部属宣（化）大（同）卫所军户及保定府辖民。河北老调清道光前已存，是我国河北的地方戏曲剧种之一，主要流行于河北的保定、沧州、衡水、石家庄、廊坊以及北京、哈尔滨等地，是河北省保定一带农村土生土长的地方戏曲，艺人是“边学艺，边务农”的地方百姓。因早期老调梆子的行当中以生、净（老生、毛黑、花脸）为主，且生净两行同唱“老生调”，所以简称“老调”。由于各方面的需求，“山陕梆子”与老调艺术巧妙融合，形成了当地独特的梆子戏种，俗称“山梆子”。

“山梆子”加了一个“山”字，似乎是表示土气、笨傻之贬义，实际是“山陕”梆子之代称。这个戏种在京西长期传承下来。

斋堂镇煤窝地区由四个村合成，因地处交通要道，张家村、杨家村两村都有梆子戏班，属京城一脉，始自房山大安山麻来喜和斋堂六和班的赵大黑、任成兴传授，清末曾受北路燕家台赵喜奎传教；后受保定梆子剧团陶氏夫妇调教；后经张德兰（号大秃）、张德庆（号二秃）哥俩传授到柏峪、马栏等村。

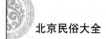

西斋堂地处北京西山腹地，庙宇众多，戏曲、花会、庙会，山梆子戏传承悠久，是清道光年间一名“老西儿”传授的，名字已无考。西斋堂梆子戏名声远播，享誉京城，深受贵胄赏识。咸丰皇帝亲书“京都六和班”五个大字，太监代赐金字木匾一块。

张家庄的戏，来自山西。清嘉庆年间，王氏一家江湖唱戏，卖艺班子一路向东，并把山西梆子、秦腔等直接从原籍带来，与河北梆子等剧种汇合到一起。

燕家台的梆子戏源自北路。教师袁老疙瘩，曾在张家口、土木、狼山“山西梆子剧团”就职。清光绪八年（1882）正月，燕家台拜袁为师，每人交学费一元钱，轮流管饭。

李家庄的戏在六和班老艺人赵老道、赵永利的基础上，又请袁老疙瘩同门师弟李涛再次传艺，属北路。

东斋堂梆子戏属老六和班的分支，后请紫石口张喜贵传教，含北路韵味。

京西的梆子戏传教过程，几乎都与“京都六和班”有传承关系，属山梆子。

燕歌戏

燕歌戏只传承于柏峪村，是一种秧歌。在斋堂地方话中“燕”“秧”两个字音基本相同，2005年，首都师范大学博士生导师、北京民间文艺家协会主席刘铁梁教授和民俗专家王作楫等部分学者、专家一致认为，为了区别于其他秧歌，柏峪这个特殊戏种的名称应确定为“燕歌”，并写进了《中国民俗文化志·门头沟卷》。鉴于它又是戏的一种，就叫成了“燕歌戏”。

据焦循《花部农谭》记载，村戏当中的清风寨、铁莲灯、红鬃烈马、罗衫记、芦花记等，都出自元代杂剧名家之手。燕歌戏中不乏元杂剧、散曲的辞令，可以说，柏峪燕歌与元曲有着不可分离的渊源，是戏剧舞台中的“活化石”。

蹦蹦戏

蹦蹦戏是评剧的前身，俗称“落子”，代表人物是戏曲艺术家、剧作家成兆才。由河北莲花落和唐山、奉天落子发展而成。曲调活泼，擅长表演近现代生活。1932年，淤白村为了扩大经济收入，广植营生，从唐山聘请丁师傅将蹦蹦戏传于本村。此戏特点是剧目中有文戏，无武戏，故俗称“半班戏”；多有欢快动作，以当地语言谐音相称，逐渐演变成“蹦蹦戏”。就在这个时期，永定河流域不少于30个村成立了戏班，学了蹦蹦戏。著名评剧表演艺术家谷文月、戴月琴、王景明等曾深入淤白村考察，并认可蹦蹦戏为“评剧的前身，有较高的保护价值”。在京西只有淤白、大村、板桥几个村还保留这一戏种。

干板秧歌

源自海淀区温泉镇，是我国北方少有的戏种之一。现留存在雁翅镇的苇子水村。此戏种因有武场伴奏，没有文场，俗称为“干板秧歌”。戏班全凭“秧歌王”主事。干板秧歌属板式唱法。唱腔板式分慢板、二性（二六）、快板、散板、导板等，演唱时用板鼓或梆子击节，打击乐有板鼓、锣、堂鼓、钹、镟、镲、挂板、铜钟、云锣等。刘方正等专家在“申请非物质文化遗产保护项目”过程中介绍：“这种戏曲在全国都是少见的，有很高的保护价值”。剧目有《张飞赶船》《华山救母》《河灯会》《宋江杀惜》《火烧潼关》《大小老婆》《摘南瓜》《磨豆腐》《掐草帽》、张连卖布》《游花园》《小货郎》《蛮婆算命》等。妙峰山镇涧沟村曾有过同类秧歌。

苇子水村的人多姓高，现近百户。清中期，村中来了个老头，带东北口音，传说是“在旗”人氏，自称“秧歌王”。他的演唱受到了高家族长的青睐，请回家中，待若师尊。嫡传弟子现称“八老爷子”，艺名“八仙”。后来“秧歌王”这顶桂冠相继传承给高永珍、高丰昆、高永让。现有高连金等老人在努力传承着。

村里常在一个名叫“老家门口”的地方搭台唱戏。“老家门口”用当地人的解释属于高家繁衍生息的起点，在这里唱戏，有拜敬祖先为神的含义。

村中流传着一个顺口溜：“唱前‘对话口’，唱戏‘要叫头’，人人唱几口，学戏没丫头。”诠释为：唱前练习对词，上台需要叫板，村民都会唱，不收女徒弟。现在不同了，女演员为数不少。

2. 乡村戏台

戏台都倒座在神庙山门对面，究其原因：一是历史上乡间社火的延续，唱戏离不开走会，走会离不开唱戏，统一选择一块场地，开展多种祭祀、庆祝活动更加方便；二是戏是“歌颂神灵功绩，使人永记心中”的一种表现形式；三是达到满足人们的共同信仰的目的。北方少有祠堂，以各类神庙代之，开展祭祀活动。

戏台又可叫戏楼，差别在于离地面的高度和房顶覆盖程度。戏楼，前台覆顶，出檐斗角，台高及人，有前明柱。戏台，高三尺以上，可三面看戏，前台贯通横梁或不盖房顶，临时搭前台。戏台（楼）是演戏专用建筑和场地，种类繁多，不同历史时期有不同的样式、特点、建造规模。无论城市、农村，平原还是山区，大凡有人群聚集的地方，几乎都设有或大或小、或古或近、或繁或简的戏楼。

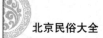

盖、修、搭戏台是村里公益事业，人人都会自觉出力。不管大人孩子，哪怕是搬

一块石头，拿一块砖，都会主动去做，已成村里一项重要习俗。

门头沟的戏剧演出可以追溯到金代。戏台是古代建筑的一种特殊形式，古朴典雅，有双脊式、勾连搭、后搭式。门头沟著名的戏台有：圈门窑神庙戏楼、东斋堂关帝庙戏台、灵水南海火龙王庙戏台、沿河城老君堂戏台、张家庄龙王庙戏台、马兰观音禅寺戏台、大村香子台娘娘庙戏台、小龙门龙王殿戏台、李家庄药王庙戏台、柏峪老爷庙戏台（遗址）、燕家台五道庙戏台（已毁）、西胡林九圣庙戏台（已毁）、田庄清茶山娘娘庙戏台（已毁）、焦家岭九泉山天仙庙戏楼（已毁）、琉璃渠村关帝庙戏台（已毁）。

圈门窑神庙大戏楼　此戏楼创建于明代。旧时，每年腊月十七是窑神爷的生日，要举办盛大的活动，由各窑主摊钱，唱戏三天。正月十五是对窑神的大祭，请花会和戏班子演出，三天笙歌不断，热闹非凡。

圈门窑神庙大戏楼　这是京西规模最大，共六间高大精良，属勾连搭结构。正脊鸱吻兽，前台卷棚顶式，台口俩明柱顶梁处，嵌有大型透雕云龙，大梁两头雕兽面，立柱顶端雕塑张口“稳柱”兽头，檐下斗拱，跨于官道之间，台中正中悬挂道光十年黑地金字大匾“歌舞升平”。圈门大戏楼作为区级文物保护单位，多次维修，保留至今，2005年再次由政府修缮，但早已弃用。

琉璃渠村关帝庙戏台（已毁）清代所建。据说是在逢年过节给关老爷演大戏用的。戏台地基高三尺，宽一丈五，进深一丈五，高大气派，上有匾额，书有“歌舞升平”四个大字。上场门、下场门，由通道与戏台后面的三排房子相连接。戏台东面是一道大墙，南北两侧开有圆形的大窗户。戏台前面一块十几米长，六七米宽的空地，是看戏的地方。过去这里演过梆子戏、蹦蹦戏以及下苇甸的皮影戏。在民国年间，还演过话剧（也叫文明戏）。后来由于年久失修，戏台南侧塌了一块。到了“文革”时，村里把这块地卖给了铁三局四处机械修配厂，把拆下来的砖瓦木料也卖了，戏台从此消失。

西胡林九圣庙戏台　戏台于2001年被毁，也属明代建筑。后台北墙曾有墨笔题记《异闻录》：“八月中秋唐明皇与乐师游事官，玉露沾衣，金风吹面。至府，榜曰广寒清虚。身至府，见有女子数十人淡妆歌舞，驾返，乃制《霓裳羽衣曲》，梨园弟子焉。”另在戏台的前檩题有30多个戏名。

戏台会根据不同的表演情境，布置不同的背景。一般府衙画屏，上有“海水江崖，托一轮红日”，上书匾额“清正廉明”四个大字。文人则是“梅兰竹菊”四君子屏风；员外挂的是“歌舞升平、太平盛世”等字。官员家悬挂麒麟、狮虎、松鹤之类的厅堂挂图。

村活动点　有一些村子里虽然没有固定的戏台、戏楼，但是也会不定时地表演。20世纪50年代在城子小学演过《春秋配》。为了配合形势教育排演过《打城隍》，都是评剧。20世纪50年代，为了配合新《婚姻法》的宣传，琉璃渠村表演过由村民排演的评剧《小女婿》，20世纪60年代，又排演过《会计姑娘》《箭杆河边》。演员都是本村的村民，演戏也没有师父教，是他们骑着自行车到北京城里的前门剧场自费购票，观看演出后，强行记在脑子里自学来的。服装是向村民临时借来的，演完了戏马上就归还。布景也都是自己制作的，例如，桃树是村民上山砍来的野桃树，再用竹子扎成架子，外面糊上纸，涂上颜色，做成假桃子，挂在野桃树上。戏开演之后，观众们对这些自制的布景道具还都很满意。大峪村在20世纪50年代，组织了文艺宣传队，排演过小歌剧《兄妹开荒》、活报剧《蒋家王朝打乱》。1952年元月，大峪村的歌剧《夏收之夜》代表门头沟十六区，参加北京第一届农民会演。大峪村还排演过话剧《柳树井》。20世纪60年代，大峪村的文化娱乐活动更加活跃，不仅表演话剧，还表演歌剧，也新添了器乐合奏和说唱节目。歌剧《路遇》曾多次在矿务局礼堂和区工人俱乐部礼堂演出。1975年修丰沙线时，大峪村文艺宣传队曾在珠窝、青白口等各处演出，还参加过全区会演。

3. 门城戏园子

民国三十四年（1945）日本投降后，门头沟丰富的煤炭资源回到了人民手中，人们的生产、生活有序开展，门城地区几万人口活跃起来。此时也是门头沟区门城地区戏园子发展繁荣的时期，先后建成9个戏园子，3个活动点。

戏园子虽小，所需建筑和设备虽很简单，但是贴近百姓、适应矿工，戏园子还代卖茶水、瓜子等零食。矿工们劳累了一天，来到戏园子，叫上一壶茶，来点儿小零食，边品边吃边看戏，其乐融融，也是一种极为满足的精神生活享受。

门城地区由于在河南街、城子西坡都有戏园子，人们可以到那里去看戏，所以各村没有戏班子，有戏台的村子也不多。

庆瑞戏园　门城地区最早的戏园子出现在圈门外的北崖根。民国初年，高庆瑞与他人合办，极其简陋，只是在一片空地上围起的席棚，棚内以石块和木板为座位。当时这个戏园子没有名称。

西辛房戏园　随庆瑞戏园建立之后，当地赵玉堂等人在西辛房滑石道建起了一座小戏园子，主要演出河北梆子等剧种。别看戏园子小，却起到了调剂矿工和百姓精神生活的作用，深受群众的喜爱。当时许多著名艺人都在这里演出过，如小香玉、金刚钻、刘桂红、二宝红、何月楼等。这种小戏园子也是季节性演出，夏季大煤矿封窑，矿工回家，无人看戏就停业。秋后重整席棚，再邀演员，开始演戏。现以其地名命名。

意园戏院　抗战胜利后，焦济池、刘世恒等人在河南街建起了“意园戏院”。戏院以演京剧为主，在门城地区戏园子中是建筑比较好的，座位多一些，名声也大一些，但也是一座大席棚。据说意园戏院和国民党青年军四维剧院签过演出合同，戏校在这里演出过田汉的《江汉渔歌》等进步剧目。解放后，剧院管理人员解散，职员祁德才认识戏剧界的人多，有经营经验，所以留在了剧院。因戏园子设备简陋，席棚漏雨，戏箱等物无处安放，市面萧条，观众无几，一年有半年闲，无法维持戏院和演员的生计。1951年，由评剧演员白岩君接班，排演《小女婿》等新戏，上半年业务比较好，提高了大家的信心。1952年，经理祁德才和大峪村棚主程万春合计，把戏园子的席棚改建成泥顶，四周建起围墙，结束了戏院逢雨就停演的历史。此时门城地区除意园戏院之外，其他各处戏园大多关闭。在社会主义改造时期，祁德才向市文化事业管理处申请，将戏园子交给政府接管。1956年2月1日，意园戏院实现了公私合营，后改为电影院。

春和戏院、青年戏剧院　这两个戏院是由王义、赵小光、李彦龙等人建起，以演评剧为主的戏园，青年戏剧院主要上演近代节目。

全家福　戏园子是1946年刘德海开办的，既演戏也说书。

和平路戏园　城子村岳春贵在该村铁道西和平路建小戏园一座。

团结剧院　本戏园子是在1947年春天，由大峪坡头金树德等人在城子西坡商场开办了一座戏园子。

国民剧院　该剧院位于城子西坡，是1947年春天用杉篙尖子搭建起来的。剧院经理是城子乡长金树德，大峪村坡头人。副经理是城子村人岳金、张育贤，还有一个外地人叫李富贵。租苏天祥的地皮，一个月23袋白面。有座位600个。因为有了戏园子，人气旺起来，拉动了商业的发展，周边盖房做买卖，西坡商场由此而起。剧院虽然比较简陋，但是下雨还可以继续看戏。岳金没文化，负责卖票。李富贵会唱梆子戏，做后台经理，负责联系演员。张育贤有文化，是剧场建筑总设计，负责演出工作。经过一段时间的准备，1947年11月1日，国民剧院正式开张营业。1948年，国民剧院的组织者之一、副经理张育贤登报声明，无条件退出国民剧院。

当时国民剧院的生意比较兴隆，600人的剧院经常满座。观众少的时候，经理就到各个煤窑去送“红票”。送红票要靠面子，把戏票推销给大家。

1949年3月14日前，“国民剧院”改名为“大众剧院”，由周荣南任经理，张毓祥为副经理，金树堂为总会计，大众剧院曾邀请松全新（老生）、王兰萍（青衣）、姚玉刚、姚玉成、吴素秋演出了京剧《闯王进京》，并组织他们到海淀演出慰问解放军。

大众剧院经营方式很灵活，开始的时候老百姓可以背着小米来看戏，收票的人把小米称过分量之后倒进笸箩里，后来才采取以钱购票的方式。大众剧院一直经营到1953年。

4. 忌俗

敬神　唱戏敬的是梨园神戏之祖师，到底是谁，说法不一。大部分戏班到外面出台，都要拜“老郎神”，也就是戏班中的“布偶”，即布娃娃，例如《大报国》中的“万历皇帝”、《罗衫计》中的倪继祖就是由布偶代替的。唐代，唐玄宗李隆基被捧为戏神，敬称为“老龙神”。苇子水戏班通常在戏箱上设一个木质小牌位，上面写“唐明皇之位”，长期与戏班同行。首场戏开演前，都要将其捧出衣箱外参拜。柏峪村戏班早期敬二郎神，讲究“抬头三尺有神明”。后来有了梆子戏，才把“老龙神”塑像安置后台墙龛内。所以，在唱戏的村民当中流传这样一句话：“有你也唱戏，没你也敬神，唱戏不敬神，唱啥不像啥”。

镇台　唱鬼戏要提前“镇台”。鬼戏大体有《唐王游地狱》《刘全进瓜》《大上吊》《五雷阵》《丝姐上吊》《宋江杀楼》《田氏劈棺》等剧目。唱鬼戏要在台口挂刀、剑、红髯口“镇台”。苇子水有“二郎是神，三郎是鬼”的说法，唱鬼戏时要挂上双剑，叫“捉三郎”。有的戏班杀鸡放血，甩向戏台四周“驱邪”。多数正式戏班都有“镇台”之举。直到1958年燕家台“挂刀”镇台，被公社领导严格制止，并对挂刀人进行严肃“通报”批评后，才终止此举。

暖台　唱戏多在正月、腊月，天气寒冷。唱戏之前生火提温，也是敬神。

跳台神　即在台口支上供桌，点香供神，祈求开台平安，有扮演“判官”“魁星”

的艺人舞唱于台前。

清街 “出台”也就是外出唱戏，化妆上台，男扮女装，常受到当地人的戏耍，戏班武生就会舞动枪刀（道具）走在队伍前面，清理街道闲杂人等，也有“驱鬼神”的意思。

出台 村戏在清代、民国时，经常应邀外出“卖台”，曾到过天桥、矾山、怀来、涿鹿、蔚县和周边村落。出台前本村要唱“暖台戏”，也叫“敬神戏”。外出唱戏不得少于三场。出台返回后在本村至少唱一天“回龙戏”，表示向戏神汇报演出，感谢神的保佑。清代乾隆、道光皇帝、慈禧都有请村戏搞庆祝的记录。京西六合班之名就是咸丰帝所赐。

应节戏 也叫唱村戏，一般都是“正月初三戏开头，一直唱到龙抬头，家里吃的是压饸饹，见着草青才罢休”。除此之外就是四月二十八（祭药王）、五月单五（端午节）、六月十三（龙诞生）、七月十五（中元鬼节）、八月十五（中秋节）。再就是“请戏”，天旱求雨、有病还愿、红白喜事、结婚生子也要唱戏。新中国成立后国庆节也唱戏庆祝。

褒贬民谣 村与村的戏班子之间，也会出现互相褒贬之词，编成了很多民谣。如：“某某村的戏，不瞧也过得去，家伙也不响，行头也不济，没钱打灯油，就着月亮地，没钱买行头，披着牲口屉，骤了个旋风腿，弄了个狗吃蜜。”“正月十五搭戏台，各种炕席摆出来，你家的黑，俺家的白，他家的烧出个窟窿来……”“爷们儿唱，娘们儿瞧，小孩儿边上挖窑窑儿”。类似歌谣，不胜枚举。此外还有“燕台的戏不用听，头宿黑家《下河东》；柏峪的戏不用瞧，头天准是《金水桥》；煤窝的戏不用看，头场就是《大登殿》”等褒贬之词。

喜钱 听到鼓点、胡琴儿声，戏子的嗓子就“痒痒”，戏瘾就上来了。清末，柏峪谭志旺，七月十五放出羊群，回家唱戏，外面大雨倾盆，山壑滚浪，可怜羊群顷刻全无。为了唱戏，眼见到手的收入化为乌有。看客敬其为人，喜钱、喜烟扔上台去。戏演到红白喜事精彩处，观众纷纷扔上烟、糖果、现金等物，图个喜庆吉利，也算一点报酬，这就是“打喜钱”。也有的是戏班拿簸箕、罗子、葫芦瓢或是铜锣到台下挨个自取。

忌讳 过去唱戏一忌女人上场，认为女人唱戏属“红裙妓”，不守本分；二忌“串班”唱戏，同行是冤家；三忌唱鬼戏不选日子，要太阳落山前在台口挂刀或剑，借阳气避邪；四忌讳笑场，体现对神真诚，对观众敬重。

5. 行话

各领　每到唱戏前后，要有班主把戏子“该罗”（召集）到一起，提出唱戏时间、剧目、角色，安排各领任务，戏词逐句复习一下，防止临场生疏，叫“各领”。

布派　演出前查看人数、排场次、分派角色，叫“布派”。

收喜　乡村义务演戏，没有挣钱、门票之说，观众为给点儿报酬，唱到悲壮处有人敲葫芦瓢到台下收点小费，通常是钱、烟、糖果之类，叫“收喜”。

吃派饭　如出村唱戏，不收工钱，只写好纸条，哪几个人到谁家用餐，叫作“吃派饭”。

打秋风　戏子自动分开，几人一起出去吃饭，叫作“打秋风”。

6. 唱戏程序及技法

常言说：“说书唱戏渡化人”“台上一分钟，台下十年功”。人称戏曲的格言是：水于山下能称海，山不言高自及天，柴米油盐酱醋茶，子父友密亲朋杂。常香玉说过：“戏比天大，艺无止境。”

村戏中多有观世音点化济世；做善事小白龙报恩；护众生千里眼匡正；劝世人行善积德的故事。将尊高年、赐孝娣、聚钱帛、劝桑农、崇孝行、戒奢侈等思想，体现在戏词中。

戏分文场和武场。文场（苇子水秧歌除外）主要以管弦乐为主，即四弦、二胡、板胡、笛子、小号、笙等。武场有板鼓、锣、堂鼓、钹、镟、镲、挂板、铜钟、云锣等，打法多样，变化无常。

画脸儿　村戏化妆叫“画脸儿”或叫“打脸儿”。起源于唐代的乐舞面具，唐代的《教坊记》载，有“大面”之说，出自于北齐。北齐兰陵王高长恭，武艺超群，因貌美，震慑不住敌人，就刻制了面目狰狞的木制面具，出征戴在面部，结果成为常胜将军。此事编成了《入阵曲》，并发展到台上演出。

带翎子　多是英俊青年将帅、艺高的女将，如吕布、周瑜、杨宗保，如穆桂英、樊梨花、刘金定、梁红玉等；戏中的二品武官，戴一只翎子，表示存有贬意，低人一等。

靠背旗　村戏化妆多用明代服饰展示人物。很少使用清代装束，据说因为汉人不习惯满人的穿着方式。一般武将都是背后四面旗，但是像《大登殿》魏虎只上两个旗，这是对他的一种蔑视。

打通儿　即把戏中武场打法统一串起来“打一通儿”。习俗是：两通儿开场。第一“通儿”是告知观众和个别演员做好开台的准备；打二“通儿”是演员就位，宣布开场。

苇子水干口秧歌只有武场，没有文场，开场的“通儿”叫“一捆柴”。现在也用“苏州通儿”，效果基本相同。

山梆子和燕歌戏的“通儿”共分三种打法：最早是“元宝通儿”，其次是“嘉兴通儿”，据传是南方的一种打法。现在使用的是“一封书”通儿。音调、音频层次清楚，据现任掌板陈文增说，“一封书”都是从“急急风”起头，水钓鱼、战场、趟子，云五锣、水钓鱼结束。在云五锣中要有小锣、镲等乐器的单独表现过程，每锣均有特色，且各有特色，急急风展示快急威武，云五锣表现平和战场，趟子展现连接互补过程，平安程度。

做彩　做彩指表演过程中出现的颜色渲染，利用喷红、撒红、彩灯照明、撒硫黄、松香熏火等方式，根据剧情制造出色彩都叫做彩。例如，在不经意间，被刀铡下的人头带着鲜血滚到当场；上吊的人脸会现出绿光，阴森可怖，台下人惊悚万分，有的小孩子吓得哭闹不停。做彩的技艺如同川剧“变脸”，密不许传。

道白　说和念也叫“道白”。有苏（俗）白、韵白、京白、疙瘩牙子、数不到头。道白，没有任何乐器伴奏，直言其事，有滋有味。有出场引子、座场诗、介场词。苏白指的是用苏州话道白或用地方语言；京白是用京腔京韵，比较简短，多用于“引子”、“座场诗”，上场用几句话概括下来说清原委。韵白带韵味，有武场配合。疙瘩牙子是带戏曲韵味的快板，说起来如行云流水，怪味四溢，一般是丑角的拿手好戏。念还包括书信、诵经。

做和打　“做”有吹缕鬓顺须、提衣弹尘、吹胡子瞪眼、马兰梢子、回踅子、走八字、朝天蹬、甩袖、甩发、走圆场等动作。“做”要讲究动作协调，手到眼到，柔如猫、刚如虎、扭如蛇，眼力乖滑、手脚麻利。有的动作细密，逼真实在，有的却是点到为止。

俗话说：“三个好汉子也打不过一个赖戏子！”“打”的基本动作有二踢蹦子、五脚操、四门斗、七杆子、杀过河、单刀破枪等等，难于细描。

唱 唱的宗旨是“想情做戏，拿腔作调”；讲的是“提”、“沉”、“吐”、“纳”；有“明气”、“暗气”、“就气”、“随气”之说；还有“外音”、“内音”、“含音”、“猛音”之术；也分真嗓、假嗓。关键在于运气自如，用气有继，要经常拔嗓子，做到字正腔圆，才能达到一个山梆子名角儿“翠山落叶”的基本标准。如唱中断音，俗称叫“跳溷子（混音）”；忘了唱词称“打失克”。山梆子唱腔板式有尖板、暗板、导板、流板、二板、慢二板、扫头、还魂片子、乱导板……各种板式的配合，有曲有折，有紧有慢，唱到妙处如小溪漂叶，如波涛汹涌，一个动作的精妙处可使人一生难忘。

燕歌　号称南腔北调，有九腔十八调之说。九腔有普腔、逗腔、哭腔、托腔、起腔、高腔、干腔、快腔、尾腔；十八调有引子、娃娃（男女）、水戏（胡音）（男女）、大头板（男女）、二板、快三、溜板、二板起腔、大青杨子、二青杨子、山坡羊（也叫鹧鸪天）、还魂片子、哭弥子（男女）、秃爪龙、桂枝香、甩泡、离家乡、莲花落（男女）、哀叹调、思佳客等，不能尽书。演唱形式有小团圆、大团圆、出场引子、座场诗、行令、灌口袋等。曲牌中“山坡羊、行酒令、桂枝香”，辞令乃元散曲格式，流行于明正德年间。

抓词　村戏广为人知，有曲，有白，在诸多戏词中文韵较高。如在表演中忘词，临时无招，就要“抓词”。一次唱花旦的忘了词，台下说：“你不会唱就回去吧！”“回去就回去，戏台又不是你家的，盖戏台的时候，我还崴过两锹泥哩！”这叫“抓词”，还有的忘了词当台请教：“上台一时把词忘，哪个行家告诉咱？”真是灵机一动，还不失大雅。

俗　指表演过程中多用俗语。斋堂俗语多，请人叫唤人、吆呼；围裙叫护襟；男孩子叫小子。村戏在戏文中有文学写作、描绘、俗语影射，还有白话诉说，有很大的自由性。如“树上落的是家雀（巧）子，地上走的是二嫂子，一镐子，二镐子，下去啄死二嫂子，打她为何？尽养活丫头，不养活小子。”充分体现了“俗”。随着时代的发展，这种重男轻女的戏文已经淘汰。

庄　戏中词汇，不加诋毁、勾画，直白其短。俗称“正经”。《大本》《水胡调·劝农桑》中：“大红袍好比天罗网，走朝靴好比陷人坑。乌纱帽好比量人的斗，白玉带好比捆人的绳，做官不如当民好，当民不如务庄好，草籽余粮打几担，春种秋收过光景……”戏中生角有“生在皇宫院，长在帝王家，饥吃鱼米饭，渴饮翰林茶。”充分体现自身的庄重和实情。在唱戏时字正腔圆，表现出了庄重认真的气度。

媚　指戏文突出体现生活中挑逗、酸腐之气，有诙谐和难登大雅之堂之意味。主要表现在彩旦、小生、小丑的表演上。如《卖水》中“戏嫂”一段：“我一十二岁把书念，直到如今无娶妻，闻听嫂嫂长得好，今夜我来陪伴你”。突显妩媚挑逗之气。活跃气氛，挑起激情，就是“媚”在戏中的价值。

（注：手、眼、身、发、步“五法”，“行不露（脚）趾，唱不漏（牙）齿”，属表演艺术，不便多叙）。

第八章　服装发饰

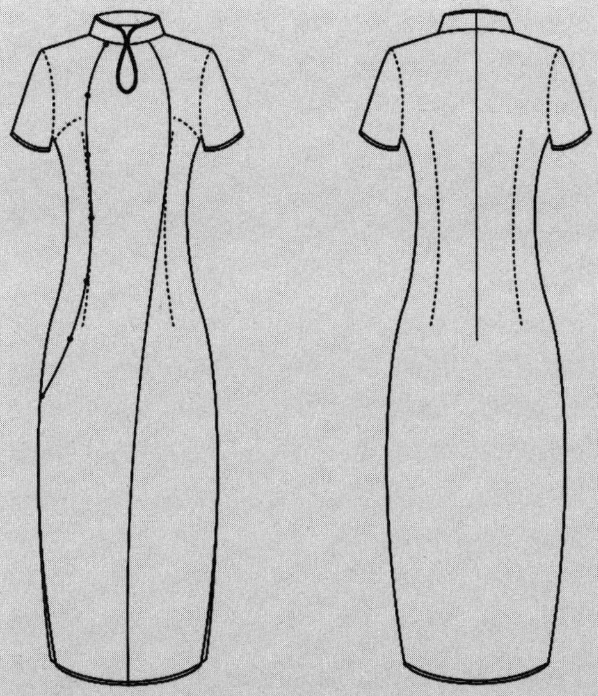

服装发饰不仅是一种身份地位的表现形式，并且是人们美学观念一个重要的表现形式。服装发饰具有实用性、观赏性、礼仪性和信仰性，对老北京人来讲，实用性第一，观赏性第二。衣服鞋帽的主要作用就是遮羞蔽体，但是随着整个人类的进化，一些服装发展脱离了实用的轨道，而日具艺术化，观赏性不断加强。

在历史上，北京人自恃生长在“天子脚下”，具有浓厚的正统观念，穿衣服讲究端庄得体，符合身份，并且有些保守，对新鲜事物接受得比较慢。例如南方沿海城市接受国外服饰款式比较早，可以使衣服随人体体型表现出人体的曲线美。而北京人对此的接受则有一个过程。从看不惯到逐步适应，再到逐渐接受，故而民间有“服装式样美，先南后北”之说。

一、服装

长袍儿

长袍儿原来是满族人民的传统服饰，是满族先民在长期山林狩猎生活中逐渐形成的一种长筒垂直的衣衫，圆领、襟右衽，下摆左右两侧开襟束腰，有扣袢、窄袖。这种衣服在行猎时，上马下马都很方便，登山、涉水时，只要把袍子下摆撩起来系在腰间，便可行动自如。

长袍有单袍、夹袍和棉袍之分，单袍不分男女，北京人统称为“大褂儿”。长袍在其流行的过程中有较大的演变。清初期的长袍又肥又大，长及脚面并且没有领子，穿时须另加领衣（满族服饰中的内衣），俗称“一裹圆”。此种服饰为满清官吏经常使用，无禊，后来成为满族平民所穿用的袍服。清晚期，长袍则演变成又短又瘦，并且加上了立领（这种立领长袍自清中后期开始穿，这种服饰的主流已经超过无立领的长袍），长袍大襟所遮住的部分称为“掩襟”，有长掩襟也有半掩襟。最初，长袍上都不带口袋。

民国以后，在长袍的掩襟上普遍安有一个口袋，便于盛放手绢等小物品（没有口袋时，手绢等小物品一般是放在左袖口内，走路的时候左手不垂放下来或是用手牵着袖口）。旧时，无论是商人、官僚、文人还是平民百姓，只要稍有些“脸面”的人，长袍是必备的服饰之一，老北京人春节拜年、走亲访友、出席正式的场合，凡是有条件人的都要穿大褂儿。

第一，大褂儿是礼服，特别是在一些重要的节日及重要的场合，更讲究穿用长袍。在老舍的小说《骆驼祥子》里，车厂主刘四爷过生日，“七十庆九”，是大寿，他要求在他过生日那天，车厂子里拉车的伙计，必须人人都要穿大褂儿，“谁要是短撅撅”的就把谁轰出去。

第二，长袍是身份的象征，过去凡是头面人物或有文化的人，尤其是被称为“先生”的人，例如：账房先生、教书先生、风水先生等必须穿大褂儿才不失身份。《龙须沟》里的程疯子，穷困潦倒，但是仍然穿着一件大褂儿，表明自己曾经是京城唱单弦的名家。

第三，大褂儿是一种工作装。一些大的买卖家，店员都是身穿大褂儿，青鞋白袜子，代表着铺号的脸面。

到了20世纪50年代中期，长袍儿才逐步匿迹。现在，只有曲艺演员在进行表演的时候，把大褂儿当成演出服装使用。

马褂儿

长袍、马褂是两种不同的衣服，但是却要配合着穿，长袍可以单穿，而马褂只能套在长袍的外面，后来逐渐进化，发展成了一种男人普遍穿用的“对襟袄”。

马褂儿对襟、平袖端、身长至腰，前襟缀扣襻五枚。马褂原为清代的“行装”之褂，后逐渐成为日常穿用的便服，清初马褂是没有立领的，到了清末才加了立领，至民国时期又升格为礼服，统用黑色面料，织暗花纹，不做彩色织绣图案。

马褂通常与长袍搭配着穿，套在长袍的外面。叫作“长袍马褂”，是清代最常见的男性便装。进入民国后，普通人在日常一般生活中马褂使用逐渐减少，若在长袍外罩马褂则是非常隆重的穿法，而蓝色长袍搭配上黑色马褂就是礼服了。国民政府于民国十八年（1929）公布的《服制条例》中，正式将蓝长袍、黑马褂列为“国民礼服”。

大襟袄

大襟袄是受清朝剃发易服政策影响的一种汉族上衣，形似剪短了的大褂儿。20世纪60年代以前普遍流行于北方地区，有夹、棉、皮之分。领呈条状，一般小襟在右，大襟在左，大襟从左向右覆盖小襟，一直伸到右腋下侧部，然后在右腋下系纽襻。多右衽，也有左衽者。扣缀于大襟边沿，扣门则在小襟与后襟结合处排列。袖筒从腋部至腕部渐呈梯形状。

中年妇女的大襟袄布料以亮色的扎染土布、蜡染布最为流行，老太太穿的大襟袄多以条状或灰、蓝、黑色布料为主。刚出生的小孩子也穿大襟红袄，只是襁褓中的孩子穿的大襟袄有讲究，上面有衣饰，后背缝一块长条红布，红布上再缀双钱图案和彩布条，意思是防小孩子长大撒谎。其两臂各缀“福手”图案和彩布条，前胸的大襟上也缝缀着双钱图案和彩布条，这些都是既起到装饰作用，又寓意着孩子长大后大福大贵。

对襟袄

对襟袄，指汉服上衣的一种式样，为男式上衣。款式为筒状，立式圆领，两襟相对，纽扣在胸前正中。下端大多有两个口袋，两侧各有一个10厘米的开气儿。对襟服饰开始的时候可能只是具备方便、实用等功能，随着服饰文化的慢慢发展，这种衣式上也出现了装饰。对襟袄分单、夹、棉三种，仅有一面布料的为单袄，夏季穿；外有面料，内有里子的为夹袄，春秋穿；有里有面儿，中间絮棉花的为棉袄，冬季穿。

对襟袄都是家做的，男女老少都可以穿。男式的夏季单衣用白色；夹袄面料用黑色，里子用白色。女式的夏季的单衣用白色、月白色、浅蓝色、淡绿色、淡粉色等；夹袄年轻的女人用花的、红色、粉色、绿色等鲜艳的颜色，特别是印花布、蜡染布的极为普遍。中老年的女人一般用深颜色。这种衣服在20世纪60年代以前，是北京普遍流行的服装。

老北京人管夏季穿的叫“汗禢儿”；管没有袖子，前后片只用两条布带儿相连的叫“汗落儿”；管夹袄叫“褂子”。还有一种大襟袄，是用白色“豆包布”（类似于纱布）做的，清爽柔软，通风透气，十分凉快，是老年妇女盛夏时穿的。

背心

这里所说的“背心儿”，其实就是“坎肩儿”，也叫“马甲”。源于汉代，汉末刘熙在《释名·释衣服》中称：“裆，其一当胸，其一当背也。”裆者即背心，这在王先谦的《释名疏证补》中讲得更清楚了：“案即唐宋时之半背，今俗谓之背心。当背当心，亦两当义也。”徐珂的《清稗类钞·服饰类》也说：“半臂，汉时名绣裙，即今之坎肩也，又名背心。”由此可见，至少在2000年前的汉朝背心就面世了。至清代，背心形制多样，有大襟、对襟、琵琶襟等，且男女皆可穿用。其中一种正胸饰一排13颗横纽的“巴图鲁（满语勇士）坎肩”，初用于朝廷要员，后也为一般官员穿用，士兵还将背心用作号衣。民国时期，劳动人民多将背心当作外衣穿，现代生活中穿用背心已十分普遍。背心一般按其制作材料命名，如皮背心、毛线背心等。它可做成单的、夹的，也可在夹背心中填入絮料，按絮料材质分别称棉背心、羊绒背心、羽绒背心等。

西装背心叫作“马甲”，起源于16世纪的欧洲，两侧开口的无领、无袖上衣，长度约至膝，多以绸缎为面料，并饰以彩绣花边，穿于外套与衬衫之间。1780年以后衣身缩短与西装配套穿用。西装背心现多为单排纽，少数为双排纽或带有衣领。其特点是前衣片采用与西装同面料裁制，后衣片则采用与西装同里料裁制，背后腰部有的还装有带襻、卡子，以调节松紧。

西装

西装又称作“西服”、“洋装”。在中国，人们多把有翻领和驳头，三个衣兜，衣长在臀围线以下的上衣称作“西服”，这显然是中国人民对于来自西方的服装的称谓。西装广义指西式服装，是相对于“中式服装”而言的欧系服装，狭义的西服指西式上装或西式套装。

西装之所以长盛不衰，很重要的原因是它拥有深厚的文化内涵，主流的西装文化常常被人们打上“有文化、有教养、有绅士风度、有权威感”等标签。西装一直是男性服装王国的宠儿，“西装革履”常用来形容文质彬彬的绅士俊男。西装的主要特点是外观挺括、线条流畅、穿着舒适。若配上领带或领结后，则更显得高雅典朴。在日益开放的现代社会，西装作为一种衣着款式也进入女性服装的行列，体现女性和男士一样的独立、自信，也有人称西装为女人的“千变外套”。

19世纪40年代前后，西装传入中国，留学的中国人多穿西装。1911年，民国政府将西装列为礼服之一。1919年后，西装作为新文化的象征，冲击传统的长袍马褂，中国西装业得以发展。

20世纪30年代后，中国西装加工工艺在世界上享有盛誉，上海、哈尔滨等城市出现一些专做高级西装和礼服的西服店，如上海的培罗蒙、亨生等西服店，以其精湛工艺闻名国内外。此外，中国西装制作形成了各种流派，较为流行的有罗（俄国）派和海派，罗派以哈尔滨为代表，制作的西装隆胸收腰，具有俄国特色；海派以上海为代表，制作的西装柔软、合体，具有欧美特色。1936年，留学日本归来的顾天云首次出版了《西装裁剪入门》一书，并创办了西装裁剪培训班，培育了一批制作西装的专业人才，为传播西装制作技术起了一定的推动作用。

“服装式样美，先南后北”，西服是先从海外传进沿海各大商埠，如广州、上海、天津，最后传入北京。北京的人口来自全国各地，由于着装习惯，审美观点不同，所穿的西服从款式到色彩都不尽相同。当时国内西服流行的有四大派别：即欧美派、苏俄式样的“哈尔滨派”、日本式的“东北派”、当地派。

北京在1937年“七七事变”以前，以及在沦陷的时期，一直是以“东洋（日本）派”的洋服为基本模式，对襟大开门的底摆呈半圆形。直到抗战胜利之后，才出现了双排扣、翘肩、卡腰的欧美式和海派西服。50年代后，又出现了大翻领、“小敞怀”、双排扣、前襟开门处尖底摆的苏俄式西装。

西服无论何种款式，均分为两件套（上衣、裤子）、三件套（上衣、裤子和马甲）和单上衣等。当年老北京以三件套居多。

晚清时期，革命党人为了表示反清排满，与清朝决裂，剪掉了辫子，脱下了长袍马褂，换上了洋服。一时间，许多留学生和青年知识分子纷纷模仿，形成了一种服装时尚。

五四运动之后，西装在人们的思想意识中产生了矛盾，人们一方面激烈地反对旧传统，要求改变象征旧礼教的着装；另一方面，西方列强总是欺负中国，中国人恨人及物，骂穿西服的人是“假洋鬼子”，“没有民族气节”。穿西装的除了少数上层知识分子、洋行经理、职员之外，就是日伪统治时期的亲日派——汉奸们。古老的北京仍然还是长袍马褂的天下。但是，不管社会上对西服怎样褒贬，西装在多数知识分子心目中，甚至是北京小市民阶层的人心目中，始终是“高人一等”的礼服。

新中国成立以后，虽然占服饰主导地位的一直是中山装，但西服并没有被否定。在1952年10月，“亚洲及太平洋区域和平会议”在北京召开，前来开会的外宾都要参加国庆观礼，于是北京各机关、学校、群众团体的领导都传达了国庆盛典筹备会的对服装要求的精神，要求参加庆祝游行的成员，改变过去那种清一色的着装，男的要穿西装，女的要穿色彩鲜艳的花衬衣、花裙子或花旗袍。

改革开放以后，随着思想的解放，经济的腾飞，以西装为代表的西方服饰又一次涌进中国，人们不再讨论它是否曾被什么阶级穿用过，不再理会它那说不清的象征和含义，欲与国际市场接轨的中国人似乎以一种挑战的心理，来主动接受这种并不陌生但又感到新鲜的服饰文化。于是，一股“西装热”席卷中华大地，中国人对西装表现出比西方人更高的热情，穿西装打领带渐渐成为一种时尚。

中山装

中山装是以中国革命先驱者孙中山先生的名字命名的一种服装，很多著名人物如毛泽东、周恩来、邓小平都经常穿着中山装。令国内外瞩目的“毛式中山装”实为中山装的改良款（毛式中山装最大的特点就是对标准中山装进行了简化，更加肥大、不太注重棱角、没有收腰，更随意一些。)。国外媒体将这种改良自“中山装”的款式称作“毛式制服”，在国内叫“人民装”。这种服装及其衍生的变化服装，成为20世纪80年代以前中国民众的主要服装样式。今天中国和朝鲜的领导人在一些重要场合也会穿中山装。时至今日，中山装更多代表的是中国共和与宪法精神。民革中央向全国政协十二届四次会议提案中，建议将中山装作为国家正式礼服。

关于中山装的来历有多种说法。

一曰：“满族衣着在有清一代，不但深刻地影响着整个中国各民族的衣着，而且为中国衣着现代化奠定了基础，如现代生活中流行的中山装是从马褂改进而来。”（《满族风俗志》）

二曰：“辛亥革命后，孙中山先生认为是该有一套代表本国气节的服装了，革命党人穿什么式样的服装是一个大问题，在广泛征求意见展开讨论的基础上，孙先生建议，穿广东便服，但是把直领改为翻领……”（《中国服饰大辞典》）

三曰：“这是一种基于学生装而加以改进的国产服装形制，因孙中山先生率先穿用而得名。”（《人类服饰文化学》）

四曰："孙中山先生亲自倡导的中山服，就是在尊重我国广大劳动人民穿短衣裤习惯的基础上，指示奉帮裁缝洋服商人黄隆生，吸收南洋华侨中流行的'企领文装'为上衣的基样而设计的。"（《中国服装史》）

五曰：1919年，孙中山请上海亨利服装店将一套英国陆军制服改成便装。这套便装在保留军服某些式样的基础上，吸取了中式服装和西装的优点，显得精练、简便、大方。由于孙中山先生的提倡以及他的名望，这种便装式样很快流传，经过不断修改，发展成为"中山装"，并成为中国男子普遍穿用的服装。

关于中山装的来历还有其他一些说法，如有的说是1912年在广州问世的，有的说是由日本铁路制服改制的，等等。

中山装就这样在1912年被定下了型，新中国成立后，由于革命领袖和革命干部都穿中山装，人民群众也以这种服装来表达对新时代的欢迎。于是中山装在社会上广泛流行，成为中国男装一款标志性的服装，即使是在如今的T型台上，依然能见到由它演变而来的时尚服饰。

中山装是中国现代服装中的一个大类品种。其上衣的左右上下各有一个带盖子和扣子的口袋，下身是西裤，具有我国民族的特点，穿着简便、舒适、挺括，在民国十八年（1929）制定国民党宪法时，曾规定，一定等级的文官宣誓就职时一律穿中山装，以表示遵奉先生之法。

中山装前门襟正中5粒明纽扣，后背整块无缝。袖口可开叉钉扣，也可开假叉钉装饰扣，或不开叉不用扣。明口袋，左右上下对称，有盖，钉扣，上面两个小衣袋为平贴袋，底角呈圆弧形，袋盖中间弧形尖出，下面两个大口袋是老虎袋（边缘悬出1.5—2厘米）。裤有三个口袋（两个侧裤袋和一个带盖的后口袋），挽裤脚。很显然，中山装的形成在西装基本形成上又糅合了中国传统意识，整体廓形呈垫肩收腰，均衡对称，穿着稳重大方。中山装自民国初年诞生迄今，一直是中国男子最通行和最喜欢穿着的服式。

中国的民主革命家孙中山先生是中山装的创始人。他这样改革衣袋，为的是要让衣袋放得进书本、笔记本等学习和工作的必需品，衣袋上再加上软盖，袋内的物品就不易丢失。裤子前面开缝，用暗纽；左右各一大暗袋，前面一小暗袋（表袋）；右后臀部挖一暗袋，用软盖。这样的裤子穿着方便，也很适用携带随身必需品。

当中山先生穿起自己设计的，也是世界上第一套中山装时说："这种服装好看、实用、方便、省钱，不像西装那样，除上衣、衬衣外，还要硬领，这些东西多是进口的（当时这些东西多从外国进口），费事费钱。”中山装由于具备好看、实用、方便等优点，所以一经孙中山先生提倡，就获到广大群众的欢迎。

作为中国新的民族服装。孙中山或国民政府阐述该服装的思想和政治含义：衣服外的四个口袋代表“国之四维”（即礼、义、廉、耻），前襟的五粒纽扣和五个口袋（一个在内侧）分别表示孙中山先生的“五权宪法学说”（行政权、立法权、司法权、考试权，还有监察权）。在领口（纽扣）和内侧（口袋），以彰显监察权的人民监督作用。衣领为翻领封闭式，表示严谨的治国理念；衣袋上面弧形中间凸出的袋盖，笔山形代表重视知识分子，背部不缝缝，表示国家和平统一之大义。

衬衣

衬衣是指贴身穿在里面的单衣，也称衬衫。最早源于1600年代后期的欧洲，1900年后，衬衣在世界各地流行。

衬衫款式历经多种样式及变化，在扣子还没被运用前，男人衬衫的衣襟是用绳子系住的，而这样的方法也被用于袖口上，当时好品味的男士总是花点心思让系着结的袖口露出来，演变至今，人们习惯将衬衫袖口露出西装外套。袖口结绳的花式则已被女性掳走。16世纪的英国还严令，只有贵族才能穿那种前襟具有褶裥设计的衬衫（类似婚纱照中男人的礼服衬衫），这些褶裥设计主要是用来遮掩纽扣，因为当时的人觉得有纽扣的衣服很蠢。18世纪，纽扣设计才得以重见天日，显露于衬衫上面。当时的衬衫多以亚麻布料缝制，而为了要避免让扣子赤裸裸地露在外头，便以同样的布料将纽扣包住，俗称包扣。衬衣是与西服一起传入北京的。

建设服

建设服流行于20世纪五六十年代，当时正是轰轰烈烈地建设新中国的时候，是广大工人的普遍装束，故名，服装结构与中山服基本相同，只是把外贴的口袋改成了内挖式而已，实际上是中山装的改良版。

列宁服

亦称“列宁装”。是新中国成立前根据地、解放区干部经常穿着的一种服装，新中国成立初期亦颇流行。列宁服多为蓝色，需系腰带，戴八角帽。

“列宁装”是列宁在“十月革命”前后常穿的一种服装，因而得名。它的式样为西装开领，双排扣、斜纹布的上衣，有单衣也有棉衣，双襟中下方均带一个暗斜口袋，腰中束一根布带，各有3粒纽扣。“列宁装”或多或少带有装饰性元素——双排纽扣和大翻领，腰带的作用有助于女性身体线条的凸显。最初“列宁装”本是男装上衣，在中国却演变出了女装，并成为与中山装齐名的革命“时装”。穿上“列宁装”这种公认的“苏式”衣服，显得既形式新颖又思想进步，一时成为政府机关女干部的典型服饰，因此又称为“女干部服”。

军便服

由军服演变而成的一种便服。立翻领（似中山装领型），前身上下左右有四只带袋盖的挖袋。特点是袋盖表面不露纽洞，在里面装纽攀，外观端庄、大方，且富有生气。多用咔叽布或粗毛呢制作。

十年“文革”期间，开始了“十亿人民十亿兵”的军便服时代。“文革”时期，最时尚的装束莫过于穿一身不带领章、帽徽的草绿旧军装，扎上棕色武装带，胸前佩戴毛泽东像章，胸前斜挎草绿色帆布挎包，胳膊上佩戴着红卫兵袖章，脚蹬一双草绿色解放鞋。除红卫兵外，工人、农民、教师、干部、知识分子中相当一部分人也穿起了军便服，服装市场也开始出售草绿色上衣和裤子。在原有的艰苦朴素、勤俭节约的思想风尚中，又增添了浓烈的革命化、军事化色彩。但是这种绿色与真正军装的“国防绿”颜色并不一样，偏黄一些。

早期学生装

孩子长大上学了，“男女授受不亲”，对于服装的要求就有规矩了。中国自古被誉为“衣冠上国，礼仪之邦”，“合乎礼”是中国传统服饰文化的生命线，“学生装”也不例外。春秋战国时期，孔子重视“礼”，授学时，要求学生青衣青帽，穿戴整齐，以示尊师重道。进私塾读书的孩子，因为成为“孔门弟子”，每天要给孔夫子的圣像或牌位行礼，一般不允许穿短衣服，而必须穿长袍儿，方为礼貌。上述民族传统式，成人化的童装，直到20世纪三四十年代还有其残余存在。出现了“洋学堂”之后，学校专门为在校学生订制的服装被称为“学生装”。在“洋学堂”里，夏天男孩子可以穿短裤，女孩子则不可以。

民国时期，学校开学的时候，要求新生由家长领着去参加开学典礼，学生的装束可谓是五花八门，有穿大褂儿的，有穿衬衫西裤的，有穿成人样式中式服装的，有穿皮鞋的，有穿靸鞋的，有穿布鞋的；女生有穿大褂儿的，有穿裙子的，有穿连衣裙的。大家都把自己最好的衣服穿出来，参加步入学校第一天的开学典礼。

市立小学通常在开学之后一个月左右，开始在服装上进行规范，“操衣”主要是给男孩子穿的，是男孩子的制服。这种制服是用灰色平面布制作的，上衣为小立领，胸前有一个小兜儿，下边两个大兜儿；下身是西裤，不挽裤脚。有一顶灰色的圆形帽子。灰色的“操衣”是由学校雇来的裁缝给学生们逐个量尺寸做成的，学校规定：（1）学生上学不得穿便装；（2）操衣外边不准再罩别的衣裳；（3）操衣不准与便装混穿；（4）男生不准留分头，女生不准留长发；（5）一律穿白袜子、黑鞋；（6）热天不得赤背，雨天不得赤脚。

男生一年四季都要穿这种灰色的“操衣”，对于女生则另有规定，春、夏、秋三季，女生为竹布对襟紧袖汗衫，黑色的裙子，在穿的时候要把裙子放在衬衫底摆的里边，冬天一律穿长及脚面的蓝色大褂儿，但用西式衬衫领，要求把穿在里面白衬衫的领子翻出来，覆盖在蓝色大褂儿的领子上。至于鞋袜则与男生相同。

童子军服装

童子军服装是民国年间的一种中小学生服装。童子军是近代资产阶级对儿童进行社会军事教育的组织，最先由英国军官贝登堡于1907年在英国南部多塞特郡勃朗海岛上建立，主要组织儿童过露营生活，进行烹饪、侦察、攀登等活动。不久，许多国家竞相仿效。从而成为一种世界性的组织。中国童子军是1912年2月25日，由湖北武昌绅商严家麟创始于武昌文华书院。他认为：“救中国非武力不可，而没有道德、知识及健全体格之国民，就不会有一个好军队。”基于此，他组织了许多有益青少年身心健康的活动，童子军的创办就是其中的一项。其后流播渐远，为各地所仿效。北京的童子军教育最初创设于清华学堂，时在1917年。不久，京师学务局颁发《京师童子军办法》，统一指导京师地区的童子军运动。

童子军的服装分为男女两种式样，但只是裤子与裙子的区别而已。在抗战前，童子军的制服一律用黄褐色的国产斜纹布制成，男、女上衣均为西式连领样式，两肩有肩章带，胸前有两个带盖的口袋，是用三条布带竖拼而成的。纽扣一律为古铜色，上面有“军徽”图案。冬、夏一律为长及手腕的紧袖口，男生春、秋、冬三季一律为紧腿的“灯笼裤”，夏天为短裤，1948年改为西裤，上衣底摆必须放在裤内；女生在抗战前，下身一律穿藏青色的短裙，仅长及膝盖，要求放在上衣底摆的外面。童子军上衣左袋上端有蓝底白字“中国童子军”的胸章，左肩肩章带上覆蓝底白字竖写的条形肩章，上写学校名。肩章下边是叠起来的彩色绸带。

童子军要系领带巾，这种领巾是一尺六寸正方形，对角分开为两种颜色，通常为蓝、白各半，或为红、白各半。根据不同的队别而定。其佩戴方法是：先将领巾放平，用白色当底衬，上面的蓝色或红色部分与白色部分分错开来，叠成蓝白或红白相间的领巾，围在军服上衣的领子下面，用特制的“领巾环”系紧。抗战胜利后，一般不再用领巾环了，而是与解放后少先队的红领巾系法一样。

童子军的军帽，抗战前一律为圆形的大檐帽，近似于太阳帽。帽子下面钉有半圆形套绳，不戴时，可以背着。抗战胜利后，春秋冬三季戴“国际帽”，戴在头上要略倾斜，帽子上有古铜色童子军军徽。

童子军腰间扎的是棕色的皮腰带，前面有黄铜的圆形皮带扣，上刻“智、仁、勇”字样，中间是一个军徽，皮带的两边各有一个小铜钩，一个用来挂小水碗，一个用来挂白色的法绳。手持一根直径一寸，长五尺的木质本色“军棍”。

无论男生女生按规定一律穿黑线长筒袜，穿黑帆布橡胶底的胶鞋。抗战胜利后，男女生均改为穿黑、白两色的高腰球鞋，男生还要打上黄色的绑腿。

现代学生装

新中国成立以后，学生装为深色衣服，上身有三个没盖的口袋，领子不向下翻，下身是西式长裤。夏天是白汗衫，蓝裤子。女生下身是荷叶裙。改革开放以后，学生装的样式异彩纷呈，欧式、日式、韩式，各种式样的都有。

1949年10月13日，中国新民主主义青年团（后改称中国共产主义青年团，简称“共青团”）中央委员会通过了《关于建立少年儿童队的决议》，第二年春天，北京市开始在小学三年级以上，初中三年级以下（9—14周岁）建立少年儿童队，1953年8月21日改称“少年先锋队”，简称“少先队”。5月至10月，男女生一律为西式白衬衫，深色（北京为蓝色）制服裤子，（夏天为短裤）。后来女生改为长及膝盖的裙子，色彩不限。1952年以后，改为花裙子，颜色各学校自己确定。校服与队服合二为一。

夹克衫

夹克衫是英文，原意可译为：短外衣、外套。最早（14世纪左右）是指身长到腰、长袖、开身或套头的外衣，可以单件，也可以是套装。随着时代的发展变化，现在这个名词是泛指各种面料款式的，各种用途的短外衣，休闲外衣。

夹克衫的特点是直领、下摆收缩，有束腰，收口收缩，两个斜插暗兜，穿起来精神、利落，便于活动。

缅裆裤

缅裆裤是中国的传统服装，是一种裤身和裤腰分为两个部分，裤腿儿很宽，裤裆很大，裤腰又肥又高，没有口袋的裤子，整体形状像一个“人”字。有单裤、夹裤、棉裤之分，由于前面没有开门儿，所以男女裤子样式相同，只能从所用面料的花色上来进行区分。男裤一般都是黑裤子白裤腰，女裤可以用鲜艳的颜色、如红、粉、绿等以及花布色，但也是布裤腰。由于没有裤袢，穿上之后要把宽大的裤腰缅起来。然后要用裤腰带扎紧，“缅裆裤”由此而得名。在20世纪60年代以前，普通老百姓无论男女都穿这种裤子。

西裤

西裤就是西装的裤子，在北京称为“制服裤子”。以前西裤都是和西装成套的。不过后来很多都是单独的裤子了。在很早以前，西服叫“西装”或“洋服”，是欧洲男士设计穿着的礼仪服装。后来随着国家与国家的交往逐渐传到中国，北京地区也就慢慢有了西装。因为一般我们都叫那些国家为西方国家，所以“西服”这个名词就产生了，意思就是西方人穿的服装。它的裤子也就叫“西裤”了。

西裤的外形为直筒型，并有明显的裤线，裤脚盖过脚面2—3厘米为宜（以免在走动时露出袜子的颜色）。男西裤前面有开门，女西裤开门在侧面。两侧各有一个斜插兜，男式的后面也有口袋，有的一个，有的两个。西裤宽松适度，在走路、上楼时既方便活动，又不显得过于松垮。侧面斜插兜的设计，使男士们随身携带的手机、火机、手帕有了安身之所。西裤穿着时可塑造沉稳、干练的气质；又可树立严谨、精干的工作形象。通常质料好、穿着舒适的西裤可以穿好几年。因为西裤可以批量生产，穿着舒适、方便，故而现在绝大多数人穿的裤子都是“西裤”。

背带裤

背带裤又称“饭单裤”或“工装裤”，是在普通的长裤或短裤上面，加一个护胸（俗称饭单），穿着时系用背带，不用腰带，故名。西裤中的背带裤仅为两根挎带相连，而在工装裤及现代时装中多有前胸补块。这种裤子不用系腰带，不仅适合搭配西服，用于工装，还适用于儿童和青年人穿。

小孩子在刚会走路的时候，解手不会自己脱裤子、系裤子，就穿开裆的背带裤。有一种背带的裙子，是20世纪50年代女学生少先队的队服。

短裤

短裤是遮盖下体至大腿的衣服，因比长裤短而得名，主要有内裤和外裤之分。其中外裤有男装或女装之分，短裤长短不一，有热裤、三分裤、五分裤等。

短裤的做法与西裤基本相同，只是裤腿变短了。外短裤原为男童服装，如今已成为女性的流行时装。穿着短裤的小孩（尤其是男孩）给人一种可爱、活泼的感觉。

中国古代称短裤为“裈”，其中内裤是穿在下裳之内的。内裤俗称“裤衩”，即贴身的下身内衣。不用腰带，而是用松紧带束腰，穿着舒适、随意、方便。其类型有三角裤、四角裤以及丁字裤。三角裤短小，呈“倒三角形”；四角裤宽松，穿起来没有束缚感，较三角裤舒服凉快，活动也较自在。部分男生甚至在非正式场合中，如卧室、宿舍或海边将“大裤衩子”当作短裤穿着。

丁字裤又称T型裤、G弦裤，是范围较小的三角裤，因形似“丁”字而得名。早期的丁字裤大多强调性感风格，后臀丁字部位的波浪蕾丝或超细松紧带，卖相妩媚，但也因此局限了消费人群。随着女性对于内衣穿着舒适度要求的提高，加上无痕内衣的流行风潮，使得素面丁字裤开始流行。继性感型丁字裤之后，强调无痕的功能性丁字裤，使得丁字裤市场大大提高。丁字裤是由于秀台上轻薄贴身服饰的盛行，由模特开始带动的。随着夏季的到来，身穿轻薄衣饰的时间增多，要求去掉尴尬痕迹的心理使更多女孩选择了丁字裤。丁字裤不再只是为了去掉尴尬，更多的成为一种性感的装饰。

外短裤也是被视为运动服、夏季校服或休闲服。在中国大陆，一般成人穿外短裤却被视为不礼貌，以至于现代一些高级场所仍然不接受穿着外短裤的人进入。

灯笼裤

灯笼裤指裤管直筒宽大，裤脚口收紧，裤腰部位嵌缝松紧带，上下两端紧窄，中段松肥，形如灯笼的一种裤子。灯笼裤大多用柔软的绸料或化纤衣料裁制，轻松舒适，给人以一种飘逸之感，多为休闲时穿着，适宜作练武术和练功等穿着之用，为练武之人的练功服装，灯笼裤一般只有黑、白两种颜色。

套裤

套裤实际就是一种裤管相对较短的男式外裤，只有左、右裤管，而没有裤腰和裤裆，穿着时用系带方式和裤带系结在一起。

满族人出征、行猎时，常在裤外再套一件裤子，俗称“套裤”。套裤用兽皮制作，后来改用布。套裤也是一种胫衣，这种服饰与宋代膝裤形制相似，无裤腰和裤裆，仅有两条单腿裤腿，不连接在一起，唯长度上移至大腿上位置，而不像膝裤那样仅处于膝下。套裤的每条裤脚形式上口尖，呈三角形，而下裤管平。套裤的上端钉有带子，穿时将其分别套在或绑在腿上，也有的用带系挂在腰带上，露出臀部及上腿后面上部。它的主要作用一是防寒。冬天出猎大多要穿上套裤。特别是老年人怕腿寒，每到冬天大多要穿上套裤。北方冬季寒风凛冽，袍服的下面容易进风，在腿部再套穿一层套裤，自然会加强腿部的防寒效果。二是干农活时穿套裤不磨裤腿，保护裤子和腿部不被划破划伤。这种套裤从清代流行到20世纪五六十年代，老北京冬季街上，经常可以看见穿着皮套裤或棉套裤的老年人，只是现在看不见了。

旗袍

旗袍，老北京也称其为“大褂儿”，是一种女性衣服。关于旗袍的来历目前有两种说法，最普遍的说法是：旗袍与满族男子的长袍来源相同，所以都叫“大褂儿”。后来逐渐分化开来，男性的大褂儿趋于实用性，比较宽大，女性的大褂儿变得合体，更注重观赏性。另一种说法认为，旗袍是由先秦两汉时代的深衣发展而来。

旗袍的兴起是在20世纪上半叶，由民国服饰设计师参考满族女性传统旗服，在西洋文化基础上设计的一种时装，是一种东西方文化糅合具象。在现时部分西方人的眼中，旗袍具有中国女性服饰文化的象征意义。在浓厚的封建礼教氛围中，想要妇女如现在一般外露曲线是不可能的。清代旗装的裁制一直采用直线，胸、肩、腰、臀完全平直，使女性身体的曲线毫不外露。尽管旗袍改于满族妇女的旗装，但旗袍并不是旗装。旗袍是带有中国特色，体现西式审美，并采用西式剪裁的时装。旗装是满族的民族服饰，大多采用平直的线条，衣身宽松，两边开衩，胸腰围度与衣裙的尺寸比例较为接近；在袖口领口有大量盘滚装饰。

民国初年，女子为寻求思想的独立和女权的解放，效仿男子穿长袍是一个重要原因。中国汉族女性自汉代以后，服饰逐渐只穿“上衣下裳”式，俗称“两截衣”，穿袍服几乎成为男性的专利。在民国建立初期的一段时间里，由于西方文化与思想的大量涌入，国家饱受列强侵略和军阀战争之苦，思想先进的年轻人积极学习西方，特别是女性勇敢地追求解放，是中国封建社会历史上从未有过的。当时爆发的“五四运动”“新文化运动”等以年轻人为参与主体的社会运动，为当时女性寻求思想解放和平等权利提供了巨大的推动力。

风行于20世纪20年代的旗袍，是由中国传统袍服在民国妇女，在穿着中吸收西洋服装式样，不断改进而定型的。从20世纪20年代至40年代末，中国旗袍风行了20多年，款式几经变化，如领子的高低、袖子的短长、开衩的高矮，使旗袍彻底摆脱了老式样，改变了中国妇女长期来束胸裹臂的旧貌，让女性体态和曲线美充分显示出来。青布旗袍最为当时的女学生所欢迎，一时不胫而走，全国效仿，几乎成为20年代后期中国新女性的典型装扮。

自30年代起，旗袍几乎成了中国妇女的标准服装，民间妇女、学生、工人、达官显贵的太太无不穿着。旗袍甚至成了交际场合和外交活动的礼服。后来，旗袍还传至国外，为他国女子效仿穿着。

30年代末出现了“改良旗袍”。旗袍的裁法和结构更加西化，胸省和腰省的使用旗袍更加合身，同时出现了肩缝和装袖，使肩部和腋下也合体了。有人还使用较软的垫肩，谓之“美人肩”。这表明女性开始抛弃以削肩为特征的旧的理想形象。这时旗袍已经成熟，已经定型，以后的旗袍再也跳不出30年代旗袍所确定的基本形态，只能在长短、肥瘦及装饰上作些变化。全世界女性们所钟爱的旗袍就是以30年代旗袍为典型的。而30年代的旗袍就是以“海派旗袍”为楷模的。1929年，受欧美短裙影响，原来长短适中的旗袍开始变短，下摆上缩至膝盖，袖口变短变小。后来又有校服式旗袍，下摆缩至膝盖以上1寸，袖子采用西式。1931年后旗袍又开始变长，下摆下垂。30年代中期发展到极点，袍底落地遮住双脚，称为“扫地旗袍”。原先能遮住手腕的旗袍袖子缩短至肘部。以后袖长越来越短，缩至肩下两寸，1936年后几乎无袖。

中华人民共和国成立之初，人们对衣着美的追求已完全转化成了对革命工作的狂热。旗袍所代表的悠闲、舒适的淑女形象在这种氛围里失去了其生存空间。

现在旗袍在北京女性，特别是中年女性当中是一种比较流行的服装，大多是改良旗袍，无论材质、样式都是丰富多彩，旗袍被誉为“中国女性的国服”。

裙子

裙子指一种围在腰部以下的服装，多为女子着装，是下装的基本形式之一。广义的裙子包括连衣裙、衬裙、短裙、裤裙、腰裙等。裙子一般由裙腰和裙体构成，有的只有裙体而无裙腰。它是人类最早的服装。因其通风散热性能好，穿着方便，行动自如，美观，样式变化多端诸多优点，而为人们所广泛接受，其中以女性和儿童穿着较多。

按裙腰在腰节线的位置区分，有中腰裙、低腰裙、高腰裙；按裙长区分，有长裙（裙摆至胫中以下）、中裙（裙摆至膝以下，胫中以上）、短裙（裙摆至膝以上）和超短裙（裙摆仅及大腿中部）；按裙体外形轮廓区分，大致可分为筒裙、斜裙、缠绕裙三大类。裙子一般采用轻薄的面料制作，颜色鲜亮，给人以一种美观、飘逸之感，深受女子的喜欢。

“布拉吉”是俄罗斯语“连衣裙”的译音，连衣裙是指吊带背心和裙子连在一起的服装，是裙子中的一类。连衣裙在各种款式造型中被誉为“时尚皇后”，是变化莫测、种类最多、最受女人青睐的款式。根据对象的不同，有童式连衣裙和成人连衣裙。在上衣和裙体上可以变化的各种因素几乎都可以组合构成连衣裙的样式，连衣裙还可以根据造型的需要，形成各种不同的轮廓和腰节位置，合身的连衣裙可以衬托出女生、女性的身材，特别对个子比较迷你的女生有种拉伸、变高的作用。20世纪50年代流传至中国。此阶段在中国大众的视野中，多是苏联画报、期刊和电影里面人物的着装和专门开辟的时装专栏，间接地影响着中国大众，身穿“布拉吉”的援华女专家则成了大众直接模仿的对象。

当时的中国女性服装除了原始的美化功能之外，还兼具表达政治倾向和社会主义国际阵容之间牢不可破的友谊的意识形态使命。这种连衣裙款式特点：宽松的短袖，褶皱裙，简单的圆领，腰际系一条布带。但由于布拉吉宽松肥大，布料颜色、花样比较单调（主要是碎花、格子和条纹），质地粗糙，对女性风采的体现有限。

婴儿服

婴儿服是指适合周岁以内婴儿穿着的服装，婴儿由于皮肤娇嫩，所以婴儿服装要求柔软、舒适、安全。从小孩儿尚未出生，家里就给他（她）准备好了出生之后所穿用的衣服。早年间的婴儿服是双大襟的小袄，俗称“毛衫儿”。衣领为僧袍式的大领儿，不锁扣眼儿，不用纽襻，腰间用一条带子捆扎。单、夹、棉各一件。开裆裤单夹棉各一件。其款式有普通中式裤、连脚裤两种。连脚裤是裤腿儿有底，连脚兜住。脚脖子处系以布带儿，成为裤、袜、鞋三位一体的衣服，俗称“连脚裤”。

小孩百天的时候，亲戚们还要给小孩儿送些衣裳，按照老礼儿，讲究“姑的鞋，姨的袜，舅妈的大哈拉”。姥姥送斗篷。小孩的家里给孩子做的衣服，讲究虎头鞋、虎头帽。希望孩子像小老虎一样生龙活虎，健康成长。

婴儿会走之后，男孩、女孩的衣服开始区别开来。男孩上衣为对襟的，女孩上衣为大襟的。裤子虽然还是开裆的，但是男孩裤子开裆大，女孩裤子开裆小。有的孩子穿连脚裤，脚上象征性地做成鞋的样子，刚会走的小孩子由于穿的是开裆裤，虽然是大小便方便，但是在冬天会很冷，于是就有了“屁帘子”。这是一种四方形的衣物，用带子扎在腰间，挡住屁股。“屁帘子”有棉的，有夹的。里面用质地柔软的布做成，为的是不磨小孩儿娇嫩的皮肤。外面则用不同颜色的小方布块拼接而成，这些碎布块最好是来自多个人家，据说是穿“百家衣”的孩子好养活。另外，这也是一件漂亮的工艺品。

秋衣

秋衣，就是秋天穿的，气温比较冷时穿在外衣或毛衣等里面，用来保暖用的舒适贴身的长袖上衣和裤子。尤其在北方地区，比如北京一般在秋天天气转凉时，穿一件外衣不够保暖，就在里面再添加衣服，所以就叫秋衣。秋衣基本属于内衣类，一般不外穿出门。简单来说就是保暖用的内衣，适合在家穿着或者加件外套。一般制作面料区分为全棉、人造棉、化纤等。秋衣的种类很多，现在大多是针织的服装，有些款式的秋衣也可以外穿，是春秋季的运动服。

绒衣

绒衣是指主要由聚酯制成的衣服，即可以穿在外衣内，是主要的冬季户外运动保温服装。随着纺织业科学技术的不断发展，大量化纤产品进入服装领域，解决了棉、毛等传统面料的弊病。先是使用聚丙烯面料，它的不亲水性使汗汽通过相当顺利，但是产生静电吸附皮肤，而且容易起球，于是改用聚酯纤维。由于保暖性好，年轻的小伙子有一套绒衣就过冬了。

毛衣

毛衣，即以机器或手工编织的毛线上衣和裤子。人类在原始生活中利用树叶、兽皮来蔽体，人们在渔牧生活中结网捕鱼，从而懂得了运用编织的技法编织衣服。随着文明的演进与科技的发明，人类不仅充分利用各类动植物等天然纤维编织出生活所需的物品，更研发出了多种化学纤维、矿物纤维，使人类生活更舒适便利。

棉衣

棉衣是为了御寒，中间絮上了棉花等保温材料的衣服。棉衣中有大量的棉花或者鸭绒，所以能吸收很多空气，而空气是热的不良导体，不容易与其产生热交换，人身上的热量就不容易散失了，人就会感到温暖，是人们的冬装。

棉衣的种类很多，面料有棉布的、绸缎的；填充物有棉花、丝绵、驼绒、羽绒等等。类型有大襟的、对襟的，制服式的。有穿在里面的贴身小棉袄，也有穿在外面的大棉袄。有带帽子的，有不带帽子的，有大领的，也有小立领的。20世纪中期，棉衣的种类很少，棉猴就是其中的一种。棉猴的帽子和上衣连为一体，轮廓很像一只俏皮的小猴子，是小孩子常穿的过冬棉衣。

皮袄

皮袄指用兽皮毛作为夹里的短上衣。多用山羊皮、绵羊皮或二毛剪茬、羔羊皮缝制。衣领常用羊剪绒、狗皮、狐狸皮等为之。一般做工较为精细，御寒性较强，男女皆宜。

用兽皮做衣服在我国有着悠久的历史，可以追溯到原始社会。《说文》曰：“古者衣裘以毛为表。”皮袄良好的保暖性是其他御寒衣物无可替代的，因而具有广阔的市场和强盛的生命力。随着社会的进步，皮袄从实用型逐渐向时装型发展，制作越来越精良，工艺越来越复杂。老北京有条件的老百姓，男人穿老山羊皮袄，女人穿羊羔皮袄，有钱人穿貂皮袄。

现代的皮衣是在皮袄的基础上，采用西方的裁剪技术和样式发展起来的，是采用动物皮经过特定工艺加工成的皮革做成的衣服，主要作用是防寒。皮衣采用的制作原料有牛皮、羊皮、蛇皮、鱼皮等动物皮。皮衣皮质柔软，没有残疵点，色彩均匀，没有明显色差，有光泽，颜色协调。

大衣

大衣是一种常见的外套，衣裡长过臀部甚至膝盖以下，具有保暖或美观功效。中国原来就有大衣，是汉族的一种传统服饰。在古代，大衣指古代女性的礼服，名词起源于唐代，沿用至明代。

老北京人管大衣叫作“大氅”，属于外衣的一种，特点是对襟大袖，整体宽大且有系带，只做常服穿着。现在所称的西式大衣约在19世纪中期，与西装同时传入中国。中国的第一件大衣是由“红帮裁缝”缝制，“红帮裁缝”发轫于清末民初，宁波作为当时最早与国外通商的口岸城市之一，不少裁缝曾为外国人（又称“红毛”）裁制过服装，“红帮”之名由此而来。而红帮裁缝最为出名的是制作西服，但是由于大衣和西服的工艺有相近之处，所以第一件大衣也是由红帮裁缝缝制的。大衣的面料有呢子、布料絮棉花的，现代又有化纤面料充填腈纶棉、太空棉、羽绒的，还有皮大衣，样式繁多。长短、肥瘦不一，有带帽子的和不带帽子的，随着社会的发展，男士大衣渐渐地淡出了人们的视野，“大衣”往往成了女式大衣的代名词，现在国内大衣以韩版、欧版为主要流行款式。

20世纪六七十年代，在“全国学习解放军”的影响下，当时社会上最流行的是冬季穿军大衣，不分男女，不分行业，都以穿军大衣为时尚。

风衣

风衣是一种防风雨的薄型大衣，又称“风雨衣”。风衣是服饰中的一种，适合于春、秋、冬季外出穿着。由于造型灵活多变、健美潇洒、美观实用、款式多变、携带方便、富有魅力等特点，深受中青年男女的喜爱，现在老年人也爱穿着。它的实用性无可比拟，在忽冷忽热最难将息的秋天，一件风衣随意穿脱，风雨无阻，既能伴你远行天涯，也能随手披来上街。

风衣起源于第一次世界大战时西部战场的军用大衣，被称为“战壕服”，其款式特点是前襟双排扣，右肩附加裁片，开袋，配同色料的腰带、肩襻、袖襻，采用装饰线缝。战后，这种大衣曾先作为女装流行，后来有了男女之别、长短之分，并发展为束腰式、直筒式、连帽式等形制，领、袖、口袋以及衣身的各种切割线条也纷繁不一，风格各异。风衣用料多样，高、中、低档面料均可。

兜兜

酷暑时节，有的人不穿汗褟（单上衣），而是穿兜肚。兜肚又名肚兜，北京俗称“兜兜”。女人的兜肚叫作“抹胸”，是女人的亵衣。“兜兜”是中国传统服饰中护胸腹的贴身内衣，汉刘熙《释名·释衣服》曰：“抱腹，上下有带，包裹其腹，上无裆者也”。

兜兜的下角有的为尖状，有的为圆形。兜肚上常有图案，有印花、有绣花，印花流行的多是蓝印花布，图案多为“连生贵子”等吉祥图案。

在老北京大部分地区，不论是庄稼汉、妇女，还是娃娃，一年四季祖祖辈辈都离不开兜肚。孩子呱呱坠地，母亲准备的第一件衣服就是红布兜肚；自此以后姥姥家、亲戚们年年孩子生日时都要给他（她）送兜肚；及至长大成人定了亲，新媳妇也要送兜肚……年复一年，日子变了样，但系兜肚的习惯却没走样。

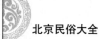

一块尺把长的菱形布，绣上花草图案、麒麟送子、五毒艾虎等吉祥图样，上端缀个套环套上脖颈，下面两头束带齐腰束住，一年四季不离身。后脑勺留一撮“长命毛”的孩子，光屁股套一红兜肚，活泼可喜，不用担心肚寒；庄稼汉们小憩田头，烈日之下，脱掉外衣，露出精美的兜肚，既有一番情趣，又炫耀了自家媳妇的女红；媳妇们穿上兜肚，给孩子喂奶不用担心肚子受寒……确实，兜肚既是美观的装饰品，又

是和胃暖肚的保健品。

幼儿服

幼儿指一岁以上的孩子。已经能够行走，并在大人的教导下能够自己吃饭了，到了这时候，所穿的衣服就区分男女了。习惯上，无论冬装、夏装，女孩儿都要穿颜色鲜艳的衣服或者花衣裳；男孩子大多穿白、灰、蓝、黑等素色的衣裳。到了冬天，男孩子穿小棉袄、棉裤，有钱人家穿大棉袄、小棉袍。女孩子穿花棉袍，围个两头儿带穗穗的红绿围脖儿，就像成年女人那样。

小孩儿在夏天穿白布汗褟，有小立领、挖领（无领）等样式，有大襟的也有对襟的。不锁扣眼儿，而是钉上“算盘疙瘩”，襟下有两个贴片的明兜儿，有长袖的，也有短袖的。朴素简洁，老幼通用。

幼儿服装的特点就是五彩缤纷，颜色鲜艳，可以做出许多花样儿来，例如做成老虎、小兔子、小猴子、鲜花的造型，孩子穿上显得活泼可爱。

围嘴

围嘴儿就是儿童用来围在胸部的布，常系于脖子周围，以保持衣服的干净。从第4个月起，有的宝宝就会开始长牙了。由于宝宝的唾液分泌增多且口腔较浅，加之闭唇和吞咽动作还不协调，宝宝还不能把分泌的唾液及时咽下，所以会流很多口水。这时，为了保护宝宝的颈部和胸部不被唾液弄湿，可以给宝宝戴个围嘴。这样不仅可以让宝宝感觉舒适，而且还可以减少换衣服的次数。围嘴儿一般用吸水性强的棉布、薄绒布或毛巾布自己制作，宽约半尺，巧手的女人可以把围嘴儿做成荷叶形、喇叭花形，既美观又实用。

套袄

套袄又叫罩衣，是给小孩子穿的一种外衣，是一种单衣，前面是整片的，袖子带缩口，套袄的开口在身后，不用扣子，而是缀有带子。前面有一个小口袋，可以装个小手绢。小孩子吃饭洒汤漏水，经常会把衣服弄脏。特别是在冬天，如果把棉衣弄脏了，拆洗一次很麻烦，所以要给孩子套上一件罩衣，脏了就脱下来，好洗好干。

哈喇是罩衣的一种，只有前片，没有后片，没有袖子，只能罩住前胸和腹部。上面有带子，可以套在脖子上，也有跨栏儿的，套在双肩。腰部有带子，护住身前部分，可以系在身后。

屁帘子

屁帘子是北方小孩子在开裆裤时外面加的一种棉布做的帘子，有两个带子系在腰上，防止露出的屁股受凉。解手的时候把屁帘子撩起来，很是方便。屁帘子为双层的，里子用柔软的布，防止磨伤小孩子娇嫩的皮肤。外层用多种颜色的小布块儿拼接而成，这些小布块儿最好来自多家，老人说，小孩子穿“百家衣”好养活。

工装

简单地说，工装就是为工作需要而特制的服装，不同的工种，服装样式也不相同。早年间，老北京男人服装的基本模式就是长袍马褂，当时各种行业的工装大多是以此为基础改变而来的，有的甚至基本不变。

（1）当年的老北京，凡是站柜台的伙计（店员都是男性），一律以长袍作为外罩（冬天为深色，春夏秋为浅色），头戴瓜皮小帽（帽头儿）。裤腿儿一律扎着腿带子，白布袜子（或粗线洋袜子），脚上是双脸儿青布鞋或圆口青布鞋。无论布铺、绒线铺、南纸店、香蜡铺、茶叶铺、饽饽铺……几乎都是如此。例如话剧《茶馆》里掌柜的王利发就是这种打扮。再例如创业于清光绪六年（1880）北京朝阳门外永兴斋饽饽铺的店规，第一条就是“伙计必须剃光头，工作时必须戴帽头、穿布鞋、布袜打绑腿”，以示礼貌、卫生。只有那些容易沾染油污的行业伙计，比如油盐店、油酒店、猪肉杠等伙计的身上才加上围裙，胳膊上戴套袖，脚上加“鞋护”（袜苫儿）。

（2）有的行业从业人员本来就其所从事的工作来说，穿长袍很不方便，例如民国初期，北京汽车行的汽车司机，只要是“出车”，就必须要穿上长袍（不允许穿短装）。年轻的在长袍外面还要加上青布坎肩，头戴礼帽。当年这种打扮的人还有宅门儿的厨子、听差、使唤小子等，都要身穿长袍、青坎肩、青布圆口鞋、白线袜子，头戴帽头儿或者礼帽，这样才是规矩的、礼貌的，否则就会被认为是“不成体统”。

（3）厨子是灶上掌勺的大师傅；“油行儿”是给厨子打下手的小工；茶坊是红、白棚里打杂的。厨、油、茶这三个行业虽然都要与油污打交道，但是也要穿长及膝盖的半大长袍，俗称“中褂”“短大褂儿”，头戴帽头儿。厨、油两行在操作中加上束腰围裙、套袖。茶坊稍微干净一点儿，身穿干净的“中褂”，照例要将中褂与里面穿的白色小褂的袖头一齐挽上三四寸，再掖上两张手纸。下身穿青布中式裤子，绑上腿带子，白布袜子，青布鞋，头上戴个小帽头儿，胳肢窝夹块铜茶盘，肩膀上搭块白毛巾，显得干净利落。

（4）有的服务行业是笨重的体力劳动，例如搭棚的棚匠，老北京有棚铺专门给办红白喜事的人家在院子里，用杉篙、苇席搭棚，以避风雨、烈日暴晒。从事这种行业的人称为“棚匠”。他们在工作中，根本就穿不了长衣裳。可是在街门拜见主人和完工后向主人交活儿的时候，也要换上大褂儿，以示礼貌，只有在干活儿的时候才穿短衣裳。

（5）拉洋车的和三轮车工人春、夏、秋三季都是穿短装，外罩蓝布白字的“号坎儿”，上面有与车号一致的号码。冬天的时候有的是穿一件大棉袄，有的是老山羊皮袄，用以御寒。不穿的时候，给坐车的客人盖腿和脚。掏大粪的“粪夫”与车夫一样，也要穿蓝布白字的“号坎儿”，车夫、粪夫都是以毛巾包头，冬季戴毡帽。

（6）过去，北京城里大多吃井水，街上有“井窝子”“水房子”，有人在这些地方买了水，然后推上水车走街串巷去论桶外卖，从事这种行业的人称为“水夫”，由于多为山东人，故而俗称“山东三哥”。他们穿中式的短衣裤，扎腿带子，用毛巾包头，脚上穿蓝布纳帮的靸鞋。

（7）澡堂子里除去收钱的“账桌先生”之外，所有的“伙计”（包括修脚的、剃头的）无冬历夏都是穿一身儿漂白布的中式裤褂儿青鞋白袜子，看着就那么干净。

（8）清朝末年，北京出现了机械化生产的工厂，出于安全和生产需要的考虑，工人的服装都是短衣裳，不得有散露于外的衣襟、袖口，免得被卷入机器里而发生人身事故，并且防止污染内衣和身体。这种工作服多采用坚固耐磨的帆布、水龙布，多为耐脏的深蓝色、黑色，款式上采用紧身、卡腰、护胸、紧袖、紧腿等形式。这样才能够使操作者穿起来不仅显得利落、精神，而且便于工作和安全。

（9）20世纪三四十年代，常见的新式“工作服”基本上有三种：一是三紧式夹克上衣，西式筒裤；二是三紧式夹克与裤子连为一体的大连衣裤，都由蓝色的厚料制成，大多用于重工业；三是用于轻工业的工装裤，即背带裤子。机械制造、修理等行业工人上身加三紧式夹克，轻工业工人上身穿衬衫，下身穿背带裤子，把上衣掖在裤子里面。裤子前面有兜儿，便于存放工具。

（10）早年间石景山、海淀一带有许多人家养着骆驼，把门头沟的煤驮运到城里去卖，这种人俗称“拉骆驼的”。拉骆驼的搞运输需长途跋涉，身穿光板的老羊皮袄，缅裆棉裤，头戴毡帽或者狗皮帽子，脚下都是穿一双结实的“山鞋”，俗称“踢死牛”，即实纳帮的布鞋，鞋底上钉有6枚大铁钉子，前掌、后跟儿各3枚，走起路来后跟总是拖地作响。

（11）卖干鲜果品的小贩穿的衣服是短棉衣棉裤，里边没有衬衣，城里人管这叫作“光板儿棉袄”。为了使棉袄贴身儿，腰里都扎一根骆驼毛的绳子。他们从山里到平原来，脚底下穿的都是结实的“老山鞋”。把干鲜果品装在篓子里，背着运到集镇或北京城里去卖。

（12）煤矿工人旧时称为“煤黑子”“走窑的”，生产环境极为艰苦。由于煤窑井下通风不畅，温度较高。人一动弹就出汗，早年间井下工作时，有的穿一件裤头儿，有的则是赤身裸体。后来有了电力风车，井下通风条件有了改善，工作室才穿衣服。解放以后，政府关心煤矿工人，发放留给工作服。开始时是青布蓝布的，后来改为蓝色劳动布的，改革开放以后改为了牛仔布的。安全帽从白布的、柳条的、塑料的，到玻璃纤维的，逐步发展改善。

（13）过去永定河上有许多渡口，春末夏初搭有木板桥，夏秋季用渡船，冬季行人走冰面过河。初春时节，在不是渡口的地方，有一种“背梢工”，赤身裸体，在水浅之处背人过河，如果客人是男人，就叫他把浑身衣服脱光，背梢工一只手举着衣裳，一只手牵着行人过河。如果是女客，背梢工就让她趴在自己的背上，再用双手托住她的膝盖，把客人背过河去。到了对岸之后，背梢工背过身去，把手伸向后面，向客人要钱。俗话说“有礼的街道，无礼的河道”，背梢工虽然赤身裸体，但是必须要背对着女性客人，女客人也并不嗔怪。就是这种工作，谁也没有办法，当地就是这种风俗。

乞丐服

乞丐俗称“要饭的”，他们自称是“杆儿上的”，即使穿得再破，除了孩子之外，也要穿大褂儿。尤其是遇到有办红白喜事儿的人家、正月初六买卖开张，乞丐们前去“唱喜歌”，讨赏钱，还要把破旧的大褂儿洗干净一点儿，把破洞缝补一下，尽量地打扮干净整齐一点儿，以讨掌柜、东家的喜欢。

家常服装

家常服装是指人们在家里、庭院里、胡同里、小区里、村子里，总归是家门口儿穿的衣服，与礼服、正装、工装不同，穿得比较随便、舒适。

比如帽子，既然是在家里，那就没有必要戴正式的官帽了，一顶便帽就可以了。老北京的便帽，无论老少也无论尊卑都可以戴，这种帽子由6块同质料子拼制而成，据说早在明代初年，就因为它有天地四方的“六合统一”的意思而盛行于京城。

穿衣服也没有必要穿长袍马褂，或者是西服那么正规了，什么舒适、方便就穿什么，一般都不穿长衣服了，而是穿短衣服，类似于现在的休闲服。

罩衣

罩衣简单地说就是为保护其他衣服而穿的外衣，也名罩褂，穿在短袄或长袍外面的单褂。大人穿的罩衣与小孩子穿套袄的样式很相似，但不同的是小孩子穿的套袄只保护住上衣，大人穿的罩衣长及腿部，连裤子都要遮住。罩衣多用于家务，很多人在洗衣做饭、打扫房屋时穿。罩衣也可以当工作服，对罩衣之内的服装进行保护。除了个人家庭的使用，罩衣还广泛用于医院的手术室、食品行业、餐饮、美发、印染、洗车、清洁等行业。

喜服

青年男女结婚时穿的衣服称为喜服，这种衣服要突出“敬天地尊长亲、礼宾朋”、求吉利，烘托喜庆气氛的特点，客观上也起到了炫耀自家门第的“天恩祖德、功名富贵”的作用。

传统婚礼十分烦琐，每个礼仪环节（从男方提亲、放定、通信、过礼到迎娶中的洞房礼），新郎、新娘、娶亲的官客（男人）、堂客（女人）、男女知宾（礼宾人员），以及前往贺喜的亲友们，所穿所戴都有一套长期约定俗成的规范。

民国以后逐渐兴起了新式的“文明结婚”典礼，但是有个演变的过程，民国初年，从新郎、新娘、证婚人、介绍人、主婚人以及其他司礼人员的服饰来看，乃是新旧参半，中西合璧。到了20世纪30年代，“文明结婚”的新郎的服装有两种，一种是新郎穿西式大礼服，身穿西式燕尾大礼服、白衬衣、黑领花、白手套、高筒礼帽、白袜子、黑皮鞋。在礼服左上小兜掖一块折成三角形的白手帕，并佩戴一串白色的茉莉花，谓之“挂花儿”。女子穿白色的婚纱，高跟皮鞋。

另一种新郎礼服为中西合璧。身穿蓝色缎子长袍，外罩黑缎子马褂，脚上穿白线袜子，青缎子或礼服呢圆口布鞋（如穿西裤则穿皮鞋），头戴礼帽。马褂对襟二扣的左边佩戴红绫裱褙的大红牡丹花一朵，下缀红绸条，上面烫金字“新郎”。

新娘为白色软缎的礼服长裙，直垂脚面，头戴珠冠花环，身披4米以上的白色罩纱，戴白手套，执手花，脚穿高跟皮鞋或白软缎绣花儿鞋。

驾衣

驾衣是婚丧典礼中打执事和吹鼓手等人临时穿的衣服，由喜轿铺、杠房、响器铺统一置办，有固定的样式、规格、颜色和图案。

在婚嫁礼仪中，抬轿子的轿夫一律穿大襟蓝布中褂（即长及膝盖的短大褂），白色的挽袖。夏天，腰里扎一条青丝线的凉带，头戴“纬笠”，即白色蘑菇形的凉帽，上缀红羽缨子。秋、冬季腰间系青搭帛，春、秋，头戴青咯喇呢或大绒边的秋帽。迎娶仪式中的吹鼓手一律身穿镶有红光，上绣金色双喜字的对襟绿色夹衣，腰间扎有宽条的红搭帛（上绣喜轿的字号），土黄色的套裤。春、秋、冬三季，一律头戴青大绒边的红缨帽，夏天则戴红羽缨白壳的“纬笠”，足蹬青缎靴。

在丧葬礼俗中，抬灵柩的杠夫一律身穿大襟的“中褂”，衣襟长到膝盖。在清代时，普通老百姓的葬礼，通常穿黑衣服，民国以后，改成了绿色。如果出大殡，一班用深绿色，一班用深蓝色。如果是三班，那就再添一班青色或白色的。杠夫的驾衣上印有轮形的图案，表示灵车。杠夫下身一般都穿土黄色套裤或灰套裤，只有西城同顺杠房的杠夫穿大红套裤。杠夫不论春夏秋冬，一律头戴黑色的毡帽，俗称“黑面饼”。丧事中的执事夫、吹鼓手，一律都穿对襟的绿驾衣，镶着白光，绣上蓝色圆形寿字。腰间系白搭帛上绣蓝色的长寿字。春、秋、冬三季，头戴去掉红缨子的青官帽，夏季戴没有缨子的白“纬笠”。民国之后，改戴黑毡帽。

孝服

过去，家里老人亡故，子女以及比死者年轻的平辈之人，无论男女都要按照“五服”为死者穿孝。父母亡故，子女要穿重孝，大领长袍，不锁边儿，不钉纽扣只用飘带。当年，外地的孝服是穿粗麻布的长袍，头戴麻冠，脚穿草鞋。但是在京城里的旗人都是穿极粗的白布毛边孝。满、蒙旗人穿青布鞋。汉军旗人都是穿临时绷上白粗布的鞋，清代时，官宦人家冬天在孝服外面反穿羊皮褂子，夏天戴白色纬笠（凉帽壳），冬天戴青官帽，必须都去掉红缨子。脚下无论春夏秋冬一律都穿青布靴子。

汉人的孝服比旗人略重，冬天戴白色官帽，或口袋底式的白布孝帽子，帽子的前面有铜制钱，儿子钉一个，侄子钉两个，孙子钉三个（有的地区是反过来的，儿子钉三个、侄子两个、孙子一个）。脚上穿白布靴子或白布鞋。通常是把粗白布绷在鞋帮上。男孝属腰系孝带，女孝属头围“麻花包头”，和“搭头布”。

夫妻之间的孝服称为“义服”，夫死妻子给丈夫穿的孝和儿女给父亲穿的孝相同。汉人妇女丧夫守孝三年后，不再嫁，从此素服守寡。女婿为岳父母穿孝，一般是穿小绒花漂白布的孝服。

“补丁”是亡者接辈人——孙子、孙女、重孙辈、外孙、外孙女、重外孙辈在孝服上的标志，其形式和所用颜色各有不同。爷爷（姥爷）死，钉在左边；奶奶（姥姥）死，钉在右边。孙子孙女在白孝袍的肩上钉一块“红补丁”，重孙钉两块。外孙女在白孝袍子肩上钉一块“蓝补丁”，重外孙辈钉两块。

民国期间，民国政府公布了《服制令》，丧服是，男孝属左臂围黑纱，女孝属在胸前缀黑纱结，但社会上多数人依然遵照过去的礼法穿孝服。新中国成立以后，这种佩戴黑纱代替穿白色孝服的形式才逐渐被人们接受。

寿衣

“寿衣”即是寿终之衣，即给死人穿的衣服，寓为健康长寿之意，俗称“装裹”。寿衣大多是亡人生前或临终前准备的，也有死后赶制的。一般平民百姓都是自己家里人缝制的，甚至是亡人生前给自己准备下的，有钱人家则是到寿衣铺去选购。凡是省钱置办下的，一般都要找个有闰月的年，在闰月里去置办，意思是哪年哪月也用不到这身寿衣，既然是这样，那就长寿了。

从寿衣的穿戴中，充分体现出了人们对死者的尊重，以及对他（她）来世好运的祈愿，同时也感受到了深厚的传统文化以及宗教思想对人们日常生活习俗的重要影响。

二、鞋

鞋子有着悠久的发展史。大约在5000多年前的仰韶文化时期，就出现了用兽皮缝制最原始的鞋。鞋的产生与自然环境、人类的智慧密不可分。远古时代，土地的高低不平，气候的严寒酷暑，人类本能地要保护自己的双脚，于是就出现了鞋：简单包裹脚的兽皮、树叶，便成了人类历史上最早的鞋。鞋子发展到现在，就形成了现在这个样子，各种样式功能的鞋子随处可见。

汉代布帛鞋的鞋头多呈分叉状，底用麻线编织，称之为双尖翘头方履；魏晋时期，一般鞋的前端织有双兽纹饰，配色和谐，鞋式优美；北齐时，上至天子，下至百姓流行穿屐，所谡屐，指有木齿的鞋，由扁、系、齿三部分组成。

宋代男性穿多小头皮鞋，女性所穿的鞋多为圆头、平头或翘头，上面也饰各式花鸟图纹。

明代男鞋多以厚实为主，质料样式多样，一般北方多穿菱纹绮履，江南多着棕麻鞋；此外，元末明初还流行鞋头高耸、鞋底偏厚的女式布帛鞋。使人显得格外修长。

清代男鞋以尖头鞋为主，其材料夏秋用缎，冬则用绒；其有厚底薄底之分，面作单梁或双梁，鞋帮有刺花或鞋头作如意头卷云式；清代的女鞋颇具特色，鞋底多为木质，高一寸至五寸不等，其底形为上宽而下圆，称之为“花盆底”，此鞋的鞋面常以绸缎所制，上施五彩刺绣，贵族妇女有的在鞋面上还镶嵌各种珠宝。老年妇女则多穿木制平底鞋。

“高跟鞋”的来历众说纷纭，也有人说高跟鞋源于中国。六朝时已有高跟木屐。满族妇女古时所穿旗鞋，有的跟部中央高达五寸以上。

“靴”原为中国北方游牧民族所穿，又称“马靴”和“高筒靴”。靴的样式有旱靴、花靴、皮靴、毡靴、单靴、棉靴、云头靴、鹅顶靴等。

南北朝时期，靴在北方广泛流行，且流行到江南；唐时靴已官庶咸宜；宋代始出现女靴；元代盛行高丽式靴；明代虽朝廷下令禁止庶民百姓穿靴，但仍出现了许多似靴像履的短筒靴；清代男子着便服以鞋为主，穿公服才着靴。靴多以缎、绒、布皮为材料，朝靴为方头靴，民间皆为尖头靴。

中国缠足始于南唐，俗称“三寸金莲”，鞋形似翘首的鸟头，鞋底为木质，弯曲如弓，故称“弓鞋”。弓鞋原本指弯底鞋，后泛指缠足妇女所穿的小脚鞋子。

元明两代有规定，只准有钱人家的女子缠足。这一时期的弓鞋多4—5寸高的鞋底。到了清代，汉族女性的“三寸金莲”深得满族妇女的青睐。清政府多次禁止旗人缠足，但屡禁不止，许多旗女仍仿效不疲，缠足之风极盛。弓鞋式样多，有眠鞋、换脚鞋、尖口鞋、踏堂鞋、网子鞋、莲鞋、棉鞋、套鞋、丧鞋、坤鞋、合脸鞋等数百种。考究的弓鞋在鞋头、鞋底、鞋里和鞋帮上绣满了各种吉祥的图案，有钱人家的女子的弓鞋跟上还加缀明珠等饰物。

在中国，凉鞋最早是由拖鞋演变而来。拖鞋，始于汉代。随后，相继出现了麻凉鞋、布凉鞋、皮凉鞋。古人在凉鞋上绣以龙凤等吉祥图案，有的甚至饰以珠宝。

布鞋

老北京布鞋是指北京产的布鞋，是北京特产之一。以北京布鞋为代表，是中式文化的典型代表。老北京布鞋承载着中国的民众文化，有史料记载始于山西平遥，后有鞋匠借助山西平遥精湛的手法工艺、高超的制作流程、优质的服务、高品质的布鞋，并结合当时老北京布鞋的优势，在京城将老北京布鞋广为推广，闻名于京城，这也是老北京布鞋的前身。

北京的千层底布鞋以“内联升”制作的最为有名，首先是选料精良，鞋面必须用当时南京特产的上等贡缎，缎料厚实，色泽黑亮，不易起毛。礼服呢则是美国、法国等国的进口货，就连鞋里儿也要用日本进口的“亚细亚”牌儿的漂白布，甚至做鞋底的袼褙都用本色的新白布，不用杂色的布。其次是精工细作，一双千层底每只底子的层数都是“前六后八”，即前面六层底子，后跟稍高，用八层，每层之间还有“垫心”。这种鞋底如果以布计算，达三四十层。纳鞋底子时，要求麻绳粗、锥子细，这样纳起来虽然费力，但能勒紧，结实耐磨。针码横竖成行，每平方寸纳81针以上，一双普通的男鞋要纳4000多针，一个技术熟练的壮年妇女，从早到晚，最多能纳上一双。纳好了的鞋底还要泡在七八十摄氏度的水里盖上棉被，闷软浸透，然后捶平，整形晾干，鞋底才算是制成了。在缝纳时，要求绢鞋口宽窄一致，粘鞋帮平整挺括，粘鞋绷楦四边平整，讲究“清水刷边”。当年大凡是穿长袍马褂之人，无论老少，都稀罕配上这样一双鞋，以显示潇洒、文雅。

棉鞋

棉鞋是鞋类的一种，是用棉花、动物皮毛等物品做内衬，让人们在冬天能够保护足部不被冻伤。鞋帮和鞋底中间填有棉花等保温材料用以御寒的鞋。多为手工制品，也有机械制作的，但穿的舒适性要差一些。

北京最具特色的棉鞋是“骆驼鞍”和“老头乐”。提到冬天，老北京人大多穿的是形似“骆驼鞍”的棉鞋。这种棉鞋鞋帮为两片合成，从侧面看，中间凹，两头高，形似“骆驼鞍”，故名。

北京生产棉鞋最著名的就是“步赢斋”，步赢斋的棉鞋以“棉花篓”最为有名，“棉花篓”也叫大云鞋，俗称“老头乐”。“老头乐”顾名思义就是老人穿的棉鞋，主要有四种样式，第一种是缎面前后单皮脸，前口皮脸上端结丈绳鸳鸯结两枚，鞋帮上纳出云字头花样；第二种是青布面，制作形式与缎面相同；第三种是以回字绒做鞋面，皮脸上只打单鸳鸯结，鞋帮不纳云头；第四种是毡子里，为三道细皮脸儿，所以又称“三道脸儿”。

靴子

靴子是帮子略呈筒状高到踝子骨以上的鞋、靴，原为北方游牧民族所穿，又称马靴和高筒靴。相传靴的发明者为战国时代著名军事家孙膑，为纪念孙膑，旧时鞋匠便奉他为制鞋业的祖师爷，设牌位，挂画像供奉。

靴子又分为官靴和快靴，官靴底厚鞠高，快靴底薄鞠低，寻常如入署办事，以及应酬亲朋红白喜事穿用，比较灵便。

民国年间，靴子不再是官员和满蒙等少数民族所专用，汉族的平民百姓也可以穿皮靴了，但是仅限于男人，而现在，男人穿皮靴的已经很少了，而皮靴变成了女人的一种时装。

高底鞋

高底鞋又叫“花盆底”，是古时满族女人穿的鞋，其原因一是关外天气寒冷，冬天穿上它可以把脚垫起来，隔凉；二是女人身材矮，为了增加身高，所以要把鞋底加厚；三是官家的座椅都比较高，穿高底鞋方便入座。

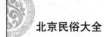

高底鞋的来历是与满族人传统的生活习惯密不可分的，古代时，满族人“削木为履”，后来发展成为一种高底木鞋，木底高跟三寸五至七八寸，用白细布将整个后跟包裹起来，镶在鞋底的中心部分，木跟不着地的部分常用刺绣或串珠加以装饰，形状似花盆，俗称“花盆底鞋”。鞋底异常坚固，往往鞋帮坏了，木底还可以用。

家做鞋

早年间，老北京人讲究自家做鞋穿，心灵手巧的家庭妇女，会把全家人的鞋都做了。做鞋大致有这样几道工序。

（1）剪鞋样。经常做鞋的女人能够自己出鞋样，没有经验的可以求有好鞋样的人去“替”鞋样，就是用一张纸，按照别人鞋样的轮廓剪下来。

（2）打袼褙。旧京几乎每个家庭妇女都有储存碎布头的习惯，闲暇时，把碎布头洗干净，攒在一起，留着打袼褙用。打袼褙一般是在夏天，天气热，干得快。先把几块面积比较大的布头儿浸湿，铺在平整的木板上作为底布。然后将领碎布头用糨糊粘在底布上，要粘满，逐层拼齐、贴牢，敷平，五六层之后，置于通风处阴干，中途要喷几次水，揭下来后就成为硬袼褙。

（3）剪裁帮、底。先将用纸剪好的鞋样（帮、底）铺在袼褙上，用铅笔画线，然后剪下，鞋帮照例每只鞋剪一片，鞋底每只鞋剪四五片。

（4）做鞋底。鞋分为“认脚鞋”和“直脚鞋”，直脚鞋两张一样，不分左右，可以倒换穿，这样脚趾不是总磨一处，可以省鞋；认脚鞋则分左右脚，看起来比较美观。儿童一般穿直脚鞋，成人一般都穿认脚鞋，这都在做鞋的时候确定。鞋的式样决定之后，再将剪下来的鞋底形状的袼褙，逐片在边沿上白布条，如果做千层底的就要用糨糊沿上斜裁的白布条，然后每片都刷上浆糊，摞在一起，用有分量的东西压住，使其平整地粘在一起，成为一只鞋底的雏形。最后用细麻线开始纳鞋底子，先圈周围，后纳中心，针脚越密，鞋底子越结实。因为鞋底子很厚，所以不能直接用针，而是先用锥子扎眼儿，然后才能穿针引进麻绳，每针都必须拉紧，鞋底子才结实。

（5）做鞋帮。在做鞋帮前要选好鞋面的用料，鞋铺做鞋一般都用青缎、礼服呢、冲服呢，家庭做鞋一般是有什么料子就用什么料子。但是有些民俗禁忌，满族人做鞋不用青（黑）布，尤其是粗糙的青布，因为满族人死了亲人不穿白鞋，而是穿青（黑）鞋。汉族人则是忌白鞋、蓝鞋，不忌青布鞋。民国期间，家庭做鞋一般都用冲服呢或大绒做鞋面，至于灯芯绒则兴自于20世纪50年代。

男便鞋的式样多为圆口、小圆口，20世纪30年代以来，有大盖式，均为单鞋、夹鞋，冬天有骆驼鞍的毛窝（棉鞋）。女鞋，青年用扣袢鞋，中年用尖口鞋，女人爱美，常常在鞋帮上绣花，以做装饰。

（6）绱鞋。鞋底、鞋面做好了之后，要连在一起，这道工序叫作“绱鞋”。绱鞋有正绱、反绱两种，正绱是鞋面朝上缝合，也叫“出帮”；反绱是将鞋面反复在鞋底上缝合，绱好后再翻过来，等于用鞋帮包住了鞋底的一小部分，所以又叫“窝帮”，绱好了鞋之后，喷上水，用木鞋楦子塞进，撑起来，这样就没有褶子了。

20世纪50年代以后，妇女大多数都走出了家门，参加了工作，所以没有时间自己做鞋了，大多改为买鞋穿了。

胶鞋

胶鞋是以橡胶为鞋底或鞋帮做成的鞋，最初的胶鞋是下雨天穿的“雨鞋”。民国初年，前门大街一带有卖雨伞、油布和胶鞋的店铺，最初卖的雨鞋像骆驼鞍的棉鞋刷上了一层桐油，后来出现了个头儿非常大的防雨胶鞋。可以把便鞋一起穿进去，谓之“套鞋”。由于这种防雨胶鞋既笨重又不美观，后来又出现了便鞋式的雨鞋。男式雨鞋为圆头，压出凸起的假包头作为装饰。女式为尖头，小圆口。还有适合于“改造脚”（缠足又放开）穿的放足型女鞋，还有儿童雨鞋。后来又出现了“大盖鞋”式的雨鞋，即在长脸便鞋的基础上加上了盖脚面的“舌头”，再后来又出现了“元宝雨鞋”。

20世纪20年代以后，橡胶底布面的运动鞋从上海、天津传入北京。大中华橡胶厂“双钱牌”胶鞋首先问世，推出了“博士鞋”，款式类似于今天的矮勒的网球鞋。

“力士鞋”是轻便布面胶鞋的代表，早在20世纪30年代，这种胶鞋就已经充斥市场了。力士鞋为橡胶底帆布面，前脸隆起半圆形的一道棱作为装饰，五眼系短带、浅帮。颜色有黑、深黄、白三种。最初，这种鞋产于日本，以“太阳牌”最多。

在当年，力士鞋是中小学生的多功能鞋，既是运动鞋，又是便鞋，还是雨鞋。凡是买不起高勒球鞋的，都用力士鞋代替。当年穿黑色力士鞋的最多，其次是黄色，穿白色的最少，因为民俗中忌讳白色，不吉利。

抗战胜利后，国产的力士鞋相继面世，最先推出的是“车轮牌”青年鞋，其样式是回力鞋的变种。白胶底，周围压出竖棱，状如车轮。仍为圆头、前脸隆起半圈圆棱作为装饰。五眼矮勒，分为黑、白两种颜色。白色力士鞋虽然深受青少年的喜爱，但是民俗所致，销量不大。黑色力士鞋成了童子军制服的配套鞋。

20世纪50年代以后，人们的思想意识逐渐地发生了变化，打破了旧风俗习惯上的禁忌，白力士鞋风靡一时，机关团体、学校，每逢节日游行、集会、旅游及文体活动，大多数人都穿白力士鞋，因为这种鞋造型简练、美观，在朴素中求华丽，又适合一般市民的消费水平，所以很快就成了少先队服、青工的工作服，或成人蓝制服的配套鞋。

网球鞋在20世纪60年代末开始流行于市面，尖头（后逐渐转化为圆头）浅帮，前脸没有隆起的圆棱，瓜形开口。仍以白色的最受欢迎，简称“白网”。

胶鞋中流行时间最长的是著名的“解放牌胶底鞋”即“解放鞋”，其特点是价格便宜，制作简单，穿着舒适、耐用。曾一度作为解放军的军鞋。因为结实耐用，也最受农民的欢迎。

皮鞋

皮鞋有着悠久的发展史，大约在5000多年前的仰韶文化时期，就出现了兽皮缝制的最原始的“皮鞋”。鞋子是人们保护脚不受伤的一种工具。最早人们为了克服特殊情况，不让脚难受或者受伤，就发明了毛皮鞋子，这就是最早的皮鞋。

鸦片战争之后，随着国门被打开，洋皮鞋传入了中国内地。1900年之后，一些回国的留学生，以及帮助洋人做事的青年人开始穿洋式的皮鞋。人们逐渐感到，皮鞋耐磨、漂亮的优点，市场上开始出现了中国式的“土”皮鞋。其特点是以做便鞋的皮底缝上牛皮或羊皮的鞋面，可以擦油，使之光亮。

穿洋式皮鞋的人在20世纪20年代之后逐渐增加，但局限性很大，穿洋式皮鞋的人大多是政府里的公务人员以及洋行、公司银行内的青年职员，经常是和中山装以及长袍马褂混搭穿用。

当时穿洋式皮鞋的人男女都有，男式皮鞋的款式大多是以底托帮，鞋底出沿，露出针脚，五眼系带。皮鞋来自多个国家，式样比较多，例如有英国的“尖头曼”，皮鞋瘦长，前头溜尖，后来发展为“火箭式”三接头。法国式的皮鞋则是方头隆起，虎头虎脑的大五眼，多为两接头，为后来出现的“翻毛皮鞋”的基本模式。

20年代洋式皮鞋刚出现在北京时，皮鞋的颜色主要有黑色和棕色两种，后来出现了白色和奶白色。30年代以后逐渐发展为多样化，如黑白两色对称的，还有奶白、橙黄、鹅黄、咖啡色等两种颜色相配的。

从男鞋的款式上来看，不仅有三接头、两接头、青年式的五眼鞋，后来还出现了船型鞋、大盖鞋、前脸雕花透孔的“半凉鞋”。

女式皮鞋有几种款式长盛不衰，例如由布鞋衍生出来的扣袢鞋，通常为以底托帮，圆头隆起，圆口、平跟或半跟的扣偏袢的女鞋主要流行于抗战胜利前后，延伸到50年代。早年间，儿童皮鞋普遍采用这种样式。

早年间，男女皮鞋的区别主要表现在鞋跟上，凡是又尖又瘦的细高跟皮鞋的鞋底极窄，脚心处只有一寸来宽，仅依靠鞋帮往两边托着，这是典型的女皮鞋。

高跟鞋

高跟鞋是一种鞋跟特别高的鞋，使穿此鞋人的脚跟明显比脚趾高。高跟鞋有许多种不同款式，尤其是在鞋跟的变化上更是非常多，如细跟、粗跟、楔形跟、钉型跟、槌型跟、刀型跟等。

高跟鞋除了增加高度外，更重要的因素是可以增进诱惑力。高跟鞋使女人步幅减小，因为重心后移，腿部就相应挺直，并造成臀部收缩、胸部前挺，使女人的站姿、走姿都富有风韵，袅娜与韵致应运而生。

由于高跟鞋需要较强的稳定性，因此中国传统的制鞋面料——布就不适合了。制作高跟鞋，最常规也是穿着最舒适的面料是牛皮、羊皮等动物皮革，最好的当然是头层牛皮。然而，动物皮革造价比较贵，对制作工匠的要求也比较高，所以人造革应运而生。人造革的优点当然是造价便宜，可以批量化机械生产，非常符合工业化社会的要求。随着科技的发展，人造革已经可以做得跟真皮很像了。

中国在周朝就有高跟鞋了，据有关记载，2200多年前，周朝女性所穿的礼履就是圆头高底的鞋子，姑且称之为“古代高跟鞋”。

唐宋时期也有“高跟鞋”，宋代书法家米芾在《唐文德皇后遗履图》的跋中记述，唐代长孙皇后的鞋子“以丹羽织成，前后金叶裁云饰，长尺，底向上三寸许”。

15世纪中国明朝时期，高跟鞋是明朝时新的女鞋，于鞋底后部装有4厘米至5厘米高的长圆底跟，以丝绸裱裹。北京定陵出土的尖足凤头高跟鞋，制作十分讲究，鞋长12厘米，高跟长7厘米，宽5厘米，高4.5厘米。

满族妇女也有属于本民族风格的“高跟鞋”，“八旗妇人履底厚三四寸，圆其前，外衣通长掩足”，其形制是鞋底中间高出数寸，中微细，也叫“高底鞋”，俗称“花盆底”。

弓鞋

弓鞋俗称小脚鞋，是古代缠足妇女所穿的鞋子。妇女因缠足脚呈弓形，故其鞋有此名。妇人缠足一说起于南朝，一说起于五代。明、清两代小脚鞋样式有平、高底等多种，并饰以刺绣与珠玉等。清叶梦珠《阅世编》卷八：“弓鞋之制，以小为贵，由来尚矣。然予所见，惟世族之女或然。其他市井仆隶，不数见其窄也。以故履惟平底，但有金绣装珠，而无高底笋履。崇祯之末，闾里小儿，亦缠纤趾，于是内家之履，半从高底。迨（康熙）八年己酉……至今日而三家村妇女，无不高跟笋履。”

凉鞋

凉鞋是一种脚趾外露的鞋类，以赤脚穿着为主，通风凉快似拖鞋，不过凉鞋比拖鞋底厚，有鞋尾，用料多一点。凉鞋可分多种类型：平跟、坡跟、高跟等。传统认为，凉鞋跟拖鞋一样，在出席庄重的场合、做跑步运动及驾驶车辆时，不适合穿着凉鞋。夏天到沙滩散步，业余休闲生活等，才适合穿凉鞋。

因为有着极其简单的构造，凉鞋是人类历史上最早出现的足上用品，它是从原始的包裹物演变而来的。古代文明时期都曾经出现过凉鞋，而且它们的外观结构看起来是：在一副坚实的鞋底上绑系着带子或绳。早在公元前3500年，埃及人就在潮湿的沙地上留下他们的足迹，用草绳编结成和脚的大小相符的鞋底，并用生牛皮带把它们固定在脚上。这种凉鞋非常实用，穿上它们可以使脚底免受干燥、粗糙地面的损伤，不足之处是脚面暴露在白天。聪明的埃及妇女则把珠宝装饰在上面，既防日晒，又美化形象。

20世纪60年代至80年代，塑料凉鞋风行了一阵子，既结实又便宜，并且不怕水，不仅适合平时穿，而且还可以下雨时穿。改革开放以后，各种凉鞋大量涌上了市面，制作材料多样，款式繁多。

拖鞋

拖鞋后跟全空，只有前面有鞋头，多为平底，材质经常是相当轻软的皮料、塑料、布料等。拖鞋种类依穿着场合及性能用途有所区分。例如，海滩拖鞋就不会是布料制成，而是塑料，这是为了要防水，好清洗的缘故，鞋头型式也经过特别设计，常被称为夹脚拖鞋，也就是我们所说的人字拖。但冬天的室内拖鞋，则为了保暖，可能使用绒毛布，而不使用塑料，使人们在居室内有更好的享受。

流行的说法，谓拖鞋起源于日本明治时代，其实拖鞋更早起源于印度。南宋时出仕广西的官员周去非，就记载当地交趾人穿的两种皮拖鞋：一种是以皮为底，中间有一个一寸长头带骨朵的小柱，用脚趾夹住行走，另一种以十字红皮安置在皮底上，以足穿入而行走。又说这些皮拖鞋的形状，就和当时画中罗汉脚穿的一模一样。周去非还描写印度南部故临国人穿的红拖鞋，和画中罗汉所穿的一样。

现在的拖鞋主要有用塑料制作的沙滩拖鞋和浴室拖鞋、用柔软面料制作的室内拖鞋；适宜外出穿的“皮拖”以女鞋为主，式样繁多，是女人夏季的专宠。

北京人管木拖鞋叫作“趿拉板儿”，在21世纪之前，一直用于澡堂子使用。外用的趿拉板儿比澡堂子用的制作精细一些，也美观一些，特别是女式趿拉板儿风行于20世纪五六十年代，有平跟的，有坡跟的，样式漂亮，制作精良，油漆彩画，简直就是一件工艺品，具有很好的观赏性。

三、帽子

帽子是一种戴在头部的服饰，多数可以覆盖头的整个顶部，主要用于保护头部。部分帽子会有凸出的边缘，可以遮挡阳光。帽子有遮阳、装饰、增温和防护等作用，因此种类也很多。

帽子亦可作打扮之用，首先要根据自己的脸型选择合适的帽子。其次要根据自己的身材来选择帽子。戴帽子和穿衣服一样，要尽量扬长避短，帽子的形式和颜色等必须和服饰等相配套，帽子也可以用来保护发型、遮盖秃头，或者是作为制服或宗教服饰的一部分。帽子有不同的种类，例如高帽、太阳帽等。有些帽子会有一块向外伸延的檐蓬，称为帽舌。戴帽子在不同的文化中有不同的礼仪。这在西洋文化中尤其重要，因为戴帽子在过去是社会身份的象征。

帽子的种类繁多，按用途分，有风雪帽、雨帽、太阳帽、安全帽、防尘帽、睡帽、工作帽、旅游帽、礼帽等；按使用对象和式样分，有男帽、女帽、童帽、少数民族帽、情侣帽、牛仔帽、水手帽、军帽、警帽、职业帽等；按制作材料分，有皮帽、毡帽、毛呢帽、长毛绒帽、绒绒帽、草帽、竹斗笠等；按款式特点分，有贝雷帽、鸭舌帽、钟形帽、三角尖帽、前进帽、青年帽、披巾帽、无边女帽、龙江帽、京式帽、山西帽、棉耳帽、八角帽、瓜皮帽、虎头帽等。

老北京最著名的帽子店当属“马聚源”，坐落在北京前门外大栅栏商业街上，始建于（清）嘉庆二十二年（1817），至今已有200多年的历史，是一家久负盛名的中华老字号。

红缨帽

红缨帽是清代的礼帽，帽顶披红缨。冬春用暖帽，以缎为顶，以呢、绒或皮为檐；夏秋用凉帽，也叫纬帽，无檐，用纱或竹丝做胎。这种帽子用薄毡制作而成，尖顶，帽檐较宽，上面镶有两道黑色的丝条边。后檐微翘，前檐平伸。帽顶上缀有红色的缨穗。据说这是为了纪念裕固族历史上一位被害致死的女英雄，红缨穗代表着她为民而死时头顶上的鲜血。

清朝改历代的朝冠为礼帽，礼帽又称为“顶戴”或称为“顶子”。礼帽分为两种，一种为夏天戴的凉帽，另一种为冬天所戴的暖帽，每年三月开始戴凉帽，八月换戴暖帽。凉帽为喇叭形，无檐，多用藤、篾席编成，外裹绫罗，上镶顶珠。暖帽为圆形，有一圈檐边，多用皮、呢、缎、布制成，多黑色，中有红色绒线所制成的帽纬，帽子最高处有顶珠。其材料多以宝石制成，有红、蓝、白、金等颜色。

暖帽和凉帽

暖帽属于清代服饰，多为圆形，《清会典事例・礼部・冠服》中有记载。

清代男子的官帽有礼帽、便帽之别。礼帽俗称“大帽子”，其制有两种式样：一为冬天所戴，名为暖帽；一为夏天所戴，名为凉帽。暖帽的形制多为圆形，周围有一道檐边，材料多为皮制，也有用呢制、缎制及布制的，视其天气变化而定。颜色以黑色为多。皮毛之类也有分别，最初以貂鼠为贵，其次为海獭，再次为狐，其下则无皮不用。暖帽中间还装有红色帽纬，或以丝制等。帽子的最高部分装有顶珠，材质多以红、蓝、白、金等色宝石。顶珠是区别官职的重要标志。

凉帽的形制，无檐，形如圆锥，俗称“喇叭式”。材料多为藤、竹。外裹绫罗，多用白色，也有用湖色、黄色等。上缀红缨顶珠，顶珠是区别官职的重要标志。

瓜皮帽

瓜皮帽为创立于明朝，流行于清朝的一种男式帽子，又称西瓜帽、瓜壳帽、小帽子、帽头儿。相传为明太祖所创的六合帽，取“六和一统、天下归一”之意，全称“六合一统帽”，没有帽正，一般是平民所戴。明代多称为小帽，是最为人们所熟悉的一种帽子，从小孩到老年，人人都可以戴。

在清朝，小帽广为流行，清代瓜皮帽分成六瓣，形状如半个西瓜皮。它虽不能登上大雅之堂，但却是人们日常所必需之物，甚至一天到晚地被人们戴在头上。因其造型呈多瓣状，和西瓜皮有点相似，在民间则被戏称为“西瓜皮帽”。

另外，为区别帽子的反正，还要在帽缘正中靠下的地方，另缀一明显的“标志”，如四方形装饰物，此为“帽正”或“帽准”。帽正的质料取决于戴帽人的经济条件和社会地位。

防风帽

防风帽也叫“风兜”、“风领”，早年间，满族的老年人冬天戴风帽，一般用绸子或呢料作面料，有棉的也有皮的。棉的往往都用细线绣上花纹，使其坚固、美观。常见的有圆顶、平顶两种。帽扇很长，很像三块大瓦，后扇从头顶盖至后肩上；左右两肩，从头顶盖到前胸（前边只将额头盖住）。清末民初之时，这种帽子在老年人中间很流行，满、汉两族的老年人出门办事、春节逛庙会、元宵节观灯，甚至于走亲访友，都戴这种帽子。

马猴帽子

“马猴帽子”流行于民国时期的小商人、摊贩之间，20世纪八九十年代还可以见到。有棉的、毛线编织的和呢子的，帽顶为圆锥形或平顶，顶上有个帽疙瘩。下面为卷筒式，平时可以卷上去，当作凸起的帽檐儿，刮风天可以放下来，将脸盖住，只露出两只眼睛，样子有些恐怖，老北京把恐怖的动物叫作“马猴儿”，故而称这种帽子为“马猴帽子”。

毡帽

用兽毛或化学纤维制成的片状物，可做防寒用品和工业上的垫衬材料毡子，用这种材料织成的帽子，叫作毡帽。

关于毡帽的来历，绍兴过去曾流传过一个古老的故事：相传在越王勾践时期，会稽山有几个猎人相约上山打猎，打伤了一只大老虎，老虎带伤进穴而毙，旁边还有刚出生的小老虎。抬虎捉虎之余，猎人发现小老虎躺过的地方有锅底状的毡块，既结实松软，又光洁暖和，原来是老虎把吃剩的羊毛猪毛长年累月躺压叠积而成，猎人一试感觉不错，受此启发，毡帽由此演化而成。

民国年间，北京郊区农民冬季流行戴毡帽头儿，呈圆丘形，以黑色、褐色为主。有的毡帽头带有两个护耳，天气不太冷的时候，把护耳窝进帽壳里去，天冷时，拉出来可以盖住耳朵。

老北京经营毡帽的店铺很多，最著名的就是于前门外鲜鱼口内的杨小泉帽店、杨少泉帽店、田老泉帽店，均以“黑猴儿”作为标记。他们所经营的毡鞋、毡帽以货真价实而闻名，是当年鞋帽业中的佼佼者。

礼帽

礼帽是一种帽名，老北京人称其为“秋帽”，分冬夏两式，其制多用圆顶，下施宽阔帽檐。近代时，穿着中西服装都戴礼帽，为男子最庄重的服饰。随着男士时装潮流的不断革新，旧时用来显示社会阶级的帽子逐渐发展成现代男装中必不可少的配饰之一。

通常说的绅士礼帽由4个部分组成：帽冠、帽檐、帽带、吸汗带（缠绕于帽冠内部，额头与帽子直接接触的部分）。礼帽原来只是男人才戴，但是现在，女士戴礼帽的比男人还要多，那种做工精美的女式礼帽更重装饰性。

老太太帽子

这是一种双层的帽子，秋冬佩戴。面料一般用平绒，可以盖住头部和耳朵。帽子有里有面，前面有帽正，一般用料器、玻璃的；有钱人用翡翠。有的在侧面还配有一朵同等面料做的配花。这种帽子从民国时期一直流行20世纪60年代“文革”之前。

八角帽

八角帽又称“红军帽”，是红军军装佩饰最显眼的部分之一。其帽顶外口呈八角形，下端接有一段帽边，前面中间有半月形的帽舌。

解放帽

这是新中国成立初期，仿照解放军军帽的样式制成的一种帽子，为蓝色或灰色。当时政府干部，机关工作人员、工作队、教师，都戴这种帽子，所以也叫“干部帽”，是当时普遍流行的一种帽子。

“文革”初期，“全国学习解放军”，春秋两季流行单军帽，人人头上都戴着一顶草绿色的军帽。

当时北京青年人戴“军帽”同样有讲究，要把帽子上面的接缝处尽量撑起来，出门前得用手捏半天，不少孩子在帽子里边垫一圈硬纸壳或报纸，不如此不足以称“酷”。当然，想摆“酷”就得承担相当的危险系数，戴军帽很容易被“飞”，即走在大街上，帽子被骑车而过的胡同小痞子顺势从头顶上摘走。流行戴军帽，让军队大院的孩子抖了几把，因为他们戴的军帽都是真的。

鸭舌帽

鸭舌帽近似于“前进帽”，特色是帽顶平且有帽舌。帽缘从两寸到四寸，宽窄也有不同。鸭舌帽最初是猎人打猎时戴的帽子，因此，又称狩猎帽，因其扁如鸭舌的帽檐，故称“鸭舌帽”。20世纪50年代，钢铁工人的帽子与鸭舌帽相仿，故而又叫“前进帽”。

鸭舌帽和前进帽很相似，但是也有不同，鸭舌帽是帽子一体像鸭舌，前进帽像是普通军帽那种的帽子把别军徽那个地方缝在了帽檐上，前进帽是中国特色社会主义款的“鸭舌帽”。

棉帽子

棉帽子，顾名思义就是用棉布制作，中间絮有棉花，冬天戴的帽子，以保暖防寒。棉帽子一般都带有护耳，天气不太冷的时候，把护耳折到头顶上去，天气寒冷的时候放下来，护住双耳。

皮帽子

皮帽子是用兽皮或者人造革制成的帽子，形式多样，有男有女，有春秋戴的，有冬季戴的用以防寒。其中最著名的就是狗皮帽子，狗皮帽子就是那种20世纪中叶之前东北人最普遍的防寒帽子。帽身有两个护耳，天气寒冷时可以拉下护耳紧贴脸部，不太寒冷时可以系到帽顶。

20世纪八九十年代，北京流行过一阵子羊剪绒的皮帽子，戴着既暖和又舒服，在当时很时髦。羊剪绒就是剪了一刀羊绒后余下的羊毛连皮。经过防腐处理，再染色、加工成羊剪绒帽子。

卫生帽

“卫生帽”用白布或白色的的确良做成，也有用高密度弹力锦纶丝制成的。卫生帽为圆筒形，可以遮盖头部，连同双耳和全部头发，既轻便又实用，适用于医疗卫生行业，科研单位，培训机构、食品行业等对卫生标准有要求的行业。

卫生帽分为普通型和特用型两种，基本作用是覆盖于装戴者的头部及两耳，盖住头发。特用型帽子用高密度弹力锦纶丝制成，在开口缘上缝着弹性带，在两耳部附近卫生帽的各自外侧设有口罩纽带悬挂部。

普通型卫生帽是用白布制成的圆筒形简易卫生帽，主要用来保护头发不被弄脏，以及使头发不露出来，普遍用于食品、清洁卫生等工作时用。曾经是妇女普遍流行的一种帽子。

早期的卫生帽帽筒比较浅，只是纺织女工、医院护士和大夫、饭馆服务员使用，后来帽筒变深了，适用范围就更广泛了，甚至一度成了家庭妇女的“工作帽”、便帽。

童帽

童帽，指的是儿童戴的帽子，有春秋戴的，也有冬天戴的，式样很多，有的模仿动物的样子做成。面料可以使用棉、麻、绸缎、皮、毛线编织等各种面料，有带帽檐的，有不带帽檐的。有单、夹、棉、皮、毛线编织各种帽子，适合于各个季节使用。颜色一般使用大红大绿鲜艳的色彩。

草帽

草帽一般是指用水草、席草、麦秸、竹篾或棕绳等物编织的帽子，帽檐比较宽。可用来遮雨，遮阳并且休息时将衣物放于帽中，以防沾尘土。草帽沿用了数百年，直到现在，在广大的农村，仍然是农民日常生活不可或缺的组成部分。

用麦草（水草、麦秸、竹篾或棕绳等）编成七股辫，用手工打螺形底，打底后再用草帽机钉成草织或草编的帽子。最后用七股草辫在帽檐上圈边。夏天戴这种草帽，既遮阳又能通风透气，十分凉爽。

遮阳帽

遮阳帽用布、化纤、纱等面料制成，由帽檐和帽身所构成，帽檐为双层或双层以上，帽檐可宽可窄。帽身为直立的圆弧面，圆弧面上具有呈水平面的帽顶。使遮阳帽实用、美观，增加使用价值，有的遮阳帽可以折叠，使用起来很方便。

毛线帽子

毛线帽子就是用毛线编织的帽子，编织毛线帽子有极大的创作空间，可以用粗线，也可以用细线。可以使用各种颜色，也可以用不同颜色的毛线进行搭配。

四、配饰

披肩

披肩也叫云肩，多以丝缎织锦制作，大多数云肩用四个云纹组成，叫四合如意式，还有柳叶式、荷花式等，上面都有吉祥命题，例如富贵牡丹、多福多寿、连年有鱼等。明清的时候流行很多，大多都在婚庆喜宴等社交场合使用。

披肩是从隋朝以后发展而成的一种衣饰，它围脖子一周，佩戴在肩上。到清代时，披肩普及到社会的各个阶层，特别是婚嫁时青年妇女不可或缺的衣饰。发展到后来，披肩多在岁时节令或婚嫁时佩戴。

披肩的用料更加宽泛，除去传统的丝缎织锦之外，毛、呢、毛线、纱、化纤都可以制作披肩。披肩绣制有各种各样的针法，如挽针、接针、滚针、松针、钉线、打子、圈金、抢针、齐针，样式也较为繁多。现在大多数的披肩多为丝绸，质地比较柔软轻盈。

围脖

围脖，顾名思义，就是围住脖子用来阻止寒风从脖子钻进去的保暖物。数珍稀动物皮毛材质的最为昂贵，适合寒冷地区或是冬天佩戴，既温暖又时尚。

按制作材料的不同，可将围脖分为：水貂绒围脖、狐狸皮围脖、毛线围脖、带帽子的围脖、布围脖等。变化最多的就是毛线编织的围脖，可长可短，可宽可窄，有各种颜色，可以是单一颜色，也可以各种颜色混搭。

脖套

脖套，一种用兽皮制作，或用毛线编织的脖子保暖用片，其中最流行的就是毛线脖套。脖套就是松松的从头上套下去，套在脖颈子上的，也称颈套。有羊绒脖套、巴黎纱脖套、摇粒绒脖套、羽绒脖套等，一般都会有暗扣之类的装饰，在脖子上形成一个漂亮的高领子一样的东西。

脖套不同于围脖，围脖是将编织物缠绕在脖子上，而脖套是用毛线编织的一个环状物，直接套在脖子上。脖套从民国到20世纪70年代前很流行，但是现在很少见到了。

头巾

头巾本是古代劳动人民在地里进行劳作的时候，为了尽量多地避免太阳炙热的光照，而发明的一种简单朴实的小发明。明、清时规定是给读书人戴的儒巾，后来被广泛地流传至今，成为一种运用方便、价格实惠的饰品。

在我国少数民族也有人佩戴头巾。头巾一般为针织的，有方形也有长方形。20世纪五六十年代，头巾是女人冬季里头部的主要保暖用品，颜色多样，美观实用。

纱巾

纱巾是轻细的丝麻织物，古时多以蚕丝为之。古亦作“沙”今泛指用棉麻、化学纤维或其他材料制成的经纬线稀疏有明显网眼的纺织品，主要用作围颈、包头等。按尺寸规格的不同亦可以叫作方巾、三角巾、手巾、头巾、围巾等。

现代纱巾倾向于用纯棉、涤棉、纯涤的纱线纺织而成，经纬线稀疏有明显网眼，如同纱布。

袜子

袜子是一种穿在脚上的服饰用品，《说文》:“袜，足衣也。”起着保护脚和防脚臭的作用。袜子是总称，按原料分有棉纱袜、毛袜、丝袜和各类化纤袜等，按造型分有长筒袜、中筒袜、船袜、连裤袜等，还有平口、罗口，有跟、无跟和提花、织花等多种式样和品种。

老北京人原来都穿布袜子，或者打包脚布，古时布袜很宽大，在膝间束住，像后来的和尚穿的那样。有一阵子人们以穿窄袜为时髦，把长袜做得很窄，称为“笔管袜”。

做布袜子要像靴子一样裁剪。按照脚底的尺寸裁出袜底，然后用一块合适长度的整布做袜筒，袜筒上端略收褶然后再与袜底相缝。清代民间的袜子一般也用棉布制成，贵族则用绸缎制袜。

1879年，欧洲国家将针织品输入中国，洋袜、手套以及其他针织品通过上海、天津、广州等口岸传入内地。受其影响，商人们在沿海主要进口商埠相继办起了针织企业，袜子从此以后也多是针织产品。老北京称机织的线袜子为“洋袜子”，称女人穿的尼龙制作的薄丝袜为“玻璃丝袜子”。

腿带

“腿带”又叫作腿带子或扎腿带，和以前士兵们缠到膝盖处的绑腿又不同。因为不论是宽度和长度，作为当时老百姓的必备品之一的腿带来说，都是无法与之相比拟的。

绑腿以前就存在的，但是腿带的真正发展则是从清朝开始，因为满族是骑在马背上的民族，经常驰骋的行为，需要用腿带作为扎紧裤口的用品。普通老百姓在裤脚扎上腿带子，为的是行动无磕绊，腿脚利落，便于干活儿和走路。

腿带子一般为1米多长，更长的或短一些的也是存在的。根据料子的不同，纺织出的腿带的效果也不同，最好的应该是类似丝绸的，一般的也就是棉或线纺织的。

手套

手套，老北京叫作“手巴掌”，是手部保暖或劳动保护用品，也有装饰用的。手套当初的产生并不是为了实用，只是到近代，它才成了寒冷地区保温必备之物，或是医疗防菌、工业防护用品。

手套按照制作方法分为缝制、针织、浸胶等。手套用各种皮革、橡胶、针织物或机织物裁剪缝制而成。劳动保护用手套要求比较厚实，有的经过表面涂塑处理，以提高耐磨、防滑、防水性能。装饰手套要求美观，大多经过绣花、钉珠等艺术加工。保暖用的手套有皮手套、棉手套、绒手套、毛线手套。劳动手套有橡胶的、棉线贴胶的以及乳胶的、白线的、纺织的等。

领带

领带是上装领部的服饰件，系在衬衫领子上并在胸前打结，广义上包括领结。它通常与西服搭配使用，是人们（特别是男士们）结婚以及日常生活中最基本的服饰品。最早的领带可以追溯到古罗马帝国时期。那时的战士胸前都系着领巾，那是用来擦拭战刀的擦刀布，在战斗时把战刀往领巾上一拖，可以擦掉上面的血。因此，现代的领带大多用条纹型的花纹，便起源于此。领带是和西服一起传入中国的，穿正规西服时，再系上一条漂亮的领带，既美观大方，又给人以典雅庄重之感。

腰带

腰带即是用来束腰的带子、裤带。若是皮革的，俗语也称皮带。中国早期的服装多不用纽扣，只在衣襟处缝上几根小带，用以系结，这种小带的名称叫“衿”。《说文·系部》曰：“衿，衣系也。”段玉裁注：“联合衣襟之带也。今人用铜钮，非古也。”说的就是这种情况。为了不使衣服散开，人们又在腰部系上一根大带，这种大带就叫腰带，它与今天人们所用来系束裤裙的带子名称虽相同，但作用并不一样。

古代腰带名目繁多，形制也十分复杂。但总的来看，可分成两类，一类以皮革为之，古称“鞶革”，或称“鞶带”。一类以丝帛制成，古称“大带”，或称“丝绦”。

现在人们实用的腰带以皮带居多，即指皮质的腰带。

皮带是中国古代北方的少数民族在长期的生活实践中演变出来的，它不但是用以系束袍服，还用来佩挂一些生产、生活使用的物件。基本形制是下端有钉柱钉于皮带的一头，上端曲首作钩状，用以钩挂皮带的另一头，中间有钩体。常见的有兽面形、琵琶形和各种异形钩。

皮腰带有鳄鱼皮的、牛皮的、人造革的、编织的等，其中以牛皮带最为普遍。

裤腰带

早年间，人们都穿缅裆裤子，系裤子不用皮腰带，而是用粗布的裤腰带。男人用白色的，女人用红色的。长5尺，宽约6寸，折叠成二寸宽。在以前，老北京人的腰带一般都是用棉布做的，系裤子的叫“裤腰带”，系在腰里的叫作“搭帛”。裤腰带一般是白色的，女人喜欢用红色的，过去住大杂院，院子犄角有茅厕，男女混用，进去之前先要看看墙头上是否搭着裤腰带，如果有，那就是里面有人。搭帛的作用是，冬天的时候系在大棉袄外面腰间，一般是蓝色，防止灌风。穷人则在腰里系一根麻绳或者草绳子。

现在人们都穿制服裤子了，大多使用皮腰带了，只有少数的老年人还是用粗布的裤腰带，因其有一定的弹性，使用起来舒服，这是皮腰带所不能代替的。

围裙

围裙就是做饭时，用来挡住一些不干净的东西把衣服搞脏的一种生活用品。人们在做饭时，喜欢在腰间系个围裙。

套袖

套袖是一种套在袖口处防止磨损、污染衣服袖子的桶状套子，能够有效地保护衣服袖口的清洁程度。套袖可以直接从手臂脱下进行洗涤。套袖多为质地偏厚的棉布制造，能够对衣服进行保护，也有质地偏薄的其他布料制造，轻盈便捷，不会影响正常的手臂活动和工作作业。

根据使用人群的不同，套袖有不同的长短，通常情况下不超过小臂肘部。儿童套袖一般儿童在生长发育期，动手能力较强，活泼顽皮，常会弄脏衣服的袖口，常使用套袖。成人套袖工作需要大量手臂活动，如会计、制造工人等手臂处经常会发生摩擦，常使用套袖。进行长时间的手臂作业前佩戴，如写字、维修、烹饪等。

文胸

文胸是女性使用的内衣之一，又称胸围、乳罩、奶罩或胸罩，有时也以泛称“内衣”来代替。其功能是用以遮蔽及支撑乳房。

现代的文胸与古时候被人称为“亵衣”的内衣相比，显著的差异是从平面变成了立体结构，从遮掩、约束变为显露、呵护。20世纪的“胸衣”还只是一块绣花布或几尺白绫束裹在胸前，使胸部的曲线在宽衫大裳下失踪，今天的文胸则对胸部的曲线烘云托月竭尽能事。

内衣素以白色、粉色等浅色系为经典用色，寓意纯洁。步入流行的文胸用色越来越大胆，在外衣上找得到的色彩几乎也能从文胸上找到。用料方面追求新颖舒适，微细纤维与莱卡超弹纤维都很受欢迎。花边及刺绣依然是时髦的装饰，嵌着女人盈盈的心事。

随身配饰

老北京人的配饰男女区别很大，女人除去头上簪子、凤钗、耳环、耳坠子、手指上的戒指、腕子上的镯子、上衣的胸针等首饰之外，还有戴在头上的绒花儿。除此之外还必备一条大手帕，一般都是绣花的，但不是装在衣袋里，而是别在大襟袄的侧面，作为一种装饰，主要作用是在笑的时候，用手帕捂嘴。早年间女人在笑的时候，讲究“笑不露齿”，所以在笑的时候，要用手帕捂嘴。另一个作用是，手帕上的花是自己绣的，以此来展示自己的心灵手巧。成年妇女则很少用绣花的手帕了，因为她们已经成家，无需再向别人展示自己的心灵手巧了。

团扇又称宫扇、纨扇。中国传统工艺品及艺术品，是一种圆形有柄的扇子。团扇起源于中国。扇子最早出现在商代，用五光十色的野鸡毛制成，称之为“障扇”。圆形或近似圆形，柄不长，多为唐代女性随身佩带，中国团扇一般在扇面画上仕女图。女式折扇同样也是一种配饰，女士多是爱美的，除了尺寸挑选适合的以外，扇子装饰一样重要，这关乎玩扇子人的品位，比如扇骨的雕刻装饰、扇面的书画、扇坠的流苏、扇器的选择等，而一般男式折扇就简单很多。女士的折扇一般配有扇坠流苏，而男式折扇要讲究很多，如扇坠一般配置玉石玛瑙富有文人气质的饰品。扇袋是明清两代男子身上的重要配饰，用于保护折扇及出行时方便携带。男式扇子对于扇袋有很多讲究，扇袋的品相、工艺、图案，都是人们所关注的。

花伞是女人出门在外的一种饰物，早年间的花伞有绸子的，有油纸的，很是漂亮，花绸伞遮阳，油纸伞挡雨。除此之外还有坤包，既是实用工具，同时也是一种装饰物。

男人的随身饰品比较多，例如腰里挂着的香囊、玉佩，手指上带着的扳指，手里把玩的核桃、手串、扇子等，虽然是随身饰物，但也可以归入文玩之列。

民国时期至20世纪五六十年代，衣袋上别一支钢笔是有文化的象征，手腕上带一块手表是富有的象征，钢笔和手表就成了那时期人们的随身饰物。

五、发型

儿童发型

老北京儿童发型的特点是：活泼、可爱，并且有吉祥的寓意。女孩一般都留头发，梳小辫子、抓髻等。男孩的发型式样比较多，例如后扎根儿，即在脑后留一根很细的小辫子，意思是“扎下根”，别跑了，此外还有“烙铁印”“歪毛儿”，由此在两边扩充为“银锭”“锅圈儿”，至五六岁时，发长已成“码子盖”，再用绒头绳梳几个小辫，五个的为“梅花辫”，六个的为“王八辫”。

还有“百岁头”，即在头顶前部留一小块头发，寓意是：孩子不生病，长命百岁。

有的孩子百岁头与后扎根都留，证明这个孩子养得娇。除此之外，还有头顶上梳一条直立的小辫，名叫“冲天锥”；小辫儿歪着，叫作“歪毛儿”“淘气儿”，显示男孩子活泼好动。

男人发型

发型代表着人的审美品位，有些发型与工作、生活相适应。男人的发型随着历史发展而变化，虽然没有女人的样式多，但同样具有时代特色。

中国古代有“身体发肤，受之父母”的祖训，在清朝之前，汉族男子都是留全发，剃发留辫原本是满族人的风俗。1621年，努尔哈赤攻下辽沈后，即大规模地强迫汉人剃发留辫。1644年，清兵入关，在攻占北京，尤其是在攻占南京之后，厉行剃发令，“叫官民尽皆剃头”，违令者“杀无赦”。当时不仅有“留发不留头，留头不留发”之令，而且还有“一个不剃全家斩，一家不剃全村斩”之令，因而，男人依发际连接线为界线，前部剃光，脑后就多了一条长长的发辫。

“剪辫”，最早开始于1895年，在海外定居的华侨及暂居海外的华人（主要是流亡的革命派、维新派及留学生），前者与当地社会同风同俗，后者有明显的反清色彩，至1905年左右蔚然成风。慈禧死后，朝廷中形成赞同剪辫的强劲之势。特别是清宣统帝爱新觉罗·溥仪的叔叔载涛，于1910年秋开始纵容京城禁卫军剪辫。1910年10月3日至1911年1月11日，召开的资政院第一届常会，通过了《剪辫易服与世大同》与《剪除辫发改良礼服》两个议案。民间剪辫者“一时风起云涌，大有不可遏制之势”。

1911年10月，辛亥革命中，实施了除旧布新措施。首先由军政府贴出剪辫告示：“自武昌起义推翻清帝，重振汉室，凡我同胞，一律剪去胡辫。”当时南昌城内设有“义务剪辫处”，凡来剪“文明”发式或剃光头者，一律免费。

剪掉大辫子之后，留下的头发到脖子那么长，有些类似于妇女的剪发，但头上的前半部是秃的，样子很难看。于是老百姓就索性把头发剃光，这是当时社会下层男子和体力劳动者的普遍发型。由于西方发型的传入，才出现了背头、偏分头、中分头、平头等发型，留这种发型的一般都是有一定社会地位的人和年轻学生，老北京最有特色的发型是“板寸”，一直流行于现在。

板寸是一种很常见的男性发型，也叫“板刷”。“寸”是指头发的长度只有一寸左右，因为短的像板子，所以叫“板寸”，而最常用的名字是“寸头”，适合头发较硬、具有硬汉风格的男士。头发短而整齐，上面是平的，上面与侧面棱角明显，近似方形，前边形似帽檐。总之，非常整齐，精神。

女人发型

女人的发型样式和发饰比较多。

1. 两把头

“两把头”是从清初就有的一种便妆头髻，两把头有三种，第一种是“真头发两把头”，第二种是“盘假头发两把头”，第三种是“缎子两把头”。

清廷入关以后，满蒙旗民妇女便梳两把头，已有370多年历史。从清初到同治中兴，230年间，完全梳第一种“真头发两把头”，这种两把头是用“铁头架子”，往上盘自己头发。在庚子（1900）之前，没有“盘假头发两把头”和“缎子两把头”，都是“真头发两把头”。

梳“真头发两把头”使用的东西有：“铁头架子”，也叫头撑子或头支子，由绒线铺或摇镗鼓人代售，架子系用粗中铁丝做成，下有一洼心圆圈（洼心为随人头顶形），高寸许，是为“头座”，圈上中间是“支子”，以便安放大扁方。

大扁方是满族金属工艺品，俗称“满洲大簪”，是妇女成年的标志，多为银、铜金属所制。使用时横贯于发中，表示妇女已成年。在王公贵族家中妇女的大扁方十分讲究，除用贵金属制作外，还要镶有玉石、翡翠，以显示其高贵。

“叉子”是头架子两边盘头发用的，另有叉子头。一个叉子两个叉子头，共是四个，叉子头既美观，又能挡住头发。叉子头的质料要随着扁方，如金、银、点翠等质，假如扁方是玉质，叉子头便随首饰的质料做。头架子大小没有一定尺寸，缎子假头架大能到尺半、尺二，用真头发盘的架子要小一点儿。

梳好头后再加装饰品，凡头架子上露铁丝地方，都先用黑头绳或青布缠好，头座四围在梳完后加围上漂亮的“头箍儿”。

两把头自光绪初年以后便兴起了第二种——“假头发盘的两把头”。这种尺码已到八九寸，用两绺假头发扎在小把上，盘好头架子，梳时拢顶缝辟分燕尾，和第一种一样，只扎完大把以后，不分不抄，挽一个头鬏，安上头架子便算成功。

到光绪庚子以后，便兴起了第三种——“缎子两把头”。此时第二种还有梳的，第一种却渐绝迹消灭了。缎子两把头因不用头发，又高又大，无一不加大扁方。因尺寸太大，便用两头真当中假的来，除分顶、拢顶、辟缝还用自己头发（不能用假头发）以外，燕尾也有用假的，所以把以前短而宽的燕尾，一变而为细而长的，自然又俏式多了。

2. 喜鹊尾

清代旗民汉民风俗衣饰截然不同，妇女的头髻也因之分为两样。旗装头髻自后妃以下有爵的命妇，在《大清会典》上有分别的记载，普通的是钿子，两把头；汉装有品级的命妇没入八旗的妇女，也梳汉装。

汉装头髻样式很多，礼服自以“凤冠霞帔”为主，便装头髻，而能用在婚嫁大礼上的，以“喜鹊尾儿”为标准样式。在解放以前，京郊汉民妇女皆梳喜鹊尾。

喜鹊尾的梳法很简单，把头发挽成一个头把以后，后面插上“叉子头”，叉子头的形式和两把头的一个叉子相同，两端也有叉子头，将头发由叉上盘过，拢在头把上，再加“托针”“盖针”，即为完成。

3. 高冠儿头

高冠头的梳法：前面也要拢出盖顶来，后面做一蓬松的小兜子，在头顶稍偏后扎一大头把，留一缕头发拧辫，然后挽成小鬏，上扣“冠子”。冠子形如蟹盖，用麻线绢成，或黑绒做成，上有一道一道的沟岗，和荡绒相近，但荡沟却大一些。扣妥冠子之后，用金银钉针插牢，围上小辫，便算成功。高冠头为老年人头髻，相传娶了儿媳的婆婆便要换梳高冠儿头，儿媳少妇则梳苏州撅，以示区别。

4. “平三套”

“平三套”系将头发拢在脑后，扎成一个发棍形平连头后，发棍上安放长方形套纂。套纂是中空一个平面的长圈，用麻线织成，以钉针插牢，因其直托脑后，所以称为“平三套”。

5. “苏州撅”

“苏州撅”是继平三套而兴起的，在光绪中叶以后，曾盛行一时，其俊俏不亚如今人之看飞机式。苏州撅的梳法、拢法和平三套相同，只在脑后结一小鬏，上扣头纂，纂系麻线和马尾织成，形如半个元宝形，头把恰在纂中，黑纂红头把，四周插以“纂花”多枚，以插满为度，另以托针、盖针、扁方、豆瓣卡住头纂，另加通草花首饰等物，较平三套自然秀美多了。

6. 圆头、搭拉苏

这两种头髻为清末民初以后的新式头髻，这两种发髻大体相同，以有扁方，上下有疙瘩针为“搭拉苏”；没有的为“圆头”。圆头髻的梳法是：先扎二寸长头把，另辟小绺盖着头把，外面便看不见头把了，是为“纂梁”。另把头发离纂梁二寸地方扎一偏把，偏把外露，将头发由外向内盘成。

“搭拉苏”梳法是：先扎一头把，再挽一个圆圈，由圈中掏出头发呈弧形，用小扁簪横卡上面，再由下向上绕一圈，其余头发全盘在头内，便成为搭拉苏了。

7. 十三盘

“苏州撅”正在民间盛行时，城市小姐又兴起了“十三盘”的新样式来，民国初年还存在着，现今很少见了。“十三盘”梳法很简单，系先扎一头发把，再以头绳绕头发使成一缕，然后在头把上绕多个圆圈，中露头把，一层压遮一层，虽不必准是十三层，但层数比较多，也可以称之为“十三盘”，最后慢慢解去头绳，即为完成。

8. 麻花头

麻花头最美观，在女子剪发未兴之先，一些摩登姑娘都梳这种头髻。麻花头不只美观，形式也比其他头髻多，大约有四种麻花头髻。第一种是“三把麻花头髻”，这种最普通，梳法是：上面扎一大把，外分三小把，用不同颜色丝头绳，各扎小把发根，然后先拧两绺成单麻花，再续入一绺，共拧成双麻花，再以麻花辫盘绕头把，即为三把麻花头髻，小把三个平露在外，所以很美观。

第二种是“麻花盘髻”，在麻花头几个样式中较为老成一些，梳法最简单，先扎好头把之后，即将头发分为两绺，拧成单麻花，照“十三盘”的盘法盘成圆髻，愿留头把的，可以不解去头绳，不愿要头把的，可以解去头绳。

第三种是“麻花如意髻”，梳法和“如意髻”一样，如意髻俗名“S头”，在民国初年很盛行了十几年，现在看不见了。麻花如意髻的梳法，系扎好头把以后，分两股拧成单麻花，先将麻花辫向下左挽而下，再向下右挽而上，成一个横写阿拉伯字母的“8”字形，其余挽不尽的头发掖在后面，不露发梢，便算完成。

第四种是“麻花双圆髻”，和双圆髻梳法一样，唯须先扎两个小把，各拧成一条单麻花辫，共两条，然后照圆髻方法，各盘成一个圆髻，共两个，左髻左挽，右髻右挽，两髻相并，并非平列，发梢各掖在本髻后面，俏式美观。在一切头髻之上，为小姐们所最喜挽梳的头髻，不适合于太太们的头上。至于鸡皮鹤发的老太婆，则更不会问津了。

9. 元宝髻

元宝髻为贵族妇人所常梳的头髻，因其简单，便有摒去铅华的大雅气度，所以贵妇最喜梳这种头。元宝髻的梳法是先扎好头把，再绕头把挽成一圈，其余头发完全掖在里面，紧小秀净，是头髻中最省事的。“圆如意髻”梳法和“如意髻”相同，只挽紧，不平列，成一圆髻便成。

10. 蓬儿头

蓬儿头在民国十年前后，有许多妇女梳挽，因其前顶头发蓬起，所以很惹人注目。梳法和梳圆头相同，只将前顶头发多留一些，挑松，蓬起来，便完成。以上所谓各种头髻，都离不开托针、盖针、钉针、叉子针，各有各式。

11. 女子辫发

在民国以前，幼女在一二岁内虽不留发，也不许像男孩一样在头上随便留各种花样。一二年后，头发长长了，再将几个小辫分编，归总为一小大辫，然后梳双辫、单辫，留孩儿发的女孩较少。至梳单辫时，已至八九岁，即要起始留头，先留后发，后留前发，至十三岁，头已留满，则梳大辫子了。满头大辫必须微抿前顶，以示未出嫁的女子特征，早年间姑娘媳妇之分甚严。到十六岁至十九岁前后，视其头发长短，出阁早晚，发育良否，然后梳成头髻，即按籍属习俗，梳各式头髻。梳成头髻尤其注意鬓角抿顶，极力避免与已嫁娘相似。未梳头髻前的女子，因夏日凉爽，行动便利关系，常喜梳“抓髻”。

女子梳辫以三股紧编，上加辫根为正格，所用头绳辫穗也必力趋正色，简而不华。有梳五股三编、松辫根的，其人必无家教，一望即可鉴定无差。

梳抓髻常在十岁前后，稍长即不能以抓髻出门见人，抓髻有单双之分，单抓髻名“倒打锣”，梳于顶上，与男子打抓髻，梳牛心纂在脑后者不同。双抓髻即为本名，在头顶两旁骨尖上。为抓髻紧而美观，常将辫发编为四股三编。

烫发

烫发是一种美发方法，分为物理烫发和化学烫发，现在用的最多的是化学烫发。烫发的目的其实有两个：使头发层次更丰富，有卷曲的效果，改变头发的形状、走向（卷度不是很大的效果）。烫发的基本过程分为两步，第一步是通过化学反应将头发中的硫化键和氢键打破；第二步是发芯结构重组并使之稳定。

到了2002年8月，人们开始流行SPA数码烫，这项技术打破了西方传统的烫发方式，以输出24V低于人体36V的安全电压，对人们头上的卷杠供电，这就对人们在烫发过程中的安全有了相当大保障。

烫发发型的式样很多，数不胜数。但共同特点都是使头发卷曲，达到美观的效果。

第九章　民间禁忌

禁忌指禁止或忌讳的言行，是人们对神圣的、危险的事物所持敬畏态度而形成的某种禁制。危险和具有惩罚作用是禁忌的两个主要特征，是人们为自身的功利目的而从心理上、言行上采取的自卫措施，是从鬼魂崇拜中产生的。禁忌是民俗的重要组成部分，在民俗中有许多禁忌，是千百年来人们生活经验的总结，约定俗成，被人们自觉遵守着。

禁忌大致分为原初阶段、次生阶段与转化消亡三个阶段。丧葬禁忌与祭祖是禁忌的原初形态，与鬼魂信仰的联系最直接。次生阶段人们继承了原始时期的鬼魂崇拜所出现的禁忌，将它们制度化、礼仪化，并作出烦琐的规定。在人们的生活中，无论是礼仪、节日、行业等，凡是认为不吉利的，几乎都在禁忌之例。

禁忌本是古代人敬畏超自然力量或因为迷信观念而采取的消极防范措施。它在古代社会生活中曾经起着法律一样的规范与制约作用。到了今天，许多禁忌随着人们对被禁物的神秘感和迷信观念的消除，已经逐渐消亡，但仍有不少禁忌遗留下来了，并且影响着人们的生活。

北京人老礼儿多，日常生活中的禁忌也多。例如，北京话中就有许多禁忌。北京是礼仪之地，北京人最忌说脏字儿。《清稗类钞》云："京城人忌言龟、兔二字。"在北京的酒楼饭店中，大凡以蛋品烹制的菜、蛋都不直接称蛋品。例如炒鸡蛋叫"炒白果儿""摊黄菜""炒木犀"等；鸡蛋汤不叫鸡蛋汤，而叫"甩果儿"。什么是"木犀"？《新华字典》是这样诠释的："木犀也作木樨，统称桂花……将生鸡蛋的蛋清、蛋黄打碎做熟后称木犀，因避讳'蛋'而得名。"

北京人喜欢在龙年生儿育女，龙子、龙女，多么风光啊！只能在蛇年出生怎么办？没关系，北京话管蛇叫"小龙"，出生在蛇年的男孩叫"小龙子"、女孩就叫"小龙女"。青年男女到了谈婚论嫁时，若问其属性，皆答"小龙"。小龙女忌说"蛇女"，"恶蛇女"是北京人最忌讳的恶骂。

人生活在一个社会群体中，人的日常生活既包括家庭中的生活，也包括与他人的交往。为了家庭能够和睦，为了自己和他人的交往能够和谐，人们逐渐形成了一些约定俗成的礼仪和禁忌，这些礼仪和禁忌有的是为了规范人与人之间的伦理道德，有的是从生活习惯的角度出发，以使人生活健康，还有的是从鬼神信仰的角度出发，使人的行为受到自我的约束与限制。

“禁忌”存在于社会生活的各个方面，对于生活中的忌讳，生活在现代社会的我们多少还是应该知道一些的为好，新的生活方式带来人们新的交往方式，同时也产生了新的忌讳，比如现在忌讳问女士的年龄、体重、收入的多少等，到银行和柜员机取钱，你要自觉离开一米以上的距离；大家一起吃饭忌讳吧唧嘴，更忌讳边吃边说，把吐沫星子、饭菜渣子喷得满世界都是，也忌讳满桌子只管自己拣爱吃的菜吃、可着盘子扒拉，等等。只有懂得忌讳的人才算是一个现代的文明人。

宴席禁忌

开宴之前，主人要将重要的宾客介绍给大家，并致简明热情的祝词；开宴时主人要亲自斟酒，按顺序向长辈和客人敬酒，但不能强求客人喝酒；要主动替不胜酒力的客人喝酒，并向客人致意；向宾客敬菜时，要注意客人的饮食爱好，次数不能多，量不能大，否则会使客人尴尬；主人要注意席间相互交流的广泛性，不要热此冷彼，如有女宾，则更要注意谈话内容和对女宾的尊重。主人不能先于客人放下碗筷，直到客人表示已吃好方可辞宴；主人要陪主宾漱口、净手后，方可到另座饮茶。

除去上面说过的几条吃饭的规矩之外，还有几条属于礼貌的禁忌。

1. 在吃饭期间不能掉筷子，掉筷子有“吃不上”的意思，不吉利。

2. 吃饭的时候不能太快，不能狼吞虎咽，要细嚼慢咽，否则家里的老人会骂你：“你没日子吃啦？”吃饭的时候要平心静气，不能急出汗来，所谓“吃饭出汗，一辈子白干”，同时也是“没出息”的表现。

3. 新上来的菜，老人（或主人）不动，客人不能动，只有主人让你动才能动。

4. 不能用筷子在菜盘子里胡扒拉，挑菜吃，只能够吃靠近自己的菜。一个盘子里的菜只能吃靠近自己的半边，不能够越过“中心线”。爱吃哪个菜不能吃起来没完，一个盘子里的菜最多只能够连续夹三次。

5. 吃饭的时候不准吧唧嘴、嘬牙花子，因为猪吃食的时候才吧唧嘴呢。

6. 在家吃饭的时候不要说话或者尽量少说话，否则可能会发生意外，如果有客人在也是不礼貌，老北京讲究“食不言，餐不语”。

7．吃饭不够时，不能说“要饭”、“要一碗”，要说“再来一碗”“再盛一碗”。问客人饭够不够吃，也不能问“您要饭吗？”要说“给您上饭吗？”“再给您添点儿？”因为只有叫花子才“要饭”呢。

8．吃完米饭后，碗里一定要干净，不能留有饭米粒。吃饭不干净首先是一种浪费，其次也是对农民的不尊重。“谁知盘中餐，粒粒皆辛苦。”老辈儿人对年轻人说：“碗里留米粒儿，将来娶个麻媳妇儿”，以此来警示年轻人不能浪费粮食。

9．不能把筷子插在盛有米饭的碗里，特别是家里有七八十岁老人的时候，更是绝对不允许这样做的。因为在早年间，家里的老人死后在灵柩前面要摆设供品，其中的“倒头饭”是把筷子插在盛满米饭的碗里的，这样做会使老人感到很不舒服。

使用筷子的禁忌

筷子古称“箸”，乃是中国古代的发明创造，凝聚着华夏民族的智慧与灵气，被誉为中国之国粹。用筷子夹取食物、菜肴，既方便，又文明卫生，对增强手指的灵活性也有好处。此外筷子还是一种文化，作为东方文明的标志性代表，筷子成双成对，传递着友好、和美的情感价值。筷子上部为方形，下部为圆形，象征着天圆地方，蕴含着使用者对天地的感恩之心，更传达出天长地久的美好意义。纪念之时、喜庆之日，所有的美妙一刻，以筷相赠，情意倍增。筷箸文化可谓源远流长，绵延千载。更有姜子牙“以筷转运”，得以名垂千古的故事，流传至今，使“好运筷至”成为中国民间的一句吉利话。而筷子在承袭这些美好寓意的同时，也流传下了不少使用方面的禁忌，在这方面，老北京人尤其讲究，具体如下：

疑筷：忌举筷不定，不知夹什么好；

脏筷：忌用筷子在盘里扒拉夹菜；

指筷：不能拿筷子指人；

抢筷：就是两个人同时夹菜，结果两双筷子撞在了一起；

刺筷：就是夹不起来就用筷子当叉子，扎着夹；

横筷：这表示用餐完毕，客人和晚辈不能先横筷子；

吸筷：即使菜上有汤汁也不能嘬筷子；

泪筷：夹菜时不干净，菜上挂汤淋了一桌；

别筷：不能拿筷子当刀使用，撕扯肉类菜；

供筷：忌讳筷子插在饭菜上；

拉筷：正嚼着的东西不能拿筷子往外撕，或者当牙签用；

粘筷：筷子上还粘着东西时不能夹别的菜；

连筷：同一道菜不能连夹3次以上；

斜筷：吃菜要注意吃自己面前的菜，不要吃得太远，不要斜着伸筷够菜；

分筷：摆放筷子，不要分放在餐具左右，只有在吃绝交饭时才这样摆。

“笑破不笑补”

对于穿衣服，北京人有许多讲究。穿衣服根据个人的经济水平、身份地位而定，有钱人穿绫罗绸缎、穷人家布衣蓝衫。过去经济不发达，人的生活水平比较低，对于穿衣服，人们讲究“笑破不笑补”。衣服破旧一点儿没关系，但是要缝补好，洗干净，熨帖平整，只有这样才显得整洁、利落、干练，同样具有美感。同时，这也是一种艰苦朴素作风的表现。再好的衣服破了不补上，脏了也不洗，皱了也不熨烫，也会给人以不舒服的感觉，还说明你这个人懒惰。简朴是人们所提倡的，但鄙视脏乱，“衣冠不整”、“破衣邋遢”是要被人们耻笑的。

忌衣冠不整

衣服有不同的款式，穿不同的衣服有不同的规范。例如穿西服里面必须要有衬衫，光膀子穿西服是很滑稽的。穿军装就必须要把扣子扣整齐，否则就会给人以散兵游勇的感觉。

老北京人最忌讳衣冠不整，认为凡是衣冠不整的都不是正经人。北京人讲究“穿衣有相”，在穿衣方面有许多规矩。衣冠不整首先是对人不礼貌，另一方面也表现出这个人没有素质。穿衣服要有穿衣服的“相儿”，现在叫作“范儿”。上衣扣子或者纽襻儿要扣整齐，不能“敞妈妈露怀”。穿大褂儿下摆不能掖在裤腰带上，不捋裤腿儿，不挽袖子。穿旗袍走路要慢，凸显出淑女的风范，不能快跑。男人帽子要戴正，不能歪斜。无论男女，穿鞋都必须要提好，不准趿拉鞋，等等，这些都是“穿衣有相”的基本要求。

宁穿破不穿错

这是戏剧舞台上的一个老规矩，也是戏曲演员经常说的一句话。戏曲演员在舞台表演中所穿的戏装（包括戏装的形制、色彩、图案、质料等）要遵守一定的规范性，要与所扮演人物的年龄、身份、性格、职业等方面的规定性相符合，而不可单纯着眼于戏装本身的新鲜华丽，以至对人物的形象有所歪曲和破坏。

平民百姓也是同样的道理，你穿衣服破一点儿，无伤大雅，但是绝不能穿错。

喝茶的禁忌

喝茶对于北京人来说是必不可少的，讲究的人家喜欢用盖碗喝茶。用盖碗上茶，首先茶水只能倒七分。用盖碗喝茶时，要用一只手捧着托碟和碗，另一只手把盖轻轻地掀开一道缝儿，然后举到嘴前小啜。千万不能把碗盖拿起来，像用杯子喝水那样。如果把碗盖拿在手上，一仰脖把碗里的茶喝干，那是对主人的不敬。主人也不能随便掀开碗盖续水。按照老礼儿，只要是客人把碗盖拿起来，靠在盖碗的托碟上，这个动作就等于告诉主人，碗里该续水了。如果客人一直没有把碗盖拿起来，主人可以拿起茶壶问客人要不要续水，而不能主动把客人的碗盖掀起来续水。倒茶之后，要后退一步再转身离去。

客人接受了主人续水，要稍欠起身表示谢意，别人给您倒茶，懂礼儿的人就会用食指和中指轻轻敲击三下，以示谢意，这叫“金鸡三点头”。如果用茶壶续水，必须要侧一下身，把壶拿起来，一只手拿壶，另一只手扶着壶盖慢慢地续。续水后把茶壶放在桌子上，切忌壶嘴不要对着客人，尤其是女客，壶嘴对客人那是骂人呢。

小茶壶不外借

北京人自己喝茶时，喜欢用泥壶（紫砂壶）。泥壶造型各异，宜兴紫砂壶品质最佳，北京人对手里捧着的紫砂壶是边把玩边饮茶。北京人讲究用茶养壶，壶内不能干着，也不能刷洗，最多用清水涮一下就可以了。泥壶沏茶味道与众不同，而泥壶属于私人用品，只自己用，概不外借。

“松柏桑梨槐，不进王府宅”

早年间，北京人的住房一般都是独门独户的四合院，院子里讲究绿化、美化，大多要种上几棵树，种上些花花草草。一来在春季里显得生气勃勃，夏季可以遮阴，如果种的是果树，秋季里则是果实累累；二来也是对居住环境的美化。在院子里种树也有讲究，按照老礼儿，有几种树是不能种的。早年间老北京有“松柏桑梨槐，不进王府宅”之说，换到平民百姓的家也是同样的道理。

“宁住庙前，不住庙后；宁住庙左，不住庙右”

“宁住庙前，不住庙后；宁住庙左，不住庙右”，这是民间的一个老礼儿，许多人听到这样的话，往往大惑不解。乍听起来有私密性，其实这是有一定科学道理的。所以，对于古人总结归纳的许多关于如何选择住宅的此类经验，我们今天仍然应该高度重视，并注意学习运用。

在风水学（堪舆学）上，神前庙后都是属于孤煞之地，所以住宅附近有寺院、教堂等宗教场所，都是不适宜的。因为这些地方都是神灵寄托之所，聚集之地，会令附近的气场或能量受到干扰，而影响人所需要的正常生态环境。

民谚中关于这方面形象的论断：“宁住庙前，不住庙后；宁住庙左，不住庙右。”“庙前贫，庙后孤，大庙左右出寡妇。”这些话虽然说得有些夸张，却是千百年来老百姓居住经验的积累，其中有不少合理的因素，一般人至少也应该采取“宁可信其有，不可信其无”的态度来对待。其实这句民谚还是有一些道理的，不能武断地将其归结于封建迷信。

1. 高大建筑等在大门（或正房）之前，在风水学上便会认为是镇物，会对自己产生冲克，故而不吉利；

2. 因为庙门都是朝南方开的，所以庙后为阴宅（住宅为阳宅，坟地为阴宅），于人不吉；

3. 庙左为阳（东），庙右为阴（西），故庙右比庙左更不利于住户；

4. 庙观等建筑一般采用子午正向，庙后一般处于下风区，空气污染比庙前更为严重；

5. 庙宇道观的梵音清呗、钟鼓经忏之声，易形成嘈杂的噪声，极易打乱邻近住户之人的合理作息规律，易致人注意力不集中，甚至精神狂躁，久而久之必定会影响其睡眠甚至影响身心健康；

6. 此类场所老弱多病之人比较集中，且人多气场必定混浊、紊乱，卫生条件差，也使细菌、病毒更容易传播；

7. 远近之人皆可能来此聚集，人多杂乱，财物等易遭失窃，影响住户的正常生活；

8. 人们常把庙观跟鬼神等阴性物质联系在一起，容易造成很大的世俗文化心理压力。

“父母在，不远游，游必有方”

“父母在，不远游，游必有方。”意思是：“父母在世，儿女不能出远门。如果要出远门，必须要安顿好父母，为父母免除后顾之忧。”表明孔子既强调子女应奉养并孝顺父母（远游就做不到了），但又不反对一个人在有了正当明确的目标时去外出奋斗，前提是一定要把父母安顿好。

中国人讲究孝道，对于父母讲究随时侍奉在床前，除去不得已的情况之外，尽量不远离父母身边，随时听候父母的差使，故而古有“父母在，不远游，游必有方”之说，生怕在父母在需要自己的时候，而自己却不在身边。

“好狗不挡道”

道路是公共场合，人们走在路上要注意不要妨碍了别人。俗话说：“好狗不挡道”，意思是说不要只顾自己方便，而阻塞了交通，妨碍了别人。四个人及其以上多人，最好不要并排行走，可以双双并行。在路上遇见了熟人，特别是遇到了久别重逢的挚友，想要多谈一会儿，最好靠路边儿站立，不要站在道路中间或者拥挤的地方，否则既妨碍交通，也不安全。

路远不捎书

这里的“书”指的是书信。意思是说，人在远行的时候，要尽量地减少所携带的东西，以减轻自身的负担，否则会越走越累。一封书信才不到半两重，但对于远程路行者来说也是一种负担。另外，路途遥远，耽搁的时间长，容易把信件丢失，那就耽误别人的大事了。

不怕慢，就怕站

“不怕慢，就怕站；站一站，二里半”，意思是说，人们远行走路的时候，走过一段儿路之后，就会感到很累，想停下来休息一会儿。这时候可以放慢速度，但是不要停下来。你停滞不前了，就会被别人落下很远的一段儿距离，有的人一歇下来，甚至就不想走了。这句话经常被人们用来比喻人生的道路，要上进，要奋斗不息，不能停滞不前，“二里半”是比喻较远的距离。

男女之大防

早年间讲究男女有别，有“男女授受不亲”的规矩。

古代的这些圣贤们给女人立下了许多规矩，被后世视为金科玉律，也就是必须遵守的“礼法”。经后世不断的发展、细化，成为一整套的规矩、老礼儿。有些内容在保护妇女方面起到了一些作用，具有文明、和谐的意义，但是也有一些根本就是荒唐的无稽之谈。

对妇女的忌讳

在过去，人们总是把女人看作是世上灾难的根源，在古代中国，人们总认为女人是祸水，君王之所以荒淫、亡国，一条重要的原因就是由于迷恋上了“狐狸精”。例如夏桀迷恋妹喜、商纣迷恋妲己、周幽王迷恋褒姒……在古代西方，这种观念的出现也是从伊甸园里亚当和夏娃的故事开始的。

过去的时候，老北京歧视妇女的老礼儿也是到处可见，特别是在一些以男人为主的行业中，表现得尤为突出。

在采煤业，煤窑不许妇女进窑场。

采石业也有同样的忌讳，妇女不许进采石场。

生活中对妇女同样也有忌讳，盖房上梁的时候，不准怀孕的妇女观看，否则房梁上不去。打井也不准妇女观看，否则打不出水来。在农村，妇女不准进羊圈，特别是经期的妇女、怀孕妇女、哺乳妇女、戴孝的妇女尤其被视为大忌。

以上这些虽然都是无稽之谈，但是却一直被人们遵循着，直到现在还有遗风留存。

做人“四勿”

“四勿”指的是“非礼勿视，非礼勿言，非礼勿听，非礼勿动”，这是一个进行社会活动的准则。每个人都要遵守，特别是女人，更要遵守。

“非礼勿视”是指凡是不好的、不应该看的事象不能看。

“非礼勿听”是说，耳朵是接受信息的器官之一，所听到的都应该是好的、美妙的、善良的、正确的声音，这样有助于培养自己高尚的情操。

“非礼勿言”是说，不好的话不能讲，不攻击诋毁别人，不撒谎，不造谣，不传谣，不扯老婆舌、不说粗话。

“非礼勿动”讲的是，一个人干事要合乎法律，合乎标准，合乎社会规范，不做违法之事，不做出格的事情。

不怕百事不利，就怕灰心丧气

人们在做事情的时候，往往会遇到许多困难，遇到了挫折不要灰心丧气，否则就会彻底失败，长将以往，甚至于一事无成，百事不利。只要振作，就还有翻身的机会。可是一旦灰心丧气，那就再也没有一搏的机会了。人的主观态度在处事时很重要，客观环境再艰难，也不能够丧失了信心和勇气，人的主观态度比人的客观环境更重要。

忌目无尊长

旧时，我国的家庭大多是世代生活在一起的大家庭，要使大家庭能够和谐相处，就必须要家有家长、族有族规，而其他人则要尊敬家长、族长以及宗族中年高望重的人，这体现在一个家庭中就是尊重父母。

一般父母健在的时候，在家庭中，忌子女擅管家务，即所谓“父在堂，子不专”。此外还有“父在子不得留名”“父在没子财”等说法，这都是尊敬父母的表现。在与父亲的相处中，有的地方忌父子同席、同桌，否则就是“没大没小”，与禽兽无异。这种禁忌不仅在汉族中年深日久地继承着，在很多少数民族中也有表现，例如彝族就忌父子同凳同床而坐，朝鲜族忌晚辈在长辈面前吸烟，景颇族忌在父母面前蓄长发、留胡须，忌在长辈面前开玩笑、做鬼脸。北京是首善之区，对于这一点要求更严格一些，讲究大人说话，孩子不许插嘴；父母在，儿子不准称“老”（如老张、老李），不准留胡须等。

忌不敬祖先、不孝父母

我国民间普遍存在着虔诚祀奉祖先神灵的习俗，没有哪一家敢怠慢自己的祖先神灵，否则就会被认为是不孝。民间忌不孝父母，俗话说“抬手不打无娘子，开口不骂老年人”。如果子女在家中辱骂老人，不仅是对父母的不孝，他自己还会折寿。“二十四孝”是孩子们从小受教育的教材之一，那些古代的孝子是人们学习的楷模。社会上都普遍以“孝顺”为荣，以“忤逆”为不齿。

忌宗族乱伦

“中国民族，一个人在其伦类中，有其前后左右上下之关系，此即所谓五品、三纲、六亲、九族关系是也。”正因为有了这个伦秩，而且这个伦秩是不可变动混淆的，所以，民间最忌讳的就是“乱伦”。

亲属间如果辈分不同而性交，就属于乱伦，不管有没有血亲关系（公媳、继子庶母、岳母女婿都算，叔嫂则因辈分相同，属于通奸），而与师长的性行为在古代也是不能被接受的乱伦行为。

忌家庭纷争

无论古今，人都忌讳家庭内部发生纷争，因为“斗气不养家，养家不斗气”。一个大家庭中，如果每个家庭成员都为家庭和睦着想，那么便会“家和万事兴”“和气生财”“家运旺盛”。如果家庭不和，那么就如同《红楼梦》里探春所说的那样：“咱们倒是一家骨肉亲昵，一个个像是乌眼鸡似的，恨不得你吃了我，我吃了你。”那还怎么过日子啊？家运破败便是指日可待的事情了。这也是许多家庭都将“家和万事兴”的文字撰写在门楣上的原因。

“灯下不讲鬼、不谈贼”

这是旧时北京人的禁忌，这种禁忌产生的缘由是民间有“说鬼招鬼，说邪招邪”之说。但在现实生活中，人们却都喜欢听鬼故事，因为它惊险、刺激。为了规避这二者之间的矛盾，人们又发明了避邪的方法："灯下说鬼"时，把《皇历宪书》放在桌子上，老百姓认为，皇历是朝廷颁发的正式历法，具有压住邪祟的法力。这时人们就可以毫无忌惮地讲鬼故事了。"灯下说贼"时，可以把茶杯倒着扣放在桌上，据说这样可以使"梁上君子"不敢光临。

忌外甥在舅家剃头

老北京的风俗中有外甥不能在舅家剃头的禁忌，认为如果外甥在舅家剃头会"妨舅"。因为"舅"与"旧"谐音，"旧"有指老年人的意思。《尔雅疏》中说："舅者，旧也。姑者，故也。旧故，老人称也。"（见《白虎通义》）由此可知，"妨旧"即为妨舅，就是妨害老人的意思。这一习俗在中国北方广泛流行。北京不仅有"正月剃头妨舅舅"之说，还有"正叔五舅就老子"之说，认为男子在正月、五月、九月这三个月里都不能理发。

正月是新一年开始的时候，如果在舅舅家剃头，很容易引起对"旧"的联想，当然，如果一定要剃头也有规避的方法，那就是把外甥引到大门外的官道上，就不算是在舅舅家了，这就破了忌。

忌晚上剪指甲

在我国民间有晚上不能剪指甲的禁忌，据说如果晚上剪指甲，会使人怀疑你偷了其他人的东西。但是大多数人都喜欢在晚上没事干的时候剪指甲，于是人们又想出了破解的方法，即在剪完指甲之后，用剪子在脚上叩击两下就没事了。关于晚上剪指甲的禁忌，民间还有其他的说法，一种说法是晚上剪指甲会长灰指甲；另一种说法是会将魂魄剪掉。无论哪一种说法，其目的都是阻止人们在晚上剪指甲。

忌晚上梳头

在民间，人们认为头发中藏有自己的"财气"，所以，在结束一天劳作之后的晚上是忌讳梳头的，唯恐晚上一梳头，就会把一天聚起来的"财气"全都梳走了。如果休息一个晚上，等到第二天清晨再梳头就没关系了，可能认为"财气"已经在晚上的睡眠中被头发根吸收到人体内了。

忌别人踩自己的影子

在民俗中，人们认为人体中有灵魂才有影子，鬼因为没有灵魂，所以没有影子。如果一个人失去了自己的影子，那么这个人就会变成鬼而失去生命。例如在参加埋葬死者的仪式时，大家都会注意不让自己的影子落到墓穴之中，以免受到伤害。在日常生活中，人们都非常在意自己的影子，忌讳别人踩自己的影子。

忌总吐沫

在民俗中，人们认为唾液有魔力，如果某处皮肤被蚊虫叮咬或肿痛起来，人们习惯往那里涂些唾液，并感到疼痛有所减轻。另外，在劳动强度很大，感觉手上没劲的时候，也常在手上吐两口唾液，就会感到疲劳有所消除，似乎又有了力量。吐液的这种魔力让人感觉很神奇，有人说，那是因为唾液中含有人的元神，也就是人的元气、精神。一个人得了病，如果一直吐唾液、吐痰，就会元气大伤，损耗精神。俗语说："黑痰轻，白痰重，一吐红痰就要命"，所以人们忌讳总吐唾液、吐痰，认为这是凶兆。

忌用唾液吐人

由于人们认为唾液中含有元神，因此遇到一些小麻烦，或者偶尔触犯了禁忌，民间就会用吐唾液的办法破解，认为这是在用自己的元神精神去弹压小鬼小祟。如遇到旋风的时候，人们要向旋风中吐唾液。但是，这种方法也仅限于对鬼祟和一些小事，不能针对人，虽然有时候人们会碰到给自己带来麻烦的人，但是对人吐唾液的行为是对他人的不尊重，所以在民俗中非常忌讳。

忌打喷嚏

在我国民俗中，打喷嚏有一定的预示意义，而且这种民俗起源很早。例如《诗经·终风》中说："寤言不寐。愿言则嚏。"相关的注释说："愿，犹思也，盖他人思我，我则嚏之也。"《毛诗笺》中也说："今俗人嚏则曰人道我，此古遗语也。"也就是说，在周代已经有了打喷嚏是有人思念的说法。后来，人们还认为打喷嚏有时候意味着有人在咒骂你。所谓"一想二骂三感冒"或者"一骂二想三感冒"的说法。即将喷嚏的预示意义和喷嚏的数量联系起来，这种习俗在不同的民族不同的地方也都有不同的说法，这种说法至今仍然流行。

忌拔掉、刮掉眉毛

在民俗中，人们认为眉毛的粗细浓淡与寿命有关系，在通常情况下，眉毛浓密而且又粗长的人，一定长寿。尤其是长着几根比较突出而且长眉毛的人，他们会更长寿，人们也因此将这几根眉毛称为“寿眉”，寿眉越长越好。所以人们忌刮掉、拔掉眉毛，尤其是拔掉“寿眉”，即使是“寿眉”已经长得遮住了眼睛也不能够拔掉。否则便会“折寿”。然而，并不是每个人都有又粗又浓又长的眉毛，对于那些眉毛很少的人，其后世子孙也不会繁荣。

人们认为，拔掉或剃掉眉毛会折寿，因而忌讳拔掉或剃掉眉毛。

忌拔白发

在民俗中，人们忌讳拔掉白发，认为“拔一根，长十根”“越拔越多”。其实，这时人们惧怕衰老的一种心理反应。因为在正常情况下，白发是老年人的象征，也意味着生命的日渐衰弱。而人们都希望自己永远年富力强，富有青春活力，所以一般都拒绝白发染首，主观上相信自己头上长出的几根白发只是偶然现象，不拔永远都是那几根，如果拔掉了反倒会使更多的白发滋生。

忌乱扔和吞噬耳屎

在汉族的民俗中，有关于耳屎或耳垢的禁忌。首先，忌乱扔自己的耳屎。如果乱扔就可能被人践踏，这对耳屎主人的身体是非常不利的。其次，忌吞食耳屎。如果吞食了耳屎，就会变成哑巴或聋子。这种民俗在“吃开口饭的”（戏曲演员、曲艺演员）行业中极为讲究。

忌婚外男女交往

我国古代讲究男女之大防，性别区分非常严格，所以在性别上交往的禁忌也比较多。如“男女授受不亲”“男女有别”“男女不同席”“小姨勿上姐夫门”等，这都是担心别人猜疑交往的男女之间有不正当的关系发生。另外，“寡妇门前是非多”也属于这一类，并且这不仅牵扯到寡妇，还牵扯到寡妇之子，人们对他也为避猜忌而“非有见焉，弗与为友”。在身份方面，俗语中有“贫不串亲，富不串邻”的说法，这是因为“贫串亲，易遭白眼；富串邻，易诬奸犯”。

交往的禁忌

我国民间认为，客观环境是造成祸患的一个重要原因，因而除了自身修善行好之外，还要注意选择所交往的人，俗语说“跟着好人学好人，跟着巫婆会下神”“近朱者赤，近墨者黑”，所以一定要与好人交往，不与坏人交往。另外，民间的“宁愿跟明白人打一架，不跟浑人说句话”“黄眼绿睛，莫谈交情”一类的说法，虽然不一定是科学的，但反映着民间愿交好友的良好愿望。

1. 忌留宿年长之人

在北京民间俗语中有这样的说法：“七十不留宿，八十不留坐”“七十不留宿，八十不留饭”，这都是说，在和年长之人交往的时候，忌讳留其住宿。因为这些人年纪大了，随时可能有危及生命的事情发生。留宿中一旦发生意外，就会造成不必要的麻烦，甚至会受到怀疑。

2. 病人交往有禁忌

在民俗中，生病之人需要停止或尽量减少社会交往，这是因为在人际交往中，如果一方有病灾，那么，其他无病之人就有可能对他形成威胁；反过来说，他也可能会对其他人形成威胁。因此，停止或减少交往就能避免相互之间造成危害。如有些地方有“忌门”的习俗，即在病人的房门上用树枝、草、旗、鞋、红布、草帽等物件做记号，设置门标，禁止他人进入。

3. 忌与和尚、道士、尼姑等交往

俗语说：“前门不进尼姑，后门不进和尚”；“会交朋友，交些铁匠、木匠；不会交朋友，交些道士和尚”。这些说法都表明，我国古人忌讳与和尚、道士、尼姑等人交往。之所以这样做，是因为和尚、道士、尼姑等都是特殊人群，不与他们交往既有避嫌的意思，也有担心招来祸患的含义。

4. 忌打他人脸

俗语说：“人活一张脸，树活一张皮。”脸不仅是一个人的仪表，更代表着一个人的尊严。如果在和人嬉笑玩闹或发生争执而被打了脸，被打的人就会觉得自己的尊严

受到了践踏。所以，民间俗语中有“说人不揭短，打人不打脸”之说，即在与人交往中忌打人脸。即使对小孩子，大人也不能打他们的脸，否则，民俗认为，孩子会被打傻的。

5. 忌待客冷淡和“逐客”行为

北京人是热情好客的，所以在待客方面非常讲究，唯恐遭到别人的耻笑。俗话说：“有理不打上门客”，所以在客人进门时，主人要主动上前打招呼、让坐，忌不言不语，不理睬客人，或者光顾着说话，不让客人坐下等冷落客人的行为。

客人坐下后，不能擦桌子、扫地，不能只说请客人喝茶，却没有实际行动，让客人感觉自己不被尊重，不受欢迎。

敬烟、酒、茶的禁忌

客人入座之后，主人一般会敬上烟、酒、茶，如何敬才能不失礼、不触犯禁忌呢？招待客人一般是“浅茶、满酒、一支烟”，无论敬烟、敬酒还是敬茶，都要双手奉上，忌单手敬上。在给客人敬茶时，忌讳用茶壶嘴对着客人；在用烟袋敬客时，要将烟嘴擦干净，并且要装好烟丝，敬烟时要主动给客人点烟。点烟时，忌用一根火柴连点三支烟，因为有“三火成灾”的说法。如果需要对火，应将烟蒂递向客人，忌讳用烟头儿直指对方。敬酒时要敬客多饮，而忌讳自饮不敬客。有些地方忌待客无酒，有“无酒不成礼，说话不算数”的说法。

宴客的席位、座次禁忌

对于尊贵的客人和关系亲密的客人，主人通常都会以酒饭款待。在宴客过程中，也有一些禁忌需要注意。民间非常注重宴客的席位和座次。就席位而言，其方向一定要摆正，忌方向错置，因为民间有“席不正不坐”的说法。如果在南北方向的屋内宴客，桌缝应东西向摆置；如果在东西向的屋内宴客，桌缝应南北向摆置。在宴请客人吃饭前要给客人递上热毛巾，请客人洗脸、擦手，然后将客人让到首席座位上。如果来客有多位，那么就要考虑座次的问题了。在通常情况下，年长而德高者，尊贵而善良者居于上位，然后依次排下，主人自谦，常坐于下位。座次很重要，座次错乱是待客中的一大禁忌。

宴客中的禁忌

待客用的菜肴要用双数，而忌用单数，因为“好事成双”，在宴请客人时，不仅菜品的数目有禁忌，而且菜品的安排以及摆放也有禁忌。客人进门的第一顿饭忌讳安排吃水饺，因为老北京有“送行的饺子接风面”的说法，第一顿就吃水饺，会让客人感觉到自己不受欢迎，有被拒绝的意思。在宴客时，主人要亲自给客人盛饭、布菜、敬酒。盛饭时忌勺子往外翻，其缘由有两种说法，一种说法是，因为监狱中用这种舀法给犯人盛饭；另一种说法是，勺子往外翻，是家财外流的表示。为了避免，所以忌讳。

吃饭时，忌讳客人没吃完就将桌子上的空碗空盘收走，忌讳席未散就擦桌子扫地，因为这些举动都有“逐客”的嫌疑。另外，在整个宴客过程中，主人要始终陪坐，忌讳提前离席，即使吃饱了也不可以。宴客时忌讳子女上桌与客人共餐，尤其忌讳媳妇、女儿上桌。在饭后，通常会招待客人吃水果，这时的忌讳是两个人分吃一个梨，因为“分梨”与“分离”谐音。

做客禁忌

人与人之间的交往是相互的，不仅有接待客人的事情，而且经常还有做客的机会，在做客的时候，有许多事情是需要注意的。

1. 忌不请自来

所谓来往者，便是有来有往也。人们不仅在家中待客，有时也会去别人家做客。做客最忌讳的就是突然到访，不请自来。这对拜访人家来说是突兀的，对自己来说也有可能吃“闭门羹”。北京人习惯于中午之前专程拜访师友以及尊贵人家，如果午后日落之前或者趁他事之便前去拜访，就显得不够尊重，这被称为“残步”。

2. 忌直接进门和无礼行为

做客时，到了主人家门前要先敲门，通常是轻敲三下，在征得主人允许后再进入。如果主人家的大门敞开着，也要先打招呼，等到室内有人应声时再进入。否则就是犯禁忌，因为我国俗语有“不蹈无人之室，不入无人之门”的说法。

在进入主人家后，客人要主动向主人问好，而且要在不同地方避免出现一些无礼行为。俗语说：“客不观仓”“客不观厨”，客人在主人家不能东张西望，乱翻乱找，这都是禁忌。

3. 忌饮食时不尊重主人

在做客时，主人要热情好客，而客人则要尊重主人，不要触犯禁忌。主人宴请客人时，客人不能先于主人饮食，俗语说“主不动客不吃”，否则便是对主人不尊敬。

4. 忌无“礼”拜访

中国人自古就尊崇礼尚往来，这个“礼”既有礼节、礼仪的意思，还有礼物的含义。也就是说，客人去拜访主人时，一定要带见面礼，即所谓“执贽”。主人回拜时，也应该还客人之所执。但是，忌讳将原物送还，只有在拒绝接受对方馈赠时才能将原物送还。

看病禁忌

人有了病就需要进行治疗，在看病、治疗、服药方面有许多禁忌。

1. 忌说“看病”

人吃五谷杂粮，没有不生病的，但是在旧时，人们如果在去看病的路上遇到了熟人，忌讳说自己去“看病”或者请医生看病，而要说去“看医生”。“看医生”相对于“看病”而言，如同是去探亲访友。之所以这样说，是因为要防止邪气上身。在民间，人们认为，如果在外面说自己生病了，就会被鬼祟听见，并乘虚而入。病人沾染上了“邪气”之后，病情就会加重。另外，不说“看病”而说“看医生”，也让病人从心理上感觉生病是一件很简单的事情，以减轻心理负担，增强治疗疾病的自信心。

2. 忌结伴看病

亲朋好友中有几个人同时生病了，决定一起去医院看病，这看上去是很自然的事情，其实，这在民俗中是一种禁忌。老北京人认为，结伴去看病，会使病情加重，或者沾染上其他疾病。从科学的角度来看，人生病本来身体的抵抗力就比较弱，如果再和其他病人接触较多，就会形成交叉感染，这的确不利于病人的身体康复。

3. 忌说“买药”和买药时砍价

在民间，老北京人忌讳说“买药”，而是说“抓药”。这种禁忌的缘由是，人们买东西大多是买自己所需要的、喜欢的东西，而对于“买药”，却非内心真实的意愿，买药治病是出于无奈。由于人们无法忌恨疾病，只好把矛头转向了药，就在买药的时候说“抓药”，以表示对生病的厌恶以及日后不再生病的希冀。

另外，人们在买药的时候禁忌讨价还价。因为买药的目的是治愈疾病获得健康，如果此时讨价还价，那就如同与自己的身体健康讨价还价，自然是非常不吉利的。

4. 药方子忌反折

生病无论是在古代还是在今天，都是一件颇让人忌讳的事情。但是生病是难免的，吃药也是难免的，于是病人就将康复的希望寄托在了服药上。为了使疾病早日痊愈，老北京人忌讳将大夫开的药方子反折，药方子必须要正折。如果反折药方，就意味着药与病相反，即不对症，药也就不会产生效力了。

5. 忌提着药包串门

中医是我国的传统治病方法，在西医尚未在中国出现时，我国百姓都是找中医看病。中医的特色之一就是服用草药，这些草药通常一抓就是几包，因为这是按照药的剂量搭配好的。抓完药后，民间禁忌病人提着药包到处乱走，尤其忌讳提着药包到别人家去串门儿。

6. 所煎的药品忌放在灶台上

灶神在我国古代神话传说中是掌管饮食的神，人们称之为灶王爷、灶君、灶王。因为灶与人类饮食生活密切相关，所以，崇拜灶神也就成了诸多拜神活动中的一项重要内容。在服药禁忌中，老北京人认为，不能将所煎的药品放在灶台上，认为这样会触犯灶神，从而使药力失效。

7. 忌在厨房中煎药

煎药不能在厨房中，而应该用药锅、火炉在房檐下或病人的房间内煎药。这种禁忌的由来是，人们认为灶王与药王不和，两不相容，在灶间煎药会触犯灶王爷，不利于病人。同时，药锅忌讳用盖子，而是用药包纸漂水蒙住药锅口，纸干了，便是药煎好了，这样做还可以避免药味儿随着蒸汽外泄。

8. 药渣忌存放以及乱倒

中药煎好之后，药渣子要及时倒掉，忌讳在家中存放时间过久。因为北京人认为，药渣子倒得快，病人的病也就好得快。药渣子不能乱倒，如果地方不妥，就会影响病人的康复，所以有“药渣倒高不倒低”的说法。另外早年间还忌讳将药渣子倒在垃圾堆、厕所里，因为那里是秽气寄存的地方。讲究把药渣子倒在路上，让千人踩万人踏，这样可以驱病出门，托人消灾。不过现在可不要这样做了，因为乱倒垃圾，破坏了环境卫生，是违法的。

9. 忌还药锅

药锅是不常用的东西，而且任何人家都不愿意常备药锅，只有生病时才用得到，所以，邻里之间借用药锅是很常见的事情。在北京地区，如果哪家有人生病了，需要使用药锅，可以到邻居家去借，但是用完之后不许送还，人们忌讳还药锅，还药锅等于是送病上门，对主人家不利。要把药锅保存好，等候主人家来取，或是第三家要用药锅的时候来借。

10. 忌转手归还钱物

人在社会活动中，亲朋好友、左邻右舍之间相互挪借钱物是不可避免的，对于归还的钱物，民间有“隔手不支物，隔枝不打鸟”的说法，即归还钱物时，中间不能有人转手，最好是借贷双方当面交割清楚。因为转手之后，钱物数量如果发生变化，那么三方就都说不清楚了，那就会引起纠纷。原本是一件好事，其结果却会大相径庭。

说话禁忌

老北京人多少年来说话形成了一条“规矩”，多说吉利话，少说或者不说不好听的话。不说不好的词语，这是北京人的一个特点。比如说“死”字最有代表性。人都不愿意死，也不愿意说“死”，所以“死”就成了忌讳。可生老病死是自然规律，人总是要死的，所以人们就创造了很多含蓄的代词来暗指说“死”，如走了、归天等。

北京人还忌讳说“着火”，因而“失火”要用“走水”来代替，取水能灭火之意。北京人送礼忌讳送钟表，其实并非如此。只是在语言表达方面要特别注意，别说“送钟”，因为“钟”和“终”同音。其实你说，“我给您搬来一座钟”不是就行了吗？

对于已经病得很厉害、接近死亡的人，一般也不说快死了，而是爱说“万一有个三长两短的”。“三长两短”很多人都会说，但是不一定每个人都知道其中含义。“三长两短”是指对已经接近死亡的人的一种担心的、忌讳的说法。

老话说，人活到七十三岁或八十四岁是两个坎儿，因为孔子寿活七十三；孟子寿活八十四。假如在您周边有七十三岁或八十四岁的老人，最好您别问他的岁数，他不愿听人们说他已经是七十三、八十四了。如果他真八十四岁，他也不说八十四岁。说什么？说八十五岁。意思是说刚过了坎儿。南方人问人多大岁数直呼“你几岁啦？”北京人只有问孩子时才呼之曰“你几岁啦？”对老人，询问人家年龄时，只能说：“您高寿啦？”如果他老人家正好八十四，他会说“八十有五”，忌讳说八十四。

到人家里做客，酒足饭饱之后，忌讳说“吃完了”，只能说“吃好了”。说“吃完了”会被认为不吉利。“完了”和“终了”、“尽了”是同义词。

（1）过年的时候吃饺子，如果面少了或者是馅儿少了，千万不要说“少”字，要说面多了或者馅儿多了。

（2）如果不当心打碎了盘子碗，要说“碎碎平安”。

（3）“逢人且说三分话，未可全抛一片心”，这是告诫人们逢人遇事说话时要做到“话到舌边留半句”不能“竹筒倒豆子”式地把自己的全部心思向对方表述，尤其是对那些初次见面或首会共事的人，更要在讲话时留有分寸和余地，否则在以后（或当时）自己会因当时的某句话给自己带来不必要的麻烦，这句话是非常有哲理的。所谓“知人知面不知心”，对别人，特别是不是很了解的人，不要把自己的想法全都告诉他，不要让别人知道你在想什么，将要做什么，人和人之间要留有余地，有“防人之心不可无”的意思。言多语失，不要轻易地相信人和随便向别人透露自己的底细，避免上当受骗。

待人接物要给自己和别人都留点空间，太过亲密的关系可能会让人避之不及，给别人说了太多自己的秘密，别人既会感觉尴尬，又因为要为你保守秘密而不胜其累。诚信并不是指口无遮拦、全盘托出，相反地，诚信也要掌握技巧和分寸的，这其实也是基本的接人待物之道。当然，“诚信乃立身之本”，在现实生活中，我们无论做人还是做生意，都要坚持“诚信为本”的原则，诚信才是交友待人乃至做生意的根本之道。

（4）不说别人胖，或者是瘦。对胖人说其“富态”；对瘦人说其“苗条”。在古代，人们都认为胖是有福气的象征，唐代的女性也以胖为美，在解放前，“胖”是有钱的标志。所以，早年间，人们都不爱听别人说自己“瘦”了，因而要说对方“胖了”“发福了”。因为人瘦是不吉利的，或者因生病，或者因家穷过度劳累导致，无论哪种都不是人们喜欢的。因此，即使对方真的瘦了，也不能说出来，否则，对方可能会心里不愉快，甚至个别心眼小的人会真的生病。如果对方真的是瘦了，则要说“苗条”了。

现在人们的观念变了，从胖是富贵的表现，变成了“以瘦为美”，因而人们不喜欢说自己胖，因而说话的时候，忌讳说别人胖了，要说“发福”了。

（5）当着矬人不说矮话。意思是说，不要提起别人缺点或者生理缺陷。例如当着秃子不说“光”、“亮”；当着道士不说“牛鼻子”；当着和尚不说“秃”字。

（6）不说脏话。北京是礼仪之地，北京人最忌脏字，常用的骂人话大多为“混蛋”、“笨蛋”而已。称“京师忌讳莫如龟兔”。

宁失金银，不失约会

“宁失金银，不失约会”，是说与人约会的时候，必须要准时到达，不可言而无信。

“宁失金银，不失约会”说的就是只要是我们答应别人的事，就一定要兑现，无论在兑现的过程中会多么的困难。如果做不到，那就干脆不要轻易地许下诺言，既然答应了人家就要不顾一切地在第一时间做到，生活中为人处世要做到守信，工作中也必须要做到，答应领导能完成的工作就要全力地去尽快完成。

人情交往禁忌

1. 借东西忌拖延不还

俗语说：“好借好还，再借不难”“快借快还，再借不难”，这都是说借人家的东西，使用完后要及时归还，忌讳拖延不还，否则别人下一次很有可能就不借给你了。另外，人们都不愿意把东西借给办红白喜事的人家，但是，这种借用又是不可避免的，对此也有破解之法，那就是在用完之后归还的时候要“封钱”，由此来求得吉祥，避免灾祸。但这是以前的规矩了，现在早就没有人家这样做了。

2. 借钱忌讳整借零还

向人家借钱，归还的时候要一次还清，不能拖拖拉拉。比如你向人家借了一千块钱，今天还三十，明天还五十，这是不可以的，必须要一次还清。因为一千元钱，对于平民百姓来说，是一个不小的数目，人家可以买一件像样的东西，如果你零散的还，就容易被人零花了，到头来这一千元钱什么也没干就花完了。

3. 宁欺十年老，不欺十年小

这句话的意思是说不要欺负小孩儿，人在幼年时期是弱者，但是他会长大的，长大之后也许是个人才。欺负上了年纪的人当然不对，但是年幼的人更不能欺负，未来一定属于年轻人。有句类似的话是：“宁欺白头翁，不欺少年穷”，意思是宁愿欺负年纪大的老人，也不要去欺负那些穷困的年轻人，因为他们的将来会是什么样子，任何人都无法预料。

4. 酒肉朋友不可交

朋友与君巨、父母、夫妇、兄弟共为五伦，这是封建社会所规定的。现在是民主社会，“君臣”一伦可以免去了，其他四伦尚不可废。然而，在这四伦里面，出问题最多的就是“朋友”。人进入社会，首先接触的就是朋友。朋友的区别就大了。古人说“以友浦仁”，是说朋友之间要互相帮动，互相督勉。“朋友”很复杂，大体上可以分为三类：第一类是可以依赖，可以知心换命的，这样的朋友不是铁哥们儿就是患难之交；第二类，可以说说真心话，发发小牢骚，这样的朋友不是情同手足就是志同道合；第三类，只可以坐在一起喝点儿小酒，吃点儿美食，高谈阔论的不是人生，也不是理想，而是世间百态，蜚短流长，这样的朋友就是酒肉朋友。

为人处世，真正的朋友也得有，酒肉关系的——吃吃喝喝的朋友也需要，只要你觉得值得交就好。

5. 朋友妻不可欺

因为朋友之间相处比较随便，对朋友的妻子接触就会多一些，出事的概率相应地就会增大，容易做出对不起朋友的事。不要因为男女私情，做出有损朋友道义的事情来。

6. 大伯子背兄弟媳妇过河，费力不讨好

这句话主要是讲男女之大防，免生嫌疑。主要是出自“男女之大防”，“大伯子是半个公公”之类的民俗。现在依然在民间流行着。其实这句话的真正意思是说，男女之间相处要检点，不要肆意而为。

7. 顺情说好话，耿直讨人嫌

说话要讲究技巧，说话要既能说出自己的本意，但又要顾及别人的感受。耿直不是不招人喜欢，而是有的时候说出来的话很容易让人不舒服。“顺情说好话，耿直讨人嫌”，耿直的人常常得罪人，会奉承的人最讨人欢心。很多时候耿直是一种正义的体现，但也是被打击的开始。宁为玉碎不为瓦全，只有在死后才能得到少数人的客观评价。卑微地活着是为了生存，大义凛然地反抗是为了更好地生活，如果有好的律法，好的领导，人们就不会向任何恶势力妥协了。

8. 宁在叔公怀里坐，不从大伯子眼前过

按照老礼儿，小叔子和嫂子、小叔公和比自己大的侄媳妇是可以开玩笑的，怎么

闹都不为过。但是大伯子和弟媳妇之间却是要规规矩矩的，因为“大伯子是半个公公”。有不少家庭，老人去世得早，弟弟是哥哥养大的，“长兄如父”，弟弟对兄长极为尊重，作为其妻子的弟媳妇同样也要尊重大伯子。

孕妇禁忌

很多准妈妈在开始怀孕计划前就已经逐步关注生活中饮食用药的各个方面，希望十月怀胎顺利生产，孩子健康聪明，准妈妈孕期如何呵护自己，究竟有哪些不宜饮用的或接触的东西呢?

1. 不宜过多用药

怀孕3周至3个月内，是胚胎器官形成期，此时胎儿对药物的作用十分敏感。据临床调查证实，某些药物可导致胎儿畸形。

2. 不宜多食醋

过多的醋和含酸性食物是导致畸胎的元凶之一。尤其是怀孕最初半个月左右，大量的酸性食物可使体内碱度下降，从而引起疲乏、无力。而长时间的酸性体质，不仅易使母体罹患某些疾病，最重要的是会影响胎儿正常的生长发育，甚至可导致胎儿畸形。

3. 不宜过量喝饮料

由于一些饮料含有2.4%—2.6%的咖啡因、可乐宁等生物碱，孕妇喝后会出现恶心、呕吐、头痛、心跳加快等中毒症状，影响胎儿大脑、心脏和肝脏等重要器官的正常发育，致使婴儿出生后患先天性疾病。

4. 不宜过多吃油条

油条里含有一定量的明矾，而明矾是一种含铝的有机物。铝可通过胎盘侵入胎儿的大脑，使之形成大脑障碍，增加痴呆儿的发生概率。

5. 不宜吃热性调料

怀孕后吃小茴香、大茴香、花椒、桂皮、辣椒、五香粉等热性香料，以及油炸、炒等热性食品，容易消耗肠道水分，使胃肠腺体分泌减少，造成便秘。发生便秘后，孕妇用力排便，令腹压增大，压迫子宫内胎儿，易造成胎动不安、胎儿发育畸形、羊水早破、自然流产、早产等不良后果。

6. 不宜过多接触洗涤剂

洗涤剂中的直链烷基碘酸盐、酒精等化学成分，可破坏和导致受精卵的变性和坏死。特别是在新婚受孕早期，若过多地接触各种洗涤剂（洗衣粉、洗发水、洗洁精等），其中的化学成分可能会被皮肤吸收，在体内积蓄，从而使受精卵外层细胞变性，导致重大疾病流产。

7. 不宜过多饮茶

孕妇不宜饮茶过多、过浓，因为茶中的茶碱（咖啡因）具有兴奋作用，会使胎动增加，乃至危害胎儿生长发育。

8. 不宜多食山楂

现代医学研究证实，山楂对妇女子宫有收缩作用，若孕妇大量食用山楂及其制品，就会刺激子宫收缩，严重的可导致流产。正是因为如此，准妈妈在孕期一定要多多呵护自己，让自己得到全面的保障。

9. 不宜化妆

孕期需要护肤的话，不宜继续使用平常用的护肤品，要用孕妇专用护肤品牌！彩妆要尽量避免，像指甲油和口红含有很多有害物。

10. 不宜激烈运动

孕妇不可以剧烈运动，因为在怀孕过后属于特殊的时期，如果做剧烈活动可能会产生腹部疼痛，而且还会出现早产或者流产的现象，影响到胎儿的生长和发育。

11. 不宜参加婚宴

孕妇在怀孕期间，若家中小叔、小姑嫁娶，不得上前迎花轿，否则胎儿会受惊，新娘也会遭灾殃。孕妇不能吃喜宴上的食物或喜饼、喜糖等，亦不得碰触新娘嫁奁的橱柜等，皆防“喜冲喜”而产生不测。

12. 不宜参加葬礼

孕妇不能观看人家丧葬行列或自家棺柩封钉及入土仪式；不食丧家食物或使用丧家毛巾，皆防“冲煞”。

13. 不宜动针线

禁在孕妇房内动刀剪、缝衣服，恐刀剪针线会刺伤胎神，产下畸形胎，亦不能移动床橱柜，否则会流产。

产妇禁忌

刚生育了孩子的妇女身体很虚弱，为了保护产妇的安全与健康，自古流传下来许多禁忌。

1．产妇胞衣不可乱丢，否则血会冲犯天地鬼神，招来不幸。

2．产妇“月内”禁入寺庙或别人家，因俗信“月内”的妇人身体不洁，会秽神明触人霉头。因为不洁，更不宜参加祭祀或拜拜。

3．属虎、戴孝、寡妇或新娘，皆禁入产妇“月内房”。俗信满月之前胎神仍在，须避冲煞。

4．幼婴衣服不可露夜不收，否则次日若让幼儿穿上，会染湿热之疾。

5．三朝洗儿时忌为婴儿穿裤子，4个月内的婴儿若穿裤子，会妨碍其两足发育。

6．忌在婴儿面前说胖或称赞健康，否则会反而变瘦或生病。此说并无根据，或谓父母盼其快长大，若赞美太多会遭天忌。

7．未满周岁的婴儿不可搔其脚底，不然长大后会不敢过桥。

育儿禁忌

1．出生5个月内不宜带宝宝出门，在出生5个月之内，宝宝的免疫功能会逐渐降至谷底，到五六个月之后才能逐渐恢复，所以此时若经常出入人流量大的区域，生病的可能性确实会增加。

2．宝宝不宜带去墓地或医院。医院中有些地方病菌较多，而墓地又多在野外，容易受到蚊虫、蛇或是瘴气的伤害，因此尽量不带宝宝去墓地或医院是合理的。

3．爬行或跨越物品的禁忌。对于宝宝爬行或跨越的物品有一些传统的禁忌，如爬过算盘或尺的宝宝将来不会算账；宝宝如果坐在书本上，将来会不识字；乱咬铅笔的孩子将来不会写字等。对于受到充分教育的现代人来说，这些禁忌不应该成为任何育儿困扰。

4．不可在宝宝面前称赞他。有些长辈常常会叮咛宝宝身边的人，千万不要在宝宝面前说他的好话，要尽量说不好的。根据长辈的说法，一旦说了好话，宝宝就会表现出不好的一面。不过就现代育儿观念来看，宝宝还是需要被鼓励与赞美的。

5．禁用尺打小孩。俗信尺乃用来量长短，用尺打小孩，无异将小孩“量长量短”，日后会变侏儒。又有一说，用尺打小孩，小孩会变“慢皮”，即不再惧怕挨打或挨骂。

6．禁元旦打小孩。传说元旦打小孩会使小孩痴呆，或变得骨瘦如柴，其原因不外大人希望元旦气氛和乐，以求吉祥。

7．不能在吃饭的时候打骂小孩，俗谓“吃饭皇帝大”，若打骂进食中的小孩，无异剥夺小孩的“吃饭命”。以现代眼光衡量此禁忌，亦有道理，因为责打吃饭中的孩子，会使其情绪恶劣，消化不良，这是为人父母所不愿见到的。

8．禁止让孩子吃鸡爪、鸡翅。俗说“食鸡脚，撕破册”。吃鸡翅要两只一起吃，否则会与吃另一只鸡翅者打架。

未婚姑娘的规矩

女人从小到出嫁前是做姑娘的阶段，身为女孩儿，有许多要遵守的规矩。昔日的这些规矩，多属封建迷信，不可取。

1．未出嫁时不许尝生饺子馅，否则出嫁的时候轿子会掉进河里。

2．未出嫁时不准就着案板吃东西，否则出嫁以后遇事必由她作证。

3．未出嫁时不准就着饭勺吃东西，否则会嫁给个黑女婿。

4．未出嫁时不许磨刀，否则会嫁给个慢性子之人。

5．未出嫁时吃米饭不许掉饭粒，否则会嫁给个麻子。

有关动物的禁忌

1．忌捕捉自进家院的兔、鹿、鹰、雁等野生动物。偶然自进家院的野生动物现象，以为是一种不祥征兆，不宜获取。如遇此种情形出现要驱逐放生，以弥不吉。

2．忌讳母鸡打鸣，抱窝母鸡偶尔学公鸡叫，认为是不祥现象，对主人不吉利。若有此现象发生，必须将母鸡砍头抛丢，以克不吉。俗谚：“母鸡学会鸡叫，它的头要掉。”

3．忌打家里的蛇，你在路上碰见蛇可能打一下无所谓，但是如果蛇出现在自己家院子里就不能打了。在农村有种说法是每个家中都有一条蛇，蛇是家里的守护神，守护神当然不能打，在农村翻盖房子的时候很容易出现蛇，房子拆掉后蛇就走了。

4．忌戳燕子窝，燕子特别喜欢在家中的屋檐底下筑巢，农村小孩调皮，喜欢戳燕子窝，大人就会阻止。因为在农村还有种说法，燕子只在富有人家筑巢，如果燕子在家里筑巢了，说明这家人将会发财。

5．忌随意收养流浪的猫狗，“狗来富，猫来穷”。意思就是说，流浪猫自动来到一户人家是不祥之兆，这家人会变穷；流浪狗自来，则这家人会变富。还有一种说法与之相反，“来猫去狗，越过越有”，认为来猫是吉兆，喜欢猫而讨厌狗。

第十章　饮食民俗

古人云："民以食为天。"吃与喝是人类维持生存和体现生活质量的最重要或者说最基本活动内容之一，由此形成的文化（包括民俗）被人们称之为饮食文化。自辽金以来，北京逐渐成为全国政治文化中心，因而也荟萃了全国各地的饮食并形成了具有北京特色的饮食民俗及文化。

北京地区的饮食习俗及文化，受地域（如城里和郊区、平原和山区）、时间（如平时和节日）、产供销渠道、炊具、燃料等各种因素的影响，也表现出差异性，丰富多彩。同样一种食品，不同地域和不同时间，可能有着不同的做法和吃法。譬如喝茶，多数老北京人喜欢喝茉莉花茶，有些来自南方或"品位高"的人可能喜欢喝绿茶，而山里人可能喝当地产的山茶；再譬如有一种食物叫摊黄儿，以北京西山中的大寒岭为界，岭西至张家口，烙好的"黄儿"成摞放在盘中就可以上桌食用了，而岭东至天津，烙好的"黄儿"须放上菜馅，对折合上呈半圆状，再上桌食用。诸如此类，还有很多。

北京的饮食讲究"京味儿"，但多指"四九城"里，很少包括郊区，尤其是山区，所以未能反映北京的全貌或整体，应该加上北京地区的"乡味儿"和"山味儿"。事实上，近些年很多城里人也借休闲旅游之机"下乡上山"寻找山乡味道，很多郊区、山区的饭馆、农家乐及人家，也模仿着做了不少过去在城里才能吃到的饮食。

在饮食文化中，不仅包括消费者，还包括生产经营者；不仅包括在街上买和在饭馆里吃，还包括在家里自做自吃。随着时间的推移和城乡人口的流动变化，以及经济社会的发展和人们对生活质量及美好生活的追求，饮食文化也在不断地发展、变化中。

一、节日饮食

腊八粥和腊八蒜

按照中国民间习俗，农历腊月初八就进入每年的年期了。这一天，要喝腊八粥、腌腊八蒜。

熬制腊八粥的食材种类及数量，并无规定“配方”，体现一个“杂”字即可，但少不得要有大米、小米、江米、小枣、核桃仁等，既稠且香，有条件又没得糖尿病的，吃的时候撒上点白糖更好。腊八粥口感好，营养也丰富，郊区有的地方，不但人吃腊八粥，还要给院里的果树抹一点，以敬树神。历史上，北京的粮油店，有配好的腊八粥材料，买回家熬制就行了。腊八节这天，多数家庭还要腌腊八蒜，以备过年食用，当然也有一些说法。

腊八蒜湛清碧绿，十分好看，故而美其名曰“翡翠碧玉腊八蒜”。泡腊八蒜是北京地区的一个习俗。顾名思义，就是在阴历腊月初八这天来泡制蒜。其实材料非常简单，就是米醋和大蒜瓣儿。做法也是极其简单，将剥了皮的蒜瓣儿放到一个可以密封的罐子里，然后倒入米醋，封上口，放到一个温度较冷的地方。慢慢地，泡在醋里的蒜就会变绿，最后会变得通体碧绿，如同翡翠。腊八蒜的“蒜”字和“算”字同音，早年间，北京各家商号都要在这天拢账，把这一年的收支算出来，可以看出盈亏，其中包括外欠和外债，都要在这天算清楚，“腊八算”就是这么回事儿。

小年儿的糖瓜儿

“二十三，糖瓜黏。”腊月二十三，俗称“小年儿”或“小年戏”，是汉族民间“祭灶节”，除了弄点菜、喝点酒、吃饺子外，主要应节食品是吃“糖瓜儿”，即做成瓜形的麦芽糖，俗称“关东糖”，也是饴糖的一种，用麦芽和淀粉制成，入口即嚼很脆，稍待便转黏。

除夕的年夜饭

老北京有一句俗话：“打一千，骂一万，全凭三十晚上这顿饭。”由此可见大年三十晚上这顿饭的重要性。三十晚上（除夕夜）老北京人对这顿饭非常重视。三十晚上这顿饭又叫“年夜饭”、“团圆饭”。

年夜饭有两个特点，一是突出“团圆”的主题，全家人必须要到齐了，平时在外面工作的人到了这天也必须要赶回来，大家一起吃饭。在平常的日子里，儿媳妇一般不能够上桌和公婆、大伯子一桌吃饭，唯独这一顿饭可以。小孩子也可以上桌，人多桌子大，有的菜小孩子够不着，可以站在凳子上去夹菜，大人绝不会申斥他。

二是这顿饭要非常丰盛，三十晚上是吃米饭，因为吃米饭就要有菜，菜要多而且丰盛，把家里好吃的菜全都端上饭桌，菜不怕多，还必须要有鱼，取个“年年有余（鱼）”的口彩。很多人家还要用糯米面或黄米面，豆沙馅、炸些黏（年）糕作主食，取“年年高”之意。吃饭时，每一盘子菜不可吃净，要剩下一点儿，意思是家里有吃不完的饭菜。吃饭的时候一般都要喝一点酒，男人自不必说，女人也可以喝，小孩子怕辣，大人也要用筷子蘸一点儿酒抹进他的嘴里，这叫“咋一块头子”。

初一的饺子

千百年来，饺子作为贺岁食品，受到人们喜爱，在北京相沿成习，流传至今。饺子一般要在年三十晚上12点以前包好，待到半夜子时吃，这时正是农历正月初一的伊始，吃饺子取“更岁交子”之意，“子”为“子时”，交与“饺”谐音，有“喜庆团圆”和“吉祥如意”的意思。

京城和部分郊区，初一早晨或全天讲究吃素馅饺子，之后才吃荤馅饺子。过了初一之后几天的饮食，一般比较随意。

打春的春饼

春饼是北京的民俗食品，是一种烙得很薄的面饼，又称薄饼。每年立春日，北京人都要吃春饼，名曰“咬春”。最早的春饼是与合菜放在一个盘里的，称为“春盘”。关于春盘的记载，可见于周处《风土志》：“正无日俗人拜寿，上五辛盘。五辛者，所以发五脏气也。”这里的五辛盘即春盘。《四时宝镜》说：“立春日食萝菔、春饼、生菜，号春盘。”唐宋时，春盘已放在立春日出现。

在北京春饼是用烫面烙的一种双层薄饼。两个圆面剂，一面抹一点油，合在一起擀薄，放铛上烙熟后，在案板上用力摔一下，即可揭开为两张或吃的时候揭开，现在饭馆则多用卷烤鸭的鸭饼代替。卷春饼的菜称为“合（读“或”音）菜”，用豆芽菜和粉丝、海带丝加盐、蒜泥等调料或炒或拌而成。另外还要配炒菠菜、炒韭菜、摊鸡蛋等热菜以及被称为“盒子菜”的熟肉，如酱肘花、酱肉、熏肉、炉肉（均要切丝）。

京郊地区（特别是山区），吃春饼，多数还是自己在家里自制面皮和菜馅的。

元宵节的元宵和汤圆

正月十五元宵节，又称上元节，应节食品是元宵及汤圆儿。元宵节吃元宵的最早记载见于宋代。当时称元宵为“浮圆子”、“圆子”、“乳糖元子”和“糖元”。从《平园续稿》《岁时广记》《大明一统赋》等史料的记载看，元宵作为欢度元宵节的应时食品是从宋朝开始的。因元宵节必食“圆子”，所以人们使用元宵命名之，历史上还有许多别称，如“面茧、粉果、元宝、汤饼、圆不落角”等，直至明永乐年间才被正式定名为“元宵”。白糖、玫瑰、芝麻、豆沙、黄桂、核桃仁、果仁、枣泥等为馅，用糯米粉摇裹而成圆形的为元宵；捏口包裹而成的为汤圆；馅料可荤可素，风味各异。可汤煮、油炸、蒸食，有团圆美满之意。北方元宵多为甜馅，有白糖、豆沙、芝麻、山楂等馅。人们在元宵节吃元宵或汤圆，实际上是思念亲人、渴望团圆的意思。元宵挑子在正月十五前后出现在胡同里，一头是分成几屉的圆笼，各种元宵和碗勺都放在屉中，另一头是火炉子，炉上支着煮元宵的铜锅。卖元宵的吆喝非常好听“现揭锅的，好大馅儿的元宵来！”

旧时北京和北方人喜欢吃元宵，南方人喜欢吃汤圆，元宵与汤圆是有区别的。京城的糕点铺多在元宵节期间集中力量“摇元宵”出售。所谓“摇元宵”，即将配好的元宵馅切成丁儿，放在簸箕或笸箩内，撒上略带潮湿的元宵面，来回摇动，将面一层一层地裹上，一直到所要大小为止。所以，元宵的皮是裹上去的，没有接口，个头儿如核桃。汤圆是包馅捏口的，个头儿如酸梅，吃的时候，煮（也可以炸熟）元宵比汤圆费火，但吃起来筋道，是“老北京”的最爱。汤圆好煮，吃着也软一些。

“二月二”的吃食

农历二月初二为“龙抬头”的日子。明代沈榜所著《宛署杂记》载：“都人呼二月二日为‘龙抬头’，乡民用灰自门外蜿蜒布入宅厨，旋绕水缸，呼为‘引龙回’。”刘侗所著《帝京景物略》载：“二月二日曰‘龙抬头’煎元旦祭余饼，熏床炕曰‘熏虫儿’，谓引龙，虫不出也。”清《康熙宛平县志》载：“二月二日曰‘龙抬头’，因荐韭之余，家各为荤素饼馅，以油烹而食之，曰‘薰虫儿’，谓引龙以出，且使百虫伏藏也”，让廉《春明岁时琐记》载：“（二月）二日为土地真君生辰，城内外土地神庙，香火不绝，游人亦众，又有放花灯煤香供献以酬神者，俗谓此日为‘龙抬头’。此日饭食以龙名，如饼谓之‘龙鳞’，饭谓之‘龙子’，面条为‘龙须’，扁食（水饺）为‘龙牙’之类。”

韭菜和绿豆芽在二月二是备受喜爱的。以韭菜、豆芽为馅，制作炸春卷、菜合子、炸三角、素馅饺子，在京城内外十分普遍。再有就是吃面条，称为“龙须面”。不仅寓意“生发”，而且面条还有长寿之意。无论吃哪一种，如果家中有已出嫁的姑奶奶，于二月二最好接回娘家，民谣曰：“二月二，接宝贝儿，宝贝不来掉眼泪儿”。

端午节的粽子及雄黄酒

农历五月初五为端午节，北京人多称之为五月节，郊区一些地方称之为五当五儿。民俗活动有多项，以吃粽子最为广泛。

粽子名目种类繁多，有角粽、锥粽、菱粽、筒粽、秤锤粽、九子粽，有荤粽、素粽、药粽，有益智粽、结缘粽、夫妻粽、爱情粽、福禄寿三星粽、四喜粽、四季平安粽、五福粽、五子登科粽等，又分为南粽、北粽、苏州粽、广东粽、宁波粽、台湾粽、北京粽等。北京粽子主要有两种，城里吃的粽子，无论是从市场上买来的还是自家包的，多是以糯米（江米）、小枣为主的素粽，山区人民自家包的粽子多用大黄米、小枣。除了吃粽子外，端午节老北京的吃食还有五毒饼、玫瑰饼、藤萝饼等。

端午节是中华民族的一个重要传统节日，所以国家也设立了公假日。

中秋节的月饼

“八月十五月正圆，中秋月饼香又甜。”农历八月十五是中国人的中秋节，又称八月节、团圆节。中秋之夜，人们阖家团聚，品尝月饼及赏月，充满天伦之乐。当然，不仅是月饼，还有丰盛的果品、美酒、佳肴等，城里人注重享受团圆，乡下农人还要喜庆丰收，所以还有煮毛豆等。

说是元朝末年，朝廷为了防止汉人因不满被统治而造反，不许民间用铁制武器，每十户人家只能用一把菜刀，还得供养一个监管着他们的士兵。有些兵丁仗势欺人，为非作歹，老百姓怨声载道，但又敢怒不敢言。一年中秋节前，准备起兵造反的高邮张士诚等，暗中串联，在月饼中夹着一个写着“八月十五杀韃子，家家户户齐动手”的纸条，很快传遍了全国各地。中秋之夜，家家掰开月饼时见到纸条，纷纷合手杀死监视他们的兵丁，并组织起来，举旗造反，后来成为中秋节买月饼、吃月饼的风俗习惯，年年如此，流传至今。

自金、元起，北京月饼的花色品种越来越丰富，但很多年长的人，仍喜欢传统的自来白、自来红月饼。用白面、江米面做饼皮的月饼为自来白，以黄米面做饼皮的月饼为自来红。馅料配方种类也很多，豆沙的、五仁的等，但很多北京地区的人买来自己吃的红、白月饼，喜欢夹有青、红丝、冰糖、桂花、果仁的月饼。

除月饼外，北方人有八月节吃螃蟹的习俗。一进入农历八月，北京的街头巷尾就出现了卖螃蟹的小贩。俗话说“七尖八团”指的就是螃蟹，七月上市的是尖脐（公蟹），八月上市的是团（母蟹）脐。螃蟹有海蟹与河蟹之分，中秋节最讲究的是河蟹，因为此时的河蟹最肥嫩。近年来，有条件的讲究吃阳澄湖大闸蟹。

特殊的乡村节日食俗

北京地区有一些比较特殊的节日食俗，例如，京西门头沟区斋堂镇桑峪村，农历三月初三这一天，举办祭祖活动，同吃“蚕丝面”。所谓祭祖，一是纪念中华人文初祖黄帝夫妻，二是祭奠本村老姓张、杨二姓之祖。中国是丝绸的故乡，因而才有了“丝绸之路”。相传是黄帝与正妻嫘祖发明了植桑养蚕织锦，桑峪村历史上即以植桑养蚕缫丝而得名，有“桑峪村的蚕丝成大捆”之说。为了不忘祖先恩德，该村于“三月三”除参加鸡鸣山庙会外，还在村内举办同吃蚕丝面的祭祖活动。所谓“蚕丝面”，与普遍人家的面条区别不大，但全村人在同一天在一起吃，就具有独特意义了。

稻地庄子的“立夏粥”。永定河自三家店村西出山后，河道一分为二，在卧龙岗村又合二为一，两股水道之间高地，古称“下滩”。辽金时，潭柘寺僧在下滩千余亩粮田引浑河水自流灌溉并种植水稻及五谷杂粮。下滩后改称“稻地”。经过几百年变迁，发展成了大小十八个庄子。清朝末年至中华民国期间，十八个村庄里，形成了许多地方习俗，喝“立夏粥”就是一种。到了立夏这一天，庄子里支上大锅，劈柴点火，各种杂粮和稻米搅在一起洗净放入锅里，熬到临近中午，香喷喷的粥就成了，不但本村村民喝，庄子上的长工、短工及居住附近的人们，也都可以来喝。到民国期间，由于时局动荡不安，稻地庄子的立夏粥也就渐渐消失了。但有些老人至今讲起喝立夏粥时，还津津有味。

灵水村立秋同喝“举人粥”，北京地区有立秋“贴秋膘儿”的说法，即熬过了清淡为食的酷暑，到了立秋要吃炖肉补一补身子。但京西斋堂川的灵水村有一种特殊的风俗，这就是每到“立秋”这天，全村人同喝“举人粥”。所谓的“举人粥”其实就是一种杂粮粥，所用杂粮来自全村各家各户，村民们在街道上支起大锅，熬好粥后，大家一起喝。

二、京城“名吃”

蜜供

蜜供是北京春节时特有的应节食品，在其他地方没见过，在北京除春节外其他时间也没卖的。因其主要用途是作为供品，又因其用饴糖浸过，饴糖似蜜，故名“蜜供”。《天咫偶闻》云：“蜜供，则专以祀神，以油面作荚，砌作浮图式，中空玲珑，高二三尺，五具为一堂，元日神前必用之。”其具体制作方法是：用糖和面，擀成薄饼，两层白面之间夹一层红面，切成四五厘米长，一厘米见方的细长条，用油炸熟，在饴糖里浸一下捞出，作供品用时要垒成宝塔形，可大可小，可高可矮，方、圆、八角均可。作食品，捞出后则堆积成块。蜜供五具为一堂，唯独灶王爷前的供是三具为一堂，所以有“灶王供——三堆”的歇后语。蜜供砌好后用红纸剪成供衣罩上，顶端再插上七珍八宝等供花，摆在神像前，十分壮观。

北京过去有专门制作蜜供的作坊，叫“蜜供局子”。蜜供局子都很会做生意，蜜供比较贵，一般居民春节前一下子拿出那么多钱买蜜供有困难，他们就采取零存整取的办法。《旧都文物略》也说：“凡制卖蜜供者，每岁春季，照预约券法，收订购者之资，分月摊收，至岁底而款齐，而蜜供交购者持去，盖较一次购买者为贱也。”一般都是砌码好后，给顾客送到家中。过去每一家商店都有一些经常来买东西的老主顾，对这些老主顾在各方面都要照顾一些。解放以后，没人用蜜供敬神了，但今天蜜供依然是北京人春节期间很受欢迎的应节食品。

灌肠

灌肠是北京人喜爱吃的一种大众街头小吃，从明代开始流传。《故都食物百咏》中说到灌肠：“猪肠红粉一时煎，辣蒜成盐说美鲜。已腐油腥同腊味，屠门大嚼亦堪怜。”老北京街头常有挑担卖灌肠的小贩。有记载：“粉灌猪肠要炸焦，铲铛筷碟一肩挑，特殊风味儿童买，穿过斜阳巷几条。”在北京的小吃中，灌肠要算得上是物美价廉大众化的食品。这种小吃过去在北京的集市、庙会上，尤其是夜市上随处可见。卖灌肠的摊子上，大铁铲敲打着大铁铛的椽子“当当”作响，引得大人、孩子围上前非要掏钱来两盘儿尝尝不可。吃灌肠不在乎解饿，只是领略它的风味，过过馋瘾。吃煎好的灌肠要蘸上蒜汁；用小竹签一片片扎着吃，如果用筷子夹，就显得没情趣了。灌肠分两种：一种为大灌肠，把猪肥肠洗净，以优质面粉、红曲水、丁香、豆蔻等10多种原料及调料配制成糊，灌入肠内，煮熟后切小片块，用猪油煎焦，浇上盐水蒜汁，口味香脆咸辣；另一种叫小灌肠，用淀粉加红曲水和豆腐渣调成稠糊，蒸熟后切小片块，用猪油煎焦，浇盐水蒜汁食用。灌肠外焦里嫩，用竹签扎着吃，颇显特色。不过，这种讲究质量的货色现已不易吃到了，通常在庙会、夜市上所见到、吃到的，只是用淀粉加上红曲捏成个棒槌形，切成片后上铛煎，滋味当然不如真正的灌肠，但是因为用油煎得特别香，而且价钱又比较便宜，吃者依然很多，甚至有吃灌肠吃上瘾的人索性就买上几块，回家去自煎自吃，独享其乐。这也是一种吃法。

豆汁儿

豆汁儿是北京的传统风味小吃，色泽灰绿，豆汁浓醇，味酸且微甜，是北京具有独特风味的冬、春季流行小吃，老北京人对它有特殊的偏爱。过去卖豆汁儿的分售生和售熟两种。卖生豆汁儿的多以手推木桶车，同麻豆腐一起卖；卖熟豆汁儿的多以肩挑，一头是豆汁儿锅，另一头摆着焦圈儿、麻花、辣咸菜。《燕都小食品杂咏》中说：“糟粕居然可作粥，老浆风味论稀稠。无分男女齐来坐，适口酸盐各一瓯。”并说：“得味在酸咸之外，食者自知，可谓精妙绝伦。”喝豆汁儿必须配切得极细的酱菜，一般夏天用苤蓝，讲究的要用老咸水芥切成细丝，拌上辣椒油，还要配套吃炸得焦黄酥透的焦圈儿，风味独到。豆汁儿是用制造绿豆淀粉或粉丝的下脚料做成的。生豆汁儿是水发绿豆加水经磨研，并除去大部分淀粉（用于生产粉丝、凉粉等）之后的液体经发酵而成。

豆汁儿一般味酸，略苦，有轻微的酸臭味。

豆汁儿历史悠久，据说早在辽、宋时就是民间大众化食品。喝豆汁儿的人不拘贫富。在过去，穿戴体面的人如果坐在摊上吃灌肠或羊霜肠，就会被人耻笑，但是在摊上喝豆汁儿则是正常现象。卖豆汁儿的从粉房将生豆汁儿趸来，挑到庙上，就地熬熟。前边设个长条案，上摆四个大玻璃罩子：一个放辣咸菜，一个放萝卜干，一个放芝麻酱烧饼、“马蹄烧饼”，一个放“小焦圈”的油炸果子。案子上铺着白桌布，挂着蓝布围子，上面扎有用白布剪成的图案，标出“×记豆汁”字样。夏天还要支上布棚，以遮烈日。

豆腐脑

豆腐脑是利用大豆蛋白制成的高养分食品。质微稠，舀入碗中，浇上卤，再加入海米、海带丝、金针、韭菜丁儿、胡椒粉，淋点芝麻油，浓香无比，《故都食物百咏》中称：“豆腐新鲜卤汁肥，一瓯隽味趁朝晖。分明细嫩真同脑，食罢居然鼓腹旧。”又称：“云肤花貌认参差，未是抛书睡起时，果似佳人称半老，犹堪搔首弄风姿。”注说：“老豆腐较豆腐脑稍软，外形则相同。豆腐脑如妙龄少女，老豆腐则似半老佳人。豆腐脑多正在晨间出售，老豆腐则正在午后。豆腐脑浇卤，老豆腐则佐酱油等素食之。”清代名医王孟英在《随息居饮食谱》中这样记载：豆腐，以青、黄大豆，清泉细磨，生榨取浆，入锅点成后，软而活者胜。点成不压则尤软，为腐花，亦曰腐脑。北京有首儿歌：“要想胖，去开豆腐房，一天到晚热豆腐脑儿填肚肠。”豆腐脑色白软嫩，鲜香可口。豆腐脑在北京都是清真的，卤的味道堪称一绝，其卤不泄，脑嫩而不散，清香扑鼻。器皿也有讲究，用砂锅，砂锅散热慢，特别是可以保持原味，不受金属器皿的影响。豆腐脑挑子一头是一个肚大口小的缸，外边用棉垫子包裹严实，以便保温；另一头是一个方形的架子，中间是一口铜锅，锅里是浇豆腐脑的卤，四周摆着碗勺。用一个扁扁的铜铲子把豆腐脑铲起来，放在浅碗里，然后浇上卤，放上辣椒油。早年前门外门框胡同的“豆腐脑白”和鼓楼“豆腐脑马”最为有名，人称“南白北马”。西城区有名的是西单的米家兄弟。南城天桥也有家姓白的做豆腐脑口碑不错。豆腐脑的浇卤最为讲究，风味有回汉之别。“白记豆腐脑”是清真卤味，用切得薄薄的鲜羊肉片、上等口蘑、淀粉、酱油打出的卤汁橙红透亮，鲜美非常。吃的时候，舀起一块白嫩的豆腐脑，浇上一勺厚卤，淋上蒜汁或辣椒油，满嘴喷香。

豌豆黄儿

豌豆黄儿是北京传统小吃之一，也是北京春季的应时佳品之一。将豌豆磨碎、去皮、洗净、煮烂、糖炒、凝结、切块而成。成品外观浅黄色，味道香甜，清凉爽口。清朝宫廷的豌豆黄儿用上等白豌豆为原料做成，因受到慈禧青睐而出名，民间的糙豌豆黄儿是典型的春令食品，常见于春季庙会上，现在北京有些食品店出售包装精美的成品“豌豆黄儿”。汉族民间小吃豌豆黄儿一般加有小枣儿，在庙会等场合，置于罩有湿蓝布的独轮小车上去卖。车上放一块案板，上面铺一块蓝布，洒点水，水灵灵的，再拿刀切成菱形的块儿叫卖。

焦圈儿

焦圈儿是老北京传统小吃之一，其色泽深黄，形如手镯，焦香酥脆，风味独特。老北京男女老少都爱吃焦圈儿，吃烧饼爱夹焦圈儿，喝豆汁儿时就着焦圈儿。宋代苏东坡曾有“纤手搓成玉数寻，碧油煎出嫩黄深；夜来春睡无轻重，压褊佳人缠臂金”的诗句，宣传的就是焦圈儿。明代李时珍《本草纲目》中也有“少入盐，牵索扭捻成环钏之形，油煎食之”的记载，讲的也是焦圈儿，可见焦圈儿的历史十分古老。通常的焦圈儿，以温水和面，加入适量盐、碱、矾，揉匀后饧约3个小时。放在案板上压扁，切成宽约5厘米的条，一手按住一端，另一手托住另一端，抻成长扁片，再用刀切成宽约4厘米的小剂，将两个小剂揉在一起，用小炸刀在中间切一刀（但两边不能切通），稍连一点，油烧至五成熟时，拿出生焦圈的一头下油锅，随即用筷子从中间撑开，使之成手镯形，定型后翻过来，炸至枣红色出锅控油，即成香脆酥的焦圈儿了。

驴打滚儿

驴打滚儿又叫豆面糕，是老北京传统小吃之一。成品红、白、黄三色分明。因为最后的制作工序是裹黄豆面，就像郊外的野驴撒欢打滚儿时扬起的阵阵黄土，故名驴打滚儿。主要食材为糯米粉、白糖加清水搅拌成面糊，倒入刷过一层薄油的盘子，放入蒸锅内蒸熟。将黄豆面炒香炒熟，均匀地撒在案板上，然后将蒸好的糯米面糕铺在黄豆面上，手蘸清水将面糕擀成厚约1厘米的面片，再将掺和均匀的桂花豆沙抹在面皮上，卷起来，切成小段，放进黄豆粉里打个滚儿即成了。

艾窝窝

李光庭著《乡言解颐》卷五载刘宽夫《日下七事诗》，末章中说及“爱窝窝”，小注云：“窝窝以糯米粉为之，状如元宵粉荔，中有糖馅，蒸熟，外糁薄粉，上作一凹，故名窝窝。田间所食，则用杂粮面为之，大或至斤许，其下一窝如旧，而覆之。茶馆所制甚小，曰爱窝窝。相传明世中富有嗜之者，因名御爱窝窝，今但曰艾而已。”农村里所吃的窝窝头是用玉米面加黄豆面做成的，大的大概一市斤，下面仍然有一个窝，而覆之。茶馆里所做的窝窝头很小，叫作艾窝窝。相传明朝宫廷里有人喜欢吃，就把它取名叫“御爱窝窝”，清朝时只把它简称为“艾窝窝”。由此看来，艾窝窝是御爱窝窝的缩称，可见窝窝头的名称在明朝那时候已经有了。北海公园有一家饭馆名叫“仿膳”，在他们的食品里边，便有一种“小窝窝头”，据说是从前做来“供御”的，用栗子粉和入，现在则只以黄豆玉米粉加糖而已。所以北京市面上除真正的窝窝头以外，还有两种窝头，不是主食而是小吃，这就是“艾窝窝”与“小窝窝头”。窝头摊一般摆在城门脸儿，来吃的大多是卖力气的穷苦人，俩窝头，一碗小米粥，一块老咸菜，这就是一顿饭。

烧饼、麻花、油炸鬼

烧饼、麻花、油炸鬼是北京最常见的三种传统食物。烧饼品种颇多，有100多个花样。这里说的是北京的芝麻酱烧饼，用半发面摊开擀平，抹上芝麻酱，撒上花椒盐，卷起揪剂子，擀成饼，刷上碱水，沾上芝麻，先上铛烙，再放进炉里烤，烤熟的烧饼又脆又香。

麻花是北京清真小吃的常见品种，除脆麻花外，还有芝麻麻花、馓子麻花、蜜麻花等，做脆麻花先将红糖、苏打、油加两倍水融化，再将面粉倒入和均匀。也有用明矾、碱面、红糖、糖桂花和面的做法。和成面团后，再揉进温水，盖上湿布饧10分钟。制作时将饧好的面团揪成小剂，搓成约10厘米的长条，放入盘中刷一层油，码三四层再饧一会儿后，拿起一根搓成长绳条，合成三股，做成麻花，它的规格长约12厘米，条要均匀，呈棕黄色，每根约重30多克。将油倒入锅内，用旺火烧六成热时，将麻花坯子分批下入油中炸制，要随做随炸，炸时用筷子将麻花坯子在油里抖动，使条与条之间稍微松散开，便于炸透，待炸至棕黄色时即成。脆麻花特点是焦、酥、脆，有甜味，存放几天仍然鲜脆。

油炸鬼现在叫油条，原来叫“油炸桧”。据《清稗类钞》说：“油炸桧长可一人，捶面使薄，两条绞之为一，如绳以油炸之。其初则肖人形，上二手，下二足……宋人恶秦桧之误国，故象形似诛之也。”传统制法是：用面粉加入明矾、食碱、盐等调制成矾碱面团，再拉条经油炸而成。北京的油炸鬼是两块面压在一起，中间勒一刀，两头一抻，放进油锅炸熟。

盒子

烙盒子是北京人常做的面食，与馅饼相似。馅饼是一张圆皮儿上搁馅儿、包好、轻摁而成的圆饼儿。盒子则其形似钹，上下两片合之，中心凸起，肚中有馅儿，故曰“盒子”；也有一种是三角形的，就叫烙三角。盒子皮用小麦面，馅儿分荤、素，荤馅儿放肉末海鲜，素馅儿用时令菜蔬。老北京人最爱吃的馅儿就是韭菜，或加上肉，或加上鸡蛋，或加上虾皮，或加上鸡蛋细粉条。所用的面是白面，做的时候，先把面和好，面要软。等和好了放一边儿饧着。再把肉馅和姜末、酱油拌好。什么时候吃，什么时候再切韭菜，免的拌早了出汤。拌馅的时候，再放进花生油、盐和味精。吃韭菜馅，无论是盒子，还是饺子，按规矩都得使用姜末儿醋。因为韭菜属寒，用姜正好中和。吃的时候，先咬一小口，以免盒子里的韭菜汁儿烫嘴，再蘸一下姜末儿醋，馅儿香、醋香、姜香，以及焦黄的面皮发出的香味均散发出来。另外还有白菜馅儿、西葫芦馅儿、地三鲜馅儿、海三鲜馅儿的，滋味各有不同。

切糕

切糕是北京著名的小吃。由糯米或黄米面制成的糕，多和以红枣或芸豆，刀切零售，故名。切糕分为两种，一种是面切糕，另一种是米切糕。

面切糕是用江米面加水，和均匀上笼蒸熟，然后将蒸熟的江米面蘸水揉匀，用手按成厚薄相当的层片，抹上豆馅或枣泥馅，要达到四层面三层馅，层次分明，面馅分开，出售时用刀顺边从上往下切，放在盘内，撒上白糖就可以食用了。

米切糕是将糯米洗净，用凉水浸半小时，净水后，上笼用旺火蒸一个小时后，放入盆中，浇上开水，顺一个方向搅拌。待米与水融合后，再蒸半小时，仍放入盆中搅拌成黏稠的糯米团，接着再蒸10分钟取出，饧12小时。把小枣洗净煮熟，上笼蒸半小时，取出后晾凉待用。把糯米团分成相等的三块，蘸凉开水，逐块按揉光润，拍按成方块。在第一块糯米团上铺上五分之二的小枣，盖上第二块糯米团，接着在第二块上铺同样多的小枣，再盖上第三块糯米团，再将余下的小枣全都摆在面上。将糕用湿布盖严，挤成约三寸厚时，揭去湿布，切成菱形小块，即可食用。

在老北京的胡同里经常可以见到卖切糕的，推着独轮小车，上面放一块案板，案板上放着大块的切糕，上面盖着蘸了水的蓝布，小车下面一边挂着一个小铁桶，里面放有一把长条形的刀，另一侧挂着一个篮子，里面放的是小盘子和叉子。买切糕可以当场吃，卖切糕的切下一块切糕来，放在盘子里，撒上白糖，放一个叉子，就可以吃了。也可以买回家去吃，卖切糕的把切糕切好后放在荷叶上，用手托回家去。

烤肉

烤肉是北京久负盛名的特色菜肴，已有300多年的历史。据说是北方游牧民族的传统食品，也曾作为宫廷的一种美味而跻身于大雅之堂。最早的烤肉，是把牛肉或羊肉切成方块，用葱花、盐、豉汁稍浸一会儿再行烤制。明末清初时，蒙古族人则是把大块的牛、羊肉略煮，再用牛粪烤熟。到了清初时代中期，经过不断改进和发展，烤肉技术日臻完美。

烤肉以牛肉为制作主料，烹饪技巧以烤为主，口味属于炸烧味。选料严格，肉嫩味香，自烤自食，风味独特。位于宣武门内大街的“烤肉宛”和什刹海北岸的“烤肉季”，是北京最负盛名两家烤肉店。两店一南一北，素有“南宛北季”之称。不过这种有名的烤肉馆价钱也不菲，普通的老百姓是很少光顾的。老百姓吃烤肉一般都上烤肉摊，那里是另一番景象，一张大圆桌子，上面放一个炭火盆，盆里燃着火苗直蹿的松木柴，盆上架着铁质的隔栅，俗称“炙子”。吃烤肉的人不管认识不认识，大家都围着圆桌而立，一条腿踩在板凳上、肉切成薄片，先用酱油、卤虾油、葱丝、香油、香菜等作料腌好，把肉放在铁炙子上，用特制的长筷子来回翻，恰到好吃时赶快扒拉到自己手中的盘子里，吃一口烤肉喝一口烧酒，颇有一种豪爽之气。近年来，吃烤串、麻辣烫的多了，吃烤肉的少了。

北京烤鸭

“京师美饪，莫妙于鸭，而炙者尤佳。”这是我国古代史书上对北京烤鸭的记载，百年来经久不衰，并且发展到许多国家。现已成为世界闻名的菜肴，被誉为“天下第一美味”。

北京烤鸭，又名北京烤填鸭，历史悠久。早在南北朝的《食珍录》中已有“炙鸭”的记载。元朝天历年间（1328—1330）的御膳医忽思慧所著《饮膳正要》中也有“烧鸭子”的记载，烧鸭子，就是“叉烧鸭”，是最早的一种烤鸭。而“北京烤鸭”，则始于明朝，民间传说是朱元璋所创始的。

永乐帝迁都北京后，烤鸭技术也带到北京，并被进一步发展。选用玉泉山所产填鸭，皮薄肉嫩，香酥可口，因而深受北京人喜爱。明万历年间太监刘若愚所撰的《明宫史·饮食好尚》中曾写道：“本地（北京）则烧鹅、鸡、鸭。”说明那时烤鸭已成为北京风味名菜。同时，在明嘉靖年间已出现了“金陵老便宜坊”专业烤鸭店。清朝时，烤鸭又成为乾隆、慈禧太后及皇府大臣所喜爱的宫廷菜。同治三年（1864）又出现了全聚德烤鸭店，从此，北京烤鸭驰名中外。

从工艺角度上看，北京烤鸭分为焖炉烤鸭和挂炉烤鸭。全聚德的烤鸭是挂炉烤鸭，便宜坊的烤鸭是焖炉烤鸭。从时间角度上看，先有焖炉烤鸭，后有挂炉烤鸭。据说最早的便宜坊在宣武门外米市胡同，是由一个南方人开办的连家铺小作坊，以经营焖炉烤鸭和筒子鸡为主，也无店名，但是因为做出来的烤鸭和筒子鸡味道好，而且价格低，很受顾客欢迎，久而久之大家称之为“便宜坊”。

到清朝末年，北京以“便宜坊”或“便意坊”为名的焖炉烤鸭店达到30多家。但是到民国时期，只剩鲜鱼口一家。新中国成立后，于1956年实现公私合营，1966年曾更名为“首都烤鸭店”，“文革”结束后复名。焖炉烤鸭的特点是“鸭子不见明火”，烤好的鸭子呈枣红色，外皮油亮酥脆，肉质洁白、细嫩，口味鲜美，且烤制过程中干净卫生。以挂炉烤鸭成名的“全聚德”烤鸭店，创始人为河北冀州人杨全仁，清同治三年（1864）在前门外肉市胡同开店，聘请清宫御膳房出来的孙师傅，以宫廷挂炉烤乳猪的技艺烤鸭子，炉门敞开，边烤边卖。1966年更名为“北京烤鸭店”，1980年复名。

涮羊肉

我国的涮羊肉由来已久。据考证，铜火锅问世已有1400年历史。那时，几乎什么肉都可以涮。目前我国见诸文献记载的最早涮羊肉，当数南宋林洪《山家清供》一书。林洪在书内记述了一只名叫“拨霞供”的菜肴，说他过去游武夷山六曲，访止止师，遇雪天得一兔，没有庖人会烹饪。止止师说，山里人只用薄批兔肉片，用酒酱椒料浸渍以后，把风炉安在座上，用水小半锅，等到汤沸以后，每人一双筷子，自己夹兔肉，投入沸汤摆熟啖之。于是就照此法，吃了一顿涮兔肉。

不过，民间传说涮羊肉的创始者还是元世祖忽必烈。相传元世祖忽必烈在一次南侵时，连续打了七天败仗，退到一座山谷之中。人缺粮，马缺草。他急忙令随从日夜兼程赶回草原，捉来四头肥羊。忽必烈大喜，急令营房御厨烧制上来，谁知等了好久，还不见羊肉送来。他亲自跑到厨房一看，只见厨师已宰好羊，正在用刀切肉。忽必烈看见鲜红的羊肉，迫不及待地抓了一把往沸腾的开水中一撒，用勺子盛起来，美美地吃了一顿。后来，他做了元朝第一个开国皇帝。一天，他在宫中突然想起当年在山谷中吃过的那顿羊肉，厨师们只得照做。忽必烈吃了，果真觉得味道挺美，问厨师这菜叫什么名字。一位老厨师想起当年忽必烈吃羊肉的情景，说这叫作“涮羊肉”。从此，“涮羊肉”就在北方流传开来。

因为羊肉鲜嫩易熟、味道鲜美，而且边涮边吃、别具风味，所以明清以来盛行北方，成为冬令美味佳肴。北京各菜馆还不断改进，发展成为北京风味的涮羊肉。清咸丰四年（1854），前门外“正阳楼”开业，专以涮羊肉闻名。后来，以摆粥摊发家的丁子青，于1914年创办“东来顺”饭庄，并在正阳楼涮羊肉的基础上，在选料、配料多方面作了改进，使这道适合兄弟民族口味的佳肴，也受到汉族人民的欢迎。

白煮猪肉

清乾隆六年（1741），在今北京西四缸瓦市路东，出现了一家“和顺居”，专门使用一口直径约一米多的大砂锅做白煮猪肉，其味醇香异常，很招顾客。后来，顾客们就将“和顺居”称为“砂锅居”了。李家瑞编著的《北京风俗类征》中讲：“惟有在西四牌楼缸瓦市面上的砂锅居，营业依然在茂盛着，它那里煮肉的工具，是用了平西斋堂特产的砂锅，每是营业时间，仅在午前。过午来了客人便不再去应酬。”说明至晚在明代，皇宫的人已十分喜欢砂锅煮白肉，到清初，又有了以京西砂锅为煮肉器皿的“砂锅居”，而且生意十分红火。所谓白煮猪肉，即将五花白肉切成块放砂锅中煮熟，再捞出切成薄片，蘸蒜泥、腐乳、韭菜花、酱油配成的小料吃，肥而不腻。

都一处烧麦

北京前门大街的“都一处”烧麦非常有名，以致有不少人称之为“独一处”。相传清乾隆三年（1738），浮山县（今山西省临汾市浮山县）北井里村王氏，在北京前门外鲜鱼口开了一家浮山烧麦馆。除烧麦外，还制售炸三角和多种小菜。传说某年除夕晚，乾隆皇帝从通州私访回来，到浮山烧麦馆吃烧麦，由于这里的烧麦馅软而喷香、油而不腻，外观洁白晶莹，有如玉石榴，乾隆食后连连点赞，回宫后御笔写下“都一处”三个大字，命人制成牌匾送往浮山烧麦馆。从此，这家烧麦声名远扬，身价倍增。

炒肝儿

炒肝儿也是老北京人喜欢的小吃，用洗得十分干净的猪下水（主要是肝和小肠）熬制而成，据说是由清末“会仙居”的“白水杂碎”改进而来的。店主将煮熟的“半成品——猪杂碎”中的心、肺去掉，只留下肝和小肠，放入白汤，加上佐料，熬成炒肝儿。有人说，前门大栅栏鲜鱼口胡同里“天兴居”的炒肝儿最好。改革开放后，郊区的不少早点摊儿也卖炒肝儿，而且颇受欢迎，对不喜喝羊汤、品“羊味”者最适宜。另外，北京还有一种说法，即喜欢羊杂碎者喝羊汤，喜欢猪杂碎者吃炖吊子或炒肝儿。

艺术名菜

1. “贵妃醉酒”

《贵妃醉酒》是我国京剧表演艺术家梅兰芳的拿手好戏，而北京“广和居”饭庄牟厨师精心创造的“贵妃醉酒”的名菜也是名闻遐迩的传统佳肴。据传说，贵妃杨玉环晓音律、善歌舞，并以貌美受宠于唐玄宗李隆基。有一次，玄宗谕旨贵妃设宴百花亭，至时玄宗未到，杨玉环满怀幽怨，独自至醉，后来遂有“贵妃醉酒”之说。牟厨师便根据杨贵妃酒醉百花亭这一历史典故，选用肥（与“妃”同音）的母鸡（“姬”），先整只油炸后，再放到汤锅中炖，并配以高级葡萄酒，使之烂醉如泥。因此，此菜特点是鸡肥色美，清淡适口，使人吃了犹如看了梅兰芳的《贵妃醉酒》，既得到美的享受，又饱尝香的口福。当时此菜盛名于北京城。清宣统年间，“广和居”

饭庄因故停业，牟厨师到“同和居”工作，这样“贵妃醉酒”又带到“同和居”饭庄，成为该店的传统名菜。

2. “霸王别姬”

《霸王别姬》是一出久演不衰的京剧梅派传统剧目，而以“霸王别姬”命名的佳肴，也是一道流传甚广的传统名菜。

相传楚汉之争，楚霸王项羽被刘邦“十面埋伏”围困于垓下（古地名，今安徽灵璧县南，沱水北岸）处于四面楚歌时，美人虞姬为项羽解忧消愁，用甲鱼和雏鸡为原料，烹制了这道美菜，项羽食后很高兴，精神振作。但最终兵败，虞姬于舞剑后自刎，而后霸王亦自刎乌江。这道菜后来流传民间，因用甲鱼和雏鸡制菜有较强的滋补作用，所以美食者都喜欢食用此菜。以后又经历历代厨师不断改进烹饪技术，以翠绿的嫩菜心，配上一只乌黑的甲鱼和金黄的雏鸡，色彩调和，汤味清醇，肉质鲜美，异常入味。因民间传说此菜制于霸王别姬时的虞姬之手；又因系甲鱼（民间称为“水中一霸”）和鸡（与“姬”同音）两物相配，形似“霸王别姬”而得名。

3. “游龙戏凤”

传说明正德年间，武宗朱厚照一天私访来到梅龙镇上李凤姐开设的酒店。朱厚照见李凤姐貌美，一见倾心，便命凤姐备美酒佳肴。凤姐亲手调制了一道由鸡鱼合烹的美食。正德皇帝品尝后，赞不绝口，问此菜何名？凤姐含笑不答，正德皇帝便戏封此菜为“游龙戏凤”。凤姐也随皇帝进宫了。从此，这菜便成了明朝宫廷名菜。清代有人据此典故编演了一台京剧，名曰《游龙戏凤》，使这道菜也一直流传至今。现在，北京、辽宁等地菜馆都会烹制，不过配料制法各有千秋，北京制法，以鸡块拌以蛋糊，入油锅炸成金黄色，并将鱿鱼切以花纹，炸成卷形，排在鸡块四周，形成色泽金黄泛白，鸡肉外脆里嫩，入口酥香；鱿鱼卷味美爽脆，成为佐酒佳肴。辽宁名厨师刘敬贤创新“游龙戏凤”，以鸡为“凤”，以水发刺参为“龙”，同入大砂锅炖熟而成，其汤乳白醇浓，鸡酥烂脱骨，味极鲜美。

4. “雪山飞狐”

《雪山飞狐》是金庸先生的名著，近年在京郊山区旅游观光接待中，出现了一种同名菜肴。这种菜肴以幼蝉和粉丝为主料。蝉，又名知了；幼蝉，俗称“知了猴”。知了猴一般晚夜时出土，爬到树上，蜕掉外皮（蝉蜕）、翅膀变硬即为成虫。所以，人们于头天晚上，到核桃树多的地方，打开手电筒在大、小树干（包括各种树）上去找，将刚蜕皮的幼蝉拿下来放在袋子里，一晚上能逮到很多。回来后用开水烫一下，洗净捞出，放上细盐腌。做菜时，先将干粉丝放入烧烫的油锅里，待其膨化后即捞出装入盘内。再将腌好、洗净、控干的幼蝉放入油锅内炸成金黄色，捞出，码放在膨化粉丝上，即可食用了。盘内膨化粉丝像一座雪山，上面趴着炸好的黄金色“知了猴”，吃起来酥、脆，味美，且营养丰富。

5. “金屋藏玉”

根据“金屋藏娇”和“金玉满堂”的典故，京西百花山林场等创造了一道“金屋藏玉”的佳肴，颇受旅客欢迎。做法是：将红色南瓜（当地称倭瓜、看瓜），在蒂部周围，用小刀挖下一个圆盖，掏空瓜瓤，放入淘好的上好大米，将盖盖上，放入蒸锅内蒸熟。再将蒸好的瓜摆在盘中，用刀在瓜的外部横竖拉些刀口（但要保持完整状态），端至客人饭桌上。客人从瓜的顶部开始，一块一块地夹下来吃，露出洁白如玉的米饭。此品，既有菜，又有饭。

三、街商小卖

煎饼摊儿

煎饼是北京一种普通的摆摊儿食品。北京的煎饼一般用小米面加黄豆面和白面做成，先把一半的小米煮到八九成熟，作为兑伴掺到另一半小米里，也可以加点豆子之类的，再用磨推成煎饼糊子，不稠不薄，用舀子舀起，倒在烧热的鏊子上，均匀地摊开，然后用劈子反复在鏊子上抿，直到抿干，再用抢子沿鏊子边把摊好的煎饼抢起揭下来放好，接着用浸透豆油的“油搭子”把鏊子擦一遍，以便摊下一个时好揭。这种煎饼很好吃，薄如纸，咬到嘴里就化。山东摊煎饼是在平底锅内擦薄薄的一层油，盛一勺面糊倒入锅内，旋转锅面使面糊均匀流动糊满锅面，用最小火煎半分钟后，打入一粒鸡蛋划散，在鸡蛋液上撒上少许葱花，待蛋液稍凝固后，翻面，稍许就熟了。摊好的煎饼没有多少水分，很有韧性，刷上一层大酱，再依次放入咸菜、海带丝、土豆丝、咸菜和油条等，将其卷起来即可。味道鲜美，既方便又快捷，是老北京的一种“快餐”。早年间，北京人都喜欢吃山东煎饼。现在人们在街上所吃到的煎饼多是天津风味的，而不是山东风味的。

馒头挑子

馒头是我国的传统面食，是把面粉加水、糖等调匀，发酵后蒸熟而成的食品，成品外形为半球形或长条（称刀切馒头）。味道可口松软，营养丰富，是餐桌上必不可少的主食之一。

据说馒头是三国时诸葛亮发明的。明人郎瑛《七修类稿》记："馒头本名蛮头，蛮地以人头祭神，诸葛之征孟获，命以面包肉为人头以祭，谓之'蛮头'，今讹而为馒头也。"

蒸馒头先将发酵面（老面）加面粉、水和成面团，放入盆中饧，待其发酵（发酵时间视室内温度和老面的多少而定）；取出发酵好的面团加碱揉透揉匀后搓成长条，揪剂子，摆在笼屉上，剂子口朝上，撒上青红丝，在旺火上蒸二十分钟，取出即可。北方的馒头一般是把长面条揪成剂子之后，再把剂子揉成底平顶圆的馒头状或者用刀切断成剂子，然后放到蒸屉上蒸即可。

老北京卖馒头的以山东人居多，高桩戗面是山东馒头的特点。同时也卖红糖馅儿的糖三角和顶部绽开、撒上青红丝的"开花馒头"，卖馒头的有推车叫卖的，也有背筐串胡同的，还有馒头挑子，一根扁担，两头各挑一个木制的圆笼，里面是一屉一屉的热馒头，有的卖馒头的也用抽签的方法来招揽顾客。

烤白薯

白薯又称红薯、山芋、地瓜、甘薯。《本草纲目》载，其有"补虚乏，益气力，健脾胃，强肾阴"的功效，可煎炸蒸煮，当然，最妙的还是烤着吃。宋朝苏轼的《次韵毛滂法曹感雨》里写道："他年记此味，芋火对懒残。"清代杨焯《登碧岩》诗："只待懒残煨芋熟，柴门应见白云封。"唐孙华《煨芋》诗："鹄陂豆饭堪同饱，富贵无心问懒残。"均提及了这段故事。懒残即明瓒和尚，因其性疏懒而好食残余饭菜，人以懒残称之。他是一位得道的高僧。有人说北京的烤白薯是从明瓒的烤芋法流传下来，并且专门写诗赞誉："新传烤薯法唐僧，滋味甘醇胜煮蒸。微火一炉生桶底，煨来块块列层层。"此说虽然牵强，但也道出北京人对烤白薯的喜爱。

旧时北京卖烤白薯的是一大早出来做买卖，用大剪子夹白薯，在铁皮桶改造成的炉子里烤熟趁热卖。烤白薯封炉的铁板上有一个洞眼，仔细看能看见一点猩红。要是买白薯，主人移开铁板，这才看到火炉里一排烤白薯，烤炉与其上摆放的白薯同色，白薯大小各异，烤好的还会流淌出蜜汁，满街散发的甜香味，使人流连，总想买上一个。

羊头肉

早年间，到了冬天的午后，就能听见卖羊头肉的在胡同里吆喝“卖羊头肉嘞！”卖羊头肉的人胳膊上挎着一个鸭蛋圆型的木提盒，也有的身后背一个扁木箱，这些小商贩吆喝的是羊头肉，实际还有羊杂碎，他们大多数人都有固定的活动范围，老主顾们一听到他们的吆喝声就会开了街（院）门，把他们让到院里或屋里，要什么，给什么，要多少切多少。他们的“刀功”极好，切得又快又薄，真是其薄如纸。切好后，撒上研磨得极细的花椒盐，这细盐装在竹筒或牛角制的小筒中，那种牛角筒小巧玲珑，很能引起孩子们的兴趣。老北京歇后语“卖羊头肉的回家——没有戏言（细盐）”是说细盐用完了，虽有肉也不能做生意，只好回家。

羊肉性温，冬季常吃羊肉，不仅可以增加人体热量，抵御寒冷，而且还能增加消化酶，保护胃壁，修复胃黏膜，帮助脾胃消化，起到抗衰老的作用；羊肉营养丰富，对肺结核、气管炎、哮喘、贫血、产后气血两虚、腹部冷痛、体虚畏寒、营养不良、腰膝酸软、阳痿早泄以及一切虚寒病症均有很大裨益；具有补肾壮阳、补虚温中等作用，男士适合经常食用。

羊头肉最适宜凉拌吃，是下酒的好菜。

熏鱼儿

老北京人将猪头肉煮而熏之，称“熏鱼儿”。其色绛紫、味道醇厚，不但不腻，且含高蛋白，尤其是胶原蛋白，营养丰富且美容。民间视为“发物”之一，小孩接种牛痘时吃一些，可让病毒充分发出来。卖熏鱼儿的小贩挎着一个红漆木柜，走街串巷，吆喝“熏鱼儿，炸面筋来哟！”有的则靠在一个大酒缸（酒馆）门口，等主候客。遇有买主，便以木柜盖板的背面为案板，巧手用刀，将肉切如纸薄。人们买来下酒或者夹于“片儿火烧”（一种不带芝麻的火烧）之中而食，别有风味。早年间，真正的熏鱼儿乃是指熏好的黄花鱼，一条条地夹在秫秸秆上，以防破碎。此外还有熏虾、熏螃蟹等。不过这只是熏肉食中的一种，演变到后来，就根本不卖熏鱼儿等海味了，而是以卖熏猪头肉为主，兼卖熏猪肝、熏肥肠、熏猪脑儿、熏口条、熏鸡蛋、熏豆腐干等。此外还有熏苦肠，香中稍带苦味，人们买来切碎，掺在米饭里喂猫。

卖熏鱼儿的不只是有走街串巷的，也有开店的，早年间在广安门外莲花池附近的一家酒铺门前卖“熏鱼儿”，掌柜的姓陈，河北省三河县人，实际上是卖熏制的猪头肉、猪下水。来酒馆喝酒的多是赶大车、拉人力车、做瓦木工的，也就是所谓“卖苦力气”的劳动群众。到此喝“二两”（酒），买些熏猪头肉或下水佐酒，顺便把自己随身带来的饼或馒头、窝头之类的一起吃了充饥。

杂面

杂面是一种以绿豆为主制成的面条。饭馆里卖的杂面主要有两种，牛肉杂面和羊肉杂面。

北京人认为绿豆属于凉性，所以杂面是夏令食品，每到六七月间的午后，切面铺的伙计肩扛着长条笸箩，吆喝着“杂面，绿豆杂面！”出现在街头巷尾。普通人家吃杂面一般浇的是羊肉氽汤，肉不宜多，而汤要宽，调上辣椒油，加上一把香菜末，就是一碗又香又爽口的杂面条。在街头上也有卖杂面的小摊，和北京的众多小吃摊儿一样，也都是到了午后出摊儿。

杂面里有一种“银丝杂面”，是用杂豆面制成，据说乾隆皇帝每次到避暑山庄，都要派太监到热河街上去给他买杂面吃。从而杂面成为宫中的御膳，而这种御膳却是由民间传入宫中的。

冰糖葫芦

冬天，随着“葫芦哎——冰糖”的吆喝，一位挎篮卖糖葫芦的小贩，篮子里摆着、提梁上插着一串串的糖葫芦，有红果的、山药的、橘子的、荸荠的，还有红果夹馅的，在小贩手提电石灯的映照下，亮晶晶的，十分诱人。

这挎篮卖糖葫芦的小贩经常出现在前门一带的旅店、戏园、茶楼、酒肆，后来，小贩们多推着自行车卖冰糖葫芦。一些干鲜果铺也卖糖葫芦，一排排码在玻璃罩里。京郊山区盛产红果，所以冰糖葫芦以红果为主。

糖葫芦相传源于隋末，宫廷以一枝一果之糖葫芦赏赐功臣。明清以来民间盛行，形成北京岁时街头小吃。《北京的街头小吃》记述：“糖葫芦是北京的名产，近年他处亦有仿制者，但都不如北京的好。”又说：“所谓糖葫芦，其实与‘葫芦’毫无关系，而是一串一串的用竹签穿成而裹满冰糖的果子，如山里红、海棠果、荸荠、橘瓣、葡萄、山药、核桃仁之类。”《燕京岁时记》也说：“冰糖葫芦，乃用竹签，贯以葡萄、山药豆、海棠果、山里红等，蘸以冰糖，甜脆而凉。”《一岁货声·冰葫芦车》条注里记叙所用“葫芦”果子多达十多种。

北京的冰糖葫芦以东安市场和厂甸一带品种最多，质量最好。逛厂甸的人都爱买两串带回去。《京华春梦录》记叙：“岁朝之游，向集厂甸”，“迨兴阑游倦，买步偕返，则必购相生纸花，及大串糖葫芦，插于车旁，疾驶过市，途人见之，咸知为厂甸游归也。”可见冰糖葫芦成了北京人岁时逛厂甸的标志，也成为北京人过春节的象征。

苣荬菜

每到初春街上就有卖苣荬菜的了。北京人爱吃苣荬菜，因为是野菜，价钱便宜。卖苣荬菜的多为小孩和妇女，因为来得容易，一个子儿给你抓一大把。

苣荬菜为菊科植物，又名败酱草，主要分布于我国西北、华北、东北等地，野生于荒山坡地、海滩、路旁。苣菜性寒味苦，具有消热解毒、凉血、利湿、消肿排脓、祛瘀止痛、补虚止咳的功效。生食可更有效地发挥其保健功能。对预防和治疗贫血病、维持人体正常生理活动，促进生长发育和消暑保健有较好的作用。

我国民间食用苣荬菜已有2000多年历史了。《诗经·邶风·谷风》中有“谁谓荼（苣菜）苦，其甘如荠”之说。苣荬菜吃法多种多样，可凉拌、做汤、蘸酱生食、炒食或做饺子包子馅，或加工酸菜，或制成消暑饮料。味道独特，苦中有甜，甜中有香。

四、北京茶文化

老北京人喜喝茉莉花茶

北京是文化都市也是消费城市，老北京人喜欢喝茶，尤喜茉莉花茶。

茉莉花茶是将茶叶和茉莉鲜花进行拼和、窨制，使茶叶吸收花香而成的茶叶，又叫茉莉香片，其香气鲜灵持久、滋味醇厚鲜爽、汤色黄绿明亮、叶底嫩匀柔软，且具有安神、解郁、健脾、理气等功效。

据传茉莉花最早起源于古罗马帝国，汉朝时通过海上丝绸之路到印度成为佛教圣花，又随佛教传到中国。唐朝时，茉莉花被认为是玉骨冰肌、淡泊名利的象征。宋朝时，中国兴起把香入茶的热潮，茉莉花经大浪淘沙，突出出来，茉莉花茶由此兴盛，到明朝时走向商品化，清朝时达到鼎盛，北京永安、张一元、吴裕泰等老字号茶庄均因大量经销茉莉花茶而驰名。

老北京人对茉莉花茶更加青睐，根据自己的经济实力，购买相应档次的花茶，其中就有最便宜的花茶末，人们称之为“高末儿”。

老茶馆

中国的茶馆由来已久，据记载两晋时已有了茶馆。自古以来，品茗场所有多种称谓，茶馆的称呼多见于长江流域；两广多称为茶楼；京津多称为茶亭。此外，还有茶肆、茶坊、茶寮、茶社、茶室、茶屋等称谓。茶馆与茶摊都是专门用来喝茶的。不过茶馆与茶摊相比，有经营大小之分和饮茶方式的不同。茶馆有固定的场所，人们在这里品茶、休闲等。茶摊没有固定的场所，是季节性的、流动式的，主要是为过往行人解渴提供方便。老北京的茶馆不仅供茶客品茶，而且其文化内涵极丰富。朋友之间交流感情结义、房屋买卖、合伙做生意签订合同、同业议事等都可在茶馆中进行；也可在茶馆里对弈、静听鸟鸣和欣赏文娱节目等。北京是清代的政治中心，茶馆集中而且品级俱全，食禄不做事的八旗子弟整天泡在里面，清代北京的茶馆就是末代王朝历史的缩影。北京的茶馆是一种多功能的饮茶场所，是一种市民气息很浓的茶文化，充满着中国传统文化的情调，不但数量多，而且种类齐全，有大茶馆、清茶馆、书茶馆、棋茶馆、季节性临时茶馆、避难茶馆和野茶馆等，更有为数众多的季节性茶棚。茶馆大多供应香片花茶、红茶和绿茶。茶具大多是古朴的盖碗、茶杯。茶馆为茶客准备了象棋、谜语等，供茶客消遣娱乐。规模较大的茶馆建有戏台，下午和晚上有京剧、评书、大鼓等曲艺演出。许多演员最初是从茶馆里唱出名气来的。清朝末年，北京的“书茶馆”达60多家。

北京的大碗茶

大碗茶是中国特色茶文化之一，风靡于解放前后期的老北京，茶有两种，一种是煎茶，即把茶叶投入开水直接煎熬；还有一种是特有成茶，是由大碗盛有煮好的茶加盖上玻璃等待过路口渴的行人。喝茶时一人一个大茶碗。一般情况下是2分钱一碗。

早年间北京卖大碗茶的都是挑挑儿做生意。什刹海、各个城门脸儿附近、天桥一带，常能碰见挑挑儿卖大碗茶的，一般都是老头或是小孩，挑子前头是个短嘴儿绿釉的大瓦壶，后头篮子里放几个粗瓷碗，还挎着俩小板凳儿。一边走一边吆喝。碰上了买卖，摆上板凳就开张。北京人出门在外，走得口干舌燥的时候，要是碰上卖大碗茶的，那就得猛灌一气。这种喝法儿是救急的，所以喝得多，喝得快；茶好不好、水好不好都在其次，至于使什么茶具那就更不在乎了。大碗茶多用大壶冲泡，或大桶装茶，大碗畅饮，热气腾腾，提神解渴，好生自然。这种清茶一碗，随便饮喝，无须做作的喝茶方式，虽然比较粗犷，颇有“野味”，但它随意，摆设也很简便，一张桌子，几张条木凳，若干只粗瓷大碗便可，因此，它常以茶摊或茶亭的形式出现，主要为过往客人解渴小憩。大碗茶由于贴近社会、贴近生活、贴近百姓，自然受到人们的称道。

野茶馆

所谓“野茶馆”就是在荒郊野外、大道边上和各个城门外头开的茶馆。特别是南城外头，左安门、永定门、广安门这几座城门外头“野茶馆”曾经特别多。这些荒郊道旁的“野茶馆”大多很简陋，两间用土坯垒的小茅草房，屋里有那么三四张“白碴”（木头的原色）桌子，几条大白碴条凳，一个大火炉子上面坐着几个大铁壶，里边的开水咕嘟咕嘟冒着泡儿，一个大长条桌上放着一个大茶叶罐，里面装的是满满的“高碎茶叶末”。两大摞挂绿釉的大粗陶海碗，几个同样挂绿釉的大沙包儿茶壶。遇有客人走累了进来歇歇脚儿，伙计就赶紧抓一把茶叶末扔进沙包儿壶里，沏上滚开的热水，拿一大海碗给客人满满地斟上一碗，痛快地喝口儿、歇会儿。再有就是南城外的“野茶馆”，天不亮就开门儿，因为南城外边净是菜地，菜农们在蔬菜旺季，每天半夜就起来开始摘菜，然后用扁担挑着菜筐进城，趁着鲜活赶早儿好多卖俩钱儿。可是来太早城门还没开呢！怎么办呢？于是就到路边的“野茶馆”里歇息，来壶大碗热茶，再从怀里掏出从家里带的贴饼子、老咸菜，一吃一喝，算是早点了。等吃完喝完，城门也开了，赶紧进城卖菜。还有一种“野茶馆”开在郊外的高坡上，像陶然亭的“窑台茶馆”就是这样的。它除了招待过往的行人、客商以外，再有就是一些文人雅士。

古香道上的茶棚

说北京地区重视喝茶，还体现在古香道上，以妙峰山庙会为例。

妙峰山庙会“香火甲天下”，特别是农历四月初一至十五的“春香”期间，由北京至金顶妙峰山的进香路上，每隔三五里便有一座临时或永久式茶棚，由某个香会经管并提供“志愿者”服务。名义上叫茶棚，主要服务项目不一定供喝茶。例如中道，自大觉寺起，有敬善长春诚献粥茶老会办的关帝庙敬献长春茶棚，有栗子台茶棚，有李姓及安定门外外馆客商公立的寨尔峪长清万古茶棚，有大宛二县、皇城内外、旗民众善人等所设敬献粥茶路灯的上平台茶棚，有崇文门宣课司主办的萝卜地兴隆万代茶棚，有修道路灯茶棚。由北安河上山的中北道上，有清福观天津信义馒首会茶棚、响福观茶棚、青龙山朝阳院茶棚、金仙庵茶棚、瓜打石玉仙台茶棚、天津联合公信社施粥茶善金之妙尔洼茶棚等。这些茶棚，不仅供茶，还供粥、馒头等。

氽水沏茶

所谓的氽水沏茶是就煮水用具而言的，这种用具名叫“水氽子”。这是一个高约半尺，直径寸余，用洋铁皮焊成的小铁桶，桶口有一个长把，也有用铁皮罐头盒改制的。北京人好客讲礼儿，家里来了客人必须要沏茶。在过去北京市民都是使煤球炉子，用铁壶烧水，这样把水烧开太慢了，在当时一般人家又买不起暖水瓶，家里不是随时都有开水，在这个时候就用上水氽子。把水氽子灌满水，塞进煤球炉子的火眼里去，由于水少，水氽子与火的接触面积大，受热快，很快就能够把水烧开了，一水氽子的开水能沏上一壶水，沏好了茶之后再去做下一氽子水。随着人们生活水平的提高和燃料的改变，水氽子早已成为历史。

快壶烧水

老百姓居家过日子，谁家也不免有事儿，例如红白喜事、砌墙盖房子，家里来了很多客人，按照老北京的礼仪，来了客人就要沏茶，这是起码的待客之道。可是穷家小户的，怎么样才能够供得上众多客人的茶水呢？北京人有办法，他们用“快壶烧水”来解决，这种“快壶”是用白铁皮焊成的，设计得很科学，实际上就是一个有嘴带把儿的小茶炉，在壶肚子中间是上下相通的火道，既加大了壶壁与火的受热面积，又起到了烟筒和拔火筒的作用。在烧水的时候，用几块砖头把壶架起来，在下面烧劈柴。上面还可以再加上一个拔火筒往上拔火，火通过火道，很快就能够烧开一大壶水。因为这壶开水是用劈柴作为燃料烧开的，所以在水里带有一股子烟熏的味道，因而冲茶的时候就不能享受到那个“沏”字了，只能够叫“浇”，这就是所谓的“快壶烧水”。这种快壶不是每个家庭都有，也许在一条胡同里只有一户人家有，有谁家要办事的时候，可以去借用。

京西山区的山茶

“京西山茶加工技艺”是门头沟区非物质文化遗产项目之一，现由“灵之秀”“瓷茗缘”等茶文化公司集体传承。

京西山茶，可能很久以前山里人就自采自用了。山茶以黄芩为代表，加工方法沿袭了唐代的“蒸青”之法，七蒸七晒，传承后世。除黄芩（当地百姓称之为山茶）外，还有棍茶石竹、罐茶刘寄奴、毛尖茶岩青兰等。相传慈禧太后喝了黄芩茶，治好了牙痛病，或因听错，而误称“黄金茶”。

五、北京酒文化

郊野酒馆

在过去，北京城一出了城圈儿就是荒郊大野地了。出了城门，眼前所见就是黄土飞扬的朝天大路。由于这里是人们进城出城的必经之路，“有人流就有商机”，一个酒幌子伸出路边，这就是郊野酒馆的招牌。与其说是“酒馆”倒不如说是酒棚、酒摊更为确切，因为设备实在是太简陋了。在这里只备有几样简单的现成下酒菜，也就是煮花生、开花豆、豆腐皮、老腌鸡蛋之类的。郊野酒馆的主顾是过往的行人，他们一般都是来去匆匆，在这里喝酒主要是图个方便。那才叫喝酒呢，三口两口一杯酒就下肚了，驱驱寒气，歇歇乏，掉头就走。这种郊野酒馆还起到了一种公路标的作用，出城的人看见了郊野酒馆就知道自己已经到了乡下了，不免觉得有些凄凉；进城的人看见郊野酒馆，就知道自己已经离城门不远了，也是一种安慰。

大酒缸

大酒缸是老北京一种低级别的酒馆，不设桌子，而把存放酒的缸埋一半在地下，再在缸上边盖一个圆形的盖子。客人以矮的凳子围坐四周，主要是喝酒聊天，配以最简单的酒菜。金受申先生曾介绍说："华灯初上，北风如吼，三五素心，据缸小饮，足抵十年尘蒙。老北京人认为在大酒缸喝酒，如不据缸而饮，就少了几分兴致。顾客坐在酒缸周围的方凳上，一边尝菜品酒，一边与其他酒友闲聊，交谈着社会新闻、掌故逸事、内幕消息、商业行情。这里没有高下尊卑、贵贱贤愚之别，人们不论相识与否，都一见如故。一到严冬季节，北风呼啸，雪花纷飞，夜晚去酌上二两，再要两条小酥鲫鱼，一碟韭菜拌豆腐佐酒；店内炉火熊熊，掌柜满面春风，听着酒友们山南海北地闲扯，这确实是驱寒的好地方。大酒缸卖的是原封'官酒'，绝不掺入鸽粪、红矾等强烈杂质，兑水是免不了的。大酒缸所以能号召人，是在小碟酒菜和零卖食品，不但下层市民欢迎，而且文人墨客也认为富有诗意。大酒缸的酒菜，分'自制'和'外叫'两种。此外还带制'清水饺子'，一角钱可买二十个……"经营大酒缸的多是山西人，这一点非常重要。

北京人爱喝二锅头

"二锅头"是多数北京"酒友"的偏爱，也是北京地区传统特产之一，有说源于金代，有说始于新中国成立后，因蒸酒时仅截取每天烧酒时五甑锅中第二甑锅蒸馏出来的头酒而得名。其清香醇和，无色透明，度数虽高，却无后劲之虞，喝到什么程度就是什么程度，不像某些浓香型、酱香型酒，喝时"没事儿"，过后酒劲儿才上来，且"酒气熏天"。所以，平时自己喝或聚会时喝，有人专喝二锅头，出差或旅游到外地，也寻找二锅头，还有的出国时也带上一些二锅头。

北京地区旧时有一些制酒作坊，名曰"烧锅"，如方庄的"隆兴"烧锅，门头沟城子火车站附近的"老烧锅"，所产白酒中就包括二锅头。新中国成立后，北京华都酒厂生产"五星二锅头"（后改为"红星二锅头"）。改革开放后，大量的品牌浓香型、酱香型白酒才进入北京"酒市场"，什么"红梁大曲"、"通州老窖"、"尖庄"、"洋河大曲"等，但时至今日，仍有很多人坚持喝"二锅头"，但经历了"昌平二锅头"、"牛栏山二锅头"等过程，度数降低了，品种增加了。

啤酒

北京人喝啤酒，始于民国初期。1915年由民族资本建立的“北京双合盛五星啤酒厂”在北京成立。新中国成立后，生产“五星”商标的北京啤酒。随着生活水平的逐步提高，喝啤酒的人愈来愈多。初期，人们夏天到饭馆喝按升卖的散装啤酒，有的买冰镇啤酒，有的把买来的冰棍放入啤酒杯内，后来有一段时间流行喝扎啤。近年来，喝瓶装、易拉罐装啤酒的多了，品种也多了。

六、北京冷饮

北京四季分明，昔日夏季的酷暑令人难熬，尤其是空气湿度高的闷热天，人会感觉无处藏、无处躲，很容易中暑，因而人们千方百计地防暑降温，包括饮食方法。

酸梅汤

老北京的酸梅汤是在夜间用滚水冲泡晒干的梅子，再加黄冰糖渣，考究的还加上桂花卤。煮好后，等凉了再装进青花白底的大瓷坛里，放进木制有盖的冰桶中，冰桶和瓷坛间用冰镇着，使酸梅汤的温度降低，这就是“冰镇酸梅汤”了。因为是天然冰，所以不直接放进酸梅汤里；为了使木桶里的冰块不至于融化得太快，并使温度更低，卖冰的人还在冰块之间撒下粗盐。

卖冰镇酸梅汤的冰桶都是黑漆铜箍，在桶盖上还有一根一尺高、小酒杯粗细、顶端有一新月形的铜制“幌子”（幌子就是古代各行各业招徕顾客的特殊标帜，像卖药的悬挂葫芦、卖酒的倒插扫帚）。铜柱顶着一个铜月牙儿，表示这酸梅汤是在夜里制成的。卖酸梅汤的小贩以大拇指、食指和中指夹着两个小铜盏，击出各种节奏来，称作“打花点儿”；人们听到铜盏清脆的相击声，便知道哪儿有卖冰镇酸梅汤的了。

清人让廉的《春明岁时琐记》里也说：“（北平）市中敲铜盏卖梅汤者，与卖西瓜者铿聒远近。”其一般是木桶盖子有一根铜制月牙幌子、四个覆着的小瓷碗、一根凿冰锥和一仰一覆的两个铜盏，一旁还有舀梅汤的长柄竹勺儿，柄端有一串铜子儿，好挂在坛口外。

冰核儿

冰核儿是早年间北京夏天的一种消暑小吃。“来核儿来喔，冰核味儿来喔”，夏季的老北京城的胡同中经常可以听到这种吆喝声。听到这种吆喝声，人们就知道是卖冰核儿的小贩过来了。

那时夏天用的冰全靠冬季贮存。数九寒天，前三海后三海就出现了打冰的人，他们把冰切成长方形的块，运到附近冰窖里储藏，入夏再拿出来卖。卖冰核儿的多是小孩，他们先从冰窖里买冰，然后用蓝布盖着，挎着筐，或推着独轮小车到处去卖。卖冰核儿的孩子怕冰化掉，不顾渴热，满街奔跑。他们不喊冰核儿，而是吆喝“甜核儿嘞！”谁要买冰，他们就用冰镩子凿下一块。买冰核的也大多是小孩儿，把冰块儿含在嘴里解热解渴。还有些十来岁的孩子，挎着个竹篮，里头放着大块冰，手里拿着个“冰穿儿”，喊着“卖冰核儿来！”你花两个大子儿，就可以买回家去一块儿，有冰镇酸梅汤喝了。

井拔凉与土刨冰

在冰棍、雪糕、汽水、冰淇淋等冷饮尚未出现或普及前，山区人也有自己的“冷饮”。

1. 井拔凉

多数地方的深水井井水是凉的，尤其是夏季，与地面水的温差较大，被人们作为消暑饮品。中午从地里干活回到家，热得难受，就喝井里新打上来的水，谓之“井拔凉”，甚至用其泡凉饭，吃过水面或过水擦饹、捏饹、压饸饹等。20世纪80年代前，有私人水井的人家，买来啤酒放到浅水井里或从深井打上来的“井拔凉”水里。

2. 山泉水

有的山泉水很凉，走路或干活儿热了，就想办法弄点冰凉的山泉水喝。东灵山南麓脚下，有一处“东来水”，从岩缝中流出来，长年不断。此泉水特别凉，喝上几口，能让人牙根疼。主峰东面山坡上，也有一股这样的泉水，堪与冰水比凉。

3. 土刨冰

山区有一些地方的山沟天然冰，到五六月份也化不净，有人就去刨，将表面有土被污染的一层去掉，把下面干净的冰刨下一些来，回家倒进水缸。想吃了，捞出一块来，放到案板上，用刀或铲或剁弄成冰碴，装到碗里，倒进点干净凉水，再放点醋及白糖，一碗冰水就制成了，喝起来很爽。

4. 凉粉儿或漏鱼儿

凉粉儿或漏鱼儿主料是淀粉，可制成凉粉，会做的自己做，不会做的去买，还有的自己制成蝌蚪状的粘鱼儿，加上井拔凉水或很凉的山泉水，连吃带喝，又是菜，又是消暑“凉汤”。

5. 汽水

汽水是充有二氧化碳的发泡饮料，由净化灭菌水、砂糖、柠檬酸、香精和二氧化碳制成。饮后可使体内热气随二氧化碳排出，产生清凉爽快感。对北京而言，汽水属舶来品，是在西餐和咖啡馆兴起后日渐流行于世的。清光绪二十四年（1898），前门外大栅栏二庙堂咖啡馆开业。楼上是咖啡座，楼下除冰淇淋、西式小点心外，还有沙氏水和柠檬水，这是在北京最早出现的汽水。

民国间，北京天桥禄长街开了一家“北平制冰厂”，是北京有史以来第一家经营冷藏业务并制售人造冰的工厂。新中国成立后，此厂更名为“北京市新建制冰厂”，生产以雪山白熊图案为标志的“北冰洋”牌汽水。有不少经销商还给它赋加了“冰镇”的功能，是青少年、儿童的最爱。1954年，厂址迁到永定门外沙子口，1956年扩建为“北京食品厂”。除汽水外，还有冰棍、雪糕等。20世纪六七十年代，基本上各区县食品公司都建有食品厂，生产冰棍、汽水、雪糕等产品。1984年开始，北京郊区出现了很多包括生产汽水的乡镇企业，牌号纷杂，“北冰洋”几乎淡出了人们的视野。2010年后，“北冰洋”汽水又开始现身食品店了。

七、城乡风味

面食

1. 面条“家族”

以小麦面（俗称白面，北京地区曾称之为“洋面”）为主要食材，通过擀、切等方法制成的长条状食物，即面条。按制作方法分，有抻面、手擀面和机器面等，按加热制熟过程分，有水煮面、焖面和炒面之分；按调味料分，有炸酱面、打卤面、汤儿面之别；按粗细分，有一般面条、板条和龙须面，还有半成品的挂面等。手擀面为传统制法，机制面是近现代产物。

煮面条即将加工制作好的面条放入沸水中煮熟捞出，盛入碗中，或浇卤或浇炸酱或浇麻酱。浇卤的叫打卤面，浇炸酱的叫炸酱面，浇麻酱的叫麻酱面。有人喜欢直接从锅中捞入碗中，趁热吃，叫“锅挑儿”；有人喜欢过水后的面，显得利落，冬天多用温热水过，夏天用凉水（甚至从水井中打出的水，称“井拔凉”）过。《京华风情·吃喝玩乐》中讲的“过水面”，如下：

“过水面是一种凉面，古人称之为‘冷淘’。杜甫有诗赞曰：‘经齿冷于雪，劝人投此珠’，是北京夏季的一种主要食品。天气转热后，油腻的食物让人实在没有食欲，不少人都想吃点儿凉快爽口的饭菜，不如自己在家动手做顿过水面吧！经济实惠，还可以根据自己的口味儿配料，感觉挺不错。制作美味儿的过水面其实很简单，可以购买现成的面条，也可以自己做手擀面，开水煮熟面后用凉水过几遍，使面条爽滑筋道。做过水面，配料很重要，可以用西红柿、鸡蛋做汤卤，喜欢吃酱卤的，也可以用大酱、肉丁做炸酱卤。配菜有黄瓜、香菜、韭菜、青椒、豆角、蒜薹。首先把菜切成细丝和小丁，豆角、蒜薹需要在沸水中过一下。另外，过水面还要靠蒜汁提味儿，把蒜去皮洗净，放入蒜臼中加点儿盐，捣成泥，加入一些虾皮、醋、香油调匀，鲜香可口的蒜汁就搞定了。当然，你还要准备一个大碗，把面条和配料通通放进去调拌。”

麻酱面　麻酱面是老北京人夏天最家常的便饭之一，夏至过后，过了水的麻酱凉面成了人们餐桌上的常客。做法很简单，芝麻酱加入少许盐凉水（以精盐适量倒入凉开水中稍搅，自行溶解而成）；用筷子轻轻顺时针搅拌，待水分渍入酱里，再放少许盐凉水，搅至稀泥状即可；面条用水煮熟后过凉开水，放在碗里，边用电风扇吹边翻挑；将黄瓜洗净切成细丝，如选用小萝卜可洗净去皮后再切丝；芹菜用热水焯一下再切成末；碗装凉面端至餐桌上，撒上黄瓜丝或小萝卜丝、芹菜末等；浇上醋、蒜，再以勺浇上调好的芝麻酱，用筷子搅拌均匀。

焖面　焖面多以豆角为辅料，叫“豆角焖面”，城乡家庭比较广泛。即沏汤，放入豆角，再放入生面条，盖盖焖，熟后翻锅，将豆角与面条混在一起。盛入碗中即可食用。当然可以再浇蒜汁或醋，根据各人口味添加。

炒面　炒面即直接用油锅、调料、菜、肉、面条炒熟的面条。

汤儿面　面条汤沏汤放面，以吃面为主的叫汤儿面，有荤有素；以喝汤为主的叫面条汤。

大条面　大条面即抻制而成的面条，煮熟食用，现北京地区多已被“兰州拉面”或“兰州牛肉拉面”所取代。但“兰州拉面”做好后应属汤儿面，而北京“大条面”则是捞出后浇卤或浇炸酱的。

板条　板条即以细玉米面或荞麦面做成的面条。由于面的黏度不够，须加入一点榆皮面类的黏合剂，还得切得宽一些才不致入锅煮碎，故称板条。

揪片　揪片又称“片儿汤”，以白面为主料，将和好的面擀、切成长带状，再抻拉、撕扯、揪成不规则面片入锅。

近些年来，北京的“面条家族”又增加了很多品种，如四川冷面、朝鲜冷面、云南米线等。

2. 北京“煮尜尜”与京西“摇球儿”

北京城里曾有一种用玉米面做的家庭主食，即用略细的玉米面加开水烫面，把面团做成长方体，再切成手掌厚的片，略拍一拍。切成指头粗的条，最后切成骰子小块。撮进瓦盆里加些薄面左右摇晃几下即可，让方丁在盆沿儿内向略收一下，瓦盆里面互相碰撞。然后，开水锅里加入方丁水煮，再加点菜帮丁。煮熟盛碗，浇虾皮、炸酱就蒜瓣吃。有人称这种食物为“煮尜尜”。穷人吃不起虾酱面，吃这尜尜面不但耐饥而且不比炸酱面的味道差。吃完煮尜尜再喝原来煮尜尜的汤，原汤化原食，既饱腹又滋润。

以前京西门头沟山区人民的一种主食，因为其煎饥（耐饿）而颇受欢迎，但是不叫“煮尜尜”，而是称为棒子面“摇球儿”。摇球儿也是玉米面粗粮细做煮食的一种，好处是不用加榆皮面，且煎饥，加工方法简单，也可以算是一种风味吃食吧！

3. 炒疙瘩与水揪疙瘩

20世纪80年代，门头沟河滩菜蔬公司仓库随着改革开放而变成了商场（兴华大市场），里面以黄草梁景观为名，分为“七座楼”“十里坪”等商区。其中，“七座楼”是饭馆，有一种主食颇受欢迎，即“炒疙瘩”。

炒疙瘩　炒疙瘩是用白面做的。和好面，要硬一些，擀开，切成菱形小丁，加薄面摇一下，然后煮或蒸至半熟备好。根据顾客要的量，一般要四两或半斤，有素炒和肉炒两种。炒锅放油，烧热，加葱姜蒜等调料，再放入菜或肉炒熟，放入疙瘩炒，喷酱油炒熟，再浇一点香油翻炒一下即可出锅装入盘内。顾客吃时，根据个人口味，决定浇醋与否。如果不喝酒，可不用另行点菜。（该商场于2004年改建成物美超市和农贸市场，2012年拆除。）

水揪疙瘩　水揪疙瘩是类似于面条或揪片的家庭主食。面也要和得硬一点。锅中的水烧开后，一手拿面团，另一手蘸凉水往锅里揪，边揪边煮，揪够吃就行了。煮熟捞出放于碗内，放上炸酱拌匀即可食用了。制作时，不用擀，不用切，不用削，也不用擀成薄片切成条再揪。十分省事，吃着十分劲道，特别抗饿。如果出门，带上和好的面和一点炸酱，吃饭的时候，只要有水、有灶、有煮锅及碗、筷即可，是一种“快餐”吃法。

4. 擦咯、捏咯、压饸饹

这是三种以玉米面为主要材料、粗粮细做的水煮面食。北京郊区特别是山区，主要农作物是玉米，即主要粮食品种是玉米，人们为了改善生活，发明了多种加工及食用方法。

擦咯　擦咯适用于煤炉火（现在用液化气或天然气），口径略小的锅（旧时称“罄锅”）。主要工具是擦咯床子。床子长一尺二三，宽半尺左右，由四根木框和一块长方形铁板或铜板制成，平放挡在锅沿上；杵子状似熨铁，上有把手，下为擦头。锅水开后，㖞（音wāi）一团面放入床子，再用杵子对面进行前后擦压，面透过床底圆眼儿掉入锅内。擦咯长约一寸，两头儿尖，中间略粗，煮熟后捞入过水盆内或直接入碗，浇上卤拌匀，就可以吃了。擦咯面搅和时软一些。主要为细玉米面（或荞面）时要加榆皮面（作黏合剂）。如果以糜子面为主料，是最好的，因为其特别光滑，吃时几乎不用拌。

捏咯　捏咯也适用于口径小的锅。主要工具为活塞状的床子，圆筒床子，圆柱杵子，和好的、稍硬的面放入筒内，用杵子往下压，挤出长条入锅，煮熟浇卤拌匀食用。

饸饹　饸饹也叫河漏，传统做法是用一种木头做的饸饹床子（一种木制或铁制的有许多圆眼的工具）架在锅台上，把和好的面塞入饸饹床子带眼儿的空腔里，人坐在饸饹床子的木柄上使劲压，把面通过圆眼压出来，形成小圆条。比一般面条要粗些，但比面条劲道、质软，将饸饹直接压入烧沸的锅内，等水烧滚了，一边用筷子搅，一边加入冷水，滚过两次，就可以捞出来，浇上提前用豆腐或者肉、红白萝卜等做好的“臊子”，就可以吃了。压饸饹的面可以用豌豆面、莜麦面、荞麦面或其他杂豆面。豆面有时候需要加入面丹来调节面的软硬度和口感。适合用那些没有小麦面黏性大、不能按普通方法做成面条的面类。压饸饹讲究的是用荞麦面加一些白面，如果加上少许的榆树皮面（用榆树的内皮晾干、磨成面）会更劲道、爽滑。

饸饹的食用方式和面条差不多。用西红柿和茄子做的卤，爱吃荤的可以浇羊肉汆汤，然后放上黄瓜丝、鹌鹑蛋、芝麻等菜码儿，当然还要放最主要的调料，那就是辣椒油。把油从锅里烧到七成热时，浇到盛有辣椒的碗里就行了。卖压饸饹的一般在庙会、集市、城门脸儿摆摊，一张条桌，几条大板凳，一个大炉子，一架饸饹床子，现场制作，边压边卖。吃压饸饹的大多是卖力气的穷苦人，由于是杂面做的，消化慢，耐时候。吃压饸饹以冬天最为适宜，多放辣椒油，吃完了出一身汗，既解饱又驱寒。

5. 拨鱼儿

拨鱼儿是一种形状像小鱼儿的面食，故名。拨鱼儿也叫“溜尖”或“剔尖儿”。所用的面是绿豆面加白面，也有只用白面的，先用鸡蛋清一个，加少许盐，适量水，把面活成软软的（软的程度到如果倾斜，面就滑落的样子）备用。

拨鱼儿分为两种，一种是山西拨鱼儿，一种是北京拨鱼儿，两种拨鱼儿所使用的工具不同。山西拨鱼儿是把面放在盘、碗之中，饭馆里则是把面团儿放在小案板上。北京拨鱼儿用专用的拨鱼儿铲子和拨鱼儿钎子，有铁的也有铜的。拨鱼儿铲子为圆形，直径约20厘米，拨鱼儿钎子形状像一根筷子。山西拨鱼儿拨出来之后比较粗，北京拨鱼儿拨出来比较细。用筷子或钎子把面团拨成小条儿飞落到滚开水的锅里，连续不断，看着如同鱼儿飞舞一般。特别是制作北京拨鱼儿的时候，铲子和钎子后面都带有小铁环，拨鱼的时候，钎子碰在铲子上，震动铁环，发出清脆的响声，十分悦耳。做拨鱼儿可是个技术活儿了，筷子下去要“稳、准、狠”，这样飞奔出去的面两头尖，形似小鱼。拨鱼儿易熟，捞出来过冷水后就可以吃了。

吃法如同面条儿，可以浇炸酱，也可以浇卤。讲究的吃法是把鸡汤加热后，放入西红柿、蛋黄皮丝、蒲公英叶，然后放进拨鱼儿，加调料即可。其中的蒲公英叶是一味药材，清热消炎，去痘败火，对身体益处极大，而且非常好找。还可以用芸豆、胡萝卜、火腿肠、鸡蛋配着炒拨鱼儿，做拨鱼儿汤，也很好吃。

6. 疙瘩汤

过去很多人到饭馆吃饭，想喝稀的，为了省钱，要碗“高汤”，好一点的要一碗鸡蛋汤，近些年“酸辣汤”“疙瘩汤”成为常见汤食。其中的疙瘩汤源自一般家庭，其做法主要有二：一是先炝汤，即锅中放油、葱花，再放入酱油、水，开后加入擦土豆丝或西红柿、叶菜，再打入面疙瘩，还可以再打入鸡蛋。二是直接放水，开后入菜，再打入面疙瘩或再加鸡蛋，最后点香油。打面疙瘩，即碗中放入干面粉，加一点水，用筷子搅，会形成大小不等的面疙瘩，将碗至锅上倾斜、摇晃，让面疙瘩入锅，再加水搅，直至完成。

米食

北京食米较少，米食主要有金银二米砂锅捞饭，即将淘好的米放入沸水锅中煮至八九成熟时，用笊篱捞至安家滩所产的砂鼓（音）子中，将米汤继续熬一会儿端下。再将砂鼓子饭放在火上熥一下，以蒸发掉多余的水分，然后端下，即可食用。所谓“砂锅做饭斗量柴”可能由此而来。饭后，如想喝稀的，专喝米汤。这样，饭是饭，汤是汤。也有人说笑话，管先吃米饭再喝米汤，叫“灌缝儿”。如果把米汤加入到饭里混合着吃，叫“汤儿泡饭——一辈子白干”。用于做捞饭的米，以小米为主。加上白米，就成了二米饭，因是黄白两色，故有称金银二米饭。缺少白米时，以白高粱米或糜子米代替白米，使白玉米糁代替亦可。所谓蒸饭，原来一般是单位食堂的做法，以大米为主，煮至八成熟，捞至笼屉上，再蒸一蒸。所谓焖饭，一般多加菜，如山榆叶、豆角、土豆、白薯等。

捞饭、蒸饭多为净米，即不加菜的饭，是比较上等的饭了，而二米饭比小米饭则更高一等了。既香甜可口，又颜色漂亮，黄白相间，意寓金、银，可称得上是“富贵饭”了。

炸食

1. 炸咯喳

因炸得酥脆，吃时有“咯喳”声音，故以音得名。京西及通州普遍有之，以浅山和山前为多。一般在腊月十几日或二十几日，人们就制作咯喳。过年几天食用的咯喳，多在腊月二十八炸成，既是凉菜，也是小吃。咯喳不是各种面的简单掺和，而是从原粮加工开始，除小米外，玉米、豆子、小麦先破渣去皮，加小米后用凉水浸泡，再加盐、花椒等调料，搅拌均匀，然后用大磨或小磨磨成浆，再用大铛摊烙成大煎饼状，晾凉后切成长4—6厘米，宽2厘米的条，再放在锅盖或筛子上，置于炉火或灶火附近烘干备用。在食用时，炸成焦黄即可，吃起来酥脆。炸好的咯喳可以直接装盘上桌做凉菜，也可以糖熘，还可以放入炖菜里。这种咯喳是京西人民用自产的粮食做成的一道菜，它不同于城里面白面炸出的排叉，也可以说另有风味。昔日农家做咯喳，一般会做很多，烘干后保存起来，能保存半年以上。什么时候吃，取出来炸一下即可。浅山地区在做炸食时，有的还用白面或加点其他的面炸成各种形状（比如花、盘肠等，有称炸果子），作为小吃备用。过年期间，如村中走会或唱戏，人们会将部分炸果子拿到街上供大家食用，既体现热情好客，又有显示技艺的意思。

2. 炸油香

炸油香，往往是在和面时掺入适量磨得极精细的玉米面，其他配料的配比也要恰到好处，甜咸味均可随意添加，这种炸油香，外观颜色漂亮，香脆可口。除此之外，最好使用核桃油或杏核油来炸。

据《中华风俗大观》载，炸油香，是回族对油饼的一种特殊称法，是回族民间传统风味食品，凡是有回族人聚居的地方，都有吃油香的习俗。当家里来了贵宾客人，或给孩子贺满月、过百日、抓岁、割礼、结婚等，要炸油香庆祝。当祭祀亡人时，要炸油香过“尔埋力”，表示纪念。特别是回族每逢开斋节、古尔邦节、圣纪节等，家家户户都要炸油香，除了自己吃以外，还要馈赠邻里乡亲，互相品尝，祝贺节日。在回族当中还流传着《古尔邦节炸油香》的歌谣：“古尔邦节炸油香，回回家的孩子乐，回回家的大人忙，揉面揉得油汪汪，炸出的油香黄央央……”从此，吃油香在阿拉伯地区兴起。后来到中国经商的穆斯林，把这种习俗从古波斯的布哈拉和伊斯法罕城传入中国。

3. 炸年糕

三十儿晚上的“年夜饭”，有一样主食是不可少的，即炸糕。炸糕是圆形的，象征着团圆；炸糕中的豆馅是甜的，象征着甜蜜；炸糕里外都是粮，象征着粮食丰收；炸糕是用油现炸现吃的，象征着红红火火；炸糕的“糕”字，又象征着“芝麻开花——年年高”。炸糕，城里和山区不完全一样。城里的食料因为都要靠买，所以既可以是黄米面，也可以是江米面；既可以是豆馅，也可以是豆沙馅，还可以是糖馅；而山里只有自产的黄米和豆子，即自产自食，所以极少用江米，而且只用豆馅就行了。豆馅是将豆子直接煮烂，浓缩或捞出，加点红糖，勺子搅和、碾压而成的，比较粗，而且除了红糖之外不会掺加别的东西，可谓实实在在，就像是淳朴的庄稼人的性格。

炸糕由黏米面（城镇地区有用买来的糯米面，即江米面，山区多用自产的大黄米面或小黄米面）加豆馅炸制而成，除夕晚饭几乎家家有炸糕。或豇豆或红小豆、芸豆加糖煮成馅，有的还加入芝麻、核桃仁等，或者就以糖为馅，将和好的黏米面拍成圆饼，包上馅，包严后再拍扁，放入油锅内炸至金黄透红、外焦里嫩。再配上米饭，就是除夕年夜饭的主食了，因而称年糕。

4. 炸香椿鱼

这是一道以香椿为主料经油炸而成的菜品，北京地区十分普遍。香椿，为楝科香椿属落叶乔木香椿树的嫩芽。将白面、蛋清、盐调成稀糊，将洗好沥干的香椿裹上面糊，放油锅内炸成金黄色，捞出摆入盘内，如一条条炸小黄鱼，故称香椿鱼，不仅吃起来香脆独特，且有“年年有余”之寓意。在此基础上，又发展出了炸花椒芽、炸洋槐树花、炸瓜花、炸苏子叶等一系列食品。

5. 炸干菜

流传于门头沟斋堂川的一道地方特色食品，既可当菜，又可作主食，而名称则是由“炸甘菜”谐音演变而来。辽代后期，女真人南下，斋堂川一带成为战乱之地，灵岳寺僧人也四散逃离。有甘、蔡二姓两位老道乘虚而入，占据了灵岳寺（白贴山院）。后来，原灵岳寺僧人缘恩，一纸诉状，将占据灵岳寺的道人告上朝廷，索要寺产。朝廷裁决，将灵岳寺断还给僧人。缘恩召回众师兄弟，为庆贺胜利，利用道士们留下的食料，加工成一道油炸食品，堪称美味。因食料为甘、蔡姓道士所留，同时也为发泄对甘、蔡二道士夺占寺院的不满，给这道食品起名曰：“炸甘蔡”，后谐音改名为“炸干菜”。做法是：将红枣煮熟、去核后，加入面、豆、仁等料，搅成糊状，倒在铺好屉布的笼屉上，摊平，盖上盖蒸1个多小时，掀盖，用油布覆盖晾凉。将油锅置火上，倒入食用油至五成熟时，将蒸好晾凉的“干菜”坯子切成小手指粗细的长条，长约1.5—2寸，放入油锅内炸制色泽深红、香味溢出时捞出控一下，装盘，撒上白糖或蘸蜂蜜吃皆可。

蒸食

1. 黄面饺子

黄面饺子可以说是京西浅山区的特色食品，也是黄米面包豆馅，但是是蒸熟的，形状是牛脊背形的大饺子。多在过年前多蒸出一些来，除了现吃外，余者放凉，存放于大端盬（即特大号砂盬子）内，吃时熘一熘即可。宜热吃不宜凉吃。原因是黄米面皮儿较厚，凉的时候比较硬，不易咬食和消化，一熘就软和了。同糕饼子一样，近些年很少见到和吃到了。

2. 蒸馈篅

以玉米面为主料，辅以黄豆皮儿，或榆钱、榆叶等，加少量水，搅拌成半湿疏松状，放在笼屉或蒸锅内蒸熟，就成了另一种食品，即蒸馈篅（斋堂川叫“搅馈篅”）。张瑞林先生在《京西风味小吃》一书中曾这样介绍搅馈篅：

“访问了许多老人，都说不清为什么叫这样的名字——搅馈篅。反正老百姓怎么说咱们就怎么写。搅馈篅听来很俗，猜它就是忆苦饭，其实不然，它营养丰富，制作方便，旧时，是老百姓常吃常有的饭。不吃搅馈篅这才几年？许多老年人还经常地怀念它，米饭、面条吃烦了，自然想起吃顿搅馈篅。做的原料许多，搅法也不尽相同，但万变不离其宗，做出来行家一看它就是搅馈篅。许多树叶野菜都能做原料，但正宗的是榆子（山榆子叶），质量高贮存好的榆子搅馈篅香、甜，具有特殊的风味儿；榆子吸水不出汤，搅出的馈篅不松也不黏糊；榆子蓬松透气，有助于搅馈篅蒸熟，熟透的馈篅才能保证能吃而不坏肠胃；榆子是野生植物，无污染，营养成分高；榆子有黏性，虽是树叶儿，吃着顺口而不扎嘴；有榆子的搅馈篅是最讲究最正宗的馈篅。许多面粉都能做原料，但正宗的是小米、玉米和黄豆三合一的面粉。面粉不要很细，用粗箩子箩出的面最好。除去玉米皮和黄豆皮，几乎都成了面粉。粗面粉黏度低，不易成团儿成坨，吃着松软而又有咬劲儿。土豆是不可缺少的原料，它的作用有许多，用它做饭出数，可以节省很多粮食；再就是它含淀粉多，吃着好吃；还有它和榆子混用产生了一种特殊的香气；特别是有它好做，用土豆垫底，土豆块空隙大，易透气，上边的榆子和面容易蒸熟。土豆垫底不爱煳锅，即便有点煲锅，土豆越煲越香。总之，土豆佐于其他粮食做饭是众所周知的好东西。有人搅馈篅时放点黄豆，那就太棒了，和馒头米饭放在一起，保证挑搅馈篅吃。”

大寒岭东的馈篅是蒸，以粗玉米面加少量山榆树叶或做豆腐时弄出的黄豆皮，放一点盐，略带咸味。吃的时候，最好浇上一点辣酱汤儿或蒜泥。如果是锅内放入榆叶等，再撒入玉米面，半熟后再用筷子搅熟，吃时蘸辣酱汤等，谓之搅（或打）拿糕。

3. 蒸窝头

旧时京郊山区粮食作物以玉米、谷子为主，高粱及豆类等为辅，包括人们上地生产、赶牲口出行时所带干粮中，窝头、咸菜最为常见。窝头有净面窝头和菜窝头之分。最好的窝头是加了黄豆面的玉米面窝头，即玉米粒加黄豆，一起磨成面，开水和面，适当加一点起子（小苏打）和匀，待蒸锅内水开后，放上篦子、屉布或笼屉，再将和好的面捏成“带眼的”窝头，捏好一个码放一个，捏满后盖上屉盖，在火上蒸近1个小时，熟了即可。这样的窝头，不进屋即能闻到香味，吃起来松软暄腾。香甜可口，而且颜色金黄，勾人食欲，且营养丰富，还给人以大丰收的感觉。

还有一种窝头，吃的纯粹是新鲜。即磨好的青玉米浆，不加水，只加入青窝瓜丝，放上少许细盐，用手拌均匀。蒸锅内水烧开后，放上笼屉或箅子，铺上屉布，然后将捏成形的窝头一个个地摆开在屉布上，盖上屉盖，加火蒸熟即可。上桌前，打开屉盖，顿时清香之气便会溢出来，弥漫于满屋之内。

烙食

1. 糕饼子

由黄米面包豆馅烙制而成，也是扁圆形，个儿大小与火烧相似，直径在10厘米左右，厚度2—2.5厘米左右。面和馅与炸糕基本一样，区别在于：一是个儿大；二是属于烙食；三是城里人基本不做；四是虽然山里人多在过年的时候吃，平时也偶尔吃。作为干粮，一次烙，可吃几天；五是京西大寒岭东西有别，岭西叫黄儿饼子，用柴锅一次烙熟；岭东则多是先用饼铛烙，再用砂鼈（音鼓）子熥（煨）。近些年来，尽管农家乐饭菜大为发展，但糕饼子这种京西特色食品却很少有人做了，所以食客也吃不到了。

2. 烙瓜塌子

将嫩玉米的粒儿弄下来，用小磨磨成浆；青窝瓜去瓤，用刀擦成丝。然后将青玉米浆与青窝瓜丝混合，加入适量的水、盐、五香面，搅成稀糊状。另一小碗内放入食油，将一块洁净的白布条放入其内：将铛置于火上，烧热后用筷子夹出油布条在铛上抹一点油，防止粘铛，用勺子舀出面糊，倒在铛上，用勺底将面糊摊开抹平，差不多时再用铁铲翻个过儿，熟了即可，铲下放入盘内或盆内。如此烙下去，至把面糊烙完。这时，屋内会弥漫着一股清香之气。

3. 京西肉饼——脂油饼

这种脂油饼，也可以称之为荤油饼，是用白面和猪香子油烙成的，旧时可谓高档食品。具体做法是：按一般烙饼方法和面。猪香子油切成碎丁，放入葱、姜、蒜末、精盐、五香粉及少许酱油拌匀备用。

面案上撒剥面，将烙饼面擀薄，撒上油丁摊匀，再擀一张面皮覆盖其上，外边捏严，再用擀面杖擀压一下，置于洒上油的饼铛烙（两面都得烙），听到滋滋啦啦的响声，油脂溢出，油香散出，饼熟即可。放于油案上切成角状装盘，趁热吃。

如果擀成包子皮大小，加入油丁，再覆盖一张，捏严擀平再烙亦可。吃前不用切，一盘一饼。

4. 嘎巴饼

嘎巴饼薄薄的、脆脆的，不能当主食，也不能当菜，就是闲时吃的小吃，因吃时发出“嘎巴”的声音而得名。工具名曰嘎巴铛，由铁板和铁棍制成，6毫米或8毫米厚铁板或钢板，裁成两块同为直径16厘米或18厘米的圆形，磨光棱角。一边焊上合页状套轴，另一边各焊一根粗12毫米，长50厘米的铁棍手柄：双手各握一手柄，开合自如。精细玉米面，根据甜、咸口味需要，加精盐或白糖、五香粉、蛋清，调成糊状。嘎巴铛内侧两面抹油。平放，掀起一面。在平放的一面将一勺面糊倒在铛中心，将另一面压下合上，置于煤火炉上，几分钟后翻一面，略烙即成，掀开，取出饼放在一边。这种饼，薄如纸，吃起来嘎嘣脆，愈嚼愈香。

5. 支炉烙饼

这是旧时北京郊区的特色烙饼，是用支炉（又称炽炉、炙炉，安家滩砂锅厂生产的一种底部有眼、状似京剧乐队板鼓的炊具）烙成的。饼的表面和炊具上不用刷油，最大的好处是省油。用油少，既可以降低得脂肪肝等病的风险，间接地还可以收到一些减肥防胖效果。

制作方法是：和面要软一点，和好后，饧一饧。烙时将支炉扣在火上，再在案板上放拨面，用手掌铺开。取一团醒好的面放在案板上，揉成圆球状，再压扁，然后用擀面杖擀薄；撒上点盐面，用手掌拨匀，擀压一下；抹上薄薄一层食油，再用刀割几道刀口，卷成棍状，再盘成面团状；或者切成方块状，摞起来，最上一层反搁，即有拨面的一面朝上，用手规整一下，略呈圆形；再用擀面杖擀开成饼形。将擀好的生饼铺放在支炉上，待表面变为微黄，即翻过来烙另一面。然后调整饼的位置，把欠火的地方多烙一烙，以保证全熟。估计全熟了，即取下放在另一容器内，盖上盖焖着。再烙第二张饼……至烙完为止。

6. 摊黄儿

近年来，一些农家乐甚至星级饭店增加了一种以玉米面为主料的食品，即“摊黄儿”。是用一种特制带盖的“黄儿铛”烙出的黄色半发面玉米饼，色泽金黄，松软香甜。玉米面，最好加一点小米面或豆面，加入食盐、五香粉等调料，加水调成稀糊状，用勺子盛起来倒在架放在炉火上的黄儿铛上，盖上盖烙熟即可。过去烙好的黄儿直径约6寸，中央部分薄，边沿部分厚。现在饭店做出来的摊黄儿在调面时加入了鸡蛋浆，所以烙出来更为松软，但个小，直径一般只有3寸左右。

粥食

1. 小米粥

旧时有一种说法：“小米粥养人。”金灿灿的小米，特别是从张家口地区运过来的小米（人称“口米”），熬成粥（用砂锅熬最好），据说最有营养。大病后体虚的调养，妇女“坐月子”的饮食，缺奶的婴儿，都可以把小米粥作主食。

2. 糊涂粥

糊涂粥又可称之为豆香糊涂粥，是由红小豆或白小豆加豇豆和小米做成的。之所以说是“糊涂”，因为是米与面的混合，且过去人们管玉米面粥也叫“糊涂”或“糊糊”。之所以说是粥，因为用到了小米，而是形状也是粥。将小米淘净备用。豆面，红小豆最好，白小豆加豇豆亦可，为的是红色。先将豆子炒熟，再用小磨磨成面备用。粥锅内放水，烧开，放入小米，熬至七八分熟。撒入豆面熬，边熬边搅，勿使粘锅煳底。熬至浓稠，豆香味溢出即可。食用此粥，晚餐最宜，可作主食。不仅吃起来豆香味浓郁，增进食欲；且易饱食少，有助于减肥防胖。最简单的，佐点咸菜即可。

3. 或或粥

或或粥是小米粥与疙瘩汤的结合，但是需要炝油增香。以小米、白面或豆面为主料，以食油、葱花或切碎的干香椿为辅料。制作十分简单，即先熬小米粥，再将白面或豆面放入大碗内，浇一点水，摇一摇，斜着将沾了水的面疙瘩拨入粥锅；再浇水，再摇，拨入，直至碗内的面全部用完。往粥锅内放入微量食盐，搅和熬熟，端下锅放一边，再炝上香椿油或葱花油即可食用了。

4. 杏仁粥与杏汤粥

杏仁即蔷薇科李属木本植物杏树的果实杏核中的仁儿。甜杏仁可直接吃；苦杏仁可入药，有镇咳祛痰的作用，加工后变甜可做杏板儿菜或做粥，颇有风味。这里说的杏仁粥，专指用苦杏仁做的粥，即杏仁加小米或玉米蹅，再加黄豆等豆类就更讲究。一是香甜好吃，营养丰富；二是能够增稠，当饭充饥。制作杏仁粥，首先把杏仁磨碎成粥状，然后，加水上火煎，直到熬甜为止，不甜绝对不能食用，因为含有氰化物有毒死人的危险。

与杏仁粥类似的还有一种杏汤粥，即杏仁榨出油后，剩下的杏仁酱加水即成杏汤，再加入小米或玉米蹅儿、白薯、土豆或倭瓜等，还可以加入黄豆或黑豆，总之，以杏汤为主加入杂粮或瓜菜做成的粥，就叫杏汤粥。做杏汤粥，先大火熬，再小火咕嘟，熟后闻着香，看着稠，吃着利口，老少皆宜，饭后耐饥。也有的图省事，直接把杏核碾碎，加水入锅熬油，出油后再加水过箩。箩上粗渣引火当柴，细腻部分做饲料喂猪，箩下的汤即杏汤。按上述办法熬成粥，亦称杏汤粥，与杏仁熬出油后的杏汤粥基本相同。

杏汤粥，因为是杏仁儿出油后做成的粥，比直接用杏仁儿做出的粥的油性差点，但各有特色。杏核油不仅是高级食用油，还是高级润滑油。抗战期间挺进军司令部、修枪所驻扎马栏村时，机械、枪支用油全是杏核油，旧时有的妇女梳头也用杏仁油。

5. 玉米蹅子粥

旧时北京山区除小米粥外，以玉米为原料做粥也很普遍，而且有多种方法，如大棒子米（加大豆）粥、玉米糁粥、玉米面粥（又名糊糊）等。这里介绍的是斋堂川特有的玉米蹅子粥。将玉米粒用碾子碾碎，既不去皮，也不去面，而是皮、蹅、糁、面的混合体，用柴灶广锅小火慢慢熬，须几个小时才能熬成，吃起来很香。在当时是一种主食，有的还加入一些山榆叶或椴叶。

6. 荷叶粥

在荷花盛开的季节里，团团荷叶随风散发出清香，这时候荷叶粥就出现在北京人的饭桌上了。荷叶粥的做法是：用鲜荷叶一张（约200克）、粳米100克、适量白糖为原料；将米洗净，加水煮粥，临熟时将鲜荷叶洗净覆盖在粥上，焖约15分钟，揭去荷叶再煮沸片刻即可。喝时可适量加点白糖。另一种做法是把米淘洗干净，加4碗清水，放在瓦煲里慢火熬，不用煲盖，改用一张新鲜的荷叶代替它，十来分钟，荷叶会软下来掉进粥里，重新盖一张荷叶上去，如此三四张以后，一煲晶莹碧绿的荷叶粥就呈现在面前了，荷香与米香和谐地融合在一起，让人能一气喝上两三碗。熬荷叶粥的时候要放上少许的白矾，否则粥色会发红，影响感官效果。早年间，在北京城里的积水潭、什刹海，都有卖荷叶粥的店家，因为那里是城中湖泊水岸，荷花生长茂盛，采摘新鲜的荷叶十分方便。中医认为，荷叶性平，味苦涩，有解暑热、清头目、止血之功效；现代营养学也证明，荷叶含有荷叶碱、莲碱等成分，具有清泻解热、降脂减肥及良好的降压作用。因此，荷叶粥或荷叶饭是夏天极佳的解暑食物。煮时还可以再放点绿豆，除了祛暑清热以外，还有和中养胃的作用，适用于小儿夏季发热口渴、食欲不振等症状。

山菜野味

北京郊区农村，基本上传承的是农耕文明，受地形、气候等自然条件的影响，采集和食用山林野菜野味成为日常生活的必要补充和重要组成部分，而且这些山野菜多兼有药用或保健效果。除前面已经介绍过的苣荬菜、幼蝉、香椿等山菜野味外，至少还有一百三四十种山野菜曾被人们食用，当今则成为时尚。下面选择几种有代表性的介绍如下。

1. 木兰芽

即无患子科栾树属栾树的嫩芽。栾树（俗称木兰子树），在京西山区广有分布，为非人工栽植次生林树种。相传，花木兰代父从军，因作战立功，升为将军。有一年早春，她率队伍执行任务，行军来到东灵山脚下的洪水口一带，这里的雪还未融化，天气十分寒冷，若强行过山，难免有军士被冻伤或冻死，于是就扎营驻下来，由于所带粮草有限，很快就吃完了，虽能打一些野味，但只是杯水车薪。地面的野菜也找不到。正在十分焦虑之时，花木兰发现营地周围有一种树长出了嫩芽，她摘下一个尝了尝，虽略带苦涩，但并不难吃，而且也无不良反应，于是就多摘了一些，回到帐篷，命军士加水煮熟，再用雪水冲洗，切碎后加一点盐拌，发现好吃多了。虽然不是粮食，但聊可充饥，而且满山遍野都有。就这样度过了饥荒。后来，当地人们为这种树芽菜起名曰“木兰芽”，一直传到今天。

木兰芽属甜菜类，不苦，略带涩味。采回后洗净上开水锅“炸”（方言，即开锅煮），炸好捞出，用凉水泡，一天内至少换三次水，除掉涩味，便成了毫无怪味的所谓甜菜。食用时切碎，加适量精盐，浇一点辣椒油，拌匀即可。既可饱口福，又能增食欲。多吃一些菜，少吃一点主食，还有减肥功效。木兰芽做馅也不错，饺子、包子、馅饼等都行。

2. 花椒芽

芸香科花椒属花椒树之嫩芽叶俗称花椒芽，由于具有特殊香味，所以可做成特色菜肴，吃法有二。一是酱拌花椒芽，作小菜。将采摘回来的花椒芽洗净切碎，放少许盐，再放入调稀的黄酱拌匀，即可装入小碟或小碗中食用。二是炸花椒鱼。此法是从“炸香椿鱼”发展而来的。先将白面、蛋清、食盐调成面糊备用；再将洗净的整花椒芽蘸裹面糊后放入油锅内炸成金黄色，状如小鱼，故名。码放在盘内，即可上桌食用。此道食品，称鱼非鱼，属素食之上品；与炸香椿鱼同法，但香味别致，使人食欲更佳。还有，把青花椒放入小缸内加盐和水，腌数日后，当小咸菜，清香麻辣，为风味小菜。秋后摘老花椒叶，用于泡菜或渍菜，使泡菜或渍菜风味更佳，只有用过吃过方知其妙。

3. 香椿

香椿树的嫩枝叶是北京地区比较普遍的一种时令佳肴食材，京郊各区几乎都有生长。其浓郁的香味受到绝大多数市民与农民的欢迎，尤其是头茬香椿。香椿的食法除炸香椿鱼外，还有：（1）拌香椿豆，即将焯熟的香椿切碎，加盐与煮熟的黄豆拌在一起，可以再熗上辣椒油，很能增进食欲，也是很好的佐餐小菜及下酒菜。（2）香椿码儿，鲜香椿略焯后切碎，用作面条的菜码儿，别有风味，能多吃半碗面。（3）腌香椿，当时吃不了的香椿，或者二茬香椿，腌起来，慢慢吃，或者腌好后晾干备用。晾干后的香椿，与干辣椒一起炸得焦脆，或者给凉粉儿熗油，都很受欢迎。

4. 臭椿头

苦木科臭椿树之嫩芽，名称不雅但可食用。京郊低山地区及村落附近多有臭椿树生长。臭椿树嫩芽比较肥大，似小孩拳头，且长在枝头，故称臭椿头。

臭椿，亦称“樗”。古代称之为“春樗”。史书载：“香者名椿，臭者名樗，山樗名栲，虎目树，大眼洞。椿樗易长而多寿考，故有椿、栲之称。北人呼樗为山椿，江东呼为虎目树，谓叶脱处有痕，如虎之眼目。”臭椿的嫩芽和香椿的嫩叶芽虽然同有一个“椿”字，却既不同科不同属，而且香、臭二字让人敏感，如不闻不尝很难鉴别。

掰回臭椿头入开水锅炸（用大火煮），炸完再沤（用文火长时间煮），沤完再泡，多次换水多次泡，泡至三五天工夫，待苦、涩、臭味全无，几乎达到变质的程度，它就变成了能吃又好吃的蔬菜了。炖、炒、熬都行，切成条和粉条、土豆丝一起炖肉，可谓炖三条；切成片和土豆片、萝卜片一起熬，可谓熬三片；切成丝和土豆丝、胡萝卜丝一起炒，可谓炒三丝。素炒也行，尤其认荤。一般都用辣椒炝锅，烹后成辣适口，口感肉头有咬劲儿，臭椿头便成了美味佳肴，也算是“化腐朽为神奇”的一种“创举”。

5. 核桃穗

胡桃科胡桃树属之核桃树落在地上的花穗可做菜或馅料食用。北京地区桃树资源丰富，核桃树多，核桃穗肯定多，多得铺天盖地，仲夏时节自然落地，老人小孩都能捡回做蔬菜，去杂洗净，开锅焯熟，再用清水浸泡，泡至涩味全无，捞出洗净、沥干，再用辣椒炝锅，倒入核桃穗翻炒，八成熟时放入咸盐、葱花，继续翻勺炒熟，便可食之。将加工好的核桃穗剁碎加上调料做馅蒸“团子”亦可。

6. 蕨菜

“凉从荷叶风边起，暖向梅花月里生。世味总无如此味，深知此味即渊明。”此诗见于《中华野味野菜谱》之封面，说的是“蕨芽珍嫩压春蔬”的蕨菜，并与陶渊明类比。将蕨菜与陶渊明相比，可见其珍贵。现在的饭店中有蕨菜菜肴，如肉炒蕨菜、蕨根粉等。所用原料大多是人工种植的蕨菜的罐头。其实，京西山区较高山上林缘，有成片野生蕨菜。

蕨菜，为蕨科（一说凤尾蕨科）蕨属。蕨属植物分布于热带和温带，我国约6种，主要分布于长江以南各省，北京仅有1变种，其因嫩叶可食，故称蕨菜，又因其顶部未放叶时状如婴儿拳头，所以又名拳头菜或龙头菜。叶子放开后没法吃了，就只能称之为蕨，而不能称之为菜了。嫩株鲜嫩，京西山里人说其天生有一种鸡肉香味，但不上高山采不着，故为山中野菜之珍品。5月采摘，洗净放沸水中焯一下，切段加佐料凉拌，或炒肉丝，名曰凉拌蕨菜或蕨菜肉丝，乃美味佳肴。注意不能过多食用，因有人称其有毒。

7. 苦荬菜

苦为五味（苦、辣、酸、甜、咸）之首，菜有苦菜，茶有苦茶，树有苦木，药有苦参，草有苦草，雨有苦雨，感有苦痛，旅有苦行，可以称为“苦”文化，博且深。良药苦口利于（治）病，良苦用心为劝人；良言苦口利于行（为），吃苦耐劳是美德。此外还有苦口婆心、良宵苦短、苦尽甘来等，总之“苦”都是为了好。有一位著名的作家叫冯德英，代表作“三部曲”皆以花为名，为首者即《苦菜花》。苦菜花，即苦荬菜之花。

苦荬菜，是苦味菜之首，在京西有着广泛的分布和食用。以大寒岭为界，东称苦荬儿，西称苦扪儿。菊科苦荬菜属多年生草本植物，有苦荬菜（春苦荬）、秋苦荬和山苦荬（大寒岭东称之为“苦荬妈”）三种。其中，春苦荬（又叫抱茎苦荬菜）最为普遍，发芽返青最早，可连根采挖，一并食用。秋苦莫，尤其是夏秋雨多的年份，生长最旺，多采用其地上部分。无论哪种苦荬菜，加工食用的方法，似乎只有一种，即凉拌，且极为简便。洗净，加盐和醋，拌匀即可食用，点上几滴香油更好。体现了一个鲜字。旧时，有的人家，春天采挖苦荬菜回来后洗净，加咸菜汤拌匀即食用，连盐和醋都省了。

苦荬菜味苦，有祛火之功效，尤其是春天，北方风多物燥，人们容易上火，上火能衍生出很多病来。吃点苦荬菜，既尝鲜又防病；如亲自动手采挖，还可以捎带踏青赏桃杏花开之景，何乐而不为?

8. 苦壮菜

京郊深山密林之中，有一种植物比较特殊，即常用中草药升麻，为毛莨科升麻属多年生草本植物，又名北升麻、兴安升麻。其根状茎入药，有发汗解热、镇静止痛及解毒作用；其嫩叶为野菜，山里人称之为“壮菜”或“苦壮菜”，可能有壮身之效。以壮菜佐小米饭或粥，可称“绝配”。

壮菜，味之苦不亚于苦荬。但是，如与小米饭或小米粥同食，则另当别论。吃一口壮菜，味苦，再吃一口小米饭或喝一口小米粥，口中不但没有了苦味，反而有了甜味，可谓苦尽甘来。在升麻植株未开花之前采摘，洗净先焯熟再凉拌或炒皆可。如果主食是面食或大米饭，则需要将壮菜焯熟后在清水中泡一两天，以去掉一些苦味。如果将壮菜洗净、切碎、略焯再与小米一起做饭或熬粥，那就没有苦，只有甜了。

9. 蒲公英

在野菜之品中，蒲公英最具诗情画意，在诗、歌、文中皆有不俗的表现，但赞美最多的是它的种子，随风飘扬，到处撒播，所以春天的大地上，到处都有它生根、发芽、开花到结果，全草可药可食。蒲公英又名婆婆丁，京西俗称蘑菇丁，为菊科蒲公英属多年生草本植物。全草入药，有清热解毒、清痈散结、利尿除湿之效；地上植株，富含蛋白质、脂肪、粗纤维、胡萝卜素及钙、磷、铁等营养物质，作为野菜，既可尝鲜果腹，又有兼具防治疾病之功，且食用方法多样。

凉拌：洗净切段，入开水锅焯熟，用冷水冲凉，加盐、醋，再浇一点香油或炝辣椒油拌匀，即可装盘上桌供食用。亦可将嫩株洗净后蘸酱生食。做馅：洗净焯熟，稍攥，剁碎，加作料调拌成馅，可以加肉，可蒸团子、包子或包饺子。另外，蒲公英还可以加米、盐等熬粥，可加茵陈、大枣、白糖或加玉米芯煲汤代茶，加作料素熬亦可。亦可与猪肉同炒，名曰“肉炒蒲公英”。

10. 野茼蒿

如今农贸市场上有一种青菜叫茼蒿，形状与蒿子秆相似。茼蒿所含氨基酸为诸菜之最，常食能强身健体，有宽中理气、消食开胃、增强食欲、润肠通便、醒脑安神的作用。茼蒿凉拌，功效最佳，最适合冠心病、高血压患者食用。

市场上卖的茼蒿是从国外引进经人工栽培的。而京西山中有野生茼蒿，生长于海拔800米以上。菊科多年生草本，其茼蒿味儿更窜，营养更丰富。

野茼蒿于5月采摘其植株上嫩部，回来后洗净，直接切碎拌入咸菜丁中，或整腌至小坛内，适当多加一些盐，吃时捞出切段当小菜，风味独特。《中华野味野菜谱》一书称其为“革命菜”。该书介绍说：“革命菜，菊科植物野茼蒿的嫩茎叶，又名‘安南草’。革命战争年代，红军曾以它充饥，故名‘革命菜’。”拌革命菜，将野茼蒿去杂洗净，入沸水锅内焯透，捞出洗净，挤干水切碎，放入盘内，加入精盐、味精、麻油，食时拌匀。具有健脾、消肿、行气的功效。革命菜炒肉丝，将革命菜去杂洗净，入沸水锅焯一下，捞出挤干水切段。猪肉洗净切丝。将料酒、精盐、味精、酱油、葱花放碗内搅匀成芡汁。锅烧热，下肉丝炉炒，倒入芡汁，炒至肉丝熟而入味，投入革命菜炒至入味，出锅即成。

11. 豆瓣菜

京郊山区在与河相连的水沟、小溪、水塘、湿地，总之有浅水的水边，许多人都见过一种“水草”，叫豆瓣菜。它是一种风味特具的水生蔬菜，在广东一带叫作西洋菜。

《中国野味野菜谱》列出了北京西洋菜的主要营养成分。按鲜品100克含的毫克算，胡萝卜素4.67单位、维生素B 20.17单位；按干品100克算，含钾23.8单位、钙54.3单位、镁2.93单位，还有微量铁、锰、锌、铜等有益金属元素。

《美味野菜》一书对西洋菜的评价比较客观一点："南方地区四季可采：北方地区除冬季外，整个生长季节都可采摘幼嫩茎叶。常用做汤菜，味极鲜美。也可凉拌、炒烩、做馅。"

12. 银筋菜

苋科苋属一年生草本植物反枝苋，又称银筋菜。《北京植物志》称："北京极为普遍。生于田园内、农地旁、村庄附近的草地上。嫩的茎、叶可作蔬菜，种子作青箱子入药。全草入药，具有治腹泻和痢疾的功效。"还有资料说，此种子可榨油，工业上用作涂料的干性油；叶子提取芳香油，中医学上以老茎和种子入药。老茎和苏梗功能接近，能顺气安胎，主治胸闷呕吐，胎动不安等症；子实和苏子功能相似，能降气平喘，祛痰止咳，主治咳嗽、气喘、痰盛等症。旧时，人们总舍不得把它用大锄埋在地里作肥料，而带回家做菜用，甚至当饭吃。

银筋菜不能生吃，必须先开锅焯熟、洗净，可炒、可熬，可凉吃，可热吃，可当菜，可当饭，可当馅儿（当馅儿最好放瓜子盐——把南瓜子炒熟，砸烂，几乎砸出油来，放入馅儿内），可做糊涂汤，做馅儿、做汤，味道鲜美，好吃还省粮。凉拌时切碎，放盐，浇辣椒油，拌匀即可。

13. 柳芽

柳，杨柳科柳属落叶乔木或灌木，我国约有200种以上，常见的有垂柳、旱柳、杞柳等。柳絮、柳叶、柳枝均能入药。在艰难困苦的年代，也多亏了这些看似不足为奇的资源，山里的人才能生存下来，其中就包括柳芽。柳芽采回来后，入开水锅焯一下，再用凉水冲洗、沥水、切段，放精盐、味精、葱花、蒜泥、香油拌匀即可上桌，此菜清新爽口，香馥宜人。柳叶亦好吃，采回去杂洗净，开锅煮熟捞出用凉水浸泡，泡至由绿变黄，捞出入盆，注入米汤，待到具有甜酸味，放入精盐及有关佐料，此菜叫"糟柳叶"。柳穗也可吃，把花絮形成但未开放的柳穗采回去洗净，开锅焯透，放佐料，凉拌，也好吃，掺在玉米面里蒸窝头味道鲜美。但柳絮，即柳毛儿不能吃。杨柳科杨属之杨树的嫩叶及杨树穗也能吃，杨树叶以小叶杨为好，杨树穗以大叶杨为佳。

腌菜、渍菜、酱菜、大白菜

1. 腌咸菜

腌咸菜是老百姓日常生活中饮食的“底线”食品，什么菜都没有时，有咸菜就行。从前每到入冬，很多人家除了买白菜就是买萝卜腌咸菜。以大青萝卜为主，芥菜疙瘩及雪里蕻等为辅。腌上一缸大萝卜咸菜，一年的菜就有了基本保证。腌好的大萝卜咸菜，切成丝，点些辣椒油，或者再加上醋，不亚于一盘炒菜。春夏之交，把缸里的咸菜捞出来，放锅里煮熟，晾干，储存在坛子里，谓之“老咸菜”，可存放多年。即使实行细盐、精盐、碘盐后，市场上也会专门销售“大盐”（即粗盐），供人们腌咸菜用。

2. 腌酸菜或渍菜

一般在郊区农村，老百姓多会自己于夏秋季节腌、渍（有称漕）酸菜，用于佐餐下饭。食材多样，芥菜、蔓菁、白菜帮儿，拉秧的黄瓜、茄子、辣椒叶、老花椒叶、老葱叶等，山区还有用解葱、解子、老鸹嘴等山野菜的。腌上一小缸或一小坛子酸菜，能吃上一阵子。至于腌泡菜，是近些年的事。

3. 酱菜

旧时，比较讲究的人或人家，佐餐小菜是酱菜，即用酱或酱油腌制的蔬菜，如酱瓜、酱大头菜、八宝菜等，有特殊酱香、质脆味鲜、咸甜适口，为佐餐佳品。一般上桌时用小碟儿，故有“小菜儿一碟儿”之说。北京的老字号如“六必居”“天源”“桂馨斋”等酱园，均以酱菜出名。

4. 大白菜

菜蔬为人日常生活所必需。元朝人熊梦祥寓居京西斋堂村，写出北京第一本志书《析津志》，《析津志辑佚》中记载：“无菜则曰馑，岁荒则曰饥，饥馑相仍。古人云：咬得菜根断，何事不可为？又曰：平生事，百瓮齑。……幽燕朔漠，冰雪风霜，固其宜也。而其所种咸异，或采于山涧，或种于田园……白菜、莙荙、甜菜、蔓菁……”可见当时已将白菜排在蔬菜之首位。老百姓谓之（冬春季节）“当家菜”。新中国成立后的几十年间，“冬储大白菜”可说是一道“风景线”，北京城里城外，市民农民，每年都有一段时间的“大白菜潮”。

八、干鲜果品

卖果品的果局子

北京各种买卖不是称这个铺就是那个店，唯独卖水果的商店曰："果局子"，这大约和这个行业讲究干净、豁亮有关系。北京的果行大致分为两类，一种是直接供应用主购买的"果局"、"果摊"和"果挑"，一种是代客行销、批售发卖的"南北市果店"。前清时代只有果局，北京人通称为果局子，发售南鲜北果、河鲜时物，并且成为世传职业，如"果局子刘"、"果王"，都是很有名的。

果局子都不大，一般有一两间门脸，前半部卖货，各种水果都摆在一个坡形的货架上，顶部是一排大镜子，正好照看下面的水果，镜里镜外两相辉映，显得多彩与丰盛。一到秋天，鲜果都上市了，光鸭梨、白梨、广梨，在北京就有几种，还有苹果、沙果、葡萄；入夜，雪亮的灯光一照，果局子那真叫晶莹剔透、金玉满堂。即便不买，看一看也是满足。您要买，掌柜的拿出一个蒲包，里面垫一张荷叶，再码放水果，上面用厚厚的粗草纸包好，浮头盖一张印着"某某果局四时鲜果，一应俱全"的大红纸，四四方方周周正正，这份礼送到哪儿都不寒碜。等栗子下来了，果局子门口支起了炒栗子的大锅，糖炒栗子的味道飘满街头代替了水果的清香。早年果局子做的是名誉字号，各有存货，自办窖货，不卖劣果，不欺顾客。

果子干、大芸豆

旧日的北京一到冬季，市面上就见不到鲜果了，能调味解馋的不过是些冰糖葫芦、冻柿子了。果子干儿是早年北京人在冬季做的一种风味小吃，是由杏干儿、柿饼、鲜藕和葡萄干儿等果品制成的。由于原料大多产于秋冬季节，加之做好的果子干儿镇凉了吃最可口，因此人们都在数九之后才做这种小吃。果子干也是北京小吃中的夏季食用的品种，《燕都小食品杂咏》中咏果子干的诗说："杏干柿饼镇坚冰，藕片切来又一层。劝尔多添三两碗，保君腹泻厕频登。"并注说："夏季之果干，系以杏干柿饼等浸水中，上层覆以藕片，食者不觉有腹泻之虞。"从中可以知道果子干的做法。《北京土语辞典》十分准确地解释了它的做法："果子干：以柿饼为主，加入杏干儿，用温开水浸泡，最后加鲜藕片，调成浓汁，味甜酸，为老北京夏季食品。”柿饼呈琥珀色，大甜杏干呈橙红色，加上雪白的藕片，上浇糖桂花汁，放在果盘里用冰镇着，吃到嘴里凉丝丝、脆生生，甜酸爽口，所以很受欢迎。京城果子店多有出售，以东珠市口的“金龙斋”最出名。大芸豆的做法是将大芸豆洗净，用凉水泡至饱满。将芸豆放入锅内加水，加入大料、桂皮、葱、姜、盐、味精各适量，煮1小时左右，出锅前10分钟放入枸杞即可。

走街串巷的小贩，把果子干、大芸豆装在漂亮的雕花瓷盆里，用水牛角做的勺舀取，色彩丰富的食品，洁净透亮的用具，对比鲜明，诱人垂涎，手持两只铜冰盏，上下颠动，敲出有节奏的响声，十分吸引人。过去称这些小贩是“打冰盏儿”的，他们除卖果子干，还卖酸梅汤、玫瑰枣、煮海棠、泡大红干儿，都是老北京人夏季常食用的小吃。

围炉子吃冻柿子

柿子是人们比较喜欢食用的果品，甜腻可口，营养丰富，不少人还喜欢在冬季吃冻柿子，别有味道。柿子为秋熟果品，营养价值很高，所含维生素和糖分比一般水果高1—2倍左右。假如一个人一天吃1个柿子，所摄取的维生素C，基本上就能满足一天需要量的一半，所以，吃些柿子对人体健康是很有益的。

北京的西山、北山柿子的产量最丰。柿子初收上市，小贩叫卖：“赛倭瓜的大柿子——涩了换喇！”及至霜降过后，叫卖改为：“喝了蜜啦——大柿子！”就此两种吆喝声，便可晓得秋柿与冬柿之不同。到了冬令，经过严寒，柿子汁液冻结，用快刀切成薄片，食之凉澈心脾，且有润燥、利大便之功。北京冬天家家都生煤球炉子取暖，如果雪少，天气干燥，人们就想吃点儿凉东西，例如水萝卜、拌白菜丝，最过瘾的就是冻柿子了。入了冬，有的人家就买了许多柿子码放在室外的窗台上，一上了冻，柿子就冻得跟石头蛋子似的了。冬天天黑得早，晚上大家坐在火炉边上聊天时，拿来几个冻柿子放在冷水里，等柿子化了之后，就可以吃了。甜丝丝、凉生生的柿子蜜汁吃进嘴里，十分的爽快，真是别有风味。

附录：北京的宗教建筑

北京的佛教建筑

1. 天宁寺

天宁寺位于广安门外。天宁寺最初创建于北魏孝文帝时期，名叫光林寺。到隋仁寿年间，建塔藏舍利，改称宏业寺，塔称宏业寺塔。唐开元年间，寺改称天王寺。元代末年，寺毁于战火。明代初年，姚广孝居住本寺残存院落，后重修，并于宣德年间改称天宁寺。到明正统年间，寺院又一度改称广善戒坛。清代，又恢复寺名为天宁寺。寺坐北朝南，昔日曾有很大规模的寺院。目前，寺仅剩天宁寺塔和中路残破院落。天宁寺塔为辽代建筑，是八角形仿木结构密檐式实心砖塔，通高57.8米，共十三层，建筑在一个方形砖砌的大平台之上，塔身门窗上部及两侧有浮雕金刚力士、菩萨、天神等。塔基有六座壶门形的龛，龛内有浮雕坐佛，龛与龛门之间雕刻有枝莲，转角处为金刚力士像。天宁寺残存山门为灰筒瓦硬山式门顶，正门为石券门，门上石额正书“敕建天宁寺”，两侧各有券窗一个。山门内有弥陀殿残存，面阔五旬，进深三间，绿琉璃筒瓦黄剪边大式硬山顶。殿前有月台，两旁分列螭首方座石碑各一座，记述着清乾隆二十一年（1756）和四十七年（1782）重修天宁寺情况。近年，在善男信女支持下，天宁寺开始重建，目前，已初具规模。

2. 云居寺

云居寺又名西峪寺，初建于隋，唐代便受皇室供奉。位于北京房山区水头村。创建人为静琬法师，他在刻造石经的同时，在山腰修建寺庙。寺庙最早称智泉寺，是因寺前有一清泉汇成的小溪。它坐西朝东，依山傍水，风景秀丽，规模宏大。前后共有殿宇八重。另外，寺院内还有禅房、寮房、厨房、仓房、行宫。寺院占地面积数千亩。寺庙重檐巨刹、钟磬铃铎，香火十分旺盛。清代乾隆、嘉庆等皇帝曾来寺内朝佛。寺内还有古塔多座，其中有隋代修建的舍利塔，唐代修建的琬公塔和金仙公主塔等。1937年“卢沟桥事变”后，曾遭日军洗劫，后又遭受日飞机轰炸，遂残破败落，到北京解放时，寺院已不复存在。1985年4月开始，北京市人民政府和房山区人民政府开始集资修复寺院，目前已初具规模，不仅供中外宾客游览，同时有石经陈列。近年，为妥善保管石经，已将经板重新埋入地下。

3. 法源寺

法源寺初创于唐代，位于宣武门外法源寺街。唐太宗远征高丽，回军路过幽州，在城东设坛悼念阵亡将士。武则天当政时，敕令在祭坛处建寺，取名“悯忠寺”，即今日法源寺前身。唐中和二年（882），寺庙毁于火灾，尔后又重新修建。五代时，一度曾改为称尼寺。金大定十三年（1173），寺曾为女真人进士的考场。据传，宋钦宗被金兵俘虏后，也曾在此囚禁。到明正统二年（1437），寺庙又经重建，改称崇福寺。直到清雍正十一年（1735），寺庙经过改建后，称为法源寺。它共有五进院落，分别为天王殿、大雄宝殿、观音阁、大遍觉堂、藏经楼。阁内有唐、辽、金、清历代碑刻，其中以唐至德二年（757）张不矜撰苏灵之书的“无垢净光宝塔颂”和唐昭宗景福元年（892）的“唐悯忠寺重藏舍利记”，以及金大定十八年（1178）“北部令史题名记”等碑刻著名。大遍觉堂内曾供奉着玄奘法师的顶骨舍利。藏经楼是最后一进院落，为二层阁楼，藏有佛经和佛教文物。1955年，它成为中国佛学院。“文革”中法源寺遭到破坏，“文革”后法源寺略加修葺，并从京城其他残庙中移来了几尊铜制佛像。近年，法源寺开始对外开放。

4. 大觉寺

大觉寺位于北京西北郊旸台山侧，始建于辽，称清水院，沿于金，为金章宗西山八院之一。辽咸雍年间，它还曾称过“灵泉佛寺”，并在咸雍四年（1068）有南阳信士邓从贵捐钱三十万修建僧房。又另从信士处捐钱五十万，印大藏经570卷，藏于寺内。到明宣德三年（1428），寺庙加以扩建，并改称大觉寺。明崇祯年间，寺内荒废。清康熙五十九年（1720），重修大觉寺，并增添四宜堂院、领要亭等建筑。清乾隆十二年（1747），重修寺内弥勒殿、正殿、无量寿佛殿、大悲坛等。同时，为寺内已故住持迦陵和尚建造一座舍利塔，位于寺内最高点。在四宜堂院前有两株玉兰，传说是乾隆命人从四川移来，十分珍贵，每到春季，观赏玉兰，成为京人游览盛事。目前，寺院对外开放。

5. 仰山栖隐寺

仰山栖隐寺位于北京门头沟区，始建于辽代，兴盛于金代。金大定二十年（1180）金世宗敕建“仰山栖隐神寺”，并亲自游寺，写诗刻碑“金色界中兜率景，碧莲花里梵玉宫。鹤惊清露三更月，虎啸疏林万壑风。”元代重修，赵孟頫重书寺僧满师道行碑。明永乐初年，西域僧人吉祥上师、智广曾重修栖隐寺。正统天顺年间，太监王振等出资再次重修，大学士刘定之撰重修碑记。清代，民国也曾重修，但今已废毁。仰山栖隐寺，旧有五峰八塔之景，寺西北还有金、元僧塔数十座，现仅存三座。

6. 大庆寿寺

大庆寿寺位于北京西单，俗称双塔寺。始建于金宪宗初年。元代重修，为皇家大寺。皇庆元年（1312），程钜夫撰大庆寿寺大藏经碑。至顺二年（1331），将皇太子像安于寺东鹿顶殿。明代，姚广孝曾驻此寺，使庆寿寺得到恩宠。正统十三年（1448），太监王振重新修缮，十月完工，壮丽甲京师，更名为大兴隆寺，又称慈恩寺。香火盛极一时。嘉靖年间，寺失火，废寺，改为射所，又改为演象所。清乾隆二十九年（1764）重修。大庆寿寺以双塔闻名。双塔在寺两侧，一塔九级，为“天光普照佛日圆明海云佑圣国师之塔”。一塔七级，为“佛日圆照大禅师可庵之灵塔”。寺中旧有八景之说，曾有庆寿寺碑，是金代党怀英所书，十分珍妙，可惜在明正统年间被毁。1956年为拓宽西长安街，将双塔及庙宇拆除建电报大楼。

7. 大永福寺

大永福寺又称青塔寺，位于北京阜成门内。初建于元代延祐年间，属皇家大寺。明朝天顺、成化年间曾重修。隆庆时，寺院荒废，殿宇仅存遗址。隆庆六年（1572），太监王喜出资重建，万历三年（1575）完工。寺内旧有青塔，现已无存。目前此地有青塔胡同的地名。

8. 妙应寺

妙应寺俗称“白塔寺”，建于元至元十六年（1279），位于阜成门内。远在辽道宗寿昌二年（1096），在此处曾建有供奉佛舍利的塔，里面贮放着舍利戒珠20粒，香泥小塔2000个，无垢，净光等陀罗尼经5部。不久，塔毁于火。元至元八年（1271），元世祖敕令修建白塔，整个工程宏大，并请到尼泊尔工匠阿尼哥参加修建，历时8年建成。白塔的形制源于古印度的窣堵坡式佛塔，目的是“壮观王城”。白塔竣工后，元世祖又以塔为中心，向四外各射一箭，为寺址划界，修筑宏大华丽的寺院，赐名为“大圣寿万安寺”，到明天顺元年（1457），改称“妙应寺”。寺占地20余亩，坐北朝南，主要建筑有山门、天王殿、意珠心境殿、七佛宝殿，具六神通殿、白塔，东西有配殿，山门与天王殿之间对称建有鼓楼和钟楼。其中，七佛宝殿和具六神通殿为庑殿式和歇山式建筑法式。在七佛宝殿内拼列三个龙凤呈祥的藻井，上有游龙浮雕，十分生动。清代以后，逐渐成为北京城内著名的庙会地之一。1980年后经过修缮，已对外开放。

9. 十方普觉寺

十方普觉寺也称卧佛寺，位于海淀区聚宝山。此地建寺始于唐代，寺庙称兜率寺。金大定二十七年（1187）在今寺庙西北曾建五华观，元代延祐七年（1320）九月，在此凿山建寿安寺，为元代皇家大寺。元至治元年（1321）二月，开始为寿安寺铸造佛像，设置机构操办。寺庙规模极大，铸造佛像甚多。以后，寺庙又称寿安山寺、大昭孝寺，寺庙规模仍很大。到明代正统年间，在原寺铜卧佛遗址处，修建寿安禅寺。到明末时，寿安寺已很小，改称永安寺。清军入关后，寺院破落。清雍正时，又在永安寺基址上建寺，并于雍正十二年（1734）赐名为“十方普觉寺”。寺现规模有山门、天王殿、三世佛殿、卧佛殿、藏经阁等主要建筑，两侧配有方丈室、客堂、配殿等，但其周围山清水秀，林木茂盛，环境十分优雅，更因寺内有一铜制巨型卧佛像，塑造精美，十分著名。

10. 真觉寺

真觉寺创建于明朝永乐初年，位于西直门外，因寺内建有金刚宝座塔，上有五座小塔俗称五塔寺。明永乐初年由印度来京的高僧班迪达，向明成祖朱棣敬献了五尊金佛和金刚宝座塔的建筑式样，成祖十分欣赏，为此下令修建了真觉寺，让班迪达居住。后又按所献式样建塔，竣工于明成化九年（1473）。塔内用砖砌成，外表用青白石贴面，在宝座四周，小塔座及塔檐之间，遍刻饰精美的佛教雕刻。寺的金刚宝座塔形式源于印度佛陀迦耶精舍，是我国现存同样形式塔中最古老、最精美的一座，也是我国古建筑和雕刻艺术吸收外来文化杰出的范例。寺建成后，曾多次修葺。清乾隆二十六年（1761）大修后，曾改称正觉寺，殿堂十分壮观。20世纪20年代末，寺内殿堂木料多被拆卖，殿堂多剩残基。真觉寺金刚宝座塔为全国重点文物保护单位。近年改为石刻艺术博物馆。

11. 大隆善护国寺

大隆善护国寺系喇嘛庙，创建于元代，位于西城区护国寺街。寺址原为元朝丞相脱脱的宅院，后施舍为寺院称“崇国寺”。明宣德四年（1429）更名为“大隆善寺”，明成化八年（1472）赐名为“大隆善护国寺”，成为明代皇家巨刹。到清代，蒙古王公贝勒曾出资修建寺内建筑，遂成为喇嘛庙。寺坐北朝南，因历代修建，其规模宏大，在中轴线上共有九进殿宇。其中，山门殿三间，前后均为石券门，门额有字为“大隆善护国寺”，建筑形式为单檐歇山筒瓦顶。山门两侧各有一个旁门。金刚殿五间，单檐歇山黑琉璃瓦绿剪边顶，殿前有钟鼓楼。天王殿三间，东西有配殿。延寿殿五间，为寺内主要殿宇，东西有配殿。崇寿殿五间，左右有碑亭，东西有配殿（东称伽蓝殿，西称无量殿）。千佛殿五间，东西有配殿（东称大悲殿，西称地藏殿）。护法殿五间。功课殿五间。菩萨楼也称“后楼”，面阔三间。在千佛殿和护法殿间有垂花门，将寺院分为前后两部分。垂花门前东西两侧原各有一座舍利塔，现已不存。“文革”中寺院建筑及碑刻多已拆除，现仅存金刚殿和部分廊房等，护国寺在明清两代香火十分旺盛，每年正月初七、初八，京城开西庙（即护国寺，东庙为隆福寺），寺前庙市十分繁华热闹。

12. 大隆福寺

大隆福寺建于明景泰三年（1452），是明清两代皇家巨刹，位于东四隆福寺街。寺坐北朝南，山门五间临街，正门上有汉白玉横匾，上刻有“敕建大隆福寺”。正门两侧各有一个旁门。寺庙有五进大殿，分别为天王殿、栏杆殿、万善正觉殿、毗卢殿、大法殿，在大殿两侧有东西配殿及廊房等。其中毗卢殿为重檐大式庑殿顶，八角均带风铃。在毗卢殿与正觉殿间东西各有一座重檐六角攒尖顶碑亭。另外，正觉殿藻井下垂如伞，内有天文图像，为明代遗物，十分著名。寺庙后墙在今钱粮胡同，留有后门。寺为京城著名的大藏传佛教寺庙。寺庙内喇嘛多为汉族人，也有藏族人和蒙古族人。民国后为维持生计，寺庙将大部分产业出租，使隆福寺成为京城著名庙会集市。解放后修建东四人民市场，将寺庙建筑大部分拆除。后来建隆福大厦所存遗迹全部拆去，昔日的寺庙已荡然无存。

13. 东黄寺

东黄寺系喇嘛庙，始建于清顺治八年（1651），清代皇家寺院，位于今安定门外黄寺路。顺治九年初，西藏黄教领袖达赖五世来京，奉御旨居东黄寺。此间，达赖五世曾为清世祖诵经祝祷，东黄寺香火鼎盛。1653年2月，达赖辞归，清政府正式颁赐汉、满、藏三种文字的金册和金印，加以册封。由于东黄寺是为达赖五世来京驻锡而修建的，人们俗称为“达赖庙”。尔后，在寺庙西侧又修建了西黄寺和清净化城塔，故此有“达赖庙、班禅塔”之说。寺内达赖住过的藏式楼房，也由此被称为“达赖楼”。东、西黄寺因达赖五世、班禅六世的驻锡，遂成为北京藏传佛教圣地，前来“礼佛”“布施”的王公大臣很多，顶礼膜拜西藏活佛的善男信女也络绎不绝。蒙藏僧俗来到北京，必到东、西黄寺参佛烧香。民国后，东黄寺成了兵营，已无遗迹可寻。

14. 西黄寺

西黄寺系喇嘛庙，建于清顺治九年（1652）。雍正元年（1723），哲布尊丹巴呼图克图率蒙古王公集资重修，为清代皇家寺院。西黄寺与顺治八年（1651）修建的东黄寺（俗称达赖庙）合称双黄寺，达赖、班禅的间年贡使皆居此两寺。清乾隆四十五年（1780）七月，班禅六世由西藏到了热河行宫晋见了乾隆皇帝，乾隆帝遵照清世祖“建西黄寺于京师，以居第五世达赖喇嘛之例”，在热河修建了须弥福寿之庙。同年九月初二日，班禅六世随乾隆帝到北京，住进西黄寺。为此，西黄寺添建牌坊一座。为迎接班禅的到来，清王公大臣纷纷来西黄寺“礼佛”，布施。同时，由于班禅六世讲经弘法，前来顶礼膜拜的善男信女也络绎不绝，西黄寺名噪京师。不久，班禅六世病逝于西黄寺。为纪念班禅六世，乾隆帝于1782年“诏命于寺之西偏建清净化城塔及塔院”。清代，东西黄寺香火旺盛。1860年“庚申之乱，掠劫一空”。目前，保存比较好的仅有清净化城塔及塔院。近年，在此建藏传佛教佛学院，寺中一些修筑得以重建，并从2018年6月始，于周六、周日对外开放。

15. 雍和宫

雍和宫原是雍亲王府，建于清康熙三十三年（1694），位于东城区雍和宫大街。清世宗雍正称帝前居于此，雍正帝登基后称雍和宫，乾隆九年（1744）改建成寺院，成为北京最大的藏传佛教皇家寺院。雍和宫由三座精致牌坊和雍和门、雍和宫殿、永佑殿、法轮殿、万福阁等五进宏伟大殿组成，另外还有东西配殿、“四学殿”（讲经殿、密宗殿、数学殿、药师殿）和戒台楼、班禅楼。雍和宫整个建筑布局完整，巍峨壮观，具有汉、满、蒙、藏民族的特色。在民国以前，寺东还有清帝的行宫和花园，规模宏大，后被大火焚毁。据统计，雍和宫目前总计有房661间，其中佛殿238间。雍和宫各殿内供有众多的佛像，其中天王殿正中供有大型木刻贴金的弥勒（布袋和尚）像，正殿（雍和宫）内正面高坛上供有弥勒、释迦、燃灯三尊佛像，殿内左右壁下为十八罗汉像，永佑殿内供有无量寿、狮吼、药师等佛像。在雍和宫东配殿（也称鬼神殿）内供有藏传佛教中特有的“欢喜佛”像。在雍和宫法轮殿内正中央设坛，供有喇嘛教黄教派创始人宗喀巴法师的铜像，背后是由紫檀木雕刻成的五百罗汉山，与雍和宫内金丝楠木精雕的佛龛，万福阁内用白檀木雕成的高出地面18米的佛立像被称为雍和宫的“三绝”。北京解放初期，雍和宫殿堂残破，杂草丛生，剩有80多名喇嘛。人民政府于1950年、1952年对之进行了两次修缮。1961年，雍和宫列为全国重点文物保护单位。1979年，国家再次拨巨款全面修整雍和宫，并于1981年作为宗教活动和旅游场所对外开放。

16. 嵩祝寺

嵩祝寺系喇嘛庙，建于清雍正十一年（1733），为清代皇家寺院，位于景山后街。寺址原为明代番经厂和汉经厂。寺坐北朝南，共分三路，其中路建有主要殿宇，共有五进大殿，分别为山门殿、天王殿、正殿、宝座殿、后楼。山门殿三间。山门殿内有钟鼓楼，为重檐式建筑，上下层角梁均悬铃，旋子彩画。天王殿三间，正殿五间，宝座殿五间，后楼七间，为二层，顶为重檐硬山筒瓦调大脊。后楼上有乾隆皇帝手书对联。该寺是清政府为青海佑宁寺章嘉呼图克图活佛修建的佛寺。寺的东、西分别与法渊寺及智珠寺相接，专供章嘉呼图克图的随员居住。解放后寺内改为居民、仓库和东风电视机厂，原来建筑大多不在。目前，只有嵩祝寺和智珠寺的少量建筑得以保存。

17. 普胜寺

建于清初顺治八年（1651），为清代皇家寺院。位子南河沿路西，又称“十达子庙”，为清朝初年新建三大寺庙之一。寺庙于乾隆九年（1744）和乾隆四十一年（1776）两次重修。民国初年，再次重修，并为欧美同学会会址。寺现存建筑多为民国期间修建，有大门、二门，正殿、东西配房等。大门三间，坐西朝东，为黄琉璃筒瓦绿剪边硬山顶式建筑；二门三间，坐北朝南，前后出廊，门前左右各有一石狮；正殿三间，坐北朝南，东西配房各三间，为绿琉璃瓦顶。整个寺院走廊相连。在寺前院原有二大卧碑，带龟趺，高约3米。一块碑为清顺治朝大学士完我撰碑文，一块为乾隆九年（1744）工部侍郎励宗万撰写的重修寺庙碑文，现两碑已于1984年送到五塔寺保存。因设欧美同学会，古建已拆去，只留下了普胜寺的名称。

18. 普度寺

建于清康熙三十三年（1694），为清代皇家喇嘛寺院，位于南池子大街内普庆前巷。寺址原为明代南城的洪庆宫一部分，清初为多尔衮的王邸，王邸废除后，由康熙皇帝下令改建为玛哈噶嘛庙。乾隆四十年（1775）又重新修葺扩建寺庙，并于次年赐名为“普度寺”。寺庙现存主要建筑有山门殿，大殿等建筑。大殿名为“慈济殿”，殿内有乾隆题额“觉海慈航”。大殿为砖木结构，建造在平面呈“凸”字形的汉白玉石须弥座上，殿顶为黄琉璃筒瓦绿剪边，斗拱等建筑独特；大殿面阔七间，进深三间，前出厦三间，四周绕以36根檐柱，出檐用三层椽子，山墙与檐墙青砖顺砌，墙下部用绿色六边形琉璃瓦组成几何形花纹。整个大殿为北京罕见古建筑。

19. 大钟寺

原称觉生寺，建于清雍正十一年（1733），位于京西魏公村。大钟寺坐北朝南，山门前东西两侧各有一尊石狮。寺庙主要建筑为山门、五层殿、大钟殿等。寺后大钟殿内的永乐大钟，因钟身刻有《华严经》，也称华严钟，十分著名。大钟铸于明永乐年间，高6.75米，外径3.3米，钟唇厚度18.5厘米，重46.5吨。在钟身内外，铸有佛教经咒17种，总计二十二万七千多字，均系工整、坚韧的楷体字，相传为明朝书法大家沈度的手笔。明万历年间，大钟曾移置京西万寿寺内悬挂。清雍正十一年，又将大钟移至觉生寺。觉生寺因有永乐大钟，又得名大钟寺。目前，它已修缮一新，成为北京古钟博物馆，在大钟殿东侧，集中了京城各处搜集的铜钟、铁钟等，造型各异，被称为钟林，与永乐大钟一起，组成古钟宝库，并对外开放。

20. 福佑寺

福佑寺为清代皇家寺院，位于西城区北长街北口路东。寺原为清康熙皇帝幼年居住处，后为乾隆宅第。乾隆皇帝登基后改为喇嘛庙，称“福佑寺”。寺坐北朝南，有外垣门西向临街。寺中轴线上主要建筑有照壁、山门、天王殿、大雄宝殿、后殿。在中轴线两侧建筑有牌楼、钟鼓楼、配殿、耳房等。其中，山门面阔三间，歇山调大脊黄琉璃筒瓦绿剪边，单昂三踩斗拱，旋子彩画，前后有雕龙御路，左右有八字屏墙。山门外直对为照壁，两侧为木制楼牌。山门内有钟鼓楼。天王殿面阔三间，东西配殿各三间。大雄宝殿面阔五间，为寺内最主要建筑。大雄宝殿前出月台，两侧各有配殿三间，其顶部为歇山调大脊，脊中央有须弥座，上有莲花座铜塔，为典型藏传佛教建筑风格。后殿面阔五间，歇山调大脊琉璃筒瓦顶，内供奉“圣祖仁皇帝大成功德佛”牌位。后殿两侧有东西耳房和后罩房。寺院因原为王府，建筑豪华。

21. 戒台寺

戒台寺位于门头沟区马鞍山麓，正名为万寿禅寺。因寺内有一座驰名佛界的大戒台，故俗称“戒台寺”或“戒坛寺”。唐武德五年（622），在此处修建寺庙，名为慧聚寺。辽清宁年间，高僧法均和尚来此山隐居，不久，他在寺左侧建一座菩萨戒坛。到明、清二朝，对戒台寺多次进行修葺，并增加建筑。明正统五年（1440）修建寺庙完工后，司礼监太监王振奏请更名，由明英宗赐额为“万寿禅寺”。明正统六年（1441），重修戒台。它坐西朝东，依山势而建。因历朝修建，规模宏大，名胜很多。其主要建筑有山门殿、天王殿、钟鼓楼、大雄宝殿、伽蓝殿、祖师殿、千佛阁和洗心殿。在山门殿前有石狮一对，清康熙御碑一座。山门殿前庭院中有千年国槐一棵。其大雄宝殿为寺内重要殿堂，在其左为伽蓝殿，在其右为祖师殿。千佛阁现仅存遗址，阁左为北宫院，也称牡丹院，阁右为南宫院。另一组主要建筑由明王殿、戒殿、大悲殿和罗汉堂组成。其明王殿也相当于山门殿、三开间、歇山顶。戒殿为戒台寺又一重要建筑，殿内的戒台由三重汉白玉石台组成，原供奉有二十四戒神。现戒台四周龛中的戒神，系“文革”后“泥人张”后人新塑的。在戒台顶上原有释迦牟尼像，1973年移至浙江天台山国清寺，现存为新塑像。戒殿后为大悲殿，原有乾隆三十六年制作的五百罗汉像，现已不存。在戒台寺内，还有五大名松，分别为活动松、自在松、卧龙松、九龙松、抱塔松。戒台寺内碑、幢很多，其中有辽幢二座，金碑一块，元幢一座，十分著名。明清以后的碑以清康熙二十四年（1685）的“御制万寿寺戒坛碑”价值较高。近年，戒台寺进行了维修，新塑了一些佛像。

22. 红螺寺

红螺寺始建于盛唐时期，位于怀柔区北红螺山。原称大明寺，传说红螺山下珍珠泉汇成的潭水中有两只大螺蛳，能吐射红光，死后葬于寺内，故又称“红螺寺”。寺于金代，元代、明代、清代屡有修建。寺坐北朝南，主要建筑有山门、天王殿、大雄宝殿、南北配殿、诵经房、后殿等。其中，山门南向，为无梁式建筑，青砖仿木结构，歇山顶。山门两侧各有一个门。寺内第一进殿为天王殿，面阔五间，大雄宝殿为正殿，面阔五间，建筑在石砌台基上，四周有走廊，为寺内最大，最讲究的殿宇。后殿为禅堂，面阔五间，在天王殿与大雄宝殿、后殿中轴线东西两侧，各有配殿。在寺院东西两侧各有跨院。东跨院有房舍若干，为寺院生活区，西跨院有房屋若干，为僧人居住宅院。在寺院西墙外，有塔院，为和尚灵寝地。寺在北京解放后，曾为县师范学院占用。目前，寺内建筑除大雄宝殿已被拆除外，其余尚存。

23. 万佛堂

万佛堂建于唐代开元至天宝年间（713—756），位于房山区西北云蒙山南麓的河北乡万佛堂村。万佛堂初建时称龙泉寺，后改称大历禅寺，元、明、清三代均有修建。万佛堂建筑雄伟，为三间无梁殿建筑，歇山顶，汉白玉石发券门，上有浮雕，雕刻的飞禽、花卉十分讲究。万佛堂门楣上嵌有四周浮雕莲花瓣石匾，其上书“大历古迹万佛龙泉宝殿，大明万历己丑春吉日重建”。万佛堂内，正面和两山墙下端镶有“万菩萨法会图”，由三十一块汉白玉浮雕而成，南山墙的浮雕为释迦牟尼举手说法图，周围有菩萨、天王、伎乐等诸神，雕刻十分精美。万佛堂建筑在孔水洞出水口的墩台上，北靠大山，前有流水，环境十环分优雅，两侧还各有一座古塔，为辽代塔和元代塔。因年代久远，寺内建筑已不存在，目前仅有遗址。

24. 广济寺

广济寺建于金代，原称西刘村寺，位于今阜成门内大街路北，后毁于元末战火。明朝，因在原寺址挖出石佛、石龟等文物，有潞州僧人普慧，号喜云，在宦官廖屏资助下，与弟子圆洪于明天顺年间重建寺院，并于明成化二年（1466）定寺名为“弘慈广济寺”。寺坐北朝南，山门临街，为三座门，寺院建筑基本保存了明代建寺时的格局。在寺的中轴线上有山门殿、钟鼓楼、天王殿、大雄殿、圆通殿、多宝殿、舍利阁，在寺的西院有持梵律殿，戒台、净业堂和云水堂，在寺的东院有法器库、延寿堂等。寺内的舍利阁、图书室等藏有大量佛教文献和佛教历史文物。1955年，寺的舍利阁曾供奉西山八大处灵光寺的佛牙舍利。目前，寺院是中国佛教协会会址，也是北京地区佛教活动的重要场所。

25. 通教寺

通教寺始建于明代，位于东城区北小街。寺为明代太监所建，到清代改为尼寺，更名为“通教禅林”。1942年，因寺庙残破，由福建来京城的尼僧开慧、胜雨二人募捐修寺，并定寺名为“通教寺”。寺坐西朝东，有山门、大雄宝殿、南北二楼、伽蓝殿、五观堂、念佛堂、斋堂、祖师殿、寮房等建筑。1949年后，因组织寺内僧尼参加劳动织麻袋，又曾扩建南北厢房十间。1964年，在斋堂后增建仓库两间。“文化大革命”期间，寺由北新桥派出所占用。1981年以后，归还佛教界，由政府出资修缮寺内建筑。目前，寺内大雄宝殿，面阔五间，绿琉璃瓦顶，三卷勾连搭，内为井口天花，在南北两侧有配殿各七间，周围树木花草茂盛，十分幽雅清静。通教寺是目前北京唯一尼众寺院，其寺宗教活动以修持戒律为本，以净土为宗，念佛为归，清规戒律十分严格。

26. 广化寺

广化寺始建于元代，位于西城区后海鸦儿胡同。寺于明万历、清咸丰年间进行过重修，到清光绪二十年（1894）又进行重建。寺坐北朝南，分为五路，中路山门外有影壁，山门殿为三间歇山顶建筑。山门内有钟鼓楼。天王殿三间，为庑殿顶。大雄宝殿是寺内主要建筑，为重檐歇山顶。寺后有藏经楼，为二层，硬山顶。藏经楼两侧有角楼和配殿。在东西各路日前仍保存殿堂和院落。寺内古树参天，十分幽静。广化寺在清末一度曾是醇亲王家庙，寺内还藏有佛经、碑刻、佛像。在清宣统元年，曾在寺院内筹建京师图书馆。1939年，在寺内创办广化佛学院。1946年，寺院又开办广化小学。1949后，归还佛教界。现为北京市佛教协会所在地。

27. 潭柘寺

潭柘寺位于京西门头沟区。它由西晋年间（265—317）创建的嘉福寺开始，距今约1700多年。到唐代，寺庙经扩建，改称龙泉寺。金皇统年间重修后，改称大万寿寺。元末因战乱，寺院荒废破坏严重。明天顺元年（1457）修复后，复称嘉福寺。到清康熙，乾隆年间，寺庙又经大规模修建，改称岫云寺。因山上有龙潭和柘树，俗称为潭柘寺。它坐北朝南，依山势而建，其主要建筑有山门、天王殿、钟鼓楼、大雄宝殿、三圣殿、毗卢阁。在山门外，有一座巨大的木牌坊，形制为三间四柱三楼，前额书有“翠嶂丹泉”，后额书有“香林净土”，为清康熙皇帝御笔。山门前有石桥一座，名曰“怀远桥”。山门内为天王殿，殿内供奉四大天王。大雄宝殿为全寺最大建筑，面阔五间，重檐庑殿顶，黄琉璃瓦绿剪边，殿内正中供奉释迦牟尼塑像，两旁为阿难、伽叶塑像。塑像均为木质漆金，为清代制作。大雄宝殿后是三圣殿，殿的两侧有两棵巨大的银杏树，乾隆皇帝封其中一棵为“帝王树”。在毗卢阁内供奉有三世坐佛，下承六角形须弥座。寺院东为方丈院和行宫，建筑极为雅致。寺院西为楞严坛、戒坛和观音殿。在寺院前有一座塔院，内有辽、金、明、清和尚墓塔数十座。在寺后集云峰上，有龙泉一眼，泉水十分清澈、凉爽。虽离城区较远在“文革”中仍然遭到破坏。近年多次修葺，目前对外开放。

28. 灵光寺

灵光寺位于翠微山脚下八大处，建于唐大历元年（766）。辽道宗咸雍七年（1071）造十层八面招仙塔，内藏佛牙舍利。金大定二年（1162）重建，因当时山名兔山，故称兔山寺。明成化十五年（1479）重修，改名灵光寺。清光绪二十六年

（1900）义和团在此设坛装神弄鬼，糊弄村民。八国联军侵占北京，灵光寺被毁。后人们在招仙塔基座中发现佛牙舍利。1958年至1964年，在此建密檐十三层佛牙塔，高50余米，砖石结构，内供佛牙舍利。寺内西院辟金鱼池，池中有清咸丰初年放养繁殖各色金鱼，正中建小巧玲珑的水心亭供人凭栏赏鱼。池北有殿堂、敞轩八间，名归来庵，沿池南石道西上数丈，为昔日的韬光庵，北端原有八角放鹤亭，亭后有石洞，内供佛像。亭北近崖处有高台，上凿石洞，内关一铜佛，取名铜佛洞。在归来庵后，有一片参天古松，中立白塔多座，为昔日和尚坟地。其北有雌银杏一株，夏日果实累累，为数百年前所植。

29. 三山庵

三山庵为一小形殿堂，位于八大处平坡、翠微、卢师三山之间，故名三山庵。清乾隆年间修建，正殿门前，卧刻有山水、人物、鸟兽花纹的方形汉白玉石，名水云石。正殿对面的山门殿内，原供关公持刀立像。殿东敞轩一间，额题“翠微入画”。内悬清乾隆第六子永瑢所书“建阳半幅精庐”横匾一方。

30. 大悲寺

大悲寺位于翠微山中部，始修于元朝，初名隐寂寺。明嘉靖二十九年（1550），建大悲阁。清康熙五十一年（1712）将寺名改为大悲寺，康熙皇帝亲书“敕建大悲寺”横匾挂于山门之上。庙门东向，前立乾隆年间重修碑一块。拾级而上为释迦牟尼殿，原殿左右分列十八罗汉，姿态生动，惟妙惟肖。庭前有两棵干粗数抱的银杏树，传为八百年前所植，枝叶茂盛，荫满四周。

31. 龙王堂

龙王堂位于大悲寺附近，建于清康熙十一年（1672）。大殿一层，额题“灵运宇宙”，内供佛像。正院有庙一间，内设龙王牌位。庙有掘井，水质甘洌，称甜水井。出龙王堂北上，屹立巨岩石一块宽、长均2米，是冰川漂砾，上刻当代地质学家李四光亲笔题刻“冰川漂砾”四字手迹。

32. 香界寺

香界寺位于龙王堂北山坡上，是西山八大古刹的主寺。建于唐朝，初称平坡寺。明代改叫圆通寺。清康熙年间重修，赐名圣感寺。乾隆十四年（1749）再次奉旨重修，赐名香界寺。其建筑规模宏大。寺内原有哼哈二将守护大门，二门立四大天王，前殿有钟鼓二楼。正殿内供三世佛，两旁置五彩十八罗汉。殿前，左立康熙十七年

（1678）御制碑，右立“敬佛石”，背镌菩萨浮雕。清代帝王来西山，常在此休息，故寺内专建皇帝行宫。

33. 宝珠洞

宝珠洞位于平坡山顶。正殿原供大士像，内悬乾隆御制“诸法正观”匾。后有一洞，面阔、进深各两丈。洞石为小石子黏合云集，一万年前，由洪水冲压而成，黑白闪烁，粒粒如珠，故名宝珠洞。清初京师名僧桂芳，俗称鬼王菩萨曾在洞中梵修。死后，人们在洞中供奉桂芳肉身神像。

34. 证果寺

证果寺位于卢师山中。建于唐天宝年间，初名感应寺。明代，改名镇海寺，天启时改称今名。门前有一碑，为清道光二年（1822）重刻明景泰五年（1454）镇海寺碑，碑文奇趣，人称神话碑记。寺呈长方形，佛殿居中，前置明成化六年（1470）所铸一大铜钟，四周铸有《摩诃般若波罗蜜多心经》。殿东为禅房西达秘魔岸，如天然宝石悬于半空，形似张口巨狮，上书“天然幽谷”四字。为隋唐时卢师和尚坐禅处，后人在此建招止亭，壁间很多题诗，亭今已不存。

35. 长安寺

长安寺位于翠微山下，建于明弘治十七年（1504），清康熙十年（1671）重修，原名翠微寺或善应寺。前有佛殿后设娘娘殿。两殿前有两株元代白皮松高耸入云，周身洁白，如涂铝粉，称铝松。该寺以奇花异树闻名，是人们赏花的好去处，也是八大处公园重要景点。

36. 圣安寺

圣安寺建于金太宗天会年间（约1123—1135），位于宣武门外南横街西口。传说金代帝后为佛觉、晦堂两位大师营建寺院，位于金中都的柳湖村旁，称圣安寺，俗称柳湖寺。到明正统十一年（1446），寺庙得到重修，改称普济寺。清乾隆四十一年（1776），寺庙又经修葺，仍称圣安寺旧名。其建筑以大雄宝殿为中心，四面分布有后殿、瑞像亭、天王殿、东西配殿和幽静的庭院。在大雄宝殿内，有三尊明代塑造的三世佛。佛身体型粗圆浑厚，呈紫红色，背后衬托背光，外层透雕火焰纹、内层浮雅三个小座佛，每个小佛下承托莲花座。另外，大殿内东、西、北三面墙上的壁画也是宗教艺术的精品。壁画共八幅，均为佛教故事。其中背屏后的三尊菩萨像，绘制非常细腻，表现了安静肃穆、神态自如、丰满圆润的宗教人物造型。整个圣安寺，像一座古典园林，寺内殿宇之间广植花草树木，十分雅静。20世纪五六十年代圣安寺和尚被驱，寺被占用，目前仅存殿堂一座，其中圣像亭已移建陶然亭内。

37. 柏林寺

柏林寺创建于元至正七年（1347）位于北新桥戏楼胡同。明洪武元年（1368），修北京城北墙时将柏林寺切开，城外部分为北柏林寺，城内部分为南柏林寺。在明清之际，寺为北京八大寺庙之一，其规模和占地非常可观。明代以后，城外的北柏林寺逐渐衰落，城内南柏林寺在明清两朝先后三次重修。南柏林寺因北柏林寺衰落，遂为京城柏林寺。寺坐北朝南，整个寺庙在中轴线上有五层大殿，分别为山门、天王殿、圆俱行觉殿、大雄宝殿和维摩阁。其中大雄宝殿中的横匾字“万古柏林”，是康熙题字。在寺庙中院有石碑两块，用满汉文记述了清乾隆十三年（1748）重修柏林寺和乾隆书写的柏林寺沿革。在大雄宝殿内，有明代塑造的三世佛；在维摩阁上，有明代制作的七尊木制漆金佛像。这些佛像，造型生动，体态庄严，面部丰满。在东配殿南面，有康熙四十六年（1707）铸造的蛟龙纽大铜钟，高2.6米，钟周满刻着生净土神咒。在柏林寺内，还存有清代雕刻的全部龙藏经版，在北京佛教界，十分著名。解放后辟为北京图书馆缮本书馆。

38. 龙泉寺

龙泉寺建于元至元十四年（1277），位于密云县白龙潭。寺在明、清两代多次修缮。寺坐东朝西，主要建筑有山门、天王殿、大佛殿、禅堂、碑亭等。其中，天王殿也称仪门殿，殿内有四大天王泥塑彩绘像。正殿面阔三间，殿内正座高台上有三尊铜铸鎏金三世佛坐像，两旁高台土是泥塑彩绘十八罗汉坐像。正殿前有月台，两侧各有两间禅堂，在北禅堂东西两边各有一座青砖砌筑的碑亭，亭内有李鸿章、袁世凯整修龙泉寺碑记。“文革”中石碑被毁。整个寺院小巧精致、布局严整，碑记、石刻很多，是一座典型四合院式佛教寺庙，也是白龙潭风景区内重要古建筑之一。

39. 碧云寺

碧云寺位于香山。元代耶律楚材的后裔耶律阿吉舍宅，明、清两朝多次翻扩建。初名碧云庵，后改碧云寺。寺门东向，深六进，中轴线上有山门两道，及天王殿、释迦牟尼殿、菩萨殿、三合院式殿、金刚宝座殿。左右各置配殿、厢房，北侧建水泉院，南侧有罗汉堂，内陈五百零八尊神态各异、造型逼真的木制涂金罗汉。堂北为善明觉妙殿，1925年孙中山逝世后停灵在此，并辟为孙中山纪念堂。

金刚宝座塔位于碧云寺后。高34.7米。建于清乾隆十四年（1749），塔形仿印度大精台塔，而又保留密檐、斗拱等中国固有的民族风格。塔用汉白玉石砌成。台基上，分列着五个方形宝座塔、两座圆形塔和一间石室。正中塔高13层，四周各高11层。七座塔顶顶均有铜铸宝盖。塔身雕有大小佛缘、天王、龙狮、兽头等。现为孙中山衣冠冢。

40. 灵鹫禅寺

灵鹫禅寺建于元代，位于房山区坨里乡北车营村谷积山内。元代曾称“灵严禅寺”，明代曾称“圆通寺”。在元、明、清均有修建。寺坐北朝南，有二进殿宇，主要建筑有山门殿、前殿、正殿、圆通殿、配殿等。其中，山门殿为无梁殿。正殿面阔三间，无梁殿殿顶为单檐歇山式，石券门，上有浮雕，殿后为砖墙。殿东有配殿三间。寺最北部有圆通殿，建于明代，为六角形，攒尖顶，白石券门，匾额上有“圆通殿”字样。寺内有辽、元、明碑刻多块，立于前殿和正殿前。寺院四面环山，周围山清水秀，树木茂盛，在周围山上还有明代古塔屹立。目前，灵鹫禅寺尚有遗迹可寻。

41. 夕照寺

位于广渠门内夕照寺中街。寺于明、清两代修建。寺内现存两座大殿，即前殿、后殿。前殿三间，前出廊，后抱厦，是为比较讲究的殿宇。后殿也称大悲殿，面阔五间，殿内西墙曾有壁画，名为《古松图》，为清代画家陈寿山亲笔所画；东墙原有书法墨迹，名为《高松赋》，为清代王安昆手笔。寺内书画双壁，为珍贵艺术文物。“文革”中夕照寺惨遭破坏，近年夕照寺有所修葺，成为私人会馆，院内壁画等文物已无。

42. 法海寺

法海寺始建于明正统四年（1439），完工于正统八年（1443），位于京西翠微山麓。它由明英宗朱祁镇的近侍太监李童集资，由宫廷的工部营缮所主持修建，历时五年，动用许多能工巧匠，耗费大量金银建成。主要建筑有大雄宝殿、四天王殿、护法金刚殿、药师殿、钟鼓楼、藏经楼和伽蓝、祖师二堂以及云堂、厨库、寮房等。寺内还有大铜钟一口，高2米，交龙纽铸造，极为精致。院寺有经幢一座，雕刻十分精细。寺依据山势而建，规模宏伟，其最著名之处是在几座大殿内绘有精美的巨幅壁画。其中，大雄宝殿北墙壁上的两幅壁画是由帝、后、天龙八部及鬼众等共计36个人物组成的《帝释梵天礼佛护法图》，画中人物、花鸟、禽兽工丽细腻，惟妙惟肖，加之高超的重彩技巧和沥粉贴金，叠晕烘染手法，使画面有烟云缥缈、神秘宁静的感觉。在佛龛背后的壁画是文殊、观音、普贤三尊菩萨，其中以当中的水月观音绘得最为出色，其面如满月，肩披薄纱，远看轻盈透体，近看花纹如丝，为壁画佳作。寺在“文革”期间遭到破坏，现仅存大雄宝殿一处的壁画。1988年加以修缮，对外开放。

43. 智化寺

智化寺兴建于明正统九年（1444），位于东城区禄米仓胡同东口路北。由明司礼监太监王振独资兴建，建成后定名为“报恩智化禅寺”。它坐北朝南，昔日寺院规模宏大，有房屋数百间。目前，仍保留有山门、钟鼓楼、智化门、智化殿、万佛阁和大悲堂等建筑。其山门为仿木砖石结构，门额上有石刻“敕赐智化寺”，山门前有石狮一对。山门对面，原有照壁，现已拆除。钟鼓楼在山门东西二侧，东为钟楼，西为鼓楼。智化门也称天王殿，面阔三间，拱形门窗。为黑琉璃瓦单檐歇山顶，门前有石碑两座。智化殿为寺内正殿，面阔三间，殿内原有藻井，殿后出悬山卷棚顶抱厦一间。智化殿东配殿称大智殿，西配殿称大藏殿。智化殿后一座黑琉璃瓦庑殿顶的重楼，上殿为万佛阁，下层为如来殿。其如来殿，面阔五间，内供奉木质漆金如来佛坐像一尊，胁侍菩萨立像二尊。其万佛阁内供奉木质漆金毗卢佛一尊，两侧各有一尊坐佛像，因阁内墙壁隔扇上遍雕佛龛，内置泥佛约9000多个，故称万佛阁。万佛阁后是大悲堂，也称极乐殿，面阔三间，自成一院。它在明、清两朝都进行过修葺。1938年曾修缮过钟鼓楼、智化门、万佛阁，1949年后寺庙荒废。智化寺音乐为佛教音乐，历史悠久，在佛数界十分著名。

44. 法华寺

法华寺建于明景泰年间，位于东城区报房胡同。寺原为明朝太监刘通及其弟刘顺的宅院，后改为寺院。明天启年间寺得到修缮，并诏赐藏经玺书。寺坐北朝南，山门三间，门额有砖砌匾“敕赐法华禅林”；山门两侧各有旁门，为歇山筒瓦顶式建筑；山门内有旗杆，有钟鼓楼各一座；山门甬道正对为天王殿，左右配殿为娘娘殿和药王殿，均为硬山筒瓦调大脊式建筑；天王殿后为大雄宝殿，殿前有月台，有穹碑二，左右为伽蓝殿和祖师殿；大雄宝殿为五间庑殿顶，正脊上有砖质透雕凤凰和莲花，藻井为浮雕盘龙，两侧殿藻井为彩绘盘龙，整组建筑为寺院核心：大雄宝殿后为毗卢殿，在西配殿后有大悲坛，为硬山筒瓦顶式建筑。寺最北为藏经阁，为七间大式硬山筒瓦调大脊式建筑，东西各有配殿三间。寺内碑刻很多，以明、清碑为主。寺西有花园别墅海棠院。明、清至民国初年，寺庙香火不断，戊戌变法时，谭嗣同会见袁世凯就在此庙。民国以后，日渐衰落，海棠院改为小学。1949年后大部分殿宇已拆除，“文革”中又遭浩劫，目前仅存清乾隆四十三年（1778）德悟和尚事实碑。北京有多个法华寺，其中除报房胡同的法华寺外，在崇外的法华寺也很有名，从规模、形制上不亚于东城法华寺。

45. 隆安寺

隆安寺始建于明景泰五年（1454），位于崇文门外白桥南。明天顺后荒废，万历年间重建。清康熙年间，寺院再次修建。寺坐北朝南，山门为歇山顶，砖石仿木结构建筑，单拱券门，门额上书“敕建隆安寺”。山门内有钟鼓楼。依次有天王殿、大雄宝殿、后殿，建筑雄伟，每进殿面阔三间，均为硬山式绿琉璃筒瓦顶。两侧均有配殿、配房等。寺内有一大戏台，在其他寺院不多见。寺内有明清碑刻四块，记述了寺院修建经过。寺院为北京城内著名大寺院之一。现为青少年科技馆。

46. 寿明寺

寿明寺建于明代，位于西城区鼓楼西大街。寺于明代天顺六年（1462），司礼监太监夏时等出资重建。明弘治四年（1491）和正德八年（1513）又两次重修。寺坐北朝南，主要建筑有山门、前殿、中殿、后殿、东西配殿等。其中，山门为三间，前殿为三间，中殿三间后带抱厦，后殿五间前出廊。在中殿前东西两侧各有配殿三间，在后殿前东西两侧各有配殿三间。寺中建筑形式多为硬山调大脊筒瓦顶，只有中殿为歇山顶，后殿及配殿为硬箍头脊筒瓦顶。寺内原有历代修建的碑刻，现已运到五塔寺保存。寺现由房管部门占用，山门已拆除，其他建筑尚存。

47. 报国慈仁寺

报国慈仁寺位于北京广安门内，始建于辽。辽、金时称报国寺。明成化二年（1466），明宪宗因太后之弟周吉祥在该寺出家，改建寺院，更名为慈仁寺，并亲作碑记。但民间仍称报国寺。清代乾隆十九年（1754）重修，改名为大报国慈仁寺，乾隆亲自题诗记事。寺内曾有金代种植的两株松树，高数丈，盘踞横斜，荫地数亩。报国寺建筑十分宏大，原有七个殿，殿后毗卢阁，高三十六级，登阁可看西山，阁下有瓷观音像，高数尺，宝冠绿帔，精美异常。旧时，报国寺每逢初一、十五、二十五都有大集。近年报国寺成为古玩旧货市场，庙内大殿改为收藏品陈列馆。

48. 正觉寺

正觉寺建于明代，位于西城区新街口正觉胡同。明成化三年（1467），御马监太监韩谅捐其宅院房舍，由郑道明创建寺院，敕赐“正觉禅寺”。当时寺内建有佛殿、天王伽蓝殿以及僧房等。寺坐北朝南，中轴线上有山门、天王殿、大雄宝殿、引殿、东西配殿等。其中，天王殿为三间，硬山调大脊筒瓦顶，石券门洞；大雄宝殿三间，硬山调大脊筒瓦顶，接引殿。在寺后院有北房三间，为硬山箍头脊合瓦顶，北房两侧各有耳房二间；院内还有东西房各二间，在寺内，原有精制佛像置于各殿内，现已不存。今一些殿宇残存建筑尚有遗迹。

49. 大慧寺

大慧寺建于明正德八年（1513），位于西直门外魏公村。由明司礼太监张雄所创建，整个寺庙建筑均保持明代风格。清乾隆二十二年（1757）曾重修，仍保持原貌，到清光绪以后，寺庙逐渐荒毁。主要建筑为大悲殿，殿面宽五间，进深三间，系重檐庑殿顶建筑。殿内原有一尊明代铸造的铜佛，离五丈，铸造细致，远近闻名，寺庙俗称“大佛寺”也源于此。1937年铜佛被毁。尔后，有人用木胎砺粉描彩塑造一大佛，并胁侍菩萨两个。在大悲殿内还有明代保留下的二十八诸天塑像，造型彼此各异，十分生动、逼真。在诸天背后山墙和北墙上，有彩色工笔连环画，描写一人终身行善，超生得道的事迹，在佛教壁画中，题材新颖而罕见。目前，寺庙已毁，壁画无存，仅剩大悲殿残址尚存。

50. 万佛延寿寺

万佛延寿寺建于明万历元年（1573），位于丰台区大井村东，当年寺庙规模宏伟。在寺内后殿大悲阁有一座千手千眼的菩萨十分著名。其菩萨乃是铜铸，身高8米，头饰宝冠，三脸均呈女性；有手24只，现仅存4只；身穿短衣，下着长裙，衣裙上线刻荷花、卷草等纹饰，工极细；赤足，踏浮雕二龙之莲花座。菩萨分三段镑成，是北京最高大，造型最美的铜铸菩萨。目前，寺庙已毁，铜铸菩萨像现在放在首都博物馆。在前门外也有一座延寿寺。此寺于民国期间被毁，目前留下了延寿寺街地名。

51. 万寿寺

万寿寺建于明万历五年（1577），位于西直门外长河北岸。它坐北朝南，规模宏大。其中路为寺院主要建筑，共有七进院落，依次为山门、天王殿、大雄宝殿、万寿阁、大禅堂、观音殿、无量寿佛殿和万佛楼。在山门和天王殿间，有金刚殿，殿内原有哼哈二将，现已不存。天王殿面阔三间，内有四大天王雕塑。大雄宝殿内供奉三世佛，两旁为泥塑十八罗汉。在三世佛背后，还有一坐佛。大雄宝殿后为万寿阁，原称宁安阁，阁于光绪年间焚毁。万寿阁东西有配殿，东为大圆满殿，西为普度群生殿。万寿阁后是大禅堂，为僧众诵经之处。大禅堂后有象征普陀、清凉、峨眉的三座假山，山上有观音、文殊、普贤三大士殿。三殿之间有回廊。在假山下有仙桥水池。假山后有御碑亭，亭内有碑一通。在无量寿佛殿内，原有一铜佛坐像，现仅存须弥座。殿后有一碑亭，内有石碑，碑文由清户部尚书翁同龢奉敕敬书。全寺最后建筑是万佛楼，也称藏经楼，二层，面阔七间，进深三间，均为木结构。万佛楼内原供奉五尊坐佛，现已不存在。东侧原为方丈院，现已改为民房；西侧为行宫院，系宫廷建筑。万寿寺在明代，曾悬挂过永乐大钟；清雍正年间移往北郊大钟寺。在清代，慈禧太后每赴颐和园，都在行宫小憩并由此乘船去颐和园。目前，它已修缮一新，改为北京市艺术博物馆，并对外开放。

52. 慈寿寺

慈寿寺建于明万历初年（1576—1578），位于京西海淀八里庄。寺由明万历皇帝生母慈圣皇太后赴地选址，主持修建。寺建筑规模宏大，有五进院落，山门以内依次有天王殿、永安万寿塔、延寿宝殿、毗卢阁和宁安阁，在正殿左右有配殿。另外，寺内还有钟鼓楼、碑亭和伽蓝、祖师、大士、地藏四殿和上百间的画廊。寺内永安万寿塔为楼阁式密檐塔，塔座为须弥座，四壁雕塑有金刚像，作法十分细致；塔身上也是满雕满塑的菩萨、小坐佛、金刚力士和蟠龙柱。永安万寿塔基须弥座上的全套乐器雕刻在诸塔中，十分罕见。塔由万历皇帝赐名，是明代单层多檐式塔的著名范例。到清朝末年，寺院逐渐荒废被毁。目前，慈寿寺遗址上仅剩下永安万寿塔，塔身已残破，近年对塔略有保护性修葺。

53. 长椿寺

长椿寺建于明万历二十年（1592），位于宣武门外长椿街。长椿寺由明神宗的生母、孝定李太后下令敕建，由明神宗赐额“长椿”。在明朝后期，因寺内供奉有“九莲菩萨”像和崇祯皇帝生母孝纯刘太后像，占地很广，声势显赫，成为“京师首刹”。清初，大文人龚鼎孳出资在长椿寺修建一座楼阁，名曰妙光阁，成为文人墨客登高远眺、吟咏酬唱的场所。妙光阁在清乾隆年间倒坍，到嘉庆年间重建，改称浙寺。1927年4月，李大钊就义后，遗体停放在长椿寺。5月，李大钊棺木抬至浙寺停灵，尔后，每年都有人前来吊唁。1933年4月，在浙寺毗卢殿设灵堂，举行公祭仪式并由周作人、蔡元培等人出资埋于万安公墓。目前，长椿寺文物已无存，殿堂改为宣南民俗博物馆。

54. 慈慧寺

慈慧寺建于明万历年间，位于西城区阜外大街，清乾隆二十二年（1757）重修。寺坐北朝南，主要建筑有山门、天王殿、毗卢殿、后殿、配殿、耳房、寮房等。其中，山门一间，为歇山调六脊筒瓦项，上有吻兽、垂兽。天王殿三间，前有石砌发券门。毗卢殿，是寺内主要建筑，面阔三间，硬山调大脊筒瓦顶，上有吻兽，前有月台。毗卢殿最为奇特的是原扇面墙后的四扇殿门上有个圆孔，人从后殿门外行走，人影可从孔中照进后殿门来呈倒状。人往东走，影向西走，人往西走，影向东走。由此，寺庙也俗称“倒影庙”。此庙在20世纪60年代被强拆。

55. 善果寺

善果寺位于白纸坊。初建于南梁，旧称唐安寺。明代天顺八年（1464），太监陶荣盈建，改名善果寺。弘治十六年（1053），再次重修。寺内有四座明代石碑，分别记载了善果寺的修建历史。清顺治十七年（1660）顺治帝临幸善果寺，称其乔木阴森，院宇宏敞，为京师第一圣地。康熙十一年（1672）再次重修，大学士冯溥英为重建善果寺撰写碑文。善果寺地势深邃，前高后低，藏经阁为后镇，前面依次为浮屠殿、大士殿、大雄殿、天王殿。民国后庙荒废，一度为坟场，在20世纪80年代尚有山门遗存，2008年又拆去山门和庙中残存建筑。现在为宣武艺园。

56. 拈花寺

拈花寺创建于明万历九年（1581），位于西城区大石桥胡同。明万历九年，有西蜀僧人来京，司礼太监冯保秉承孝定皇太后命创建此寺。因寺内后楼上层千佛阁内有明代铸造的古铜沸，佛座周围莲花上有4寸高的小佛千余尊。故取寺名为“千佛寺”。清雍正十二年（1734）寺院奉敕重修，并赐名为“拈花寺”。寺坐北朝南，为京师什刹海地区著名大寺院。寺内主要建筑有山门、钟鼓楼、天王殿、大雄宝殿、伽蓝殿、藏经楼等。其中，山门为三间，两侧有八字墙，石券门，门额上书“敕建拈花寺”。天王殿三间，殿前有钟鼓楼。大雄宝殿五间，为寺内主要建筑。伽蓝殿五间。寺最北为藏经楼，楼东西两侧有角楼、配殿、配房。在寺院东院有六进殿堂，西院有四进殿堂。其中，西院殿堂建筑为“回”字形，共有十七间，堂前有方形四角攒尖亭，名曰

“素心亭”。1926年，曾在寺内律堂开办学校，招收京师各寺庙幼僧学习宗教课程和语文。1945年，学校停办。目前，寺内大雄宝殿已被拆除，众多佛像不知去处，其余残存建筑被工厂占用。

道观古坛

1. 天坛

天坛位于正阳门外，建于明永乐十八年（1420），初名天地坛，合祭天、地。明嘉靖九年（1530）因立四郊分祀之制，于嘉靖十三年（1534）改称天坛，成为明，清两代封建帝王祭天之处。坛内主要建筑有圜丘，皇穹宇，回音壁、祈年殿、皇乾殿和斋宫等。明清两朝的郊祀每年举行三次，皇帝亲临主祭。正月上辛日至祈年殿举行祈谷礼，祈祷皇天上帝保佑五谷丰登；四月吉日至圜丘坛举行雩礼，为百谷祈求膏雨；冬至，再至圜丘坛举行告祀礼，禀告五谷业已丰登。大祭时，主祭皇天上帝，配祭列祖列宗及日月星辰、云雨风雷。清光绪二十六年（1900）八国联军入侵北京，天坛被占，惨遭破坏。1913年开放，仅供外国人游览。1918年，正式接纳中外游客，现为天坛公园，如今，每逢春节期间有祭天表演。

2. 社稷坛

社稷坛位于中山公园的中央。明清两朝的社稷坛坐南朝北，坛北正门三间，进正门又有大戟门，戟门南有拜殿，再南就是社稷台。社稷台分三层方台，每层用白石栏杆圈围，中间填足三合土。最上层方台是四丈七尺九寸五分，中层方台与上层相同。祭台的地基全部用的是汉白玉，雪白明亮，气派非凡。古代帝王祭祀最为隆重的是社稷神。社神是句龙，稷神是弃，他们教会了人们种植各种农作物。这社稷神其实就是埋在社稷坛中央的一尺见方土龛里装着的长三尺六寸、方一尺六寸的石柱。每逢冬至、夏至，皇帝都要来这里主祭，祈求五谷丰登。民国之后改为公园，对外开放。

3. 日坛

日坛又名朝日坛。位于朝阳门外，原为明代锦衣卫指挥萧瑛之地。明嘉靖九年（1530）围地建坛，是明清两代皇帝每年春分之日祭祀大明神（太阳）的地方。该坛朝西向，为一层方台，每边长五丈，高五尺九寸。四面有台阶，各为九级，系汉白玉石砌成。中心坛面原用象征太阳的红琉璃砖铺砌，清代改用方砖。方台外缭有砖墙，周长七十六丈五尺，高八尺一寸，厚二尺三寸。于四面各设一门，正西门是三门六柱，东、南、北各一门二柱，皆系石棂星门。拜神坛西北有具服殿，是皇帝祭祀时更衣和休息的宫殿。具服殿有朝南正殿三间，左右配殿各三间，有宫墙相围，宫门三间为南向。坛东北有神库、神厨各三间，宰牲亭、井亭各一。正北有祭器库、乐器库、稷荐库各三间。西北原有一钟楼，正西有燎炉，瘗坎各一。据载西南原有陪祀斋宿房五十四间，护坛地一百亩。辛亥革命后无祭日仪式，日坛基本荒废。新中国成立后，日坛辟为公园。

4. 先农坛

先农坛又名山川坛。位于西城区永定门大街西侧，是明清两代帝王祭祀先农、山川、神祇、太岁诸神的场所。山川坛始建于明永乐十八年（1420），明嘉靖十一年（1532）将山川坛分设天神和地祇二坛，另建太岁坛。先农神坛建于山川坛内，至清朝则将该处统称为先农坛。先农坛的全部建筑由内外两重围墙环绕，周围三公里，总面积约一百三十顷。现在仅存内坛墙内的先农神坛、太岁坛、神仓、庆成宫、观耕台等处残存建筑。民国初年一度改为城南公园，20世纪30年代初，东南角辟为体育场，现坛内有北京古建筑博物馆。

5. 月坛

月坛又名夕月坛。位于西城区南礼士路西侧，是明清两代皇帝每年秋分祭夜明之神（月亮）和天上诸星宿的处所。始建于明嘉靖九年（1530），该坛朝东向，为一层方形祭坛，四丈见方，高四尺六寸。四面皆有白石砌成的六级台级，并有矮墙，总计周长九十四丈七尺，高八尺，厚二尺二寸。东门为三门六柱，西、南、北各一门二柱，皆为石棂星门。东门外为瘗坎，北门外为钟楼，东门北门外燎炉各一。南门外有神库，西南有宰牲亭、神厨、祭器库。用于皇帝祭祀更衣和休息的具服殿在坛的东北角，正殿三间，左右配殿各三间。周围有宫墙，宫门三间朝南，祠祭署三间朝北。民国时期一度成为废墟。1955年月坛辟为群众可免费游玩的公园。

6. 先蚕坛

先蚕坛位于北海公园东北角，是清朝王室后妃祭祀蚕神躬事桑蚕的场所，清圣祖康熙曾在中南海丰泽园之左设蚕舍，雍正又在北郊建先蚕祠，因北郊无浴蚕所，后迁至西苑。乾隆七年（1742）始建先蚕坛。该坛周围一百六十丈，南面偏西处有正门三间，左右各有一门。入门即为先蚕坛，四丈见方，高四尺，四面有石阶各十级。坛的四周有三面种植桑树。西北角有瘗坎。坛东为观桑台，台高一尺四寸，宽一丈四尺，三面有石阶。台前为桑园，台后有亲蚕门，入门有亲蚕殿。亲蚕殿后有浴蚕池，池北是后殿，规模与前殿相同。先蚕神殿左右有牲亭、井亭各一，再往北有神库、神厨，并有蚕署三间。解放后先蚕坛古物均被拆去，改为北海幼儿园。

7. 地坛

地坛又名方泽坛。位于安定门外，为明清两代帝王祭祀皇地神的处所。始建于明嘉靖九年（1530），嘉靖十三年（1534）改称地坛。该坛分为内坛和外坛，其主要建筑包括祭台、皇祇室、斋宫、神库、神厨、宰牲亭、钟楼等。清代屡次重修，1925年辟为京兆公园，1929年改为市民公园，现名地坛公园。自1985年始，每年春节期间在此办“庙会”。

8. 宣仁庙

宣仁庙建于清雍正六年（1728），位于东城区北池子大街路东，俗称“风神庙”。庙坐东朝西，主要建筑有山门、钟鼓楼、前殿、正殿、后殿。在山门前有琉璃砖砌大影壁，下有石须弥座。山门建筑为三间，正中刻有“敕建宣仁庙”石额。前殿为三间，殿内梁及大额枋上均绘有旋子彩画。正殿三间，殿顶井口绘有盘龙，殿内梁木也多绘有彩画。后殿五间，梁枋上绘有旋子彩画。庙内建筑均为黄琉璃筒瓦绿剪边的歇山调大脊式建筑。庙主祀风神。庙于清嘉庆九年（1804）重修。解放后，庙内建筑多已残破，后由北京中医院占用。

9. 凝和庙

凝和庙建于清雍正八年（1730），位于北池子大街，俗称“云神庙”。庙内主要建筑均坐北朝南，有钟鼓楼和四进大殿。庙门临街，坐东朝西，正门前有琉璃砖砌影壁，建在石须弥座上。正门三间，为歇山顶调大脊，黄琉璃瓦绿剪边，单昂三彩斗拱，旋子彩画。前殿三间，为硬山调大脊顶，黑琉璃瓦绿剪边。正殿三间，歇山调大脊，黄瓦绿剪边，重昂五彩斗拱，和玺彩画，六抹方格玻璃门窗，盘龙井口天花。后殿五间，为歇山调大脊式建筑。在后殿两侧，东西各有三间朵殿，硬山箍头脊，灰筒瓦。庙于民国时改做学校，现为北池子小学使用，仅存大殿及后殿建筑。

10. 白云观

白云观位于西便门外，相传建于唐开元年间，是北京最大的道观建筑，也是道教全真派的第一丛林，龙门派的祖庭。据唐刘九霄《再修天长观碑略》记载，唐玄宗为斋心敬道，奉祀老子，建此道观，取名天长观。金明昌三年（1192），重修此观，改称太极宫，金泰和三年（1203）遭火灾，太极宫毁。元朝，因长春真人邱处机在此居住，改称长春宫，并增建了一些建筑，使此处成为北方道教的中心，且为元代皇家道观。邱处机逝世后，他的弟子在宫东建立道院，取名白云观。明朝末年，白云观毁于大火。到清康熙四十五年（1706），重新修建白云观，尔后，乾隆、光绪年间又有修缮。现白云观建筑主要为清代建筑，分中、东、西三路及后院，主要殿堂在中轴线上，设计完整，规模很大。观前有牌楼、石狮、山门，山门前原有一座单孔汉白玉石桥，桥下无水，俗称"窝风桥"。在山门圆拱右侧，刻着一个约两寸的石猴，游人进山门摸一摸，寓意一年平平安安。山门内中路依次是灵官殿，玉皇殿，老律堂，邱祖殿和三清阁，三清阁上供奉元始天尊、灵宝天尊，道德天尊。三清阁下为四御殿。三清阁后为戒台。戒台对面是云集山房。三清阁东侧为藏经楼。东路有南极殿，斗姥阁和罗公塔。西路有吕祖殿，八仙殿，元君殿，元辰殿，祠堂院等。1949年曾被占用，20世纪80年代后对外开放。

11. 东岳庙

东岳庙始建于元延祐六年（1319），位于朝阳门外大街路北。东岳庙主祀神是泰山神东岳大帝，长期香火旺盛，为北京著名大庙。庙建成时赐名为"东岳仁圣宫"。元、明、清对庙内建筑多次修建，庙坐北朝南，由正院、东院、西院三部分组成。正院主要建筑有山门、戟门、岱宗宝殿（也称仁圣宫，为庙内最主要建筑）、育德殿，玉皇殿。正院两侧有庑殿、广嗣殿、太子殿、阜财殿等。在岱宗宝殿两侧耳房有三茅真君祠堂、吴全节祠堂、张留孙祠堂等。正院内有"门"形罩楼，上为诸神殿，下有三间御座房，为皇帝休息处。庙东跨院有伏魔大帝殿、江东殿、丫髻山九娘娘殿等，院内花园有各种果树、花草、回廊，假山石点缀，环境十分优雅。庙西跨院有东岳庙祠堂、玉皇阁、三皇殿、药王药圣殿、显化殿、马王殿、阎罗殿等，殿宇都不大，但集北京民间寺庙之大全。东岳庙建筑宏伟，占地近百亩，有殿宇600余间，整个庙宇建筑风格多有清代建筑痕迹，但在正院中轴线上建筑，在庑殿斗拱和替木等处仍保留了元代建筑形制和特点。北京解放后，庙由机关学校占用。1988年，为扩建朝外大街，已拆除庙的山门。现改为民俗博物馆供市民参观。

12. 南药王庙

南药王庙始建于明天启年间（1621—1628），位于崇文门外东晓市街。庙主要建筑分为东西两部分。庙西为传统寺庙格局，主要建筑有山门、钟鼓楼、三进大殿、东西配殿等。其中山门门额上有“敕封药王庙”镌刻，两尊大铁狮子分立庙门两侧。山门内有旗杆一对。旗杆后为钟鼓楼。庙内第一层殿为药王殿，面阔三间，殿内供奉伏羲、神农、黄帝塑像和药圣孙思邈，两侧立有十大名医塑像。药王殿东配殿供奉马王爷和龙王爷，西配殿供奉月下老人。第二层殿为玉皇殿，面阔三间，供奉玉皇大帝。玉皇殿东配殿供奉斗姆娘娘，西配殿供奉九位圣母。第三层大殿为三清殿，面阔五间，殿内供奉元始天尊、上清灵宝天尊和太清太上老君。三清殿两侧各有配殿，并有众多碑刻立于院内（今已不存）。在三清殿西，有一座二层小楼，上为唐明皇殿，下为关公殿。药王庙东的建筑主要有吕祖殿、文昌殿、真武殿、戏楼、配殿、房宅等。整个庙宇建筑，规模宏大，房舍众多，建筑既严谨又庄重，为北京著名大庙之一。历史上每月初一和十五，庙前还有庙市，十分繁华和热闹。北京有不少药王庙，此庙为北京四大药王庙之首，俗称为“南药王庙”。目前，药王庙内建筑多已拆除，庙址由北京十一中占用。

13. 蟠桃宫

蟠桃宫在东便门内大桥以南，与东便门角楼遥相呼应，现已不存，正名“太平宫”，俗称“蟠桃宫”。始建于元朝，清初康熙元年（1662），工部尚书吴达礼重修。殿宇共两层，前殿祀王母，后殿祀斗母。庙虽不大，但香火很旺盛。每年农历三月初一至初三开庙会三天，庙会期间。百戏纷陈，玩食杂列，游人非常拥挤，虽没有白云观庙会的规模大，可是由于地近东单、崇文门，时正暮春，天气清新，此地可兼踏青与赴庙会二者同有之，所以蟠桃宫便成了北京的名胜之一。庙东是一片广场，在清代每逢庙会城中达官显贵、王公弟子到这里赛车跑马。1960年后庙会停办，1990年后全部拆光。

14. 天后宫

天后宫建于清乾隆四年（1739），位于东城区缨子胡同路西。天后宫为前台后宇、左馆外舍的建制。天后宫供奉的天后也称天妃，在我国东南沿海称妈祖。传说，宋朝时湄洲岛有一林姓女子，生前曾救护过海上难民，受到后人崇拜，被誉为海上女神。渔民出海前，都要向她祈祷，请求保护。北京天后宫为福建来京商人建立，目的是保佑他们远离家乡平安。天后宫已为居民大院，其遗迹尚可寻到。

15. 碧霞元君庙

碧霞元君庙位于京西北门头沟区的妙峰山绝顶，距西直门五十多公里。庙正名为

“灵感宫”，因其正殿中供奉的是碧霞元君和眼光、子孙、斑疹、送生四位娘娘，所以俗称“娘娘庙”。庙坐北朝南，前临深谷，庙内可分三路，中路沿中轴线依序排列计有山门、正殿、后殿。正殿前为一大香池。当年进香时，香都成捆点烧，以至在山下都能看到整个山顶香烟缭绕。后殿内供奉的是白衣观音大士。后殿前是妙峰之巅石。东西两路，分别建有喜神殿，伏魔殿、王三奶奶殿等。庙后建有回香亭。庙虽不很大，但因庙中所供神灵很杂，既有释家的佛菩萨，又有道家的天仙尊神，而且还有不见典籍的民间巫医，使具有祈福、求财，寻医、问卜、乞子、释怨等方面要求的善男信女都能“各取所需”，所以香火极盛。每年农历四月初一到十五开庙半月，来自京津地区甚至更远地方的善男信女纷纷前来朝顶进香，求签还愿，形成盛大的进香庙会，妙峰山也因此而成为远近闻名的宗教圣地。每逢开庙、路上“人烟辐辏，车马喧阗，夜间灯火之繁，灿如列宿”。如今当地政府已将其修复并恢复了庙会。

16. 黑龙潭龙王庙

黑龙潭龙王庙位于海淀西北寿安山。初建于明成化二十二年（1486），万历十四年（1586）重修。清代康熙二十年（1681）再建。庙依山而建，整齐严谨、层层升高，碧殿丹垣，颇有情趣。龙王庙前黑龙潭，传说潭中有黑龙，因而成为人们祈雨的地方。明宪宗、神宗，清雍正、乾隆等皇帝都曾为庙题碑。清乾隆三年（1738），乾隆皇帝封黑龙潭龙神为昭灵沛泽龙王之神。每逢天气大旱，皇帝就亲临龙王庙主持祈雨，场面十分壮观。时下此庙尚有残迹可寻。

17. 万寿宫

万寿宫建于清朝初年，坐落在通州新华大街。万寿宫内设有神像，供奉许真君牌位。据传，许真君为江西人，曾力斩蛟龙，拯救庶民，江西人均奉许真君为福主，凡到外地经商的江西人，都要在经商地集资修建万寿宫，供奉许真君，以求买卖兴隆。据传，万寿宫由江西漕运官员和江西商人修建，在城内南横街，亦有万寿宫，称为万寿西宫。近年在遗址建了公园。

18. 精忠庙

精忠庙建于清康熙年间，位于天桥十字路口东侧路北精忠街内（原称精忠庙街）。庙坐西朝东，庙门前有一道明沟，就是老北京著名的“龙须沟”。庙内共有三重殿堂，均为绿琉璃瓦建筑。庙内前殿供奉牛皋、汤怀、王贵、张显四人的塑像；中殿供奉岳飞的塑像；后殿供奉周侗、孙膑的坐像。另外，在庙门口的土台上有秦桧夫妇的跪像

（1959年由中国历史博物馆收藏）。跪像用生铁铸造，已锈迹斑斑，双手反剪背后，高约115厘米，最大围径117厘米。另外，在庙内前院有两棵柏树，两块石碑。据《京师坊巷志》记载：每年灯节过后，精忠庙香火旺盛，庙门口有人专卖泥捏的秦桧像，一个小钱可以买一个，进入庙后投入火炉中焚烧，俗称“烧秦桧”。清末民初此庙是梨园公会所在地，戏曲艺人常在此聚会。1937年以后，庙被封，道士不知去向，解放后，因建设用地，庙宇被拆除。

19. 都城隍庙

都城隍庙坐落在西城区城方街（旧名城隍庙街）路北，原是金中都城外的一座古刹。元至元十七年（1280）改建，天历二年（1329）正式改称都城隍庙。明清两代，几度重修，颇具规模。正殿叫大威灵祠，后面有寝殿，两庑是十八司。因都城隍是天下城隍的总头领，所以前面阐威门两旁塑有全国各行省城隍的十二尊立像。都城隍庙的庙市历来很有名，被认为是京城庙会“始祖”开先河者。西自庙门起，沿城隍庙街向东，直到旧刑部街，长达三华里。庙市极为繁华，各种货物琳琅满目，应有尽有。都城隍庙香火极盛，除享受人间的供奉外，每年旧历五月初一还要接受大兴、宛平两县城隍的朝拜，即所谓“城隍出巡”。光绪初年该庙毁于大火，从此日见衰落，接受朝拜的地位也由江南城隍庙取代了。现今仍有殿堂一间存留。

20. 白马关帝庙

白马关帝庙位于地安门西大街。明、清两代皇家宫观。始建于明代洪武年间，名为汉寿亭侯庙。明成化十三年（1477）、清雍正五年（1727）两次重修。传说明英宗梦见关帝乘白马，而名白马关帝庙。清顺治九年（1652）敕封关羽为忠义神武关圣大帝，即此始有关帝之称。乾隆三十三年（1768）加封为忠义神武灵佑关圣大帝，门殿易盖黄瓦。庙内立有多碑：明成化十六年立“汉寿亭侯庙碑”，明嘉靖十七年（1538）立“关王庙碑”，嘉靖三十八年（1559）立“关王庙义会碑”，嘉靖四十五年（1566）立“关王庙义会碑”，明万历二十七年（1599）立“汉寿亭侯庙碑”，清雍正十一年（1733）立“关帝庙后殿崇祀三代碑”，乾隆三十四年（1769）立“关帝庙碑”。民国后逐渐衰败，今庙、碑已不存。

21. 江南城隍庙

江南城隍庙在南横街东口路北。建庙年代应在明永乐年间。都城隍庙改建后，因江南有陪都南京，地位特殊，才单独建庙。这是一座中型寺庙，庙内供奉有城隍爷和城隍奶奶像。除正殿外，还有寝殿、七十二司庑殿和东西跨院，后面还有戏楼。本庙城隍专门负责江南游魂事宜，传说凡南方人死在北京的，都要到这里由城隍发给一张盖有大印的“路条”，否则游魂就回不了江南。该庙庙会的会期为每年的清明、中元、十月朔三天。历史上江南城隍庙最大香客群是前门地区“八大胡同”的南方的妓女，当年庙南有坟地，江南妓女多埋于此，妓女仍借庙会来祭奠同病相怜的人。清末都城隍庙焚毁，大兴、宛平二县的城隍出巡改至江南城隍庙，会期又加上五月初一一天。民国后，由于做小买卖的越来越多，庙会便改为初一和十五每月两次。20世纪90年代庙全部拆去盖了商品楼。

22. 正阳门关帝庙

位于正阳门城内紧靠正阳门西侧的城墙而建。庙中所供的关帝雕像系明代大内旧像，因而香火最旺，除了朝廷每年有固定的“命祀”以外，清朝皇帝对正阳门关帝庙倍加优厚，每次去天坛郊祭后回来时必来关帝庙拈香。平民百姓每年六月二十四日致祭关帝，开庙之日期拜望求签者则“日无虚刻”，行商坐贾求利市；赶考举子望功名；平民百姓盼福寿；习武举民祈安宁。庙内曾有几件物品，清嘉庆十五年（1810）有陕西绥德城守营都司，在打磨厂的三元刀铺定铸了三口大刀，最大的长二丈，重400斤，另一重120斤，一重80斤。每年旧历五月初九日，三元刀铺都要派人来此磨刀致祭。庙内有一幅关帝画像，传说是吴道子的手笔，堪称稀世珍宝，1900年八国联军进北京时丢失。关帝庙在解放初尚存，直至50年代末期，市区进行大规模改建时才拆除。老北京每座城门下都有关帝庙，唯前门关帝庙规格最大。

23. 灶君庙

灶君庙位于崇外花市大街。始建于明代，清康熙年间重建。在“文革”时期，此庙被彻底破坏，庙内仅存的一对铁狮子也丢失多年。京人俗谚有“皂君庙的狮子——铁对儿”就来源于此。现遗址改为小学。1986年小学将铁狮子从炼铁厂找回，一度陈列在校门口，如今铁狮子又不见了，据说被文物部门收走了。

24. 火神庙

火神庙在地安门大街。传为元代兴建，明万历三十三年（1605）重修。并在乾隆二十四年（1759）再次重修。称火德真君庙，俗称火神庙。此火神庙是北京地区最大的火神庙，庙内有牌楼、钟鼓楼及四层大殿和配楼。重塑火神神像，该火神庙1949年后被占用。近年住户搬走后又重修整，并对外开放。

25. 黄瓦财神庙

北京的寺庙，除皇家寺庙外，按规定均不许用黄色琉璃瓦铺顶。但在鼓楼东大街有一小财神庙用黄琉璃瓦铺顶。据传，清康熙驾崩后，“雍正由府入宫行经该庙（他的府在北新桥北），遂入庙休息，并打探消息，曾向神像铸祝：如能登极即重修庙宇。后即如约拔帑兴修，并易以黄琉璃瓦。”虽为传说，但肯定是史实。此庙“甚小，正殿仅三间”，前几年此庙又修，但神像法物均无。

26. 大高玄殿

建于明嘉靖二十一年（1542），位于景山前大街。大高玄殿为明、清两代皇家的道观，明、清两代多次修建。清代一度改名为大高元殿，大高玄殿坐北朝南，大门外原有牌坊三座，习礼亭两座。大门为券洞式三座门，护以石栏。大门内有大高玄门，大高玄门面阔三间，中间有御路，顶用黄琉璃筒瓦。大高玄门前有钟鼓楼，东西配殿。大高玄殿正对大高玄门，面阔七间，为重檐庑殿顶黄琉璃筒瓦，殿前有月台、御路，殿两侧有东西配殿各九间，均为歇山调大脊绿琉璃瓦顶。殿后为九天应元雷坛，面阔五间，庑殿顶，顶上绿琉璃瓦黄剪边，坛前有月台围以栏杆并有御路。最北部为一座象征天圆地方的两层楼阁，上为“乾元阁”，圆形屋顶，覆盖蓝琉璃瓦，象征天；下为“坤贞宇”，方形，顶覆盖黄琉璃瓦，象征地。目前，大高玄殿建筑基本存在，但拆除了大门外牌坊和习礼亭。

27. 大光明殿

大光明殿是著名皇家道观，据史载原是朱棣未当皇帝时的“燕王府”。改为道观是在明嘉靖三十六年（1557）。大光明殿气势宏伟，规模宏大，在明万历三十年（1602）因火被毁，在清雍正十一年、乾隆十八年两次重修。清初，顺治“顾命大臣”鳌拜、苏克萨哈、索尼和遏必隆发誓辅佐康熙就是在这里举行的仪式。1900年义和团在此设坛，并作为攻打西什库教堂的基地。义和团失败后为洋人所焚被夷为平地，只留下了光明殿胡同地名。

清真寺

1. 牛街清真寺

牛街清真寺是迄今北京保留的最古老、规模最大、最著名的伊斯兰教寺院。据传辽统和十四年（996）由阿拉伯学者纳苏创建。明正统七年（1442）曾进行了大规模扩建；明宪宗十年（1474）奉敕赐名“礼拜寺”；清康熙三十六年（1697）又按明朝风格对该寺进行了修葺和扩建，形成了今日规模。其主要建筑包括大影壁、大殿、邦克楼、宣礼楼、碑亭、讲堂、沐浴室和筛海坟。筛海坟位于东南跨院柏树下，还埋葬着宋末元初来寺讲学的波斯人艾哈迈德和布哈拉人阿力。寺内曾经保存着一批重要文物，如明弘治九年（1496）《敕赐礼拜寺记》碑，清康熙的圣旨牌匾，阿文和波斯文手抄本和印本《古兰经》，以及明清时代为该寺制作的陶、瓷、铜、铁器皿。“文革”中一度遭到破坏，文物也受到了损失。现今已恢复原貌。

2. 东四清真寺

东四清真寺始建于明正统十二年（1447），为明后军都督府都督同知、穆斯林陈友独资创建。明景泰元年（1450）敕题为“清真寺”。明成化二十二年（1486）添盖宣礼楼（毁于清光绪末年）。全寺占地约6000平方米。建筑分前中后三进院落。大殿建筑十分壮观宽敞，面积约500平方米。大殿后部的窑殿三间为无梁结构，缘拱门刻古兰经文，体现了西域风格。大殿外设有南北讲堂，沐浴室和图书馆。该寺珍藏着很多有关伊斯兰教的图书文物；有迄今发现的一部最早的元代抄本《古兰经》，明敕赐清真寺兴建碑，万历法明圣赞碑，写有清真言的名牌、宣礼楼铜顶等。该寺历来是研究伊斯兰文化和发展回族教育的重要场所。“文革”后，东四清真寺是驻京外交使团穆斯林的礼拜场所之一。

3. 花市清真寺

花市清真寺始建于明永乐十三年（1415），崇祯元年（1628）重修。清康熙四十一年（1702）经过大规模整修，使该寺宏敞壮丽，盛极一时。雍正七年（1729）该寺建造世宗皇帝御碑亭一座，亭内立雍正皇帝颁布的保护回族的圣旨。乾隆年间因邻居失火殃及该寺建筑，清真寺被毁，于乾隆二十五年（1760）重建大殿。御碑亭南北两侧分别是南北讲堂，亭东有对厅8间，该寺大殿前三间有双柁，传说是用孔雀木所制，大殿两旁墙壁的经文堵阿，是一笔相连书就，甚为穆斯林所喜爱。

4. 锦什坊街普寿寺

锦什坊街普寿寺始建于明朝宣德年间，明正德四年（1509）扩建，明天启年间重建。原为北京四大名寺之一（与牛街礼拜寺、东四清真寺、安内二条法明寺并称）。该寺原有山门，其上有敕建普寿寺额，门内有小楼一座，四面凌空为邦克楼（已毁）。院内古木参天，有大殿，南北讲堂和沐浴室。大殿为两进式，高大敞亮是其突出特点，殿前有中阿文石碑各一。明清时寺后设有回民茔地。1982年进行全面修葺，为西城穆斯林重要宗教活动中心。

5. 常营清真寺

常营清真寺始建于明正德年间，位于朝阳区长营村内，清嘉庆三年（1798）重修。寺坐西朝东，门外曾有汉白玉月牙桥一座，寺门为三个门，周围院墙，造型如城墙。寺内由两个主要院落组成，两院之间有十字穿廊相接。前院北侧有男、女洗浴的水房，南侧十余间配房为讲堂。后院内种有松柏灌木，主要建筑为大殿（礼拜殿）和南北配房。大殿坐西朝东、面阔五间，进深八间，殿顶为三卷勾连搭，顶部为大式硬山筒瓦调大脊式，抱厦顶部为歇山箍头脊，殿顶中央有亭式建筑。此亭建造十分精细，为六角攒尖，黄琉璃瓦，蓝宝顶，绿扣钉。大殿前两侧各有一石狮，礼拜时，一次可容纳一二百人。此寺为京郊历史悠久、规模较大的一座清真寺院。常营是明大将常遇春驻防地。此人系回民，其下属兵丁也以回民为主，由此可见常营历史十分悠久。1986年，由当地穆斯林集资，重新修缮了寺内主要建筑。

6. 清真法源寺

清真法源寺建于明末清初，位于德胜门外大街，俗称“德外清真寺”。清康熙初年重修寺院。寺坐西朝东，正门外有影壁一座，寺门一间，横额上书“开天古教”。正门两侧各有一个旁门。寺内有二道门，为重檐建筑，左右有墙，门前北侧为沐浴室，南侧为客房。门内南北两侧各有殿堂，均为讲堂。二门正对大殿，面阔三间，采用勾连搭建筑形式。大殿顶部有小亭式建筑。寺内还有阿訇办公、居住房屋若干间，以及碑亭、墓祠等。

7. 古北口清真寺

古北口清真寺建于明代末年，位于密云县古北口河西村。清康熙三十一年（1703），回族人马进良在此做总兵时重修清真寺建筑。古北口清真寺主要建筑是明三暗九的正殿，坐西朝东，以磨砖对缝的青砖砌成，殿顶是南北两条大脊，脊头有用青砖透雕的走兽，下铺有圆筒合拢瓦。脊后是一个双层木楼藻井，井顶耸立葫芦样的瓷缸大顶，远远看去，十分壮观。正殿堂内十分宽敞，木板铺地，朱红色的三层明柱，整齐肃穆。在四壁悬挂有32块金字大匾额，记述着历代穆斯林对真主的颂扬。在正殿东有三间对厅，厅与大殿间有四角小亭，在亭左右，有参天的松柏古树。在正殿南北两侧各有讲堂三间，在北边还有淋浴室三间，清水井一眼。北京的回民是小聚集、大分散的居住方式。他们除喜欢住在广安门、朝阳门和德胜门两侧（这些地区都是交通要道和经济发达地区）外，大多居住在清真寺附近，以便于礼拜。据考，古北口清真寺附近就有百余户回民。

教堂

1. 南堂

南堂建于明万历三十三年（1605）前后，位于宣武门内，由意大利传教士利玛窦始建经堂于此。到清顺治七年（1650），德国传教士汤若望在其旧址改建大堂，名“无玷始胎圣母堂”。同时还在附近建有住宅和天文台、藏书楼、仪器室等；其后，因建有北堂，此堂称为南堂。顺治十四年（1657），顺治皇帝曾为南堂亲笔书匾额“通玄佳境”（康熙时因玄烨讳，遂将“玄”字改成“微”字，立御制碑文于堂内。康熙、乾隆年间，教堂屡遭火灾，由清廷出资帮助重建。清道光年曾于1838年查封关闭，鸦片战争以后由法国传教士索还。1900年，北京义和团攻入南堂，焚毁建筑设施、杀死教士和教徒。1902年根据《辛丑条约》由清政府出资重建，两年后落成。南堂高15米，长40米，西墙上铁十字架高4米，系明代旧堂遗物。教堂内是拱形顶，拱顶有木刻浮雕的镏金花纹，圣母像在祭台深处。在东西两院存有石碑，记述着利玛窦、汤若望两位传教士的事迹及建堂历史。南堂现为中国天主教北京主教堂，分东西二院，西院院内假山中有圣母玛利亚像与祭台，花木茂盛，十分雅静。东院为天主堂，典型的罗马式半圆拱形建筑，磨砖对缝，饰以浮雕，十分古雅。教堂内有圣母玛利亚画像和耶稣受难组画等，堂内四周饰有五彩玻璃大窗，堂正中间是耶稣的主祭台，各种宗教活动和仪式均在这里举行。近年，有信教的市民在这里举办婚礼。

2. 北堂

北堂位于西什库大街33号。清康熙三十二年（1693），康熙皇帝将中南海内蚕池口（原辅政大臣苏克萨哈的旧府第）赐给传教士洪若翰，并允许其修建教堂。同年，教堂竣工，名为“救世堂”，是为北堂的前身。道光七年（1827），清廷曾下令拆除教堂，咸丰十年（1860）重建，同治四年（1865）完工，比原教堂显得更加高大。光绪十一年（1885），慈禧太后要修葺中南海，因顾忌教堂塔楼太高，能视其园内，遂下令搬迁教堂，并将西什库一带地皮拨出并赐白银45万两修建教堂。新教堂及附属设施占地约20亩，教堂由法国传教士参考巴黎圣母院大教堂样式设计，并于光绪十三年

（1887）建成。北堂属于高耸挺拔的哥特式建筑，坐北朝南，高约31.4米，顶端由11座挺秀的尖塔组成，在堂正中尖拱形大门上方书有“敕建天主堂”。教堂前有两座黄琉璃瓦顶、红漆圆柱、斗拱飞檐饰以彩绘的中式亭子，内立有御敕碑文。教堂的门和窗的上部均饰有用汉白玉雕成的尖拱形花边，教堂内装饰非常讲究，共有36根巨大明柱和48组尖形拱肋；教堂内正面是耶稣受难的主祭台，故也称“苦难堂”。大堂四周装有大小不一的花窗80扇，镶嵌着五光十色的玻璃，十分漂亮。大堂后边有一座可供400人活动的唱经楼。楼阁处曾存有大批西文书籍。1900年，北堂成为北京义和团进攻主要目标之一，并留下了“吃面不搁醋，炮打西什库”的俗谚。1949年后，在教堂西侧，建北京三十九中，东侧建北京低压电器厂。主建筑仍然供教徒礼拜，直到“文革”中被查封。1985年北京市政府拨专款开始修缮，并于1985年底正式对外开堂。

3. 东堂

东堂始建于清顺治十二年（1655），位于王府井大街。堂坐东朝西，面阔25米，约30间房大小；正面开三门，南北两侧各有旁门；在正门石柱上刻有“庇民大德包中外，尚父宏勋冠古今”和“惠我东方”楹联字。堂顶上有钟楼，面向西方立有三座十字架，十分醒目。堂内由18根圆形砖柱支撑，南北两侧悬挂有十余幅耶稣受难的彩色油画，正中为若瑟像，因此也称“若瑟堂”。教堂最初由葡萄牙传教士设计修建，整个教堂建筑为典型的罗马式建筑。1720年，教堂遭受地震破坏，次年重修。1807年，教堂又遭受火灾，大堂被毁。1884年重建教堂。1900年，在义和团运动中，教堂内窝藏洋人和教徒再次被烧毁。1904年，重建教堂。清末民国期间教堂为北京四大天主教堂之一。在教堂东有神父住宅，为九间房的四合院式建筑，配有花池。在教堂南侧、西侧有教室，为学习活动场所，教堂北是“惠我女校”。“文化大革命”期间，教士移俗或遁走，教堂改作仓库。1980年12月，教堂恢复宗教活动。近年成为青年人照婚纱照外景地，可谓“古为今用”。

4. 西堂

西堂始建于清雍正元年（1723），位于西直门内大街。西堂由意大利传教士、音乐家百特里尼主持修建。清嘉庆十六年（1811），教堂被毁，同治六年（1867）获得重建。1900年义和团运动时，教堂再次被毁。1912年，北洋政府重建教堂。堂顶有尖形钟楼，四角有尖形建筑装饰，是北京四大天主教堂中建筑最晚，规模也最小的一个。堂内供奉圣母玛利亚像，也称“圣母圣心堂”。解放后，教堂堂顶钟楼及尖形建筑已坏，礼拜堂仍存，一度改为制药厂。目前，教堂已归还宗教界，并且得到修缮。

5. 圣尼古拉教堂

圣尼古拉教堂建于清康熙二十八年（1689），位于东直门内。教堂为东正教礼拜堂。1685年，清廷将“雅克萨战役”所俘俄国哥萨克士兵及家属安置在东直门内北官厅一带的胡家圈胡同后，赐关帝庙一座为其活动场所，关帝庙后改为教堂，并于1689年后不久，由沙俄教区正式命名为“圣尼古拉教堂”，是为北京城内第一座东正教教堂。教堂第一位神父为马·列昂节夫。1900年，在北京义和团运动中，教堂毁于大火。不久，由清廷出面重建教堂，因在义和团运动中被杀死的教徒均被册封为“致命圣人”，并将尸骨葬于堂下，新建成的教堂定名为“致命堂”，也俗称为“北馆”（因位于东交民巷俄国驻华领事馆内有一教堂，俗称“南馆”）。1956年，苏联莫斯科教廷下令，将“教堂”及有关财产交还中国。不久，此地因建苏联驻华大使馆（今俄罗斯驻中国大使馆），教堂建筑均已被拆除。

6. 东交民巷教堂

东交民巷教堂也称“圣米厄尔教堂”，位于今东城区台基厂大街。教堂始建于1901年，由法国神父高司铎营建。教堂坐北朝南，南北进深14间，东西面阔约3间，堂顶北端有两个高耸的尖塔，建筑小巧精致，为典型的哥特式建筑。堂内由数根圆柱支撑，北侧有讲经台，正面供奉米厄尔。在堂北侧，有神职人员居住的西式二层小楼一座。1950年国庆前，该堂主教、意大利人李安东及日本人山口隆一策划炮轰天安门事件，炮就架在圣米厄尔教堂内。目前教堂保存完整。1986年恢复宗教活动。在1920年前后，北京天主教教堂共有17个，东交民巷教堂是建的最晚的教堂之一。

7. 马尾沟教堂

马尾沟教堂在西城区车公庄，系明清以来在京传教的外国教士及中国信徒墓地。教堂院内有石牌坊，又称石门教堂。教堂规模较大，除教堂主体外，还设有学校等慈善机构。其中，山字楼建筑面积达5200平方米、口字楼有5600平方米，这两座楼一直保存到20世纪80年代，其他建筑已无存。在教堂区内有利玛窦、徐光启等人墓，“文革”中惨遭破坏，“文革”后加以修葺，目前是市委党校和市行政学院所在地。

8. 圣母堂

圣母堂是北京东正教教堂之一，在安外青年湖东北隅。该教堂建于1918年前后，坐西朝东为十字型建筑。堂西是俄国坟地，“文革”中教堂和坟地遭到破坏，据说，光清除墓地的石雕和十字架卡车就运了三天三夜，足见坟地规模之大。1987年为建青年湖公园和青年宫将残存的教堂等建筑拆除。

9. 青年会

基督教青年会旧址在东单北大街，建筑系红砖砌的三层小楼，坐西朝东，系美国基督徒捐款而建，建于1911年。建筑为青年教徒活动场所，并建有礼堂，除布道宣传外，还设有放映美国电影和举办音乐会等活动。1949年后礼堂内原有的电影院改为红星影院，一直营业到20世纪70年代末。在此之后不久，青年会旧楼及红星影院被拆除。据美国人甘博统计，在1920年左右，除四大堂之外，北京地区以青年会、女青年会、长老会、救世军等为名的基督教堂有8处之多。

参考书目

1. 政协门头沟区文史委员会编写：《京西民俗》。

2. 常华、张振华：《中国婚丧礼俗》，改革出版社1995年版。

3. 待余生：《燕市积弊·卷三》，北京古籍出版社1995年版。

4. 爱新觉罗·瀛生、于润琦：《京城旧俗》，北京燕山出版社1998年版。

5.（清）周家楣，缪荃孙：《光绪顺天府志》，北京古籍出版社2001年版。

6.（清）潘荣陛、富察敦崇：《帝京岁时纪胜·燕京岁时记》，北京古籍出版社1981年版。

7. 袁树森、齐鸿浩：《老北京的出行》，北京燕山出版社1999年版。

8. 北京史地民俗学会编纂：《北京民俗资料汇编》。

9. 党静鹏：《老北京话俗语与老北京社会风情》，中国人民大学出版社2017年版。

10.（清）陈宗藩：《燕都丛考》，北京古籍出版社1991年版。

11.《北京交通史话》，北京出版社（找不到该书籍）。

12. 白鹤群：《老北京的居住》，北京燕山出版社2007年版。

13. 丁世良、赵放：《中国地方志民俗资料汇编》，书目文献出版社1995年版。

14. 北京史地民俗学会编：《老北京居住资料》。

15. 田鹤年：《北京民俗文化集锦》，中国建材工业出版社2009年版。

16. 张双林：《老北京的商市》，北京燕山出版社1999年版。

17. 燕山客：《中华商道》，中国社会出版社2005年版。

18. 陈文良：《北京传统文化便览》，北京燕山出版社1992年版。

19. 崔普权：《老北京的玩乐》，北京燕山出版社1999年版。

20. 袁树森：《老北京风俗系列：吃喝玩乐》，文化艺术出版社2015年版。

21. 阎崇年：《北京·中国古都》，中国民主法制出版社2000年版。

22. 常人春：《老北京的穿戴》，北京燕山出版社1999年版。

23. 金受申：《老北京的生活》，北京出版社2016年版。

24. 傅公钺、袁天才:《旧京大观》，人民中国出版社1992年版。
25. 汤用彬:《旧都文物略》，北京古籍出版社2000年版。
26. 王岗:《北京风俗史》，人民出版社2008年版。
27. 郑永华、王岗:《北京宗教史》，人民出版社2008年版。
28. 北京文物事业管理局:《北京名胜古迹辞典》，北京燕山出版社1989年版。
29. 李家瑞:《北京风俗类征》，上海文艺出版社1986年影印版。
30.（美）甘博:《北京的社会调查》，中国书店出版2010年版。
31. 马芷庠:《老北京旅行指南》，北京燕山出版社1997年版。
32. 郗志群:《都门汇纂》，北京出版社2017年版。
33.（清）张廷彦:《北京风土编》，北京大学出版社2018年版。

后　记

编辑出版一本反映北京地区民俗的图书，一直是北京史地民俗学会的愿望。

北京史地民俗学会已有三十多年的历史了。会内各种研究人才济济，专家、学者、专题研究人员更是不乏其人。他们的研究成果常见于报刊、电视、广播、报告厅、研讨会及各种现代化的媒体之上。目前，北京史地民俗学会已成为研究京城文化现象的主力之一，对京城民俗文化的研究更是深入、独到，产生了许多优秀成果。秘书长梁欣立就是京城公认的古塔研究专家，出了专著、上了电视。

面对累累硕果，2016年换届后的北京史地民俗学会决定筹措资金出版《北京民俗大全》一书。

学会在任务明确后，立即组织了精干力量，从大的分类到条目，分工细致，各负其责。学会还专门召开了两次修编审稿工作会议，确保稿件质量。

这项工作还得到了团结出版社的鼎力相助。社长、总编十分关注这项工作，对大纲细目都给出了具体意见，还派出了得力的责任编辑。责任编辑张茜同志工作高度认真负责，确保了此书的质量。

我们的老会长常华为此付出了很多。学会的专家张双林、袁树森、安全山、常松、勾超等也做出了很大贡献。

《北京民俗大全》就要出版了，可喜可贺。

而此时此刻也正是我们祖国七十三岁的生日。

谨此祝愿祖国繁荣富强！

再次感谢对我们工作鼎力相助的领导、专家、学者们！

北京史地民俗学会

2022年10月